Kohlhammer

Die Autorinnen und Autoren

Dipl.-Volkswirtin Dr. Barbara Birkner, Dozentin für Volkswirtschaftslehre an der AKAD (Privathochschule) und der Fern-FH Hamburg. Studienbriefautorin und Dozentin für Gesundheitsökonomie am Fernstudiengang Gesundheitswissenschaften der Universität Bielefeld, an der Fern-FH Hamburg, der Apollon Hochschule der Gesundheitswirtschaft in Bremen und der privaten Fachhochschule Göttingen. Referentin bei Sabel gGmbH, München und der Deutschen Angestellten Akademie (DAA) im Ausbildungslehrgang Kaufmann/Kauffrau im Gesundheitswesen sowie in der Weiterbildung zum/zur Fachwirt/Fachwirtin im Sozial- und Gesundheitswesen. Mitglied der Prüfungskommissionen der IHK München und Oberbayern für Gesundheitskaufleute und Fachwirte im Gesundheits- und Sozialwesen.

Henner Lüttecke M.A., PR-Berater und Journalist, arbeitete von 1999 bis 2001 als PR-Referent des Klinikums der Universität München Großhadern-Innenstadt und war als freier PR-Berater für die PR-Agentur Kohtes-Klewes communication medical GmbH, München tätig. Seit 2002 berät er verschiedene Krankenhäuser und medizinische Organisationen und veranstaltet Seminare zum Thema „Presse- und Öffentlichkeitsarbeit von und für Kliniken". Referent bei Sabel gGmbH, München im Ausbildungslehrgang Kaufmann/Kauffrau im Gesundheitswesen sowie in der Weiterbildung zum/zur Fachwirt/Fachwirtin im Sozial- und Gesundheitswesen.

Dipl.-Betriebswirt (FH) Jochen Gürtler, war bis 2010 Führungskraft in verschiedenen Gesundheitseinrichtungen in München, seit 1997 als Referent für den Bereich Gesundheitswesen u. a. im Klinikum Großhadern, Krankenhaus Rosenheim, der DBfK-Akademie Gauting, der Deutschen Angestellten Akademie (DAA) sowie der Fern-FH Hamburg und der Evangelischen Akademie tätig. Referent bei Sabel gGmbH, München im Ausbildungslehrgang Kaufmann/Kauffrau im Gesundheitswesen sowie in der Weiterbildung zum/zur Fachwirt/Fachwirtin im Sozial- und Gesundheitswesen und Mitglied der Prüfungskommissionen IHK München/Oberbayern in beiden Fachbereichen.

Hedwig Bigler-Münichsdorfer, Staatl. Gepr. Lebensmittelchemikerin und Krankenschwester; mehrjährige Tätigkeit in verschiedenen Kliniken; nach dem Studium an der TU in München und dem 2. Staatsexamen an der Landesgesundheitsbehörde in Bayern Leitung des Fachbereiches „Schadstoffe in Innenräumen" im Umweltinstitut München e.V.; von 2000 bis 2004 Mitarbeit an einer Internationalen Langzeit-Allergie-Studie am Dr. von Haunerschen Kinderspital der LMU München; Seminare in verschiedenen Kliniken zu Recht im Gesundheitswesen, Hygiene u.a.; Referentin bei Sabel gGmbH, München im Ausbildungslehrgang Kaufmann/Kauffrau im Gesundheitswesen sowie in der Weiterbildung zum/zur Fachwirt/Fachwirtin im Sozial- und Gesundheitswesen und Mitglied in der Prüfungskommission der IHK München und Oberbayern für Fachwirte im Sozial- und Gesundheitswesen.

Barbara Birkner
Henner Lüttecke
Jochen Gürtler
Hedwig Bigler-Münichsdorfer

Kaufmann/Kauffrau im Gesundheitswesen

Lehrbuch zur berufsspezifischen
Ausbildung

6., überarbeitete Auflage

Mit inhaltlicher
Zuordnung zum Rahmenplan
der Fachwirte im Sozial- und
Gesundheitswesen

Verlag W. Kohlhammer

6., überarbeitete Auflage 2014

Alle Rechte vorbehalten
© 2006/2014 W. Kohlhammer GmbH Stuttgart
Umschlagabbildung: © Mikael Damkier - Fotolia.com
Gesamtherstellung:
W. Kohlhammer Druckerei GmbH + Co. KG, Stuttgart
Printed in Germany

ISBN: 978-3-17-023993-7

Inhaltsverzeichnis

Vorbemerkung zum Aufbau des Inhaltsverzeichnisses:

Um die Unterrichts- und Prüfungsvorbereitungen zu erleichtern, wurde das Inhaltsverzeichnis mit einer Zuordnung zu den Ziffern des Ausbildungsrahmenplanes für Kaufleute im Gesundheitswesen sowie der Weiterbildung zum/zur „geprüften Fachwirt/Fachwirtin im Gesundheits- und Sozialwesen" versehen:

- Unter „→" entsprechen die Ziffern den in § 5 der „Verordnung über die Berufsausbildung für Kaufleute in den Dienstleistungsbereichen Gesundheitswesen und Veranstaltungswirtschaft" vom 4. Juli 2007 genannten berufsspezifischen Fertigkeiten und Kenntnissen für den/die „Kaufmann im Gesundheitswesen/Kauffrau im Gesundheitswesen" – Nrn. 7–12 (BGBl. I, Jahrgang 2001, Nr. 30, S. 1263).
  Die Buchstaben geben die Feingliederung des „Ausbildungsrahmenplans für die Berufsausbildung zum Kaufmann im Gesundheitswesen/zur Kauffrau im Gesundheitswesen", Abschnitt II „Berufsspezifische Fertigkeiten und Kenntnisse" wieder (Anlage I zu § 5 der o. g. Verordnung über die Berufsausbildung, BGBl. I S. 1252 vom 10. Juli 2007).

- Unter „→" geben die Ziffern die Zuordnung zum Rahmenplan für die Weiterbildung zum/zur „geprüften Fachwirt/Fachwirtin im Sozial- und Gesundheitswesen" an.

Abkürzungsverzeichnis

Abb.	Abbildung
AbgrV	Abgrenzungsverordnung
Abs.	Absatz
ADAC	Allgemeiner Deutscher Automobilclub
AG	Aktiengesellschaft
AHB	Anschlussheilbehandlung
AIDS	Acquired Immune Deficiency Syndrome
AKR	Ambulante Kodierrichtlinien
AltPflAPrV	Altenpflege-Ausbildungs- und Prüfungsverordnung
AMG	Gesetz über den Verkehr mit Arzneimitteln
AO	Abgabenordnung
AOK	Allgemeine Ortskrankenkasse
APIS	Arztpraxisinformationssystem
AQUA-Institut	Institut für angewandte Qualitätsförderung und For-schung im Gesundheitswesen
ARD	Arbeitsgemeinschaft der Rundfunkanstalten Deutschland
Art.	Artikel
AVV	Abfallverzeichnis-Verordnung
BaFöG	Bundesausbildungsförderungsgesetz
BAR	Bundesarbeitsgemeinschaft für Rehabilitation
Barmer GEK	Barmer Gmündner Ersatzkasse (nach Fusion)
BayRDG	Bayerisches Rettungsdienstgesetz
BetrVG	Betriebsverfassungsgesetz
BfArM	Bundesinstitut für Arzneimittel und Medizinprodukte
BGB	Bürgerliches Gesetzbuch
BIP	Bruttoinlandsprodukt
BKK	Betriebskrankenkasse
BO	Muster-Berufsordnung Ärzte
BPflV	Bundespflegesatzverordnung
BSC	Balanced Score Card
ca.	circa
CC	Complications, co-morbidity
CML	chronische myeloische Leukämie
COPD	Chronisch obstruktive Lungenkrankheit
CT	Computertomographie

DAK	Deutsche Angestelltenkrankenkasse
D-Arzt	Durchgangsarzt
DDR	Deutsche Demokratische Republik
DIMDI	Deutsches Institut für Medizinische Dokumentation und Information
DIN EN ISO	Deutsches Institut für Normung Europa Norm International Standard Organisation
DKG e.V.	Deutsche Krankenhausgesellschaft e.V.
DKG-NT	Deutsche Krankenhausgesellschaft Normaltarif
DKR	Deutsche Kodierrichtlinien
DMP	Disease-Management-Programm(e)
DRG	Diagnosis Related Group(s)
e.V.	eingetragener Verein
EBM	Einheitlicher Bewertungsmaßstab
EFQM	European Foundation for Quality Management
EHIC	European Health Insurance Card
EKG	Elektrokardiogramm
Engl.	Englisch
ErsK	Ersatzkassen
EU	Europäische Union
FamFG	Gesetz über das Verfahren in Familiensachen und in den Angelegenheiten der freiwilligen Gerichtsbarkeit
FDP	Freie Demokratische Partei
FH	Fachhochschule
FiFo	first in – first out
FPV	Fallpauschalenvereinbarung
Fr.	Französisch
G-BA	Gemeinsamer Bundesausschuss
GBE	Gesundheitsberichterstattung des Bundes
ggf.	gegebenenfalls
gGmbH	gemeinnützige Gesellschaft mit beschränkter Haftung
GKV	Gesetzliche Krankenversicherung
GKVFinG	GKV-Finanzierungsgesetz
GKV-WSG	Gesetzliche Krankenversicherung-Wettbewerbsstärkungsgesetz
GmbH	Gesellschaft mit beschränkter Haftung
GOÄ	Gebührenordnung Ärzte
GOZ	Gebührenordnung Zahnärzte
Gr.	Griechisch
GUV	Gesetzliche Unfallversicherung

HD	Hauptdiagnose
HIV	Human Immunodeficiency Virus
HWG	Heilmittelwerbegesetz
ICD-10	International Classification of Diseases, 10. Revision
IfSG	Infektionsschutzgesetz
IGeL	Individuelle Gesundheitsleistungen
IHK	Industrie- und Handelskammer
IKK	Innungskrankenkasse
InEK	Institut für das Entgeltsystem im Krankenhaus
insg.	insgesamt
IV	Integrierte Versorgung
Kap.	Kapitel
KatSG	Katastrophenschutzgesetz
KBV	Kassenärztliche Bundesvereinigung
KHBV	Krankenhausbuchführungsverordnung
KHEntgG	Krankenhausentgeltgesetz
KHG	Krankenhausfinanzierungsgesetz
KHK	koronare Herzkrankheiten
KIS	Krankenhausinformationssystem
KK	Krankenkasse(n)
KrPflG	Krankenpflegegesetz
KrW-AbfG	Kreislaufwirtschafts- und Abfallgesetz
KTQ	Kooperation für Transparenz und Qualität im Gesundheitswesen
KV	Kassenärztliche Vereinigung
Lat.	Lateinisch
MDC	Major Diagnostic Category
MDK	Medizinischer Dienst der Krankenkassen
mind.	mindestens
Mio.	Million(en)
MPBetreibV	Verordnung über das Errichten, Betreiben und Anwenden von Medizinprodukten
MPG	Medizinproduktegesetz
MPSV	Verordnung über die Erfassung, Bewertung und Abwehr von Risiken bei Medizinprodukten
Mrd.	Milliarde(n)
MRT	Magnetresonanztomographie
MVZ	Medizinische(s) Versorgungszentrum(en)

ND	Nebendiagnose
NHS	National Health Service
o.ä.	oder ähnlich
OECD	Organisation for Economic Co-operation and Development
ÖGDG	Gesetz über den öffentlichen Gesundheitsdienst
OP	Operation
OPS	Operationen- und Prozedurenschlüssel
OTC	over the counter
PBV	Pflegebuchführungsverordnung
PDCA	plan do control act
PDL	Pflegedienstleistung
PflegeZG	Pflegezeitgesetz
PK	Pressekonferenz
PKMS	Pflegekomplexmaßnahmen-Scores
PKV	Private Krankenversicherung
PR	Public Relations
ProCum Cert	Zertifizierungsverfahren der konfessionellen Krankenhäuser
Q & A	questions and answers
QEP	Qualität und Entwicklung in Praxen
QM	Qualitätsmanagement
QZV	qualitätsgebundene Zusatzvolumen
RKI	Robert-Koch-Institut
RLV	Regelleistungsvolumen
RÖV	Röntgenverordnung
SAPV	Spezialisierte ambulante Palliativversorgung
SGB	Sozialgesetzbuch
SPD	Sozialdemokratische Partei Deutschlands
StGB	Strafgesetzbuch
Tab.	Tabelle
TSD	Tausend
TÜV	Technischer Überwachungsverein
u.v.m.	und viele mehr
UNO	United Nations Organisation
UPD	unabhängige Patientenberatungsstellen Deutschlands

UV-GOÄ	Gebührenordnung für Ärzte für die Leistungen und Kostenabrechnung mit den gesetzlichen Unfallversicherungsträgern
UWG	Gesetz gegen den unlauteren Wettbewerb
v.H.	vom Hundert
VdAK	Verband der Angestelltenkrankenkassen
vgl.	vergleiche
VgV	Verordnung über die Vergabe öffentlicher Aufträge
VLK	Verband leitender Krankenhausärzte
VOB	Verdingungsordnung für Bauleistungen
VOF	Verdingungsordnung für freiberufliche Leistungen
VOL	Verdingungsordnung für Leistungen
WBVG	Gesetz zur Regelung von Verträgen über Wohnraum mit Pflege- oder Betreuungsleistungen
WG	Wohngemeinschaft
WHO	World Health Organisation
z. B.	zum Beispiel
ZDF	Zweites Deutsches Fernsehen
Ziff.	Ziffer

Vorwort zur 6. Auflage

Das Buch wendet sich an Auszubildende für den Beruf **des Kaufmanns/der Kauffrau im Gesundheitswesen** und an Absolventen der Weiterbildung zum **geprüften Fachwirt im Gesundheits- und Sozialwesen**. Die Ziffern neben den Gliederungspunkten im Inhaltsverzeichnis geben die Zuordnung zum Ausbildungsrahmenplan der Gesundheitskaufleute bzw. zum Rahmenlehrplan der Fachwirte wieder. Die berufsspezifischen Fertigkeiten und Kenntnisse des Ausbildungsrahmenplans der Gesundheitskaufleute werden vom Inhalt des Lehrbuchs vollständig abgedeckt.

Das Gesundheitswesen gilt – nicht zu Unrecht – als komplexes, mitunter schwer zu durchschauendes Gebilde. Diese Tatsache ist nicht zuletzt der Fülle von Gesetzesänderungen zuzuschreiben. Seit ca. 35 Jahren erfolgt in jeder Legislaturperiode eine größere Gesundheitsreform. Die Verfasser betrachten es deshalb auch als ihre Aufgabe, das Geschehen auf den Gesundheitsmärkten transparent zu machen. Das Buch stützt sich auf den aktuellen Rechtsstand, d.h. es **beinhaltet die Änderungen der Sozialgesetzbücher V und XI zum 1.1.2013.**

Wer als Beschäftigter in einem Gesundheitsbetrieb, als Patient, Angehöriger, Versicherter in ökonomischer und sozialpolitischer Hinsicht einen Blick hinter die Kulissen des Gesundheitswesens werfen möchte, wer die politischen und ökonomischen Hebel, die das Leistungsgeschehen steuern, kennen lernen will, wird zu diesem Buch greifen. Leser des Buches werden vertraut mit der Fachsprache des Gesundheitswesens und deren zahlreichen Kürzeln. Die Herkunft und die deutsche Übersetzung von fremdsprachigen Fachausdrücken werden den Lesern jeweils mitgegeben. Zur besseren Orientierung dient ein umfangreiches Stichwortverzeichnis.

Im ersten Teil werden die Leser mit den Grundzügen der Sozialpolitik und den einschlägigen Sozial- und Gesundheitsstatistiken vertraut gemacht. Es folgt ein Überblick über die Absicherung der Risiken Krankheit, Unfall/Berufskrankheit und Pflegebedürftigkeit in der Bundesrepublik. Dabei lernt der Leser auch die Unterschiede zwischen Sozialversicherung und Privatversicherung sowie künftige Herausforderungen an die Sicherungssysteme kennen. Im dritten Teil werden Berufe des Gesundheitswesens vorgestellt. Breiten Raum nimmt der vierte Teil des Buchs ein, der die einzelnen Leistungsbereiche des Gesundheitswesens – ambulante und stationäre Versorgung, Rehabilitation, Medikamente, Medizinprodukte, Pflege, Versorgungsmanagement, Notfalldienste, öffentlicher Gesundheitsdienst – beschreibt. Der Leser lernt die Angebotsformen im Gesundheitswesen, deren rechtliche Grundlagen, Finanzierung und Vergütung kennen. Viele Gesundheitsbetriebe gehören dem so genannten Non-Profit-Sektor der Volkswirtschaft an; dafür typischen Rechtsformen sowie einschlägigen rechtlichen Bestimmungen ist Teil fünf gewidmet. In den Kapiteln sechs und sieben werden die spezifischen Anforderungen erläutert, die im Gesundheitswesen an die Dokumentation und die Qualitätssicherung gestellt werden. Beschäftigte im Gesundheitswesen agieren in einem Umfeld, das besonders hohe Kenntnisse und Fähigkeiten im Umgang mit anderen Menschen erfordert. Dieser Thematik widmet sich das Kapitel acht, Kommunikation und Beschwerdemanagement. Themen der Kapitel neun und zehn sind betriebswirtschaftliche Aspekte – Marketing und Materialwirtschaft – und deren spezielle Ausgestaltung in Gesundheitsbetrieben. Im letzten Kapitel werden Gesundheitssysteme in Ländern der Europäischen Union verglichen.

Als praxisorientierte Hilfe für Lernende und Lehrende dienen ca. 90 Übungsbeispiele im Text sowie über 150 Übungsaufgaben im Anschluss an die jeweiligen Kapitel und Abschnitte. Auszubildenden Gesundheitskaufleuten und Fachwirten in Weiterbildung wird empfohlen, sich mit den wichtigsten einschlägigen Gesetzen und Verordnungen (Sozialgesetzbuch V, IX, XI, Krankenhausgesetze, Berufsordnung für Ärzte), zumindest in Auszügen, direkt vertraut zu machen.

Frau Brit Hupp-Alter, Dipl. Gesundheitsökonomin (BWA Chur) und EFQM Assessorin, sind die Autoren zu besonderem Dank verpflichtet. Ohne ihre Hilfe wäre das Kapitel zur Qualitätssicherung nicht zustande gekommen.

Im August 2013
Barbara Birkner
Henner Lüttecke
Jochen Gürtler
Hedwig Bigler-Münichsdorfer

Einführung

1   Was ist Gesundheit? – Wie kann man sie messen und wovon hängt sie ab?

Wer sich mit dem Gesundheitswesen beschäftigt, mit seiner Organisation, seinen Einrichtungen, Berufen usw., tut gut daran, sich zunächst Gedanken darüber zu machen, was Gesundheit eigentlich ist. Man mag denken, die Antwort auf diese Frage sei einfach, gleichwohl ist die Definition von Gesundheit bzw. von Krankheit eines der diffizilsten Probleme des Gesundheitswesens. Die wohl berühmteste und am häufigsten zitierte Definition von Gesundheit ist jene der WHO (World Health Organisation), einer Unterorganisation der UNO. Sie lautet: *„Gesundheit ist der Zustand des vollkommenen physischen, psychischen und sozialen Wohlbefindens und nicht nur die Abwesenheit von Krankheit.“*

Wer wäre nach dieser Definition über einen längeren Zeitraum gesund? – Wohl kaum ein Mensch. Ist diese Definition nicht eher eine Zielsetzung oder eine Aufforderung an die Politik, die Gesellschaft bzw. jeden einzelnen, Bedingungen zu schaffen, dass jeder dem WHO-Zustand möglichst nahe kommt?

Unstrittig dürfte sein, dass die Definition der WHO für Leute, die sich pragmatisch mit dem Gesundheitswesen befassen, nicht brauchbar ist. Was ist aber dann Gesundheit? Man mag einwenden, Gesundheit sei wohl eher auf individueller Ebene, also von jedem einzelnen Menschen zu definieren. Würde man Leute mit Schnupfen befragen, ob sie krank seien oder nicht, so würde dies ein Teil von ihnen bejahen, ein anderer Teil würde argumentieren, ein Schnupfen sei noch lange keine Krankheit. Stellte man Ärzten die Frage, ob ein Schnupfen eine zu therapierende Krankheit ist oder nicht, so ergäbe sich mutmaßlich Ähnliches. Ein Teil von ihnen würde die Frage mit ja, ein anderer Teil mit nein beantworten. Was fängt nun der Pragmatiker im Gesundheitswesen damit an? Tatsache dürfte sein, dass es Zustände gibt, die niemand als gesund bezeichnen würde, etwa einen Menschen mit einer Krebserkrankung im fortgeschrittenen Stadium oder einen Menschen mit schweren Verletzungen. An den Randbereichen zwischen Gesundheit und Krankheit, wie das Schnupfen-Beispiel zeigt, wird es schwierig.

Krankheit ist aber ein versichertes Risiko, ob nun in einer gesetzlichen oder privaten Krankenversicherung. Und tatsächlich stellt die **Unschärfe der Definition von Gesundheit bzw. Krankheit** eines der größten Probleme für die Kalkulation der Versicherungen dar. Hinzukommt: Der Gesundheitsbegriff ist keineswegs statisch, sondern er verändert sich. Durch medizinischen Fortschritt ist es immer wieder möglich, Zustände als Krankheiten zu diagnostizieren, die man zuvor nicht hätte identifizieren können.

Wie also soll man etwas messen, das man nicht definieren kann? Hier behilft man sich in aller Regel damit, dass man so genannte harte Indikatoren (aus dem Lat.: indicator = Anzeichen, Merkmal) verwendet, vor allem Mortalitäts- (aus dem Lat.: mortalitatis = Sterblichkeit) und Morbiditätsziffern (aus dem Lat.: morbidus = krank).

Unterschiede in der Sterblichkeit bzw. der Lebenserwartung zeigen sich zwischen verschiedenen Ländern; sie hängen hauptsächlich vom Wohlstand der jeweiligen Gesellschaften und dessen Verteilung auf die Mitglieder der Gesellschaft ab. Je höher das Durchschnittseinkommen eines Landes ist und je gleichmäßiger das Einkommen verteilt ist, desto höher ist tendenziell die Lebenserwartung. Am ältesten werden Menschen im Durchschnitt in Japan, Kanada, der Schweiz und den skandinavischen Ländern. Japanische Frauen werden im Durchschnitt 87 Jahre alt, japanische Männer 81 Jahre. Die niedrigste Lebenserwartung findet sich in den ärmsten Ländern der Welt südlich der Sahara (Lebenserwartung in Simbabwe 52 Jahre für Männer und Frauen). Der **Unterschied in der Lebenserwartung** der reichsten und der ärmsten Bevölkerungen auf der Erde beträgt also **in etwa 40 Lebensjahre**. Deutschland nimmt mit einer durchschnittlichen Lebenserwartung von 83 Jahren für Frauen und 78 Jahren für Männer (Angaben für 2009/11) im Vergleich aller Länder einen vorderen Platz, im Vergleich der entwickelten wohlhabenden Länder einen Mittelplatz ein.

Auch innerhalb Deutschlands gibt es Unterschiede in der Sterblichkeit: Sie liegt tendenziell in den südlichen Bundesländern niedriger als in der nördlichen, tendenziell am höchsten in den neuen Bundesländern. Belegbar sind soziale Unterschiede in Deutschland, aber auch in allen übrigen entwickelten Volkswirtschaften: Menschen mit körperlich belastenden Berufen werden im Durchschnitt nicht so alt wie Menschen gehobener Berufsgruppen (leitende Angestellte, Unternehmer). Menschen aus höheren Einkommensschichten weisen eine überdurchschnittliche Lebenserwartung auf, ebenso Menschen mit höherer Ausbildung.

Einer statistischen Überprüfung hält auch nicht die oft geäußerte Meinung stand, Herzinfarkte und andere möglicherweise stressbedingte Krankheiten seien so genannte Managerleiden. Das Gegenteil ist der Fall. Das Infarktrisiko steigt mit zunehmender Armut. Als bedrückend werden auch die in letzter Zeit häufig in den Medien thematisierten Morbiditätsunterschiede zwischen Kindern aus wohlhabenden und armen Familien empfunden. Je geringer der Wohlstand von Familien ist, desto schlechter ist im Durchschnitt der Gesundheitszustand der Kinder.

Die aufgeführten Zusammenhänge sind zwar statistisch nachweisbar, sie dürfen jedoch nicht auf einzelne Menschen bezogen werden. Statistische Erkenntnisse werden anhand von **großen Kollektiven** von Menschen gewonnen und haben **nichts mit einem einzelnen Individuum zu tun**. Ein weiterer Fehler der Interpretation wäre es, einfache Ursache-Wirkungszusammenhänge zu unterstellen. Mortalität und Morbidität werden von einer Vielzahl von Faktoren beeinflusst, wie z. B. den Arbeits-, Bildungs-, Wohnbedingungen und den mit ihnen einhergehenden Belastungen, der Sicherheit des Straßenverkehrs, der Umweltbelastung und nicht zuletzt dem Zugang zur medizinischen Versorgung. Welchen Stellenwert die einzelnen Variablen bei der Erklärung der Mortalitäts- und Morbiditätsunterschiede haben, kann schwerlich beziffert werden.

2 Morbiditäts- und Mortalitätsstatistik in Deutschland

In Deutschland existiert bisher keine vollständige (die gesamte Bevölkerung umfassende) und systematische Morbiditätsstatistik. Erfasst werden einzelne Indikatoren wie etwa der Krankenstand der Pflichtmitglieder der gesetzlichen Krankenkassen. Vom Robert-Koch-Institut, einer Bundesbehörde, die für die Überwachung des Infektionsgeschehens zuständig ist, werden Daten über meldepflichtige Krankheiten gesammelt (vgl. Kap. IV 9). Darüber hinaus gibt es Statistiken über die Ergebnisse der Vorschul- und der Vorsorgeuntersuchungen bei Kindern. Erfasst wird das Krankheitsgeschehen an bösartigen Neubildungen (Krebserkrankungen) bei Kindern unter 15 Jahren.

Vollständige und systematische Informationen liefert eher die Mortalitätsstatistik nach Todesursachen, gegliedert nach dem ICD-10-WHO (International Classification of Diseases, 10. Version, vgl. hierzu Kap VI 1.3). Unter einer Sterbeziffer versteht man die in einem Jahr Gestorbenen bezogen auf 1 000 Lebende im selben Jahr. Für das Jahr 2011 beträgt die gesamte Sterbeziffer 10,4 Gestorbene auf 1 000 lebende Menschen in Deutschland. In Tabelle 1 sind die wichtigsten Todesursachen in Deutschland als Prozentsatz aller Sterbefälle ausgewiesen.

Die Anteile der einzelnen Todesursachen an der gesamten Sterblichkeit, wie sie die Tabelle zeigt, sind in Deutschland schon weitgehend stabil. Über 40 % der Todesfälle werden durch Herz-Kreislauf-Erkrankungen (zu denen neben Herzerkrankungen auch Schlaganfälle zählen) verursacht, etwa ein Viertel durch Krebs. Die Häufigkeit beider Krankheitsarten steigt – wenngleich sie auch junge Menschen befallen können – mit dem Lebensalter an. Die Tatsache, dass diese beiden Todesursachen dominieren, ist der hohen Lebenserwartung in Deutschland geschuldet.

Tab. 1: Anteil einzelner Todesursachen an den Sterbefällen in Deutschland 2011

Todesursachen nach ICD-10	Anteil an allen Sterbefällen 2011 in %
Alle Todesursachen	100,0
Krankheiten des Kreislaufsystems ICD-Kapitel IX	40,2
Neubildungen (Krebs) ICD-Kapitel II	26,8
Krankheiten des Atmungssystems ICD-Kapitel X	7,0
Krankheiten des Verdauungssystems ICD-Kapitel XI	4,6
Äußere Ursachen von Morbidität und Mortalität ICD-Kapitel XIX	3,9
Endokrine, Ernährungs- und Stoffwechselkrankheiten ICD-Kapitel IV	3,5
Psychische Krankheiten und Verhaltensstörungen ICD-Kapitel V	3,2
Übrige Todesursachen	10,8

Quelle: Statistisches Bundesamt; eigene Berechnungen
https://www.destatis.de/DE/ZahlenFakten/GesellschaftStaat/Gesundheit/
Todesursachen/Tabellen/GestorbeneAnzahl.html, Zugriffsdatum 13.5.2013

3 Die volkswirtschaftliche Bedeutung von Gesundheit

Werden Menschen in Meinungsumfragen gebeten anzugeben, was ihnen im Leben am wichtigsten ist, dann nimmt Gesundheit immer einen der vorderen Ränge ein. Gute Gesundheit, nicht nur für sich selbst, sondern auch für andere, ist ein Grundbedürfnis. Aber Gesundheit besitzt **nicht nur in individueller** Hinsicht hohe Priorität, sie ist vielmehr **auch in gesamtgesellschaftlicher** und gesamtwirtschaftlicher Hinsicht ein wichtiges Gut. Wer gesund ist und zudem eine gute Ausbildung genossen hat, ist leistungsfähig – sei es im Beruf, sei es als Eltern von Kindern, als Großeltern, die ihre Enkel betreuen usw. Deshalb zählt man Gesundheit neben der Ausbildung zum so genannten Humankapital einer Gesellschaft. Investitionen, die der Gesundheit der Menschen dienen, haben damit einen Stellenwert wie Investitionen in die Bildung.

Die Verbreitung von AIDS in vielen Staaten Afrikas ist – zusätzlich zum menschlichen Leid – auch eine ökonomische Katastrophe. Die Krankheit befällt vor allem junge Erwachsene, also Menschen, die im Arbeitsleben stehen. Der Ausfall wirtschaftlicher Aktivitäten, der durch die Krankheit verursacht wird, vermindert Chancen auf Wohlstand für jetzige und künftige Generationen. Erstes Ziel vernünftiger Entwicklungspolitik werden deshalb Investitionen zur Bekämpfung der HIV-Infektion sein.

Deutschland gehört zu den reichsten Ländern der Welt. Wie viele andere reiche Länder ist es mit dem Problem der **Überalterung der Bevölkerung** konfrontiert (vgl. dazu Kap. II 1.2.1). Es ist absehbar, dass in den kommenden Jahrzehnten der Anteil von Menschen im erwerbsfähigen Alter zurückgeht. Deshalb ist es nicht zu umgehen, die Lebensarbeitszeit der Menschen zu verlängern und das Renteneintrittsalter auf 67 Jahre heraufzusetzen. Wenn Menschen aber bis in ein höheres Alter hinein im Erwerbsleben stehen, werden verstärkte Anstrengungen nötig sein, um ihre Gesundheit und ihre Leistungsfähigkeit aufrecht zu erhalten.

Teil I
Sozialstaat und Gesundheitswesen

1   Deutschland ist ein Sozialstaat

„Die Bundesrepublik Deutschland ist ein demokratischer und sozialer Bundesstaat."

So lautet der Artikel 20 Abs. 1 des Grundgesetzes. Artikel 20 Grundgesetz genießt, ebenso wie Artikel 1, der die Wahrung der Menschenwürde fordert, **Ewigkeitsrecht**, d. h., er kann nie geändert werden, egal wie die Mehrheitsverhältnisse im Bundestag aussehen.

Der Satz ist kurz, gleichwohl enthält er die wichtigsten Prinzipien unseres Staates. Deutschland ist eine Demokratie, die Bürger bestimmen in freien und geheimen Wahlen ihre Parlamente, Deutschland ist in Bundesländer gegliedert und Deutschland ist ein Sozialstaat.

Wer sich mit dem Gesundheitswesen beschäftigt, dem wird der Sozialstaat in vielerlei Gestalt begegnen. Es gehört zum Wesen eines Sozialstaates, dass er Menschen mit gesundheitlichen Sorgen unterstützt.

Das soll nun nicht heißen, das Gesundheitswesen sei die einzige Aufgabe des Sozialstaats. Sozialpolitik ist ein sehr weites Feld, zu ihr gehört die Unterstützung von Familien mit Kindern durch Kindergeld, ebenso der Schutz von Arbeitnehmern durch Unfallverhütungsvorschriften, durch einen gesetzlichen Urlaubsanspruch, durch Kündigungsschutz. Ein sozialer Staat wird dafür sorgen, den Lebensstandard von Menschen, die z. B. durch geringe Einkommen benachteiligt sind, nicht unter eine bestimmte Grenze sinken zu lassen. Dafür gibt es die **Sozialhilfe**. Anliegen eines Sozialstaates ist es ebenso, den Menschen gleiche Bildungschancen einzuräumen, z. B. durch Bafög. Die Aufzählung ist noch lange nicht fertig; es soll dem Leser überlassen werden, weitere Beispiele für sozialstaatliches Handeln zu finden.

Sozialpolitik hat heutzutage zwei Hauptanliegen:

1. Zwischen den Menschen soll ein **sozialer Ausgleich** stattfinden: Wer gesund ist, durch seine Leistungsfähigkeit ein gutes Einkommen erzielt, der gibt einen Teil seines Einkommens ab für jene, die z. B. krank oder arbeitslos sind und kein Einkommen erzielen können.
2. Auch Menschen, die Sozialleistungen erhalten, sollen **an steigendem Wohlstand** einer Gesellschaft **teilhaben**. Aus diesem Grund sind z. B. die Ren-

ten dynamisiert; steigen die Arbeitsentgelte, so steigen mit einer gewissen zeitlichen Verzögerung auch die Renten. Wäre dies nicht so, würden die Rentner von zunehmendem Wohlstand abgekoppelt. Dieses zweite Ziel der Sozialpolitik rückt allerdings immer mehr in den Hintergrund. Rentenempfänger müssen so genannte Nullrunden hinnehmen; wer über ein Jahr arbeitslos ist, erhält Arbeitslosengeld II (so genanntes „Hartz-IV"), das nicht mehr wie noch vor 2005 vom früheren Arbeitsentgelt abhängt, sondern auf dem Sozialhilfeniveau liegt.

Im weiteren Sinne ist auch staatliches Handeln, das sich den Schutz der schwächeren Marktpartei zum Ziel setzt, der Sozialpolitik zuzurechnen. Zu diesem Politikfeld gehört z. B. der Kündigungsschutz für Arbeitnehmer und für Mieter sowie zahlreiche weitere Schutzrechte.

Die kurze Skizzierung sozialstaatlicher Anliegen soll nun nicht bedeuten, der Staat löse alle diese Aufgaben jederzeit zur Zufriedenheit aller – das weiß jeder, der sich täglich aus den Medien über Politik informiert. Und es soll auch nicht bedeuten, der Sozialstaat sei so etwas wie ein guter Vater, der sich treusorgend um die ihm Anvertrauten kümmert. **Sozialstaatliches Handeln bedeutet vielmehr: Der Staat organisiert die Solidarität der Menschen untereinander.**

2 Grundprinzipien der Sozialpolitik

Das **Solidarprinzip** (aus dem Franz.: solidaire – wechselseitig für das Ganze haften) ist einfach und es ist umfassend. Menschen leben in gegenseitiger Abhängigkeit. Jedem kann es passieren, auf Hilfe anderer angewiesen zu sein und umgekehrt kann jeder in eine Situation kommen, in der er in der Lage ist, anderen zu helfen.

Das kann in **personeller Hinsicht** interpretiert werden: Es gibt Menschen, die chronisch krank sind und deshalb dauerhaft, vielleicht sogar ihr Leben lang solidarischer Hilfe bedürfen. Und es gibt eben gleichzeitig Menschen, die nicht chronisch krank sind und deshalb solidarische Hilfe zu geben vermögen. Es kann auch im Hinblick auf die jeweilige **Lebenslage** interpretiert werden: Jemand ist vorübergehend arbeitslos; ohne solidarische Unterstützung hätte er kein Einkommen. Hat er wieder Arbeit gefunden, so kann er nun selbst andere, die jetzt arbeitslos sind, solidarisch unterstützen.

Das letzte Beispiel erinnert an das Zusammenleben einer Familie. Sind die Kinder klein, dann sorgen die Eltern für sie. Sind die Eltern alt und gebrechlich, wird ihnen von ihren nun erwachsenen Kindern geholfen. In einer kleinen Gruppe wie einer Familie funktioniert Solidarität meist (leider nicht immer) so, wie man es sich wünscht. Die Familienmitglieder lieben sich und gegenseitige Hilfe ist für sie selbstverständlich. Je größer und anonymer die

Gruppe aber wird, desto schwieriger ist solidarisches Handeln: Solidarität zwischen den Bewohnern eines Wohnblocks, eines Stadtviertels, einer Stadt, gar der Bevölkerung eines ganzen Landes? – Solidarität stellt sich in den Beispielen mit abnehmender Wahrscheinlichkeit kaum von selbst ein und deshalb ist der Staat gefragt.

Wie und zwischen welchen Gruppen der Staat Solidarität organisiert, das kann recht unterschiedlich sein. In den Ländern der Europäischen Union existieren verschiedene Organisationsformen der Solidarität (vgl. Kap. XI). Hier soll nur gezeigt werden, wie Solidarität in Deutschland ausgestaltet ist.

Das Sozialsystem hierzulande wird dominiert von der **Sozialversicherung**. Für die großen Risiken des Lebens – Alter, Krankheit, Arbeitslosigkeit, Arbeitsunfall und Pflegebedürftigkeit – gibt es Sozialversicherungen. Der Grundgedanke dabei ist, dass alle Mitglieder einer Solidargemeinschaft, also z. B. die Mitglieder der Gesetzlichen Rentenversicherung oder die Mitglieder einer Krankenkasse, **gegenwärtig** Beiträge zahlen, aus denen die Leistungen für diejenigen finanziert werden, die **gegenwärtig** Hilfe brauchen. Das nennt man **Umlageverfahren**. Jedes Mitglied einer solchen Solidargemeinschaft bzw. Sozialversicherung hat im Bedarfsfall Anspruch auf Hilfe aufgrund seiner Zugehörigkeit zur Sozialversicherung.

Kennzeichnend für das Umlageverfahren ist die **Gleichzeitigkeit von Beitragszahlung und Leistungsgewährung**; alle finanziellen Mittel, die gegenwärtig von den Versicherten eingesammelt werden, dienen der gegenwärtigen Bezahlung von Leistungen. Die Sozialversicherungen bauen aus den Beitrags-

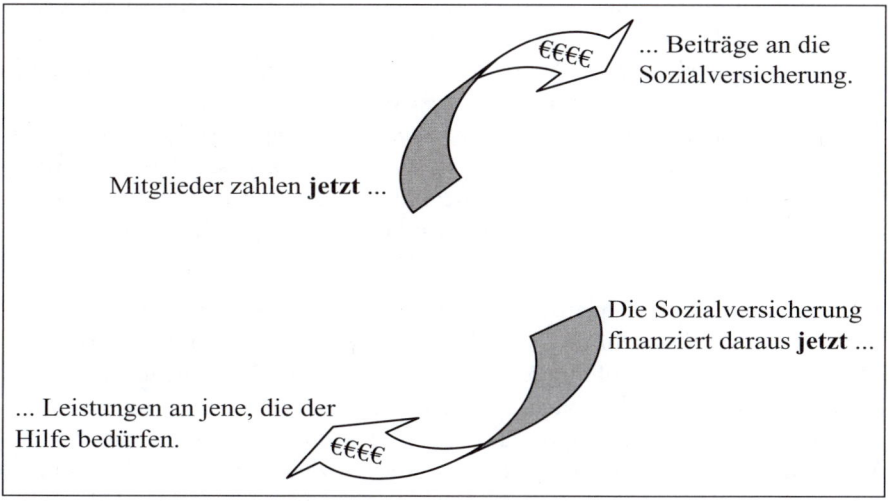

Abb. 1: Solidarität in der Sozialversicherung im Umlageverfahren

zahlungen **keine** Reserven auf, die sie einem Kapitalstock zur künftigen Finanzierung von Leistungen zuführen. Sie sind deshalb auf eine annähernd gleichgewichtige Entwicklung der Beitragszahlungen und der Leistungsausgaben angewiesen. Sinkt die Anzahl der Beitragszahler oder sinken die Einkommen aus denen sie Beiträge zahlen, während die Leistungen mehr oder teurer werden, so gibt es drei Möglichkeiten:

- die Beitragssätze steigen oder
- die Leistungsausgaben werden gekürzt oder
- beide Maßnahmen werden kombiniert.

Typisch für eine Sozialversicherung ist die **Versicherungspflicht** für bestimmte Personengruppen, in erster Linie Arbeitnehmer. Der Staat überlässt es per Gesetz nicht dem einzelnen, ob er sich versichern möchte oder nicht. Als Begründung dafür kann man anführen, dass vor allem viele junge Menschen ohne Verpflichtung nicht bereit wären, sich gegen Lebensrisiken abzusichern, die mit hoher Wahrscheinlichkeit erst im Alter auftreten. Man nennt dies „Minderschätzung künftiger Bedürfnisse".

Das Solidarprinzip der Sozialversicherung wird durch ein weiteres wichtiges Prinzip der Sozialpolitik ergänzt: Die **Subsidiarität** (aus dem Lat.: subsidium = Reserve, Rückhalt).

Subsidiarität heißt, der Sozialstaat wird nur dann aktiv, wenn der Einzelne sich nicht selbst helfen kann. Das ist einerseits für den Staat eine Aufforderung sich nicht in die Belange der Menschen einzumischen, wenn diese des Staates und seiner Hilfe nicht bedürfen. Und es bedeutet andererseits für den Einzelnen, dass er Hilfe durch den Sozialstaat nicht verlangen kann, wenn er in der Lage ist sich selbst zu helfen oder wenn er einer solidarischen Gruppe wie seiner Familie, seiner Sozialversicherung angehört, die ihn unterstützen kann. Im § 2 des Sozialgesetzbuches XII – Sozialhilfe – findet sich unter der Überschrift *„Nachrang der Sozialhilfe"*, folgende **Definition des Subsidiaritätsprinzips**: *„Sozialhilfe erhält nicht, wer sich vor allem durch Einsatz seiner Arbeitskraft, seines Einkommens und seines Vermögens selbst helfen kann oder wer die erforderliche Leistung von anderen, insbesondere von Angehörigen oder von Trägern anderer Sozialleistungen, erhält."* In der einschlägigen Literatur findet sich für subsidiäre Sozialleistungen häufig der Begriff **Fürsorgeleistung**.

Nach dem Subsidiaritätsprinzip sind neben den Leistungen nach Sozialgesetzbuch (SGB) XII (**Sozialhilfe**) das **Arbeitslosengeld II**, die **Grundsicherung im Alter und bei Erwerbsunfähigkeit**, das **BaFöG** und das **Wohngeld** organisiert: Diese Leistungen werden nach einer **Bedürftigkeitsprüfung** gewährt. Wenn jemand Sozialhilfe beantragt, dann prüft das Sozialamt zunächst, ob der Antragsteller Lohnersatzleistungen aus einer Sozialversicherung bekommen kann. Wer z. B. als Ersatz für sein Arbeitseinkommen Krankengeld erhält, hat keinen Anspruch auf Sozialhilfe, weil die Krankenkasse als Solidargemeinschaft für ihn eintritt und er folglich den Rückhalt der Sozialhilfe nicht benötigt. Ist keine Sozialversicherung zuständig oder reichen deren Leistungen nicht aus, um den Lebensunterhalt zu sichern, muss der Antragsteller nachweisen, dass weder er selbst, noch seine nächsten Angehörigen ausreichend Einkommen erzielen oder Vermögen besitzen, bevor er Leistungen der Sozialhilfe erhält. Sozialhilfe und alle anderen subsidiären Hilfen sind somit **nachrangig**.

Subsidiäre Leistungen werden im Gegensatz zu Leistungen der Sozialversicherung aus **Steuern finanziert** und **nicht aus Beiträgen**. Wer Mitglied oder mitversicherter Angehöriger einer Sozialversicherung ist, hat aufgrund seiner Eigenschaft als Versicherter automatisch Anspruch auf Leistungen der Sozialversicherung. Subsidiären Leistungen fehlt dieser Automatismus, sie beruhen nicht auf einer Zugehörigkeit zu einer Versicherung.

Nicht alle Sozialleistungen lassen sich unter die beiden Rubriken Solidarleistung und subsidiäre Leistung einordnen. Deshalb wird ein weiteres Prinzip definiert, das **Versorgungsprinzip**. Der Bezug von Kindergeld ist nicht an die Zugehörigkeit zu einer Sozialversicherung als Solidargemeinschaft gebunden und es wird ohne Bedürftigkeitsprüfung ausgezahlt. Der Leistungsanspruch ergibt sich aus einer Eigenschaft oder Situation. Im Fall des Kindergeldes ist der Leistungsbezug an die Eigenschaft, Eltern von minderjährigen bzw. in Ausbildung befindlichen Kindern zu sein, geknüpft. Dem Versorgungsprinzip werden auch Leistungen nach dem Gesetz über die Versorgung der Opfer des Krieges zugeordnet. Ebenso gehören die Leistungen des Staates an Beamte, wie Beihilfen und Pensionen, zu den Versorgungsleistungen. Wie subsidiäre Sozialleistungen werden sie aus Steuern finanziert.

Übersicht 1:   Solidarität, Subsidiarität, Versorgung

Solidarität	Subsidiarität/Fürsorge	Versorgung
Sozialversicherung	Sozialhilfe, Arbeitslosengeld II	Kindergeld, Kriegsopferversorgung
Leistungsanspruch durch Versicherungszugehörigkeit	Leistungsanspruch nach Bedürftigkeitsprüfung; Nachrangigkeit	Leistungsanspruch nach Eigenschaft bzw. Situation
Finanzierung aus Beiträgen	Finanzierung aus Steuern	Finanzierung aus Steuern

Der Sozialstaat in Deutschland gleicht einem großen – mittlerweile über 130 Jahre alten – Gebäude mit vielen Etagen, vielen Eingängen, Anbauten, Umbauten. Um dieser Komplexität gerecht zu werden, hat der Gesetzgeber vor ca. 35 Jahren begonnen, das Sozialrecht in **einem** Gesetzbuch, dem Sozialgesetzbuch (SGB) zusammenzufassen. Das SGB besteht aus derzeit zwölf einzelnen Büchern; als vorerst letzte wurden im Jahr 2005 im Buch II die Grundsicherung für Arbeitssuchende (so genanntes „Hartz-IV-Gesetz") und im Buch XII das Bundessozialhilfegesetz in das SGB eingefügt.

Übersicht 2:   Aufbau des Sozialgesetzbuches

SGB I	Allgemeiner Teil
SGB II	Grundsicherung für Arbeitssuchende
SGB III	Arbeitsförderung
SGB IV	Gemeinsame Vorschriften für die Sozialversicherung
SGB V	Gesetzliche Krankenversicherung
SGB VI	Gesetzliche Rentenversicherung
SGB VII	Gesetzliche Unfallversicherung
SGB VIII	Kinder- und Jugendhilfe
SGB IX	Rehabilitation und Teilhabe behinderter Menschen
SGB X	Sozialverwaltungsverfahren und Sozialdatenschutz
SGB XI	Soziale Pflegeversicherung
SGB XII	Sozialhilfe

3   Sozialstaat und Gesundheitswesen – ein kurzer Überblick in Zahlen

3.1   Sozialbudget

Das Sozialbudget wird vom Statistischen Bundesamt alljährlich veröffentlicht. Es gibt

- den Anteil der Sozialleistungen am Bruttoinlandsprodukt (BIP)
- die Sozialleistungen nach Institutionen und die
- Sozialleistungen nach Funktionen

wieder. Die folgende Statistik zeigt das Sozialbudget insgesamt in Millionen Euro, die so genannte Sozialleistungsquote, also den Anteil der Sozialausgaben am BIP, und die Sozialausgaben nach Funktionen.

Tab. 2: Sozialbudget 2010 insgesamt und nach Institutionen und Leistungen

	Einheit	
Sozialleistungen insgesamt	Mrd. €	760,6
Sozialleistungsquote	v.H. des BIP	30,43
Leistungen nach Funktionen		
Krankheit und Invalidität	Mrd. €	294,7
Alter und Hinterbliebene	Mrd. €	292,7
Kinder, Ehegatten und Mutterschaft	Mrd. €	79,9
Arbeitslosigkeit	Mrd. €	42,3
Wohnen, Allgem. Lebenshilfen	Mrd. €	20,2
Übrige Funktionen	Mrd. €	30,8

Quelle: Statistisches Bundesamt, 2013
https://www.destatis.de/DE/ZahlenFakten/GesellschaftStaat/Soziales/Sozialbudget/
Tabellen/SozialbudgetLeistung2009_2010.html Zugriffsdatum 13.5.2013

Mit einem Anteil der Sozialleistungen von knapp einem Drittel des BIP gehört Deutschland zu den ausgeprägtesten Sozialstaaten weltweit.

3.2 Gesundheitsquote, Finanzierung der Gesundheitsausgaben

Berechnet man nun den Anteil aller Gesundheitsausgaben am BIP, so erhält man die so genannte **Gesundheitsquote**. Sie betrug 2011 in Deutschland **11,3 %** und ist wie folgt zu interpretieren: **11,3 % aller in Deutschland produzierten Waren und Dienstleistungen sind dem Gesundheitswesen zuzurechen** – oder anders formuliert: **11,3 % aller Einkommen entstehen im Gesundheitswesen.**

Im internationalen Vergleich ist dieser Wert hoch: Nach den USA und den Niederlanden liegt Deutschlad damit zusammen mit Frankreich auf Rang drei der Länder mit der höchsten Gesundheitsquote.

In den vergangenen 19 Jahren ist die Gesundheitsquote um ca. 1,7 % ange-
stiegen (von 9,6 % in 1992 auf 11,3 % in 2011). Ohne Gesundheitsrefor-
men, mit denen in jeder Legislatur versucht wurde, die Ausgaben zu stabi-
lisieren, wäre die Gesundheitsquote sicherlich stärker gestiegen – wie stark,
ist allerdings ungewiss. Wissenschaftler sind sich weitgehend einig darin, Gesundheitsleistungen als so genannte **superiore Güter** zu definieren. Superiore
Güter werden mit steigendem Wohlstand – also steigendem BIP – überpro-
portional nachgefragt.

Tabelle 3 ordnet die Gesundheitsausgaben den jeweiligen **institutionellen
Ausgabenträgern** zu.

Tab. 3: Gesundheitsausgaben nach Ausgabenträgern – 2011

Ausgabenträger	In Mill. €	In % der Gesundheitsausgaben
Öffentliche Haushalte	14 088	4,8
Gesetzliche Krankenversicherung	168 483	57,3
Soziale Pflegeversicherung	21 960	7,5
Gesetzliche Rentenversicherung	4 122	1,4
Gesetzliche Unfallversicherung	4 760	1,6
Private Krankenversicherung[1]	27 723	9,4
Arbeitgeber	12 541	4,3
Private Haushalte	40 125	13,7
Insgesamt	293 802	100,0

[1] einschließlich private Pflegeversicherung
Quelle: Statistisches Bundesamt
https://www.destatis.de/DE/ZahlenFakten/GesellschaftStaat/Gesundheit/
Gesundheitsausgaben/Tabellen/Ausgabentraeger.html, Zugriffsdatum 13.5.2013;
eigene Berechnungen

Sozialversicherte Gesundheitsleistungen werden von der gesetzlichen Kran-
kenversicherung, der Pflegeversicherung, der Unfallversicherung und in
Form von Rehabilitation von der gesetzlichen Rentenversicherung erbracht.
Arbeitnehmer- und Arbeitgeber-Anteil zur Sozialversicherung werden vom

Statistischen Bundesamt als **Bestandteil der Arbeitnehmereinkommen** und folglich der Lohnquote dargestellt. Tatsächlich kann der Arbeitgeberanteil zur Sozialversicherung als Lohnbestandteil betrachtet werden; er ist an den Arbeitsvertrag gekoppelt und könnte ebenso als Lohn ausgezahlt und vom Arbeitnehmer an die Sozialversicherung abgeführt werden. Die **unselbstständig Beschäftigten tragen** also mit ihren Sozialversicherungsbeiträgen **den weitaus größten Anteil an allen Sozialleistungen** und damit auch an den **Gesundheitsausgaben.**

Private Haushalte entrichten Zuzahlungen zu Arzneimitteln, Krankenhausbehandlung etc.; sie erwerben nicht-verschreibungspflichtige Arzneien, die von den Kassen nicht erstattet werden aus eigener Tasche. Mit 35,3 Mrd. € sind sie nach den Sozialversicherungsträgern der größte Finanzier von Gesundheitsleistungen.

Aus Steuern des Staates werden die subsidiären Leistungen der Sozialhilfe für Rehabilitation und die Sozialhilfe für Pflegebedürftige finanziert. Aufgabe des Staates ist ferner die Investitionsfinanzierung von Plankrankenhäusern und Universitätskliniken sowie der öffentliche Gesundheitsdienst. Für seine Beamten zahlt der Staat im Krankheitsfall Beihilfen. Insgesamt trug die öffentliche Hand 2011 ca. 14 Mrd. € zur Finanzierung des Gesundheitswesens bei.

In die Ausgaben der privaten Krankenversicherung mit 27,7 Mrd. € sind neben den Krankheitsvollkostenversicherungen die private Pflegeversicherung und ebenso die privaten Zusatzversicherungen mit eingerechnet. Die ca. 12,5 Mrd. € der Arbeitgeber werden für den betrieblichen Gesundheitsdienst verausgabt.

Sachleistungen überwiegen bei Weitem: Nur ein kleiner Teil der gesamten Gesundheitsausgaben der Sozialversicherung fließt den Haushalten als Geldleistung (Krankengeld, Übergangsgeld, Verletztengeld) zu.

3.3 Beschäftigte – das Gesundheitswesen als Arbeitgeber

Dem Gewicht, das dem Gesundheitswesen als Anteil am BIP zukommt, entspricht seine Bedeutung als Arbeitgeber: **11 % aller Erwerbstätigen in Deutschland arbeiten im Gesundheitswesen. Anders ausgedrückt: Jeder 9. Erwerbstätige ist im Gesundheitssektor beschäftigt.** Vor allem für Frauen sind die Gesundheitsbranchen wichtige Arbeitgeber.

Das Gesundheitswesen gehört überwiegend zum tertiären Sektor, also zum **Dienstleistungssektor** der Volkswirtschaft. Dieser Sektor steuert typischerweise in hoch entwickelten Volkswirtschaften den größten Anteil zum BIP bei und diesem Gewicht entsprechend sind die meisten Erwerbstätigen (in Deutschland 73 %) im Dienstleistungssektor tätig. Im Gesundheitswesen ist

Tab. 4:   Beschäftigte im Gesundheitswesen 2011

	Anzahl in TSD	Davon Frauen in %
Ärzte/Zahnärzte/Psychotherapeuten	447	46
Apotheker	61	67
Gesundheits-/Krankenpfleger/Hebammen	826	85
Krankenpflegehelfer	275	70
Altenpfleger	444	86
Medizinische/zahnmedizinische Fachangestellte	647	99
Medizinisch- bzw. pharmazeutisch-technische Assistenten	166	94
Diätassistenten	14	93
Heilpädagogen/Heilerziehungspfleger	26	73
Therapeutische Berufe (Physiotherapeuten, Masseure, Logopäden, Podologen, medizinische Bademeister)	322	77
Gesundheitshandwerker (Augenoptiker, Zahntechniker, Hörgeräteakustiker, Orthopädiemechaniker)	148	51
Gesundheitsingenieure, -techniker, Pharmakanten , gesundheitssichernde Berufe	96	65
Heilpraktiker	35	77
Andere Berufe im Gesundheitswesen (v.a. in der Verwaltung und der Industrie)	1 412	62

Quelle: Statistisches Bundesamt, https://www.destatis.de/DE/ZahlenFakten/GesellschaftStaat/Gesundheit/ Gesundheitspersonal/Gesundheitspersonal.html, Zugriffsdatum 13.5.2013; eigene Berechnungen

die Dominanz der Dienstleistungen noch stärker ausgeprägt: 95 % aller, die im Gesundheitswesen arbeiten, gehören Dienstleistungsberufen an. Nur 5 % sind in der Gesundheitsindustrie (pharmazeutische Industrie und Medizin-produkteindustrie) beschäftigt.

Übungsaufgaben zu Teil I

Aufgabe 1

Zu den wichtigsten Zielen des Gesundheitswesens gehört es, die Morbidität und die Mortalität zu senken. Welche der folgenden Statistiken geben Auskunft über die Morbidität, welche über die Mortalität in der Bevölkerung?

	a) Morbidität	b) Mortalität
1. Jährliche Neu-Infektionen mit dem HIV-Virus		
2. Anteil der 4-6-jährigen Kinder mit Störungen der Feinmotorik		
3. Anteil der tödlichen Verkehrs-unfälle an der gesamten Unfall-sterblichkeit		
4. Entwicklung der Erkrankungs-fälle an Brustkrebs bei Frauen zwischen 45 und 55 Jahren		
5. Anteil der 5 Jahre nach Diagno-sestellung tödlich verlaufenen Brustkrebserkrankungen bei Frauen zwischen 45 und 55 Jahren		
6. Auswertung der Einschulungs-untersuchungen von Kindern nach der Häufigkeit von Seh- und Hörstörungen		

Aufgabe 2

Bitte ordnen Sie zu:

		a) Solidarleistung	b) Subsidiärleistung
1.	Halbwaisenrente		
2.	Arbeitslosengeld I		
3.	Arbeitslosengeld II		
4.	Übergangsgeld		
5.	BaFöG		
6.	Verletztengeld		
7.	Sozialhilfe		
8.	Krankengeld		
9.	Wohngeld		
10.	Altersrente		

Aufgabe 3

Was versteht man unter der

1. Sozialleistungsquote und der
2. Gesundheitsquote?

Teil II
Absicherung der Risiken Krankheit, Arbeitsunfall/Berufskrankheit und Pflegebedürftigkeit

1   Die einzelnen Zweige der Sozialversicherung

Die Sozialversicherung ist eine deutsche „Erfindung". Älteste Sozialversicherung ist die Krankenversicherung; sie entstand im Jahre 1883 auf Initiative des Reichskanzlers Otto von **Bismarck**. Allerdings war Bismarcks Sozialpolitik nicht seiner Sorge um das Wohlergehen der Arbeiter geschuldet, sondern innenpolitischem Kalkül. Während der Industrialisierung in der zweiten Hälfte des 19. Jahrhunderts wuchs die Zahl der Industriearbeiter. Sie wurden jedoch nicht am Wohlstand der Besitzenden beteiligt, sondern gerieten immer tiefer in soziales Elend. Die Entlohnung war so niedrig, dass sogar Kinder arbeiten mussten, um der Familie das Überleben zu ermöglichen. Die Arbeitsbedingungen der Menschen waren sehr hart; es gab keinen Schutz gegen die Wechselfälle des Lebens. In dieser Zeit erstarkte die Arbeiterbewegung, die zunächst von Ferdinand von Lassalle als Allgemeiner Deutscher Arbeiterverein konstituiert und später als sozialistische Arbeiterpartei Deutschlands, die Vorläuferin der SPD, von Wilhelm Liebknecht und Karl Bebel weitergeführt wurde. Nachdem 1873 eine Wirtschaftskrise einsetzte, in deren Verlauf sich die Situation der Arbeiterfamilien weiter verschlechtere, gewannen die Sozialdemokraten immer mehr Anhänger bei den Arbeitern. Bismarck empfand dies als Bedrohung seiner Macht und verbot 1878 mit dem so genannten Sozialistengesetz alle sozialistischen und sozialdemokratischen Zusammenschlüsse, um die „gemeingefährlichen Bestrebungen der Sozialdemokratie" zu bekämpfen.

Bismarcks Sozialgesetzgebung diente dem Ziel, sich das Wohlwollen der Arbeiterschaft zu sichern und sie auf diese Weise von der Sozialdemokratie zu entfremden. Dies gelang ihm zwar nicht, dennoch gilt die von ihm initiierte Sozialversicherung – auch wenn sie machtpolitisch motiviert war – bis heute als wichtigster Meilenstein in der Entwicklung des deutschen Sozialstaates.

Der Einführung der Krankenversicherung folgten in zeitlicher Reihenfolge 1884 die Unfallversicherung, 1889 die Rentenversicherung zunächst nur für Arbeiter, ab 1919 auch für Angestellte. 1927, also während der Weimarer Republik kurz vor dem Ausbruch der Weltwirtschaftskrise, wurde die Arbeitslosenversicherung gegründet und als jüngster Zweig im Jahr 1994 die soziale Pflegeversicherung.

Sozialversicherung lässt sich verstehen als eine solidarisch organisierte Versicherung gegen die **großen Risiken des Lebens**. Sie ist konzipiert für Arbeitnehmer, also Menschen, die davon leben, dass sie ihre Arbeit im Produktionsprozess anbieten und dafür Entgelt erhalten. Es können aber Umstände eintreten, die es unmöglich machen zu arbeiten oder die mit großen finanziellen Belastungen verbunden sind. Wer dann nicht in der Lage ist, Einkommen aus anderen Quellen, dem Besitz von Wohnungen etwa, von Wertpapieren wie Aktien oder einer sonstigen Beteiligung an einem Unternehmen zu beziehen, der bliebe ohne Versorgung. Wer aus seinem Arbeitseinkommen die große finanzielle Belastung, die z. B. die medizinische Behandlung nach einem Unfall oder einer Krankheit mit sich bringen kann, nicht zu tragen vermag, der stünde ohne Hilfe da.

Die großen Risiken des Lebens sind zum Teil einigermaßen gut vorherzusehen, sie gehören gewissermaßen zu einer normal verlaufenden Biografie der Menschen, wie etwa das Erreichen eines Alters, in dem man aus dem Erwerbsleben ausscheidet oder das Risiko, leichte oder mittelschwere Krankheiten zu erleiden. Andere Risiken sind für den einzelnen kaum vorherzusehen, wie z. B. ein Arbeitsunfall oder der Verlust des Arbeitsplatzes. Für eine **große Gruppe von Menschen**, die Arbeitnehmer, ist es aber möglich, die **Wahrscheinlichkeit** auch **für solche Risiken zu errechnen**, die für den einzelnen schwer vorherzusagen sind. Das aber ist die Voraussetzung für eine **Versicherung**.

Übersicht 3 zeigt die fünf Zweige der deutschen Sozialversicherung mit ihren wichtigsten Kennzeichen.

Übersicht 3:   Die einzelnen Zweige der Sozialversicherung (Stand 2013)

Gesetzliche Rentenversicherung (Sozialgesetzbuch VI)
Versicherte: Arbeitnehmer (ohne Beamte), Auszubildende, Arbeitslose
Leistungen: • Sachleistungen: Medizinische und berufliche Rehabilitation
• Geldleistungen: Renten:
– Altersrenten
– Renten wegen verminderter Erwerbsfähigkeit
– Renten wegen Todes (Witwen- und Waisenrenten)

Finanzierung:	• Beiträge als Prozentsatz der Beitragsbemessungsgrenze werden je zur Hälfte von Arbeitnehmern und Arbeitgebern getragen
	Beitragssatz: 18,9 %
	Beitragsbemessungsgrenze: West: 5 800 € pro Monat; Ost: 4 900 € pro Monat
	• Bundeszuschuss
Träger:	Deutsche Rentenversicherung

Gesetzliche Krankenversicherung (Sozialgesetzbuch V)

Versicherte:	Pflichtversichert sind Arbeitnehmer (ohne Beamte), sofern ihr monatliches Arbeitsentgelt unterhalb der Pflichtversicherungsgrenze der Krankenversicherung (4 350 € pro Monat) liegt, Auszubildende, Arbeitslose, Rentner, Studenten; freiwillig versichert sind Personen, deren Monatsbruttoverdienst ein Jahr lang die Pflichtversicherungsgrenze übersteigt.
Leistungen:	• Sachleistungen
	– zur Behandlung von Krankheiten – zur Früherkennung von Krankheiten – zur Verhütung von Krankheiten und deren Verschlimmerung – der medizinischen Rehabilitation
	• Geldleistungen
	– Krankengeld
Finanzierung:	• Beiträge bis zur Beitragsbemessungsgrenze von 3 937,50 € zu 8,2 % von Arbeitnehmern bzw. Rentnern und zu 7,3 % von Arbeitgebern bzw. der Rentenversicherung.
	Beitragssatz insgesamt: 15,5 %
	• Bundeszuschuss
Träger:	Allgemeine Ortskrankenkassen, Betriebskrankenkassen, Innungskrankenkassen, Landwirtschaftliche Krankenkassen, Ersatzkassen, Deutsche Rentenversicherung, Knappschaft-Bahn-See

Soziale Pflegeversicherung (Sozialgesetzbuch XI)

Versicherte: Versicherungspflicht für **alle** Bürger

Pflichtversicherte der GKV sind pflichtversichert in der zugehörigen Pflegekasse; freiwillige Mitglieder der GKV können zwischen sozialer und privater Pflegeversicherung wählen; Versicherungspflicht in der privaten Pflegeversicherung für privat Krankenversicherte

Leistungen: • Sachleistungen bei häuslicher Pflege

• Pflegegeld (auch in Kombination mit Sach- und teilstationären Leistungen möglich)

  – Teilstationäre Pflege und Kurzzeitpflege
  – Vollstationäre Pflege

Finanzierung: • Beitragsbemessungsgrenze wie GKV: 3 937,50 € pro Monat.

Beitragssatz: 2,05 %

Beiträge für Versicherte mit Kind(ern) je zur Hälfte von Arbeitnehmern und Arbeitgebern; Beiträge für kinderlose Versicherte ab 23 Jahren: Arbeitnehmeranteil 1,275 %, Arbeitgeberanteil 1,025 %.

Rentner tragen Beitrag allein; kinderlose Rentner, die nach dem 31.12.1939 geboren wurden, zahlen den um 0,25 % erhöhten Satz, also 2,3 %.

• Für Beamte und Selbstständige: Finanzierung durch private Versicherung

Träger: Pflegekassen (bei Krankenkassen angegliedert)

Gesetzliche Unfallversicherung (Sozialgesetzbuch VII)

Versicherte: Alle Beschäftigten und Auszubildenden, Studenten, Schüler, Kindergartenkinder etc.

Leistungen: Im Versicherungsfall (Arbeitsunfall, Berufskrankheit):

• Sachleistungen wie Heilbehandlung, medizinische und berufliche Rehabilitation, Pflegeleistungen, sonstige Sachleistungen wie z. B. Kfz-Hilfe, Wohnungshilfe etc.

• Geldleistungen: Verletztengeld, Renten

Finanzierung:	Beitragspflichtig sind Arbeitgeber nach Gefahrenklassen und Arbeitsentgelten der Versicherten
Träger:	Berufsgenossenschaften und Unfallkassen öffentlicher Arbeitgeber
Arbeitsförderung (Sozialgesetzbuch III)	
Versicherte:	Wie Rentenversicherung
Leistungen:	• Beratung und Vermittlung • Weiterbildung • Berufliche Rehabilitation • Arbeitslosengeld I, Kurzarbeitergeld
Finanzierung:	• Wie Rentenversicherung Beitragssatz: 3,0 % • Bundeszuschuss
Träger:	Bundesagentur für Arbeit

1.1 Gemeinsamkeiten und Unterschiede

Mit Ausnahme der Unfallversicherung wird die Sozialversicherung überwiegend durch Beiträge der Arbeitnehmer und Arbeitgeber finanziert. Beiträge zur Unfallversicherung werden allein von den Arbeitgebern entrichtet. Für die Renten- und Arbeitslosenversicherung gibt es eine **Bundesgarantie**. Gerät einer dieser Versicherungszweige in Zahlungsschwierigkeiten, muss der Bund mit einer Erhöhung des steuerfinanzierten Bundeszuschusses einspringen. Auf diese Weise sind für die Empfangsberechtigten, Rentner bzw. Empfänger von Arbeitslosengeld, die Zahlungen stets garantiert.

Typisches Kennzeichen der Sozialversicherung ist die **Verpflichtung,** eine Versicherung abzuschließen. Wer als Angestellter oder Arbeiter unselbstständig beschäftigt ist, der **muss** Mitglied der Rentenversicherung, der Arbeitslosen- und der Pflegeversicherung sein. Er hat nicht die Wahl, diese Risiken nicht zu versichern. In der gesetzlichen Krankenversicherung sind Arbeitnehmer, sofern sie keine Beamten sind, pflichtversichert, wenn ihr monatliches Bruttoeinkommen unter 4 350 € (2013) liegt. Wer ein Jahr lang mehr verdient, kann frei wählen, ob er in der gesetzlichen Krankenkasse bleibt oder sich bei einer privaten Versicherung gegen Krankheitsrisiken absichert. Diese **Versicherungspflichtgrenze** (bzw. Jahresarbeitsentgeltgrenze), die den Kreis der zur Mitgliedschaft in der Sozialversicherung Verpflichteten definiert, gibt es

47

auch in der Pflegeversicherung; freiwillig Versicherte der GKV können wählen zwischen der Pflegekasse ihrer gesetzlichen Krankenversicherung und einer privaten Pflegekasse.

Die Pflicht zur Mitgliedschaft in der Sozialversicherung wird logisch ergänzt durch den **Kontrahierungszwang** (aus dem Lat.: Kontrakt = Vertrag): Jede Sozialversicherung muss einen Versicherungspflichtigen bzw. einen Versicherungsberechtigten aufnehmen, sie darf ihn nicht abweisen.

Möchte ein abhängig Erwerbstätiger z. B. Mitglied einer Ersatzkasse für Angestellte werden, so muss ihm diese die Mitgliedschaft gewähren, egal ob er krank oder gesund ist, egal ob sein Einkommen niedrig oder hoch ist, egal ob er Kinder hat oder nicht, egal ob er als Arbeiter oder Angestellter erwerbstätig ist.

Weiteres Kennzeichen einer Sozialversicherung ist die **Einkommensabhängigkeit der Beiträge**. Die Beiträge werden als Prozentsatz des Einkommens berechnet und somit zahlt, wer mehr verdient und folglich mehr zu leisten in der Lage ist, auch mehr Solidarbeitrag. Man spricht deshalb auch vom **Leistungsfähigkeitsprinzip**. Allerdings endet die Beitragszahlung nach dem Leistungsfähigkeitsprinzip an der Beitragsbemessungsgrenze. Am Beispiel der Krankenversicherung demonstriert bedeutet dies: Wer z. B. 4 500 € pro Monat brutto verdient, dessen Beitrag wird nur auf 3 937,50 €, die Beitragsbemessungsgrenze, erhoben. Für den über dieser Grenze liegenden Verdienst in Höhe von 562,50 € wird kein Beitrag gezahlt.

Die Krankenversicherung gewährt ihre Leistungen ganz überwiegend als **Sachleistungen**, z. B. in Form von Krankenhausaufenthalten, Besuch beim Arzt etc., und nicht wie im Falle der Rentenversicherung als **Geldleistung**. Wie viel Sachleistungen ein Versicherter von seiner Krankenkasse finanziert bekommt, hängt nicht von seinen Beitragszahlungen ab. Für die Pflegeversicherung gilt Gleiches: Ihre Leistungen, egal ob Geld- oder Sachleistungen, sind für jeden Berechtigten gleich.

Aus Übersicht 3 wird ersichtlich, dass Leistungen, die mit Gesundheit und Pflege zusammenhängen, von jedem Zweig der Sozialversicherung finanziert werden. Die gesetzliche Rentenversicherung ist der größte Träger der medizinischen Rehabilitation. Zählt man berufliche Rehabilitation zu den Leistungen des Gesundheitswesens, so gewährt auch die Bundesagentur für Arbeit Gesundheitsleistungen.

1.2 Sozialversicherung und Demografie – Probleme der Zukunft

1.2.1 Altersstruktur in Deutschland

Mit Ausnahme der Pflegeversicherung wurden die Sozialversicherungen in Deutschland in Zeiten gegründet, als die Bevölkerung des Landes im Durchschnitt noch wesentlich jünger war als heute. Die demografischen (aus dem Gr.: demos = Volk, graph = schreiben) Bedingungen haben sich seitdem grundlegend verändert. Wie in anderen reichen, hochentwickelten Volkswirtschaften der Welt, so altert auch in Deutschland die Bevölkerung. Dies hat zwei Gründe:

• Es werden je Frau weniger Kinder geboren als früher und
• die durchschnittliche Lebenserwartung bei Geburt und die künftige Lebenserwartung bereits betagter Menschen steigen.

Die Altersstruktur einer Bevölkerung lässt sich anhand der so genannten Bevölkerungspyramide – die heute jedoch mehr einem Pilz ähnelt – darstellen.

Wie die Teilabbildungen zu interpretieren sind, soll das Beispiel in Abbildung 2 für den Altersaufbau am 31.12.2008 zeigen:

Am 31.12.2008 lebten in Deutschland ca. je 375 000 neugeborene Mädchen und Jungen. Dies ist an den Querachsen unter der Pyramide abzulesen. Geht man rechts oder links von der unteren Querachse nach oben, so erhält man die Bevölkerungsstärke nach Frauen und Männern getrennt für die jeweils höheren Jahrgänge. Je ca. 750 000 Männer und Frauen um die 45 Jahre lebten 2008 in Deutschland.

Zu Beginn des 20. Jahrhundert glich der Bevölkerungsaufbau tatsächlich noch einer Pyramide. Je jünger ein Jahrgang war, desto stärker war er besetzt. Die Menschen wurden im Durchschnitt noch nicht so alt wie heute, das ist aus der geringen Anzahl von Menschen in den betagten Altersgruppen abzulesen. In der Mitte des vorigen Jahrhunderts ist die Pyramidenform im oberen Teil des Altersaufbaus noch erhalten; der untere Teil ist stark zerklüftet durch die großen Katastrophen des 20. Jahrhunderts. Menschen, die 1910 etwa 10 bis 15 Jahre alt waren, kamen im ersten Weltkrieg (1914–1918) in das Alter, in dem Paare Kinder bekommen. 1950 waren diese Kinder, die während des 1. Weltkrieges geboren wurden 30 bis 35 Jahre alt. Dem Altersaufbau 1950 lässt sich entnehmen, dass diese Geburtsjahrgänge schwach besetzt waren: Die Pyramide ist von beiden Seiten quasi eingedrückt. Das nennt man den Geburtenausfall während des 1. Weltkrieges. Weitere Geburtenausfälle zeigen sich während der Weltwirtschaftskrise zu Beginn der 30er-Jahre und während des 2. Weltkrieges (1939–1945).

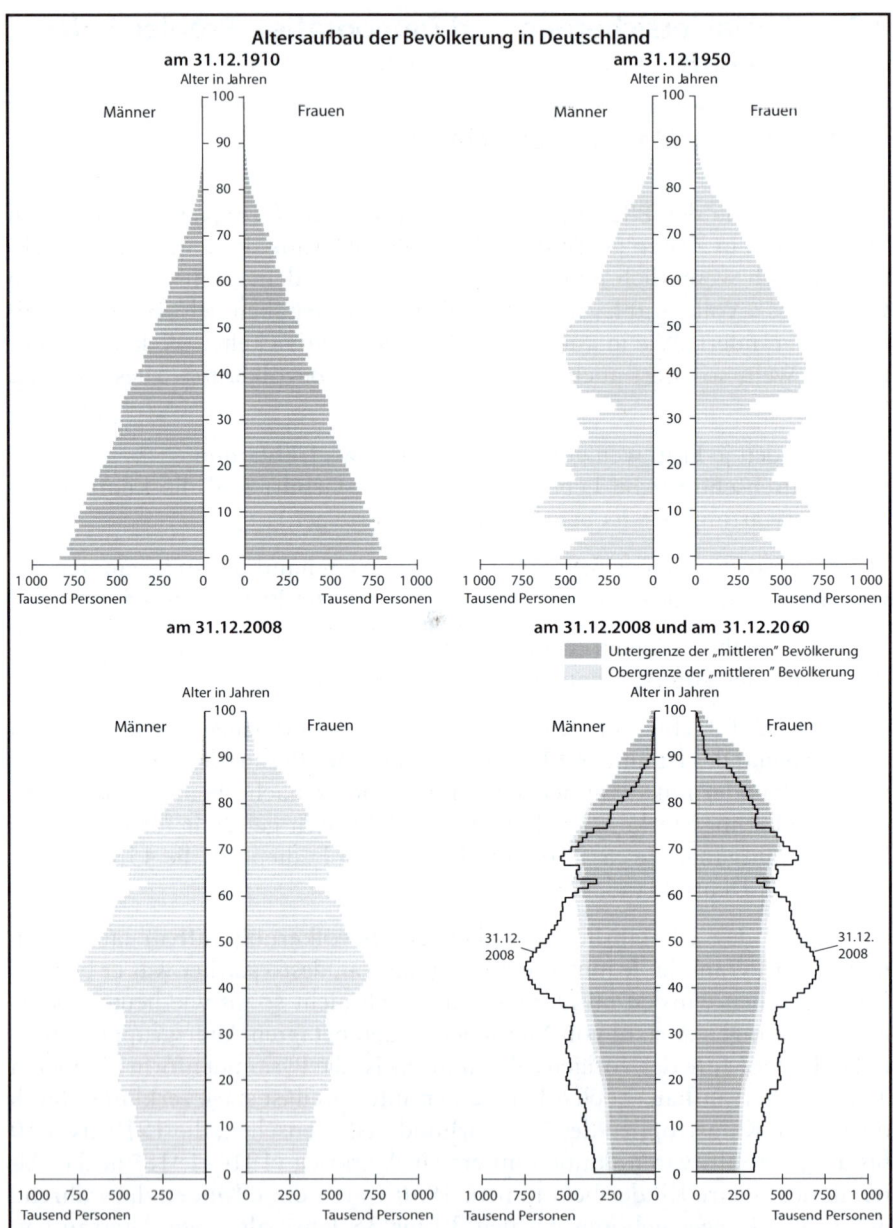

Abb. 2: Aufbau der Bevölkerung in Deutschland. Quelle: Statistisches Bundesamt – Pressestelle, Hrsg., Bevölkerung Deutschlands bis 2020 – 10. koordinierte Bevölkerungsvorausberechnung, Wiesbaden 2009

Betrachtet man den Altersaufbau 2008, so sieht man die Geburtenausfälle des 2. Weltkrieges an den schwach besetzten Jahrgängen der rund 65-Jährigen, die des 1. Weltkrieges an den Jahrgängen der 85- bis 90-Jährigen. Sie haben sich im Vergleich zu 1950 um 58 Jahre nach oben verschoben.

Auffällig ist nun aber, dass die jüngsten Jahrgänge 2008 deutlich schwächer besetzt sind als die älteren, vor allem die 40- bis 50-Jährigen. Das sind die so genannten **geburtenstarken Jahrgänge** der 50er- und 60er-Jahre oder die – wie sie auch genannt wird – Generation der Baby-Boomer. Ab den 70er-Jahren ging es dann mit den Geburtenzahlen abwärts. Die „Pyramide" steht quasi Kopf, sie ist unten schmäler als in der Mitte.

Heute bekommt eine Frau in Deutschland im Durchschnitt 1,4 Kinder oder anders ausgedrückt: Von 100 Frauen bekommen im Durchschnitt ca. 65 ein Kind, ca. 35 zwei Kinder. Die Geburtenziffer der Frauen in Deutschland gehört zu den niedrigsten in der EU.

Noch etwas zeigt sich 2008: Die Anzahl der Menschen älterer Jahrgänge hat im Vergleich zu 1910 und auch noch zu 1950 deutlich zugenommen. Die höhere Lebenserwartung der Frauen schlägt sich in einem Frauenüberschuss bei älteren Menschen nieder. Wie die **Lebenserwartung** neugeborener Mädchen und Buben in etwa dem Zeitraum, den die drei ersten Pyramiden wiedergeben gestiegen ist, zeigt Tabelle 5.

Tab. 5: Entwicklung der Lebenserwartung bei Geburt in Deutschland

	Reichsgebiet		Früheres Bundesgebiet		Frühere DDR		Deutschland	
	1901/1910	1924/1926	1949/1951	1997/1999	1952/1953	1997/1999	1991/1993	2009/2011
M	44,8	56,0	64,6	74,8	65,1	73,0	72,5	77,7
W	48,3	58,8	68,5	80,7	69,1	80,0	79,0	82,7

Quelle: Bundesministerium für Gesundheit, Hrsg., Statistisches Taschenbuch Gesundheit 2005, Berlin 2005, Tab. 1.5; Statistisches Bundesamt, https://www.destatis.de/DE/ZahlenFakten/GesellschaftStaat/Bevoelkerung/Sterbefaelle/Tabellen/SterbetafelDeutschland.html

Ein in den Jahren 1901 bis 1910 neugeborenes Mädchen wurde im Durchschnitt etwa 48 Jahre alt. Ein 2009 bis 2011 geborenes Mädchen erreicht eine durchschnittliche Lebenslänge von ca. 83 Jahren. Nun kann man die Lebenserwartung nicht nur ab Geburt, sondern ab jedem beliebigem Lebensalter berechnen. Man kann also fragen, wie viele Jahre Lebenszeit einem 60-jährigen Mann oder einer 60-jährigen Frau im Durchschnitt bleiben. Auch diese so genannte **fernere Lebenserwartung** hat sich in den vergangenen Jahrzehnten erhöht. Generell ergibt das erreichte Lebensalter und die fernere Lebenserwartung in diesem Alter eine höhere durchschnittliche Dauer des Lebens als die Lebenserwartung bei Geburt. Wer bereits seinen 60. Geburtstag hinter sich hat, der hat die Sterbeursachen jüngerer Jahre überlebt. Dazu gehört beispielsweise die Sterblichkeit im Säuglingsalter oder die Sterblichkeit junger Erwachsener im Straßenverkehr.

Tab. 6:   Entwicklung der ferneren Lebenserwartung 60-Jähriger

Jahr	Durchschnittliche Lebenserwartung	
	60-jährige Frauen	60-jährige Männer
1970/1972	19	15
1980/1982	21	16
2009/2011	25	21

Quelle: vgl. Tab. 5.

In den letzten vierzig Jahren haben 60-jährige Menschen im Durchschnitt sechs Lebensjahre hinzugewonnen. In der Gruppe der betagten Menschen **nimmt der Anteil Hochbetagter zu.** Inwieweit sich dieser Trend weiter fortsetzt, kann heute noch nicht gesagt werden.

Der voraussichtliche Bevölkerungsaufbau im Jahr 2060 könnte, wenn die Geburtenrate nicht steigt, aussehen wie ein Pilz (vgl. Abb. 2). Der Schätzung des Statistischen Bundesamtes liegt die Annahme zugrunde, dass die Lebenserwartung bis 2060 um weitere vier Jahre steigt.

1.2.2   Auswirkungen auf die Sozialversicherung

Unter den fünf Sozialversicherungszweigen sind drei demografiegefährdet, wie es in der Fachsprache heißt: die Renten-, die Kranken- und die Pflegeversicherung. Die gegenwärtig ausgezahlten Renten werden aus gegenwärtigen Beiträgen von Erwerbstätigen und ihren Arbeitgebern und dem Bundeszuschuss finanziert. Man nennt das Umlageverfahren der Rentenversicherung **Generationenvertrag.** Jüngere Generationen zahlen für den Lebensunterhalt Älterer; als Gegenleistung dafür erhalten sie die Gewähr, dass spätere Generationen für sie aufkommen. Ob der Generationenvertrag funktioniert oder nicht, hängt vom Zahlenverhältnis von Erwerbstätigen, also Beitragszahlern, zu Rentnern ab. Wie die Bevölkerungspyramiden zeigen, hat sich dieses Verhältnis in den vergangenen Jahrzehnten zu einem höheren Rentneranteil verschoben.

Auch zum **Zahlenverhältnis der Generationen** hat das Statistische Bundesamt eine Schätzung vorgelegt. Nimmt man an, das Alter erwerbsfähiger Menschen liege zwischen 20 Jahren (Berufseintritt) und 65 Jahren (Renteneintritt), dann entwickelt sich das Generationenverhältnis, ausgehend vom Jahr 2009, wie in Übersicht 4 dargestellt.

Übersicht 4:   Verhältnis Erwerbsfähiger und Nichterwerbsfähiger

---

2009

Auf 100 Erwerbsfähige im Alter zwischen 20 und 65 Jahren kommen

- ca. 31 Kinder und junge Leute bis 20 Jahre
- ca. 34 über 65-Jährige.

Prognose für 2040 und 2060

2040

Auf 100 Erwerbsfähige im Alter zwischen 20 und 65 Jahren kommen

- ca. 31 Kinder und junge Leute bis 20 Jahre
- ca. 62 über 65-Jährige.

2060

Auf 100 Erwerbsfähige im Alter zwischen 20 und 65 Jahren kommen

- ca. 31 Kinder und junge Leute bis 20 Jahre
- ca. 67 über 65-Jährige.

Quelle: Statistisches Bundesamt, Bevölkerung Deutschlands bis 2060 – 12. koordinierte Bevölkerungsvorausberechnung, Wiesbaden 2009

Die Zahlen sind wie folgt zu interpretieren: 100 Erwerbstätige haben nach der Prognose im Jahr 2060 für 31 noch nicht und für 67 nicht mehr Erwerbstätige, zusammen **98 Nicht-Erwerbstätige**, aufzukommen; im Jahr 2009 waren es noch 65 Nicht-Erwerbstätige. Noch nicht berufstätige junge Menschen leben vom Einkommen ihrer Eltern, aus diesem Einkommen zahlen die Eltern Beiträge zur Finanzierung der Renten für die ältere Generation. Der Beitragssatz zur Rentenversicherung liegt gegenwärtig bei 18,9 %. Das Rentenniveau, also das Verhältnis der Durchschnittsrente zum Durchschnittsverdienst Erwerbstätiger, beträgt ca. 50 %. Es wird also künftig der Beitragssatz steigen und das Rentenniveau sinken. Zugleich verdeutlichen die Zahlen der Übersicht 4 die Notwendigkeit, das Renteneintrittsalter zu erhöhen (Rente mit 67) und das Berufseintrittsalter zu senken (Stichwort z. B. 8-jähriges Gymnasium).

Auch die Kranken- und die Pflegeversicherung basieren auf dem Umlageverfahren, auch hier werden die gegenwärtigen Leistungen aus gegenwärtigen Beiträgen bezahlt. Die Generationenumverteilung ist aber dadurch abgemildert, dass Rentner Beiträge zu beiden Sozialversicherungen zahlen. Dennoch wird sich die veränderte Demografie auch in der Kranken- und Pflegeversicherung bemerkbar machen. Die Leistungen der Pflegeversicherung werden ganz überwiegend von alten Menschen und vergleichsweise sehr wenigen jungen Menschen in Anspruch genommen. Nicht ganz so ausgeprägt, aber im Trend ähnlich, verhält es sich mit der Krankenversicherung. Je älter ein Versicherter ist, desto höher sind die Ausgaben der Krankenkasse für ihn. Dies schlägt sich in der Finanzierungslücke der Krankenversicherung der Rentner nieder. Sie gibt die Differenz zwischen den Beitragseinnahmen der Rentner und deren Ausgaben wieder. Je höher der Anteil Hochbetagter an den Rentnern ist, desto mehr wird sich die Schere zwischen Beitragseinnahmen der Rentner und ihren Leistungsausgaben öffnen. Die Finanzierungslücke wird ausgefüllt durch Beiträge von erwerbstätigen Versicherten. Man kann also auch von einem **Generationenvertrag in der GKV** sprechen.

1.3   Fazit

Alle Versicherungszweige, die auf dem Umlageverfahren basieren und deren Leistungen

- überwiegend oder zum großen Teil älteren Menschen zufließen,
- deren Beiträge überwiegend oder zum großen Teil von erwerbstätigen Versicherten getragen werden,

stoßen aufgrund der Alterung der Bevölkerung und der niedrigen Geburtenrate zunehmend auf Finanzierungsprobleme. Dies betrifft in erster Linie die Rentenversicherung, etwas abgeschwächt, da hier auch ältere Menschen Beiträge zahlen, die Pflege- und die Krankenversicherung.

Übungsaufgaben zu Teil II Kapitel 1

Aufgabe 1

Im Sozialrecht taucht häufig der Begriff „Kontrahierungszwang" auf. Was ist darunter zu verstehen und was hat der Begriff mit der Sozialversicherung zu tun?

Aufgabe 2

Sozialversicherungen gewähren Sach- und Geldleistungen. Nennen Sie je drei Beispiele.

Aufgabe 3

Die demografische Entwicklung in den reichen Ländern der Welt wird in der Fachsprache als „double aging" bezeichnet. Welches sind die zwei Gründe für die Überalterung der Gesellschaft?

Aufgabe 4

Von den fünf Zweigen der Sozialversicherung gelten drei als demografiegefährdet.

a)   Welche sind das?
b)   Erklären Sie jeweils, woraus die Demografiegefährdung resultiert.

2   Die gesetzliche Krankenversicherung

2.1   Grundprinzipien

Die GKV sichert gegen zwei Risiken ab:

- Das Risiko, aufgrund von Krankheit oder Unfall **vorübergehend kein Erwerbseinkommen zu erzielen,** wird durch die Einkommensersatzleistung des Krankengeldes ab der 6. Krankheitswoche abgesichert.
- Zum anderen – und das macht den weitaus größten Teil der Leistungen der GKV aus – übernimmt sie den Hauptanteil der **Kosten für Diagnose, Heilung und Linderung von Krankheiten.**

Die Finanzierung der GKV erfolgt im Umlageverfahren nach dem Solidarprinzip mit einkommensabhängigen Beiträgen. Die Beiträge wurden bis Juli

55

2005 je zur Hälfte von Arbeitnehmern und Arbeitgebern getragen; seitdem ist der Beitragsanteil der Arbeitnehmer 0,9 Prozentpunkte höher als jener der Arbeitgeber. Für bestimmte Personen gilt Versicherungspflicht in der GKV. Jeder kann seine gesetzliche Kasse selbst wählen; die vom Berechtigten ausgewählte Kasse ist verpflichtet, mit ihm den Versicherungsvertrag abzuschließen (**Kontrahierungszwang**). Die Krankenkassen sind im Auftrag des Staates tätig und werden rechtlich von ihm beaufsichtigt. Die aufgezählten Merkmale sind typisch für eine Sozialversicherung; sie werden im Folgenden näher erläutert.

2.2   Versicherte

Mit dem GKV-WSG von 2007 wurde im Sozialrecht erstmals eine Pflicht zur **Krankenversicherung für alle** eingeführt – sei es in der **GKV oder in der PKV**. Für die GKV gilt sie seit dem 1.4.2007, für die PKV ab dem 1.1.2009. Das nebeneinander beider Versicherungsarten bleibt dabei erhalten. Das Gesetz weist die Versicherungspflichtigen der jeweiligen Krankenversicherungsart zu. Die folgenden Ausführungen gelten für die gesetzliche Krankenversicherung; die Neuregelung für die private Versicherung wird unter Kapitel II 3.3 erläutert.

Es gibt in der GKV drei verschiedene Gruppen von Versicherten: Pflichtmitglieder, freiwillige Mitglieder und mitversicherte Angehörige.

Nach § 5 SGB V sind folgende Personen **Pflichtmitglied einer gesetzlichen Krankenkasse:**

- Arbeiter und Angestellte, mit einem Monatseinkommen bis zur Versicherungspflichtgrenze (2013: 4 350 €)
- Auszubildende
- Bezieher von Arbeitslosengeld I, Arbeitslosengeld II oder Unterhaltsgeld
- Teilnehmer an Leistungen der beruflichen Rehabilitation
- behinderte Menschen in Werkstätten für Behinderte
- Studenten und Praktikanten
- Rentner, sofern sie in der zweiten Hälfte ihres Erwerbslebens für mindestens 90 % der Zeit in der GKV pflichtversichert waren
- Personen, die keinen anderweitigen Anspruch auf Versicherung haben und zuletzt gesetzlich versichert waren oder die noch nie versichert waren.

Der zuletzt genannte Personenkreis wurde mit dem GKV-Wettbewerbsstärkungsgesetz (GKV-WSG) aus dem Jahr 2007 in die Versicherungspflicht der GKV hereingenommen. Es handelt sich vor allem um Personen, die einmal gesetzlich krankenversichert waren und (beispielsweise durch Nichtzahlung von Beiträgen, durch einen Auslandsaufenthalt etc.) ihren Versichertenstatus verloren haben.

Von der Versicherungspflicht befreit (§ 6 SGB V) sind Arbeiter und Angestellte, deren Monatsbruttoeinkommen ein Jahr lang über der Versicherungspflichtgrenze liegt, sowie Beamte, Richter, Soldaten, Geistliche als Erwerbstätige und als Pensionäre. Ebenso unterliegen Selbstständige und Freiberufler nicht der Versicherungspflicht.

Es gibt aber die Möglichkeit, der gesetzlichen Krankenversicherung als **freiwilliges Mitglied** anzugehören (§ 9 SGB V). Wenn das Monatsbruttoeinkommen ein Jahr die Versicherungspflichtgrenze übersteigt oder wer aus anderen Gründen von der Versicherungspflicht befreit ist (z. B. weil er oder sie verbeamtet wird), kann unter folgenden Voraussetzungen Mitglied werden:

Er oder sie war in den letzten fünf Jahren vor dem Ausscheiden aus der GKV

- mindestens 24 Monate oder
- unmittelbar vor dem Ausscheiden 12 Monate gesetzlich versichert.

Wer diese Vorversicherungszeit als Mitglied oder mitversicherter Angehöriger erfüllt hat, muss innerhalb von drei Monaten nach dem Ausscheiden aus einer gesetzlichen Krankenkasse, seinen Beitritt als freiwilliges Mitglied erklären.

Beispiel:

Frau M. war vom 1. Oktober 2010 bis zu ihrer Scheidung am 10. Dezember 2012 als Ehefrau bei ihrem Mann, Mitglied der Allgemeinen Ortskrankenkasse (AOK), mitversichert. Nach ihrer Scheidung verliert sie ihren Status als mitversicherte Familienangehörige. Sie macht sich am 1.1.2012 als Friseuse selbstständig und gehört damit nicht mehr zu dem in der GKV versicherungspflichtigen Personenkreis.

Frau M. kann nun wählen, ob sie sich privat krankenversichern möchte oder freiwilliges Mitglied einer gesetzlichen Kasse werden will. Sie hat die Vorversicherungszeit erfüllt und kann die Dreimonatsfrist einhalten; deshalb ist ihr ein Verbleib in der GKV möglich.

Wer ein Jahr lang brutto über der Versicherungspflichtgrenze verdient, kann aus der GKV ausscheiden, sofern sein gegenwärtiges Arbeitsentgelt ebenfalls über der Versicherungspflichtgrenze liegt.

> **Beispiel:**
>
> Herrn F.s Monatsbruttoverdienst lag im gesamten Jahr 2012 über der Versicherungspflichtgrenze (bzw. gleichbedeutend auf das Jahresbruttoeinkommen gerechnet, der Jahresarbeitsentgeltgrenze) und übersteigt diese Grenze auch Anfang 2013. Er kann wählen, ob er als freiwilliges Mitglied in der GKV bleibt oder in die private Krankenversicherung wechselt.

Personen über 55 Jahre können dann **nicht** in die GKV aufgenommen werden, wenn sie gegenwärtig privat versichert sind oder es zuletzt waren oder es – als Selbstständige z. B. – hätten sein können. Sie müssen seit 2009 mit einem privaten Versicherungsunternehmen einen Versicherungsvertrag zum Basistarif abzuschließen (vgl. Kap. II 3.3).

Wer Mitglied einer gesetzlichen Krankenkasse ist, dessen nicht-erwerbstätiger Ehegatte bzw. eingetragener Lebenspartner und dessen Kinder, sind ohne Beitragszahlung als Angehörige des Mitglieds **mitversichert**. Kinder sind bis zu ihrem 18. Geburtstag kostenlos mitversichert. Sind sie nicht erwerbstätig, verlängert sich die Mitversicherungszeit bis zum 23., sind sie in Berufsausbildung bis zum 25. Geburtstag. **Mitversicherte Familienangehörige sind keine Mitglieder** der Krankenkasse, sie genießen aber denselben Versicherungsschutz wie diese. Eine Mitversicherung der Kinder in der GKV ist dann ausgeschlossen, wenn ein Elternteil privat versichert ist und mehr verdient als das gesetzlich krankenversicherte Elternteil.

> **Beispiel:**
>
> Familie G. hat zwei Kinder unter 18 Jahren. Frau G. ist privat versicherte Beamtin mit einem monatlichen Bruttoarbeitseinkommen von 3 500 €; Herr G. ist als Angestellter mit einem Monatsbruttoeinkommen von 1 900 € in einer Betriebskrankenkasse (BKK) pflichtversichert. Die Kinder können nicht kostenlos bei Herrn G. mitversichert werden; für die Kinder schließt die Familie private Krankenversicherungsverträge ab.

Besondere Regelungen gibt es für geringfügig Beschäftigte und Sozialhilfeempfänger; darauf wird in den Kapiteln II 2.5.1.1 und II 2.5.1.4 näher eingegangen.

Versicherte einer Krankenkasse erhalten eine **Krankenversichertenkarte** (§ 291 SGB V). Sie dient zum einen als Nachweis dafür, Leistungen zulasten der Kasse in Anspruch nehmen zu dürfen, zum anderen wird sie zur Abrechnung mit den Leistungserbringern verwendet. Versicherte weisen ihre Versichertenkarte vor, wenn sie zum Arzt gehen oder in ein Krankenhaus eingewiesen werden. Die Karte enthält folgende Daten:

- ausstellende Krankenkasse
- Familienname und Vorname des Versicherten
- Geburtsdatum
- Geschlecht
- Anschrift
- Krankenversichertennummer
- Versichertenstatus (Mitglied, mitversicherter Familienangehöriger)
- Zuzahlungsstatus
- Tag des Beginns des Versicherungsschutzes
- bei befristeter Gültigkeit Datum des Fristablaufs.

2.3 Leistungen der GKV

2.3.1 Der gesetzliche Leistungskatalog der GKV, Anteile der Versorgungssektoren, Leistungsgrundsätze

Versicherte der GKV haben Anspruch auf folgende Leistungen (§ 11 SGB V):

- Verhütung von Krankheiten
- Früherkennung von Krankheiten
- Behandlung einer Krankheit
- medizinische Rehabilitation
- Unterhaltssicherung

Unter dem Begriff der Krankenbehandlung werden neben Diagnostik und Therapie auch alle Maßnahmen zur **Linderung von Beschwerden**, wie etwa Schmerzen, verstanden. In den letzten Jahren und vor allem nach dem GKV-WSG von 2007 wurde von der Gesundheitspolitik der Linderung von Beschwerden besondere Aufmerksamkeit geschenkt. Neue palliative Versorgungsformen (= Schmerzlinderung, aus dem Lat.: palliare = verbergen) für sterbende Patienten – Hospize oder Betreuung durch ambulante Palliativteams – wurden eingeführt.

Seit dem 1.4.2007 haben Versicherte einen Anspruch auf **Versorgungsmanagement** durch die Anbieter von Gesundheitsleistungen, vor allem beim Übergang von einer in eine andere Versorgungsstufe, z. B. vom Krankenhaus in die Rehabilitation. Die Krankenkassen unterstützen die Leistungsanbieter beim Versorgungsmanagement (vgl. Kap. IV 7.3.1).

Bis auf die Unterhaltssicherung handelt es sich bei den Leistungen der GKV um **Sachleistungen**: Der Versicherte bekommt – abgesehen von seiner Selbstbeteiligung – die Leistungen kostenlos von seiner Krankenkasse; man spricht deshalb vom so genannten **Sachleistungsprinzip**. Die Krankenkasse bezahlt die Anbieter der Gesundheitsleistungen, z. B. das Krankenhaus, ohne dass der Versicherte sich darum kümmern muss. Der Versicherte muss also nicht in Vorleistung treten; so erfährt er in der Regel die tatsächlichen Kosten seiner Behandlung nicht.

Seit 2004 dürften Versicherte statt der Sachleistung die **Kostenerstattung** wählen. Wer dies tut, der erhält eine Rechnung des Leistungserbringers, bezahlt sie selbst und reicht die Rechnung danach bei seiner Kasse ein, die ihm die Kosten erstattet. Kostenerstattung bietet sich z. B. für Versicherte an, die in Grenznähe wohnen und ihren Arzt im benachbarten EU-Ausland haben. Seit dem GKV-Modernisierungsgesetz 2004 ist es möglich, sich im EU-Ausland ambulant behandeln zu lassen und die Rechnung des Arztes bei der Krankenkasse einzureichen. Die Kasse erstattet dem Versicherten dann jenen Betrag, den sie bei Inanspruchnahme eines Arztes in Deutschland zu tragen hätte. Wer die Option Kostenerstattung wählt, ist für ein Kalendervierteljahr an seine Kasse gebunden, d. h., in dieser Zeit kann er seine Kasse nicht wechseln.

Gebräuchlicher als die Gliederung der Aufgaben der GKV nach § 11 SGB V ist die Einteilung in **Versorgungssektoren**, wie sie in Abbildung 3 dargestellt ist. Die Abbildung 3 gibt die auf die Sektoren entfallenden Prozentanteile der

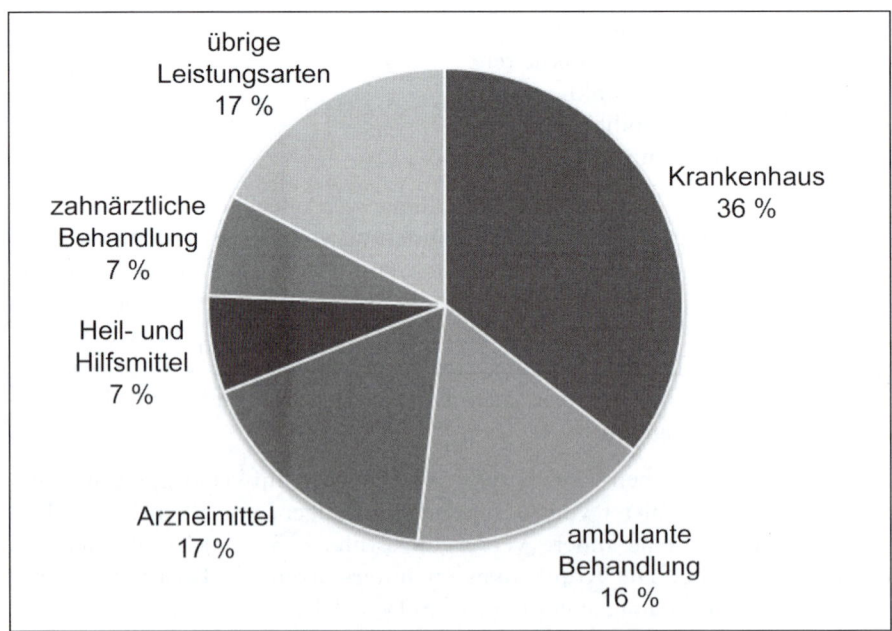

Abb. 3: Ausgabenanteile der GKV nach Versorgungsarten 2011. Quelle: Bundesministerium für Gesundheit, Daten des Gesundheitswesens 2012, http://www.bmg.bund.de/fileadmin/dateien/Publikationen/Gesundheit/Broschueren/Daten_des_Gesundheitswesens_2012.pdf (Zugriffsdatum 13.5.2013)

Gesamtausgaben der Krankenkassen in Höhe von ca. 179,6 Mrd. € im Jahr 2011 wieder.

Der größte Versorgungssektor ist das Krankenhaus mit einem Drittel der Gesamtausgaben. Die Ausgaben der Kassen für Leistungen der niedergelassenen Ärzte waren 2011 um ca. 1 % niedriger als jene für Arzneimittel. Der in der Abbildung ausgewiesene Ausgabenanteil für Arzneimittel umfasst nur Medikamente, die von ambulanten Ärzten zu Lasten der GKV verschrieben wurden; nicht darin enthalten sind die bei Krankenhausbehandlung eingesetzten Arzneien (diese werden den Krankenhausausgaben zugerechnet).

Die Leistungen der Krankenkassen müssen, wie es im Gesetz heißt (§ 12 SGB V) *„ausreichend, zweckmäßig und wirtschaftlich"* sein, sie dürfen *„das Maß des Notwendigen nicht überschreiten"*. Die Krankenkassen müssen sich also dem **ökonomischen Prinzip gemäß** verhalten; die Leistungen dürfen nicht beliebig ausgeweitet werden. Sie haben vielmehr das Ziel, die gesundheitliche Versorgung der Bevölkerung mit sparsamem Mitteleinsatz zu gewährleisten. Um dies zu erreichen, gilt der Grundsatz **ambulant vor stationär,** der sich auch in der Pflegeversicherung findet. Sofern Patienten ambulant oder auch teilstationär versorgt werden können, während sie zuhause leben, so ist dies einer Versorgung außerhalb der häuslichen Sphäre vorzuziehen. Hier dürften in den allermeisten Fällen die Wünsche der Patienten mit den Zielen der Krankenkassen übereinstimmen. Den meisten Menschen ist es lieber, zuhause in ihrer gewohnten Umgebung leben zu können. Wirtschaftlichkeitsziel und Humanität stimmen überein.

So ist denn die GKV neben der Wirtschaftlichkeit auch den **Grundsätzen** der **Qualität und Humanität** verpflichtet. Sie muss dem Gesetzesauftrag gemäß eine *„bedarfsgerechte und gleichmäßige, dem allgemein anerkannten Stand der medizinischen Erkenntnisse entsprechende Versorgung"* (§ 70 SGB V) finanzieren. Letzteres bedeutet, die GKV muss ihren Versicherten eine Versorgung nach dem gesicherten Stand des medizinisch-technischen Fortschritts gewähren. Täte sie dies nicht, so verstieße sie gegen das Sozialgesetz.

Auch dies zeigt, dass Humanität und Wirtschaftlichkeit keine Gegensätze sind. Sie hängen vielmehr voneinander ab: Nur wenn die Kassen mit den ihnen zur Verfügung stehenden Mitteln wirtschaftlich umgehen, sie nicht ausgeben für Leistungen, die nicht notwendig sind, wird es ihnen gelingen für ihre Versicherten den kostspieligen medizinischen Fortschritt auch in Zukunft zu finanzieren.

Die Leistungsbereiche der GKV werden im Teil IV ausführlich besprochen; die Gliederung orientiert sich weitgehend an der sektoralen Aufteilung. Zwei Leistungen der GKV, Verhütung von Krankheiten und die Unterhaltssicherung, werden allerdings in Teil IV nicht berücksichtigt. Deshalb wird an dieser Stelle kurz auf diese beiden Leistungsarten eingegangen.

2.3.2 Leistungen zur Verhütung von Krankheiten, Satzungsleistungen

Verhütung von Krankheiten oder *Prophylaxe* (aus dem Griech.: prophylaxis = Vorsicht) sind unter den Begriff der *Prävention* (aus dem Lat.: praeventio = Verhütung, Vorbeugung) einzuordnen.

Prävention hat folgende drei Ausprägungen, denen zugleich Leistungen des Gesundheitswesens zugeordnet werden können:

1. *Primäre Prävention*: Verhindern bzw. verhüten, dass eine Erkrankung entsteht (= Prophylaxe).
   Prophylaxe ist ein umfassender Begriff; dazu gehören nicht nur Maßnahmen, die der einzelne treffen kann, um sich fit zu halten und Krankheiten abwehren zu können, sondern auch z. B. der Umweltschutz, die Verhütung von Verkehrsunfällen durch Straßensicherheit etc. als Aufgaben der Politik. Damit reicht der Begriff weit über das Gesundheitswesen hinaus. Innerhalb des Gesundheitswesens fallen unter den Begriff der primären Prävention Leistungen zur Verhütung von Krankheiten z. B. durch Impfungen.
2. *Sekundäre Prävention*: Früherkennung von Krankheiten.
   Darunter sind alle Maßnahmen zu verstehen, die – nachdem die Krankheit bereits ausgebrochen ist, dem Betreffenden aber noch nicht mit Symptomen auffällt – der Diagnostik in einem frühestmöglichen Stadium dienen, um Heilung zu erleichtern.
3. *Tertiäre Prävention*: Verhinderung einer weiteren Verschlimmerung von Krankheiten.
   Wenn sich eine Erkrankung einmal manifestiert hat, wird versucht, ihren weiteren Verlauf positiv zu beeinflussen. Tertiäre Prävention hat vor allem für Menschen mit chronischen Erkrankungen Bedeutung. Der Begriff deckt sich teilweise mit jenem der **medizinischen Rehabilitation** ab, so z. B. wenn ein Diabetes-Patient lernt, seinen Lebensstil der Krankheit anzupassen.

Maßnahmen der sekundären und der tertiären Prävention gehören zu den Kernleistungen des Gesundheitswesens, z. B. in Form von Vorsorgeuntersuchungen oder z. B. ambulanter Rehabilitation. Folgende **Früherkennungsuntersuchungen** (im Fachjargon auch screening genannt; aus dem Engl.: screening = Schutzschirm) werden den Versicherten der GKV angeboten:

- Für Kinder von 0 bis 6 Jahren: 10 Vorsorgeuntersuchungen
- 13-/14-Jährige: Jugendgesundheitsuntersuchung
- Ab 20 Jahre für Frauen, ab 45 Jahre für Männer: jährliche Krebsfrüherkennung
- Ab 35 Jahre: alle zwei Jahre Hautkrebsscreening für Frauen und Männer

- Ab 35 Jahre: alle zwei Jahre Gesundheits-Check-up für Frauen und Männer mit Schwerpunkt Herz-Kreislauf-Erkrankungen, Diabetes, Nierenerkrankungen
- Ab 50 Jahre: jährliche Darmkrebsfrüherkennung für Frauen und Männer
- Vorsorgeuntersuchungen für Schwangere

Zwei prophylaktische bzw. primärpräventive Leistungen muss jede Kasse ihren Versicherten anbieten: **Schutzimpfungen** nach § 20d SGB V sowie die **individuelle Verhütung von Zahnerkrankungen** für Kinder und Jugendliche zwischen sechs und achtzehn Jahren. Sie haben nach § 22 SGB V einen Anspruch auf Versiegelung der Fissuren (Spalten im Zahn, die das Entstehen von Karies begünstigen).

Ferner haben Versicherte Anspruch auf medizinische Vorsorgeleistungen (§ 23 SGB V), wenn eine **Gefährdung der Gesundheit zu befürchten ist** (= primäre Prävention) oder wenn eine **Verschlimmerung der Erkrankung oder Pflegebedürftigkeit zu vermeiden ist** (tertiäre Prävention). Allerdings muss der medizinische Dienst der Krankenkassen die Notwendigkeit solcher Leistungen prüfen. Wenn bei einem Versicherten Vorsorgeleistungen am Wohnort nicht ausreichen, können sie auch in anerkannten Kurorten erbracht werden. Die Satzung der Kasse kann vorsehen, dass die Versicherten dann einen Zuschuss von maximal 13 € pro Tag erhalten. Zu solchen **Satzungsleistungen** sind die Kassen nicht verpflichtet; sie werden im freien Ermessen der Kasse Bestandteil des Leistungsangebotes. Dadurch unterscheiden sie sich vom Großteil der Kassenleistungen, die von allen Kassen, ohne in der Satzung genannt zu werden, **verpflichtend finanziert werden müssen.**

2.3.3 Unterhaltssichernde Leistungen

Wenn ein Arbeitnehmer in Deutschland krankheitsbedingt arbeitsunfähig wird, erhält er dem **Entgeltfortzahlungsgesetz** gemäß von seinem Arbeitgeber maximal sechs Wochen lang sein Arbeitsentgelt weiter bezahlt. Ist der Versicherte nach Ablauf von sechs Wochen immer noch arbeitsunfähig oder wird er stationär in einem Krankenhaus oder einer Rehabilitationsklinik behandelt, so hat er Anspruch auf **Krankengeld** der Krankenkasse (§ 44 ff. SGB V). Damit wird sein Unterhalt bzw. der Unterhalt seiner Familie weiter gesichert. Die Leistungspflicht der Krankenkasse ist auf 78 Wochen innerhalb von je drei Jahren nach Beginn der Arbeitsunfähigkeit begrenzt. Wenn während des Krankengeldbezugs eine weitere Krankheit des Versicherten hinzukommt, wird die Anspruchsdauer **nicht verlängert.**

Das Krankengeld wird **kalendertäglich** gezahlt, seine Höhe bemisst sich nach dem Arbeitsentgelt des Versicherten. Es beträgt 70 % des so genannten **Regelentgelts.** Dessen Berechnung liegt das Entgelt der letzten vier Wochen vor

Beginn der Arbeitsunfähigkeit zugrunde. Bezieht ein Versicherter ein monatliches Entgelt, so wird der Regelverdienst des letzten Monats vor Beginn der Arbeitsunfähigkeit herangezogen. Dieses wird durch 30 geteilt; es wird also das Regelentgelt pro Kalendertag ermittelt. 70 % des sich somit ergebenden Betrages sind das Krankengeld pro Kalendertag. Allerdings darf das Krankengeld **90 % des regelmäßigen Nettoverdienstes nicht überschreiten.**

Rechenbeispiel:

Herr H. verdiente im Monat vor Beginn seiner Arbeitsunfähigkeit

2 000 € brutto (monatliches Regelentgelt).

Das monatliche Nettoregelentgelt von Herrn H. beträgt 1 517,17 €.

Der dreißigste Teil des regelmäßigen Monatsbruttoeinkommens ergibt:

2 000 € : 30 = 66,67 € (Bruttoregelentgelt pro Kalendertag)

Davon werden 70 % berechnet

66,67 € × 0,7 = 46,67 €

Vergleich mit dem regelmäßigen Nettogehalt

1 517,17 € : 30 = 50,57 € (Nettoregelentgelt pro Kalendertag)

90 % des Nettoregelentgelts pro Kalendertag:

50,57 × 0,9 = 45,51 €

Da der Betrag von 46,67 € 90 % des regelmäßigen Nettoentgelts pro Kalendertag überschreitet, wird der niedrigere Betrag, also 45,51 €, angesetzt.

Angenommen, Herr H. bezieht für 25 Kalendertage Krankengeld, so erhält er insgesamt

45,51 € × 25 = 1 137,75 €

Krankengeldanspruch besteht auch für versicherte, erwerbstätige Eltern, wenn ein **Kind erkrankt** ist. Mutter bzw. Vater können dieses Recht für jeweils 10 Tage pro Kalenderjahr geltend machen; für Alleinerziehende verlängert sich der Anspruch auf 20 Tage.

2.4 Krankenkassen

2.4.1 Kassenarten, Rechtsform, Organisation

Träger der gesetzlichen Krankenversicherung sind die Krankenkassen. Sie gliedern sich in die folgenden Kassenarten:

- Allgemeine Ortskrankenkassen (AOK)
- Betriebskrankenkassen (BKK)
- Innungskrankenkassen (IKK)
- Ersatzkassen (ErsK)

Daneben gibt es kleinere Kassenarten: Landwirtschaftliche Krankenkassen und die Deutsche Rentenversicherung Knappschaft-Bahn-See.

1996 wurde die **Kassenwahlfreiheit** eingeführt. Seitdem können sich Versicherungsberechtigte nach Vollendung des 15. Lebensjahres eine Krankenkasse auswählen und die Kassen stehen untereinander in Wettbewerb um Versicherte. Möglich ist es, der regionalen AOK, einer Ersatzkasse, der Krankenkasse Deutsche Rentenversicherung Knappschaft-Bahn-See oder einer BKK bzw. IKK beizutreten. IKK und BKK haben die Möglichkeit, den Kreis ihrer Mitglieder auf Betriebs- bzw. Innungsangehörige zu beschränken. Tatsächlich gibt es nur wenige BKK, die sich nicht für die Allgemeinheit geöffnet haben. Die Landwirtschaftlichen Krankenkassen bleiben berufsständisch organisiert; sie dürfen nur Angehörige landwirtschaftlicher Berufe aufnehmen.

Wer Mitglied einer Krankenkasse geworden ist, der ist **18 Monate an seine Wahl gebunden**. Danach kann er die Kasse wieder wechseln. Allerdings gibt es eine wichtige Ausnahme: Führt eine Krankenkasse einen kassenindividuellen Zusatzbeitrag (vgl. Kap. II 2.5.5) ein oder erhöht sie den bestehenden Zusatzbeitrag, kann das Mitglied zum Ende des der Beitragserhöhung folgenden Monats kündigen.

In Deutschland gibt es (Stand 2013) 134 Krankenkassen. Darunter sind 11 AOKen und drei große Ersatzkassen (Techniker-Kasse, Barmer GEK und Deutsche Angestellten-Krankenkasse DAK). Die Anzahl der Kassen nimmt durch **Fusionen** ständig ab. Kassen dürfen kassenartenübergreifend fusionieren, d. h., es können sich Ersatzkassen mit IKK oder BKK, AOKen mit Ersatzkassen etc. zusammenschließen. Dadurch verlieren die Kassenarten an Bedeutung. Die Fusionswelle wird anhalten. Experten schätzen, eine Anzahl von etwa 50 Kassen würde ausreichen, um Wettbewerb um die Versicherten zu gewährleisten. Gefördert wird der Trend durch die Ausgestaltung des kassenindividuellen Zusatzbeitrages (vgl. hierzu Kap II 2.5.5). Hinzukommen eine Reihe von Steuerungsinstrumenten, die sinnvollerweise von großen Kassen besser genutzt werden können als von kleinen. So können z. B. Rabatt-

Tab. 7: Bevölkerung nach Art des Krankenversicherungsschutzes – Deutschland 2011

Art der Krankenversicherung	In % der Bevölkerung[1]	In % der gesetzlich Versicherten
GKV	87,7	
davon:		
AOK		36,4
BKK		16,3
ErsK		37,2
übrige		10,1
Private Krankenversicherung	11,7	
Besondere Sicherungsformen	0,3	
Keine Sicherung	0,2	

Quelle: Bundesministerium für Gesundheit, Daten des Gesundheitswesens 2012, http://www.bmg.bund.de/fileadmin/dateien/Publikationen/Gesundheit/Broschueren/Daten_des_Gesundheitswesens_2012.pdf (Zugriffsdatum 13.5.2013)
[1] restliche Befragte: keine Angabe zum Krankenversicherungsschutz

verträge mit Arzneimittel- und Hilfsmittelherstellern (vgl. Kap IV 5.1.5.2 und 5.4) von Kassen mit einem großen Marktanteil attraktiver gestaltet werden.

Insgesamt sind fast 88 % der Bevölkerung in einer gesetzlichen Krankenkasse gegen das Risiko Krankheit versichert. AOKen und Ersatzkassen haben die größte Anzahl von Versicherten. Ca. 12 % der Bevölkerung sind privat gegen Krankheitsrisiken versichert, 0,3 % erhalten besondere Sicherungsformen. Letzteres gilt für Berufssoldaten, Grenzschutz- und Polizeibeamte, Berufsfeuerwehrleute – sie erhalten von ihrem Arbeitgeber so genannte freie **Heilfürsorge**. Ärztliche Versorgung wird vom Dienstherrn aus Steuermitteln finanziert bereit gestellt und kann unentgeltlich genutzt werden. Allerdings gibt es für Familienangehörige keine Möglichkeit, diese Versorgung zu nutzen und sobald der Soldat, Polizist etc. aus dem Dienst ausscheidet, endet die Berechtigung, freie Heilfürsorge zu nutzen. Deshalb sind die meisten Angehörigen der o.g. Berufe, die freie Heilfürsorge nutzen könnten, privat versichert und beihilfeberechtigt, wie andere Beamte, z. B. Lehrer, auch.

Jede Krankenkasse ist, **wie alle Sozialversicherungsträger**, eine Körperschaft des öffentlichen Rechts in Selbstverwaltung. Körperschaften werden von **Mitgliedern** gebildet. Im Fall der Krankenkassen sind dies die beitragszahlenden Mitglieder, egal ob pflicht- oder freiwillig versichert.

Körperschaften des öffentlichen Rechts sind juristische Personen, die **Aufgaben des Staates übernehmen.** Diese Aufgaben sind ihnen **vom Gesetz aufgetragen,** deshalb gehören sie zum öffentlichen Recht. Der Staat delegiert Aufgaben, z. B. den Krankenversicherungsschutz der Bevölkerung, an Körperschaften des öffentlichen Rechts, anstatt sie durch eigene Beamte durchführen zu lassen. Die finanziellen Mittel der Sozialversicherungsträger dürfen nur für im Gesetz vorgesehene Zwecke verwendet werden. Da sie in staatlichem Auftrag handeln, stehen sie unter dessen **rechtlicher Aufsicht. Aufsichtsbehörden** der Krankenkassen, deren Zuständigkeit nicht über ein Bundesland hinausreicht, sind die jeweiligen Sozial- oder Gesundheitsministerien der Bundesländer. Kassen deren Zuständigkeit über ein Bundesland hinausreicht, stehen unter der Rechtsaufsicht des **Bundesversicherungsamtes,** einer Bundesbehörde. Im Rahmen der Gesetze sind die Körperschaften des öffentlichen Rechts organisatorisch selbstständig und führen ihre Geschäfte nach ihrer **Satzung,** die von der Aufsichtsbehörde genehmigt werden muss.

Selbstverwaltung heißt, dass die Krankenkassen unter der Regie der Mitglieder und deren Arbeitgeber, also den Beitragszahlern stehen. Organe der Selbstverwaltungskörperschaften sind **der Verwaltungsrat** und der **Vorstand** (vgl. Abb. 4).

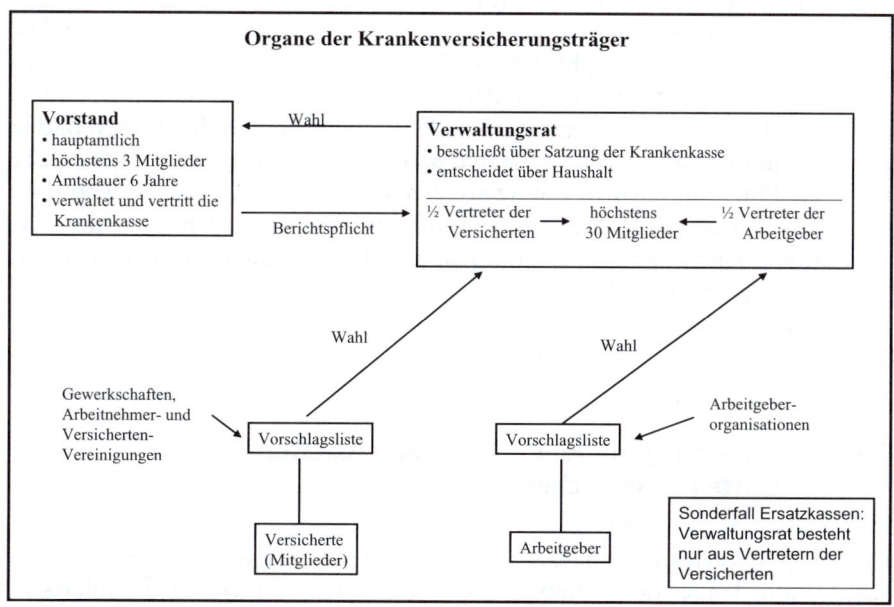

Abb. 4: Organe der Krankenversicherungsträger. Quelle: F. Beske, J.F. Hallauer, Das Gesundheitswesen in Deutschland, Köln 2001, S. 84

Der Verwaltungsrat beschließt die Satzung und entscheidet über den Haushalt. Er ist **paritätisch** (aus dem Lat.: paritas = zahlenmäßige Gleichheit), also zu gleichen Teilen, mit Arbeitnehmer- und Arbeitgebervertretern besetzt (Ausnahme: Ersatzkassen). Arbeitnehmer- und Arbeitgebervertreter werden in **Sozialwahlen,** die alle sechs Jahre abgehalten werden, von den Versicherten und deren Arbeitgebern bestimmt.

Seit dem 1.1.2009 gilt für alle gesetzlichen Kassen ein bundeseinheitlich gleicher Beitragssatz, der von der Bundesregierung vorgegeben wird. Zuvor war die Festlegung des Beitragssatzes eine Aufgabe der Selbstverwaltung. Damit wurde ein Sonderrecht der Krankenkassen abgeschafft, das es für die Renten-, Arbeitslosen- und Pflegeversicherung nie gab. Für diese Versicherungszweige wird der Beitragssatz schon immer per Gesetz oder Rechtsverordnung auf Bundesebene festgelegt und ist folglich nicht Entscheidungsgegenstand der Selbstverwaltung. Die Selbstverwaltung der Krankenkassen entscheidet ab 2009 noch über den so genannten kassenindividuellen Zusatzbeitrag, der dann zu erheben ist, wenn die Kasse mit den Mitteln des Gesundheitsfonds nicht auskommt (vgl. Kap. II 2.5.5). Der kassenindividuelle Zusatzbeitrag ist in die Satzung der Kasse aufzunehmen und unterliegt damit der Rechtsaufsicht.

Der Vorstand verwaltet die Selbstverwaltungskörperschaft und vertritt sie nach außen und vor Gericht.

Die Orts-, Betriebs- und Innungskassen bilden **Landesverbände** (§ 207 SGB V). Ersatzkassen weisen keine regionale Struktur auf; sie sind bundesweit organisiert. Deshalb gibt es für sie keine Landesverbände. Zur Wahrnehmung ihrer Aufgaben auf Ebene der Bundesländer haben die Ersatzkassen einen Bevollmächtigten zu ernennen. **Alle gesetzlichen Krankenkassen** bilden auf der **Bundesebene** einen **Spitzenverband Bund.** Jede einzelne gesetzliche Kasse ist **Pflichtmitglied des Spitzenverbandes.** Davor gab es für jede Kassenart einen eigenen Spitzenverband auf Bundesebene. Den einzelnen Organisationsebenen der Kassen kommen je unterschiedliche Aufgaben zu, im Text wird darauf jeweils verwiesen. Sowohl die Landesverbände als auch der Spitzenverband Bund sind Körperschaften des öffentlichen Rechts. Ihnen sind folglich staatliche Aufgaben übertragen.

2.4.2 Verwaltungshandeln der Krankenkassen, Rechte der Versicherten

Die folgenden Ausführungen gelten, wie auch jene zur Rechtsform von Kassen, für **alle Träger der Sozialversicherung,** also z. B. auch für Unfallkassen, Pflegekassen etc. Die Krankenkassen werden also lediglich als Beispiel zur Erklärung herangezogen.

In ihrer Eigenschaft als öffentlich-rechtliche Körperschaft agieren die Krankenkassen (und alle übrigen Sozialversicherungsträger) **als Behörden**, da sie staatliche Aufgaben aufgrund eines Gesetzes (hier SGB V) wahrnehmen. Als Teil des Staates unterliegen sie dem **öffentlichen Recht**, das Rechtsbeziehungen zwischen Privaten und dem Staat regelt. Das **Sozialrecht ist ein Teil des öffentlichen Rechts**. Das Privatrecht oder auch Zivilrecht genannt regelt Beziehungen zwischen privaten natürlichen und/oder juristischen Personen (z. B. GmbH).

Als Körperschaften des öffentlichen Rechts erlassen Krankenkassen **Verwaltungsakte**. *„Verwaltungsakt ist jede Verfügung, Entscheidung oder andere hoheitliche Maßnahme, die eine Behörde zur Regelung eines Einzelfalles auf dem Gebiet des öffentlichen Rechts trifft und die auf unmittelbare Rechtswirkung nach außen gerichtet ist."* (SGB X, Sozialverwaltungsverfahren und Datenschutz, § 31). Beantragt ein Versicherter z. B. bei seiner Krankenkasse ein Hilfsmittel (etwa eine Gehhilfe) und wird ihm dieses gewährt, so handelt es sich um einen **begünstigenden** Verwaltungsakt. Versagt die Kasse die Finanzierung des Hilfsmittels, so ist es ein **belastender** Verwaltungsakt. In beiden Fällen wird ein **Einzelfall** auf dem **Gebiet des öffentlichen Rechts** mit **unmittelbarer Rechtswirkung** nach außen geregelt. Durch den Verwaltungsakt werden Rechtsverhältnisse geändert. Würde ein Versicherter bei einem Sachbearbeiter seiner Kasse anfragen, ob er Anspruch auf eine Gehhilfe hat, und gäbe ihm dieser unverbindlich Auskunft, so änderten sich keine Rechtsverhältnisse. Es handelt sich in diesem Fall also um keinen Verwaltungsakt, sondern um so genanntes schlichtes Verwaltungshandeln (so genannter Realakt).

Ist ein Verwaltungsakt erlassen, und fühlt sich der von ihm Betroffene in seinen Rechten verletzt, weil ihm ein begünstigender Verwaltungsakt vorenthalten oder ein belastender auferlegt wurde, so kann er innerhalb eines Monats, nachdem ihm der Verwaltungsakt bekannt gemacht wurde, **Widerspruch** bei der Krankenkasse **einlegen**. Wird sein Begehren von der Kasse erneut abgelehnt, kann er sich – wiederum bis zu einem Monat nachdem ihm die Ablehnung der Kasse bekannt wurde – an ein **Sozialgericht** wenden. Dort kann er die Aufhebung eines belastenden Verwaltungsaktes so genannte **Aufhebungsklage**) oder den Erlass eines begünstigenden Verwaltungsaktes (so genannte **Verpflichtungsklage**) begehren. Letzteres wäre der Fall in obigem Beispiel, in dem die Kasse dem Versicherten die Gehhilfe versagt hat.

Jeder Versicherte hat grundsätzlich das Recht auf den Schutz seiner Daten durch die Sozialversicherungsträger; sie unterliegen dem so genannten **Sozialgeheimnis**. Das Recht des Patienten auf Verschwiegenheit aller an seiner Behandlung Beteiligten wird an anderer Stelle besprochen (vgl. Kap. VIII 1.4.2). Jeder Schutz persönlicher Daten – sei es die Schweigepflicht, sei es das Sozialgeheimnis – resultiert aus Artikel 1 des Grundgesetzes, der die Wahrung der Menschenwürde einfordert.

Nach § 35 SGB I, Allgemeiner Teil, hat jeder *„Anspruch darauf, dass die ihn betreffenden Sozialdaten von den Leistungsträgern nicht unbefugt erhoben, verarbeitet und genutzt werden (Sozialgeheimnis)."* Die Leistungsträger sind verpflichtet, innerbetrieblich dafür zu sorgen, dass die Daten nicht an Unbefugte gegeben werden. Grundsätzlich verboten ist die Weitergabe von Sozialdaten an den Arbeitgeber der Versicherten (§ 35 SGB I). Sozialdatenerhebung ist nur zulässig, wenn sie dazu erforderlich ist, **dass der Sozialleistungsträger seinen gesetzlichen Auftrag erfüllen kann** (§ 67a) SGB X). Vorrangig müssen Daten beim Versicherten selbst erhoben werden.

Ist jemand Mitglied einer Krankenkasse so hat diese z. B. Kenntnisse von seinem Erwerbsstatus (z. B. Arbeitslosigkeit), von seinem Gesundheitszustand. Wird ein Versicherter vom Arzt krankgeschrieben, so erfährt die Krankenkasse die mit ICD-10 verschlüsselte Diagnose; im Fall einer Krankenhausbehandlung übermittelt das Krankenhaus personenbezogen Einweisungs- und Entlassungsdiagnose (vgl. Kap. IV 3.10). Alle beispielhaft genannten Datenerhebungen werden aufgrund von gesetzlichen Vorschriften vorgenommen; ohne ihre Kenntnis könnte die Kasse ihren Aufgaben (z. B. Abrechnung mit dem Krankenhaus) nicht nachkommen. Die Krankschreibungsdiagnose des niedergelassenen Arztes benötigt die Kasse für einen evtl. der Lohnfortzahlung folgenden Krankengeldanspruch. Der **Arbeitgeber** des Patienten **hat kein Recht, die Diagnose zu erfahren.**

Die Nutzung, Aufbewahrung, Änderung und Übermittlung von Sozialdaten unterliegen dem gleichen Vorbehalt wie die Erhebung: Sie sind nur zulässig, wenn es zur Wahrnehmung der gesetzlichen Aufgaben notwendig ist (§ 67c SGB X). Bei bestimmten Datenübermittlungen muss der Versicherte einwilligen (wenn z. B. ein Versicherter berufliche Rehabilitation beantragt, benötigt der Sozialleistungsträger ärztliche Angaben). Der Versicherte ist auf den Zweck seiner Einwilligung hinzuweisen und über die Folgen einer Verweigerung zu unterrichten.

Betroffene haben grundsätzlich das Recht, Auskunft zu erhalten über ihre gespeicherten Sozialdaten, deren Weiterleitung und Zweck (§ 83 SGB X). Gesetzlich Krankenversicherte können auf Antrag von ihrer Kasse über die im vergangenen Jahr erhaltenen Leistungen und deren Kosten informiert werden (§ 305 SGB V). Wer sich in seinen Rechten durch Datenerhebung, -verarbeitung, -nutzung, -weiterleitung verletzt fühlt, kann sich an den Bundes- oder Landesbeauftragten für den Datenschutz wenden.

2.5   Finanzierung – Gesundheitsfonds

Die GKV wird aus Beiträgen finanziert und sie erhält einen steuerfinanzierten Bundeszuschuss. Einen Teil der Kosten müssen aber auch die Patienten selbst tragen in Form einer Selbstbeteiligung an den Behandlungskosten.

Zum 1.1.2009 wurde die Finanzierung der gesetzlichen Krankenkassen einer umfassenden Änderung unterworfen. Die Beitragseinnahmen aller Kassen und der Bundeszuschuss werden in einem „Topf", dem so genannten **Gesundheitsfonds** gesammelt und von dort an die einzelnen Krankenkassen in Abhängigkeit von der Morbidität der Versicherten ausgeschüttet. Der Gesundheitsfonds wird vom **Bundesversicherungsamt** verwaltet.

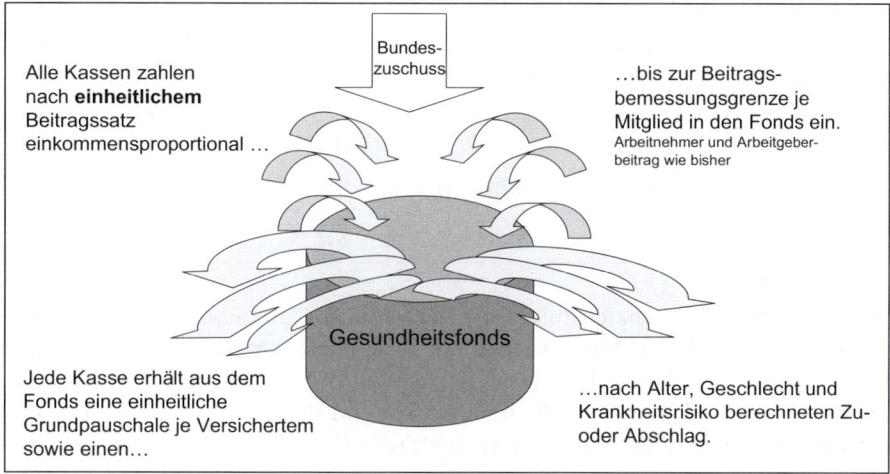

Alle Kassen zahlen nach **einheitlichem** Beitragssatz einkommensproportional ...

Bundes-zuschuss

...bis zur Beitrags-bemessungsgrenze je Mitglied in den Fonds ein. Arbeitnehmer und Arbeitgeberbeitrag wie bisher

Gesundheitsfonds

Jede Kasse erhält aus dem Fonds eine einheitliche Grundpauschale je Versichertem sowie einen...

...nach Alter, Geschlecht und Krankheitsrisiko berechneten Zu- oder Abschlag.

Abb. 5:   Gesundheitsfonds

Der für alle Kassen gleiche Beitragssatz wird von der Bundesregierung **durch Rechtsverordnung** festgelegt, ebenso ist die Ausschüttung der Mittel an die einzelnen Kassen **einheitlich geregelt**. Reichen einer Kasse die Fondsmittel nicht aus, um ihre Ausgaben zu finanzieren, kann sie einen kassenindividuellen Zusatzbeitrag erheben.

2.5.1   Beitragszahlungen

Die Beiträge zur GKV hängen proportional vom Einkommen der Versicherten ab. Der Beitragssatz bleibt also konstant und steigt nicht mit dem Einkommen, wie der Steuersatz bei progressiver Besteuerung. Wie in jeder anderen Sozialversicherung existiert auch in der GKV eine Beitragsbemessungsgrenze (2013: 3 937,50 € pro Monat). Wessen Einkommen diese Grenze übersteigt, dessen Beitragsbelastung bleibt konstant. Das Solidarprinzip, nach dem die GKV organisiert ist, endet folglich an dieser Grenze.

2.5.1.1 Beiträge abhängig Beschäftigter

Die Einnahmen der Krankenkassen aus Beiträgen werden für erwerbstätige Versicherte von Arbeitnehmern und Arbeitgebern finanziert. Bis zum Juli 2005 trugen Arbeitgeber und Arbeitnehmer je die Hälfte der Beiträge. Seitdem finanzieren die Mitglieder einen um 0,9 Prozentpunkte höheren Beitragssatz als die Arbeitgeber (§ 249 SGB V).

Die Bundesregierung legt nach § 241 SGB V den **allgemeinen Beitragssatz** fest. Er liegt im Jahr 2013 bei 15,5 %. Ausgehend von dieser Höhe des Satzes lassen sich Arbeitgeber- und Arbeitnehmeranteil wie folgt berechnen:

Der bundeseinheitliche **Beitragssatz** beträgt im Jahr 2013: **15,5 %.**	
Arbeitgeberbeitrag:	15,5 % – 0,9 % = 14,6 %; 14,6 %: 2 = **7,3 %**
Arbeitnehmerbeitrag:	15,5 % – 7,3 % = **8,2 %**

Nach dem GKV-Finanzierungsgesetz, das zum 1.1.2011 in Kraft trat, wird der Beitragssatz der Arbeitgeber bei 7,3 % „eingefroren", d. h. er soll in Zukunft auf diesem Niveau bleiben. Künftige Beitragserhöhungen sind von Arbeitnehmern (und Rentner) allein zu tragen und zwar in Form von einkommensunabhängigen Zusatzbeiträgen (vgl. Kap II 2.5.5).

Beiträge zur Krankenkasse, ebenso wie die Beiträge zur Renten-, Arbeitslosen- und Pflegeversicherung werden vom **Brutto**einkommen bis zur Beitragsbemessungsgrenze (vgl. Übersicht 3) erhoben.

Rechenbeispiele:

Frau A. ist als Angestellte tätig; sie verdient 1 955 € brutto pro Monat. Das Bruttoeinkommen von Frau A. liegt sowohl in der Renten- und Arbeitslosenversicherung (2013: 5 800 €, West) als auch in der Kranken- und Pflegeversicherung (2013: 3 937,50 €) unterhalb der Beitragsbemessungsgrenze. Deshalb werden die Beiträge an ihrem monatlichen Bruttoeinkommen bemessen. Frau A. ist pflichtversichert in der GKV.

Herr B. ist ebenfalls Angestellter, er verdient 6 000 € pro Monat. Das Bruttoeinkommen von Herrn B. übersteigt die Beitragsbemessungsgrenze von Renten- und Arbeitslosenversicherung und ebenso jene der Kranken- und Pflegeversicherung. Seine Beiträge werden deshalb jeweils an der Beitragsbemessungsgrenze berechnet. Herr B. ist freiwillig in der GKV versichert.

Beide Versicherten haben Kinder; sie leben in den alten Bundesländern.
Der Arbeitnehmerbeitragssatz zur Krankenkasse beträgt 8,2 %.

Tab. 8: Beispielrechnung Arbeitnehmeranteil Frau A.

Arbeitnehmerbeitrag zur ...	Arbeitnehmeranteil		
Rentenversicherung	$1\,955 \times 0{,}0945$	=	**184,75 €**
Krankenversicherung	$1\,955 \times 0{,}082$	=	**160,31 €**
Arbeitslosenversicherung	$1\,955 \times 0{,}015$	=	**29,33 €**
Pflegeversicherung	$1\,955 \times 0{,}01025$	=	**20,04 €**
Summe			**394,43 €**
Belastung in % des Monatsbruttoverdienstes			**20,2 %**

Tab. 9: Beispielrechnung Arbeitnehmeranteil Herr B.

Arbeitnehmerbeitrag zur ...	Arbeitnehmeranteil		
Rentenversicherung	$5\,800 \times 0{,}0945$	=	**548,10 €**
Krankenversicherung	$3\,937{,}50 \times 0{,}082$	=	**322,88 €**
Arbeitslosenversicherung	$5\,800 \times 0{,}015$	=	**87,00 €**
Pflegeversicherung	$3\,937{,}50 \times 0{,}01025$	=	**40,36 €**
Summe			**998,34 €**
Belastung in % des Monatsbruttoverdienstes			**16,6 %**

Aufgrund der Beitragsbemessungsgrenzen ergibt sich für Frau A. eine **höhere prozentuale Belastung ihres Bruttoeinkommens** als für Herrn B.

In das monatliche Bruttoeinkommen der Arbeitnehmer werden **regelmäßige Sonderzahlungen** wie z. B. das Weihnachtsgeld einberechnet. Sie sind im jährlichen Bruttoeinkommen der Arbeitnehmer enthalten; wird dieses durch 12 dividiert, so ergibt sich das regelmäßige monatliche Bruttoeinkommen anhand dessen bis zur Beitragsbemessungsgrenze die Beiträge zur Sozialversicherung ermittelt werden.

Rechenbeispiel:

Frau A. verdient pro Monat ein Bruttoeinkommen von 1 896 €. Im November erhält sie zusätzlich Weihnachtsgeld in Höhe von 708 €. Insgesamt errechnet sich das regelmäßige Jahresbruttoeinkommen von Frau A. wie folgt:

$$1\,896\,€ \times 12 = 22\,752\,€$$
$$+ \qquad\qquad\qquad 708\,€$$
$$\overline{\qquad\qquad\qquad\qquad}$$
$$23\,460\,€$$
$$23\,460\,€ : 12 = 1\,955\,€$$

Eine **geringfügige Beschäftigung** (so genannte Minijobs) bis zu einem monatlichen Einkommen von 450 € begründet keine Versicherungspflicht. Wenn geringfügig Beschäftigte jedoch Mitglied einer gesetzlichen Krankenversicherung sind oder als Familienmitglied mitversichert sind, zahlt der Arbeitgeber einen Pauschalbeitrag von 13 % an die Krankenkasse sowie 15 % an die Rentenversicherung und 2 % an das Finanzamt. Ab einem Einkommen von 450,01 € beginnt die Beitragspflicht des Arbeitnehmers zur Sozialversicherung. Um jedoch Erwerbstätige mit einem Einkommen ab 450,01 € nicht sofort der vollen prozentualen Beitragspflicht zu unterwerfen, wurde eine so genannte **Gleitzone** zwischen 450 und 850 € pro Monat definiert. Innerhalb dieser Zone wird der Beitrag zur Sozialversicherung mit steigendem Einkommen allmählich an die volle Belastung herangeführt, die mit 850 € monatlich erreicht ist.

2.5.1.2 Beiträge in der Krankenversicherung der Rentner

Für Mitglieder der Krankenversicherung der Rentner ist die Beitragszahlung aus der gesetzlichen Rente **ebenso ausgestaltet wie für Arbeitnehmer**: Rentner und Rentenversicherung tragen einen Beitragsanteil, wobei der Anteil des Rentners 0,9 Prozentpunkte über dem des Rentenversicherungsträgers liegt. Erhält ein Rentner neben seiner gesetzlichen Rente noch Versorgungsbezüge, wie z. B. eine Betriebsrente, so muss er darauf den vollen Beitrag allein zahlen. Den Beitrag zur Pflegeversicherung tragen Rentner aus allen Alterseinkünften allein.

Rechenbeispiel:

Frau G. ist verwitwete Rentnerin, geboren 1931. Sie bezieht von der Deutschen Rentenversicherung eine eigene Altersrente in Höhe von 612 € und eine Witwenrente von 739 € monatlich. Beide Renten sind gesetzliche Renten nach SGB VI. Zusätzlich erhält sie pro Monat Versorgungsbezüge vom früheren Arbeitgeber ihres Mannes in Höhe von 1 080 €. Frau G. ist pflichtversichert in der GKV und in der Pflegeversicherung. Den Beitrag zur Pflegeversicherung muss sie aus ihren drei Einkommen allein tragen. Der Arbeitnehmerbeitragssatz zur Krankenversicherung, der auch für gesetzliche Renten gilt, beträgt 8,2 %. Der Rentenversicherungsträger zahlt analog dem Arbeitgeberbeitrag 7,3 % der Rente an die Krankenkassen.

Tab. 10: Beispielrechnung Sozialversicherungsanteil des Rentners

Rentnerbeitrag zur …	Rentneranteil
Krankenversicherung aus der Altersrente	612 × 0,082 = 50,18 €
Krankenversicherung aus der Witwenrente	739 × 0,082 = 60,60 €
Krankenversicherung aus den Versorgungsbezügen	1 080 × 0,155 = 167,40 €
Pflegeversicherung aus der Altersrente	612 × 0,0205 = 12,55 €
Pflegeversicherung aus der Witwenrente	739 × 0,0205 = 15,15 €
Pflegeversicherung aus den Versorgungsbezügen	1 080 × 0,0205 = 22,14 €
Summe	328,02 €

2.5.1.3 Ermäßigter Beitragssatz, Beitragsbemessung für freiwillig versicherte Selbstständige, Wahltarife

Für Versicherte ohne Anspruch auf Krankengeld gilt der ermäßigte Beitragssatz (§ 243 SGB V), der ebenso wie der allgemeine Beitragssatz von der Bundesregierung festgelegt wird. Im Jahr 2013 beträgt er 14,9 %. Wer z. B. **als Selbstständiger freiwilliges Mitglied** einer gesetzlichen Krankenkasse ist, hat keinen Anspruch auf Krankengeld (§ 44 Abs. 2 SGB V). Er kann sich privat gegen das Risiko des Verdienstausfalls absichern.

Entscheidet sich ein Selbstständiger für die freiwillige Mitgliedschaft in einer gesetzlichen Kasse, so werden seine Beiträge **an seinen gesamten Einkünften** bemessen. Diese umfassen neben dem Einkommen aus selbstständiger Tätigkeit z. B. auch Miet- oder Zinseinnahmen bis zur Beitragsbemessungsgrenze. Der Selbstständige trägt die Beiträge allein; er zahlt den ermäßigten Beitragssatz.

Beispiel:

Herr F. war 10 Jahre lang in einer Ersatzkasse pflichtversichert. Er macht sich als Handwerksmeister selbstständig und bleibt in seiner Krankenkasse als freiwilliges Mitglied. Da er verheiratet ist, zwei Kinder hat und seine Frau nicht erwerbstätig ist, nutzt er damit die Möglichkeit der beitragsfreien Mitversicherung seiner Familienmitglieder. Herr F. erwirtschaftet aus seinem Handwerksbetrieb pro Monat etwa 2 000 € und bezieht darüber hinaus Mieteinnahmen aus einer vermieteten Eigentumswohnung in Höhe von 1 400 €. Sein Beitrag wird also an 3 400 € bemessen. Er zahlt anstatt des allgemeinen Beitragssatzes der GKV den ermäßigten von 14,9 % auf sein Gesamteinkommen von 3 400 €.

Das GKV-WSG eröffnet den Kassen seit 1.4.2007 die Möglichkeit, ihren Versicherten Wahltarife anzubieten. In der Satzung kann eine Kasse vorsehen, den Mitgliedern, die einen Teil der jährlichen Kosten für Gesundheitsleistungen selbst übernehmen (**Selbstbehalt**), eine Prämie auszuzahlen. Prämienzahlungen sind in der Kassensatzung ebenso möglich, wenn Mitglieder und ihre mitversicherten Angehörigen in einem Kalenderjahr keine Kassenleistungen in Anspruch nehmen (**Beitragsrückerstattung**). Allerdings darf die Prämienzahlung ein Zwölftel des Jahresbeitrages nicht überschreiten, da andernfalls die Solidarität zu stark eingeschränkt würde. Wer Selbstbehalt wählt, ist drei Jahre lang an seine Kasse gebunden, d. h., er kann in dieser Zeit nicht von seinem Kassenwahlrecht Gebrauch machen. Für die Beitragsrückerstattung gilt eine Bindefrist von nur einem Jahr.

Wahltarife lohnen sich für junge gesunde Versicherte. Ihnen ist es damit möglich, die Beitragsbelastung zu senken. Der Grund für die Einführung von Wahltarifen war es denn auch, die GKV für so genannte gute Risiken attraktiver zu machen und deren Abwandern in eine private Krankenversicherung zu verhindern.

2.5.1.4 Beitragszahlung für Empfänger von Lohnersatzleistungen

Für **Empfänger von Transferleistungen** als Lohnersatz gelten unterschiedliche Regelungen für die Beitragszahlung. Die Ausgestaltung hängt davon ab, ob die Einkommensleistung aus einer Solidarkasse finanziert wird, wie beim Arbeitslosengeld I und beim Übergangsgeld oder ob es sich um subsidiäre Einkommensleistungen handelt, wie bei der Sozialhilfe und dem Arbeitslosengeld II.

Wer Arbeitslosengeld I, also eine reguläre Versicherungsleistung, empfängt, für den bezahlt die Bundesagentur für Arbeit die Beiträge zur Krankenkasse. Erhält ein Versicherter Rehabilitationsleistungen, z. B. als stationäre Rehabilitationsmaßnahme, als Umschulung oder in Form von Übergangsgeld,

Verletztengeld etc., übernimmt der Rehabilitationsträger – Renten-, Arbeitslosen- oder Unfallversicherung – die Beiträge zur Krankenkasse (§ 251 SGB V).

Für Empfänger von Arbeitslosengeld II zahlt der Bund eine Pauschale zur Krankenversicherung sowie zur Pflegeversicherung. Für Sozialhilfeempfänger, die Mitglied einer Kasse sind, zahlt der Sozialhilfeträger – die Kommune – die Beiträge. Nicht krankenversicherte Sozialhilfeempfänger wählen sich eine Krankenkasse aus und werden zusammen mit ihren Familienangehörigen von dieser betreut, ohne Beiträge zu bezahlen. Im Krankheitsfall übernimmt der Sozialhilfeträger die Vergütung von Ärzten, Krankenhäusern etc.

2.5.1.5 Grundsatz der Beitragsstabilität

Die Beitragsfinanzierung der Krankenkassen unterliegt dem Grundsatz der Beitragssatzstabilität (§ 71 SGB V). Danach sind die Vergütungsvereinbarungen der Kassen mit den Leistungserbringern, also den Ärzten, Krankenhäusern etc. so auszugestalten, dass Beitragserhöhungen ausgeschlossen werden. Nur wenn die notwendige medizinische Versorgung ohne Beitragssatzerhöhungen nicht zu gewährleisten ist, darf von dieser Regel abgewichen werden.

Stabile Beiträge können nur erreicht werden, wenn die **Ausgaben** der Kassen **mit der gleichen Rate wachsen wie die Einnahmen.** Zum 15. September eines jeden Jahres teilt das Bundesministerium für Gesundheit den Krankenkassen die durchschnittlichen Veränderungsraten der beitragspflichtigen Einnahmen der Mitglieder mit; an dieser Veränderungsrate müssen die Kassen dann ihre Vergütungsverträge mit den Leistungserbringern ausrichten, um den Beitrag stabil zu halten.

2.5.2 Bundeszuschuss

Mit dem GKV-WSG wurde der steuerfinanzierte Bundeszuschuss an die Krankenkassen bzw. ab 1.1.2009 an den Gesundheitsfonds **verstetigt** (§ 221 SGB V). Für 2013 ist ein Zuschuss von 11,5 Mrd. € vorgesehen. Die Steuermittel dienen dazu, so genannte **versicherungsfremde Leistungen** zu finanzieren. Darunter sind jene Leistungen der Kassen zu verstehen, die nicht der Diagnose, Heilung oder Linderung von Krankheiten dienen. In erster Linie sind dies alle mit Schwangerschaft und Geburt (es handelt sich dabei eben nicht um Krankheit) verbundenen Ausgaben. Vor allem aber soll der Bundeszuschuss die **Ausgaben der Kassen für Kinder und Jugendliche abdecken.** Leistungen für Kinder und Jugendliche, so die Argumentation, sind eine Aufgabe der gesamten Gesellschaft, also der Steuerzahler, und nicht nur der Beitragszahler der Krankenkassen.

2.5.3 Auszahlung der Mittel des Gesundheitsfonds an die Kassen – morbiditätsorientierter Risikostrukturausgleich

Beiträge und Bundeszuschuss werden im Gesundheitsfonds gesammelt und danach an die einzelnen Krankenkassen ausgeschüttet. Dies erfolgt in Abhängigkeit vom Krankheitsrisiko der Versicherten der jeweiligen Kasse durch den **morbiditätsorientierten Risikostrukturausgleich** (§§ 266 ff. SGB V). Dadurch werden die unterschiedlichen Risikoprofile der Krankenkassen weitgehend ausgeglichen. Es gibt Kassen, deren Versicherte eher jung und gesund sind – im Versicherungsjargon werden sie als gute Risiken bezeichnet –, während andere Kassen viele ältere und kranke Versicherte, also schlechte Risiken haben. Demgemäß unterscheiden sich die durchschnittlichen Ausgaben der Kassen je Versichertem. Der Risikostrukturausgleich trägt dem Rechnung und stellt sicher, dass die Krankenkassen Fondsmittel je nach Krankheitshäufigkeit und -schwere ihrer Versicherten bekommen. Dazu werden Alters- und Geschlechtsgruppen sowie Morbiditätsgruppen anhand von 80 kostenintensiven chronischen Krankheiten sowie Krankheiten mit schwerem Verlauf gebildet.

Je **Versichertem** (Mitglieder **und** mitversicherte Familienangehörige) erhält jede Kasse eine **Grundpauschale**. Gehören Versicherte einer Kasse zu den Morbiditätsgruppen des Risikostrukturausgleichs, so erhält sie einen Zuschlag zur Grundpauschale. Kassen mit eher gesunden Versicherten wird ein Betrag von der Grundpauschale abgezogen.

Beispiel:

Im Jahr 2013 beträgt die Grundpauschale 214 € je Versichertem. Für männliche Versicherte zwischen 18 und 25 Jahren ist davon ein (angenommener) **Abschlag** von 143 € zu berechnen. Männer dieser Altersgruppe sind im Durchschnitt gute Risiken, verursachen also geringe Ausgaben.

Die Kasse erhält pro Monat 214 € – 143 € = 71 € für den Versicherten.

Angenommen, ein Versicherter dieser Altersgruppe leide an einer der 80 Erkrankungen, die dem morbiditätsorientierten Risikoausgleich zugrunde liegen, z. B. habe er einen schweren angeborenen Herzfehler. Betrüge der Zuschlag für diese Erkrankung 309 €, dann bezöge seine Kasse für ihn

71 € + 309 € = 380 € pro Monat.

Sofern der Versicherte noch weitere Krankheiten aus der Liste der 80 Erkrankungen hätte, erhielte seine Kasse auch dafür Zuschläge.

Neben dem einheitlichen Beitragssatz (vor 2009 legten die Kassen selbst die Beitragssätze fest) ist das morbiditätsabhängige Ausschüttungsverfahren der

Kern der Gesundheitsreform zum 1.1.2009. Das Verhalten der Kassen im Wettbewerb um Versicherte ändert sich dadurch. Vor dem Gesundheitsfonds war es für eine Kasse günstig, wenn sie viele gute Risiken, möglichst auch mit hohem Einkommen in ihren Reihen hatte. Sie konnte einen günstigen Beitragssatz anbieten und hatte deshalb Wettbewerbsvorteile. Zwar gab es auch zuvor einen Risikoausgleich zwischen den Krankenkassen, jedoch glich dieser lediglich unterschiedliche Risikoprofile nach Geschlecht, Alter und mitversicherten Familienangehörigen aus, nicht jedoch nach Morbidität. Nicht berücksichtigt wurde dabei z. B., dass eine Kasse eher gesunde ältere Menschen als Mitglieder hatte, eine andere eher kranke Rentner. Zudem spielt das Einkommen der Mitglieder einer Kasse nach dem Verfahren der Fondsausschüttung nun keine Rolle mehr, da sie ihre Mittel in Abhängigkeit von der Morbidität der Versicherten erhält. Der Gesundheitsfonds begünstigt folglich jene Kassen, die bislang wegen eines ungünstigen Risikoprofils ihrer Versicherten und niedriger Einkommen der Mitglieder einen hohen Beitragssatz berechnen mussten und stellt Kassen mit genau umgekehrten Merkmalen schlechter.

2.5.4   Sonstige Zuweisungen aus dem Gesundheitsfonds

Zusätzlich zu den Mitteln nach dem morbiditätsorientierten Risikostrukturausgleich erhalten die Kassen Zahlungen aus dem Gesundheitsfonds für

- durchschnittliche Verwaltungsausgaben
- durchschnittliche Satzungs- und Ermessensleistungen und
- jeden Versicherten, der sich in ein strukturiertes Behandlungsprogramm eingeschrieben hat.

Strukturierte Behandlungsprogramme (bzw. disease management-Programme, DMP) gibt es für Versicherte mit Brustkrebs, Diabetes Typ I und II, koronarer Herzkrankheit, Asthma oder chronisch obstruktiver Lungenkrankheit (vgl. Kap. IV 7.3.2).

2.5.5   Kassenindividueller Zusatzbeitrag

Hat nun jede einzelne Kasse ihre Mittel aus dem Fonds erhalten, so gibt es offenbar drei Möglichkeiten: Das Geld aus dem Gesundheitsfonds reicht gerade aus zur Finanzierung der Leistungsausgaben, es bleibt etwas übrig oder die Kasse kommt mit den Fondsmitteln nicht aus. Letzteres kann verschiedene Ursachen haben, z. B. eine ineffiziente Verwaltung. In diesem Fall ist die Zuweisung der Verwaltungsmittel, die sich ja am Durchschnitt orientiert, zu gering. Grund kann auch sein, dass Kassen zu wenig Gebrauch von der Möglichkeit von Rabattverträgen mit Arzneimittelherstellern und Hilfsmittelanbietern machen (vgl. Kap. IV 5.1.5.2 und 5.4). Möglich ist, dass die Kasse viele zuzahlungsbefreite Mitglieder hat und ihr deshalb weniger Zuzahlungen der Versicherten zufließen (vgl. Kap. II 2.5.6). Hinzukommt, dass ein Risikostrukturausgleich anhand der Häufigkeit von 80 schweren Erkrankungen zwar weitgehend, aber nicht vollständig ist, denn es gibt mehr als 80 Krankheiten.

Was ist vorgesehen, wenn eine Kasse mit den Mitteln aus dem Fonds nicht auskommt? Sie kann je Mitglied einen so genannten kassenindividuellen Zusatzbeitrag (§ 242 SGB V) erheben. Verglichen preisbewusste Mitglieder vor 2009 den Beitragssatz der Kasse, so achten sie nun auf die Höhe eines möglichen Zusatzbeitrages. Kassen stehen also nunmehr mit dessen Höhe in **Wettbewerb** untereinander.

Seit 2011 wird im Zuge des GKVFinG der Zusatzbeitrag einkommensunabhängig erhoben. Anders als bei den prozentualen Beitragszahlungen, die bis zur Beitragsbemessungsgrenze mit dem Bruttoeinkommen steigen, **spielt die Höhe des Einkommens** eines Kassenmitglieds bei einem kassenindividuellen Zusatzbeitrag **keine Rolle**: Er ist für alle Kassenmitglieder gleich hoch und entspricht deshalb einer **Kopfpauschale**. Allerdings erfolgt ein **Sozialausgleich**. Übersteigt der bundesdurchschnittliche Zusatzbeitrag 2 % des Bruttoeinkommens des Mitglieds, so erhält dieses die überschießende Summe aus Steuermitteln erstattet. Der bundesdurchschnittliche Zusatzbeitrag wird vom Bundesgesundheitsministerium zu Jahresbeginn bekanntgegeben, seine Höhe beruht auf Schätzungen zu den Auszahlungen, die die Kassen aus dem Gesundheitsfonds erhalten, und den voraussichtlichen Ausgaben der Kassen. Für das Kassenmitglied ist also nicht der Zusatzbeitrag seiner eigenen Kasse entscheidend, sondern der **bundesdurchschnittliche**. Folglich erhält ein Mitglied auch dann einen Sozialausgleich, wenn seine eigene Kasse keinen Zusatzbeitrag erhebt, jedoch der bundesdurchschnittliche Zusatzbeitrag 2 % seiner beitragspflichtigen Einnahmen übersteigt. So haben auch Versicherte, die unter die Regelung zum Sozialausgleich fallen, einen Anreiz, sich eine Kasse ohne bzw. mit niedrigem Zusatzbeitrag auszuwählen. Damit bleibt der Zusatzbeitrag **als Wettbewerbsinstrument der Kassen erhalten**.

Der Sozialausgleich wird von jenen Stellen durchgeführt, die den Beitrag an die Krankenkasse abführen, also Arbeitgebern und Rentenversicherung.

Beispiel:

Angenommen, der bundesdurchschnittliche Beitragssatz betrüge 19 €. Frau J. verdient pro Monat 900 €. 2 % davon ergeben 18 €, d. h., Frau J. hat Anspruch auf Sozialausgleich in Höhe von 1 €. Ihr Arbeitnehmeranteil, den ihr Arbeitgeber an die Kasse abführt, beträgt 8,2 % ihres Bruttoeinkommens, also 73,80 €. Ihr Arbeitgeber mindert diesen Betrag um 1 € und überweist an Frau J.s Krankenkasse 72,80 €. Die Kasse erhält die Mindereinnahme von 1 € vom Bund aus Steuermitteln erstattet.

Wäre Frau J. Rentnerin und betrüge ihre Monatsrente 900 €, so führte die Rentenversicherung analog dem Arbeitgeber den Sozialausgleich durch.

Derzeit (Juli 2013) gelten die beschriebenen Regeln für den kassenindividuellen Zusatzbeitrag zwar de jure, de facto (der bundesdurchschnittliche Zusatzbeitrag 2013 beträgt 0 €) jedoch spielen sie keine Rolle. Im Gegenteil – die gesetzlichen Kassen und der Gesundheitsfonds verfügen über Milliarden-Überschüsse. Einige Kassen zahlen deshalb ihren Mitgliedern **Prämien**, weil sie Mittel aus dem Gesundheitsfonds übrig haben. Diese Prämien sind das Gegenstück zu den kassenindividuellen Zusatzbeiträgen; sie können von den Kassen in deren Satzungen vorgesehen werden (vgl. § 242 Abs. 2 SGB V).

Kassen konkurrieren nicht mehr wie früher mit dem Beitragssatz um Mitglieder, sondern neben einem Qualitätswettbewerb mit dem Zusatzbeitrag bzw. den ausgeschütteten Prämien.

Wozu führt ein solcher Wettbewerb zwischen den Kassen? Für **kleinere Kassen wird das Leben** mit dem Fonds und der Konstruktion des Zusatzbeitrags bzw. der Prämie **schwer.** Kassenfusionen werden folglich weiter zunehmen, denn je größer, gemessen an der Zahl der Mitglieder, eine Kasse ist, desto eher kann sie Kosten sparende Größenvorteile nutzen und damit den kassenindividuellen einkommensunabhängigen Zusatzbeitrag vermeiden bzw. eine Prämie ausschütten. Schließen sich zwei Kassen zusammen, so ist zu erwarten, dass der Verwaltungsaufwand je Versichertem sinkt. Je mehr Versicherte eine Kasse hat, desto erfolgreicher kann sie Mengenrabatte mit der Pharmaindustrie aushandeln. Bei einem einheitlichen Beitragssatz ist es notwendig, Risiken zu mischen und dies fällt umso leichter, je mehr Mitglieder eine Kasse hat.

2.5.6 Selbstbeteiligung

Wird ein gesetzlich Krankenversicherter zum Leistungsempfänger – wird er also Patient – so muss er einen Teil der Kosten als Selbstbeteiligung **aus eige-**

ner Tasche tragen (§ 61 SGB V). Derzeit (2013) gelten die in Übersicht 5 aufgelisteten Regelungen für Versicherte ab 18 Jahren. Kinder und Jugendliche zahlen, außer für kieferorthopädische Behandlung und Fahrtkosten, nichts dazu.

Übersicht 5:   Zuzahlungen in der gesetzlichen Krankenversicherung

Arznei- und Verbandmittel:	10 % des Abgabepreises, mindestens jedoch 5 €, höchstens 10 €, aber nicht mehr als die Kosten des Mittels (Ausnahme: Zuzahlung kann entfallen, wenn der Preis des Medikaments 30 % oder mehr unter dem Festbetrag liegt (vgl. Kap. IV, 5.1.5.1))
Krankenhaus, stationäre Rehabilitation:	10 € je Behandlungstag, aber für nicht mehr als 28 Tage im Jahr
Ambulante Rehabilitation:	10 € je Behandlungstag
Heilmittel (z. B. Krankengymnastik):	10 € für die Verordnung und zusätzlich 10 % der Kosten des Heilmittels
Hilfsmittel (z. B. Schuheinlagen):	10 % des Abgabepreises, mindestens jedoch 5 €, höchstens 10 €, aber nicht mehr als die Kosten des Mittels
Häusliche Krankenpflege:	10 € für die Verordnung und zusätzlich 10 % der Kosten für maximal 28 Tage
Zahnersatz:	Kasse zahlt bis zu einem befundabhängigen Festzuschuss, darüber hinaus trägt der Patient die Kosten

Daneben gibt es eine Zuzahlungspflicht zu Fahrtkosten, die für alle Versicherten, also auch für Kinder und Jugendliche gilt. Fahrten zum Arzt werden allerdings nur in Ausnahmefällen nach Genehmigung durch die Kasse gewährt. Die Zuzahlung zu jeder Fahrt beträgt 10 %, jedoch mindestens 5 € und höchstens 10 €. Die Zuzahlung zur kieferorthopädischen Behandlung beträgt für alle Versicherten, also auch für Kinder und Jugendliche, 20 %. Sind in einer Familie zwei Kinder unter 18 Jahren in kieferorthopädischer Behandlung, so zahlt sie je Kind nur 10 % dazu. Nach erfolgreicher Behandlung wird die Zuzahlung für kieferorthopädische Behandlung zurückerstattet. Diese Regelung dient dazu, die Versicherten zu einer regelmäßigen Anwendung der Zahnregulierung anzuhalten.

Die Selbstbeteiligung der Patienten folgt unterschiedlichen Prinzipien. Zuzahlungen zum Krankenhausaufenthalt und zur stationären Rehabilitation werden als **Absolutbetrag** geleistet, also unabhängig von der tatsächlichen Höhe der für die Kasse anfallenden Kosten. **Prozentuale Selbstbeteiligung,** wie sie für Heilmittel zu zahlen ist, steigt mit den der Kasse tatsächlich entstehenden Kosten. Werden Leistungen z. B. von Krankengymnasten teurer, so nimmt auch die Zuzahlung der Patienten zu. Die Selbstbeteiligung an Arzneimitteln, Hilfsmitteln und Fahrtkosten ist eine **Mischung aus absoluter und prozentualer Eigenbeteiligung.** Liegt der Abgabepreis eines Arzneimittels zwischen 50 € und 100 €, zahlt der Versicherte 10 % der Kosten aus eigener Tasche. Absolute Zuzahlung gilt bei Abgabepreisen unter 50 € in Höhe von 5 € je Medikament und bei Abgabepreisen über 100 € in Höhe von 10 €.

Die **Eigenbeteiligung bei Zahnersatz** wurde schon häufig vom Gesetzgeber variiert. Derzeit zahlt die Krankenkasse je nach zahnmedizinischem Befund einen **Festzuschuss** in Höhe von 50 % der **bundeseinheitlich festgelegten Beträge** für eine je nach Diagnose definierte Regelversorgung (§§ 55 ff. SGB V). Der Gemeinsame Bundesausschuss G-BA, (vgl. Kap. IV 2.9) legt die Befunde fest, für die Festzuschüsse gezahlt werden. Kosten, die den von der Kasse zu tragenden Zuschuss übersteigen, hat der Patient selbst zu finanzieren. Wenn der Zahnarzt dem Versicherten eine teurere Variante des Zahnersatzes empfiehlt als es die Regelversorgung vorsieht, so hat der Patient auch diese zusätzlichen Kosten zu tragen. Da Zahnkrankheiten im Vergleich zu anderen Erkrankungen durch eigene Bemühungen der Versicherten besonders effizient vermieden werden können, wurde als Anreiz ein **Bonus für gesundheitsbewusstes Verhalten** vorgesehen. Wer mindestens einmal im Jahr zur Vorsorgeuntersuchung zum Zahnarzt geht und im Übrigen seine Zähne pflegt, erhält einen höheren Festzuschuss von der Krankenkasse.

Um zu verhindern, dass es durch die Zuzahlungen zu übermäßigen finanziellen Härten für Patienten kommt, gibt es eine **Belastungsgrenze.** Übersteigen die Zuzahlungen (ohne Zahnersatz) **zwei Prozent des jährlichen Bruttoeinkommens** des Versicherten, so ist der Patient von weiteren Zuzahlungen befreit. Dabei sind sämtliche Einkommen zu addieren, also auch Einkommen der Versicherten aus Kapitalbesitz oder aus Vermietung und Verpachtung. Leben mehrere Personen im Haushalt des Versicherten, so sind deren Bruttoeinkommen zu addieren. Für den Ehepartner kann ein Freibetrag in Höhe von 15 % der Bezugsgröße nach § 18 SGB IV (diese entspricht dem durchschnittlichen Bruttoeinkommen aller Versicherten, 2013: 2 695 € Monatsbrutto bzw. 32 340 € Jahresbrutto), für jedes im Haushalt lebende Kind des Versicherten bzw. dessen Partners wird der Kinderfreibetrag nach dem Einkommensteuergesetz (2013: 7 008 €) abgezogen. Leidet ein Familienmitglied an einer **schwerwiegenden chronischen Erkrankung** (zur Definition vgl. Kap. IV 2.7.1.1) wird die Belastungsgrenze bereits bei **einem Prozent** des Jahresbruttoeinkommens erreicht.

Rechenbeispiel zur Belastungsgrenze:

Familie F. hat zwei Kinder im Alter von 10 und 12 Jahren. Das Bruttoeinkommen des Vaters in Höhe von 38 723 € ist das einzige Einkommen, das die Familie bezieht. Familie F. hat im vergangenen Jahr 578,38 € Zuzahlungen geleistet. Bruttoeinkommen der Familie abzüglich Freibetrag für die Ehefrau und die beiden Kinder:

Nebenrechnung: 32 340 € × 0,15 = 4 851 €

38 723 € − (4 851 € + 2 × 7 008 €) = 19 856 €.

2 % davon ergeben: 19 856 € × 0,02 = 397,12 €.

Der Zuzahlungsbetrag von 578,38 € übersteigt die 2 %ige Belastungsgrenze um 181,26 €. Diesen Betrag bekommt Familie F. von der Krankenkasse erstattet. Sie kann sich auch für das weitere Kalenderjahr von Zuzahlungen befreien lassen, wenn die Grenze von 397,12 € erreicht ist.

Für die **Eigenbeteiligung beim Zahnersatz** gelten **Erleichterungen für sozial Schwache**. Wenn das Bruttoeinkommen 40 % der monatlichen Bezugsgröße nicht übersteigt (2013: 1 078 € Monatsbrutto) oder wenn Sozialhilfe bzw. Grundsicherung für Arbeitssuchende („Hartz-IV" bzw. Arbeitslosengeld II) bezogen wird, erstattet die Kasse den **gesamten Satz der Regelversorgung**.

2.6 Der Medizinische Dienst der Krankenkassen

Die Kassen betreiben den Medizinischen Dienst der Krankenkassen (MDK) als **Gemeinschaftseinrichtung** (§ 278 SGB V). In jedem Bundesland ist eine Arbeitsgemeinschaft MDK in der Rechtsform einer **Körperschaft des öffentlichen Rechts** errichtet. Mitglieder der Körperschaft sind die Landesverbände der Orts-, Innungs- und Betriebskrankenkassen, die landwirtschaftlichen Kassen und die Ersatzkassen. Der MDK wird von den Kassen durch eine Umlage finanziert, deren Höhe je Kasse von der Mitgliederzahl abhängt. Die Umlage wird **je zur Hälfte von den Kranken- und den Pflegekassen aufgebracht**.

Im MDK sind Ärzte und Pflegefachkräfte beschäftigt, die im Auftrag der Kassen in Fragen der Kranken- und Pflegeversicherung **begutachten und beraten**. Auf die Aufgaben des MDK für die Pflegeversicherung wird im Kapitel IV 6 näher eingegangen. Die Krankenkassen ziehen den MDK vor allem zur Stellungnahme für Einzelfälle zu Rate (§ 275 SGB V). Der MDK überprüft

- die Notwendigkeit von Rehabilitationsmaßnahmen und die Einleitung von Rehabilitationsmaßnahmen z. B. für Versicherte, die lange Krankengeld bezogen haben,

- die Notwendigkeit von Krankenhausbehandlung, der Verordnung von Arznei-, Heil- und Hilfsmitteln, Vorsorgekuren, häuslicher Krankenpflege,
- Arbeitsunfähigkeit.

Aufgabe des MDK beim letztgenannten Punkt ist es, **Zweifeln an der Arbeitsunfähigkeit** nachzugehen. Diese sind dann anzunehmen, wenn der Versicherte auffällig oft nur für kurze Zeit arbeitsunfähig ist oder wenn Zeiten der Krankschreibung häufig auf den Wochenanfang oder das Ende der Woche fallen. Zweifel können auch dadurch begründet sein, dass die Bescheinigungen über Arbeitsunfähigkeit von einem Arzt ausgestellt wurden, der durch häufige Krankschreibungen auffällig geworden ist (§ 275 Abs. 1a SGB V). Der MDK untersucht das Krankschreibungsverhalten von Ärzten auch im Rahmen der stichprobenartigen Wirtschaftlichkeitsprüfungen (vgl. Kap. IV 2.10). Arbeitgeber haben das Recht, von der Krankenkasse ein Gutachten des MDK zur Überprüfung der Arbeitsunfähigkeit von Beschäftigten einzuholen.

In allen genannten Fragen entscheidet nicht der MDK, sondern die zuständige Krankenkasse. Der MDK gibt in seinen Gutachten lediglich **seine Einschätzung des Sachverhalts zum jeweils vorliegenden Einzelfall** wieder, der sich die Kassen jedoch in den meisten Fällen anschließen.

Zum 1.7.2008 wurde auf Bundesebene ein **Medizinischer Dienst des Krankenkassenspitzenverbandes als Körperschaft des öffentlichen Rechts** konstituiert. Er erlässt Richtlinien über die Zusammenarbeit der Kassen mit dem MDK und zur Vereinheitlichung der Begutachtung und berät darüber hinaus den Spitzenverband.

2.7 Versicherungsschutz für Versicherte der GKV im Ausland

Für Urlaubsreisen gesetzlich Versicherter gibt es für alle Länder der Europäischen Union sowie für Norwegen, Island und die Schweiz seit 2006 eine **europäische Versichertenkarte** (EHIC – European Health Insurance Card). Jeder Versicherte erhält sie bei seiner Krankenkasse. Reisende aus der EU und den drei anderen genannten Ländern können ihrerseits eine EHIC nutzen, wenn sie nach Deutschland reisen. Die Karte berechtigt dazu, im Ausland bei einem Unfall, einer akuten Erkrankung oder bei Behandlungsnotwendigkeit aufgrund einer chronischen Krankheit, die keinen Aufschub erlaubt, Leistungen des Gastlandes in Anspruch zu nehmen. Für die Behandlung gelten die gleichen Bedingungen wie für die Bürger des Gastlandes selbst. Die Abrechnung der ausländischen Leistungserbringer erfolgt über die **Krankenversicherung ihres eigenen Landes**. Diese stellt danach die Behandlungskosten der deutschen Krankenkasse in Rechnung. Übersteigen die Kosten der Behandlung im Ausland jene, die bei inländischen Leistungserbringern anfielen, **trägt der Patient die Zusatzkosten selbst.**

Mit einigen Ländern, insbesondere Heimatländern ausländischer Arbeitnehmer in Deutschland (Serbien, Kroatien, Bosnien und Herzegowina, Türkei, Tunesien) hat Deutschland ein so genanntes **Sozialversicherungsabkommen** geschlossen. Reisende in diese Länder benötigen einen Urlaubskrankenschein von ihrer Kasse.

Bestehen keine Abkommen mit den Ländern, tragen die Kassen keine Kosten. Erkrankte bzw. verletzte Reisende müssen in solchen Fällen die Behandlungskosten selbst zahlen. Zur Absicherung dieses Risikos gibt es **private Auslandskrankenversicherungen**. Dabei ist es auch möglich, den Rücktransport nach Deutschland in den Versicherungsschutz einzubeziehen. Weder EHIC noch Sozialversicherungsabkommen beinhalten die Kostenübernahme eines Transports in das Heimatland des Reisenden.

Übungsaufgaben zu Teil II Kapitel 2

Aufgabe 1

Herr Z., 49 Jahre alt, war vom 1. Oktober 1999 bis 1. September 2001 AOK-Mitglied. Am 1. Oktober 2001 wurde er verbeamtet und wechselte in die Privatversicherung. Kann Herr Z. am 1. September 2013 als freiwilliges Mitglied in die GKV aufgenommen werden?

Aufgabe 2

Frau K. ist 56 Jahre alt. Sie war als freiberufliche Psychotherapeutin 20 Jahre lang privat krankenversichert und nimmt nun eine Tätigkeit als Angestellte in einer Rehabilitationsklinik auf. Muss Frau K. in die GKV aufgenommen werden?

Aufgabe 3

Bitte ordnen Sie zu

	a) primäre Prävention	b) sekundäre Prävention	c) tertiäre Prävention
1. Anti-Raucher-Kampagne			
2. Krebsfrüherkennungsuntersuchung			
3. Vorschrift zum Einbau eines Katalysators in PKW			
4. Diätrichtlinien für Diabetiker			
5. Kindervorsorgeuntersuchungen			
6. Trainingskurse für Infarktpatienten			

Aufgabe 4

Frau B. bezieht im Monat vor Beginn ihrer Arbeitsunfähigkeit ein Bruttogehalt von 1 950 €. Ihr regelmäßiges Nettoeinkommen beträgt 1 265,10 €. Frau B. bezieht für 25 Tage Krankengeld. Errechnen Sie das Krankengeld für Frau B.

Aufgabe 5

Berechnen Sie den jeweiligen Arbeitgeberanteil zur Sozialversicherung von Frau A. und Herrn B (Tabellen 8 und 9).

Aufgabe 6

Nehmen Sie an, Frau A. und Herr B. (Tabellen 8 und 9) leben in den neuen Bundesländern. Berechnen Sie den Arbeitnehmerbeitrag zur Sozialversicherung.

Aufgabe 7

Frau Z. ist Angestellte, sie bezieht monatlich 3 316 € brutto und bekommt einmal jährlich Urlaubsgeld in Höhe von 250 € und Weihnachtsgeld in Höhe von 2 500 € (je brutto). Errechnen Sie das monatliche Bruttoeinkommen von Frau Z. unter Berücksichtigung der regelmäßigen Sonderzahlungen.

Aufgabe 8

Herr. H. ist Rentner. Seine monatliche Altersrente beträgt 995 €; zusätzlich bekommt er eine Betriebsrente in Höhe von 837 €. Der Beitragssatz zur Krankenversicherung beträgt 15,5 %. Errechnen Sie seine monatlichen Abgaben an die Krankenkasse.

Aufgabe 9

Herr T. fragt bei seiner Kasse schriftlich nach, ob deren Satzung freiwillige Impfleistungen (Gelbfieberimpfung für Afrika-Touristen) bezahlt und erhält eine abschlägige Antwort. Frau G. wird per Post die Bewilligung ihrer Kasse einer Mutter-Kind-Kur im August 2013 zusammen mit ihrem Sohn zugestellt. Bitte überprüfen Sie jeweils, ob es sich um einen Verwaltungsakt handelt und begründen Sie Ihre Entscheidung.

Aufgabe 10

Frau F., bei ihrem Mann mitversichert in der AOK Bayern, löst folgende Rezepte ein. Geben Sie bitte an, wie viel sie jeweils zuzahlen muss.

1. Ein Rezept für ihren Mann mit
   a) einem Arzneimittel für   25,10 €
   b) einem Arzneimittel für   135,40 €

2. ein Rezept für sich selbst mit
   a) einem Arzneimittel für   54,70 €
   b) einem Arzneimittel für   63,00 €

3. ein Rezept für ihren 15jährigen Sohn mit
   a) einem Arzneimittel für   17,29 €
   b) einem Arzneimittel für   55,97 €

Aufgabe 11

Frau S. ist alleinstehende Rentnerin und chronisch krank. Ihr monatliches Bruttoeinkommen beträgt 1 214 €. Sie war im vergangenen Jahr 10 Tage (inkl. Entlassungstag) im Krankenhaus, danach wurde sie 22 Tage (inkl. Entlassungstag) in einer stationären Rehabilitationseinrichtung behandelt; für Arzneimittel zahlte sie insgesamt 112,87 € dazu. Hat Frau S. ihre Belastungsgrenze überschritten?

Aufgabe 12

Suchen Sie im SGB V die Rechtsquellen für folgende Aussagen:

1. Für Krankheiten, die nicht wirksam behandelt werden können, finanziert die GKV keine Früherkennungsuntersuchungen.
2. Die Landesverbände und der Spitzenverband der Krankenkassen sind Körperschaften des öffentlichen Rechts.
3. Versicherte können zwischen Kostenerstattung und Sachleistung wählen.

3 Die private Krankenversicherung

3.1 Grundprinzipien im Vergleich zur gesetzlichen Krankenversicherung

Die private Krankenversicherung (PKV) folgt anderen Organisationsprinzipien als die GKV. Im Gegensatz zur GKV sind die Träger der PKV Privatunternehmen, zumeist in der Rechtsform einer Aktiengesellschaft (AG). Ihr Bestreben ist es, im Interesse ihrer Aktionäre einen **Gewinn zu erzielen**.

Die Beiträge bzw. **Prämien** zur PKV werden unabhängig vom Einkommen des Versicherten erhoben, ihre Höhe orientiert sich an dessen **persönlichem Risiko**. Je älter ein Kunde beim Abschluss eines privaten Versicherungsvertrages (= Police, aus dem Griech.: Nachweis, Vertrag) ist, desto höher fällt seine Prämie aus, da mit dem Alter die Ausgaben für medizinische Leistungen ansteigen. Menschen mit Vorerkrankungen und Chroniker zahlen höhere Beiträge als gleichaltrige Versicherte ohne zusätzliche Risiken. Man spricht vom **Äquivalenzprinzip** (aus dem Lat.: äquivalent = gleichwertig), wenn, wie es bei der Finanzierung der PKV der Fall ist, die eingezahlten Beiträge in etwa den Leistungsausgaben je Versichertem entsprechen. Den Gegenpol zum Äquivalenzprinzip bildet das **Solidar- oder Leistungsfähigkeitsprinzip** der GKV. Hier werden die Beiträge – allerdings nur bis zur Beitragsbemessungsgrenze – in Abhängigkeit von der ökonomischen Leistungsfähigkeit des Versicherten, gemessen an seinem Einkommen, erhoben.

Wer sich in jungen Jahren privat versichert, zahlt zu seiner normalen Prämie gleichzeitig einen Zuschlag für sein im Alter ansteigendes Krankheitsrisiko mit. Im Alter wird der angesammelte Betrag dann aufgebraucht. Im Umlageverfahren der GKV gibt es solche **Altersrückstellungen** (bzw., wie es auch genannt wird, das **Kapitaldeckungsverfahren**) nicht (Abb. 6).

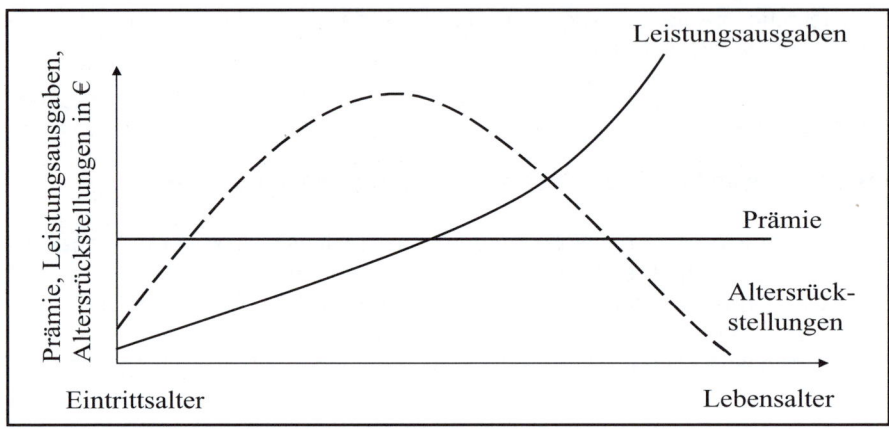

Abb. 6: Ausgleich von Leistungsausgaben und Altersrückstellungen durch die PKV-Prämie

Angenommen, jemand tritt mit 30 Jahren in die private Krankenversicherung ein: Sein Beitrag wird dann so kalkuliert, dass er nicht aufgrund des fortschreitenden Alters des Versicherten steigen muss. In jungen Jahren sind im Durchschnitt über alle Versicherten gerechnet, die **Leistungsausgaben niedriger als die Prämie**, sodass aus der Differenz zwischen Prämie und Leistungsausgaben Rückstellungen für das Alter gebildet werden können. Das PKV-Unternehmen **legt die Altersrückstellungen am Kapitalmarkt verzinslich an**. Mit zunehmendem Alter gleichen sich Leistungsausgaben und Prämie an, bis schließlich die Prämie nicht mehr ausreicht, die Leistungsausgaben zu decken. Dann beginnt die **Auflösung der angesparten Altersrückstellungen**. Die Abbildung verdeutlicht auch, dass die Prämie umso höher zu kalkulieren ist, je später im Leben man einen privaten Krankenversicherungsvertrag abschließt. Die Zeit zum Ansparen der nötigen Altersrückstellungen ist dann kürzer und muss durch eine höhere Ansparsumme, die Prämie eben, ausgeglichen werden.

Möchte ein Privatversicherter den Versicherer wechseln, so kann er seine bisher angesparten Altersrückstellungen nicht mitnehmen, es gibt keine im Fachjargon so genannte **Portabilität** (Übertragbarkeit, aus dem Lat.: portare = tragen) **der Altersrückstellungen**. Wer als Privatversicherter den Anbieter wechselt, wäre gezwungen, in der neuen Versicherung mit einer höheren Prämie einzusteigen. Da dies so gut wie niemand tut, gibt es in der PKV **Wett-**

bewerb nur um Neukunden und nicht um bereits Versicherte. In der **nicht** privatwirtschaftlich organisierten GKV dagegen gibt es beide Varianten des Wettbewerbs.

Der in Abbildung 6 gezeigte Ausgabenverlauf muss selbstverständlich nicht für jeden 30-Jährigen gelten, der eine private Versicherungspolice erwirbt. So sind Einzelfälle überdurchschnittlich gesunder Versicherter denkbar, bei denen erst in höherem Alter die Leistungsausgaben die Prämie übersteigen. Ebenso gibt es Versicherte, die z. B. in jungen Jahren einen Unfall oder eine schwere Krankheit erleiden und deren Prämie deshalb bereits früh die Leistungsausgaben erreicht. Wichtig ist für die Prämienkalkulation nur, dass sich die **Häufigkeit der beiden als Beispiel genannten Fälle in etwa die Waage halten**. In gewissem Maße kommen dann die überdurchschnittlich Gesunden für die überdurchschnittlich Kranken mit auf. Versicherungen funktionieren nur für eine große Zahl von Menschen, denn nur wenn es eine ausreichende Anzahl von Versicherten gibt, lassen sich zuverlässig Durchschnittswerte, wie in der Abbildung gezeigt, berechnen.

In Abbildung 6 wird von einem idealtypischen Verlauf mit gleichbleibender Prämie ausgegangen. Tatsächlich werden Prämien im Wettbewerb der Versicherer um neue Kunden oft zu niedrig angesetzt, sodass Versicherte im Lauf ihres Lebens mit einer altersbedingten Prämienerhöhung rechnen müssen, weil die Ansparsumme für die Altersrückstellungen nicht ausreicht. Daneben hängt die Prämienhöhe von weiteren Einflussfaktoren ab. Sie steigt, wenn durch medizinisch-technischen Fortschritt Behandlungen teurer werden, sie steigt auch, wenn die Inanspruchnahme von Gesundheitsleistungen der Privatversicherten zunimmt. Tatsächlich liegen die Ausgabensteigerungen der PKV, vor allem in den Bereichen ambulante Behandlung und Arzneimittel, weit über jener der GKV. Abhängig ist die Prämienhöhe auch von der **Lage am Kapitalmarkt**. Herrscht eine Niedrigzinsphase, dann werfen die Rückstellungen weniger Renditen ab und die PKV-Unternehmen müssen höhere Prämien kalkulieren.

Anders als Krankenkassen können private Krankenversicherungsunternehmen den Vertragsabschluss verweigern, weil das Risiko des Versicherungsnachfragers zu hoch ist; sie **unterliegen also nicht dem Kontrahierungszwang** (vgl. Übersicht 6). Ebenso kann die PKV die **Behandlung von** Vorerkrankungen aus dem Versicherungsvertrag ausnehmen, wenn ihr das Risiko zu hoch erscheint. Diese Möglichkeiten bestehen für den Basistarif (vgl. Kap. II 3.3) jedoch nicht.

Die PKV kennt die kostenlose Mitversicherung der Familie nicht. Für **jedes Familienmitglied ist eine eigene Police abzuschließen** und eine Prämie zu entrichten, wiederum je nach individuellem Risiko.

Bei privaten Versicherungsverträgen besteht **Wahlfreiheit der** Entscheidung über die **Versicherungsdeckung**. Ein Privatversicherter kann die Art und die

Übersicht 6:   Kennzeichen der PKV und der GKV im Vergleich

	PKV	GKV
Finanzierungsprinzip	Äquivalenzprinzip	Solidar- bzw. Leistungsfähigkeitsprinzip
Träger	Privatunternehmen	Körperschaften des öffentlichen Rechts
Beiträge	Risikoabhängig	Einkommensabhängig
Kontrahierungszwang/ Versicherungspflicht	Nein	Ja
Umverteilung zwischen „reich" und „arm"	Nein	Ja bis zur Beitragsbemessungsgrenze
Umverteilung zwischen „kinderlos" und „kinderreich"	Nein	Ja
Umverteilung zwischen „gesund" und „krank"	Eingeschränkt wegen risikoabhängigen Prämien	Ja
Umverteilung zwischen „jung" und „alt"	Nein	Ja wegen Umlageverfahren
Art der Leistungsgewährung	Kostenerstattung	Sachleistung, jedoch Kostenerstattung als Option
Versicherungsdeckung/ Selbstbeteiligung	Vertraglich gestaltbar	Gesetzlich vorgegeben; Selbstbehalt und Beitragsrückerstattung durch Gesetz erlaubt

Höhe der Selbstbeteiligung nach seinen individuellen Bedürfnissen wählen. So kann man eine Police ohne Selbstbeteiligung mit entsprechend hoher Prämie erwerben, umgekehrt ist es möglich, die monatliche Belastung durch die Prämie geringer zu halten und dafür im Krankheitsfall eine hohe Eigenbeteiligung zu leisten. Ebenso kann sich der Privatversicherte für Beitragsrückerstattung entscheiden. In diesem Falle zahlt die Versicherung, wenn keine Leistungen in Anspruch genommen wurden, Beiträge an den Versicherten zurück. Einem Privatversicherten steht es zudem frei, Leistungen, z. B. Zahn-implantate etc., in die Versicherung aufzunehmen oder nicht.

Was die **Art der Leistungsgewährung** durch die Versicherung betrifft, so hat der **gesetzlich Versicherte größere Wahlfreiheit**: In der PKV werden Versiche-rungsleistungen ausschließlich als **Kostenerstattung** erbracht, während ein gesetzlich Krankenversicherter zwischen Sachleistung und Kostenerstattung auswählen kann. Privat Versicherte erhalten medizinische Leistungen gegen Rechnung, die sie selbst bezahlen und dann an ihre Versicherung weiterleiten. Nach Maßgabe des vom Versicherten gewählten Selbstbehalts erstattet die Versicherung die Kosten der Behandlung (Ausnahmen von diesem Vorgehen sind im Fall von einer Krankenhausbehandlung möglich; hier kann auch di-rekt zwischen Privatversicherung und Krankenhaus abgerechnet werden).

Alle genannten Kennzeichen der PKV zeigen vor allem eines: Im Gegensatz zur GKV **gilt in der PKV das Solidarprinzip nur sehr eingeschränkt.** Zwar ist es auch in der PKV möglich netto zum Leistungsempfänger zu werden, also in der Summe mehr Leistungen zu erhalten als man Beiträge bezahlt hat. In ge-wissem Umfang findet also auch hier eine Umverteilung zwischen Gesunden und Kranken statt. Im Vergleich zur GKV ist diese aber stark eingeschränkt, weil die Beitragshöhe des Privatversicherten von seinem Krankheitsrisiko bei Vertragsabschluss abhängt.

Solidarität zwischen mehr und weniger einkommensstarken Versicherten kennt die PKV nicht; in der GKV wird zwischen arm und reich umverteilt, allerdings nur bis zur Beitragsbemessungsgrenze. Umverteilungswirkungen zwischen Kinderlosen und Kinderreichen, wie in der GKV mit ihrer kosten-losen Familienversicherung, entfallen in der PKV völlig.

3.2 Versicherte

Versicherte in der PKV sind folgende Personengruppen, für die keine Pflicht-mitgliedschaft in der GKV besteht:

* Arbeiter und Angestellte mit einem Bruttoeinkommen, das ein Jahr lang über der Versicherungspflichtgrenze der GKV liegt
* Beamte
* Selbstständige

Selbstständige, also Unternehmer oder freiberuflich Tätige wie z. B. Ärzte, Steuerberater etc. sind in aller Regel gegen Krankheitsrisiken privat vollversi-chert. Sie tragen für sich und ihre Familienangehörigen die Prämien selbst.

Besondere Regelungen bestehen für Beamte: Sie müssen nur einen Teil der Krankheitsrisiken privat versichern, da der Staat als ihr Arbeitgeber den an-deren Teil aus Mitteln der durch Steuern finanzierten **Beihilfe** übernimmt.

Der **Beamte selbst** erhält von der Beihilfe 50 % seiner Behandlungskosten erstattet; er wird sich folglich zu 50 % privat absichern. Der **Ehepartner** eines Beamten erhält 70 % aus Beihilfemitteln, sein **Kind** 80 %. Für den Ehepartner wird also eine Privatversicherung über die restlichen 30 %, für das Kind über 20 % der Behandlungskosten abgeschlossen. Hat der Beamte zwei oder mehr Kinder, so steigt der Anteil, den die Beihilfe an seinen eigenen Behandlungskosten übernimmt, auf 70 %. Ähnlich wie in der GKV werden durch diese Regelungen kinderreiche Familien begünstigt.

Beispiel:

Frau F. ist als Lehrerin eine Beamtin, sie ist verheiratet und hat drei Kinder; ihr Mann ist als Hausmann tätig. Die Familie hat fünf Versicherungsverträge mit einer privaten Krankenversicherung zu folgenden Prozenttarifen abgeschlossen:

- Frau F. und ihr Mann sind je zu 30 % privat versichert
- jedes Kind ist zu 20 % privat versichert.

Sucht ein Mitglied der Familie F. einen Arzt auf oder löst ein Rezept in der Apotheke ein, zahlt die Familie die Rechnung zunächst aus eigener Tasche und reicht danach **je eine Kopie der Rechnung** bei der PKV und bei der Beihilfe ein, die dann den jeweiligen prozentualen Rechnungsbetrag auf das Konto von Familie F. überweisen.

Entscheidet sich ein Angestellter oder Arbeiter, dessen Verdienst ein Jahr lang die Pflichtversicherungsgrenze übersteigt, für eine private Vollversicherung, so zahlt ihm sein Arbeitgeber einen **Zuschuss in Höhe des Arbeitgeberbeitrags,** den er bekäme, wenn er in der GKV geblieben wäre (§ 257 Abs. 2 SGB V). Herr B. (Tabelle 9) im Rechenbeispiel in Kapitel II 2.5.1.1 hätte also einen Zuschuss erhalten, wenn er sich für die PKV entschieden hätte. Herr B. wird die Alternative PKV wählen, wenn er als junger gesunder Mensch beitritt und folglich eine günstige Prämie erhält. Hätte er eine chronische Erkrankung oder wäre er nicht mehr jung, dürfte die GKV für ihn die bessere Alternative sein. Ist er verheirateter Familienvater oder möchte er dies werden, wird er ebenfalls in der GKV bleiben, da er sonst auf die kostenlose Mitversicherung seiner Familienangehörigen verzichten müsste.

3.3 Standardtarif, Basistarif, Versicherungspflicht – Neuerungen für die PKV seit 2007

Seit 1994 **müssen** alle privaten Krankenversicherungen den so genannten **Standardtarif für ältere Versicherte** anbieten. Der Standardtarif ist quasi die

Billigvariante der PKV. Die Prämie dieses Tarifes darf die Höhe des durch-schnittlichen GKV-Beitrags nicht überschreiten. Die Leistungen der PKV an die nach Standardtarif Versicherten müssen den Leistungen nach SGB V ver-gleichbar sein (§ 257 Abs. 2a SGB V). Voraussetzung dafür, den im Vergleich zu einem üblichen PKV-Beitrag niedrigeren Standardtarif zu erhalten, war es, das 65. Lebensjahr vollendet zu haben und seit mindestens 10 Jahren in der PKV durch den Arbeitgeber zuschussberechtigt versichert gewesen zu sein. Ab 55 Jahren konnten privat versicherte Arbeitnehmer in den Standardtarif wechseln, wenn sie zuvor 10 Jahre zuschussberechtigt in der PKV waren und ihr Einkommen unter der aktuellen Versicherungspflichtgrenze lag.

Mit dem GKV-WSG wurde der **Standardtarif ausgeweitet**. Ab 1.7.2007 können Personen Policen zum Standardtarif abschließen, die nicht gesetz-lich versichert sind, keine Möglichkeit haben, der GKV beizutreten und die auch keinen sonstigen Versicherungsschutz besitzen. Wer zu dieser genannten Personengruppe gehört, **muss** von einem PKV-Unternehmen ohne Risikoprü-fung versichert werden. Das bedeutet, es **besteht Kontrahierungszwang** für die Privatversicherer. Das **individuelle Risiko** des Versicherungsnachfragers bleibt für die Prämienhöhe **unberücksichtigt**; gestattet ist lediglich eine Ab-stufung nach Alter. Allerdings müssen sich die Versicherungsanwärter einer Prüfung ihres Gesundheitszustandes unterziehen, jedoch nicht, weil ihre Prä-mie davon abhinge. Vielmehr erfolgt zwischen den PKV-Unternehmen ein Risikoausgleich. Der Privatversicherer erhält aus dem Risikopool der PKV-Unternehmen Mittel für Versicherte mit Vorerkrankung.

Seit dem 1.1.2009 gilt eine **Krankenversicherungspflicht für alle**, auch für Personen, die nicht in die GKV aufgenommen werden können. Wer z. B. als Selbstständiger aus der PKV ausschied, weil er seine Prämien nicht mehr be-zahlen konnte, daraufhin einige Zeit ohne Versicherungsschutz war, **muss** sich seit dem 1.1.2009 versichern.

Zum Jahresbeginn 2009 wurde der **bisherige Standardtarif vom Basistarif abgelöst**. Er ist identisch mit dem Standardtarif, d. h., es besteht Kontrahie-rungszwang, es gibt keine Risikoaufschläge und die **Prämienhöhe ist begrenzt auf den Höchstbeitrag der GKV**. Und ebenso entspricht der Leistungskatalog jenem der GKV. Der Basistarif dient in erster Linie Privatversicherten, die ihre Prämien nicht mehr tragen können bzw. aus der PKV ausgeschieden sind und keinen Zugang zur GKV haben.

Beispiel:

Herr Z., 57 Jahre alt, betrieb einen Kiosk. Die Lage seines Kleinunterneh-mens wurde zunehmend prekär, zudem belasteten Herrn Z. die steigenden Beiträge zu seiner privaten Vollversicherung. Er wurde zahlungsunfähig und schied aus der PKV aus. Da er mit 57 Jahren nicht mehr in die GKV aufgenommen werden kann, ist er nunmehr im Basistarif versichert.

Bisher allerdings konnte sich der Basistarif nicht durchsetzen. Gerade einmal 26 000 Personen (von insgesamt ca. 9 Mio. privat Krankenversicherten) haben eine Privatversicherung zum Basistarif abgeschlossen (Stand 2011). Der Grund dafür ist vor allem die Beitragshöhe, die nahe dem erlaubten Höchstbeitrag zur GKV (2013: 610,31 € pro Monat) liegt.

Konsequenzen aus dem Standard- bzw. Basistarif ergeben sich für niedergelassene Ärzte. Haben sie die Kassenzulassung, d. h., dürfen sie gesetzlich Versicherte behandeln, so haben sie automatisch auch den so genannten **Sicherstellungsauftrag für Basistarifversicherte**. Für Versicherte im Basis- bzw. Standardtarif ist die Arztvergütung niedriger als für Privatpatienten im Normaltarif (vgl. dazu Kap. IV 2.7.2).

3.4   Private Voll- und Teilversicherungen

PKV-Unternehmen bieten für die unter 3.2. und 3.3 genannten Personen Krankheits-Vollversicherungen an. Der Versicherungsschutz erstreckt sich auf alle Versorgungsbereiche des Gesundheitswesens. Die meisten Privatversicherten wählen Versicherungsverträge, die ihnen zusätzlich die Übernahme von Mehrkosten für Chefarztbehandlung und Ein- oder Zweibett-Zimmer garantieren. Die Abrechnung solcher Leistungen erfolgt gesondert neben der eigentlichen Krankenhausleistung mit dem Patienten selbst.

Für Chefarztbehandlung und Ein- oder Zweibettzimmer bietet die PKV auch **Teil- bzw. Zusatzversicherungen für gesetzlich Krankenversicherte** an. Schließt ein Versicherter der GKV privat solche zusätzlichen Versicherungsverträge ab, so gelten für ihn dieselben Bedingungen wie unter Abschnitt 3.1. beschrieben. Seine Prämie ist risikoabhängig, sie steigt mit dem Alter bei Vertragsabschluss an. Mit dem Zusatzversicherten wird ebenso wie mit dem privat Vollversicherten gesondert abgerechnet.

Neben den Policen für Chefarztbehandlung und Ein- oder Zweibettzimmer bietet die PKV zahlreiche weitere Zusatzversicherungen an. Wer z. B. eine über die Leistungen der GKV hinausgehende **Versorgung mit Zahnersatz oder Brillen** möchte, wer sich von Heilpraktikern behandeln lassen will, kann sich privat versichern.

Seit dem GKV-Modernisierungsgesetz können gesetzliche Krankenkassen in ihrer Satzung vorsehen, dass sie ihren Versicherten **günstige Verträge für Zusatzversicherungen** mit PKV-Unternehmen vermitteln. Die Krankenkassen handeln mit dem PKV-Unternehmen die Prämien für Teilversicherungen z. B. für Zahnersatz aus. Da sie für eine große Anzahl von Versicherten stehen, bringen sie viele potentielle Kunden für die PKV mit und können deshalb

Mengenrabatte erhalten. Allerdings haben die Kassen nur die Funktion eines Vermittlers. Kommt es zum Abschluss einer Police für Zusatzleistungen, so sind der einzelne Versicherte und die PKV die Vertragspartner.

Übungsaufgaben zu Teil II Kapitel 3

Aufgabe 1

a) Erklären Sie, warum die Prämie in der privaten Krankenversicherung mit dem Eintrittsalter ansteigt.
b) Anders als die GKV ist die PKV von der Lage am Kapitalmarkt abhängig. Bitte erklären Sie den Grund.

Aufgabe 2

Von Krankenversicherungsexperten ist gelegentlich die Meinung zu hören, die Altersrückstellungen der PKV seien dem Umlageverfahren der GKV in demografischer Hinsicht überlegen. Wie ist das zu verstehen?

Aufgabe 3

Bitte erklären Sie, was unter dem Äquivalenzprinzip zu verstehen ist.

Aufgabe 4

Herr G. ist als Polizist Beamter und hat eine private Krankheitskostenvollversicherung. Er verdient pro Monat 1 934 €. Seine Frau arbeitet als Angestellte in einem Unternehmen; ihr Monatsbrutto beträgt 2 135 €. Sie ist Mitglied einer Ersatzkasse. Das Paar hat ein Kind. Kann das Kind kostenlos bei seiner Mutter mitversichert sein?

4 Soziale Pflegeversicherung

Die Krankenversicherung übernimmt die mit der Erkrankung direkt einhergehenden Risiken, also die Kosten der medizinischen Behandlung und den Verdienstausfall durch Krankheit nach der Entgeltfortzahlung. Erkrankung oder Behinderung kann aber auch mit weiteren Risiken für das Individuum verbunden sein, die von der Krankenversicherung nicht (bzw. nur in geringem Umfang) getragen werden, etwa dem Risiko, sich **krankheitsbedingt im Alltag nicht mehr selbst helfen zu können** bei täglichen Verrichtungen oder dem Risiko, **seinen Haushalt nicht mehr angemessen selbst managen** zu können. Eben diese Risiken werden von der Sozialen Pflegeversicherung abgedeckt.

Der Hauptgrund für die Einführung der Pflegeversicherung war dieses Defizit in der Risikoabdeckung, das auch dazu führte, dass Pflegeeinrichtungen nicht in ausreichendem Maß vorhanden waren. Pflegebedürftige Menschen in Altenheimen waren vor der Einführung der Pflegeversicherung **auf Sozialhilfe angewiesen,** wenn ihr eigenes Einkommen nicht ausreichte, das Heim zu bezahlen. Sozialhilfe ist eine subsidiäre Leistung, die aus Steuern finanziert wird und von den Städten und Gemeinden getragen wird. Die auch schon in den 80er- und 90er-Jahren spürbare Alterung der Bevölkerung brachte eine **zunehmende Belastung der Kommunen durch Sozialhilfe** mit sich; die Pflegeversicherung sollte denn auch zur Entlastung der Städte und Gemeinden beitragen. Hinzu kam die so genannte **Fehlbelegung von Krankenhausbetten** mit pflegebedürftigen Menschen. Alte Patienten, die der Krankenhausbehandlung nicht mehr bedurften, konnten dennoch nicht entlassen werden, da sie nicht in der Lage waren, sich zuhause selbst zu versorgen. Das Risiko der Pflegebedürftigkeit wurde damit zum Teil auf die Krankenversicherung abgewälzt. Alle genannten Gründe führten schließlich dazu, das Risiko Pflegebedürftigkeit solidarisch zu finanzieren, wie die übrigen sozialversicherten Risiken auch.

Der jüngste Zweig der Sozialversicherung wurde in Stufen eingeführt. 1994 wurde das XI. Buch *„Soziale Pflegeversicherung"* in das Sozialgesetzbuch eingefügt. Ab 1.1.1995 wurden von den Versicherten und ihren Arbeitgebern zunächst ein Vierteljahr Beiträge erhoben, ohne Leistungen zu gewähren. Am 1.4.1995 begannen die Pflegekassen Leistungen der ambulanten Pflege zu finanzieren, seit 1.7.1996 werden stationäre Pflegeleistungen von den Pflegekassen mitgetragen. Durch die stufenweise Einführung der Leistungen der Pflegeversicherung sollte den Anbietern von ambulanten und stationären Pflegeeinrichtungen Zeit gegeben werden, ihre Kapazitäten an die neue Situation anzupassen. Die Pflegekassen konnten auf diese Weise Reserven ansparen.

Die Pflegeversicherung weist im Gegensatz zu den übrigen Zweigen der Sozialversicherung einige Besonderheiten auf, auf die im Folgenden jeweils hingewiesen wird.

4.1 Versicherte

Eine Besonderheit der Pflegeversicherung ist deren Versichertenkreis: Es ist seit Einführung der Pflegeversicherung die gesamte Bevölkerung Deutschlands verpflichtet, sich gegen das Risiko der Pflegebedürftigkeit abzusichern.

Versicherungspflichtig ist jeder, der einer gesetzlichen Krankenversicherung als Mitglied oder Mitversicherter angehört. Pflichtmitglieder der GKV und ihre Familienangehörigen unterliegen dem Versicherungszwang in der **Pflegekasse, die ihrer gesetzlichen Krankenkasse angegliedert ist.** Wechselt ein Mitglied die Krankenkasse, verlässt z. B. die AOK und versichert sich in einer Ersatzkasse, dann erfolgt **automatisch ein Wechsel der Pflegeversicherung.** Der Versicherte im genannten Beispiel wird Mitglied der Pflegekasse der Ersatzkasse. Kinder und nichterwerbstätige Ehepartner sind wie in der GKV kostenlos mitversichert.

Wer freiwillig in der GKV versichert ist, kann auch einen Pflegeversicherungsvertrag mit einem privaten Versicherungsunternehmen abschließen (§ 22 SGB XI). Privat Krankenversicherte **müssen** sich privat gegen das Risiko der Pflegebedürftigkeit absichern. Einen Zwang zur privaten Krankenversicherung kannte das Sozialrecht dagegen bis zum 1.1.2009 nicht; er wurde erst mit dem GKV-WSG eingeführt. Ebenfalls versicherungspflichtig in einer privaten Pflegeversicherung sind Heilfürsorgeberechtigte. Mit diesen Vorschriften des SGB XI ist eine die gesamte Bevölkerung umfassende Pflegeabsicherung gewährleistet.

4.2 Pflegekassen und private Pflegeversicherung

Pflegekassen als Träger der sozialen Pflegeversicherung sind, ebenso wie Krankenkassen und alle übrigen Träger der Sozialversicherung, **rechtsfähige Körperschaften des öffentlichen Rechts mit Selbstverwaltung** (§ 346 SGB XI). Organisatorisch sind sie aber an die Krankenkassen gebunden. Jede Krankenkasse ist verpflichtet, eine eigene Pflegekasse zu errichten. Deren Organe, Verwaltungsrat und Vorstand, sind **zugleich Organe der Pflegekasse.** Die staatliche Rechtsaufsicht der Pflegekassen ist völlig analog zur gesetzlichen Krankenversicherung geregelt.

Arbeitgeber der Beschäftigten der Pflegekasse ist die Krankenkasse. Durch diese rechtliche Konstruktion entstehen den Krankenkassen Verwaltungskosten für die Pflegeversicherung. Diese Kosten werden den Krankenkassen dadurch entgolten, dass ihnen die Pflegekasse 3,5 % der durchschnittlichen Beitragseinnahmen erstattet. Die Kosten des Medizinischen Dienstes der Krankenkassen, der in der Pflegeversicherung wichtige Aufgaben übernimmt, tragen Kranken- und Pflegekassen je zur Hälfte.

Zwischen den Pflegekassen findet ein Finanzausgleich statt, d. h., Kassen mit guten Risiken subventionieren solche mit schlechten Risiken. Da die soziale Pflegeversicherung einen bundesweit einheitlichen Beitragssatz hat und im Gegensatz zur GKV keine kassenindividuellen Zusatzbeiträge erheben darf, muss der Finanzausgleich vollständig sein, also **alle** Risikounterschiede umfassen.

Private Krankenversicherungen **müssen** ihren Versicherten eine Absicherung des Risikos der Pflegebedürftigkeit anbieten. PKV-Versicherten ist dabei freigestellt, auch bei einem anderen privaten Versicherungsunternehmen einen Pflegeversicherungsvertrag abzuschließen (§ 23 Abs. 2 SGB XI). Vom Gesetzgeber sind den privaten Anbietern von Pflegeversicherungen Auflagen vorgeschrieben, wie sie für die PKV im Normaltarif **nicht** gelten. Mit der Pflegeversicherungs**pflicht** für Privatversicherte sind einige Spezifika der privaten Pflegeversicherung verbunden, die – ähnlich wie in der Sozialversicherung – die Vertragsfreiheit einschränken (§§ 23 und 110 SGB XI).

- Private Pflegeversicherungen unterliegen ebenso wie die Sozialversicherung dem Kontrahierungszwang. Sie dürfen also keine Versicherungsberechtigten abweisen, auch wenn deren Risiko schlecht ist.
- Sie dürfen keine risikoabhängigen Beiträge von den Versicherten fordern.
- Die Prämienhöhe darf den Höchstbeitrag der Sozialen Pflegeversicherung nicht überschreiten.
- Kinder werden beitragsfrei mitversichert.
- Die Leistungen der privaten Pflegeversicherung sind jenen der Sozialen Pflegeversicherung, wie sie im SGB XI festgelegt sind, gleich.
- Es gelten dieselben Maßstäbe zur Feststellung der Pflegebedürftigkeit und zur Zuordnung der Pflegestufen.

Die privaten Pflegekassen sind ferner verpflichtet, untereinander einen Ausgleich für unterschiedliche Risikoprofile durchzuführen. Auch diese Vorschrift ist an die für die Sozialversicherung typischen Risikoausgleiche angelehnt. Die Unterschiede zwischen sozialer und privater Pflegeversicherung sind also weitgehend eingeebnet. Was für die Pflegeversicherung also von vornherein galt, wurde durch die Einführung des verpflichtenden Basistarifs für die PKV **in der Krankenversicherung nachträglich eingeführt** – eine Angleichung sozialer und privater Versicherung. Offenbar diente die Konstruktion der Pflegeversicherung als Vorbild für die Neuerungen der Krankenversicherung durch das GKV-WSG.

Ebenso wie in der GKV sind nach der Pflegereform Kooperationen zwischen sozialer Pflegekasse und privater Pflegeversicherung möglich. Pflegekassen verhandeln mit einem privaten Partnerunternehmen Mengenrabatte zugunsten ihrer Mitglieder für private Pflegezusatzversicherungen, z. B. Pflegetagegeldversicherungen, aus.

4.3 Leistungen

Die Leistungen der Pflegeversicherung werden im Kapitel IV 6 ausführlich beschrieben. An dieser Stelle genügen einige Hinweise auf das Leistungsspektrum und Probleme der Pflegeversicherung aufgrund der demografischen Entwicklung in Deutschland. Von Beginn an war die Pflegeversicherung als **Teilkostenversicherung** angelegt, d. h., sie deckt nicht alle mit der Pflege verbundenen Ausgaben der Versicherten ab. Einen Teil tragen die Versicherten selbst bzw. die subsidiäre Sozialhilfe.

Kennzeichnend für die Pflegeversicherung ist die Vielzahl von Leistungen: Es werden **sowohl Sach- als auch Geldleistungen** gewährt. Ebenso ist eine Kombination beider Leistungsarten möglich. Das wichtigste Gliederungsprinzip der Versicherungsleistungen ist die Unterscheidung von ambulanter und stationärer Pflege. Ambulante bzw. häusliche Pflege wird von Angehörigen und/oder ambulanten Pflegediensten in der Wohnung des Pflegebedürftigen erbracht, stationäre Pflege in zugelassenen Pflegeheimen.

Häusliche Pflege genießt nach dem Gesetz Vorrang vor stationärer Pflege (§ 3 SGB XI); die Pflegeversicherung soll, wie es im Gesetz heißt *„die Pflegebereitschaft der Angehörigen und Nachbarn unterstützen, damit die Pflegebedürftigen möglichst lange in ihrer häuslichen Umgebung bleiben können."* Derzeit überwiegen die ambulanten Pflegefälle mit ca. 76 % aller Pflegebedürftigen die stationären Pflegefälle weit. Jedoch zeigte sich bereits in der kurzen Zeit des Bestehens der Pflegeversicherung eine Zunahme des Anteils der stationären Pflege. Nach Einschätzung von Experten dürfte dieser Trend aus folgenden Gründen anhalten: Die Überalterung der Bevölkerung geht mit der **Zunahme von Ein-Personen-Haushalten** einher. Betroffen sind vor allem Frauen, da sie aufgrund ihrer höheren Lebenserwartung nach dem Tod des Lebenspartners meist allein leben. Ohne pflegende Angehörige ist häusliche Pflege oft nicht zu gewährleisten, es bleibt dann nur die Möglichkeit im Pflegeheim zu wohnen. In Zukunft wird es immer weniger pflegende Angehörige von alten Menschen geben. Zunehmend mehr Menschen haben keine Kinder, die sich im Alter ihrer annehmen könnten. Aufgrund des abnehmenden Erwerbspersonenpotentials wird künftig die **Erwerbsquote der Frauen weiter ansteigen** müssen. Da in aller Regel den Frauen die Pflege alter Menschen obliegt, wird auch deshalb künftig der Anteil stationärer Pflege wachsen. Mit der Pflegereform von 2008 versucht der Gesetzgeber, die häusliche Pflege, unterstützt von professionellen ambulanten und teilstationären Pflegediensten, zu stärken und damit den Trend zur stationären Pflege abzumildern (vgl. Kap. IV 6).

101

4.4   Finanzierung

Der Beitragssatz der Pflegeversicherung wird durch den Gesetzgeber festgelegt. Am 1.1.2013 trat das Pflege-Neuausrichtungsgesetz in Kraft. Es verbesserte die Leistungen für Demenzkranke und erhöhte den Beitragssatz auf 2,05 %.

Der Beitrag wird für abhängig Beschäftigte, sofern sie Kinder haben, paritätisch von Arbeitnehmer und -geber finanziert (je 1,025 %). Rentner tragen den Beitrag aus **allen Alterseinkommen** – aus gesetzlicher Rente und sonstigen Ruhestandseinkommen – **allein** (vgl. Rechenbeispiel in Tabelle 10). Kinderlose Rentner ab Jahrgang 1940 zahlen zusätzlich 0,25 %, d. h., ihr Beitragssatz beträgt 2,3 %. Für kinderlose versicherte Arbeitnehmer ab 23 Jahren steigt der Beitragssatz ebenfalls um 0,25 % auf 1,275 %. Der um 0,25 % höhere Beitragssatz Kinderloser gilt seit 1.1.2005; er beruht auf einem Verfassungsgerichtsurteil. Der Arbeitgeberbeitrag bleibt bei 1,025 %. Damit gehört in der Pflegeversicherung, ebenso wie in der Krankenversicherung seit 1.7.2005, die grundsätzlich paritätische Finanzierung der Vergangenheit an.

Übungsaufgaben zu Teil II Kapitel 4

Aufgabe 1

Frau V. hat zwei Kinder, sie arbeitet halbtags und bezieht 1 020 € pro Monat brutto. Sie ist in einer BKK kranken- und pflegeversichert (Kassenbeitragssatz 15,5 %). Berechnen Sie, wie viel Frau V. pro Monat

1. Krankenversicherungsbeitrag und
2. Pflegeversicherungsbeitrag bezahlt.

Aufgabe 2

Frau H. ist kinderlos; sie bezieht ein Gehalt von 4 100 € monatlich. Sie ist in einer Ersatzkasse kranken- und pflegeversichert (Kassenbeitragssatz 15,5 %). Berechnen Sie, wie viel Frau H. pro Monat

1. Krankenversicherungsbeitrag und
2. Pflegeversicherungsbeitrag bezahlt.

Aufgabe 3

Suchen Sie im SGB XI die Rechtsquellen für folgende Aussagen:

1. Pflegekassen sind Körperschaften des öffentlichen Rechts.
2. Kinderlose Versicherte zahlen einen um 0,25 Prozentpunkte höheren Beitragssatz.
3. Behinderte Kinder sind ohne Altersgrenze in der Pflegeversicherung kostenlos mitversichert.
4. Leistungen der Pflegeversicherung dürfen das Maß des Notwendigen nicht überschreiten.
5. In der privaten Pflegeversicherung erfolgt die Zuordnung zu den Pflegestufen nach denselben Maßstäben wie in der sozialen Pflegeversicherung.

5 Gesetzliche Unfallversicherung

Die gesetzliche Unfallversicherung (GUV) ist nach der GKV der zweitälteste Zweig der deutschen Sozialversicherung; sie wurde ein Jahr nach der Gründung der GKV im Jahr 1884 ins Leben gerufen. Heute sind die Vorschriften der GUV im siebten Buch des SGB geregelt. Mit ihren Schutzvorschriften für Menschen am Arbeitsplatz reicht die GUV bis zu den Ursprüngen der Sozialpolitik zurück. Noch vor Einführung der Sozialversicherung in Deutschland wurde, ausgehend von Großbritannien, die Idee des Arbeiterschutzes entwickelt. Angesichts der Auswüchse des so genannten Manchester-Kapitalismus im Vereinigten Königreich des 19. Jahrhunderts – Ausbeutung arbeitender Menschen, Kinderarbeit etc. – war es das erste Anliegen der Sozialpolitik, Menschen vor solch unwürdigen Zuständen durch Schutzvorschriften zu bewahren. Der Arbeitnehmerschutz ist heute ein weites Feld der Sozialpolitik, das durch eine Reihe von Gesetzen geregelt wird. Einige einschlägige Vorschriften – insbesondere die Prävention von Arbeitsunfällen betreffend – finden sich auch im SGB VII.

5.1 Versicherte Risiken, Risikoabdeckung, Leistungen

Die versicherten Risiken werden in den §§ 7 ff. SGB VII aufgelistet. Demgemäß sind

- Arbeitsunfälle und
- Berufskrankheiten

Versicherungsfälle der GUV. Ausdrücklich in den Versicherungsschutz einge-
schlossen sind Versicherungsfälle durch verbotswidriges Verhalten. **Arbeitsunfälle** werden definiert als Unfälle infolge einer den Versicherungsschutz
begründenden Tätigkeit des Versicherten. Unter diese Definition fallen nicht
nur Unfälle am Arbeitsplatz selbst, sondern auch Unfälle **auf dem Weg zur
und von der Arbeit.** Wer in seinem Auto auf dem, wie es im Gesetz heißt *„un-
mittelbaren"* Weg zur (oder von der) Arbeit unterwegs ist, steht unter dem
Schutz der GUV. Umgekehrt folgt aus dieser Formulierung, dass unnötige
Umwege, Besorgungen etc., die mit dem Arbeitsweg nichts zu tun haben nicht
versichert sind. Eine Ausnahme sieht das Gesetz für Fahrgemeinschaften vor,
die ja ohne Umwege nicht denkbar sind, wenn die Beteiligten an verschiedenen Orten wohnen oder beschäftigt sind. Versichert sind auch Unfälle, wenn
der Versicherte sein Kind auf dem Weg zur Arbeit in den Kindergarten, die
Schule etc. bringt.

Die rechtliche Abgrenzung von Arbeitsunfällen, die eine Leistungspflicht der
GUV begründen, von anderen Unfällen, deren Risiken die GKV abdeckt, bereitet keine größeren Schwierigkeiten. Problematisch dagegen sind häufig die
Abgrenzung der **Berufskrankheiten** von anderen Krankheiten und damit die
Trennung der Zuständigkeitsbereiche von GUV und GKV. Deshalb erfolgt
die Bestimmung einer Berufskrankheit per **Rechtsverordnung der Bundesregierung** mit Zustimmungspflicht des Bundesrates. Es muss sich um Krankheiten handeln, die nach Erkenntnissen der medizinischen Wissenschaft durch
Einwirkungen verursacht wurden, denen die Versicherten am Arbeitsplatz
„in erheblich höherem Grade als die übrige Bevölkerung ausgesetzt sind"
(§ 9 Abs. 1 SGB VII). Als Beispiel einer Berufskrankheit sei Lärmschwerhö-
rigkeit z. B. bei Beschäftigten in der Metallverarbeitung genannt.

Im Unterschied zur GKV ist die Risikoabdeckung – sofern ein Versicherungsfall der GUV vorliegt – wesentlich breiter (§§ 26 ff. SGB VII). Der Versicherte hat Anspruch auf Heilbehandlung, Rehabilitation, Pflegeleistungen und
Geldleistungen. Wer z. B. infolge einer Berufskrankheit pflegebedürftig wird,
**für den übernimmt nicht die Pflegeversicherung, sondern die GUV die Pfle-
gekosten.** Als Einkommensersatzleistung wird einem Versicherten während
der Heilbehandlung und der Rehabilitation **Verletztengeld** bezahlt. Verletzt
sich oder erkrankt ein Versicherter berufsbedingt in einem Maß, dass seine
Erwerbsfähigkeit um mindestens 20 % gemindert ist, so erhält er eine **Rente
der Unfallversicherung.** Verstirbt ein Versicherter an den Folgen eines Ver-
sicherungsfalles, haben seine Angehörigen Anspruch auf Witwen-, Witwer-
und Waisenrenten der GUV.

Anders als die GKV koordiniert die GUV bzw. die in ihrem Auftrag tätigen
Leistungserbringer die Heilbehandlung und Rehabilitation im Versicherungsfall selbst. Erleidet ein Versicherter einen Arbeitsunfall bzw. eine Berufskrankheit, so wird er von einem **Durchgangsarzt** (D-Arzt) in freier Praxis oder in
einem Krankenhaus versorgt, sofern die Arbeitsunfähigkeit länger als eine

Woche dauert. Die freie Arztwahl ist insofern eingeschränkt. Niedergelassene D-Ärzte müssen eine unfallchirurgische Fachausbildung besitzen. Sie werden von den Unfallversicherungsträgern bestellt und rechnen ihre Leistungen mit diesen ab. Üblicherweise behandeln D-Ärzte in ihrer Praxis auch Patienten der GKV. Für den Unfallpatienten der GUV stellt der D-Arzt den Behandlungsbedarf bis hin zu einer evtl. notwendigen Rehabilitation zusammen. Er agiert damit wie ein so genannter **Fallmanager**. Unter Fallmanagement bzw. englisch „case management" ist die Betreuung und Koordinierung des Bedarfs eines einzelnen Patienten zu verstehen (vgl. Kap. IV 7.2).

5.2   Versicherte

Die GUV dient ebenso wie die übrigen Zweige der Sozialversicherung vorwiegend der sozialen Absicherung von unselbstständig Erwerbstätigen. Jedoch geht der Kreis der Versicherten über diese Gruppe hinaus. Kraft Gesetzes, also pflichtversichert sind nach § 2 SGB VII folgende Personen:

- Beschäftigte
- Lernende in Aus- und Fortbildung
- behinderte Menschen in Werkstätten
- Landwirte und deren mitarbeitende Angehörige
- Kinder in Kindertagesstätten
- Schüler in der Schule
- Studenten an Hochschulen
- ehrenamtlich Tätige während der Ausübung ihres Amtes
- Nothelfer bei Unfällen
- Patienten, die auf Kosten der GKV oder der Rentenversicherung in stationärer oder teilstationärer Behandlung sind oder stationäre Rehabilitationsleistungen erhalten
- Pflegepersonen während der Pflegetätigkeit

Als Beispiele seien einige typische Versicherungsfälle der GUV angeführt.

Beispiele:

Herr F. arbeitet am Bau, vornehmlich ist er mit Abbrucharbeiten befasst. Er erkrankt an Asbestose (= Lungenerkrankung aufgrund des Einatmens von Asbeststaub).

Frau K. erleidet als Azubi einen Unfall auf dem Weg zu ihrer Lehrwerkstätte.

> Frau M. unterzieht sich als Patientin in einer Rehabilitationsklinik einer Anschlussheilbehandlung auf Kosten der Rentenversicherung; sie stürzt auf dem Krankenhausflur auf dem Weg zum Physiotherapeuten.
>
> Frau H. pflegt ihren Mann zuhause und verletzt sich dabei.

Anders als die übrigen Sozialversicherungen bietet die GUV auch Unternehmern die Möglichkeit, sich zu versichern. Ihre Versicherung kann in der Satzung der Unfallversicherung vorgesehen werden (§ 3 SGB VII); andernfalls ist es ihnen möglich, sich auf Antrag freiwillig zu versichern (§ 6 SGB VII).

Versicherungsfrei in der GUV sind Beamte, da sie durch ihren Arbeitgeber anderweitigen Schutz gegen Berufskrankheit und Arbeitsunfallrisiken erhalten. Versicherungsfrei und auf private Absicherung der Risiken angewiesen sind Freiberufler und Selbstständige. Zu dieser Gruppe gehören auch die Freiberufler bzw. Selbstständigen im Gesundheitswesen, wie niedergelassene Ärzte, Apotheker, Psychologen mit eigener Praxis, Logopäden etc.

5.3   Finanzierung

Die GUV wird als einzige Sozialversicherung **allein von den Arbeitgebern finanziert**. *„Beitragspflichtig sind die Unternehmer, für deren Unternehmen Versicherte tätig sind oder zu denen Versicherte in einer besonderen, die Versicherung begründenden Beziehung stehen"* (§ 150 SGB VII). Mit dem letzten Zusatz sind Versicherungsverhältnisse angesprochen, die nicht auf der Arbeitnehmereigenschaft des Versicherten beruhen, wie etwa die Unfallversicherung eines Kindergartenkindes in der Tagesstätte.

Die Höhe des gesamten Beitragsbedarfs wird anhand einer **Umlage** berechnet. Diese muss den Bedarf des vergangenen Jahres und die zur Auffüllung der Rücklage nötigen Mittel abdecken. Der Beitrag des einzelnen Unternehmens wird dann, ausgehend von dem Umlagesoll anhand zweier Größen ermittelt: den **Arbeitsentgelten der Versicherten und der Gefahrenklasse**. Je höher die Verdienste der Versicherten und je höher die Gefahrenklasse des Betriebs, desto höher ist der Beitrag. Die Gefahrenklasse hängt von der durchschnittlichen Schadenhäufigkeit und -schwere im betreffenden Betrieb ab. Der durchschnittliche Verdienst der Beschäftigten des Betriebs beeinflusst die durchschnittliche Höhe der Geldleistungen der GUV. In dieser Konstruktion – Abhängigkeit des Beitrags von der Gefahrenklasse und alleinige Beitragszahlung des Unternehmers – liegt ein Anreiz, Gesundheitsgefährdungen am Arbeitsplatz zu minimieren. Diese erwünschte Wirkung wird noch ergänzt durch eine Reihe von gesetzlichen Verpflichtungen der GUV zur Prävention (vgl. Kap. II 5.5).

5.4 Träger

Träger der GUV sind Berufsgenossenschaften sowie Unfallkassen der öffentlichen Hand. Wie bei allen Trägern der Sozialversicherungen handelt es sich dabei um **Körperschaften des öffentlichen Rechts mit Selbstverwaltung.** Die 9 gewerblichen Berufsgenossenschaften sind nach Branchen gegliedert; ferner gibt es für die öffentliche Hand in jedem der 16 Bundesländer eine landesunmittelbare Unfallkasse sowie drei bundesunmittelbare Unfallkassen. Unter den gewerblichen Berufsgenossenschaften findet sich auch eine, die für Beschäftigte im Gesundheitswesen zuständig ist, die **Berufsgenossenschaft für Gesundheitsdienst und Wohlfahrtspflege.**

Die GUV betreibt eigene Gesundheitseinrichtungen, vor allem kurative und rehabilitative Unfallkliniken, aber auch Forschungsinstitute. Aufgrund ihres hohen Spezialisierungsgrades genießen die Unfallkliniken der GUV einen guten Ruf. Sie stehen bei Bedarf auch Unfallopfern offen, deren Unfallursache keinen Versicherungsfall der GUV begründet.

5.5 Leistungen der gesetzlichen Unfallversicherung zur Unfallverhütung – Pflichten der Unternehmer

Vom Gesetzgeber wurden der GUV im SGB VII umfangreiche Aufgaben zur Verhütung von Gesundheitsgefahren am Arbeitsplatz übertragen (§§ 14 ff.). Berufsgenossenschaften und Unfallkassen erlassen **als autonomes Recht** Unfallverhütungsvorschriften, die vom Bundesministerium für Wirtschaft und Arbeit bzw. einer Landesbehörde genehmigt werden müssen. Die Präventionsvorschriften der GUV beziehen sich auf Maßnahmen, die **der Unternehmer** zur Verhütung von Arbeitsunfällen und Berufskrankheiten **zu treffen hat.**

Ein Beispiel dafür zeigt der Auszug aus der Unfallverhütungsvorschrift „Allgemeine Vorschriften" vom April 1979 in der Fassung vom Februar 2001 (GUV-V A1):

„*§4 (1) Ist es durch betriebstechnische Maßnahmen nicht ausgeschlossen, daß die Versicherten Unfall- oder Gesundheitsgefahren ausgesetzt sind, so hat der Unternehmer geeignete persönliche Schutzausrüstungen zur Verfügung zu stellen und diese in ordnungsgemäßem Zustand zu halten.*"

Unfallverhütungsvorschriften werden für das Verhalten von Versicherten zur Vermeidung von Gesundheitsgefahren am Arbeitsplatz erlassen. Vorgeschrieben sind **arbeitsmedizinische Untersuchungen,** die der Unternehmer zu veranlassen hat, wenn Beschäftigte Arbeiten verrichten, die mit Gefahren für Leben und Gesundheit verbunden sind. Zu regeln ist auch die **Sicherstellung**

einer wirksamen Ersten Hilfe durch den Unternehmer. In Betrieben mit mehr als 20 Beschäftigten ist ein **Sicherheitsbeauftragter** zu ernennen, der den Unternehmer bei seinen Präventionsaufgaben unterstützt.

Für alle Maßnahmen zum Gesundheitsschutz ist **grundsätzlich der Unternehmer verantwortlich**. Jedoch sind die Träger der GUV verpflichtet, die Maßnahmen zur Unfallverhütung in den Betrieben zu überwachen. Zu diesem Zweck beschäftigen die GUV-Träger Aufsichtspersonen, die berechtigt sind, Unternehmen aufzusuchen und die Unfallverhütung auf ihre Ordnungsmäßigkeit zu überprüfen.

Pflicht des Unternehmers ist auch die Meldung eines Arbeitsunfalls an die GUV, wenn der Versicherte so stark verletzt wird, dass er für mehr als drei Tage arbeitsunfähig ist. Unfälle von Kindern in Tagesstätten, Schülern und Studenten müssen in jedem Fall gemeldet werden.

5.6   Gesundheitspolitische Anmerkungen

Die GUV gilt als der Zweig der Sozialversicherung, der sozialpolitisch die geringsten Probleme bereitet. Die GUV ist nicht abhängig von einer Veränderung der Demografie, wie die GKV, die Pflege- und die Rentenversicherung. Ihre Einnahmen und Ausgaben sind im Gegensatz zu den übrigen Zweigen der Sozialversicherung weit weniger von Konjunkturschwankungen beeinflusst. Hauptvorteil – hier vor allem im Gegensatz zur GKV – ist die exakte Abgrenzung der versicherten Risiken. Für eine Krankenversicherung ist es nicht immer einfach, das versicherte Risiko genau zu definieren. Im definitorischen Randbereich zwischen Gesundheit und Krankheit gibt es Zustände, die von einem als Krankheit, einem anderen als Befindlichkeitsstörung, einem Dritten als gesund eingestuft werden. Solche Probleme gibt es für die Unfallversicherung nicht. Ihre Versicherungsfälle sind gesetzlich exakt definiert.

Übungsaufgabe zu Teil II Kapitel 5

Welche Versicherung ist zuständig – GKV oder GUV?

1. Frau B. arbeitet ehrenamtlich in einer Behindertensportgruppe und verletzt sich dabei am Bein.
2. Herr Z. ist als Pfleger in einem Behindertenwohnheim tätig und erkrankt an Angina.
3. Der Schüler F. verletzt sich im Sportunterricht.
4. Der Student L. bricht sich im Skiurlaub ein Bein.
5. Herr P. bringt auf dem Weg zur Arbeit seine Tochter zu einer Tagesmutter und zieht sich nach der Weiterfahrt bei einem Auffahrunfall eine Schulterverletzung zu.
6. Frau K. besucht nach der Arbeit ihre Freundin in einem Nachbarort, stürzt auf dem Nachhauseweg von ihr mit dem Fahrrad und verletzt sich am Knie.
7. Die Rentnerin Frau N. leistet einem Verletzten Erste Hilfe und infiziert sich bei ihm mit Hepatitis C.

6 Gesetzliche Rentenversicherung und Arbeitslosenversicherung als Finanziers von Gesundheitsleistungen

Aufgabe der gesetzlichen Rentenversicherung ist es in erster Linie, Einkommensersatzleistungen für Menschen zu bezahlen, die aufgrund von Alter, teilweise oder voll eingeschränkter Erwerbsfähigkeit kein oder ein zu niedriges Arbeitseinkommen beziehen. Rentenleistungen gibt es darüber hinaus für hinterbliebene Witwen, Witwer und (Halb-)Waisen. Gesundheitsleistungen die von der Rentenversicherung finanziert werden, gehören dem Versorgungsbereich **Rehabilitation** an. Die Rentenversicherung ist der größte Träger medizinischer und beruflicher Rehabilitationsmaßnahmen. Rehabilitationsleistungen der Rentenversicherung werden nach dem Motto „Reha vor Rente" gewährt, d. h., es soll mittels Rehabilitation verhindert werden, dass ein Versicherter vorzeitig wegen Erkrankung aus dem Erwerbsleben ausscheidet und damit vom Beitragszahler zum Leistungsempfänger wird.

Die Arbeitsagenturen können Maßnahmen der **beruflichen Rehabilitation** gewähren, insbesondere für Versicherte, die die Voraussetzungen für eine Leistung der Rentenversicherung nicht erfüllen. Im Kapitel IV 4 wird ausführlich auf Rehabilitationsleistungen und deren Finanziers eingegangen. Insgesamt ist festzuhalten, dass **jeder der fünf Zweige** der Sozialversicherung Gesundheitsleistungen in irgendeiner Form erbringt.

Teil III
Berufe des Gesundheitswesens

Das Angebot an Berufen und berufsähnlichen Weiterbildungen im Gesundheitswesen nimmt ständig zu. Neben den traditionellen Ausbildungen in den akademischen, pflegerischen und kaufmännischen Bereichen werden immer mehr Mischformen und interdisziplinär ausgerichtete Ausbildungen geschaffen, sowie auch Ausbildungen im dualen Bildungssystem, die es vorher nicht gab, z. B. den/die Gesundheitskaufmann/-frau im Gesundheitswesen. Die Europäisierung wird in den nächsten Jahren für weitere Entwicklungen sorgen.

1   Akademische Berufe

Der Gesundheitsberuf schlechthin ist der des Arztes. Er steht im Zentrum des Gesundheitswesens. Das Studium der Humanmedizin dauert in der Regel zwölf Semester an einer Universität und verläuft wie folgt:

- vorklinischer Teil (Grundlagen, Praktika)
- klinischer Teil (Studium der verschiedenen Fächer)
- Famulatur, aus dem Lat.: famulus = Diener (Praktikum in der Patientenversorgung, vier Monate)
- Praktisches Jahr (Ausbildung am Patienten)

Das Studium endet nach dem erfolgreichen Bestehen schriftlicher und mündlich-praktischer Prüfungen und dem Praktischen Jahr mit einem **Staatsexamen**. Danach folgt in der Regel die **Approbation**, also die Erlaubnis, als Arzt tätig zu werden. Die meisten Mediziner promovieren, d. h., sie erstellen eine Doktorarbeit (Dissertation) und dürfen dann den Titel Dr. med. führen; dies ist aber nicht verpflichtend. Die Habilitation als Voraussetzung für das Erlangen des Professorentitels ist aber ohne eine vorherige Promotion nicht möglich. Habilitiert wird ein Arzt, der im Rahmen einer wissenschaftlichen Stelle an einer Klinik eine Habilitationsarbeit verfasst.

Nach dem Studium und entsprechender Berufserfahrung **spezialisieren sich die Ärzte** auf den Facharzt für Allgemeinmedizin oder auf klinische Fächer wie z. B. Chirurgie, Augenheilkunde etc. Ein Facharzt ist Voraussetzung dafür, sich als Vertragsarzt niederzulassen (vgl. Kap IV 2.5.2). Insgesamt gibt es laut Muster-Weiterbildungsordnung 32 Facharztbereiche und 47 Zusatz-Weiterbildungen wie z. B. Tropenmedizin.

Zu den klassischen akademischen Gesundheitsberufen, die wie Humanmediziner in öffentlich-rechtlichen Kammern organisiert sind, gehören **Zahnmediziner** und **Apotheker**. Beide Berufsausbildungen enden mit einem **Staatsexamen**. Voraussetzung zur Ausübung des Berufes ist jeweils die Approbation.

Dem Kernbereich des Gesundheitswesens zuzuordnen sind die **klinischen Diplompsychologen**, die in Krankenhäusern, Rehabilitationskliniken, in Beratungsstellen etc. arbeiten oder als Praxisinhaber an der vertragsärztlichen Versorgung teilnehmen. Künftig werden Psychologen in Deutschland keinen Diplomabschluss mehr absolvieren, sondern die Abschlüsse Bachelor und Master.

Daneben gibt es weitere akademische Berufe im Gesundheitswesen selbst oder in angelagerten Bereichen, wie z. B. Medizininformatiker, Medizintechniker, Gesundheitsökonomen.

2 Kaufmännische Berufe, Dokumentationsberufe

Bis vor wenigen Jahren arbeiteten in der Verwaltung des Gesundheitswesens keine dafür speziell geschulten Personen. Geprägt durch die öffentlich-rechtliche Struktur des Gesundheitswesens waren oftmals Beamte und Angestellte des öffentlichen Dienstes ohne spezifischen Abschluss mit entsprechenden Dienstjahren in leitenden Funktionen der Einrichtungen tätig. Heute werden immer mehr Juristen, Betriebswirte, Kaufleute und teilweise auch Mediziner von außen als Geschäftsführer oder Verwaltungsdirektoren angestellt. Bedingt durch die wirtschaftlichen und politischen Veränderungen im Gesundheitswesen, wird immer mehr die Notwendigkeit **speziell geschulter Mitarbeiter** erkannt und dem durch eigene Ausbildungs- und Studiengänge Rechnung getragen.

* Dipl. Betriebswirt (FH) Gesundheits- und Sozialwirtschaft
* Dipl. Gesundheitswirt (FH)
* Dipl. Kaufmann (FH) Management im Gesundheitswesen
* Krankenhausbetriebswirt

Es gibt an verschiedenen Hochschulen die Möglichkeit, den Bereich Gesundheitswesen als Spezialgebiet zu studieren. Dabei wählt man dies entweder von Anfang an aus, spezialisiert sich im Hauptstudium oder setzt diesen Bereich nach Abschluss des Studiums noch oben drauf. Die oben genannten Abschlüsse sind nur als Auszug der Möglichkeiten zu sehen und nicht vollständig.

Kaufmann/-frau im Gesundheitswesen

Diese Ausbildung wurde 2001 als einer von drei neuen Dienstleistungsberufen geschaffen. Sie kann entweder regulär als dreijährige Ausbildung oder als zweijährige Umschulung absolviert werden und endet mit einer **schriftlichen und mündlichen Prüfung vor der IHK**. Die Ausbildung soll die verschiedensten Sparten des Gesundheitswesens ansprechen und bei der zweijährigen Ausbildung durch das Praktikum praxisnah anreichern. Kaufleute im Gesundheitswesen können in Gesundheitsbetrieben im weitesten Sinne – von Krankenkassen über Arzneimittelgroßhandel bis zum Krankenhaus – eingesetzt werden.

Geprüfte/r Fachwirt/in im Gesundheits- und Sozialwesen

Die Qualifikation als Fachwirt kann als **Fortbildung** erworben werden. Voraussetzung dafür ist der Abschluss in einem einschlägigen und anerkannten Ausbildungsberuf (z. B. als Kaufmann/-frau im Gesundheitswesen, z. B. als Krankenschwester/-pfleger). Die Prüfung zum Fachwirt wird von der **IHK** abgenommen. Fachwirte erhalten eine managementorientierte betriebswirtschaftliche Ausbildung. Ihr Einsatzgebiet ist das Sozialmanagement in Gesundheitsbetrieben wie Krankenhäusern, Pflegeheimen, Rehabilitationskliniken etc.

Medizinischer Dokumentationsassistent, Medizinischer Dokumentar

Im Rahmen einer zwei- bzw. dreijährigen Ausbildung erlernt der Dokumentar bzw. Dokumentationsassistent eine Vielzahl von Aufgaben. Im Gesundheitswesen nehmen die quantitativen und qualitativen Anforderungen an die Dokumentation für alle Berufsgruppen stetig zu. Neben dem Erfassen und Auswerten der verschiedensten Aufzeichnungen gehören auch die Verwaltung und Organisation sowie die Speicherung der Daten zu den Aufgaben der Dokumentare.

Viele Zusatzqualifikationen mit mehr oder weniger anerkannten Abschlüssen zielen auf Teilbereiche der genannten Berufe ab. So gibt es z. B. den **Krankenhauscontroller,** der, basierend auf dem Betriebswirtschaftsabschluss, idealerweise mit dem Schwerpunkt Controlling, Kennzahlen und Auswertungen in den Bereichen Verwaltung, Pflege und Ärztlicher Dienst erstellt und weiterentwickelt. Eine Qualifikation dafür bietet z. B. der deutsche Verein für Krankenhauscontrolling.

113

3 Pflegerische Berufe

Ebenso wie die Mediziner sind die Pflegeberufe klassische, seit langem etablierte Gesundheitsberufe. Ärzte und Pflegekräfte zusammen sind die Säulen des Gesundheitswesens. Die besondere Stellung der Pflegenden und die Bedeutung ihrer Aufgaben werden dadurch unterstrichen, dass sie, ebenso wie Ärzte und Apotheker, ihre Ausbildung mit einem **Staatsexamen** abschließen. Der Staat delegiert den Berufsabschluss nicht an eine Körperschaft des öffentlichen Rechts, eine Industrie- und Handels- oder eine Handwerkskammer, sondern er übernimmt die Abnahme der Abschlussprüfung selbst. Ein Staatsexamen haben sowohl Pflegekräfte als auch Pflegehelfer zu absolvieren. Voraussetzung für den Beruf einer Pflegekraft (Kranken- oder Altenpflege) ist ein **mittlerer Schulabschluss** oder ein ihm gleichgestellter Ausbildungsabschluss. Für Pflegehelfer genügt ein Hauptschulabschluss. Sowohl die Ausbildung zur Kranken- als auch zur Altenpflege (inkl. Pflegehelfer) ist gesetzlich geregelt, im **Gesetz über die Berufe in der Krankenpflege** (Krankenpflegegesetz KrPflG) und in der **Altenpflege-Ausbildungs- und Prüfungsverordnung** (AltPflAPrV). Eine Reform der Pflegeausbildung wird in Deutschland diskutiert; ihre Umsetzung ist in den nächsten Jahren zu erwarten. So ist geplant, **die Unterscheidung zwischen Kranken- und Altenpflege,** die es nur in Deutschland, nicht aber im EU-Ausland in dieser Form gibt, **aufzuheben** und die Ausbildung zu vereinheitlichen.

Altenpfleger

Der Altenpfleger arbeitet nach seiner dreijährigen Ausbildung selbstständig in der Altenpflege. Seine Schwerpunkte liegen in der geriatrischen ambulanten und stationären Pflege.

Altenpflegehelfer

In der Ausbildung zum Altenpflegehelfer, die ein Jahr dauert, erlernt man die einfachen Pflegeaufgaben und hilft den Fachkräften bei der Pflege und Versorgung von alten Patienten.

Gesundheits- und Krankenpfleger

Seit dem 1.1.2004 heißt die dreijährige Ausbildung zum Krankenpfleger nach dem KrPflG *„Ausbildung zum Gesundheits- und Krankenpfleger".* Voraussetzung für die Ausbildung ist die **Vollendung des 17. Lebensjahres.** Die Pflegeschüler/innen durchlaufen alle relevanten Abteilungen eines Krankenhauses und erlernen dort Fähigkeiten und Kenntnisse der Krankenpflege. Darüber hinaus gilt es den Tagesablauf zu planen und zu koordinieren, Patientendokumentationen zu führen, alle notwendigen Verbrauchsgüter zu bewirtschaften, Angehörige zu betreuen usw. Die examinierten Pflegekräfte bilden die

größte Berufsgruppe im Gesundheitswesen, speziell im Krankenhaus. Neben der Krankenschwester gibt es den Beruf der **Kinderkrankenschwester** (bzw. -pflegers). Ausbildungsdauer und -aufbau sind, abgestellt auf die besonderen Pflegebedürfnisse kleiner Patienten, analog zur Krankenpflegeausbildung geregelt.

Examinierte Pflegekräfte mit dreijähriger Ausbildung können sich nach zwei Jahren Berufspraxis fortbilden und spezialisieren. Die **Fachweiterbildung** dauert zwei Jahre; folgende Fachrichtungen sind möglich:

- Anästhesie- und Intensivpflege
- Onkologische Pflege
- Gerontopsychiatrische Pflege
- Klinische Geriatrie
- Palliativ- und Hospizpflege
- Rehabilitation und Langzeitpflege
- Endoskopie und Operationsdienst
- Nephrologie
- Psychiatrische Pflege

Die genannten Fachweiterbildungen sind nach einer entsprechenden Berufspraxis oftmals die Voraussetzung für eine Leitungsaufgabe innerhalb der Pflege. In der Regel beginnt man als **Stations- oder Abteilungsleitung** (unteres Management) und erlernt den Umgang mit Mitarbeitern. Dann folgen Möglichkeiten als **Bereichsleitung** (mittleres Management) und Pflegedienstleitung oder **Pflegedirektion** (oberes Management). Für die Führungsaufgaben im mittleren und oberen Management werden zunehmend Pflegekräfte mit Pflegewissenschaft- oder Pflegemanagementabschlüssen eingestellt. Neben der Berufsausbildung zur Krankenschwester/-pfleger und darauf aufbauender Fachweiterbildung besteht heute auch die Möglichkeit, ein **Studium** zu absolvieren. Dabei haben sich drei Fachrichtungen herausgebildet: **Pflegemanagement, Pflegepädagogik** und **Pflegewissenschaft.** Die Hochschulausbildung endet in der Regel nach acht Semestern mit dem Abschluss Diplom bzw. künftig **Bachelor oder Master.** In den Studiengängen werden neben den Grundlagen des jeweiligen Fachs auch Kenntnisse der Bezugswissenschaften, z. B. Psychologie und Soziologie, Jura, Politik, Sozialökonomie, Qualitätsmanagement usw., vermittelt.

So genannte **Mentoren** und **Praxisanleiter** haben keinen eigenen Abschluss, sondern müssen mindestens zwei Jahre Berufspraxis und 200 Stunden berufspädagogischer Zusatzqualifikation nachweisen. Das Ziel ist es, neue Mitarbeiter bzw. Wiedereinsteiger in die jeweiligen Bereiche schneller und strukturierter einzuarbeiten.

Krankenpflegehelfer

In der einjährigen Ausbildung zum Krankenpflegehelfer erlernt man die einfachen Pflegeaufgaben und hilft dem examinierten Personal bei der Pflege und Versorgung von Patienten.

Hebamme/Entbindungspfleger

Ein Gesundheitsberuf mit langer Geschichte und Tradition ist der Beruf der **Hebamme**. Im Rahmen einer dreijährigen Ausbildung erlernt man alle relevanten Inhalte aus den Bereichen Schwangerschaft, Entbindung und Wochenbett sowie den Umgang mit Geräten zur Geburtshilfe und der Dokumentation einer Geburt. Die Hebamme leitet normale Entbindungen selbstständig und untersteht in der Regel nicht der Leitung des Pflegedienstes. Viele Hebammen sind heute nicht mehr angestellt, sondern selbstständig tätig.

4   Assistenzberufe

Im Gesundheitswesen hat sich eine Reihe von Assistenzberufen herausgebildet. Sie sind teilweise ausschließlich im Krankenhaus bzw. ambulanten Zentren, wie z. B. Operations-Technische-Assistenten oder überwiegend in Arztpraxen, wie z. B. medizinische Fachangestellte, zu finden.

Der früher unter dem Begriff medizinisch-technischer Assistent/in bezeichnete Beruf ist heute in drei verschiedene Teilbereiche untergliedert:

• Medizinisch-technischer **Laborassistent/in**
• Medizinisch-technischer Assistent/in für **Funktionsdiagnostik**
• Medizinisch-technischer **Radiologieassistent/in**

Für die genannten Assistenzberufe ist ein mittlerer Schulabschluss Voraussetzung. Die Ausbildung dauert **drei Jahre** und endet, wie bei den Pflegeberufen, mit einer staatlichen Prüfung. Gleiches gilt für den Beruf der **pharmazeutisch-technischen Assistenten/innen**; die Ausbildungsdauer beträgt nur 2 ½ Jahre.

Nach einer dreijährigen Ausbildung kann der Beruf des **Operations-Technischen-Assistenten** ausgeübt werden. Der Tätigkeitsschwerpunkt liegt in der Assistenz beim Instrumenteneinsatz während Operationen.

Neben den Operations-Technischen-Assistenten gibt es heute auch noch den **Anästhesie-Technischen-Assistenten**. Dieser Beruf ist aus der Mangelsituation an OP-fachweitergebildeten Gesundheits- und Krankenpflegern entstanden. Der Vorteil für die Arbeitgeber liegt in der kürzeren Ausbildungszeit und geringeren Entlohnung.

Diätassistent

Der **Diätassistent** hat die gesamte Ernährung der Patienten im Blick und berechnet bzw. stellt je nach Grunderkrankung, aktuellem Problem, Operation und/oder Grad der Gesundung die Patientenmahlzeiten zusammen. Eine dreijährige Ausbildung muss dazu erfolgreich durchlaufen werden; die Prüfung wird vom Staat abgenommen. Der Diätassistent arbeitet eng mit der Pflege, dem ärztlichen Dienst aber auch den Köchen zusammen.

Der häufigste Assistenzberuf im Gesundheitswesen ist jener der Arzthelfer/innen bzw. wie er mittlerweile heißt, der **medizinischen Fachangestellten**. Um den Beruf zu erlernen ist ein Hauptschulabschluss erforderlich. Die Ausbildung dauert drei Jahre und wird mit einer Prüfung vor einem Prüfungsausschuss der zuständigen Landesärztekammer beendet. Medizinische Fachangestellte betreuen Patienten in der Arztpraxis, assistieren dem Arzt bei Untersuchungen und Behandlungen, bedienen Laborgeräte, warten medizinische Instrumente, organisieren den Praxisablauf und erledigen Abrechnungs- und Verwaltungsaufgaben.

Rettungsassistenten/innen arbeiten im Krankentransport und im Rettungswesen. Für den Beruf gibt es keine speziellen schulischen Voraussetzungen; die Ausbildung dauert zwei Jahre und wird mit einer staatlichen Prüfung beendet. Die Zahl der Ausbildungsplätze überschreitet die Zahl der Stellen bei weitem. Deshalb versuchen Rettungsassistenten auch in anderem beruflichen Umfeld tätig zu werden, so z. B. in der Nothilfe oder im Krankentransportdienst von Krankenhäusern.

Seit 2013 gibt es den Berufsabschluss des **Notfallsanitäters**, der in Zukunft die Tätigkeiten des Rettungsassistenten übernehmen soll. Um eine entsprechende Anzahl von Notfallsanitätern zu einem bestimmten Zeitpunkt vorweisen zu können, wird es für den Rettungsassistenten – je nach Berufserfahrung – die Möglichkeiten geben, nach Absolvierung von Ausbildungsstunden und Prüfung den Titel Notfallsanitäter tragen zu dürfen.

5 Nicht-ärztliche therapeutische Berufe

Ergänzend zu den pflegerischen und ärztlichen Tätigkeiten gibt es eine weitere große Berufsgruppe, die der nicht-ärztlichen Therapeuten. Sie arbeiten als Freiberufler mit eigener Praxis; das SGB V (§ 124) bezeichnet sie als Erbringer von **Heilmitteln**. Als Angestellte sind sie in Rehabilitationskliniken und Krankenhäusern tätig. Voraussetzung für die Ausbildung in einem therapeutischen Beruf ist ein mittlerer Schulabschluss. Wie in den anderen Kernberufen des Gesundheitswesens, beenden auch Therapeuten ihre Ausbildung mit einer **staatlichen Prüfung**.

Physiotherapeut

In der dreijährigen Ausbildung erlernt der Physiotherapeut alle notwendigen Kenntnisse und Fähigkeiten, um Patienten zu helfen, z. B. nach einem chirurgischen Eingriff oder Funktionsstörungen, z. B. aufgrund eines Schlaganfalles, wieder alle Bewegungen zu erlernen, diese möglichst schmerzfrei durchzuführen und somit einen hohen Selbstständigkeitsgrad zu erlangen. Teilbereiche der physiotherapeutischen Tätigkeiten decken Masseure und medizinische Bademeister ab.

Logopäde

Der Logopäde lernt in seiner dreijährigen Ausbildung alle Sprech-, Sprach-, Stimm- und Hörstörungen aber auch Schluckstörungen mit organischem Hintergrund zu therapieren. Solche Störungen entstehen z. B. als Folge eines Schlaganfalls oder eines Sauerstoffmangels während der Geburt.

Ergotherapeut

Ziel der ergotherapeutischen Behandlung ist es, notwendige soziale und lebenspraktische Erfordernisse des privaten und beruflichen Lebens zu verbessern bzw. wiederherzustellen. Die komplexe Behandlung durch Arbeits- und Beschäftigungstherapeuten wird z. B. an nachgebauten Arbeitsplätzen praxisnah bereits im klinischen Alltag eingeübt.

Podologe

Podologen (oder medizinische Fußpfleger) behandeln kranke Füße (aufgrund von Diabetes). Ihre Ausbildung dauert zwei Jahre.

6 Gesundheitshandwerker

Gesundheitshandwerker werden vom SGB V (§ 126) als Erbringer von **Hilfsmitteln** bezeichnet. Handwerker im Gesundheitswesen sind **Optiker, Hörgeräteakustiker, Zahntechniker, Orthopädietechniker.** Sie arbeiten als Selbstständige mit eigener Werkstätte und Verkaufsräumen, als Angestellte im Sanitätshandel, in Laboren, Kliniken, Rehabilitationseinrichtungen. Die duale Ausbildung ist an keine schulischen Voraussetzungen geknüpft; sie dauert drei Jahre und schließt mit einer Prüfung vor der **Handwerkskammer** ab.

7 Beauftragte Personen

Schon seit vielen Jahren gibt es in den verschiedensten Bereichen des Gesundheitswesens, teilweise verpflichtend, so genannte Beauftragte Personen. Der in Frage kommende Personenkreis muss festgelegte Qualifikationen erfüllen, um den Aufgaben nachzukommen, muss aber nicht unbedingt angestellt sein. Die Beschreibungen dieser Funktionen sind in den jeweiligen Gesetzen zu finden (z. B. in der Verordnung über den Schutz vor Schäden durch Röntgenstrahlen, Röntgenverordnung RöV).

Folgende Betriebsbeauftragte können in den Unternehmen angetroffen werden:

Abfallbeauftragter
Brandschutzbeauftragter
Datenschutzbeauftragter
Gefahrgutbeauftragter
Gefahrstoffbeauftragter
Gewässerschutzbeauftragter
Hygienebeauftragter
Immissionsbeauftragter

Laserschutzbeauftragter
Qualitätsmanagementbeauftragter
Sicherheitsbeauftragter
Strahlenschutzbeauftragter
Transfusionsbeauftragter
Transplantationsbeauftragter
Umweltmanagementbeauftragter
Medizinproduktebeauftragter

Oftmals werden diese Funktionen zusätzlich zum eigentlichen Aufgabengebiet erfüllt und bedeuten kein höheres Einkommen, obgleich die Erfüllung ein höheres Fachwissen voraussetzt und Verantwortung mit sich bringt.

Übungsaufgaben zu Teil III

Aufgabe 1

Welche der folgenden Berufe enden mit einer staatlichen Prüfung?

1. Zahnarzt
2. Psychologe
3. Augenoptiker
4. Hebamme
5. Fachwirt im Gesundheitswesen
6. Physiotherapeut

Aufgabe 2

Bitte geben Sie an, welche Berufe einen mittleren Schulabschluss und eine dreijährige Ausbildung voraussetzen:

1. Kinderkrankenschwester
2. Logopädin
3. Altenpflegehelfer
4. Altenpfleger
5. Kaufmann/-frau im Gesundheitswesen
6. Rettungsassistent
7. Apotheker

Aufgabe 3

Für welchen der folgenden Berufe ist eine einjährige Ausbildung vorgesehen?

1. Altenpfleger(in)
2. Apotheker
3. Kinderkrankenschwester/-pfleger
4. Medizinisch-technische(r) Assistent
5. Augenoptiker
6. Krankenpflegehelfer(in)
7. Pharmazeutisch-technische(r) Assistent(in)

Aufgabe 4

Nennen Sie fünf Fachweiterbildungen, die eine Krankenschwester/ein Krankenpfleger nach einer gewissen Berufspraxis wählen kann.

Aufgabe 5

Informieren Sie sich im Internet über die in Deutschland zugelassenen Facharztgebiete und Zusatzweiterbildungen für Ärzte.

Aufgabe 6

Geben Sie einen Überblick, welche Berufsgruppen in einem ambulanten Pflegedienst, einer stationären Pflegeeinrichtung und einer Arztpraxis arbeiten könnten.

Aufgabe 7

Welcher Beruf soll in Zukunft Notfallpatienten versorgen und wem assistiert dieser?

Teil IV
Leistungsbereiche des Gesundheitswesens

1 Leistungsbereiche, Gesundheitsbetriebe

1.1 Abfolge der Leistungsbereiche

In den folgenden Kapiteln wird das Gesundheitswesen in Deutschland ge-gliedert nach Leistungsbereichen dargestellt. Es werden jeweils die Ange-botsarten, die rechtlichen Grundlagen und die ökonomischen Bedingungen beschrieben.

Idealtypisch lässt sich der Weg des Patienten durch das Gesundheitssystem in dieser Abfolge skizzieren.

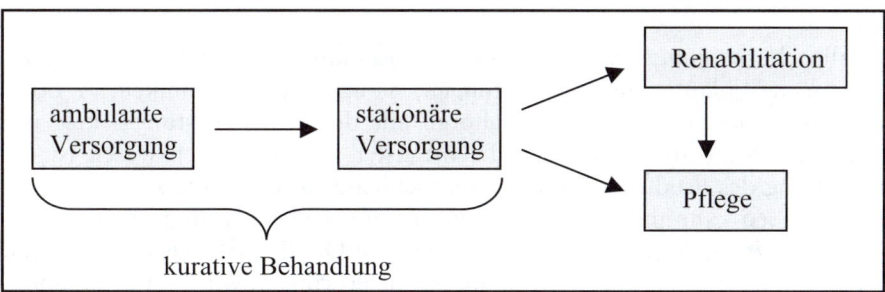

Abb. 7: Weg durch das Gesundheitswesen

Die Pforte stellt die ambulante (aus dem Lat.: ambulare = umhergehen) Ver-sorgung dar. Wer krank ist, wendet sich in der Regel zunächst an einen nie-dergelassenen Arzt. Von hier aus führt üblicherweise der Weg bei schwerer Krankheit ins Krankenhaus zur Weiterbehandlung. Das Ziel beider Versor-gungsstufen ist – sofern möglich – die **Heilung oder Linderung** der Krank-heit, also kurative (aus dem Lat.: curare = heilen, pflegen) Behandlung. Für manche Patienten schließt sich an den Krankenhausaufenthalt rehabilitative (aus dem Lat.: rehabilitatio = das Wiederherstellen eines Zustandes) Behand-lung an, deren Ziel es vor allem ist, krankheitsbedingte **Funktionsdefizite zu beherrschen** oder zu überwinden. Sind die Folgen der Erkrankung so gra-vierend, dass der Patient **im Alltag Unterstützung** braucht, schließt sich die Pflegeversorgung an.

Die Gliederung des folgenden Kapitels folgt dem skizzierten Ablauf, geht jedoch in einzelnen Abschnitten darüber hinaus. Komplementäre Güter zur kurativen Behandlung sind Arzneimittel; Diagnoseleistungen setzten zumeist den Einsatz von Medizinprodukten voraus. Kurative und rehabilitative Behandlung erfolgt oft unter Mitwirkung von Heilmittelanbietern, wie z. B. Krankengymnasten. Auf allen Versorgungsstufen werden Hilfsmittel, z. B. Gehhilfen, eingesetzt. Allen genannten Gütern und Dienstleistungen sind eigene Abschnitte gewidmet.

Typisch für das Gesundheitswesen und oft kritisiert von Gesundheitspolitikern und -ökonomen war lange Zeit die starre Trennung der Versorgungssektoren. Inzwischen gibt es in Deutschland viele Ansätze des Versorgungsmanagements, die eine koordinierte Versorgung auch über die Sektorengrenzen hinaus gewährleisten. Sie werden in einem eigenen Kapitel besprochen. Spezifische eigene Aufgaben nehmen die Notfalldienste und der öffentliche Gesundheitsdienst wahr.

1.2   Gesundheitsbetriebe – Gemeinsamkeiten, Unterschiede, umsatzsteuerliche Aspekte

In allen Versorgungsbereichen arbeiten Gesundheitsbetriebe, seien es Arztpraxen, ambulante Pflegeeinrichtungen, Sanitätshäuser, Kliniken, Apotheken, Logopädiepraxen etc. Sie gehören alle dem Dienstleistungssektor der Volkswirtschaft an. Typisch für Dienstleister im Gesundheitswesen ist die Bedeutung des Produktionsfaktors **menschliche Arbeit**. Anders als in Industriebetrieben kann menschliche Arbeit nur in geringem Umfang durch Kapital (Maschinen, Anlagen) ersetzt werden. Die Qualität der Dienstleistungen hängt im Wesentlichen von jenen ab, die sie erbringen, wie Ärzte, Altenpfleger, Ergotherapeuten usw.

Unterschiedlich sind die wirtschaftlichen Zielsetzungen: So gibt es Gesundheitsbetriebe, deren betriebswirtschaftliches Ziel es ist, einen **möglichst hohen Gewinn** zu erwirtschaften. Arztpraxen gehören z. B. dazu, ebenso private Krankenhaus- oder Pflegeheimträger, Praxen von Krankengymnasten und andere mehr. Daneben gibt es aber auch Betriebe, deren **Zielsetzung** sich **aus dem sozialen Auftrag** des Gesundheitswesens ableitet. Nicht die Gewinnerzielung steht im Vordergrund, sondern die Versorgung der Bevölkerung mit Gesundheitsleistungen. Zu dieser Kategorie gehören z. B. Krankenhäuser oder Pflegeeinrichtungen in Trägerschaft der öffentlichen Hand und gemeinnützige Betriebe. Letztere spielen im Gesundheitswesen eine gewichtige Rolle; deshalb wird in Teil V gesondert darauf eingegangen.

Gesundheitsdienstleistungen sind von der **Mehrwertsteuer befreit**. Mit dieser Regelung wird ihrem sozialen Zweck Rechnung getragen. Wenn Ärzte

Krankheiten diagnostizieren, Patienten behandeln, Krankenschwestern Pflegeleistungen erbringen, ambulante oder stationäre Pflegeeinrichtungen sich um alte Menschen kümmern, so sind die Umsätze aus diesen Tätigkeiten nicht umsatzsteuerpflichtig. Dementsprechend **entfällt die Möglichkeit des Vorsteuerabzuges.** Beschafft ein Krankenhaus oder ein Pflegeheim Güter und Dienste, um die Patienten zu versorgen, so werden diese Vorgänge in der Buchführung **brutto gebucht.** Die Abschreibung von Anlagegütern, z. B. Spezialbetten für ein Pflegeheim, erfolgt vom Bruttowert zuzüglich der Bruttoanschaffungsnebenkosten der Güter.

Waren, die für medizinische oder pflegerische Zwecke eingesetzt werden, sind dagegen mehrwertsteuerpflichtig, entweder mit dem vollen Satz von 19 % oder dem ermäßigten von 7 %. Arzneimittel und Medizinprodukte unterliegen dem vollen Mehrwertsteuersatz. Für zahlreiche Hilfsmittel, wie z. B. Prothesen etc. und Zahnersatz, gilt der ermäßigte 7 %ige Satz. Die entsprechenden Reglungen finden sich im Umsatzsteuergesetz und in dessen Anhang.

Beispiele für Brutto-Buchungen in Gesundheitseinrichtungen:

Eine Krankenhausapotheke (vgl. Kap. IV 5.1.3) beschafft Arzneimittel, Nettopreis 11 387 €, zur Behandlung der Patienten:

Buchung: Arzneimittel (Aufwandskonto) an Verbindlichkeiten aus Lieferungen und Leistungen 13 550,53 €

Ein Pflegeheim kauft Lebensmittel für 2 628 € brutto für die Versorgung der Bewohner:

Buchung: Lebensmittelaufwand an Verbindlichkeiten aus Lieferungen und Leistungen 2 628 €

Ein Pflegeheim beschafft einen behindertengerechten Kleinbus, um Bewohner befördern zu können:

Anschaffungspreis netto: 47 566 €

Transportkosten netto: 1 669 €

Buchung: Fahrzeuge (Anlagevermögen) an Verbindlichkeiten aus Lieferungen und Leistungen 58 589,65 €.

Die Abschreibung des Fahrzeugs erfolgt vom Bruttobetrag.

Allerdings gibt es Grenzen für die Steuerbefreiung. Steht der diagnostische, therapeutische, pflegerische Aspekt **nicht** im Vordergrund, wird Mehrwertsteuer fällig. Das Umsatzsteuergesetz spricht von *„nicht eng verbundenen Umsätzen"* und meint damit Umsätze, die nicht notwendig mit der eigentlichen Tätigkeit des jeweiligen Gesundheitsbetriebes einhergehen. Ebenfalls steuerpflichtig sind Umsätze dann, wenn der soziale Zweck des Gesundheits-betriebes entfällt.

Beispiele für umsatzsteuerpflichtige Tätigkeiten in Gesundheitsbetrieben:

- Ein Krankenhaus betreibt eine Cafeteria für Patienten und Besucher.
- Es verkauft Arzneimittel an ein anderes Krankenhaus.
- Die Küche eines Pflegeheimes beliefert eine Schulmensa.
- Ein niedergelassener Chirurg führt medizinisch nicht notwendige Schön-heits-Operationen durch (wäre die ästhetische Operation medizinisch nötig, etwa um Entstellungen zu beseitigen, dann unterläge sie nicht der Umsatzsteuer).
- Ein Arzt erstellt ein Gesundheits-Gutachten für einen privaten Versiche-rungsabschluss (z. B. eine Lebensversicherung).
- Ein Krankenhaus ist ausschließlich Privatpatienten (so genannte Privatpa-tientenklinik) zugänglich.

Übungsaufgaben zu Teil IV Kapitel 1

Aufgabe 1

Laden Sie sich aus dem Internet das Umsatzsteuergesetz und die Umsatz-steuerrichtlinien herunter. Sehen Sie sich im Gesetz § 4 Ziff. 14–17 an; dort finden Sie die steuerbefreiten Umsätze von Gesundheitsbetrieben. In Ab-schnitt 100 der Umsatzsteuerrichtlinie sind die eng bzw. nicht eng verbun-denen Umsätze in Gesundheitsbetrieben aufgelistet.

Aufgabe 2

Geben Sie bitte die Buchungssätze an (benennen Sie die Konten selbst).

1. Ein Krankenhaus kauft Lebensmittel für die Verpflegung der Patienten im Wert von netto 13 654 € (Buchung der Eingangsrechnung).
2. Ein Krankenhaus verkauft Arzneimittel im Wert von 6 432 € netto an ein anderes Krankenhaus (Buchung der Ausgangsrechnung).

Aufgabe 3

Ein Pflegeheim erwirbt einen Kleinbus für Ausflugsfahrten mit den Bewoh-nern. Der Wagen kostet netto 49 677 €. Von welchem Wert wird abgeschrie-ben?

2 Ambulante Versorgung

Die beiden folgenden Kapitel sind den zwei zentralen Versorgungsbereichen des Gesundheitswesens gewidmet: der ambulanten und der stationären medizinischen Versorgung. In beiden Versorgungsbereichen steht der Beruf des Arztes im Mittelpunkt. Deshalb werden in den folgenden Abschnitten einige Spezifika des Arztberufes beschrieben, die über die Ausführungen in Teil III hinausgehen. Sie gelten zum Teil nur für niedergelassene Ärzte, zum Teil für alle Ärzte, ungeachtet der Art ihrer Berufsausübung. Im Text wird jeweils darauf hingewiesen, welche Ausführungen auf alle Ärzte oder nur auf die Gruppe der Vertragsärzte bezogen sind.

2.1 Besonderheiten des Arztberufes

Ärzte nehmen die Schlüsselposition schlechthin unter allen Berufen des Gesundheitswesens ein. Das Gesundheitswesen ist insgesamt auf den Arztberuf zugeschnitten. Ärzte teilen Dienstleistungen und Güter nachgeordneter Versorgungsstufen auf die Patienten zu. Ihnen obliegt letztlich die Definition von Krankheit und die **Definition des Bedarfs** eines jeden Patienten. Mit dieser herausgehobenen Position der Ärzte geht ihr Einfluss auf die Gestaltung des Gesundheitswesens einher und daraus resultiert auch die Durchsetzungskraft ihrer Verbände.

2.1.1 Freier Beruf

Die Versorgung der Bevölkerung mit ambulanten Arztleistungen ist zum größten Teil die Aufgabe von niedergelassenen Ärzten in einer Praxis. Ihre Berufsordnung erklärt sie zu Angehörigen eines freien Berufes. Nach dem Einkommensteuergesetz § 18 gehören Ärzte neben Rechtsanwälten, Steuerberatern etc. zu den so genannten **Katalogberufen**, das sind die im Gesetz aufgelisteten freien Berufe. Sie beziehen Einkommen aus **selbstständiger Arbeit**. Typischerweise erbringen freiberuflich Tätige, so wie auch Ärzte, Dienstleistungen, die eine hohe berufliche Qualifikation erfordern.

Die kaufmännische Zielsetzung der Freiberufler ist die Gewinnerzielung; damit gleicht ihr Ziel jenem von gewerblichen Unternehmern (Gewerbetreibenden) und Personen, die an einem Unternehmen beteiligt sind. In juristischer und steuerrechtlicher Hinsicht gelten für Freiberufler aber andere Regelungen als für Gewerbetreibende. Anders als diese

- melden sie bei der Kommune kein Gewerbe an
- zahlen sie keine Gewerbesteuer

- müssen sie nicht in das Handelsregister eingetragen werden
- sind sie nicht zur doppelten Buchführung verpflichtet.

Das Bedürfnis der Ärzte, sich von Gewerbetreibenden zu unterscheiden, ist auch der Notwendigkeit geschuldet, Vertrauen der Patienten zu schaffen. Wer die Dienste eines Arztes in Anspruch nimmt, soll nicht davon ausgehen, dieser verfolge in erster Linie Einkommensinteressen, sondern sei vielmehr von dem Wunsch geleitet, zu heilen und zu helfen. Die ärztliche Ethik (Kap. IV 2.1.3) unterstützt dies zusätzlich.

2.1.2 Verbände von Ärzten

Ärzte gehören zu den am besten organisierten Berufsgruppen überhaupt. Auch dies legt die ärztliche Berufsordnung nahe (Kap. IV 2.1.3). Die zahlreichen auch einer breiten Öffentlichkeit bekannten mitgliederstarken Berufsverbände der Ärzte unterstreichen diese Tatsache. Sie dienen nicht zuletzt der Interessenvertretung und Lobbyarbeit der Ärzte in der Politik.

2.1.2.1 Pflichtmitgliedschaft in Verbänden

So wie Gewerbetreibende Pflichtmitglied einer Industrie- und Handels- bzw. Handwerkskammer, also einer Körperschaft des öffentlichen Rechts sind, müssen Ärzte der **Ärztekammer,** ebenfalls einer **Körperschaft des öffentlichen Rechts,** angehören. Allerdings gibt es einen gewichtigen Unterschied: Wer z. B. als Handwerker in einem Gewerbebetrieb angestellt ist, muss selbst kein Mitglied der Handwerkskammer sein. Anders bei Ärzten: Die Pflicht der Mitgliedschaft in der Ärztekammer gilt für **alle Ärzte,** egal ob sie in freier Praxis, im Krankenhaus oder in sonstigen Arbeitsstellen tätig sind. Pflichtmitglieder sind auch alle zur Berufsausübung berechtigten Ärzte, die derzeit beruflich nicht tätig sind.

Regional sind die Ärztekammern auf Länderebene organisiert (Landesärztekammern). Als Dachverband fungiert die Bundesärztekammer. Jede einzelne Untergliederung hat die Rechtsform einer Körperschaft des öffentlichen Rechts. Die Landesärztekammern stehen unter der **Rechtsaufsicht** der Sozialministerien der Bundesländer.

Aufgaben der Ärztekammern sind vor allem:

- den Arztberuf beruflich zu vertreten und seine Interessen wahrzunehmen
- die Überwachung der ärztlichen Pflichten gemäß der Berufsordnung
- die Förderung der Fortbildung.

Alle an der vertragsärztlichen Versorgung beteiligten niedergelassenen Ärzte sind zusätzlich Pflichtmitglied der **Kassenärztlichen Vereinigung** (vgl. Kap. IV 2.5.1).

2.1.2.2 Freiwillige Verbände

Neben den Pflichtverbänden sind viele Ärzte zusätzlich Mitglied in freiwilligen Verbänden. Solche Zusammenschlüsse dienen keinem gesetzlich festgelegten Zweck, sie sind privatrechtlicher Natur und werden z. B. in der Form eines eingetragenen Vereins geführt. Ihr Zweck ist denn auch in allererster Linie, Berufspolitik im Interesse der Mitglieder zu betreiben. Der **Hartmannbund** ist ein fachübergreifender Interessenverband für alle Ärzte, seien es Ärzte in freier Praxis, im Krankenhaus oder in anderweitigen Beschäftigungsverhältnissen. Der **Marburger Bund** ist die Gewerkschaft der im Krankenhaus tätigen Ärzte; in dieser Funktion verhandelt er mit den Arbeitgeberverbänden Gehaltstarife für Ärzte aus. Leitende Krankenhausärzte sind in einem eigenen Verband zusammengeschlossen, dem VLK (Verband leitender Krankenhausärzte e.V.). Im Verband der niedergelassenen Ärzte, dem **NAV-Virchowbund**, sind Praxisinhaber unabhängig von ihrer Fachrichtung Mitglied. Daneben existieren noch zahlreiche Verbände für einzelne Facharztgruppen. Zwar verfügen auch andere Berufe des Gesundheitswesens über eigene Kammern und Verbände, es ist jedoch keinem dieser Zusammenschlüsse gelungen, mit solchem Nachdruck wie die Ärzteverbände in der Öffentlichkeit die berufspolitischen Interessen ihrer Mitglieder zu vertreten.

2.1.3 Ärztliche Berufsordnung

Das Verhältnis zwischen Arzt und Patient beruht auf dem **Vertrauen des Patienten** in den ihn behandelnden Arzt. Der Patient muss sich darauf verlassen können, dass er adäquat nach dem neuesten Stand der Medizin diagnostiziert und therapiert wird. Er muss sicher sein, dass der Arzt primär in seinem (des Patienten) Interesse handelt und seine eigenen Einkommensinteressen hintanstellt. Denn ökonomisch interpretiert ist die Krankheit des Patienten Voraussetzung für das Einkommen des Arztes.

Die **ärztliche Ethik**, niedergelegt in der Berufsordnung, soll die Grundlage für das Vertrauen der Patienten schaffen. Sie kann zu großen Teilen als Selbstverpflichtung der Ärzte zu einer gewissenhaften und humanen Berufsausübung aufgefasst werden. Weiteres Ziel der ärztlichen Berufsordnung ist die **Selbstdarstellung des Berufes**, die Wahrung des Ansehens der Ärzte in der Öffentlichkeit.

Die Berufsordnung für Ärzte hat ihre historischen Wurzeln im antiken **Eid des Hippokrates** (ca. 460 v. Chr.). Es finden sich darin Vorschriften, etwa die Schweigepflicht, die auch in den heutigen ärztlichen Standesregeln von zentraler Bedeutung sind.

127

2.1.3.1 Berufsausübungsregeln

Der erste Teil der Berufsordnung verpflichtet den Arzt auf einige allgemeine Grundsätze. Er hat *„das Leben zu erhalten, die Gesundheit zu schützen und wiederherzustellen, Leiden zu lindern und Sterbenden Beistand zu leisten"* (§ 1, Abs. 2 Muster-Berufsordnung, im Folgenden zitiert als BO). Oberster Grundsatz ist es dabei, den Patienten nicht zu schaden. Der Beruf ist gewissenhaft auszuführen, um das Vertrauen der Patienten zu rechtfertigen (§ 2 Abs. 2 BO). Dem Arzt ist es **verboten, Weisungen von Nicht-Ärzten entgegenzunehmen** (§ 2 Abs. 4 BO). In den allgemeinen Grundsätzen findet sich auch der Hinweis darauf, dass der Arztberuf kein Gewerbe ist. Demzufolge ist es Ärzten nicht gestattet, ihren Namen in Verbindung mit der ärztlichen Berufsbezeichnung für gewerbliche Zwecke herzugeben. Im Kapitel „Berufliches Verhalten" der Berufsordnung wird dies für die Werbung konkretisiert (§ 27 BO): Zwar ist dem Arzt Information der Patienten erlaubt, berufswidrige Werbung ist jedoch untersagt (vgl. dazu Kap. IX 3.4).

Die Berufsordnung verpflichtet den Arzt zur **Fortbildung** (§ 4 BO); er muss seine Fortbildung gegenüber der Ärztekammer nachweisen. Eine Berufsausübungsregel, wie sie in dieser Form bei anderen Berufen nicht zu finden ist, stellt das **Verbot der Kollegenschelte** dar, das bereits im antiken Eid des Hippokrates enthalten war. Für Ärzte gilt es als berufsunwürdig, sich herabsetzend über andere Ärzte zu äußern (§ 29 Abs. 1 BO). In Gegenwart von Patienten bzw. generell von Nicht-Ärzten sind „Beanstandungen der ärztlichen Tätigkeit und zurechtweisende Belehrungen zu unterlassen" (§ 29 Abs. 4 BO).

2.1.3.2 Verpflichtungen der Berufsordnung gegenüber Patienten – Patientenrechte nach dem BGB

Der zweite Teil der Berufsordnung ist dem Verhältnis von Arzt und Patient gewidmet. Die hier festgelegten Pflichten des Arztes sind aus Sicht der Patienten als deren **Rechte zu** interpretieren. Die Rechte der Patienten bzw. die Verpflichtungen der Ärzte sind auch niedergelegt im Bürgerlichen Gesetzbuch.

Im zweiten Teil der Berufsordnung für Ärzte finden sich Vorschriften, die auch für Mitarbeiter des Arztes und deren Verhalten gegenüber Patienten zwingend zu beachten sind. Der Arzt hat das Recht der Patienten auf **freie Arztwahl** zu respektieren. Das Freiheitsrecht der Patienten, wie alle Freiheitsrechte aus dem Art. 2 des Grundgesetzes resultierend, gilt auch für Krankenhäuser; Patienten haben **freie Krankenhauswahl**. Umgekehrt ist es, von Notfällen abgesehen, auch dem Arzt freigestellt, die Behandlung eines Patienten abzulehnen (§ 7 BO).

Pflicht des Arztes bzw. Recht des Patienten ist dessen Aufklärung über die Behandlung im persönlichen Gespräch (§ 8 BO). Das BGB präzisiert, was zur

Aufklärung des Patienten durch den Arzt gehört. Sie umfasst demnach „*Art, Umfang, Durchführung, zu erwartende Folgen und Risiken der Maßnahme sowie ihre Notwendigkeit, Dringlichkeit, Eignung und Erfolgsaussichten im Hinblick auf die Diagnose oder die Therapie*" (§ 630e). Aufklärung hat alle Behandlungs- bzw. Diagnoseschritte, dabei auftretende Risiken für den Patienten und die Erfolgsaussichten zum Inhalt. Gibt es Behandlungsalternativen, so ist der Patient darüber in Kenntnis zu setzen, ebenso vom Risiko einer unterlassenen Behandlung. Grundsätzlich muss die Aufklärung des Patienten mündlich, rechtzeitig und in verständlicher Form erfolgen. Letzteres bedeutet, dass für Patienten, die nicht oder nicht ausreichend Deutsch verstehen, ein Dolmetscher hinzuzuziehen ist. Der Grundsatz der Rechtzeitigkeit gewährleistet, dass Patienten genügend Bedenkzeit haben. Vor Operationen im Krankenhaus erfolgt deshalb die Aufklärung des Chirurgen bei kleineren Eingriffen am Vortag des Eingriffes, bei schwierigen, risikoreichen Eingriffen muss das Aufklärungsgespräch bereits bei Festlegung des Operationstermins stattfinden. Die Aufklärung des Anästhesisten über Narkoserisiken erfolgt am Tag vor dem Eingriff. Unterlagen zum Aufklärungsgespräch sind dem Patienten in Schriftform auszuhändigen. Das Gesetz räumt den Patienten allerdings das Recht ein, auf eine Aufklärung zu verzichten.

Der Patient entscheidet sich vor dem Hintergrund der Informationen des Arztes selbstbestimmt für oder gegen eine Behandlung, d.h. er ist nicht verpflichtet, sich einer Behandlung zu unterziehen. Die **Einwilligung des Patienten ist Voraussetzung für die Behandlung**, andernfalls würde sich der Arzt des Straftatbestandes der Körperverletzung (§ 223 StGB) schuldig machen. Grundsätzlich ist der Patient berechtigt, seine Einwilligung „*jederzeit und ohne Angabe von Gründen*" (§ 630 d Abs. 3 BGB) zu widerrufen. Er kann z. B. noch auf dem Weg in den Operationssaal seine Zustimmung verweigern. Ist Aufklärung und Einwilligung nicht möglich, etwa bei bewusstlosen Patienten, muss berücksichtigt werden, ob der Patient seinen Willen in einer **Patientenverfügung** niedergelegt hat und – sofern dies nicht der Fall ist – die **Zustimmung einer berechtigten Person**, z. B. eines Betreuers, eingeholt werden (vgl. dazu Kap. IV 6.5 zum Betreuungsrecht). Ist eine medizinische Maßnahme unaufschiebbar und der Patient einwilligungsunfähig, z. B. bei Bewusstlosigkeit aufgrund einer schweren sofort behandlungsbedürftigen Verletzung, kann Aufklärung und Einwilligung unterbleiben (§ 630 d Abs. 1 BGB). In diesem Fall gilt der mutmaßliche Wille des Patienten zur sofortigen Behandlung.

Das BGB verpflichtet den Arzt zu einer Information, die für Patienten aus ökonomischer Sicht wichtig ist: Er muss darauf hinweisen, wenn **Behandlungskosten nicht oder nicht vollständig von der Krankenversicherung übernommen werden** und folglich der Patient selbst einen Teil der Kosten zu tragen hat. Der Arzt muss den Patienten in Schriftform darüber unterrichten, welche Kosten auf ihn zukommen (§ 630 c Abs. 3 BGB). Diese Vorschrift ist vor allem auf so genannte „Individuelle Gesundheitsleistungen" (IGeL) von Arztpraxen anzuwenden. IGeL sind Leistungen, die von den Kassen nicht erstattet werden, weil sie nicht notwendig sind, z. B. routinemäßige Augendruckmessungen beim Augenarzt, z. B. dreidimensionale Ultraschalluntersuchungen bei Schwangerschaft etc. (vgl. dazu Kap. IV 2.7.2).

Ein zentrales Recht der Patienten ist die **Verschwiegenheit** aller an seiner Behandlung Beteiligten und beruflich über sie informierten Mitarbeiter des Arztes. Rechtsgrundlage dafür ist der Art. 1 des Grundgesetzes, die Wahrung der Menschenwürde. Konkret findet die Schweigepflicht ihren Niederschlag in der Berufsordnung für Ärzte, ebenso im Strafgesetzbuch. Im Kapitel VIII 1.4.2 wird ausführlich auf die Schweigepflicht eingegangen.

Die Berufsordnung für Ärzte, ebenso das BGB schreiben die **Pflicht** des Arztes zur **Dokumentation** vor. Im Umkehrschluss begründet dies aus Sicht des Patienten dessen Recht auf ordnungsgemäße Dokumentation. Der Dokumentation in Gesundheitsbetrieben ist ein eigenes Kapitel (Kap VI 1) gewidmet. Patienten haben das Recht, sich die Dokumentation ihres Falles anzusehen, es ist ihnen wie es im BGB heißt, unverzüglich Einsicht in die vollständige Patientenakte zu gewähren. Patienten können sich Fotokopien oder elektronische Abschriften aushändigen lassen, müssen jedoch den Behandelnden die dafür entstandenen Kosten erstatten.

2.2   Rechtliche Aspekte des Arzt-Patient-Verhältnisses

2.2.1   Behandlungsvertrag, Krankenhausvertrag

Wer sich in ärztliche Behandlung begibt, um Beratung, Diagnostik, Heilung oder Linderung zu erhalten, wer einen Arzt telefonisch um Rat fragt, schließt mit ihm einen Behandlungsvertrag. D. h., der Behandlungsvertrag kommt ohne schriftliche oder mündliche Vereinbarung allein dadurch zustande, dass jemand zum Patienten eines Arztes wird. Ein Behandlungsvertrag nach § 630a BGB ist eine spezielle Form eines **Dienstvertrages** nach § 611 BGB. Der Arzt verpflichtet sich damit zur Leistung eines Dienstes, der Patient bzw. dessen Versicherung schulden ihm dafür Entgelt. Dienstverträge sind dadurch gekennzeichnet, dass der Leistungserbringer, hier der Arzt, sich zur Dienstleistung verpflichtet, nicht jedoch, wie es bei einem Werkvertrag (§ 631 BGB) der Fall wäre, den Erfolg der geschuldeten Leistung garantieren muss. Zwar ist der Erfolg, z. B. Heilung von der Krankheit oder Linderung der Symptome, das Ziel des Arztes und er schuldet dem Patienten eine fachgerechte Behandlung. Den Erfolg kann er jedoch nicht garantieren. Dies liegt einmal in der Natur der Sache selbst – nicht alle Krankheiten sind heilbar, nicht alle Symptome können gelindert werden – zum anderen hängt der Erfolg einer

Behandlung häufig auch vom Verhalten des Patienten selbst ab. Vergisst oder verweigert dieser z. B. die Einnahme von Medikamenten, gefährdet er den Erfolg der Behandlung durch eigenes Tun bzw. Unterlassen.

Begibt sich ein Patient ins Krankenhaus und bestätigt ein Krankenhausarzt stationäre Behandlungsnotwendigkeit, kommt ein **Vertrag zwischen Patient und Krankenhaus** zustande. Auch in diesem Fall handelt es sich um einen Dienstvertrag. Der Patient erhält die vertragliche Zusicherung, dass ihm das Krankenhaus neben Unterkunft und Verpflegung eine angemessene medizinische Versorgung gewährt. Kommt es nur zu diesem Vertrag, spricht man vom totalen Krankenhausvertrag. Es gibt aber auch Krankenhausaufenthalte, die nicht nur Dienstleistungen des Krankenhauses vorsehen, sondern darüber hinaus gesonderte ärztliche Leistungen. Bei belegärztlicher Behandlung ist dies der Fall, ebenso bei wahlärztlicher, der so genannten Chefarztbehandlung (vgl. dazu Kap. IV 3.8 und 3.9). Der Patient schließt mehrere Verträge ab: Mit dem Krankenhaus, mit dem oder den Belegärzten oder mit dem Chefarzt. Wird ein Patient z. B. von einem Belegarzt operiert, erhält er von einem weiteren Belegarzt die Anästhesie, so schließt dieser Patient drei Dienstverträge ab: mit dem Krankenhaus, dem Operateur und dem Anästhesisten. Man spricht in solchen Fällen von **aufgespaltenen Krankenhausverträgen.**

2.2.2 Rechtliche Konsequenzen von Fehlern – Haftungsfragen

Wenn Menschen handeln, so auch im Gesundheitswesen, kann es zu Fehlverhalten kommen. Welche Verhaltensweisen von Beschäftigten im Gesundheitswesen sind damit vor allem gemeint? So stellt die Verletzung der Schweigepflicht einen Straftatbestand nach dem Strafgesetzbuch dar (vgl. Kap. VIII 1.4.2). Größere praktische Bedeutung kommen den Straftatbeständen der **unterlassenen Hilfeleistung** (§ 232c StGB) und der **Körperverletzung** zu (§§ 223 StGB).

> **Beispiel:**
>
> In die Notaufnahme eines Krankenhauses wird ein schwer verletzter Patient eingeliefert. Die dort tätigen Ärzte haben die Pflicht, ihn zu behandeln. Unterließen sie es, z. B. weil der Patient keine Krankenversicherung nachweisen kann, machten sie sich der unterlassenen Hilfeleistung strafbar.

Körperverletzung liegt vor, wenn ein Patient seine Einwilligung zur Behandlung verweigert, der Arzt ihn aber dennoch behandelt. Da die Einwilligung eine Aufklärung voraussetzt, ist der Tatbestand auch erfüllt, wenn der Arzt den **Patienten nicht oder nicht ausreichend und verständlich über die Kon-**

sequenzen der Behandlung unterrichtet. Angenommen, der Arzt hat aufgeklärt, der Patient eingewilligt und es kommt im Zuge der Diagnose oder Behandlung zu einem Fehler des Arztes, so kommt ebenfalls eine Körperverletzung infrage. Dabei ist es egal, ob der Fehler durch Tun oder Unterlassen zustande kommt.

Beispiele:

Ein Arzt hat eine Untersuchung unterlassen, die Aufschluss über zu erwartende allergische Reaktionen des Patienten Herrn B. gegeben hätte. Im Zuge der Behandlung erleidet der Patient einen allergischen Schock.

Nach einer Operation ergeben sich bei einer Patientin erhebliche Komplikationen; es stellt sich heraus, dass ein Tupfer nicht aus ihrem Körper entfernt wurde.

In beiden Fällen dürfte es sich um fahrlässige (also nicht um vorsätzliche) Körperverletzung im Sinne des § 229 StGB handeln.

Welche Konsequenzen ergeben sich aus den genannten Fällen? Zunächst einmal handelt es sich um **mögliche Straftaten**, fahrlässige Körperverletzung eben. Zeigt der Patient den Arzt an, ermittelt der Staatsanwalt. Dieser kann auch, wenn ihm der Fall zu Ohren kommt, ohne Anzeige, sondern *„von Amts wegen"*, wie es im Gesetz heißt, ein Ermittlungsverfahren einleiten. Käme es zu einer Verurteilung des Arztes, so richtet sich der Strafrahmen nach den Vorgaben des Strafgesetzbuches (StGB). So wird fahrlässige Körperverletzung mit Freiheitsstrafe bis zu drei Jahren oder mit Geldstrafe geahndet.

Für den Patienten sind die **zivilrechtlichen Konsequenzen** in aller Regel die wichtigeren, denn hier geht es um den Ausgleich des ihm entstandenen Schadens. Er hat Anspruch auf **Schadensersatz und Schmerzensgeld** nach dem Bürgerlichen Gesetzbuch (BGB). Aus dem Behandlungsvertrag schuldet ihm der Arzt eine fachgerechte Behandlung. Allerdings obliegt es – von Ausnahmen abgesehen, auf die unten einzugehen ist – dem Patienten, dem Arzt einen Fehler oder eine nicht fachgerechte Behandlung nachzuweisen. Angenommen der Patient Herr B. aus obigem Beispiel legt ein medizinisches Gutachten vor, das den Diagnosefehler des Arztes bestätigt. Er kann zunächst außergerichtlich bei der Schlichtungsstelle der Ärztekammer versuchen, seine Ansprüche durchzusetzen. Gelingt ihm dies nicht, kommt es zur Gerichtsverhandlung.

Herr B. fordert den Ersatz des ihm entstandenen Schadens aufgrund der Vertragsverletzung, (so genannte vertragliche Haftung) und des Schadens aufgrund eines Deliktes (so genannte **Delikthaftung** nach BGB § 823), in diesem Fall fahrlässige Körperverletzung.

Zwei Fälle sind nun zu unterscheiden:

1. Der Arzt des Herrn B. ist selbstständiger Freiberufler, z. B. arbeitet er als Praxisinhaber, Belegarzt oder Wahlarzt im Krankenhaus oder
2. er ist als Angestellter in einem Krankenhaus tätig.

Im 1. Fall sind alle Ansprüche aus Vertrag und Delikt gegen den Arzt selbst zu richten. Er haftet für den **materiellen Schaden**, der Herrn B. z. B. dadurch entstanden sein kann, dass er durch die verzögerte Heilung einen Verdienstausfall erlitt. Und er haftet deliktisch für den **immateriellen Schaden** des Herrn B., z. B. in Form von Schmerzen, Angst, Leiden aufgrund der fahrlässigen Körperverletzung. Der Arzt hat eine **Haftpflichtversicherung** abgeschlossen, die Berufsordnung für Ärzte verpflichtet ihn dazu. Die Versicherung reguliert den Schaden in Abhängigkeit von der im Versicherungsvertrag festgelegten Deckungssumme. Reicht diese nicht aus, muss der Arzt selbst für den nicht gedeckten Teil des Schadens aufkommen.

Der 2. Fall liegt etwas komplizierter. Herr B. hat einen Vertrag mit dem Krankenhaus geschlossen und zwar einen totalen Krankenhausvertrag. Ein angestellter Arzt gilt als **Erfüllungsgehilfe** (§ 278 BGB) des Krankenhauses und für Fehlleistungen von Erfüllungsgehilfen haftet das Krankenhaus als Vertragspartner. Herr B. kann also sowohl Schadensersatz- als auch Schmerzensgeldforderungen gegen das Krankenhaus erheben. Selbstverständlich hat auch das Krankenhaus eine Haftpflichtversicherung, die den Schaden des Herrn B. reguliert.

Wie oben erwähnt, muss der Patient selbst beweisen, dass der Arzt einen Fehler gemacht hat. Von dieser Regel gibt es jedoch Ausnahmen, im Grenzfall kommt es zu einer **Umkehr der Beweislast**, d. h., der Arzt muss beweisen, er habe keinen Fehler gemacht. Bei grober Körperverletzung bzw. einem groben Behandlungsfehler kehrt sich die Beweislage um. Im oben genannten Fall des vergessenen Tupfers dürfte ein grober Behandlungsfehler gegeben sein, ebenso z. B. bei grob-fahrlässigen Verstößen gegen Hygieneregeln. Als grob gelten Behandlungsfehler, die einem Arzt angesichts seiner Ausbildung nicht unterlaufen dürfen. Beweislastumkehr kann auch dann resultieren, wenn **mangelhaft oder nicht dokumentiert wurde**. Hier gilt die Regel, dass nicht gemacht wurde, was nicht dokumentiert wurde. Hat der Arzt z. B. einen Behandlungsschritt nicht dokumentiert, so muss er beweisen können, dass er ihn doch vorgenommen hat.

Für Ärzte kommen neben straf- und zivilrechtlichen Konsequenzen unter Umständen **berufs- und arbeitsrechtliche Auswirkungen** dazu. Macht sich ein angestellter Arzt z. B. eines groben Fehlers schuldig, muss er mit Abmahnung bis hin zur Kündigung rechnen. Berufsrechtlich wird ärztliches Fehlverhalten gemäß der Berufsordnung für Ärzte von der zuständigen Landesärztekammer überprüft. Je nach Ausmaß des Fehlverhaltens reichen die Sanktionsmöglichkeiten vom Erteilen einer Rüge bis hin zum Entzug der Approbation.

2.3 Ärztestatistik

Tabelle 11 zeigt die Verteilung der Ärzte in Deutschland zum Stichtag 31.12.2011 auf verschiedene Tätigkeitsgebiete. Von den insgesamt 449 400 Ärzten waren 76 % berufstätig. Von diesen arbeiten 50 % im Krankenhaus und 42 % in der ambulanten Versorgung. Die restlichen ca. 8 % der berufstätigen Ärzte waren im öffentlichen Gesundheitsdienst, als Betriebsärzte, in der Industrie, der Forschung etc. beschäftigt. Unter der Rubrik sonstige Bereiche werden derzeit noch die so genannten **Honorarärzte** geführt – eine Arztgruppe, die eine wachsende Bedeutung erfährt. Honorarärzte besitzen keine Praxis und sind nicht am Krankenhaus angestellt. Sie arbeiten als Selbstständige z. B. in Kliniken, wenn dort Personalengpässe auftreten, sie vertreten Praxisinhaber, die Urlaub machen. Zumeist werden sie von einschlägigen Agenturen vermittelt. Diese neue Form der ärztlichen Tätigkeit hat Vorteile sowohl für Krankenhäuser und Praxen, da es ihnen möglich ist, Engpässe zu überwinden, als auch für Honorarärzte selbst. Sie müssen keine Investitionen zur Praxisgründung oder -übernahme finanzieren und sind auch nicht in die hierarchischen Strukturen der Krankenhäuser eingebunden.

Tab. 11: Ärztestatistik für Deutschland zum 31.12.2011

Ärzte insgesamt	449 400
Berufstätige Ärzte	342 100
• Ambulant	142 900
• Stationär	169 800
• Sonstige Bereiche	29 400

Quelle: Bundesärztekammer, Internet http://www.bundesaerztekammer.de/downloads/Stat11Abbildungsteil1.pdf (Zugriffsdatum 30.5.2013)

In den vergangenen Jahrzehnten **stiegen die Arztzahlen in Deutschland kontinuierlich an,** mit ihnen nahm ebenfalls die Arztdichte zu. Diese gibt die Relation Einwohner je Arzt an und ist eine gebräuchliche Messziffer für die Versorgung der Bevölkerung mit Ärzten.

Die Arztzahlen erhöhten sich über den **gesamten in der Tabelle 12 ausgewiesenen Zeitraum** kontinuierlich sowohl für alle Ärzte als auch für niedergelassene Ärzte. Das Umgekehrte gilt für die Einwohnerzahl je Arzt bzw. je niedergelassenem Arzt: 1970 kamen auf einen Arzt noch ca. 2,7-mal so viele Einwohner wie im Jahr 2011; ein niedergelassener Arzt versorgte im Durchschnitt 1970 mehr als doppelt so viele Einwohner wie 2011.

Tab. 12: Entwicklung der Arztzahlen und der Arztdichte in Deutschland ab 1970[1]

Jahr	Berufstätige Ärzte	Einwohner je berufstätigem Arzt (Arztdichte)	Nieder-gelassene Ärzte	Einwohner je niedergelas-senem Arzt
1970	92 773	654	48 830	1 242
1980	139 452	441	59 777	1 029
1990	195 254	324	75 251	841
2000	294 676	279	128 488	640
2011	342 100	239	142 900	572

[1] (bis einschl. 1990 altes Bundesgebiet, ab 1991 gesamtes Bundesgebiet)
Quelle: Bundesärztekammer, Internet http://www.bundesaerztekammer.de/
downloads/Stat11Abbildungsteil1.pdf); Statistisches Bundesamt, Statistisches
Jahrbuch 2012, S. 26

2.4 Arten ambulanter Einrichtungen

2.4.1 Ärzte in freier Praxis – verschiedene Arten von Praxen

Die ambulant-ärztliche Versorgung der Bevölkerung obliegt überwiegend selbstständigen niedergelassenen Ärzten in freier Praxis, obgleich in den letzten Jahren andere Versorgungsformen an Bedeutung gewonnen haben. (vgl. Kap. IV.2.4.3 und 2.11).

Ca. 97 % der Praxisinhaber besitzen eine Kassenzulassung. Sie sind damit **Vertragsärzte** und als solche zugelassen zur Behandlung gesetzlich krankenversicherter Patienten. Ihre Patienten setzen sich aber in aller Regel aus gesetzlich **und** privat Krankenversicherten zusammen. Die restlichen ca. 3 % sind reine **Privatärzte**. Die GKV ist ihnen gegenüber nicht zur Erstattung der Kosten für die Behandlung von Patienten verpflichtet.

Im Jahr 2011 nahmen 153 895 Ärzte an der vertragsärztlichen Versorgung – also der Versorgung der gesetzlich Krankenversicherten – teil. Die meisten von ihnen, jedoch nicht alle, sind Praxisinhaber. Vor einigen Jahren wurden die **Möglichkeiten zur Teilnahme an der vertragsärztlichen Versorgung flexibilisiert**. So kann ein Arzt, der selbst eine Praxis betreibt, Ärzte in beliebi-

135

ger Anzahl als Angestellte beschäftigen, solange in seinem Zulassungsbezirk ein Ärztemangel bzw. Unterversorgung (vgl. Kap. IV 2.5.2) besteht. Allerdings ist es auch möglich, in überversorgten Gebieten als **Juniorpartner eines Praxisinhabers** zu arbeiten (so genanntes Job-Sharing von Ärzten). Jedoch dürfen die Ärzte zusammen die Leistungsmenge der bisherigen Praxis nicht (bzw. in nicht nennenswertem Umfang) überschreiten. Das Job-Sharing-Modell ermöglicht es älteren Ärzten, die allmählich aus der Vertragsarzttätigkeit aussteigen möchten, ihren Nachfolger einzuarbeiten. Ärzte dürfen auch **Zweigpraxen** an anderen Orten gründen, in denen angestellte Ärzte tätig sind. Ebenso ist es Ärzten möglich, sowohl im Krankenhaus als auch in einer Praxis angestellt zu sein.

Beispiel:

Frau Dr. S., Internistin, hat zwei Arbeitsverträge. Vormittags ist sie in einer internistischen Praxis tätig, nachmittags arbeitet sie am Kreiskrankenhaus.

Die größte Arztgruppe bilden die Allgemeinärzte (und praktischen Ärzte) mit 29 %, gefolgt von Internisten (17 %), Frauenärzten (8 %), Kinderärzten (5 %). Die restlichen Vertragsärzte gehören weiteren Facharztgruppen an (Augen-, Nerven-, Hals-Nasen-Ohren-, Hautärzte, Orthopäden, Chirurgen, Anästhesisten, Urologen, Radiologen, Psychotherapeuten etc.).

Eine wichtige Unterscheidung ist diejenige in **Hausärzte und Fachärzte** nach § 73 SGB V. 43 % der Vertragsärzte sind als Hausärzte tätig, 57 % als Fachärzte.

In den letzten Jahren wurde vom Gesetzgeber die Rolle der Hausärzte aufgewertet. Hausärzte betreuen ihre Patienten kontinuierlich, sie kennen deren familiäres Umfeld. Sie koordinieren Therapie, Diagnose und Pflege; bei ihnen läuft die Aufzeichnung aller gesundheitsrelevanten Daten des Patienten zusammen. Sie überweisen an Fachärzte, leiten Rehabilitationsmaßnahmen ein, verordnen Heilmittel. Der idealtypische Hausarzt übernimmt eine **Lotsenfunktion**: Er leitet seinen Patienten durch das Gesundheitswesen und koordiniert seine Behandlung.

An der hausärztlichen Versorgung nehmen folgende Arztgruppen teil (§ 73 Abs. 2 SGB V):

* Allgemeinärzte
* Kinderärzte
* Internisten ohne Schwerpunktbezeichnung, die die Teilnahme an der hausärztlichen Versorgung gewählt haben
* Praktische Ärzte und
* alle Ärzte, die am 31.12.2000 an der hausärztlichen Versorgung beteiligt waren.

Internisten haben die Möglichkeit, zwischen hausärztlichem und fachärztlichem Versorgungsbereich zu wählen. Hat sich ein Internist spezialisiert, z. B. als Kardiologe auf Herzerkrankungen, wird er fachärztliche Versorgung anbieten.

Krankenkassen müssen ab Mitte 2009 ihren Versicherten eine so genannte **hausarztzentrierte Versorgung** anbieten (§ 73b SGB V). Es ist die deutsche Variante des so genannten gate keeping (aus dem Engl.: = Torwächter), bei dem der Hausarzt als Lotse durch das Gesundheitssystem fungiert. Die hausarztzentrierte Versorgung wird unter Kapitel IV 7.3.3 erläutert.

2.4.2 Kooperationsformen

Niedergelassene Ärzte können Kooperationen bilden, um Praxiskosten zu sparen. Folgende Formen von **Gemeinschaften zu gemeinsamen Nutzung** von Ressourcen haben sich in der Vergangenheit herausgebildet:

- Praxisgemeinschaft (gemeinsame Nutzung von Personal und Räumen)
- Apparategemeinschaft (gemeinsame Nutzung von medizinisch-technischen Geräten)
- Laborgemeinschaft (gemeinsame Nutzung eines Labors)

Ärzte, die solchen Gemeinschaften angehören, haben je ihre eigenen Patienten und rechnen getrennt ab. Zweck der Kooperation ist die bessere Auslastung von Personal und Investitionsgütern zur Kostensenkung.

In **Gemeinschaftspraxen** arbeiten Ärzte zusammen; sie bilden wirtschaftlich und organisatorisch eine Berufsausübungsgemeinschaft. Die Ärzte nutzen miteinander sowohl das Personal als auch die Einrichtung und haben gemeinsame Patienten. Die **Abrechnung erfolgt** für alle Ärzte der Gemeinschaftspraxis **zusammen.**

Ein **Praxisverbund** ist eine lockere Zusammenarbeit von niedergelassenen Ärzten, die auf bestimmten Gebieten, z. B. der Qualitätssicherung, kooperieren oder regional bzw. indikationsbezogen zusammenarbeiten.

Eine besondere Praxisform sei abschließend erwähnt, die **Praxisklinik**. Unter dieser Bezeichnung werden Praxen geführt, die über Betten verfügen. In der Regel arbeiten Ärzte in einer Praxisklinik zusammen, z. B. in Form einer Gemeinschaftspraxis. Die Praxisklinik ist kein Krankenhaus. Sie ist nicht für einen längeren Aufenthalt der Patienten ausgelegt, z. B. muss sie – anders als ein Krankenhaus – keine Verpflegung für Patienten vorhalten. Praxiskliniken bieten sich für Ärzte an, die ambulante Operationen erbringen. Den Patienten wird die Möglichkeit gegeben, in einem Krankenbett aus der Narkose aufzuwachen.

2.4.3 Medizinische Versorgungszentren

Mit dem GKV-Modernisierungs-Gesetz von 2004 schuf der Gesetzgeber eine neue Art von Einrichtung zur ambulanten Versorgung der Bevölkerung, die medizinischen Versorgungszentren (MVZ). Vorbild waren die Polikliniken der früheren DDR, die nach der Vereinigung weitgehend abgeschafft und durch Ärzte in freier Praxis ersetzt wurden. Es zeigte sich jedoch, dass dies ein vorschneller Schritt war. Polikliniken genossen in der Bevölkerung breite Akzeptanz und wurden auch von gesundheitsökonomischer Seite befürwortet. Schließlich wurden die Argumente aufgenommen und im GKV-Modernisierungsgesetz berücksichtigt.

Leitidee der MVZ (§ 95 Abs. 1 SGB V) ist die **fachübergreifende Zusammenarbeit von Ärzten unter einem Dach**. Fachübergreifend ist ein MVZ, wenn Ärzte mit verschiedenen Facharzt- oder Schwerpunktbezeichnungen tätig sind. Als Beispiel sei die Zusammenarbeit einer Internistin, eines Allgemeinarztes und einer Neurologin genannt. Als nicht-fachübergreifend und damit nicht als MVZ gilt die Zusammenarbeit von Ärzten der hausärztlichen Fachrichtungen.

Ein MVZ muss unter **ärztlicher Leitung** stehen, wobei auch eine kooperative Leitung mehrerer Ärzte möglich ist. Diese Auflage dient dazu, MVZ im Einklang mit der ärztlichen Berufsordnung zu organisieren. Danach (vgl. Kap. IV 2.1.3.1) ist es Ärzten nicht gestattet, Weisungen von Nicht-Ärzten entgegenzunehmen. Als Gründer eines MVZ kommen Vertragsärzte sowie zugelassene Krankenhäuser infrage. MVZ gibt es in zwei Formen, der Angestellten- und der Freiberuflervariante. Die **Angestelltenvariante** des MVZ wird in der Rechtsform einer GmbH betrieben; Ärzte arbeiten als Angestellte. Bevor es MVZ gab, war die Möglichkeit, an der ambulanten Versorgung als angestellter Arzt zu arbeiten, eher begrenzt. Im MVZ steht dies nun Ärzten offen, welche die hohen Investitionskosten einer Praxisgründung oder -übernahme nicht aufbringen können oder wollen. Krankenhausärzte können sich zusätzlich auch als Angestellte eines MVZ betätigen, also sowohl stationär als auch ambulant behandeln.

Eine weitere Organisationsform der MVZ ist die **Freiberuflervariante**. Dabei schließen sich Praxen von Ärzten, Heilmittelanbietern etc. zusammen, etwa in einer **Partnerschaftsgesellschaft**. Diese Rechtsform wurde quasi als Sonderform der Gesellschaft bürgerlichen Rechts 1995 für Freiberufler geschaffen, die kein Gewerbe ausüben. Zur Gründung einer Partnerschaftsgesellschaft ist kein Mindestkapital vorgeschrieben. Es genügen ein schriftlicher Partnerschaftsvertrag zwischen mindestens zwei Partnern und die Eintragung ins Partnerschaftsregister. Zur Beschlussfassung müssen sich die Partner regelmäßig treffen. Für Ärzte bleibt in dieser Variante die Freiberuflichkeit, wie sie die ärztliche Berufsordnung vorsieht, erhalten.

MVZ kommt eine wachsende Bedeutung zu; Jahr für Jahr steigt ihre Anzahl. Die häufigste Rechtsform ist die GmbH. Bei gut einem Drittel aller MVZ ist ein Krankenhaus als Träger beteiligt.

2.5 Organisation der vertragsärztlichen Versorgung

Vertragsärzte stellen unter den niedergelassenen Ärzten die größte Gruppe. Sie versorgen Versicherte der GKV, also ca. 87 % der Bevölkerung, mit ambulanten Arztleistungen. An der vertragsärztlichen Versorgung sind ebenso medizinische Versorgungszentren, zugelassene Psychotherapeuten und Vertragszahnärzte sowie unter bestimmten Bedingungen Krankenhausärzte bzw. Krankenhäuser beteiligt.

Nach § 73 Abs. 2 SGB V umfasst die vertragsärztliche Versorgung im Wesentlichen folgende Leistungen:

- ärztliche, psychotherapeutische und zahnärztliche Behandlung, letztere inklusive Zahnersatz und kieferorthopädischer Behandlung
- Früherkennung von Krankheiten
- Betreuung bei Schwangerschaft und Mutterschaft
- Verordnung von medizinischer Rehabilitation
- Verordnung von Arznei-, Verband-, Heil- und Hilfsmitteln
- Verordnung von Krankenhausbehandlung
- Verordnung von Krankentransporten
- Verordnung von häuslicher Krankenpflege
- Ausstellen von Bescheinigungen (Arbeitsunfähigkeitsbescheinigungen)

Wie der Liste zu entnehmen ist, spielt der ambulante Versorgungssektor in zweierlei Hinsicht eine wichtige Rolle im Gesundheitswesen: Zum einen werden von Vertragsärzten selbst Leistungen erbracht, zum anderen veranlassen sie in maßgeblichem Umfang Leistungen anderer Versorgungssektoren, vor allem des Krankenhaus- und des Arzneimittelsektors. Mit Attesten über Arbeitsunfähigkeit lösen sie in Form von Entgeltfortzahlung Kosten in Unternehmen aus.

2.5.1 Kassenärztliche Vereinigungen

Jeder zur ambulanten Versorgung der gesetzlich Krankenversicherten zugelassene Arzt oder Psychotherapeut **muss Mitglied der Kassenärztlichen Vereinigung** (KV) sein, jeder zugelassene Zahnarzt muss Mitglied der Kassenzahnärztlichen Vereinigung sein. Die Pflicht zur Mitgliedschaft gilt **auch für angestellte Ärzte** einer Praxis oder eines MVZ. Beide Organisationen – KV und Kassenzahnärztliche Vereinigungen – sind Körperschaften des öffentlichen Rechts mit Selbstverwaltung. Es gibt bundesweit 17 regionale Kassenärztliche Vereinigungen. Ihre regionale Abgrenzung folgt der Gliederung in Bundesländer, allerdings mit einer Ausnahme. In Nordrhein-Westfalen gibt es zwei Kassenärztliche Vereinigungen, die KV Nordrhein und die KV Westfalen-Lippe. Jede der 17 KVen ist Mitglied der Kassenärztlichen Bundesvereinigung, die selbst wiederum eine **Körperschaft des öffentlichen Rechts** ist.

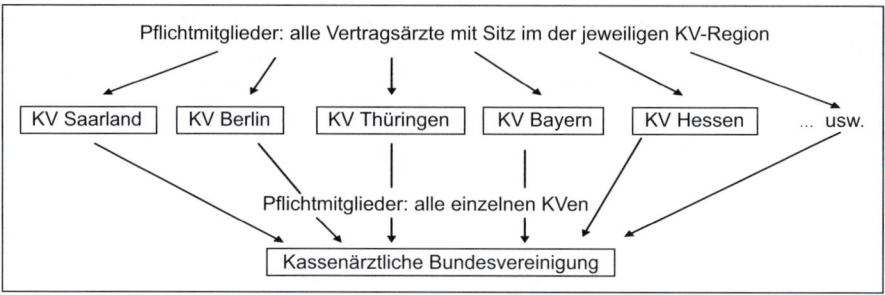

Abb. 8: Organisation der Kassenärztlichen Vereinigungen

Die Rechtsform der Körperschaft des öffentlichen Rechts leitet sich aus einem Gesetzesauftrag her, aufgrund dessen die Körperschaft staatliche Aufgaben wahrnimmt. Im Falle der KV lautet der Gesetzesauftrag wie folgt (§ 75 SGB V):

„Die Kassenärztlichen Vereinigungen und die Kassenärztlichen Bundesvereinigungen haben die vertragsärztliche Versorgung der Versicherten ... sicherzustellen und den Krankenkassen und ihren Verbänden gegenüber die Gewähr dafür zu übernehmen, dass die vertragsärztliche Versorgung den gesetzlichen und vertraglichen Erfordernissen entspricht (**Sicherstellungsauftrag**).*"* Ab 1.7.2007 wurde der Sicherstellungsauftrag der KV erweitert auf Privatversicherte im Standardtarif, ab 2009 gilt er für Privatversicherte im Basistarif (vgl. Kap. II 3.3). Dabei ist mit dem Terminus „Kassenärztliche Vereinigung" im SGB V immer auch die Kassenzahnärztliche Vereinigung angesprochen; für sie gelten die analogen Regelungen wie für die KV (im Folgenden wird deshalb nicht gesondert auf die Kassenzahnärztlichen Vereinigungen eingegangen). Der Sicherstellungsauftrag der KV umfasst auch den **ärztlichen Notdienst** in sprechstundenfreien Zeiten (vgl. Kap IV 8.3).

Falls mehr als die Hälfte der Vertragsärzte eines Zulassungs-Bezirks die vertragsärztliche Versorgung verweigern, kann die Aufsichtsbehörde – das Sozialministerium des jeweiligen Bundeslandes – den Sicherstellungsauftrag an die Krankenkassen übergeben (§ 72a SGB V).

Weitere Aufgabe der KV ist es, **die Rechte der Vertragsärzte gegenüber den Kassen wahrzunehmen** (§ 75 Abs. 2 SGB V). Damit spielt die KV in gewisser Weise eine Zwitterrolle: Einmal als gesetzlich beauftragter Garant für die Versorgung der Bevölkerung mit Arztleistungen, zum anderen als Interessenvertretung der Ärzte. In letzterer Funktion obliegt den KVen die Abrechnung der Arzthonorare.

2.5.2 Zulassung zur kassenärztlichen Versorgung, Bedarfsplan

Direkt aus dem Sicherstellungsauftrag leitet sich die Zuständigkeit der KV für die Zulassung der Ärzte und Psychotherapeuten her. Die KVen führen **Arztregister**, in die sich der Arzt bzw. Psychotherapeut auf Antrag eintragen lassen kann. Voraussetzung dafür, im Arztregister geführt zu werden, ist die Approbation als Arzt und der Nachweis einer allgemein- bzw. fachärztlichen Weiterbildung. Bestandsschutz genießen „Praktische Ärzte", die diese Bezeichnung bis zum 31.12.1995 erhalten haben. Sie haben keine allgemein- oder fachärztliche Weiterbildung und werden ohne Bezeichnung „Allgemeinarzt" im Register geführt. Seit 2003 ist eine Zulassung zum Vertragsarzt ohne Weiterbildung nicht mehr möglich. Für Psychotherapeuten gilt eine den Ärzten analoge Regelung: Auch sie müssen approbiert sein und einen Fachkundenachweis erbringen.

Die formelle Entscheidung und Beschlussfassung zur Zulassung zur vertragsärztlichen Versorgung obliegt den **Zulassungsausschüssen**, die in jedem KV-Bezirk zu errichten sind und von Kassen- und KV-Vertretern paritätisch beschickt werden (§ 96 SGB V). Zulassungen werden erteilt für Praxen oder für MVZ bzw. einzelne dort beschäftigte Ärzte.

Ein Rechtsanspruch auf Zulassung, auch wenn die genannten Bedingungen (Approbation, Fachkundenachweis) erfüllt sind, besteht allerdings nur dann, wenn der KV-Bezirk **keiner Zulassungsbeschränkung** wegen Überversorgung **unterliegt**. Die Versorgungssituation wird anhand des **Bedarfsplans** (§§ 99 ff. SGB V) ermittelt, den die KVen im Einvernehmen mit den Krankenkassen aufstellen. Sie orientieren sich dabei an einer **Richtlinie des Gemeinsamen Bundesausschusses** (vgl. Kap. IV 2.9), die für einzelne Arztgruppen Einwohner-Arzt-Relationen je nach Regionstyp festlegt. Die Bedarfsplanungsrichtlinie ist an die Regional- und Krankenhausplanung angelehnt und legt je Raumtyp (z. B. Großstadt, die das Umland mitversorgt, dünn besiedelte Landkreise etc.) je nach Arztgruppe Verhältniszahlen **Einwohner je Vertragsarzt** fest. In einer Großstadt wie München etwa, bestimmt die Richtlinie, dass auf einen Augenarzt 17 675 Einwohner kommen sollen. Dabei können allerdings auch regionale Besonderheiten berücksichtigt werden, wie z. B. eine überdurchschnittlich stark überalterte Bevölkerung mit höherem Bedarf an ärztlicher Versorgung. Im Normalfall jedoch orientiert sich die Zulassungs-möglichkeit an der vorgegebenen Einwohnerzahl. Wird die Arzt-Einwohner-Relation um 10 % überschritten (im Fall der Augenärzte träfe dies z. B. zu, wenn auf einen Augenarzt nur 16 000 oder weniger Einwohner kommen), stellt der Landesausschuss der Ärzte und Krankenkassen Überversorgung fest und sperrt den Zulassungsbezirk für weitere Niederlassungen der betreffenden Arztgruppe. Die Sperrung gilt nicht nur für neue Praxen sondern auch für angestellte Ärzte in einem MVZ. In München kann also ein MVZ keinen Augenarzt einstellen, wenn der Bezirk gesperrt ist. Die Gründung eines MVZ in einem überversorgten Gebiet ist somit in aller Regel nur möglich, wenn sich Arztpraxen, die bereits eine Zulassung besitzen, zu einem MVZ zusammenschließen.

Die Bedarfsplanung zielt auf eine gleichmäßigere räumliche Verteilung der Vertragsärzte. Schon immer waren attraktive Städte im Vergleich zu abgelegenen ländlichen Räumen weitaus besser mit Ärzten versorgt.

Ob **Unterversorgung** vorliegt, entscheiden anhand der Richtlinien ebenfalls die Landesausschüsse der Ärzte und Krankenkassen. Unterversorgung ist anzunehmen, wenn die Arzt-Einwohnerzahl-Relation für Hausärzte um 30 %, jene der Fachärzte um 50 % unterschritten wird. Vor allem in ländlichen **Teilen der neuen Bundesländer ist Unterversorgung ein Problem.** Praxisstandorte sind häufig aus Sicht der Ärzte nicht attraktiv, z. B. deshalb, weil in den neuen Bundesländern weniger Privatpatienten leben (zu den Erlösvorteilen der Privatabrechnung vgl. Kap. IV 2.7.2). Oft ist es nur schwer möglich einen Nachfolger für eine Praxis zu finden. Die im Kapitel IV 2.4.1 genannten Lockerungen des Vertragsarztrechts wurden auch vorgenommen, um dieser Situation abzuhelfen. Zudem sieht das SGB V (§ 105) die Zahlung von **Sicherstellungszuschlägen an Ärzte in unterversorgten Regionen** vor. Finanziert werden sie von KV und Krankenkassen je zur Hälfte. Seit 2012 werden Ärzte in unterversorgten Bezirken zudem bei der Vergütung durch die GKV besser gestellt als ihre Kollegen in anderen Bezirken (vgl. Kap. IV 2.7.1.2).

Neben der Zulassung zum Vertragsarzt gibt es eine weitere Möglichkeit der Beteiligung an der ambulanten Versorgung der gesetzlich Krankenversicherten: die **Ermächtigung**. Ein Krankenhausarzt kann vom Zulassungsausschuss die Genehmigung erhalten, GKV-Patienten zu behandeln, sofern der Krankenhausarzt spezielle Untersuchungs- und Behandlungsleistungen anbietet, die von den Vertragsärzten der Region nicht erbracht werden können (§ 116 SGB V). Ärzte, die in Notaufnahmen der Krankenhäuser arbeiten, verfügen in aller Regel über eine solche Ermächtigung zur Teilnahme an der vertragsärztlichen Versorgung. Daneben gibt es für Krankenhäuser insgesamt bzw. deren einzelne Abteilungen die Möglichkeit zur Mitwirkung an der vertragsärztlichen Versorgung. Wird für einen KV-Bezirk Unterversorgung festgestellt, so kann der Zulassungsausschuss einem Krankenhaus eine Ermächtigung erteilen (§ 116a SGB V). Für beide Formen der Ermächtigung – die eines einzelnen Krankenhausarztes und die eines Krankenhauses als Institution – erfolgt die Finanzierung aus der Gesamtvergütung der Vertragsärzte nach dem Einheitlichen Bewertungsmaßstab (Kap. IV 2.7). Ermächtigte Ärzte sind dem Krankenhaus gegenüber zur Kostenerstattung verpflichtet, denn sie nutzen Personal und Einrichtungen der Klinik für ihre Leistungen, die sie den Krankenkassen in Rechnung stellen. Auf die Kostenerstattungspflicht gegenüber der Klinik wird im Kapitel IV 2.11.4 näher eingegangen.

2.5.3 Kollektivvertrag – Einzelvertrag: Rolle der Kassenärztlichen Vereinigungen

Anders als bei Ärztekammern, deren öffentlichen Auftrag niemand in Abrede stellt, sind Zweifel an der Notwendigkeit der Institution KV geäußert worden, so z. B. vom Sachverständigenrat für die Begutachtung der gesamtwirtschaftlichen Entwicklung. Der Sicherstellungsauftrag könne, so die Kritik, ebenso von den Krankenkassen übernommen werden. Die Kassen hätten dann die Aufgabe, mit von ihnen ausgewählten Ärzten Verträge abzuschließen. Sie wären nicht mehr verpflichtet, mit Mitgliedern der KV kollektiv zu kontrahieren, wie dies gegenwärtig der Fall ist.

Nach den jüngsten Reformen im Gesundheitswesen ist die Institution der KV erhalten geblieben, jedoch wurden die Möglichkeiten der Kassen erweitert, neben dem Kollektivvertrag **Einzelverträge** mit Ärzten bzw. Zusammenschlüssen von Ärzten abzuschließen. Im Fachjargon wird dieses Vorgehen als **selektives Kontrahieren, Selektivvertrag** oder auch als so genanntes **Einkaufsmodell** der Krankenkassen bezeichnet.

Für einige Vertragsvarianten des Selektivvertrags schreiben die Kassen als öffentlich-rechtliche Körperschaften einen Versorgungsauftrag aus. Die im Wettbewerb untereinander stehenden Ärzte bzw. Gemeinschaften von Ärzten geben ihre Angebote ab. Für niedergelassene Ärzte bedeutet dies, dass sie mit ihren Kollegen um den Vertragsabschluss mit Krankenkassen konkurrieren. An die Stelle des bisherigen Kollektivvertrags zwischen Kassen und KV treten Einzelverträge zwischen Krankenkassen und Ärzten. In Abbildung 9 sind die beiden unterschiedlichen Verfahren skizziert.

Der weit überwiegende Teil der Versorgung ist im Kollektivvertrag organisiert, d. h., Vertragspartner sind die Kassen und die Kassenärztliche Vereinigung. Schritt für Schritt wurden aber vom Gesetzgeber die Möglichkeiten des selektiven Kontrahierens für einzelne Versorgungsformen erweitert. Derzeit ist es für folgende drei Versorgungsformen vorgesehen, die im Kapitel 7 im Einzelnen beschrieben werden:

143

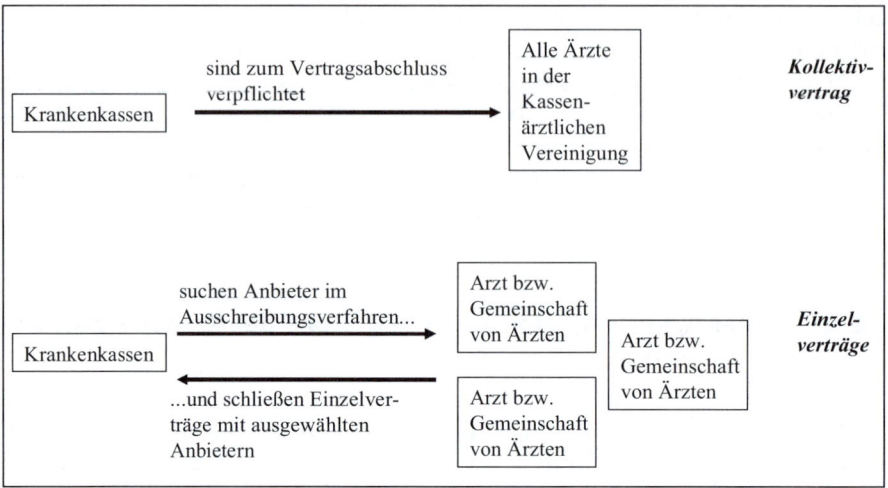

Abb. 9: Kollektiv- und Einzelvertrag

- Integrierte Versorgung
- Hausarztzentrierte Versorgung
- Besondere ambulante Versorgung.

Für alle Selektivvertragsmodelle (vgl. hierzu Kap. IV 7.3.3, 7.3.4, 7.3.6) sieht das Gesetz eine Bereinigung der Gesamtvergütung vor. Die Gesamtvergütung bezahlen die Krankenkassen, wie es der Kollektivvertrag vorsieht, an die KV, die damit die Vertragsärzte entlohnt (vgl. Kap. IV 2.7.1.2). Schließen Kassen Verträge mit einzelnen Anbietern bzw. Anbietergruppen ab, werden gesondert Leistungen finanziert, die ohne Einzelvertrag dem Sicherstellungsauftrag der KV oblägen. Deshalb wird der Sicherstellungsauftrag eingeschränkt und die **Gesamtvergütung** entsprechend **gekürzt**. Andernfalls ergäbe sich eine kostspielige Leistungsausweitung. Kassen müssten doppelt zahlen: einmal für Leistungen aus den Selektivverträgen und einmal aus dem Kollektivvertrag. Vertreter der KV stehen den Selektivverträgen, wie zu erwarten, kritisch gegenüber. Für die Kassen bieten sie jedoch Möglichkeiten, ihren Versicherten innovative ambulante Versorgungsangebote zur Verfügung zu stellen und sich damit im Wettbewerb mit anderen Kassen zu profilieren.

2.6 Die Arztpraxis als Betrieb

Arztpraxen arbeiten gewinnorientiert und unterscheiden sich damit von den Non-Profit-Unternehmen, die im Krankenhaus-, Rehabilitations- und Pflegesektor häufig zu finden sind. Typisch für Gesundheitsbetriebe, so auch Arztpraxen, ist die Kalkulationsbasis: Die Preise der Gesundheitsleistungen können vom einzelnen Anbieter in aller Regel nicht beeinflusst werden; seine Aktionsparameter sind folglich die Angebotsmenge und die Kosten. Eine bedeutende Ausnahme bilden die privatärztlichen Leistungen; hier ist es den Ärzten in gewissen Grenzen möglich, die Preishöhe zu bestimmen (vgl. Kap. IV 2.7.2).

Das Statistische Bundesamt erhebt im vierjährigen Turnus eine Stichprobe zu den Einnahmen, den Kosten und den Beschäftigten in Arztpraxen. Die folgenden Berechnungen sind der Stichprobe für das Jahr 2011 entnommen.

Eine Arztpraxis (alle Facharztgruppen, Einzel- und Gemeinschaftspraxen ohne MVZ) nahm im Jahr 2011 durchschnittlich je Praxisinhaber 342 000 € ein. Untersucht man für die Praxen den jeweiligen Anteil der Einnahmen durch Privatliquidation und den Reinertrag je Praxisinhaber, so erhält man das in Tabelle 13 dargestellte Ergebnis.

Die Einnahmen der Ärzte differieren innerhalb einer Spanne von 614 000 € pro Jahr, wobei Radiologen an der Spitze, Allgemeinärzte am unteren Ende der Skala liegen. Deutliche Unterschiede zeigen sich auch beim Anteil der **Einnahmen, den Ärzte aus privater Liquidation erwirtschaften.** Es handelt sich dabei um Einnahmen von Privatpatienten und um so genannte individuelle Gesundheitsleistungen, die Ärzte an GKV-Patienten auf Privatrechnung verkaufen. Im Durchschnitt liegen die privatärztlichen Einnahmen bei gut einem Viertel. Deutlich überdurchschnittlich mit annähernd der Hälfte aller Einnahmen fallen sie bei Hautärzten und Zahnärzten, deutlich unterdurchschnittlich dagegen bei Allgemein- und Kinderärzten aus.

Der in der Tabelle 13 ausgewiesene Reinertrag von durchschnittlich 166 000 € pro Jahr ergibt sich, wenn die Kosten für Personal, Miete etc. von den Einnahmen abgezogen werden. Aus dem Reinertrag zahlt der Arzt Einkommensteuer, ebenso ist daraus die eigene Alterssicherung und Krankenversicherung zu finanzieren. (Damit ist der Reinertrag dem Bruttoentgelt eines Arbeitnehmers vergleichbar.) Der Rest bildet das verfügbare Einkommen des Praxisinhabers.

Der **Reinertragsquote** von von 48,5 % ergibt sich, wenn der Reinertrag von durchschnittlich 166 000 € als Prozentsatz der durchschnittlichen Einnahmen von 342 000 € (vgl. Tabelle 13) errechnet wird.

Tab. 13: Jährliche Einnahmen in Arztpraxen (ohne MVZ) je Praxisinhaber, Anteil der Privatliquidation und Reinertrag 2011

Arztgruppe	Einnahmen in TSD € je Praxisinhaber	Anteil Privat-liquidation an den Einnahmen	Reinertrag in TSD € je Praxisinhaber
Alle Einzelpraxen	342	28,3	166
Allgemeinärzte/ Prakt. Ärzte	261	18,4	138
Internisten	400	22,8	184
Frauenärzte	287	34,2	144
Kinderärzte	272	22,7	140
Augenärzte	442	34,9	229
Hals-Nasen-Ohren-Ärzte	292	37,0	148
Orthopäden	402	40,0	193
Chirurgen	–[1]	41,3	198
Hautärzte	367	47,6	185
Radiologen	875	36,8	303
Neurologen/ Psychiater	298	20,3	173
Urologen	337	41,4	168
Nachrichtlich: Zahnärzte[2]	423	51,7	142

[1] keine Angabe
[2] Zahnärzte sind in die Durchschnittsberechnung nicht mit einbezogen; die Angaben wurden jedoch zum Vergleich mit Vertragsärzten mit in die Tabelle aufgenommen.
Quelle: Statistisches Bundesamt, Fachserie 2, Reihe 1.6.1, Kostenstruktur bei Arzt- und Zahnarztpraxen sowie Praxen von psychologischen Psychotherapeuten, 2011

Neben den Einnahmen und Kosten erhebt das Statistische Bundesamt eben-falls die Beschäftigtenzahlen in den Arztpraxen der Stichprobe (Tabelle 14). Die Angaben beziehen sich auf alle Praxen der Stichprobe (Einzel- und Grup-penpraxen, ohne Zahnärzte, ohne MVZ).

Tab. 14: Durchschnittliche Beschäftigtenzahlen in Arztpraxen (ohne MVZ) 2011

Beschäftigte je Praxis insgesamt	Darunter	
	Praxisinhaber	Techn. Assistent/in, Medizinische Fachangestellte
8,0	1,4	4,1

Quelle: Statistisches Bundesamt, Fachserie 2, Reihe 1.6.1, Kostenstruktur bei Arzt- und Zahnarztpraxen sowie Praxen von psychologischen Psychotherapeuten, 2011

Wie für Dienstleistungen erbringende Gesundheitsbetriebe typisch, überwiegen die Personalkosten alle übrigen Kostenarten.

2.7 Vergütung niedergelassener Ärzte

Vertragsärzte beziehen ihr Einkommen im Wesentlichen aus zwei Quellen: Aus Leistungen nach dem SGB V an gesetzlich Krankenversicherte Patienten und aus privatärztlichen Leistungen. Eine weitere, allerdings vom Gesamtvolumen eher geringe Einnahmequelle ist die Vergütung von Leistungen der gesetzlichen Unfallversicherung.

2.7.1 Vertragsärztliche Leistungen

Die Vergütung der Vertragsärzte unterliegt immer wieder Änderungen, weshalb in Fachkreisen von einer „Dauerbaustelle" gesprochen wird. Das Verfahren ist kompliziert und für die Versicherten nicht transparent. Im Folgenden werden die Grundzüge der derzeitigen Regelung vorgestellt.

Grundsätzlich wirken Krankenkassen und Kassenärztliche Vereinigungen in Honorarfragen zusammen. Sie handeln auf Bundes- und Landesebene die Vergütung der Vertragsärzte aus. Die Vertragsärzte werden in Deutschland mit **Pauschalen und Einzelleistungen** vergütet. Die Leistung bzw. das Leistungsbündel erhält eine bestimmte Menge Punkte zugeordnet (z. B. Besuch eines Kranken 440 Punkte). Der Wert eines Punktes wird durch einen Euro-Betrag, den Punktwert, angegeben (z. B. 0,035363 €). Der Arzt erhielte im Beispiel für den Hausbesuch 440 × 0,035363 € = 15,56 €.

Der Betrag ergibt sich aus der Multiplikation einer Mengenkomponente – der Punktzahl – und einer Preiskomponente – dem Punktwert, entsprechend der Gleichung: Erlös = Menge × Preis. Die Vergütung entspricht damit in ihrer Logik jener der diagnosis related groups (DRG vgl. Kap. IV 3.7.2): Die Mengenkomponente wird bei den DRG durch die Bewertungsrelation, die den Ressourcenverbrauch repräsentiert, wiedergegeben, die Preiskomponente entspricht dem Landesbasisfallwert.

	Mengenkomponente	Preiskomponente in €
EBM	Punktzahl	Punktwert
DRG	Bewertungsrelation	Basisfallwert

Die Punktzahlen der vertragsärztlichen Leistungen sind **bundeseinheitlich gleich**. Sie werden durch den **Einheitlichen Bewertungsmaßstab (EBM)** vorgegeben. Der Punktwert wird auf der Ebene der einzelnen KV, z. B. KV Bayern, KV Thüringen usw. zwischen Kassen und KV ausgehandelt, hat sich allerdings an bundesweiten Vorgaben zu orientieren. Im Folgenden werden zunächst der EBM, das Mengengerüst der Vergütung, und danach die Preisermittlung des Punktwertes erläutert.

2.7.1.1 Einheitlicher Bewertungsmaßstab

Der EBM wird vom Bewertungsausschuss festgelegt, der von Vertretern der Kassenärztlichen Bundesvereinigung und des Spitzenverbandes Bund der Krankenkassen zu gleichen Teilen besetzt ist (§ 87 SGB V). Der derzeit gültige EBM trat zum 1.1.2008 in Kraft. Jeder Vertragsarzt in Deutschland rechnet seine Leistungen anhand des EBM mit seiner zuständigen KV ab. Der EBM ist Bestandteil des so genannten **Bundesmantelvertrages**. Dieser enthält Vorgaben und Definitionen zur Vergütung der Vertragsärzte, die ebenfalls bundesweit gelten.

Im EBM sind die Leistungen der Ärzte inhaltlich aufgeführt und mit Punkten gewichtet. Die Punkte drücken das Verhältnis des Ressourcenverbrauchs (bzw. des Aufwandes) der Leistungen zueinander aus. So wird eine Arztleistung mit 200 Punkten als doppelt so aufwendig angesehen wie eine Leistung mit 100 Punkten. Der EBM – er umfasst ohne Anhänge über 600 Seiten – enthält Regelungen, die für alle Vertragsärzte gelten, etwa die Bestimmung, dass eine Leistung nur abrechenbar ist, wenn sie vollständig erbracht wird. Ferner sind im Bundesmantelvertrag, ebenso im EBM, Definitionen aufgeführt, die für alle Ärzte verbindlich sind.

Unter einem **Behandlungsfall** ist demgemäß die Behandlung eines Versicherten durch **dieselbe Arztpraxis** in einem Quartal zu verstehen. Das heißt, es spielt keine Rolle, wie oft der Patient im Quartal zu seinem Arzt geht, ob ihn eine oder mehrere Krankheiten in diesem Quartal zu ihm führen. Unter einem **Arztfall** ist, wie auch für den Behandlungsfall, die gesamte Behandlung je Quartal zu verstehen, jedoch **bezogen auf den Arzt** und nicht auf die Arztpraxis. Für die klassische Arztpraxis, in der ein Vertragsarzt allein tätig ist, sind die Definitionen des Behandlungsfalles und des Arztfalles identisch. Sind in einer Praxis mehrere Ärzte tätig, z. B. in einer Gemeinschaftspraxis, fallen die Definitionen auseinander. Ein **Krankheitsfall** umfasst das gegenwärtige sowie drei weitere Quartale, die der Berechnung der krankheitsfallbezogenen Leistungsposition folgen; der Krankheitsfall ist auf die Arztpraxis bezogen. Für viele Leistungen schreibt der EBM vor, wie oft sie je Behandlungsfall oder auch je Krankheitsfall abgerechnet werden können.

Beispiele:

30110 **Allergologisch-diagnostischer Komplex zur Diagnostik und/oder zum Ausschluss einer (Kontakt-)Allergie**

Hautfunktionstests einmal im Krankheitsfall

03242 **Testverfahren bei Demenzverdacht**

Beurteilung von Hirnleistungsstörungen mittels standardisierter Testverfahren bei Patienten mit Demenzverdacht bis zu dreimal im Behandlungsfall.

Der Demenztest kann von einer Praxis für einen Patienten je Quartal dreimal abgerechnet werden. Arbeiten mehrere Ärzte in einer Praxis bei der Behandlung eines Versicherten zusammen, kann nicht jeder von ihnen dreimal die Leistung abrechnen, denn sie wird **für die gesamte Praxis** nur dreimal bezahlt. Die Ärzte müssen sich in diesem Fall untereinander absprechen.

Der gesamte EBM ist durchnummeriert, d. h., jede Gebührenposition erhält eine Ziffer, auf die, wie im Beispiel, die Beschreibung der Leistung folgt.

Die **Gebührenordnungspositionen** des EBM sind in drei Bereiche aufgegliedert:

- Arztgruppenübergreifende allgemeine Gebührenordnungspositionen
- Arztgruppenspezifische Gebührenordnungspositionen
- Arztgruppenübergreifende spezifische Gebührenordnungspositionen

Arztgruppenübergreifende allgemeine Gebührenordnungspositionen können nicht nur von einzelnen Arztgruppen erbracht werden, sondern von vielen Vertragsärzten unterschiedlicher Fachrichtung in Rechnung gestellt werden. Darunter fallen Leistungen wie z. B. Arztbriefe, unvorhergesehene Inanspruchnahme des Arztes am Feierabend oder am Wochenende, Hausbesuche etc. Hausärzte können als arztgruppenübergreifende Leistungen z. B. kleine chir-

149

urgische Eingriffe (Warzenentfernung o.Ä.), Früherkennungsuntersuchungen, physikalische Therapie (z. B. Inhalationen) und anderes mehr abrechnen.

Beispiele arztgruppenübergreifender Leistungen:

01430	**Verwaltungskomplex**	35 Punkte
	(wird vom Arzt abgerechnet, wenn ein Patient im Quartal – ohne den Arzt persönlich zu sprechen – ein Wiederholungsrezept oder einen Überweisungsschein abholt)	
01435	**Telefonische Beratung des Patienten im Zusammenhang mit einer Erkrankung durch den Arzt**	60 Punkte
01600	**Ärztlicher Bericht über das Ergebnis einer Patientenuntersuchung**	110 Punkte

---

Den Leistungen der Beispiele wurden die Punktzahlen zugeordnet, die sich der Arzt dafür gutschreiben kann.

Den Hauptteil des EBM bilden die arztgruppenspezifischen Gebührenordnungspositionen. Sie sind, **getrennt für Hausärzte und Fachärzte**, nach Fachrichtungen gegliedert. Je Arztgruppe werden die Leistungen aufgelistet, die von den Ärzten der jeweiligen Fachrichtung abgerechnet werden können.

Die arztgruppenspezifischen Leistungen sind unterteilt in **Pauschalen, Zuschläge und Einzelleistungen.** Am Beispiel einiger Gebührenpositionen für Hausärzte soll dies erläutert werden.

Pauschalen sind typischerweise nur einmal je Behandlungsfall berechenbar.

Versichertenpauschale für Hausärzte:

einmal im Behandlungsfall

03110	für Versicherte bis zum vollendeten 5. Lebensjahr	1 000 Punkte
03111	für Versicherte ab Beginn des 6. bis zum vollendeten 59. Lebensjahr	900 Punkte
03112	für Versicherte ab Beginn des 60. Lebensjahres	1 020 Punkte

---

Für kleine Kinder und ältere Patienten kann der Arzt mehr Punkte abrechnen, da er für diese im Durchschnitt mehr Zeit aufwendet als für Patienten zwischen 6 und 60 Jahren. (Ab dem Herbst 2013 werden voraussichtlich 5 Altersgruppen für Hausärzte definiert, um den unterschiedlichen Aufwand besser abbilden zu können.) Voraussetzung dafür, dass der Arzt die Pauschale berechnen kann, ist ein **persönlicher**, also nicht nur telefonischer **Kontakt zwischen Arzt und Patient**. Dies ist der so genannte **obligate**, also verpflichtende **Leistungsinhalt**. Deshalb darf der Arzt neben der Versichertenpauschale die oben genannten Gebührenordnungspositionen 01430 (Verwaltungskomplex) und 01435 (telefonische Beratung) nicht abrechnen, denn diese werden nur dann bezahlt, wenn Arzt und Patient im Quartal keinen persönlichen Kontakt hatten.

Daneben sind mit der Pauschale **fakultative**, d. h. mögliche, aber nicht zwingend anfallende **Leistungen** vergütet. Für Hausärzte gehören dazu z. B. mehrere Konsultationen des Patienten im Quartal, Ganzkörperstatus, symptombezogene Untersuchung, EKG, Lokalanästhesie, Arbeitsunfähigkeitsbescheinigung und vieles mehr.

> **Beispiel:**
>
> Frau Dr. N. hat unter ihren Patienten Herrn V. und Frau G. Beide sind über 60 Jahre alt. Herr V. kommt im I. Quartal insgesamt 12-mal in die Praxis von Dr. N. Er leidet an Herzrhythmusstörungen und Rheuma. Die Ärztin untersucht und berät ihn, bezogen auf seine beiden Erkrankungen. Sie überwacht seine Dauermedikation, lässt unter anderem ein EKG schreiben und wertet es aus. Für Herrn V. berechnet die Ärztin der Kassenärztlichen Vereinigung 1 020 Punkte für das I. Quartal. Im selben Quartal kommt Frau G. einmal in die Praxis, lässt sich kurz von Frau Dr. N. beraten und sich ein Wiederholungsrezept für ihre Schilddrüsenerkrankung ausstellen. Auch für Frau G. schreibt sich die Ärztin 1 020 Punkte gut.

Leidet ein Patient an einer schwerwiegenden chronischen Erkrankung, kann der Hausarzt einen **Zuschlag** zur Versichertenpauschale berechnen. Welche Krankheiten unter die Definition „schwerwiegend chronisch" fallen, legt eine Richtlinie des Gemeinsamen Bundesausschusses (vgl. Kap. IV 2.9) fest. Als schwerwiegend chronisch krank gelten demgemäß generell Patienten mit Pflegestufe 2 oder 3, ebenso Patienten mit einem Grad der Behinderung von mindestens 60 oder mit einer Erwerbsminderung von 60 % und mehr. Darüber hinaus sind Patienten dann schwerwiegend chronisch krank, wenn ohne eine kontinuierliche medizinische Behandlung eine lebensbedrohliche Verschlimmerung, eine Verminderung der Lebenserwartung oder eine dauerhafte Beeinträchtigung der Lebensqualität zu erwarten ist.

> **Beispiel:**
>
> Frau Dr. N. betreut kontinuierlich die Patientin S., die in einem Pflegeheim lebt, 82 Jahre alt ist und Pflegestufe 2 hat. Die Ärztin rechnet zusätzlich den Zuschlag ab.

03212 **Zuschlag zu den Versichertenpauschalen nach den Nrn. 03110 bis 03112 für die Behandlung eines Versicherten mit** einer oder mehreren schwerwiegenden **chronischen Erkrankung(en)**

Obligater Leistungsinhalt

- Mindestens 2 Arzt-Patienten-Kontakte, einmal im Behandlungsfall (kurativ-ambulant)   495 Punkte

Für die Behandlung von Frau S. berechnet Frau Dr. N. im I. Quartal 2009:

1 020 (Pauschale) + 495 (Chroniker-Zuschlag)   =   1 515 Punkte

Für Hausärzte ist ab Herbst eine neue Einzelleistung geplant, das ausführliche mindestens 10minütige Gespräch mit einem Patienten. Damit soll für Ärzte ein Anreiz gesetzt werden, sich vor allem für schwer erkrankte Patienten mehr Zeit zu nehmen. Zugleich zeigt das Beispiel, dass der EBM dazu eingesetzt werden kann, das Verhalten der Ärzte in eine gesundheitspolitisch erwünschte Richtung zu lenken.

Hat der Arzt eine entsprechende Qualifikation erworben, darf er arztgruppenübergreifende **spezifische** Gebührenordnungspositionen abrechnen. Diese werden für jede Facharztrichtung im EBM aufgeführt. Hausärzte können, wenn sie die Qualifikation besitzen, z. B. Sonografie- (= Ultraschall-)Leistungen, allergologische, psychosomatische, schmerztherapeutische Leistungen, präoperative Diagnostik und vieles mehr in Rechnung stellen.

In einem gesonderten Kapitel listet der EBM so genannte **Kostenpauschalen** auf, die von Ärzten zusätzlich berechnet werden können. Diesen Pauschalen werden keine Punkte zugeordnet, sie sind als Euro-Betrag verzeichnet.

Beispiel:

40100 Kostenpauschale für Versandmaterial, Versandgefäße usw. sowie für die Versendung bzw. den Transport von Untersuchungsmaterial 2,60 €.

2.7.1.2 Verfahren zur Ermittlung des Punktwertes, der Gesamtvergütung und der Vergütung der Arztgruppen

Die Höhe des Honorars, das der einzelne Vertragsarzt letztlich erhält, also das, was seine EBM-Punkte wert sind, hängt von einem mehrstufigen Verfahren ab, das im Folgenden skizziert werden soll. Abbildung 10 gibt den Ablauf schematisch wieder.

Verhandlung zwischen regionaler KV einerseits und Landesverbänden der Kassen und Ersatzkassen andererseits über
- Höhe des Punktwertes
- Höhe der Gesamtvergütung
für das kommende Jahr.
Verhandlungspartner haben den bundesweiten Orientierungswert für den Punktwert zu beachten.

Kassen zahlen die Gesamtvergütung mit befreiender Wirkung an die KV

KV verteilt die Gesamtvergütung auf die kommenden vier Quartale, legt den Anteil des haus- und fachärztlichen Versorgungsbereiches fest, bestimmt arztgruppenspezifische Abrechnungsgrenzwerte (Regelleistungsvolumen)

Vertragsärzte melden ihre EBM-Punkte an die KV

KV zahlt jedem Vertragsarzt nach Maßgabe der regionalen €-Gebührenordnung und des Regelleistungsvolumens das Honorar

Abb. 10: Ablauf des Vergütungsverfahrens

Jedes Jahr im Herbst (genauer: bis zum 31.10.) handeln KV und Landesverbände der Krankenkassen sowie Ersatzkassen einen Punktwert in Euro für die Vertragsärzte der KV-Region aus. Die Verhandlungspartner **müssen** sich dabei an einem Orientierungswert ausrichten, der auf Bundesebene vom Bewertungsausschuss vorgegeben wird. Für das Jahr 2013 beträgt der bundesweite Orientierungswert für einen EBM-Punkt 0,035363 €. Ab 2012 trat eine Ausnahmeregelung für **unterversorgte KV-Bezirke** in Kraft. Für bestimmte Arztleistungen, die besonders gefördert werden sollen, wie z. B. Hausbesuche, müssen die Verhandlungspartner den Orientierungswert nicht beachten, sondern können einen höheren Punktwert vereinbaren, um die betreffenden Leistungen aufzuwerten. Damit verfügen die Selbstverwaltungsorgane über ein weiteres Instrument, um Praxisstandorte in ländlichen Regionen zu fördern. (Zusätzlich werden Ärzte in unterversorten Bezirken von Fallzahlabstaffelungen befreit; vgl. Kap. IV 2.7.1.3.)

Haben sich die regionalen Verhandler auf einen Punktwert geeinigt, resultiert die so genannte **regionale Euro-Gebührenordnung.** Alle Gebührenpositionen des EBM können durch Multiplikation der Punktzahl mit dem vereinbarten regionalen Punktwert in Euro angegeben werden. Der Punktwert einer KV-Region ist **für alle Krankenkassen einheitlich.**

Beispiel:

Es wird angenommen, für eine KV-Region gelte der Punktwert von 0,035363 € je Punkt. Damit steht der Preis der hausärztlichen Versichertenpauschale vorab fest:

Versichertenpauschale für Hausärzte

einmal im Behandlungsfall

03110 für Versicherte bis zum
vollendeten 5. Lebensjahr   1 000 Punkte × 0,035363 = **35,36 €**

03111 für Versicherte ab Beginn
des 6. bis zum vollendeten
59. Lebensjahr   900 Punkte × 0,035363 = **31,83 €**

03112 für Versicherte ab Beginn
des 60. Lebensjahres   1 020 Punkte × 0,035363 = **36,07 €**

Ausgehend vom **festen Punktwert** legen die Verhandlungspartner die morbiditätsbedingte **Gesamtvergütung** für alle Vertragsärzte der Region fest. Sie ermitteln anhand von Werten aus dem vergangenen Jahr den durchschnittlichen Behandlungsbedarf in EBM-Punkten je Versichertem (Mitglieder und mitversicherte Angehörige) der KV-Region. Dabei haben sie die Morbidität der Versicherten zu beachten. Ist etwa das Alter der Versicherten einer Region überdurchschnittlich hoch, so ist von einer höheren Morbidität und damit von einem höheren Bedarf an EBM-Punkten je Versichertem auszugehen. Der ermittelte Behandlungsbedarf je Versichertem wird mit der Anzahl der Versicherten der KV-Region multipliziert.

Rechnerisch ergibt sich die Gesamtvergütung für eine KV-Region wie folgt:

Durchschnittlicher Behandlungsbedarf in EBM-Punkten je Versichertem × Anzahl der Versicherten = Leistungsbedarf aller Versicherten in EBM-Punkten

Leistungsbedarf aller Versicherten in EBM-Punkten × fester Punktwert = Gesamtvergütung in €

Die Krankenkassen überweisen **mit befreiender Wirkung** den je nach Anzahl ihrer Versicherten auf sie entfallenden Teil der Gesamtvergütung an die regionale KV, z. B. die KV Berlin etc. Das bedeutet, das weitere Verteilungsverfahren obliegt nun der KV. Dabei ist jedoch jede KV an bundesweite Vorgaben gebunden. Die Vorgaben sind zum Teil im SGB V zu finden, zum Teil beruhen sie auf Beschlüssen der jeweiligen KV.

Jede KV verteilt die Gesamtvergütung auf die vier Quartale des neuen Jahres. Zusätzlich legt sie fest, welcher Anteil jeweils den Haus- und Fachärzten sowie innerhalb dieser beiden Obergruppen jeder einzelnen Arztgruppe zufließt. In Abbildung 11 ist das Vorgehen anhand eines Topf-Modells dargestellt.

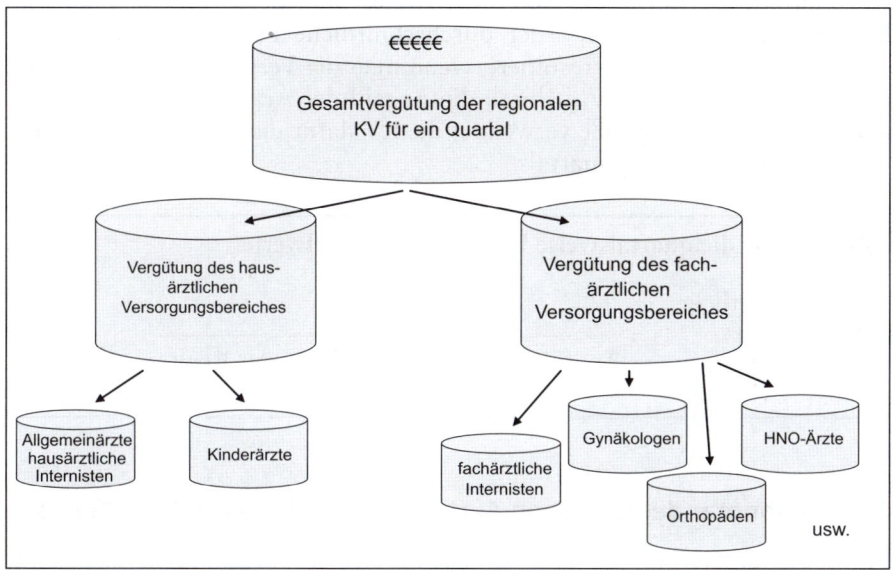

Abb. 11: Verteilung der Gesamtvergütung

Die Aufteilung auf Haus- und Fachärzte erfolgt in etwa im Verhältnis 45:55. Danach wird auf **die jeweiligen einzelnen Arztgruppen** weiterverteilt.

Üblicherweise wird der Leistungsbedarf einer Arztgruppe anhand von Erfahrungswerten des Vorjahres ermittelt und in Relation zum Leistungsbedarf der Obergruppe (Haus- bzw. Fachärzte) gesetzt.

Beispiel für die Ermittlung des „Topfinhaltes" der Allgemeinärzte (Vergütung der Allgemeinärzte $V_{A\ddot{A}}$):

Allgemeinärzte (und hausärztliche Internisten) gehören zu den Hausärzten, ihre Honorare fließen aus dem Topf mit dem Inhalt „Vergütung des hausärztlichen Versorgungsbereiches" (vgl. Abb. 11).

$$V_{A\ddot{A}} \text{ in } \unicode{0x20AC} = \frac{\text{Leistungsbedarf der Allgemeinärzte in EBM-Punkten}}{\text{Leistungsbedarf aller Hausärzte in EBM-Punkten}} \times \frac{\text{Vergütung aller Hausärzte in } \unicode{0x20AC}}{}$$

155

Dieser Betrag, im Beispiel die Größe $V_{A\ddot{A}}$, gibt wieder, wie viel Euro der jeweiligen Arztgruppe, also z. B. allen Allgemeinärzten einer KV-Region, im nächsten Quartal insgesamt als Honorar aus der Gesamtvergütung zur Verfügung stehen.

Um nun auf die Ebene des einzelnen Arztes bzw. der einzelnen Praxis zu kommen, wird von der KV der **durchschnittliche Fallwert** der jeweiligen Arztgruppe errechnet. Er resultiert, wenn man die Vergütung der jeweiligen Arztgruppe, im Beispiel $V_{A\ddot{A}}$, durch die Anzahl der Arztfälle der Arztgruppe dividiert. Als Anhaltsgröße verwendet die KV dafür die Anzahl der Arztfälle des jeweiligen Vorjahresquartals.

Beispiel für die quartalsweise Ermittlung des Fallwertes:

$$\text{durchschnittlicher Fallwert der Allgemeinärzte} = \frac{V_{A\ddot{A}}}{\text{Arztfälle aller Allgemeinärzte der Region}}$$

2.7.1.3 Honorar der einzelnen Arztpraxis bzw. des einzelnen Arztes

Für die Gesamtvergütung sowie für jeden einzelnen „Topf" ist nun der Inhalt in Euro vorgegeben. Ebenso steht der Punktwert als fixe Größe fest. Am Beispiel der Vergütung der Allgemeinärzte gilt also:

$V_{A\ddot{A}}(\text{fix}) = \text{Punktwert}(\text{fix}) \times \text{Punktmenge}(\text{variabel})$

bzw. allgemein formuliert:

Fixe Ausgabensumme = Fixpreis × variable Menge.

Es liegt auf der Hand, dass ein solches Vergütungsverfahren nur mit Mengenvorgaben (oder wie es im Fachjargon genannt wird, mit einer Mengenbremse) für den einzelnen Arzt funktionieren kann. Ohne Mengenvorgaben könnten einzelne Ärzte der Arztgruppe versuchen, die an die KV gemeldeten EBM-Ziffern in die Höhe zu treiben. Dies aber würde bei gegebenem Topfinhalt den Preis drücken – der jedoch steht vorab fest und kann nicht sinken. Oder es müsste, wenn der Preis nicht sinken kann, die Vergütungssumme steigen – auch dies ist aber nicht möglich. Folglich muss die KV die von den Ärzten abgerechneten Mengen steuern. Über die Methode kann jede KV selbst entscheiden. Sie hat dabei darauf zu achten, dass für den einzelnen Arzt Kalkulationssicherheit über die Höhe des zu erwartenden Honorars gegeben ist (§ 87b Abs. 2 SGB V). In den meisten KVen wird das Verfahren der so genannten **Regelleistungsvolumina** (RLV) und der **qualitätsgebundenen Zu-**

satzvolumina (QZV) angewandt, das im Folgenden am Beispiel der Allgemeinärzte kurz skizziert wird.

Das Regelleistungsvolumen des Arztes errechnet sich als Multiplikation:

Durchschnittlicher Fallwert der Allgemeinärzte × Behandlungsfälle des einzelnen Allgemeinarztes des Vorjahresquartals.

Beispiel:

Angenommen der durchschnittliche Fallwert der Allgemeinärzte der KV-Region betrüge 41 €, die Anzahl der Behandlungsfälle des Allgemeinarztes Dr. J. im Vorjahresquartal (z. B. dem III. Quartal) sei 1 000. Sein RLV für das III. Quartal dieses Jahres errechnet sich demnach wie folgt:

41 € × 1 000 = 41 000 €

Diese Summe bekommt Dr. J. von der KV als RLV zugewiesen. Es entspricht einer Menge von 1 159 404 EBM-Punkten. Dieses Resultat erhält man, wenn man das Vergütungsvolumen in € durch den festen Punktwert (0,035363) dividiert:

$$\frac{41\,000\,€}{0,035363\,€} = 1\,159\,404 \text{ EBM-Punkte (RLV für Dr. J.)}$$

Arbeiten in einer Praxis mehrere Ärzte, ergibt sich für jeden einzelnen Arzt sein eigenes RLV, wenn in der Formel an die Stelle der Behandlungsfälle die Anzahl seiner Arztfälle gesetzt wird.

Die Vertragsärzte melden nach Quartalsende ihre EBM-Punkte an die KV und diese prüft nun, ob die gemeldete Punktmenge innerhalb des RLV des jeweiligen Arztes bzw. der Praxis liegt. Zur Verstetigung ihres Einkommens erhalten Vertragsärzte von ihrer KV zum Monatsende eine Abschlagszahlung auf die zu erwartende Quartalsvergütung, die die KV nach Quartalsende mit der endgültigen Vergütung verrechnet. Was passiert, wenn Dr. J. aus dem Beispiel im III. Quartal mehr Leistungen erbracht hat als im RLV vorgesehen ist, wenn er also mehr als 1 159 404 Punkte abrechnet? Dann erhält er für jede Leistung, die das RLV übersteigt, eine Vergütung zu einem niedrigeren („abgestaffelten") Punktwert. (Die KV hält zur Auszahlung der RLV-übersteigenden Leistungen je Arzttopf eine kleine Reserve vor.)

> **Beispiel:**
>
> Dr. J. hat im abgelaufenen Quartal 1 160 404 Punkte an die KV gemeldet. Den festen Punktwert von 0,035363 erhält er nur für die EBM-Punkte innerhalb seines RLV, also für 1 159 404 Punkte. Die 1 000 Punkte, die sein RLV übersteigen, werden von der KV nur mit einem abgestaffelten Punktwert, z. B. nur mit einem Zehntel des festen Punktwertes vergütet.
>
> 1 000 EBM-Punkte × 0,0035058 = 3,54 €

Die Abstaffelung fällt umso stärker aus, je mehr Ärzte ihre RLV überschreiten.

Wie werden Dr. J. und seine Kollegen sich verhalten? Da die Vergütung jenseits seines RLV nicht mehr attraktiv ist, wird er vermeiden, sein RLV zu überschreiten. Und dies ist auch der Zweck der Vergütung mit RLV. Sie wirken wie eine „**Mengenbremse**"; d. h., sie verhindern eine übermäßige Ausweitung der abgerechneten Leistungen.

Die Honorarverteilung durch die KVen sieht ein weiteres Steuerungselement vor, das Ärzte mit **Fallzahlen von 150 % über dem Durchschnitt der Arztgruppe** finanziell bestraft. Sie müssen einen **Abschlag vom Fallwert** hinnehmen, in Abhängigkeit von der Höhe, in der sie den Durchschnitt überschreiten. Ihr RLV wird demgemäß gekürzt. Diese Regelung begünstigt im Umkehrschluss Ärzte, die eben nicht überdurchschnittlich viele Patienten pro Quartal betreuen. Aus der Sicht der Patienten ist dieses Vorgehen vorteilhaft, denn es ist anzunehmen, dass Ärzte mit weniger Patienten mehr Zeit für persönliche Zuwendung z. B. im Gespräch haben und nicht die so genannte 5-Minuten-Medizin praktizieren.

Folgende Fallwertberechnungen sind zugrunde zu legen:

- Bis zu 150 % der durchschnittlichen Fallzahl der Arztgruppe: 100 % des Fallwertes
- Zwischen 150 % und 170 % der durchschnittlichen Fallzahl der Arztgruppe: 75 % des Fallwertes
- Zwischen 170 % und 200 % der durchschnittlichen Fallzahl der Arztgruppe: 50 % des Fallwertes
- Über 200 % der durchschnittlichen Fallzahl der Arztgruppe: 25 % des Fallwertes

> **Beispiel:**
>
> Frau Dr. K. ist ebenfalls Allgemeinärztin im gleichen KV-Bezirk wie Dr. J. Ihre Anzahl an Behandlungsfällen liegt bei 1 800, während die durchschnittliche Fallzahl der Allgemeinärzte 900 beträgt.

> 150 % von 900 ergibt 1 350 Fälle. Für diese erhält Dr. K den vollen Fall-
> wert von 41 €. Für die darüber liegenden Fälle erhält Dr. K. einen niedri-
> geren Fallwert; ihr RLV wird abgesenkt.

Der durchschnittliche Fallwert eines Arztes kann von der KV aber auch angehoben werden und zwar dann, wenn so genannte **Praxisbesonderheiten**
vorliegen. Diese können durch einen besonderen Versorgungsauftrag oder
eine bedeutsame fachliche Spezialisierung bedingt sein.

> **Beispiel:**
>
> Die Kinderärztin Dr. I. hat sich zusätzlich zu ihrer Facharztausbildung
> auf Kinderkardiologie spezialisiert. Sie behandelt überdurchschnittlich
> schwer erkrankte Patienten und erhält deshalb von ihrer KV einen höhe-
> ren Fallwert und folglich ein höheres RLV zugewiesen.

Seit 2012 werden Ärzte in **unterversorgten Bezirken** vom Fallwertabschlag
für große Praxen befreit.

Zusätzlich zum RLV bekommen die Ärzte aus dem jeweiligen Arztgruppen-
topf so genannte **qualitätsgebundene Zusatzvolumina** (QZV) zugewiesen. Sie
erhalten diese vor allem für arztgruppenübergreifende spezifische Gebührenordnungspositionen des EBM (vgl. Kap. IV 2.7.1.1), allerdings nur dann,
wenn sie die entsprechende Qualifikation (**Fachkundenachweis**, vgl. § 135
Abs. 2 SGB V) besitzen. Hausärzte, die beispielsweise über die Qualifikation
zur Sonografie-Diagnostik verfügen, bekommen dafür ein Zusatzvolumen
zur Abrechnung zugewiesen. Weitere Zusatzvolumina für Hausärzte gibt
es z. B. für allergologische Behandlungen, psychosomatische Versorgung,
Schmerztherapie, für Kleinchirurgie, Langzeit-EKG etc. Die qualifikationsge-
bundenen Zusatzvolumina werden ähnlich ermittelt wie die RLV. Je Quali-
fikationsbereich und Arztgruppe, z. B. Hausärzte, wird von der KV, gestützt
auf Erfahrungswerte vergangener Jahre, ein **Gesamtbetrag je Arztgruppe**,
z. B. für Sonografieleistungen **ermittelt**. Daraus berechnet die KV den Fallwert je Arzt der Arztgruppe. Jeder Arzt kann zusätzlich zum RLV mehrere
QZV abrechnen.

> **Beispiel:**
>
> Der Allgemeinarzt Dr. J. aus dem Beispiel oben hat ein RLV von 41 000 €.
> Er bietet Sonografieleistungen für seine Patienten an. Dafür erhält er von
> seiner KV einen Fallwertzuschlag von 3,50 €. Dieser Betrag, multipliziert
> mit seiner Behandlungsfallzahl von 1 000 Patienten im Vorjahresquar-
> tal, ergibt ein QZV von 3 500 €. Zusätzlich bietet Dr. J. Psychosomatik

(Fallwertzuschlag 3,00 €), Kleinchirurgie (Fallwertzuschlag 1,50 €), Langzeit-EKG und Langzeit-Blutdruckmessung an (Fallwertzuschlag je 1,00 €). Damit ergibt sich für ihn im Quartal insgesamt folgende Summe, die ihm seine KV zuweist:

RLV	41 000 €
QZV Sonografie	3 500 €
QZV Psychosomatik	3 000 €
QZV Kleinchirurgie	1 500 €
QZV Langzeit-EKG	1 000 €
QZV Langzeit-Blutdruckmessung	1 000 €
Summe	51 000 €

Hat ein Arzt neben den Punkten aus dem Regelleistungsvolumen zusätzlich Punkte aus einem (oder mehreren) qualitätsgebundenen Zusatzvolumen – und das ist in der Regel so – **kann er Punkte zwischen beiden verschieben.** Bleiben z. B. in einem Quartal Punkte aus dem RLV übrig, so nutzt der Arzt diese, um seine QZV aufzufüllen. Dr. J. im Beispiel ist also das Honorar aus RLV und QZV von 51 000 € sicher. Das Arzteinkommen ist stetig und vorhersehbar und gleicht damit quasi einem festen Gehalt, das dem Arzt Kalkulationssicherheit für seine Praxis gibt. Der Gehaltscharakter wird noch dadurch unterstrichen, dass die KVen den Ärzten monatliche Abschlagszahlungen in Höhe von 20–30 % des zu erwartenden Quartalseinkommens überweisen.

Wie werden RLV und QZV für Gemeinschaftspraxen und MVZ berechnet? An die Stelle der Behandlungsfälle treten Arztfälle. Würde Dr. J in einer Gemeinschaftspraxis oder einem MVZ arbeiten, so ergäbe sich sein RLV aus der Multiplikation des Fallwertes von Allgemeinärzten **mit seiner eigenen Anzahl von Patienten,** also **seinen Arztfällen** des Vorjahresquartals. Ebenso wird bei der Ermittlung der QZV vorgegangen. Das Gesamthonorar der Gemeinschaftspraxis oder des MVZ resultiert, wenn für alle beteiligten Ärzte RLV und QZV aufaddiert werden.

Die Budgets für RLV und QZV sind nicht die einzigen Erlösquellen der Vertragsärzte. Daneben gibt es so genannte **freie Leistungen**, die keiner Mengenbegrenzung unterliegen. Es handelt sich dabei in erster Linie um die Teilnahme von Ärzten am organisierten Notdienst. Zusätzlich können Ärzte Erlöse für so genannte **extrabudgetäre Leistungen** beziehen, die **nicht in der Gesamtvergütung enthalten sind,** sondern zusätzlich zu dieser von den Kassen an die KV erstattet werden. Dazu gehören ambulante Operationen sowie alle **Vorsorgeuntersuchungen.** Für bestimmte Arztgruppen stellen diese die wichtigste Einkommensquelle dar. Frauenärzte etwa erzielen aus ihren Regelleistungsvolumina und QZV nur ca. 30 % aller Einnahmen für GKV-Patientinnen, den Rest erhalten sie für Vorsorgeuntersuchungen. Nimmt ein

Arzt an speziellen Versorgungsformen wie z. B. der Integrierten Versorgung teil, kann er durch Selektivverträge mit den Krankenkassen weitere Erlöse erzielen (vgl. Kap. IV 7.3.6).

Abbildung 12 zeigt, aus welchen Bausteinen sich die Honorierung eines Vertragsarztes zusammensetzt.

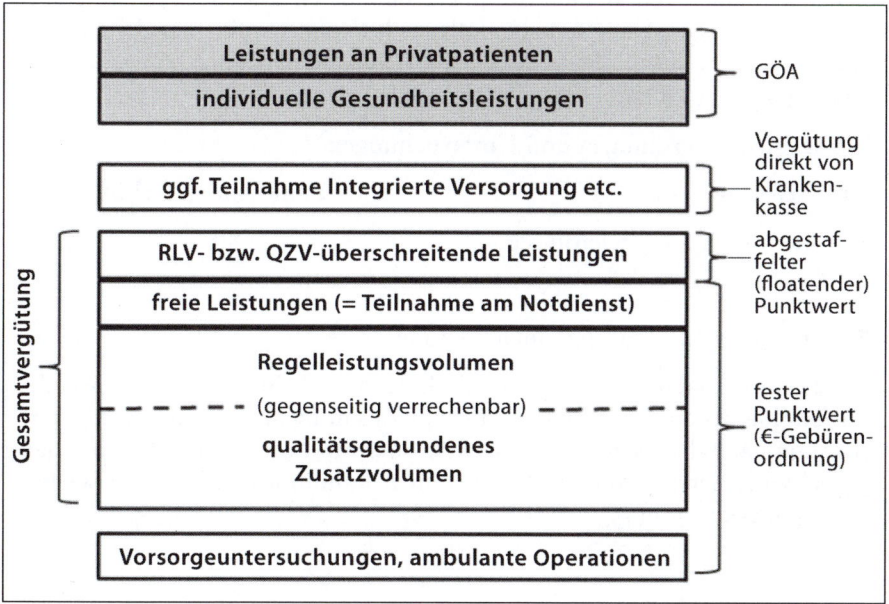

Abb. 12: Komponenten des Honorars von Vertragsärzten

Die beiden in Abbildung 12 dunkel gekennzeichneten Vergütungsbausteine bezeichnen die Erlöse, die Ärzte aus privatärztlichen Leistungen nach der Gebührenordnung für Ärzte (GOÄ) beziehen. Sie werden im folgenden Abschnitt näher beschrieben.

2.7.2 Privatärztliche Leistungen

Neben den Einkommensquellen, die aus Beiträgen der GKV finanziert werden, beziehen niedergelassene Ärzte Einnahmen aus Leistungen, die privatärztlich abgegeben werden. Dazu stehen den Vertragsärzten zwei Möglichkeiten offen:

- Leistungen an privat versicherte Patienten
- Leistungen an gesetzlich Krankenversicherte außerhalb des Leistungskatalogs der GKV.

161

Privatärztliche Leistungen werden grundsätzlich mit der **Gebührenordnung für Ärzte (GOÄ)**, einer Rechtsverordnung, entgolten (Zahnärzte rechnen privatärztliche Leistungen nach der Gebührenordnung für Zahnärzte, der GOZ, ab). Wie der EBM ist auch die GOÄ ein Verzeichnis von Einzelleistungen, die jeweils mit einer Punktzahl versehen sind; die Leistungsabgrenzung und folglich auch die Punktzahl weichen aber oft vom EBM ab. Die GOÄ enthält einen allgemeinen Teil, in dem fachübergreifende Grundleistungen aufgelistet sind und ist im speziellen Teil ebenfalls nach Fachdisziplinen gegliedert.

Auszug aus der GOÄ

I. Allgemeine Beratungen und Untersuchungen

Nr.	Leistung	Punktzahl	Gebühr in €
1	Beratung, auch telefonisch	80	4,66
...			
3	Eingehende Beratung, auch telefonisch	150	8,74

Die Leistung nach Nr. 3 (Dauer mindestens 10 Minuten) ist nur berechnungsfähig als einzige Leistung oder im Zusammenhang mit einer Untersuchung nach den Nrn. 5, 6, 7, 8, 800 oder 801. Eine mehr als einmalige Berechnung der Leistung nach Nr. 3 im Behandlungsfall bedarf einer besonderen Begründung.

Nr.	Leistung	Punktzahl	Gebühr in €
...			
5	Symptombezogene Untersuchung	80	4,66

Die Leistung nach Nr. 5 ist neben den Leistungen nach den Nrn. 6 bis 8 nicht berechnungsfähig.

Die GOÄ enthält Abrechnungsbestimmungen und Definitionen; beispielhaft wird auch dafür ein Auszug wiedergegeben.

Allgemeine Bestimmungen

1. Als Behandlungsfall gilt für die Behandlung derselben Erkrankung der Zeitraum eines Monats nach der jeweils ersten Inanspruchnahme des Arztes.
2. Die Leistungen nach den Nrn. 1 und/oder 5 sind neben Leistungen nach den Abschnitten C bis O im Behandlungsfall nur einmal berechnungsfähig.

3. Die Leistungen nach den Nrn. 1, 3, 5, 6, 7 und/oder 8 können an dem-selben Tag nur dann mehr als einmal berechnet werden, wenn dies durch die Beschaffenheit des Krankheitsfalls geboten war. Bei mehrmaliger Berechnung ist die jeweilige Uhrzeit der Leistungserbringung in der Rechnung anzugeben.

Für den Arzt ist die Vergütung nach der GOÄ aus verschiedenen Gründen attraktiver als die vertragsärztliche Honorierung. Die privatärztliche Abrechnung unterliegt keiner Budgetierung; der Arzt kann Leistungen erbringen ohne Mengenbegrenzung eines Regelleistungsvolumens, jenseits dessen der Punktwert sinkt. Er unterliegt keinen Richtlinien des Gemeinsamen Bundesausschusses oder Arzneimittelrichtgrößen, denn diese gelten nur für Patienten, deren Behandlung die GKV finanziert. Die GOÄ enthält Vorgaben, welche Leistungen nicht neben anderen berechnungsfähig sind, welche zusammen mit anderen nicht mehrmals pro Behandlungsfall – er bezieht sich anders als beim EBM nur auf einen Monat und eine Krankheit des Patienten – abgerechnet werden dürfen (siehe Kasten S. 162 oben). Jedoch gibt es in der GOÄ keine Pauschalen wie im EBM. Selbstverständlich rechnet der Arzt für einen Privatpatienten das EKG als gesonderte Leistung ab. Im EBM ist es für Hausärzte, wie viele andere Leistungen auch, mit der Versichertenpauschale abgegolten. Während also der EBM zunehmend von der Einzelleistungsvergütung abrückt, gilt diese für die GOÄ weiterhin.

Der **fixe Punktwert** der GOÄ liegt bei 0,0582873 € je Punkt und übersteigt damit den Wert eines EBM-Punktes deutlich. Der wesentliche finanzielle Vorteil ist jedoch der **Steigerungsfaktor**, den die GOÄ im Gegensatz zum EBM erlaubt. Danach wird die Einzelleistungsvergütung, die sich aus der GOÄ ergibt, jeweils mit einem Faktor multipliziert, für den je nach Art der Leistung Regel- und Höchstsätze vorgegeben sind. In der Höhe des Steigerungsfaktors sollen Schwierigkeit und Zeitaufwand der Leistungserbringung sowie die Umstände bei der Ausführung (§ 5 Abs. 2 GOÄ) zum Ausdruck kommen. Anders als beim EBM kann der Arzt bei GOÄ-Abrechnungen den Preis der Leistung folglich in gewissem Umfang selbst bestimmen. Unterschiedliche

Tab. 15: Steigerungsfaktoren nach der GOÄ

Leistungsart	Steigerungsfaktor bis Regelhöchstsatz	Höchstsatz
Persönliche Arztleistungen	1- bis 2,3-faches	3,5-faches
Medizinisch-technische Leistungen	1- bis 1,8-faches	2,5-faches
Laborleistungen	1- bis 1,15-faches	1,3-faches

163

Steigerungsfaktoren sieht die GOÄ für drei Leistungsbereiche vor: persönliche Leistungen des Arztes, medizinisch-technische und Laborleistungen.

Berechnet ein Arzt den Regelhöchstsatz (so genannter Schwellenwert), so muss er dies bei Rechnungsstellung nicht begründen. Multipliziert er das GOÄ-Entgelt mit dem **Höchstsatz**, so ist eine **Begründung** anzugeben, die sich auf Schwierigkeit, Zeitaufwand oder Umstände der Behandlung zu beziehen hat. So könnte z. B. ein Orthopäde auf besondere Schwierigkeit mit der Formulierung „Gelenkanomalie" hinweisen und damit für seine persönliche Leistung den Steigerungsfaktor 3,5 auf der Rechnung rechtfertigen.

Beispiel einer Privatrechnung:

Der Patient hat durch einen Sportunfall eine Knieverletzung und eine Rückenprellung erlitten und hatte Schmerzen beim Atmen. Er war zweimal im Monat März in Behandlung.

Datum	Ziffer	Beschreibung	Gebühr	Faktor	€-Betrag
8.3.2011	1	Beratung am Tag	4,66	2,3	10,72
	5	Symptombezogene Untersuchung	4,66	2,3	10,72
	200	Verband	2,62	2,3	6,03
		Sachkosten	1,12		1,12
10.3.2011	1	Beratung am Tag	4,66	2,3	10,72
	7	Untersuchung eines Organsystems	9,33	2,3	21,46
	605	Ruhespirographische Untersuchung	14,11	1,8	25,40
	605a	Darstellung Flussvolumenkurve spirogr.	8,16	1,8	14,69
	603	Bestimmung des Atemwiderstands	5,25	2,3	12,07
				Summe	**€ 132,11**

Bei der Gebühr, die auf der Rechnung angegeben ist, handelt es sich um das Ergebnis der Multiplikation der Punktzahl mit dem Punktwert:

Leistung Ziffer 1 (Beratung am Tag)   80 Punkte × 0,0582873 € = 4,66 €

Die beiden Gebührenordnungspositionen 605 und 605a bezeichnen medizinisch-technische Leistungen, demgemäß werden sie mit dem Regelhöchstsatz 1,8 gesteigert. Die Gebühren der persönlichen Arztleistungen werden mit dem dafür vorgesehenen Steigerungssatz von 2,3 multipliziert. Die Sachkosten für den Verband stellt der Arzt mit 1,12 € in Rechnung. Hätte der Arzt eine der auf der Rechnung verzeichneten medizinisch-technischen oder persönlichen Leistungen mit dem Höchstsatz (also 2,5 bzw. 3,5 vgl. Tabelle 20) gesteigert, wäre auf der Rechnung eine Begründung im oben angegebenen Sinne notwendig.

Grundsätzlich ist es den Ärzten möglich, die Höchstsätze zu überschreiten. Dazu ist es allerdings erforderlich, dass der Arzt dies vor der Behandlung mit dem Patienten abspricht (§ 2 Abs. 2 GOÄ) und die Vereinbarung in Schriftform festhält. Aus der schriftlichen Vereinbarung müssen die jeweilige Nummer des Gebührenverzeichnisses und der Steigerungsfaktor hervorgehen. Ferner ist darin festzuhalten, dass die Versicherung des Patienten möglicherweise die Vergütung nicht vollständig erstattet.

Eine Besonderheit ist bei Privatversicherten nach dem Standardtarif und ab 1.1.2009 auch bei Privatversicherten nach dem Basistarif zu beachten. Für diese Versichertengruppe beträgt der maximale Steigerungssatz für persönliche Arztleistungen 1,8, für medizinisch-technische Leistungen 1,38 und für Laborleistungen 1,16. Für Basis- und Standardtarifversicherte gilt der Sicherstellungsauftrag der KV ebenso wie für gesetzlich Krankenversicherte. Ärzte sind mithin verpflichtet, Patienten mit Standard- bzw. Basistarif ebenso als Patienten zu akzeptieren wie gesetzlich Versicherte.

Beispiel:

Die folgende Rechnung zeigt anhand der Leistung „Elektroenzephalographische Untersuchung" (Hirnstrommessung) die Honorierung für vier Beispielpatienten. Sie macht zugleich deutlich, wie hoch die Honorardifferenz zwischen GKV und PKV ist.

Privatversicherter mit Standardtarif

Elektroenzephalographische Untersuchung GOÄ, 605 Punkte, Punktwert 0,0582873 €, Steigerungsfaktor 1,8

$605 \times 0,0582873 \times 1,8 = 63,47$ €

Privatversicherter mit Normaltarif

Elektroenzephalographische Untersuchung GOÄ, 605 Punkte, Punktwert 0,0582873 €, Steigerungsfaktor 2,3

$605 \times 0,0582873 \times 2,3 = 81,11$ €

Privatversicherter mit Normaltarif; Steigerungshöchstsatz

Elektroenzephalographische Untersuchung GOÄ, 605 Punkte, Punktwert 0,0582873 €, Steigerungsfaktor 3,5

$605 \times 0{,}0582873 \times 3{,}5 = 123{,}42$ €

Gesetzlich Krankenversicherter

Elektroenzephalographische Untersuchung EBM, 710 Punkte, Punktwert 0,035363 €

$710 \times 0{,}035363 = 25{,}11$ €

Wie das Beispiel zeigt, arbeitet eine Praxis tendenziell umso ertragreicher, je mehr Privatpatienten sie hat. Attraktive Standorte für Praxen von Vertragsärzten weisen einen Einzugsbereich mit möglichst vielen Privatpatienten auf.

Der **Erlösvorteil der Abrechnung mit der GOÄ** lässt sich auch erzielen, wenn gesetzlich Krankenversicherte Leistungen erhalten, die nicht von ihrer Krankenkasse erstattet werden. Auch solche Leistungen werden mit der GOÄ abgerechnet. Der Gemeinsame Bundesausschuss (vgl. Kap. IV 2.9) kann durch Richtlinien unnötige oder unwirksame Therapien oder Diagnostik aus dem Leistungskatalog der Kassen streichen. Ärzte machen sich dies zunutze und bieten ihren Patienten solche aus der Erstattungspflicht gefallenen Leistungen als so genannte „**Individuelle Gesundheitsleistungen (IGeL)**" zum GOÄ-Tarif an. Wer als gesetzlich Krankenversicherter solche Leistungen in Anspruch nimmt, verlässt damit seinen Status als Kassenpatient und agiert wie ein Privatversicherter. Der Arzt liquidiert nach der GOÄ mit Steigerungsfaktor; der Patient begleicht die Rechnung aus eigener Tasche. Die meisten Patienten, die individuelle Gesundheitsleistungen erhalten, kennen ihre Rechte nicht. Der Arzt muss ihnen das Angebot schriftlich vorlegen; selbstverständlich können die Patienten es ablehnen (vgl. Kap. IV 2.1.3.2). Nehmen sie es an, können sie eine schriftliche Rechnung fordern.

Als Beispiele so genannter IGeL seien genannt: zusätzliche Augeninnendruckmessungen oder 3D-Ultraschalluntersuchungen in der Schwangerschaft, Ernährungsberatung, sportmedizinische Beratung, Entfernung von Altersflecken und vieles mehr. Häufig werden IGeL von Zahnärzten angeboten (z. B. so genannte professionelle Zahnreinigung) sowie von Vertragsärzten, die Vorsorgeuntersuchungen erbringen. So werden nach einer Richtlinie des G-BA bei Krebsvorsorgeuntersuchungen für Frauen, die nicht z. B. wegen familiärer Vorbelastung als Risikopatientinnen gelten, nicht mehr routinemäßig Ultraschalluntersuchungen finanziert. Deshalb bieten Frauenärzte solche Leistungen als IGeL an. Ärzte dürfen weder Punktwert noch Punktzahl der GOÄ verändern, jedoch können sie den Steigerungsfaktor variieren. Anders als bei Privatpatienten berechnen Ärzte die Steigerungsfaktoren für IGeL in aller Regel so, dass ein glatter Betrag resultiert.

Beispiel:

Ein Arzt bietet für GKV-Patientinnen im Rahmen der Krebsvorsorge eine sonographische Untersuchung an. Die Gebührenordnungsposition Nr. 410 der GOÄ sieht dafür 200 Punkte vor. Multipliziert mit dem Punktwert von 0,0582873 € ergibt sich der einfache Satz von 11,66 €. Um nun einen glatten Betrag, etwa 25 € als Preis für diese IGeL zu erhalten, wird ein Steigerungsfaktor von

25 € : 11,66 € = 2,14

angesetzt.

Abschließend sei eine ärztliche Leistung angeführt, die immer nach der GOÄ abgerechnet wird: das **Ausstellen der Todesbescheinigung.** Der Arzt gibt darin sichere Zeichen des Todes an und nennt die Todesursache. Dafür sieht die GOÄ in ihrer Ziffer 100 einen einfachen Betrag von 14,57 € vor. Mit einem Steigerungsfaktor von 2,3 ergibt sich ein Betrag von 33,51 €. Zusätzlich kann der Arzt Wegegeld abrechnen.

2.7.3 Vergütung durch die gesetzliche Unfallversicherung

Niedergelassene Chirurgen mit Schwerpunkt Unfallchirurgie können einen Vertrag mit der gesetzlichen Unfallversicherung abschließen. Sie sind dann als so genannte Durchgangs-Ärzte bzw. D-Ärzte tätig. Erleidet ein Versicherter einen Arbeitsunfall, der zu Arbeitsunfähigkeit führt oder dauert die Behandlung voraussichtlich länger als eine Woche, muss er zum D-Arzt gehen. Leichtere Verletzungen, die über die Unfallversicherung abgesichert sind, behandeln auch Vertragsärzte, die nicht D-Arzt sind.

Generell erfolgt die Abrechnung von ambulanten Arztleistungen der Unfallversicherung mit der „*Gebührenordnung für Ärzte für die Leistungen und Kostenabrechnung mit den gesetzlichen Unfallversicherungsträgern*" (UV-GOÄ). Sie listet einzelne Leistungen auf und ordnet ihnen einen Euro-Betrag zu. Der Arzt meldet die Gebührenpositionen an die zuständige Unfallversicherung (Berufsgenossenschaft) und bekommt von dieser die Vergütung.

2.8 Regelungen für veranlasste Leistungen – Arznei- und Heilmittelrichtgrößen

Niedergelassene Ärzte erbringen nicht nur selbst Leistungen, sie veranlassen auch Leistungen in großem Umfang. Die Einlieferung in ein Krankenhaus setzt – abgesehen von Notfalleinlieferungen oder Verlegungen von einem Krankenhaus in ein anderes – die Einweisung durch einen ambulanten Arzt voraus. Mit ca. einem Drittel der Ausgaben der GKV bildet der Krankenhaussektor den größten einzelnen Kostenblock der GKV. Ärzte verordnen verschreibungspflichtige Arzneimittel, Heilmittel, Rehabilitationsbehandlungen etc. und bewegen auch damit große Ausgabensummen der GKV.

Als schwer steuerbare Größe hat sich in der Vergangenheit die Verordnungstätigkeit für Arzneimittel erwiesen. In aller Regel ist eine medikamentöse Behandlung effektiv. Der Arzt kann eigene Arbeitszeit einsparen, wenn der Patient ein wirksames Arzneimittel erhält. Dem Patienten können eigene Bemühungen (z. B. zur Änderung seiner Ernährungsgewohnheiten) erspart bleiben, wenn er ein Medikament (z. B. einen Lipidsenker = Blutfettsenker) einnimmt. Viele Patienten erwarten, als Resultat einer ärztlichen Konsultation ein Rezept zu erhalten. Hinzukommt neben weiteren Faktoren auch der medizinische Fortschritt, dessen Ergebnis häufig neue noch besser wirksame und auch teurere Medikamente sind – oft aber auch nur teurere Medikamente ohne wesentliche Verbesserung der Wirksamkeit.

Für Vertragsärzte gelten aus den genannten Gründen so genannte Arzneimittelrichtgrößen (§ 84 SGB V). Sie sind nur eines unter mehreren gesundheitspolitischen Steuerungsinstrumenten im Arzneimittelsektor (auf einige weitere wird im Kapitel IV 5.1.5 eingegangen). Die Richtgrößen werden auf Landesebene gemeinsam zwischen den Landesverbänden der Kassen, den Ersatzkassen und der KV vereinbart. Die Vertragspartner legen das Gesamtvolumen der Arzneimittelausgaben fest, wobei Morbiditätsindikatoren wie die Altersstruktur der Versicherten zu beachten sind. Ebenso zu berücksichtigen sind Preisänderungen bei Medikamenten und Richtlinien des Gemeinsamen Bundesausschusses. Das gesamte Ausgabenvolumen wird dann facharztspezifisch auf den einzelnen Arzt heruntergerechnet. Dem Vertragsarzt werden je nach Facharztzugehörigkeit getrennt nach Altersgruppen der Patienten Euro-Höchstgrenzen für die Arzneimittelverschreibung pro Quartal vorgegeben, an denen er sich bei seinem Verordnungsverhalten zu orientieren hat.

Ein Allgemeinarzt bzw. Praktischer Arzt kann nach Tabelle 16 für den Behandlungsfall eines Mitglieds/eines mitversicherten Angehörigen pro Quartal Arzneimittel im Wert von 46,46 € verschreiben. Dabei kann der Arzt Patienten mit überdurchschnittlich hohem oder teurem Medikamentenaufwand durch Patienten subventionieren, die die Höchstgrenzen nicht ausschöpfen.

Tab. 16: Auszug aus den Arzneimittel-Richtgrößen am Beispiel der KV Berlin 2013

Arztgruppe	Richtgrößen für die Verordnung von Arznei- und Verbandmitteln	
	Mitglieder/ Familienangehörige	Rentner
Ärzte für Allgemeinmedizin/ Praktische Ärzte	46,46 €	116,63 €
Anästhesisten	73,74 €	212,83 €
Augenärzte	10,36 €	18,33 €
Fachärztl. Internisten	207,18 €	182,93 €
Frauenärzte	22,12 €	81,16 €
Hals-Nasen-Ohrenärzte	18,62 €	10,72 €

Quelle: http://www.kvberlin.de (Zugriffsdatum 14.6.2013)

Überschreitet ein Arzt sein Richtgrößenvolumen, wird dadurch eine Wirtschaftlichkeitsprüfung seiner Praxis ausgelöst (vgl. Kap. IV 2.10)

Für die Verordnung von Heilmitteln gilt eine den Arzneimittel-Richtlinien analoge Regelung.

Tab. 17: Auszug aus den Heilmittel-Richtgrößen am Beispiel der KV Berlin 2013

Arztgruppe	Richtgrößen für die Verordnung von Heilmitteln	
	Mitglieder/ Familienangehörige	Rentner
Ärzte für Allgemeinmedizin/ Praktische Ärzte	7,15 €	18,90 €
Orthopäden	42,70 €	47,96 €
Hals-Nasen-Ohrenärzte	2,51 €	2,10 €

Quelle: Vgl. Tabelle 16

2.9 Aufgaben und Bedeutung des Gemeinsamen Bundesausschusses

Der Gemeinsame Bundesausschuss (G-BA) ist eines der wichtigsten Gremien der GKV (§§ 91 ff. SGB V); seine Beschlüsse können für jeden Versicherten von Bedeutung sein. Aufgabe des G-BA ist es, den Leistungskatalog der GKV laufend zu überprüfen. Der Ausschuss kann durch den **Erlass von Richtlinien** die Finanzierung von Leistungen durch die GKV ausschließen, wenn sie nicht dem Stand der medizinischen Erkenntnis entsprechen, z. B. weil sie unwirksam oder unnötig sind oder weil sie lediglich der Behandlung von **Bagatellerkrankungen** dienen. Für diese gibt es dann, dem Wirtschaftlichkeitsgebot gemäß, keine solidarische Finanzierung. Leistungen und Verordnungen von **Vertragsärzten** müssen sich an den Vorgaben des G-BA orientieren, wenn deren Finanzierung durch die GKV gewährleistet sein soll. Für die ambulante Behandlung gilt der **Erlaubnisvorbehalt**: Danach dürfen Diagnose- und Behandlungsmethoden solange nicht zulasten der GKV erbracht werden, wie sie der G-BA nicht genehmigt hat. Die Richtlinien des G-BA sind für Vertragsärzte bindend. Dies ist jedoch für den stationären Sektor **nicht** der Fall: Hier dürfen Methoden angewandt werden, solange sie nicht vom G-BA ausdrücklich ausgeschlossen wurden (**Verbotsvorbehalt**).

Der G-BA beschließt Richtlinien, vor allem zu folgenden Gebieten (§ 92 Abs. 1 SGB V):

- ärztliche Behandlung
- zahnärztliche Behandlung, Zahnersatz, Kieferorthopädie
- Früherkennung von Krankheiten
- ärztliche Betreuung bei Schwangerschaft und Mutterschaft
- neue Untersuchungs- und Behandlungsmethoden
- Verordnung von Arznei-, Verband-, Heil- und Hilfsmitteln, Krankenhausbehandlung, häuslicher Krankenpflege, Krankentransporten
- Beurteilung der Arbeitsunfähigkeit
- Verordnung von Rehabilitationsleistungen

Der G-BA legt diejenigen Arzneimittel fest, die zu Lasten der GKV verordnet werden dürfen. Seit 1.1.2004 sind nicht-verschreibungspflichtige Arzneien für Versicherte ab 12 Jahren keine Krankenkassenleistung mehr. Es gibt jedoch Ausnahmen für einige Indikationen, die der G-BA bestimmt. Die Abgrenzung des Personenkreises, der als chronisch krank gilt und damit in den Genuss einer niedrigeren Belastungsgrenze bei Zuzahlungen kommt, obliegt ebenfalls dem G-BA. Welche Einzelleistungen bei Vorsorgeuntersuchungen (z. B. Anzahl von Sonografien = Ultraschalluntersuchungen) auf Kassenkosten erbracht werden können, wird vom G-BA festgelegt. Ebenso ist es dessen Aufgabe, Arznei- und Heilmittel, die der Festbetragsregelung (vgl. Kap. IV 5.1.9.2) unterliegen, zu definieren.

Die Richtlinien des G-BA werden nach der Genehmigung durch das Bundesgesundheitsministerium von diesem erlassen und wie Gesetze im Bundesanzeiger veröffentlicht.

Wie in Gremien der Selbstverwaltung üblich, ist auch der G-BA paritätisch besetzt mit Mitgliedern der Finanziers, der Kassen also, und der Leistungserbringer, der Ärzte und Krankenhäuser. Der G-BA wird von einem unparteiischen Vorsitzenden geleitet, daneben gehören ihm zwei weitere neutrale Vertreter an. Die übrigen Sitze sind in je gleicher Stärke auf Kassen und Anbieter verteilt.

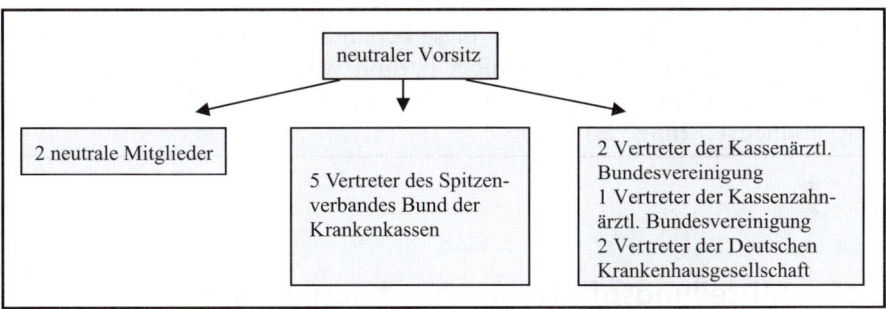

Abb. 13: Besetzung des Gemeinsamen Bundesausschusses

Im G-BA sitzen auch Vertreter von Patienten und Selbsthilfeorganisationen; jedoch haben sie lediglich ein Mitberatungsrecht und können nicht mit abstimmen.

Seit 2004 wird der G-BA vom Institut für Qualität und Wirtschaftlichkeit im Gesundheitswesen (§ 139a SGB V) unterstützt. Der G-BA kann das Institut mit Vorarbeiten zu Richtlinien beauftragen, z. B. wenn es um die Bewertung des Nutzens von Arzneimitteln geht. Das Institut gibt Empfehlungen zu disease management Programmen der GKV (vgl. Kap. IV 7.3.2) und veröffentlicht Informationsmaterial über die Qualität und Effizienz der Gesundheitsversorgung.

Der G-BA und das Institut für Qualität und Wirtschaftlichkeit werden durch einen Zuschlag, den so genannten Systemzuschlag, auf ambulante und stationäre Behandlungsfälle von GKV-Patienten finanziert.

Wie die Richtlinien des G-BA die Behandlung von Vertragsärzten beeinflussen, sollen folgende Beispiele zeigen:

171

Beispiel:

Frau Dr. M. verordnet ihrem Patienten Herrn H. nach überstandenem Herzinfarkt ein (nicht-verschreibungspflichtiges) Acetylsalicylsäure-Präparat. Nach der Arzneimittelrichtlinie des G-BA trägt die Kasse im Fall einer Herzinfarkt-Nachsorge die Kosten.

Frau W. möchte zur Behandlung von Muskelverspannungen ebenfalls ein Acetylsalicylsäure-Präparat verschrieben bekommen. Sie muss gemäß der Arzneimittelrichtlinie das Medikament selbst bezahlen.

Frau L. bittet ihre Ärztin um eine Akupunktur gegen Kopfschmerzen. Die Ärztin klärt sie darüber auf, dass diese Behandlung aufgrund einer Richtlinie des G-BA von der Kasse nicht bezahlt wird, weil die Wirksamkeit nicht nachweisbar ist. Frau L. kann jedoch Akupunktur als „Individuelle Gesundheitsleistung" erhalten.

2.10 Mitteilungspflichten, Abrechnungs- und Wirtschaftlichkeitsprüfungen

Alle an der vertragsärztlichen Versorgung beteiligten Ärzte, aber auch Krankenhäuser, müssen den Krankenkassen mitteilen, wenn **Zweifel an der Leistungspflicht der Kasse** bestehen (§ 294a SGB V). Dies kann aus verschiedenen Gründen der Fall sein:

- die Behandlung erfolgte wegen eines Arbeitsunfalls oder einer Berufskrankheit, die beide eine Leistungspflicht der Berufsgenossenschaft begründen
- es handelt sich um die Folgen einer Körperverletzung oder sonstige von Dritten verursachte Schädigungen, für die der Verursacher haftet
- es liegt ein Impfschaden vor, der nach dem Infektionsschutzgesetz Leistungen nach dem Bundesversorgungsgesetz auslöst, bzw. ein anderer Behandlungsgrund, der nach dem Bundesversorgungsgesetz finanziert wird (z. B. Verletzung beim Militärdienst).

In allen genannten Fällen wird die Krankenkasse bemüht sein, den tatsächlich zuständigen Kostenträger zu ermitteln und in die Leistungspflicht zu nehmen bzw. Schadensersatzforderungen stellen.

An der vertragsärztlichen Versorgung teilnehmende Ärzte und Einrichtungen sind verpflichtet (§ 295 SGB V), an die KV bzw. die Kassen

- in dem Abschnitt der Arbeitsunfähigkeitsbescheinigung, den die Krankenkasse erhält, die Diagnosen

- in den Abrechnungsunterlagen für die vertragsärztlichen Leistungen die von ihnen erbrachten Leistungen einschließlich des Behandlungsdatums und der Diagnosen (bzw. bei Zahnärzten des Befundes)
- ihre Arztnummer und die Angaben auf der Versichertenkarte der Patienten

zu übermitteln. Zur Diagnoseübermittlung bedienen sich die Ärzte des ICD-10-GM (vgl. Kap. VI 1.3).

Sowohl die Abrechnung der Vertragsärzte selbst als auch die von ihnen veranlassten Leistungen werden im Nachhinein überprüft.

Den Kassenärztlichen Vereinigungen (KV) und den Krankenkassen obliegt die Prüfung der ärztlichen Abrechnungen (§ 106a SGB V). Die KV stellt die sachliche und rechnerische Richtigkeit fest. Sie achtet dabei vor allem darauf, dass die pro Tag vom Arzt abgerechneten Leistungen in einem plausiblen Verhältnis zum Zeitaufwand des Arztes stehen. Aufgabe der Krankenkassen ist die Prüfung der Abrechnung daraufhin, ob die vom Arzt angegebenen Behandlungen der Leistungspflicht der GKV unterliegen. Ferner vergleichen die Kassen Art und Umfang der Arztleistungen mit der jeweiligen Diagnose (bzw. bei Zahnärzten mit dem Befund). Stellen KV oder Kassen Unstimmigkeiten in der Abrechnung des Arztes fest, können sie eine Wirtschaftlichkeitsprüfung des Vertragsarztes beantragen.

Wirtschaftlichkeitsprüfungen von Vertragsärzten (§ 106 SGB V) werden von einem Ausschuss vorgenommen, der auf Landesebene paritätisch von Kassen- und Kassenarztvertretern beschickt wird. Vertragsärzte müssen sich zwei Arten von Überprüfungen unterziehen:

- Auffälligkeitsprüfungen und
- Zufälligkeitsprüfungen.

Jeder Arzt muss damit rechnen, dass seine Praxis in einer mindestens 2 %igen Stichprobe je Arztgruppe nach dem Zufallsprinzip gezogen wird und auf Wirtschaftlichkeit überprüft wird. Untersucht wird die Angemessenheit der Leistungen des Arztes in qualitativer Hinsicht und im Hinblick auf die Effektivität. Leistungen müssen dem gemäß geeignet sein, das Ziel zu erreichen; die verursachten Kosten müssen in einem angemessenen Verhältnis zur Behandlung stehen. Wird bei einem Arzt Unwirtschaftlichkeit festgestellt, so wird er zunächst gezielt beraten. Im Wiederholungsfall drohen allerdings pauschale Honorarkürzungen.

Hat ein Vertragsarzt das Arznei- oder Heilmittelrichtgrößenvolumen (vgl. Kap. IV 2.8) überschritten, wird eine Auffälligkeitsprüfung vorgenommen. Sofern die Überschreitung 15 bis 25 % des Richtgrößenvolumens beträgt, wird der Arzt vom Prüfungsausschuss lediglich beraten. Übersteigt das tatsächliche Volumen verordneter Arzneien oder Heilmittel die Vorgabe um mehr als 25 %, kann der Arzt versuchen, dies mit Praxisbesonderheiten, z. B.

zahlreichen Patienten mit schweren Erkrankungen, zu erklären. Sofern ihm das nicht gelingt, wird die Überschreitung sanktioniert. Der Arzt muss den Kassen den entstandenen Mehraufwand erstatten.

Da ärztliche Arbeitsunfähigkeitsatteste beim Arbeitgeber des Versicherten Kosten in Form von Entgeltfortzahlung auslösen, hat der Arbeitgeber das Recht, bei **Zweifeln an der Arbeitsunfähigkeit** den Medizinischen Dienst der Krankenkasse einzuschalten. Er kann unter schlüssiger Darlegung berechtigter Zweifel an der Arbeitsunfähigkeit von der gesetzlichen Krankenkasse verlangen, dass diese eine gutachterliche Stellungnahme des MDK zur Überprüfung der Arbeitsunfähigkeit einholt (§ 275 SGB V). Berechtigte Zweifel liegen insbesondere in den im Kapitel II 2.6 genannten Fällen vor, etwa dann, wenn ein Arzt durch die Häufigkeit der von ihm ausgestellten Atteste auffällig geworden ist. Die Krankenkasse kann von einer Beauftragung des Medizinischen Dienstes nur absehen, wenn sich die medizinischen Voraussetzungen der Arbeitsunfähigkeit eindeutig aus den der Kasse vorliegenden ärztlichen Unterlagen ergeben. Hat der Arzt nach dem Prüfergebnis des MDK ungerechtfertigt Arbeitsunfähigkeit attestiert, kann der betroffene Arbeitgeber, der in diesem Fall durch Entgeltfortzahlung geschädigt wurde, **Schadensersatz** vom Arzt fordern.

2.11 Ambulante Behandlung durch Krankenhäuser

In der Vergangenheit hat sich der Gesetzgeber immer wieder bemüht, eine Schwachstelle der Gesundheitsversorgung in Deutschland zu überwinden: die **strikte Trennung zwischen ambulanter und stationärer Versorgung** der Patienten. Wer von seinem Hausarzt oder Facharzt ins Krankenhaus eingewiesen wird, der wird erst nach seiner Entlassung von ihm weiterbehandelt. Umgekehrt sieht der Patient den behandelnden Krankenhausarzt in der Regel nach seiner Entlassung nicht mehr. Eine solche Trennung der Versorgungssphären ist keineswegs selbstverständlich. In vielen Ländern der EU beispielsweise praktizieren Fachärzte im Krankenhaus sowohl ambulant als auch stationär. Dadurch kann der Patient, wenn ambulante Versorgung nicht mehr ausreicht, auch im Krankenhaus von **seinem** Facharzt weiterbehandelt werden und bleibt auch nach dem stationären Aufenthalt bei ihm. Damit wird nicht nur die Kontinuität der Behandlung aus Sicht des Patienten und des Arztes gewahrt, es können auch Kosten eingespart werden. So werden kostspielige Doppeluntersuchungen, z. B. vor einer Operation eine vorbereitende Untersuchung durch den niedergelassenen Arzt und danach nochmals im Krankenhaus, vermieden.

Eine in Deutschland seit langem praktizierte Verzahnung zwischen ambulantem und stationärem Sektor ist die Tätigkeit der Belegärzte (vgl. Kap. IV 3.8). Eine weitere Möglichkeit ambulanter Leistungen in Kliniken, die

Ermächtigung, wurde im Kapitel IV 2.5.2 beschrieben. Sowohl Belegärzte als auch ermächtigte Krankenhausärzte bzw. Krankenhäuser gehören der vertragsärztlichen Versorgung an und unterliegen denselben Regelungen wie Vertragsärzte. Bei den in den folgenden Abschnitten dargestellten Versorgungsmöglichkeiten handelt es sich um ambulante Angebote von Krankenhäusern, die **nicht** durch die KVen, sondern direkt von den Krankenkassen, bezahlt werden.

2.11.1 Ambulantes Operieren, vor- und nachstationäre Behandlung

Seit 1993 gibt es für Krankenhäuser die Möglichkeit, ebenso ambulante Operationen anzubieten wie niedergelassene Chirurgen (§ 115b SGB V). Für Krankenhäuser und Vertragsärzte gelten völlig gleiche Bedingungen sowohl für die Art der ambulanten Operationen, als auch für die Vergütung und die Qualitätssicherung. Krankenkassen, Deutsche Krankenhausgesellschaft und Kassenärztliche Bundesvereinigung vereinbaren einen Katalog ambulant durchführbarer Operationen und stationsersetzender Maßnahmen (Maßnahmen, durch die ein stationärer Aufenthalt im Krankenhaus überflüssig wird). Als Beispiele für ambulant zu erbringende Leistungen aus dem Katalog seien Staroperationen am Auge, Leistenbruchoperationen, Eingriffe am Meniskus, in-vitro-Fertilisation (= künstliche Befruchtung) genannt. Zusätzlich enthält der Katalog ambulant durchzuführende Anästhesien.

Die Vergütung erfolgt für Vertragsärzte und Krankenhäuser einheitlich auf der Grundlage des EBM. Krankenhäuser rechnen ambulante Operationen aber nicht wie Vertragsärzte über die Kassenärztlichen Vereinigungen ab, sondern stellen die Leistungen den Krankenkassen direkt in Rechnung.

Verfügt ein Krankenhaus über chirurgische Abteilungen und möchte es ambulante Operationen anbieten, genügt es, dies den Landesverbänden der Krankenkassen, den Ersatzkassenverbänden, der KV und dem Zulassungsausschuss mitzuteilen. Es besteht also für die Krankenkassen Kontrahierungszwang mit dem Krankenhaus. Für die Krankenhäuser sind ambulante Operationen eine zusätzliche Erlösquelle, wenngleich sie auch weniger ertragreich ist als stationäre Aufenthalte. Die Krankenkassen können mit ambulantem Operieren Kosten einsparen; insgesamt ergibt sich eine bessere Nutzung vorhandener Ressourcen im Krankenhaus.

Gleichzeitig mit dem ambulanten Operieren wurde den Krankenhäusern die Möglichkeit der vor- und nachstationären Behandlung nach § 115a SGB V eingeräumt. Es handelt sich dabei um teilstationäre Leistungen; d. h., Unterkunft und Verpflegung entfallen. Der Patient übernachtet und verpflegt sich zuhause. Mit der vorstationären Behandlung soll geklärt werden, ob eine stationäre Aufnahme nötig ist oder es soll diese vorbereitet werden. So können z. B. Diagnosen für einen nachfolgenden stationären Aufenthalt erstellt werden, ohne dass der Patient im Krankenhaus „wohnt". Die vorstationäre Behandlung ist begrenzt auf höchstens drei Behandlungstage innerhalb von fünf Tagen vor Beginn der stationären Aufnahme.

Nachstationäre Behandlung erfolgt im Anschluss an den regulären Krankenhausaufenthalt. Sie dient der Nachbehandlung zur Sicherung des Behandlungserfolges. Nachstationär kann an maximal sieben Tagen innerhalb von zwei Wochen nach Entlassung aus dem Krankenhaus behandelt werden.

Ebenso wie das ambulante Operieren eröffnet die vor- und nachstationäre Behandlung den Krankenhäusern die Möglichkeit nicht-stationäre Leistungen zu erbringen. Beides soll dazu beitragen, die strikte Trennung der Versorgungssektoren in stationäre Behandlung durch Krankenhäuser und nicht-stationäre Behandlung durch Vertragsärzte abzumildern. Ziel der Maßnahmen ist es aber vor allem, kostspielige Krankenhausaufenthalte zu vermeiden bzw. zu verkürzen.

2.11.2 Ambulante spezialfachärztliche Versorgung

Der § 116b SGB V regelt die Diagnostik und Behandlung von schweren Erkrankungen, seltenen Krankheiten sowie hochspezialisierte Leistungen. Gemeinsam ist den genannten Interventionen, dass sie eine spezielle Qualifikation der Leistungserbringer erfordern. Als schwere Erkrankungen nennt der § 116 b z. B. Krebs, HIV/AIDS, Multiple Sklerose; Beispiele seltener Krankheiten sind Tuberkulose, Hämophilie (Bluterkrankheit), als Beispiel einer hochspezialisierten Leistung sei die Brachytherapie (direkte Bestrahlung von Tumorgewebe) angeführt.

Die Erbringung dieser Leistungen obliegt spezialisierten niedergelassenen Fachärzten, sofern sie die geforderten Qualitätsnachweise vorlegen können. Es ist jedoch möglich, dass ambulante spezialfachärztliche Versorgung im Krankenhaus erbracht wird, wenn ein Vertragsarzt den Patienten in das Krankenhaus überweist. Selbstverständlich muss auch das Krankenhaus die geforderten Qualitätsstandards nachweisen. Vorteilhaft ist das vor allem für Patienten, die nach dem stationären Aufenthalt eine kontinuierliche Weiterbehandlung durch das Ärzteteam im Krankenhaus wünschen.

> **Beispiel:**
>
> Frau G. ist Krebspatientin; sie wurde in einer Universitätsklinik stationär behandelt. Sie vertraut den Krankenhausärzten und schätzt deren Kompetenz. Nach ihrer Entlassung lässt sie sich von ihrem Hausarzt zur ambulanten Weiterbehandlung ihrer Erkrankung in die Universitätsklinik überweisen.

Die ambulante spezialfachärztliche Versorgung ist erst vor kurzem in das SGB V aufgenommen worden und befindet sich derzeit im Aufbau. Ihre Vergütung erfolgt direkt durch die Krankenkassen. Vertragsärzte, die an dieser Versorgungsform teilnehmen, können aber ihre KV mit der Abrechnung beauftragen. Geplant ist, für die Zukunft eine eigene Vergütung für diesen hochkomplexen Versorgungsbereich zu etablieren.

2.11.3 Hochschulambulanzen

Jeder Medizinstudent muss an der Universität auch dafür ausgebildet werden, später einmal als niedergelassener Arzt tätig zu sein. Hochschulkliniken haben deshalb einen **Rechtsanspruch** darauf, eine Ambulanz betreiben zu dürfen. Der Zulassungsausschuss ist nach § 117 SGB V verpflichtet, medizinische Fakultäten von Hochschulen zur ambulanten Versorgung zu ermächtigen. Die Leistungen von Hochschulambulanzen werden direkt von den Kassen vergütet. Die Investitionskosten von Universitätskliniken werden vom Bund und vom Bundesland, also der öffentlichen Hand, getragen. Deshalb ist aus der Vergütung der Hochschulambulanzen ein Investitionsanteil herauszurechnen, da andernfalls eine doppelte Finanzierung der Investitionen – einmal durch den Steuerzahler, zum anderen durch die Kassen – resultieren würde.

2.11.4 Kostenerstattungspflichten ambulant tätiger Krankenhausärzte

Angestellte oder beamtete Ärzte eines Krankenhauses, die im Krankenhaus Patienten ambulant behandeln, z. B. als ermächtigte Ärzte, nehmen dafür Leistungen und Infrastruktur des Krankenhauses – Personal, Räume, Geräte, Material – in Anspruch. Dafür müssen sie an das Krankenhaus einen Teil ihres Honorars entrichten. Zur Ermittlung der Höhe der Kostenerstattung an das Krankenhaus wird üblicherweise der DKG-NT (Deutsche Krankenhausgesellschaft – Normaltarif) verwendet. Dies ist ein Tarifwerk, das von der Deutschen Krankenhausgesellschaft, DKG e.V. herausgegeben wird. Es umfasst zwei Bände: Band I regelt die Kostenerstattung, wenn die GOÄ Grundlage der Honorierung des Arztes ist, Band II, wenn der Arzt nach EBM honoriert wird. Beamtete Ärzte führen zusätzlich einen Vorteilsausgleich und eine Pflichtbeteiligung für Mitarbeiter an das Krankenhaus ab (vgl. hierzu Kap. IV 3.9).

Übungsaufgaben zu Teil IV Kapitel 2

Aufgabe 1

Wonach richtet sich im Fall der Frau L. (vgl. Beispiel in Kap. IV 2.9) die Bezahlung der Akupunktur?

Aufgabe 2

Welche Aussage zum Regelleistungsvolumen (RLV) ist richtig?

1. Der Arzt darf das RLV nicht überschreiten.
2. Das RLV ist die abrechenbare Menge an vertragsärztlichen Leistungen, die zum abgestaffelten Punktwert vergütet wird.
3. Das RLV des einzelnen Arztes steigt, wenn der durchschnittliche Fallwert seiner Arztgruppe sinkt.
4. Das RLV ist die abrechenbare Menge an vertragsärztlichen Leistungen, die zum festen Punktwert vergütet wird.
5. Das RLV für Privatpatienten ist höher als jenes für GKV-Patienten.
6. Jeder Arzt gibt sich sein RLV selbst vor.

Aufgabe 3

Was ist der Unterschied zwischen einem Arztfall und einem Behandlungsfall?

Aufgabe 4

Bitte geben Sie an, welche der untenstehenden Nennungen unter den Sicherstellungsauftrag der KV fallen.

1. Frau B., BKK-versichert, lässt ein 3D-Ultraschallbild ihres ungeborenen Kindes machen.
2. Der Standardtarif- bzw. Basistarif-versicherte Rentner, Herr S., lässt eine Krebsvorsorgeuntersuchung durchführen.
3. Frau U. wird im Kreiskrankenhaus ambulant operiert.
4. Familie P. möchte nach Indonesien reisen und lässt sich reisemedizinisch beraten.
5. Herr Z. lässt sich von seinem Hautarzt Altersflecken entfernen.
6. Frau O., versichert in einer Ersatzkasse, lässt ihren kleinen Sohn gegen Masern impfen.
7. Dr. N. ist niedergelassener Chirurg. Er näht eine Platzwunde, die sich Herr M., AOK-versichert, beim Sport zugezogen hat.

8. Dr. N. ist niedergelassener Chirurg. Er näht eine Platzwunde, die sich Herr F., AOK-versicherter Bauarbeiter, auf der Baustelle zugezogen hat.
9. Schreinermeister E. ist im Normaltarif privat versichert und sucht wegen einer Angina seinen Hausarzt auf.

Aufgabe 5

Bitte geben Sie an, womit der Arzt abrechnet.

		UV-GOÄ	GOÄ	EBM
1.	Frau Z., BKK-versichert, wird von ihrem Arzt in einem Belegkrankenhaus behandelt.			
2.	Herr O., AOK-Mitglied, lässt sich vom Hautarzt Altersflecken entfernen.			
3.	Dr. N. stellt eine Todesbescheinigung aus.			
4.	Ein Schuljunge hat sich im Sportunterricht verletzt und wird vom Orthopäden untersucht.			
5.	Frau P. ist Privatpatientin. Sie nimmt bei ihrer Gynäkologin eine Vorsorgeuntersuchung in Anspruch			
6.	Herr T., versichert bei der Barmer Ersatzkasse, erhält im Krankenhaus wahlärztliche Leistungen.			
7.	Herr V., IKK-versichert, hat sich beim Fußballspielen mit seinem Sohn verletzt und sucht seinen Hausarzt auf.			
8.	Frau N., Mitglied der DAK, pflegt ihre Mutter und sucht wegen einer Verletzung bei der Bedienung des Badewannenlifters ihren Arzt auf.			

Aufgabe 6

Die Kassenärztlichen Vereinigungen und die Krankenkassen führen eine Bedarfsplanung durch. Was wird mit dieser Planung festgelegt? (Eine Nennung)

1. die Honorarsumme für alle Vertragsärzte einer Region
2. die Versorgung mit Belegbetten je Region
3. die Arzneimittel-Richtgrößen je Facharztgruppe
4. die Einwohner-Krankenhausbetten-Relation je Bundesland
5. der künftige Behandlungsbedarf je Facharztgruppe und Region
6. die Einwohner-Vertragsarzt-Relation nach Facharztrichtung und Region

Aufgabe 7

Die wirtschaftliche Situation von Vertragsärzten ist umso besser, je mehr Privatpatienten sie haben. Geben Sie bitte drei Gründe an, warum die Vergütung privatärztlicher Leistungen attraktiver ist als jene von Leistungen der GKV.

Aufgabe 8

a) Bitte erstellen Sie die Rechnung für Frau H. Sie war als Privatpatientin in ambulanter Behandlung und erhielt die unten aufgeführten Leistungen. Der Punktwert nach GOÄ beträgt 0,0582873 €.

GOÄ-Ziffer	Beschreibung	Punkte	Steigerungs-faktor	Betrag
1	Beratung	80	2,3	...
7	Untersuchung eines Organsystems	160	2,3	...
252	Injektion, subkutan	40	2,3	...
200	Verband	50	2,3	...
5120	Röntgen	260	1,8	...
2010	Fremdkörperentfernung	379	2,3	...
2004	Wundversorgung	240	2,3	...
	Verbandmaterial/Salben			2,80 €
			Summe	...

b) Bitte schreiben Sie die obige Rechnung für den Privatpatienten Herrn B. Der Arzt steigert die Leistungen 7, 5120, 2010 und 2004 mit dem Höchstsatz. Als Begründung gibt er erhöhten Zeitbedarf an, da der Patient extrem unruhig war.

c) Bitte schreiben Sie die Rechnung für Herrn V. Er ist Rentner und zum Basistarif privat versichert.

Aufgabe 9

In welchen der folgenden Vereinigungen ist jeder Vertragsarzt Pflichtmitglied? (2 Nennungen)

1. Marburger Bund
2. Kassenärztliche Vereinigung
3. Hartmannbund
4. Berufsverband der praktischen Ärzte und Ärzte für Allgemeinmedizin
5. Landesärztekammer
6. NAV-Virchowbund

Aufgabe 10

Die Krankenkassen zahlen die Gesamtvergütung mit befreiender Wirkung an die KV. Erläutern Sie kurz, was man unter „Gesamtvergütung" versteht und was „mit befreiender Wirkung" bedeutet.

Aufgabe 11

Welche Rechtsform haben Krankenkassen, KV, Ärztekammer?

Aufgabe 12

Ein AOK-Patient kommt mit einer Stichverletzung in die Praxis. Der Arzt hat den Eindruck, die Verletzung sei die Folge einer tätlichen Auseinandersetzung und bittet Sie, das Nötige gegenüber der AOK zu veranlassen.

a) Was tun Sie?
b) Begründen Sie aus Sicht der Krankenkasse, warum Sie wie unter Punkt a) genannt vorgehen.

Aufgabe 13

Das städtische Klinikum Neustadt operiert ambulant. Mit wem und womit rechnet es ab?

Aufgabe 14

Herr M. hat im Krankenhaus nach einer Operation eine Infektion erlitten, die er auf einen Hygienefehler von Dr. L., angestellter Arzt des Krankenhauses, zurückführt.

a) Welche zivilrechtlichen Ansprüche wird er geltend machen?
b) Gesetzt den Fall, der Verstoß gegen Hygieneregeln ist belegt, womit muss Dr. L. rechnen?

Aufgabe 15

In welchen Fällen kann eine Schadensersatzpflicht bzw. die Pflicht zur Erstattung von Mehraufwand des Arztes nach einer Wirtschaftlichkeitsüberprüfung entstehen? Nennen Sie zwei Beispiele.

Aufgabe 16

Bitte laden Sie sich im Internet die GOÄ herunter und sehen Sie sich an, wie ein niedergelassener Arzt das Wegegeld bei einem Hausbesuch berechnet.

3 Krankenhausversorgung

Das Statistische Bundesamt unterscheidet drei Krankenhaustypen:

- Allgemeine Krankenhäuser
- Krankenhäuser mit ausschließlich psychiatrischen oder psychiatrischen und neurologischen Betten sowie reine Tages- und Nachtkliniken (früher: Sonderkrankenhäuser)
- Vorsorge- und Rehabilitationskrankenhäuser

Allgemeine Krankenhäuser werden häufig auch als Akutkrankenhäuser bezeichnet. Im Jahr 2011 verteilten sich die Krankenhausbetten (ohne Vorsorge- und Rehabilitationskliniken) wie in Tabelle 18 ausgewiesen. Vorsorge- und Rehabilitationskliniken werden im folgenden Kapitel ausgeblendet; auf sie wird im Kapitel IV 4.3.4 eingegangen.

Die restlichen 15 % der Krankenhäuser bzw. 8 % der Betten gehören zu den Sonderkrankenhäusern (psychiatrische und psychosomatische Krankenhäuser, reine Tages- oder Nachtkliniken).

In den vergangenen Jahrzehnten wurden in Deutschland Krankenhäuser geschlossen bzw. Betten abgebaut (Abbildung 14).

Tab. 18: Anteil der Akutkrankenhäuser an Krankenhäusern und Betten (ohne Vorsorge- und Rehabilitationskliniken) im Jahr 2011

	Insgesamt	Davon in % Akutkrankenhäuser
Anzahl Krankenhäuser	2 045	85
Anzahl Betten	502 029	92

Quelle: Gesundheitsberichterstattung Bund, Internet www.gbe-bund.de

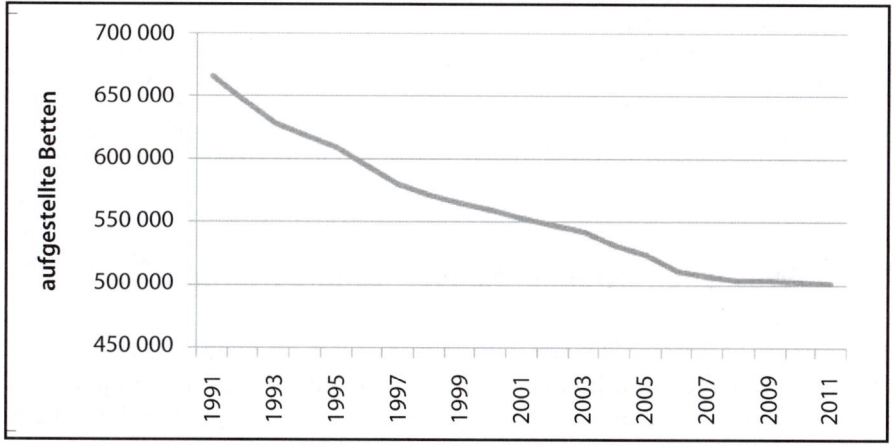

Abb. 14: Bettenabbau in Deutschland von 1991 bis 2011. Gesundheitsberichterstattung Bund, Internet www.gbe-bund.de

Ursache dafür waren Überkapazitäten, die sich in einer im internationalen Vergleich hohen Bettendichte (Anzahl Krankenhausbetten je 1 000 Einwohner, vgl. Kap. IV 3.4) niederschlugen (Tabelle 19). Auch wenn die Bettendichte in Deutschland im Zuge des Bettenabbaus gesunken ist, liegt sie doch noch über jener in den meisten anderen Ländern der Europäischen Union.

183

Tab. 19: Akutbetten je 1 000 Einwohner im Jahr 1992 und 2010 in Deutschland – Vergleich mit anderen europäischen Ländern 2010

Betten je 1 000 Einwohner	
Deutschland 1992	7,3
Deutschland 2010	5,7
Frankreich 2010	3,5
Italien 2010	2,8
Österreich 2010	5,5
Großbritannien 2010	2,4
Finnland 2010	1,8

Quelle: OECD Health Data 2010, Internet http://www.oecd.org/health/health-systems/oecdhealthdata2012-frequentlyrequesteddata.htm (Zugriffsdatum 3.6.2013)

3.1 Was ist ein Krankenhaus? – Legaldefinition

Definitionen des Begriffs Krankenhaus finden sich im Krankenhausfinanzierungsgesetz (KHG) und im SGB V. Da die Definition des KHG in jener des SGB V aufgeht, wird an dieser Stelle die ausführliche Begriffserklärung des SGB V § 107 Abs. 1 wiedergegeben.

„Krankenhäuser im Sinne dieses Gesetzbuchs sind Einrichtungen, die

1. *der Krankenhausbehandlung oder Geburtshilfe dienen,*
2. *fachlich-medizinisch unter ständiger ärztlicher Leitung stehen, über ausreichende, ihrem Versorgungsauftrag entsprechende diagnostische und therapeutische Möglichkeiten verfügen und nach wissenschaftlich anerkannten Methoden arbeiten,*
3. *mithilfe von jederzeit verfügbarem ärztlichem, Pflege-, Funktions- und medizinisch-technischem Personal darauf eingerichtet sind, vorwiegend durch ärztliche und pflegerische Hilfeleistung Krankheiten der Patienten zu erkennen, zu heilen, ihre Verschlimmerung zu verhüten, Krankheitsbeschwerden zu lindern oder Geburtshilfe zu leisten, und in denen*
4. *die Patienten untergebracht und verpflegt werden können.“*

Zusammengefasst wird ein Krankenhaus durch vier Merkmale – Behandlung bzw. Geburtshilfe, ärztliche Leitung, pflegerische Versorgung und die so genannten Hotelleistungen (Unterkunft und Verpflegung) – beschrieben.

3.2 Die Krankenhauslandschaft in Deutschland im Überblick

Unter dem Begriff Krankenhausträger versteht man den Betreiber eines oder mehrerer Krankenhäuser. Drei Arten von Krankenhausträgern werden unterschieden: **öffentliche, gemeinnützige und private.**

Private Krankenhausträger verfolgen erwerbswirtschaftliche Ziele, also die Erwirtschaftung von Gewinn. Sie werden überwiegend in den Rechtsformen der Aktiengesellschaft und der GmbH geführt. Für gemeinnützige Krankenhäuser spielt das erwerbswirtschaftliche Prinzip keine Rolle; sie gehören dem so genannten Non-Profit-Sektor der Unternehmen an. Da diese Rechtsform im Gesundheitswesen häufig anzutreffen ist, wird sie in Teil V in Kapitel 1 beschrieben.

Der öffentlichen Hand – in diesem Fall den Bundesländern – gehören die Universitätskliniken. Waren Hochschulkliniken früher Betriebseinheiten der Universität, haben sie heute meist die Rechtsform einer **Anstalt des öffentlichen Rechts** (ebenso wie viele Krankenhäuser, die als kommunale Eigenbetriebe geführt werden). Diese sind, wie auch die Körperschaften des öffentlichen Rechts, also Krankenkassen, Kassenärztliche Vereinigung etc., juristische Personen des öffentlichen Rechts. Öffentliche Anstalten dienen der Nutzung durch die Bevölkerung. Sie basieren damit nicht auf dem Prinzip der Mitgliedschaft, wie die Körperschaften, sondern eben auf dem der Inanspruchnahme bzw. der **Benutzung.** (Öffentliche Anstalten sind z. B. die öffentlich-rechtlichen Rundfunk- und Fernsehsender ARD und ZDF; ihre Angebote werden von den Bürgern genutzt.) Wird ein Krankenhaus in der Rechtsform einer Anstalt des öffentlichen Rechts geführt, agiert es eigenständig, hat ein eigenes Budget, betreibt kaufmännische Buchführung. Öffentliche Anstalten unterliegen ebenso wie öffentlich-rechtliche Körperschaften der Rechtsaufsicht des Staates.

Kommunen (Städte und Landkreise) betreiben eigene Krankenhäuser (Städtische Krankenhäuser, Kreiskliniken). Nach dem Grad rechtlicher Selbstständigkeit wird zwischen Regiebetrieben und Eigenbetrieben unterschieden. Ist ein Krankenhaus **Regiebetrieb** einer Kommune, so besitzt es kaum eigene Handlungsmöglichkeiten; es kann nicht eigenständig haushalten, sondern ist Bestandteil des Kommunalhaushaltes und hängt somit von den Entscheidungen des Stadtrates bzw. Landkreistages ab. In dieser Organisationsform werden öffentliche Krankenhäuser heute kaum mehr betrieben. Ein **Eigenbetrieb** ist ein organisatorisch und finanzwirtschaftlich gesondertes kommunales Unternehmen, entweder geführt als Unternehmen ohne eigene Rechtspersönlichkeit oder wie Hochschulkliniken als Anstalt des öffentlichen Rechts. Bekommt ein Krankenhaus den Status eines Eigenbetriebs, besitzt es wesentlich mehr eigene Gestaltungsmöglichkeiten als ein Regiebetrieb. Es verfügt über ein Budget, innerhalb dessen es nach eigenem Ermessen wirtschaften kann, es darf Überschüsse erzielen und betreibt doppelte Buchführung. Die Beschäftigten sowohl in Regie- als auch in Eigenbetrieben werden nach Tarifen des öffentlichen Dienstes bezahlt.

Die Kommunen gehen mehr und mehr dazu über, Krankenhäuser zu privatisieren und in die Rechtsform einer GmbH bzw. einer gemeinnützigen GmbH (gGmbH) zu überführen. Die in Tabelle 20 ausgewiesenen Vergleichszahlen belegen die Privatisierungstendenz. Tarife des öffentlichen Dienstes sind in privaten Rechtsformen nicht zwingend vorgeschrieben. Besitzt die Kommune allerdings die Mehrheitsanteile an einer Klinik in privater Rechtsform, so wird die Klinik den öffentlichen Trägern zugeordnet.

Tab. 20: Anteil öffentlicher, gemeinnütziger und privater Krankenhäuser[1] und Betten im Vergleich der Jahre 1990 und 2011

Träger	Anteil an Kranken- häusern in %		Anteil an Betten in %	
	1990	2011	1990	2011
Öffentlich	47,3	30,4	62,8	48,4
Gemeinnützig	38,2	36,5	33,5	34,3
Privat	14,5	33,2	3,7	17,3

[1] allgemeine Krankenhäuser
Quelle: Deutsche Krankenhausgesellschaft, Zahlen, Daten, Fakten 1993, Düsseldorf 1993; Internet http://www.dkgev.de/media/file/13648.RS137-13_KH-Statistik-2011_Korrektur_A.pdf (Zugriffsdatum 3.6.2013); eigene Berechnungen

Eine wichtige Unterscheidung von Krankenhäusern erfolgt in Abhängigkeit von ihrer Zulassung, GKV-Patienten behandeln zu dürfen. Nach § 108 SGB V dürfen Krankenkassen nur von drei Arten von Krankenhäusern Krankenhausbehandlung erbringen lassen:

• Hochschulkliniken
• Krankenhäuser, die in den Krankenhausplan des jeweiligen Bundeslandes aufgenommen sind (Plankrankenhäuser)
• Versorgungskrankenhäuser.

Plankrankenhäuser erhalten nach dem KHG vom Bundesland Investitionsförderung aus Steuermitteln (vgl. Kap. IV 3.6.2). Die Bundesländer ermitteln den Bettenbedarf (Bedarfsplanung) und fördern die Investitionen von Krankenhäusern, deren Kapazitäten der Planung gemäß bedarfsnotwendig sind. **Versorgungskrankenhäuser** sind aufgrund eines Vertrages mit den Landesverbänden der Krankenkassen und den Ersatzkassen zur Behandlung von GKV-Patienten zugelassen. Die überwiegende Anzahl von Krankenhäusern und Betten fällt in die Kategorie der Plankrankenhäuser.

Tab. 21: Krankenhäuser[1] nach Zulassungsstatus 2011

	Hochschul-kliniken	Plan-kranken-häuser	Kranken-häuser mit Versorgungs-betten	Übrige Kranken-häuser
Anzahl Krankenhäuser	34	1 630	135	377
Anzahl Betten	44 095	440 875	7 542	9 517

[1] allgemeine Krankenhäuser
Quelle: Statistisches Bundesamt, Internet https://www.destatis.de/DE/Publikationen/
Thematisch/Gesundheit/Krankenhaeuser/
GrunddatenKrankenhaeuser2120611117004.pdf?__blob=publicationFile
(Zugriffsdatum 4.6.2013)

3.3 Das Krankenhaus als Betrieb

Im Folgenden werden einige Merkmale und wirtschaftliche Kennziffern des Dienstleistungsbetriebes Krankenhaus beschrieben. Zugrunde gelegt werden Durchschnittsangaben für die Krankenhäuser in Deutschland auf der Basis von Daten des Statistischen Bundesamtes.

3.3.1 Die wichtigsten Erlösquellen

Erlöse erzielen Krankenhäuser aus folgenden Quellen:

- allgemeine Krankenhausleistungen
- ambulante Leistungen
- nicht-ärztliche Wahlleistungen
- Nutzungsentgelt

Mit Abstand bedeutendste Erlösquelle sind die allgemeinen Krankenhausleistungen, ihre Vergütung wird unter Abschnitt 3.7 beschrieben. Auf ambulante Krankenhausleistungen wurde im Kapitel IV 2.11 eingegangen. Die übrigen Erlöskategorien werden im Kapitel IV 3.9 dargestellt.

Neben den oben genannten Erträgen, erzielen Krankenhäuser betriebliche Erlöse z. B. auch aus Neben- und Hilfsbetrieben. Wenn eine große Klinik mit eigener Apotheke Arzneimittel an ein kleineres Krankenhaus, das keine eigene Apotheke betreibt, verkauft, so erzielt es einen Erlös. In solchen Fällen agiert das Krankenhaus wie jeder andere Wirtschaftsbetrieb. Umsätze, wie

187

der im Beispiel genannte, unterliegen der Mehrwertsteuer, da sie als nicht eng verbunden mit dem Krankenhaus gelten, d. h., sie gehen nicht notwendig mit dem Betrieb eines Krankenhauses einher (vgl. Kap. IV 1.2). Entsprechend kann das Krankenhaus in solchen Fällen Vorsteuern abziehen. Im Folgenden werden Erlöse dieser Art nicht berücksichtigt, da sich Krankenhäuser hier nicht von anderen Betrieben unterscheiden.

3.3.2 Fachabteilungen

Die Bedarfsplanung der Bundesländer erfolgt nach Fachabteilungen der Krankenhäuser. Die Krankenhauspläne einzelner Bundesländer unterscheiden verschiedene Krankenhaustypen nach der Art und Menge von Fachabteilungen, die in der Klinik vorgehalten werden. Die daraus resultierende Einteilung der Krankenhäuser gibt die Versorgungstiefe wieder. Beispielsweise werden der **Grund- und Regelversorgung** Krankenhäuser zugeordnet, die eine chirurgische und eine internistische Fachabteilung aufweisen, der **Schwerpunktversorgung** Kliniken mit mindestens 6 Hauptabteilungen, der **Maximalversorgung** Krankenhäuser mit mindestens 9 Hauptabteilungen. Daneben gibt es Fachkliniken, die Behandlungen für eine Indikationsgruppe anbieten, z. B. Augenkliniken, Krankenhäuser für Frauenkrankheiten und Geburtshilfe, orthopädische Krankenhäuser etc. In Tabelle 22 sind für Krankenhäuser

Tab. 22: Aufteilung der Betten auf Hauptfachabteilungen 2011[1]

Betten insgesamt	502 029
davon in %:	
Innere Medizin	30
Chirurgie	21
Psychiatrie	14
Frauenheilkunde und Geburtshilfe	7
Neurologie	6
Orthopädie	5
Kinderheilkunde	4
Übrige	13

[1] allgemeine Krankenhäuser und Krankenhäuser mit ausschließlich psychiatrischen oder psychiatrischen und neurologischen Betten sowie reine Tages- und Nachtkliniken
Quelle: Statistisches Bundesamt, Internet https://www.destatis.
de/DE/Publikationen/Thematisch/Gesundheit/Krankenhaeuser/
GrunddatenKrankenhaeuser2120611117004.pdf?__blob=publicationFile
(Zugriffsdatum 4.6.2013)

(Akutkrankenhäuser und psychiatrische Krankenhäuser) in Deutschland die Anzahl der Betten in den Fachabteilungen in Prozent dargestellt.

3.3.3 Kostenstruktur und Beschäftigte

Die Kostenstruktur der Krankenhäuser wird jährlich vom Statistischen Bundesamt erfasst und veröffentlicht. Insgesamt betrugen die Kosten der Kliniken (inkl. der psychiatrischen, psychiatrisch-neurologischen und sonstigen Krankenhäuser) im Jahr 2011 81,8 Mrd. €. Sie setzten sich – eingeteilt in die großen Kostenblöcke – prozentual wie folgt zusammen:

60,5 %	Personalkosten
37,9 %	Sachkosten
1,6 %	sonstige Kosten (inkl. Kosten der Ausbildungsstätten)

Quelle: Statistisches Bundesamt, Internet https://www.destatis.de/DE/Publikationen/
Thematisch/Gesundheit/Krankenhaeuser/
KostennachweisKrankenhaeuser2120630117004.pdf?__blob=publicationFile
(Zugriffsdatum 4.6.2013)

Die Sachkosten der Krankenhäuser werden zu ca. der Hälfte von Gütern des medizinischen Bedarfs verursacht. Den größten Einzelposten des medizinischen Bedarfs bilden die Medikamentenkosten (Tabelle 23).

Das Statistische Bundesamt bedient sich bei der Erhebung der Sachkosten der Systematik der Aufwandsgruppen 65–72 der **Krankenhausbuchführungsverordnung (KHBV)**.

Die Personalkosten der Kliniken werden von den Gehältern der Mitarbeiter/innen im Pflegedienst dominiert (Tabelle 24).

In den Kliniken in Deutschland waren 2011 insgesamt 825 195 Vollkräfte beschäftigt, 38 % von ihnen arbeiten im Pflegedienst. Tabelle 25 zeigt die Zusammensetzung des Krankenhauspersonals umgerechnet in Vollzeitkräfte.

Die Systematik der Berufe des Krankenhauspersonals in der Personal- und der Personalkostenstatistik folgt der Aufteilung der Aufwandsgruppe 60 „Löhne und Gehälter" der KHBV.

Ärztliches Personal sind die im Krankenhaus tätigen Ärzte und Ärztinnen. Im Pflegedienst arbeiten Krankenschwestern und -pfleger, die Dienst am Krankenbett verrichten, ebenso Pflegepersonal in Intensiv- und Dialysestationen.

Dem medizinisch-technischen Dienst gehören alle Mitarbeiter der Krankenhausapotheke an sowie Assistenzberufe wie z. B. medizinisch-technische und

Tab. 23: Zusammensetzung der Sachkosten in Krankenhäusern 2011[1]

Kostenart	
Sachkosten insgesamt	31,6 Mrd. €
davon in %:	
Medizinischer Bedarf	48,9
(davon 21 % Arzneimittel)	
Instandhaltungskosten	9,9
Wirtschaftsbedarf	9,1
Energie, Brennstoffe, Wasser	6,5
Verwaltungsbedarf	6,7
Übrige Sachkosten	18,9

[1] allgemeine Krankenhäuser und Krankenhäuser mit ausschließlich psychiatrischen oder psychiatrischen und neurologischen Betten sowie reine Tages- und Nachtkliniken
Quelle: Statistisches Bundesamt, Internet https://www.destatis.de/DE/Publikationen/Thematisch/Gesundheit/Krankenhaeuser/KostennachweisKrankenhaeuser2120630117004.pdf?__blob=publicationFile (Zugriffsdatum 5.6.2013)

Tab. 24: Zusammensetzung der Personalkosten in Krankenhäusern 2011[1]

Kostenart	
Personalkosten insgesamt	49,5 Mrd. €
davon in %:	
Pflegedienst	31,7
Ärztlicher Dienst	29,8
Medizinisch-technischer Dienst	13,5
Funktionsdienst	9,8
Verwaltung	6,4
Wirtschafts-, Versorgungsdienst	3,2
Technischer Dienst	1,8
Übrige Personalkosten	3,8

[1] allgemeine Krankenhäuser und Krankenhäuser mit ausschließlich psychiatrischen oder psychiatrischen und neurologischen Betten sowie reine Tages- und Nachtkliniken
Quelle: vgl. Tab. 23

Tab. 25: Personal in deutschen Kliniken nach Berufsgruppen 2011[1]

Vollkräfte im Jahresdurchschnitt	**825 196**
Ärztliches Personal	139 068
Pflegedienst	310 815
Medizinisch-technischer Dienst	134 992
Funktionsdienst	95 080
Klinisches Hauspersonal	11 020
Wirtschafts- und Versorgungsdienst	41 756
Technischer Dienst	17 212
Verwaltungsdienst	59 565
Sonderdienste	4 091
Sonstiges Personal	11 597

[1] allgemeine Krankenhäuser und Krankenhäuser mit ausschließlich psychiatrischen oder psychiatrischen und neurologischen Betten sowie reine Tages- und Nachtkliniken
Quelle: Statistisches Bundesamt, Internet https://www.destatis.de/DE/Publikationen/ Thematisch/Gesundheit/Krankenhaeuser/ GrunddatenKrankenhaeuser2120611117004.pdf?__blob=publicationFile (Zugriffsdatum 5.6.2013)

physikalisch-technische Assistenten, Diätassistenten, Laboranten, Arzthelfer. Ebenso zählen therapeutische Berufe wie Psychologen, Logopäden, Krankengymnasten dazu. Unter der Rubrik medizinisch-technischer Dienst werden auch Schreibkräfte des ärztlichen und des medizinisch-technischen Bereichs (z. B. Schreibkräfte der Chefärzte, Schreibkräfte der Krankenhausapotheke) geführt und am Krankenhaus beschäftigte Angehörige von naturwissenschaftlichen nicht-medizinischen Gesundheitsberufen (Chemiker, Physiker, Bio-Ingenieure) sowie Sozialarbeiter.

Im Funktionsdienst arbeiten Krankenschwestern und -pfleger, die ihren Dienst nicht am Krankenbett verrichten, also z. B. OP-Schwestern, Pflegepersonal in der Anästhesie, in der Diagnostik, Hebammen. Zum Funktionsdienst gehören ferner Beschäftigungstherapeuten und die Mitarbeiter der Sterilisation und des Krankentransportdienstes.

Beim klinischen Hauspersonal arbeiten Haus- und Reinigungskräfte der Kliniken und Stationen. Unter Wirtschafts- und Versorgungsdienst werden

Mitarbeiter der Hausmeisterei, der Küche, der Wäscherei, des Lagers, der Bettenzentrale geführt. Im technischen Dienst sind Mitarbeiter beschäftigt, die sich um die Instandhaltung von Gütern des Anlagevermögens kümmern, z. B. Maler und sonstige Handwerker. Ebenso gehören Ingenieure und Techniker dazu sowie Mitarbeiter in den Versorgungsbereichen (Wärme, Wasser, Strom).

Mitarbeiter des Verwaltungsdienstes werden in der Patientenaufnahme, der Abrechnung, der Buchhaltung, der Kasse eingesetzt. Zum Verwaltungsdienst gehören auch der Pförtner, Telefonisten, Boten, Schreibkräfte der Verwaltung und Angestellte in der Statistischen und der Wirtschaftsabteilung.

Unter Sonderdiensten werden kirchliche Kräfte (Oberinnen, Krankenhausseelsorger) geführt sowie Mitarbeiter zur Betreuung der Kinder des Personals. Als sonstiges Personal werden Famuli (Medizinstudenten, die ihr Krankenhauspraktikum ableisten) bezeichnet und alle übrigen Praktikanten und Schüler im Krankenhaus.

3.3.4 Organisationsaufbau

Krankenhäuser sind meist als **Einliniensysteme** organisiert, wobei vor allem in größeren Kliniken Stabsstellen dazukommen. Typisch für Krankenhäuser ist eine Dreiteilung der Managementebene unterhalb der Geschäftsführung in einen ärztlichen Leiter, einen Pflegedienstleiter und einen Wirtschafts- und Verwaltungsleiter. Die Abbildung 15 gibt das Organigramm eines Beispielkrankenhauses wieder, das in der Rechtsform einer GmbH oder gGmbH betrieben wird.

Einliniensysteme, wie im Beispiel dargestellt, sind im Krankenhaus die Regel. Sie bieten den Vorzug klarer Kompetenz- und Leitungszuweisungen. Andererseits führen sie zu einem Abhängigkeitsverhältnis zwischen der Leitung und den weisungsgebundenen Mitarbeitern.

In der Abbildung wurde die Rechtsform einer GmbH angenommen; die Geschäftsführung, von der Gesellschafterversammlung eingesetzt, kann von außerhalb des Krankenhauses kommen. In Krankenhäusern findet sich auch häufig die Konstellation, dass die oberste Entscheidungsebene bei einem Direktorium liegt, das als Dreiergremium mit einem ärztlichem, einem pflegerischen und einem Verwaltungsdirektor besetzt ist, die alle der Klinik angehören und kollektiv entscheiden.

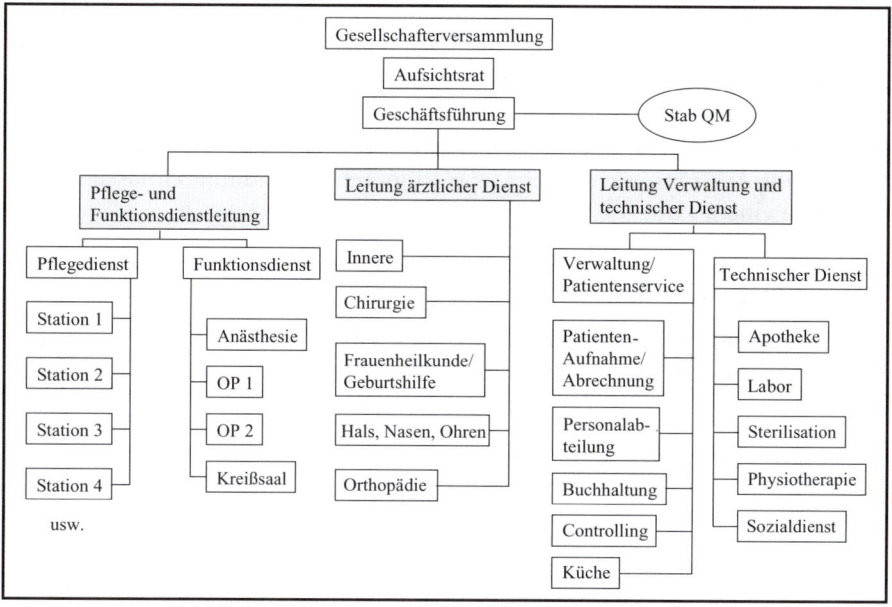

Abb. 15: Organigramm eines Beispielkrankenhauses (GmbH oder gGmbH)

3.4 Kennziffern der Krankenhausversorgung

Kennziffern werden für die Krankenhausplanung der Bundesländer, für die innerbetriebliche Statistik eines Krankenhauses, im Controlling, für Krankenhausvergleiche und für internationale Vergleiche der stationären Versorgung der Bevölkerung eingesetzt.

Die **Bettendichte** wurde in Tabelle 19 bereits im internationalen Vergleich dargestellt. Sie gibt, bezogen auf eine bestimmte Bevölkerungsanzahl, z. B. 1 000 Einwohner, die Anzahl von Krankenhausbetten wieder. Damit misst sie den Versorgungsgrad für eine Region, ein Bundesland, ein Land.

Berechnungsbeispiel:

Im Bundesland Hamburg gibt es im Jahr 2011 insgesamt 12 071 Krankenhausbetten, die Einwohnerzahl Hamburgs beträgt 1,79 Mio. Menschen.

Bettendichte je 1 000 Einwohner in Hamburg 2011:

$$\frac{12\,071 \text{ Krankenhausbetten}}{1\,790\,000 \text{ Einwohner}} \times 1\,000 = \frac{6{,}7 \text{ Krankenhausbetten je}}{1\,000 \text{ Einwohner}}$$

Die **Verweildauer** gibt die durchschnittliche Länge eines Krankenhausaufenthaltes in Tagen an. Dazu werden die Belegungstage (bzw. Pflegetage) auf die Anzahl der Behandlungsfälle (Fallzahl) bezogen. In die Belegungstage werden der Aufnahmetag der Patienten und jeder weitere stationär zugebrachte Tag **ohne den Entlassungs- bzw. Verlegungstag** einberechnet. Die Fallzahl erhält man durch Aufsummieren aller aus stationärer Behandlung **entlassenen Patienten** in einem Jahr.

Berechnungsbeispiel:

Im Kreiskrankenhaus Neustadt wurden im Vorjahr 10 911 Patienten entlassen und 90 290 Pflegetage erbracht. Die durchschnittliche Verweildauer betrug:

$$\frac{90\,290\ \text{Pflegetage}}{10\,911\ \text{Behandlungsfälle}} = 8{,}3\ \text{Pflegetage je Behandlungsfall (Verweildauer)}$$

Im **gesamten Bundesgebiet liegt die Verweildauer bei 7,7 Tagen** (Angabe für 2011). Sie ist in den vergangenen Jahren gesunken, wie Abbildung 16 zeigt.

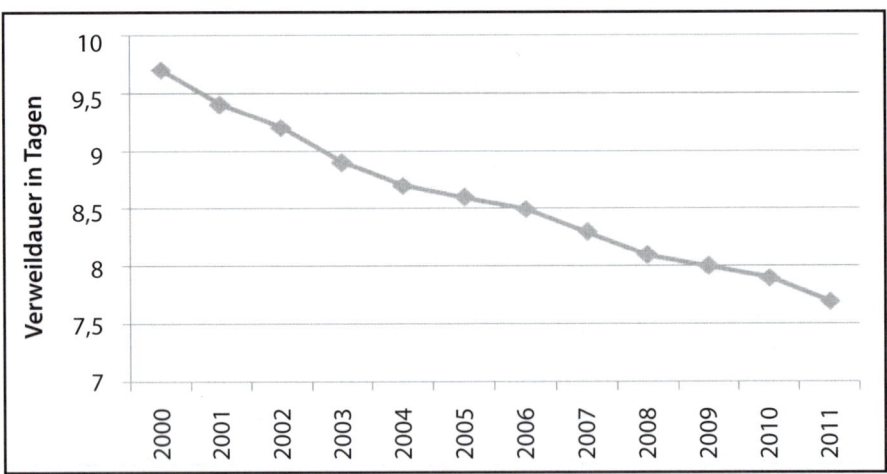

Abb. 16: Entwicklung der Verweildauer von 2000 bis 2011. Quelle: Gesundheitsberichterstattung des Bundes; Internet: http://www.gbe-bund.de

Im gleichen Zeitraum stieg die Anzahl der Behandlungsfälle etwas an, d. h., es wurden mehr Patienten in immer kürzerer Zeit behandelt. Für das Krankenhauspersonal bedeutet dies eine Arbeitsverdichtung.

Der **Auslastungsgrad** (bzw. Bettennutzung) gibt an, wie viel Prozent der Krankenhausbetten im Durchschnitt eines bestimmten Zeitraumes, z. B. eines Jahres, belegt waren. Zur Berechnung werden die Pflegetage in Relation zu den über das Jahr aufgestellten Betten des Krankenhauses gesetzt.

Berechnungsbeispiel:

Das Kreiskrankenhaus Neustadt hält 310 Betten vor. Der Auslastungsgrad betrug im Vorjahr (2011):

$$\frac{90\,290 \text{ Pflegetage}}{365 \text{ Tage} \times 310 \text{ Betten}} \times 100 = 79{,}8 \text{ \% Bettennutzung}$$

Im Vorjahr waren im Durchschnitt 79,8 % der Betten der Kreisklinik mit Patienten belegt. Wird die Bettennutzung für ein Schaltjahr berechnet, sind im Nenner 366 Tage anzusetzen.

Die vorgestellten Kennziffern werden von den Bundesländern für die Krankenhausplanung genutzt. Verweildauer und Auslastungsgrad spielen eine bedeutende Rolle im innerbetrieblichen Controlling (vgl. Kap VI 2)

3.5 Der Weg des Patienten durch die stationäre Krankenhausbehandlung

Es gibt drei Möglichkeiten in Krankenhausbehandlung zu kommen:

- durch Einweisung eines niedergelassenen Arztes
- als Notfall
- durch Verlegung von einem Krankenhaus in ein anderes.

Im Normalfall, der Einweisung durch einen niedergelassenen Arzt, begibt sich der Patient in die Aufnahme. Dort legt er seinen Personalausweis, seine Versichertenkarte und den Krankenhauseinweisungsschein seines Arztes vor. Die Daten der Krankenversichertenkarte und des Einweisungsscheines werden in ein Aufnahmeformular übernommen. Mit der Unterschrift unter das Aufnahmeformular schließt der Patient einen Behandlungsvertrag mit dem Krankenhaus und anerkennt dessen allgemeine Vertragsbedingungen. Ebenso wie bei einem mit dem niedergelassenen Arzt oder einem Heilmittel-Leistungserbringer abgeschlossenem Vertrag handelt es sich auch hier um einen Dienstvertrag (vgl. Kap. IV 2.2.1). In den allgemeinen Vertragsbedingungen werden u. a. die Leistungen des Krankenhauses definiert, die Modalitäten bei Aufnahme, Verlegung, Entlassung beschrieben, die Entgeltabrechnung festgelegt. Kann ein Patient einen Krankenversicherungsschutz, gesetzlich oder privat, nicht nachweisen, ist er also ein so genannter Selbstzahler, kann das Krankenhaus von ihm eine angemessene Vorauszahlung verlangen (§ 8

Abs. 7 KHEntgG). Im Übrigen hat jeder Patient das Recht, dass ihm das Krankenhaus die voraussichtlich abzurechnende Fallpauschale und deren Entgelthöhe mitteilt.

Das Krankenhaus verpflichtet sich in den allgemeinen Vertragsbedingungen, die Bestimmungen des Datenschutzes und der Schweigepflicht einzuhalten. Der Patient wird auf seine Rechte, die Dokumentation einzusehen, hingewiesen. Möchte der Patient Wahlleistungen, so sind zusätzlich Wahlleistungsverträge abzuschließen (vgl. Kap. IV 3.9). Gesetzlich krankenversicherte Patienten, die das 18. Lebensjahr vollendet haben, werden über die Zuzahlung zur Krankenhausbehandlung – 10 € je Tag bis maximal 28 Tage – unterrichtet.

Nach den Aufnahmeformalitäten wird der Patient auf Station untersucht (in der Regel vom Stationsarzt). Vom Arzt werden die Haupt- und ggf. die Nebendiagnose(n) gestellt und mit dem ICD-10-GM verschlüsselt. Ist eine Operation geplant, kodiert der Arzt sie mit dem OPS (Operationen- und Prozedurenschlüssel). Der Anspruch auf Kostenübernahme der Krankenhausbehandlung durch die Kasse entsteht für den Patienten erst dann, wenn der Krankenhausarzt bei seiner Untersuchung bestätigt, dass eine andere Behandlung (ambulant oder teilstationär) nicht ausreicht (§ 39 SGB V). Entscheidet der Krankenhausarzt, die stationäre Versorgung sei notwendig, bekommt der Patient ein Zimmer und ein Bett zugewiesen. Vor der Behandlung hat er das Recht auf Aufklärung gemäß den in der ärztlichen Berufsordnung niedergeschriebenen Patientenrechten.

Am Tag der Entlassung wird der behandelnde Arzt ein Abschlussgespräch mit dem Patienten führen, in dem er ihn über das weitere Vorgehen, eventuelle Vorsichtsmaßnahmen etc. unterrichtet. Der einweisende Arzt erhält vom Krankenhaus einen Arztbrief, der ihn über die Behandlung seines Patienten in der Klinik informiert. Bei manchen Patienten ist eine Beratung oder Hilfestellung zur Nachsorge, Rehabilitation, Hilfsmittel, Rentenantragstellung, Leistungen der Pflegeversicherung etc. notwendig. Dazu verfügen Krankenhäuser über einen Sozialdienst, der die Patienten unterstützt und berät (vgl. hierzu Kapitel IV 7.3.1).

Am Entlassungstag entrichtet der Patient seine Zuzahlung, die vom Krankenhaus an seine Krankenkasse weitergeleitet wird.

3.6 Investitionsfinanzierung im Krankenhaus

3.6.1 Kennzeichen eines Kollektivgutes bei Krankenhäusern

Krankenhäuser nützen unmittelbar Menschen, die dort behandelt werden, um Heilung oder Linderung zu erfahren. Aus der Existenz eines Krankenhauses ziehen aber auch alle einen Nutzen, die gegenwärtig gesund sind. Wer damit rechnen muss, zu erkranken oder einen Unfall zu erleiden – also jeder – hat dann einen Vorteil, wenn die Dienste eines Krankenhauses für ihn erreichbar sind. Damit weisen Krankenhäuser Kennzeichen so genannter Kollektivgüter auf.

Die Vorzüge von Kollektivgütern können niemandem vorenthalten werden und es ist gleichzeitig nicht möglich, die Vorzüge dieser Güter einzelnen potentiellen Konsumenten zuzuordnen. Wer im Einzugsbereich eines Krankenhauses lebt, dem können im Bedarfsfall dessen Dienste nicht versagt werden, allein schon aufgrund der Strafbarkeit des Tatbestandes der unterlassenen Hilfeleistung. Andererseits ist es nicht möglich, den im Einzugsbereich des Krankenhauses lebenden Menschen bestimmte Teile des Schutzes und der Hilfestellung, die eine Klinik zu geben vermag, einzeln zuzuteilen.

Krankenhäuser besitzen also ähnliche Eigenschaften wie andere Kollektivgüter, z. B. Ampelanlagen, die jedem das Gut Verkehrssicherheit gewährleisten. Gemeinsam ist diesen Gütern, dass sich ein Markt für sie nicht etablieren kann. Dazu wäre es nötig, für jeden Nachfrager einen Preis pro Einheit des jeweiligen Gutes zu ermitteln. Das aber ist aufgrund der Eigenschaften von Kollektivgütern nicht möglich. Typisch für Kollektivgüter ist es deshalb, dass sie vom Staat bereitgestellt und aus Steuermitteln finanziert werden.

Das Kollektivbedürfnis, im Notfall Krankenhausleistungen bekommen zu können, ist nur dann erfüllbar, wenn Kliniken **nicht ständig völlig ausgelastet sind** (die Bettennutzung also unter 100 % liegt), sondern stets freie Kapazitäten aufweisen. In betriebswirtschaftlicher Hinsicht sind aber nicht ausgelastete Kapazitäten – freie Betten im Krankenhaus – nicht optimal. Sie verursachen Fixkosten, die nicht gedeckt sind. Krankenhäuser würden freiwillig folglich nicht investieren, um leer stehende Kapazitäten zu errichten. Damit kommt ein weiteres Argument hinzu, dass der Staat tätig wird.

3.6.2 Duale Finanzierung

Der Eigenschaft von Krankenhäusern, Kollektivbedürfnisse zu befriedigen, wird in Deutschland mit der dualen (aus dem Lat.: duo = zwei) Finanzierung Rechnung getragen. Die Investitionskosten werden steuerfinanziert von der öffentlichen Hand übernommen. Die Kosten des laufenden Betriebs werden von den Krankenkassen aus Beitragsmitteln (sowie von den Privatversicherungen und den Patienten ohne Versicherung, den so genannten Selbstzahlern) erstattet.

Dual finanziert werden

• Hochschulkliniken und
• Plankrankenhäuser.

Beide Krankenhaustypen sind neben den Versorgungskrankenhäusern nach § 108 SGB V zur Versorgung von GKV-Patienten zugelassen.

Investitionen von Hochschulkliniken werden, da sie Teil einer Universität sind, a priori vom Staat getragen. Finanziert werden sie aus dem Haushalt des Wissenschafts- bzw. Kultusministeriums des jeweiligen Landes und aus Bundesmitteln (§ 6 Hochschulbauförderungsgesetz).

Die Bundesländer sind allein zuständig für die Planung und Investitionskostenfinanzierung der Plankrankenhäuser. Rechtsgrundlage dafür ist das 1972 verabschiedete KHG. Zweck des Gesetzes ist nach § 1 Abs. 1 KHG, *„die wirtschaftliche Sicherung der Krankenhäuser, um eine bedarfsgerechte Versorgung der Bevölkerung mit leistungsfähigen Krankenhäusern zu gewährleisten und zu sozial tragbaren Pflegesätzen beizutragen."* Jedes Bundesland betreibt eine Krankenhausplanung nach fachspezifischen und regionalen Aspekten. Dabei ist nach § 1 Abs. 2 KHG die Vielfalt der Krankenhausträger zu beachten und die wirtschaftliche Sicherung freigemeinnütziger und privater Krankenhäuser zu gewährleisten. Damit findet sich im KHG eine ähnliche Formulierung wie im SGB XI für die Pflegeheime (vgl. Kap. IV 6.4). Hier wie dort ist eine „Monokultur" der Versorgung unerwünscht, die entstünde, wenn einseitig bestimmte Krankenhausträger dominieren würden.

Alle übrigen Krankenhäuser, z. B. Versorgungskrankenhäuser, Unfallkliniken von Berufsgenossenschaften, Rehabilitationskliniken, Polizei- und Bundeswehrkrankenhäuser, Krankenhäuser im Strafvollzug, werden nicht dual finanziert.

Krankenhäuser, deren Investitionen nach dem KHG gefördert werden, haben dann Anspruch auf öffentliche Mittel, wenn sie in den Krankenhausplan eines Landes und in das Investitionsprogramm aufgenommen sind (§ 8 KHG). Beide Pläne – Krankenhaus- und Investitionsplan – stellen die Sozialministerien der Bundesländer auf (§ 6 KHG).

Was im Sinne des KHG unter förderungsfähigen Investitionen, also den Investitionskosten, die vom Bundesland übernommen werden, zu verstehen ist, wird in § 2 Ziff. 2 KHG definiert. Demgemäß sind Investitionskosten

„a) die Kosten der Errichtung (Neubau, Umbau, Erweiterungsbau) von Krankenhäusern und der Anschaffung der zum Krankenhaus gehörenden Wirtschaftsgüter, ausgenommen der zum Verbrauch bestimmten Güter (Verbrauchsgüter),
b) die Kosten der Wiederbeschaffung der Güter des zum Krankenhaus gehörenden Anlagevermögens (Anlagegüter)."

Den Investitionskosten stellt das KHG folgende Kosten gleich (§ 2 Ziff. 3 KHG):

• Nutzungsentgelte für wiederbeschaffte Anlagegüter (z. B. Leasingraten)

- Darlehenskosten (Zins, Tilgung, Verwaltungsaufwand), sofern die Investition auf Kredit finanziert wird
- Abschreibungen auf Investitionsgüter.

Nicht zu den Investitionskosten gehören die Kosten des Grundstücks, des Grundstückserwerbs (z. B. Notarkosten), der Grundstückserschließung (z. B. Gas-, Wasserversorgung) und deren Finanzierung.

Das KHG grenzt von den Investitionskosten die so genannten pflegesatzfähigen Kosten ab. (Die Gesetze, die die duale Finanzierung regeln, sind lange vor der Einführung der Fallpauschalen entstanden; deshalb ist dort immer noch die Rede von „pflegesatzfähigen" Kosten, obgleich diese Bezeichnung heute nicht mehr passt.) Pflegesatzfähig sind jene Kosten, die von den Krankenkassen, Privatversicherungen und Selbstzahlern – also den Trägern der Betriebskosten – finanziert werden. Sie sind in die Fallpauschalen und Zusatzentgelte einkalkuliert, und werden den Krankenhäusern damit entgolten. Die Verordnung über die Abgrenzung der im Pflegesatz nicht zu berücksichtigenden Investitionskosten von den pflegesatzfähigen Kosten der Krankenhäuser (Abgrenzungsverordnung – AbgrV) definiert die Gütergruppen, die zur Leistungserbringung des Krankenhauses eingesetzt werden und ordnet ihnen die jeweilige Finanzierung im Rahmen der dualen Zuständigkeit, Bundesland bzw. Krankenversicherer, zu (§§ 2 und 3 AbgrV).

Anlagegüter sind Güter mit einer Nutzungsdauer von mehr als drei Jahren, die zum Anlagevermögen des Krankenhauses gehören, z. B. Bauten, Ausstattung des OP, Diagnosegeräte, Betten. Unter die Begriffsbestimmung fallen alle Güter, die im Sinne des KHG Investitionen sind, die vom Bundesland übernommen werden (vgl. oben die Auflistung aus dem KHG).

Gebrauchsgüter sind Anlagegüter mit einer Nutzungsdauer von bis zu drei Jahren, z. B. Blutdruckmessgeräte, Stethoskope. Diese Güter werden dann vom Bundesland finanziert, wenn sie zur **Erstausstattung** eines Neubaus bzw. Erweiterungsbaus gehören. In allen übrigen Fällen sind sie aus den laufenden Einnahmen der Kliniken, d. h. aus Mitteln der Träger der Betriebskosten zu finanzieren.

Verbrauchsgüter werden durch ihren Einsatz verzehrt bzw. unbrauchbar, wie z. B. Medikamente, Einmalspritzen. Zu den Verbrauchsgütern zählen auch geringwertige Gebrauchsgüter, deren Bruttoanschaffungskosten 150 € nicht übersteigen. Verbrauchsgüter werden grundsätzlich aus den laufenden Einnahmen durch Fallpauschalen und Zusatzentgelte, also von den Krankenversicherern, finanziert.

Ebenfalls aus laufenden Einnahmen finanzieren die Kliniken **Kosten der Instandhaltung** von Anlagegütern, z. B. Reparatur- oder Sanierungsmaßnahmen an Gebäuden oder Geräten.

> **Beispiel:**
>
> Das Kreiskrankenhaus Neustadt beschafft Arzneimittel und Implantate (z. B. Herzschrittmacher), bezahlt die Rechnung einer Wäscherei für die Reinigung der Bettwäsche, kauft Druckerpatronen für die Patientenaufnahme, erwirbt Baumaterialien zur Ausbesserung der Fassade. Alle diese Güter bzw. Dienstleistungen werden aus den Erlösen für Fallpauschalen, Zusatzentgelten bzw. aus dem Budget bezahlt. Die anfallenden Kosten sind so genannte pflegesatzfähige Kosten.

Die Investitionsförderung des jeweiligen Bundeslandes, also die Finanzierung der Anschaffung/Wiederbeschaffung von Anlagegütern, wird als Einzelförderung oder als Pauschalförderung gewährt (§ 9 KHG).

Unter **Einzelförderung** (§ 9 Abs. 1,2 KHG) fallen alle Anlagegüter mit einer Nutzungsdauer von mehr als 15 Jahren, also z. B. Neubauten, Einbauten, Großgeräte. Gefördert wird auch die Schließung von Krankenhäusern oder ihre Umwidmung, z. B. in Pflegeeinrichtungen. Das Krankenhaus muss einen Antrag auf Einzelförderung beim Bundesland stellen. Antragsberechtigt sind Krankenhäuser, wenn sie in das Investitionsprogramm des jeweiligen Bundeslandes aufgenommen sind (§ 8 KHG). Das Sozialministerium prüft, ob die geplante Investition nach dem Bedarfsplan erforderlich ist und den Grundsätzen von Wirtschaftlichkeit und Sparsamkeit entspricht (vgl. z. B. Bayerisches Krankenhausgesetz Art. 11). Die Investitionsvorhaben der Kliniken sind also davon abhängig, ob sie von den zuständigen Landesministerien genehmigt werden. Damit aber ergibt sich eine faktische Abhängigkeit von der Haushaltslage der Bundesländer. Da die Länder seit langem Haushaltsdefizite aufweisen, werden Anträge auf Investitionsförderung oft abgelehnt. Werden Anträge von Kliniken genehmigt, vergehen meist Jahre, bis die Fördersumme ausgezahlt wird. Das Krankenhaus muss selbst für eine Zwischenfinanzierung sorgen, wenn es das Investitionsvorhaben gleich realisieren möchte.

> **Beispiel:**
>
> Das Bundesland genehmigt dem Kreiskrankenhaus Neustadt einen Erweiterungsbau der geriatrischen Abteilung. Die Kosten des Neubaus (ohne Grundstücks-, Grunderwerbs- und Erschließungskosten), dessen Ausstattung mit Anlagegütern wie etwa Betten und Gebrauchsgütern (z. B. Serviertischchen) finanziert das Bundesland.

Anders ist die **Pauschalförderung** organisiert: Darauf hat jedes Krankenhaus Anspruch, das in den Krankenhausplan des Bundeslandes aufgenommen ist. Die Mittel werden **ohne Antrag** ausgezahlt. Sie bemessen sich in der Regel nach der Bettenzahl der Klinik, es werden jedoch auch andere Bezugsgrößen berücksichtigt, z. B. die Notwendigkeit, bestimmte Therapiemöglichkeiten vorzuhalten. Aus den pauschalen Fördermitteln finanziert das Krankenhaus nach § 9 Abs. 3 KHG die Wiederbeschaffung kurzfristiger Anlagegüter (Nutzungsdauer zwischen drei und 15 Jahren) und kleine bauliche Veränderungen. Das Krankenhaus kann nach Maßgabe dieses gesetzlich vorgeschriebenen Verwendungszweckes mit dem festen jährlichen Pauschalbetrag frei wirtschaften.

Beispiel:

Aus der jährlichen Pauschalförderung gestaltet das Kreiskrankenhaus Neustadt Stationszimmer um und beschafft Matratzen für die Abteilung Innere Medizin.

Aufgrund der Verwendung von Steuergeldern für Investitionen muss die Buchführung im Krankenhaus speziellen Anforderungen genügen. Darauf wird im Kapitel IV 3.12 eingegangen.

3.7 Vergütung von allgemeinen Krankenhausleistungen

Im Folgenden wird die Vergütung der Dienstleistungen von Krankenhäusern, die von den Krankenkassen, den Privatversicherungen oder den Patienten selbst zu entrichten ist, beschrieben. Grundsätzlich gibt es zwei Vergütungsvarianten in Deutschland: Fallpauschalen und Tagespflegesätze.

In den vergangenen Jahren wurde das Krankenhaus-Entgeltsystem in Deutschland von Grund auf neu gestaltet. Waren bis 2004 noch Tagespflegesätze die übliche Entgeltvariante, gibt es diese nur noch für wenige Krankenhaustypen (vgl. den folgenden Abschnitt). Die überwiegende Zahl der Krankenhäuser wird mit **Fallpauschalen** vergütet. Das Entgelt des Krankenhauses bezieht sich auf einen Behandlungsfall und zwar (weitgehend, jedoch nicht vollständig) unabhängig von der Verweildauer der Patienten im Krankenhaus.

Rechtsgrundlage für die Ausgestaltung und Umsetzung der Fallpauschalenvergütung sind das Krankenhausentgeltgesetz (KHEntgG) und die Fallpauschalenvereinbarung (FPV). Das KHEntgG regelt die Vergütung und ihre einzelnen Komponenten allgemein, gibt die Vereinbarungsebenen – Bund, Länder oder einzelnes Krankenhaus – vor. Konkretisiert werden die Vorschriften des KHEntgG in der FPV; sie enthält neben Berechnungsanweisungen für die Entgelte den jeweils bundesweit gültigen Katalog von Fallpauschalen sowie zusätzlichen Vergütungen. Die FPV wird zwischen den gesetzlichen Krankenkassen und der Deutschen Krankenhausgesellschaft jeweils für ein Jahr abgeschlossen. Mit der begrenzten Gültigkeitsdauer wird dem Umstand

Rechnung getragen, dass sich das Behandlungsspektrum ständig ändert. Medizinischer Fortschritt bringt neue Therapien oder Diagnostik hervor, bisherige Verfahren können ersetzt werden.

Nach dem KHEntgG werden stationäre Leistungen von Akutkrankenhäusern vergütet. Nicht unter die Regelungen des KHEntgG fallen ambulante Operationen und vor- und nachstationäre Behandlungen in Kliniken. In § 2 des KHEntgG findet sich eine Definition der allgemeinen Krankenhausleistungen, auf die die Vergütung mit Fallpauschalen Anwendung findet.

Es sind *„die Krankenhausleistungen, die unter Berücksichtigung der Leistungsfähigkeit des Krankenhauses im Einzelfall nach Art und Schwere der Krankheit für die medizinisch zweckmäßige und ausreichende Versorgung des Patienten notwendig sind"* (§ 2 Abs. 2 KHEntgG). Bestandteil der allgemeinen Krankenhausleistungen und folglich mit der Fallpauschale zu vergüten sind ebenfalls

• Früherkennungsmaßnahmen während des Krankenhausaufenthalts
• vom Krankenhaus veranlasste Leistungen Dritter (z. B. durch Konsiliarärzte; aus dem Lat.: consilium = Beratung, Ratschlag).
• Aufnahme einer Begleitperson, sofern medizinisch notwendig (z. B. Aufnahme der Mutter auf einer Kinderstation)
• Leistungen von Tumorzentren
• Frührehabilitation.

Nicht zu den allgemeinen Krankenhausleistungen gehören Wahlleistungen und Leistungen von Belegärzten.

Die Vergütung nach dem KHEntgG ist **für allgemeine Krankenhausleistungen identisch für alle Patienten**, egal ob sie gesetzlich oder privat krankenversichert sind oder ob sie die Krankenhausleistungen selbst bezahlen (§ 8 Abs. 1 KHEntgG).

3.7.1 Vergütung mit Pflegesätzen

Ausgenommen von der Vorschrift, mit Fallpauschalen abzurechnen, sind psychiatrische und psychosomatische Kliniken. Sie werden nach wie vor mit **Tagespflegesätzen** bezahlt. Die Höhe der Tagessätze wird zwischen Krankenhaus und Krankenkassen vereinbart. Seit 2013 gibt es jedoch **einheitliche Tagespauschalen** je nach psychiatrischer Diagnose und Schweregrad, die ab 2015 für die Kliniken verbindlich sind. Psychiatrische Krankenhäuser können bis 2015 freiwillig das neue Vergütungssystem einführen. Das tagesbezogene Entgelt bleibt nach der Reform bestehen, es entfallen jedoch die Verhandlungen mit den Kassen. Der Grund dafür, dass in der Psychiatrie mit Tagessätzen abgerechnet wird, ist die zumeist unvorhersehbare Verweildauer der Patienten.

Ebenso mit Tagessätzen werden so genannte besondere Einrichtungen vergütet. Es handelt sich dabei um Krankenhäuser oder Abteilungen von Krankenhäusern, in denen Patienten mit besonders langer Verweildauer liegen. Für einzelne Diagnosen bzw. Behandlungsarten können sich Krankenhäuser bzw. Abteilungen als besondere Einrichtung deklarieren lassen. Dazu gehören z. B. Palliativstationen, Krankenhäuser bzw. Abteilungen für Kinder- und Jugendrheuma, für Patienten mit Multipler Sklerose, für schwerbrandverletzte Patienten, für Morbus Parkinson-Patienten, für die Behandlung von Tropenerkrankungen.

Die **Abrechnung mit Pflegesätzen** ist in der Bundespflegesatzverordnung (BPflVO) geregelt; im Vergleich zur Fallpauschalenabrechnung ist die Abrechnung nach Pflegetagen einfach. Berechnet wird jeweils ein Basispflegesatz, der für das gesamte Krankenhaus gleich hoch ist. Mit diesem Satz werden alle Kosten der Klinik vergütet, die nicht für die spezifische Diagnostik und Behandlung der Erkrankung anfallen, also z. B. Verwaltungsaufwand, Instandsetzung, Unterkunft und Verpflegung. Zusätzlich wird ein Abteilungspflegesatz berechnet, der diejenigen Kosten abdeckt, die für Diagnostik, Behandlung und Pflege anfallen. Er gibt folglich den durchschnittlichen Ressourcenverbrauch pro Behandlungstag und Abteilung wieder. Demgemäß ist die Höhe dieses Satzes zwischen den Abteilungen unterschiedlich.

Bei der Berechnung der **Verweildauer eines einzelnen Patienten** ist Folgendes zu beachten: Grundsätzlich zählt der Tag der Aufnahme dazu, der Tag der Entlassung bzw. Verlegung jedoch nicht. Dies gilt für alle Krankenhausfälle, egal ob sie nun mit Pflegesätzen oder Fallpauschalen abgerechnet werden.

Beispiel:

Ein Krankenhaus für Psychiatrie/Psychosomatik berechnet einen Basispflegesatz von 85,17 €. Der Pflegesatz der Abteilung Psychiatrie beträgt 176,28 €, der Abteilungssatz der Psychosomatik 129,32 €. Ein Patient wird in der Abteilung für Psychosomatik vom 2.8.–21.8. stationär behandelt. Das Krankenhaus stellt der Krankenversicherung des Patienten 19 × 85,17 € + 19 × 129,32 € = 4075,31 € in Rechnung.

3.7.2 Grundprinzipien der Vergütung mit Fallpauschalen – DRG

Im Unterschied zum Pflegesatz, dessen Bezugsgröße der im Krankenhaus verbrachte Tag ist, wird der Preis der Krankenhausleistungen bei der Fallpauschalenvergütung **auf den Behandlungsfall bezogen**. Das Krankenhaus erhält eine bestimmte Entgeltsumme für einen Behandlungsfall und zwar weitgehend unabhängig davon, wie lange der Patient im Krankenhaus liegt. Mit diesem Entgelt müssen **alle Kosten** gedeckt werden, also sowohl jene, die sich dem einzelnen Behandlungsfall direkt zuordnen lassen, wie z. B. die Gabe von Medikamenten etc., als auch so genannte Gemeinkosten, die dem einzelnen Fall nicht zugeordnet werden können, wie z. B. Verwaltung der Klinik (Letzteres war zuvor mit dem Basispflegesatz zu vergüten).

Um als Bezugsbasis für das Entgelt sinnvoll eingesetzt zu werden, müssen Behandlungsfälle, die mit einer Pauschale vergütet werden zwei Anforderungen – einer medizinischen und einer ökonomischen – genügen.

- Es muss sich um medizinisch vergleichbare Fälle handeln. Für Ärzte sollte die Zuordnung der Patienten zur Fallpauschale in einer medizinisch nachvollziehbaren Art und Weise erfolgen. Die diagnostischen Merkmale der Patienten in einer Fallpauschale sollten deshalb so ähnlich wie möglich sein.
- Die Behandlungsfälle müssen so abgegrenzt werden, dass die durch die Behandlung verursachten Kosten (bzw. die verbrauchten Ressourcen) innerhalb einer Fallgruppe so ähnlich wie möglich sind. Nur dann ist es möglich und sinnvoll, sie mit einem einheitlichen Preis zu vergüten.

In Deutschland werden so genannte DRG (diagnosis related groups) zur Fallgruppierung verwendet. Das DRG-System ist eine Klassifikation für Patienten, die in Australien entwickelt und auf deutsche Gegebenheiten angepasst und übertragen wurde. Das Hauptkriterium für die Einteilung der Patienten ist die Diagnose nach ICD-10-GM. Allerdings genügt die Diagnose allein oft nicht, um Behandlungsfälle zusammenzufassen, die sich im Verbrauch von Ressourcen ähnlich sind. So können bei gleicher Diagnose der Schweregrad und die damit verbundenen Komplikationen bei der Behandlung unterschiedlich sein, so gibt es Patienten, die zusätzlich zur Haupterkrankung an einer Begleiterkrankung leiden. Sofern die zusätzliche Erkrankung oder die Komplikationen den Ressourcenaufwand der Behandlung erhöhen, steigt die Vergütung. Deshalb wird die Einstufung für viele DRG zusätzlich anhand der Merkmale Komplikationen und Begleiterkrankung vorgenommen. Der Schwierigkeitsgrad der Behandlung kann auch vom Alter des Patienten abhängen, z. B. bei sehr jungen und sehr alten Menschen höher sein.

Insgesamt gibt es rund 1 000 DRG. Die Eingruppierung der Patienten in DRG wird von Ärzten oder speziell geschultem Pflegepersonal vorgenommen. Sie setzen dafür zertifizierte Software-Programme – so genannte Grouper – ein, die vom Institut für das Entgeltsystem im Krankenhaus, dem InEK (vgl. Kap. IV 3.7.6) zertifiziert sind (zur Kodierung vgl. auch Kap VI 1.4).

Grundsätzlich wird die DRG nach der Hauptdiagnose zugewiesen. Nach den Deutschen Kodierrichtlinien ist sie wie folgt zu definieren: *„Die Diagnose, die nach Analyse als diejenige festgestellt wurde, die hauptsächlich für die Veranlassung des stationären Krankenhausaufenthaltes des Patienten verant-*

wortlich ist." Um die Hauptdiagnose als Antwort zu erhalten, ist also immer zu fragen: „Aus welchem Grund erfolgt die stationäre Behandlung?"

Beispiel:

Eine Patientin wird mit einer Fraktur des Unterschenkels in ein Krankenhaus eingeliefert. Sie leidet zusätzlich an Diabetes mellitus. Die Einlieferung wurde durch den Unterschenkelbruch veranlasst, d. h., er ist die Hauptdiagnose. Der Diabetes der Patientin wird als Nebendiagnose festgehalten, da durch diese Zusatzerkrankung Mehraufwand entsteht, z. B. muss der Blutzuckerspiegel gemessen werden.

Die Hauptdiagnose wird **bei der Entlassung des Patienten** gestellt. Sie muss nicht mit der Einweisungsdiagnose identisch sein und zwar dann nicht, wenn nach Analyse, d. h. nach entsprechenden Untersuchungen, eine andere Diagnose gestellt wird.

Beispiel:

Eine Patientin wird mit der Diagnose „Abdominal- (= Bauch-)Schmerz" eingeliefert. Dennoch ist dies nicht die Hauptdiagnose, denn nach der Untersuchung der Patientin stellt sich heraus, dass sie eine Blinddarmentzündung hat und operiert werden muss. Demzufolge lautet die Hauptdiagnose „Appendizitis (= Blinddarmentzündung)" und die Patientin wird der DRG zugeordnet, mit der eine Blinddarmoperation vergütet wird.

Denkbar sind auch Fälle, bei denen die Hauptdiagnose den geringeren Aufwand erfordert als eine Nebendiagnose. Eine Nebendiagnose ist nach den Deutschen Kodierrichtlinien *„eine Krankheit oder Beschwerde, die entweder gleichzeitig mit der Hauptdiagnose besteht oder sich während des Krankenhausaufenthalts entwickelt"*.

Beispiel:

Ein Patient wird nach einem Sturz mit einer Schulterverletzung in ein Krankenhaus gebracht. Bei der Aufnahmeuntersuchung stellt sich heraus, dass er schwer herzkrank ist. Der Grund für die stationäre Behandlung ist jedoch die Schulterverletzung, deshalb wird der Patient in die dieser Diagnose entsprechende DRG eingestuft.

Das Grundprinzip der DRG-Systematik wird anhand der Basis-DRG L62 erläutert. Damit soll zugleich die Gliederung des Fallpauschalenkataloges, der als Anhang Bestandteil der FPV ist, erklärt werden.

Der Großbuchstabe L ordnet die Fallpauschale der Hauptdiagnosegruppe MDC (major diagnostic category) 11 „Krankheiten und Störungen der Harnorgane" zu. Innerhalb der MDC werden die DRG durchnummeriert. Unter der Rubrik „Partition" (Spalte 2) wird jeder DRG das Kürzel O, M oder A zugeordnet. „O" kennzeichnet operative Fallpauschalen, „M" medizinische und „A" andere (z. B. DRG die nur diagnostische Prozeduren beinhalten).

Auszug aus dem Fallpauschalenkatalog:

DRG	Partition	Bezeichnung
1	2	3
MDC 11 Krankheiten und Störungen der Harnorgane		
L 62 A	M	Neubildungen der Harnorgane mit äußerst schweren CC
L 62 B	M	Neubildungen der Harnorgane ohne äußerst schweren CC

Quelle: FPV 2013, Anlage 1, S. 53

L 62 ist das Kürzel der Hauptdiagnose bzw. der Basis-DRG, im Beispiel Neubildungen der Harnorgane. Die Großbuchstaben A und B stehen für jeweils unterschiedliche Schweregrade der Basis-DRG. Das Kürzel CC in der Diagnosedefinition in Spalte 3 bezeichnet complications (Komplikationen) und co-morbidity (Begleiterkrankungen) und gibt die Nebendiagnosen des Patienten wieder. „Complications" treten während der Krankenhausbehandlung erschwerend hinzu, „co-morbidity" wird zumeist bereits bei der Aufnahme diagnostiziert.

Die Einteilung nach dem Schwierigkeitsgrad erfolgt auch anhand anderer Kennzeichen, z. B. des Alters des Patienten oder einer Kombination aus Alter und Komplikationen bzw. Begleiterkrankungen.

DRG	Partition	Bezeichnung
1	2	3
MDC 06 Krankheiten und Störungen der Verdauungsorgane		
G 70 A	M	Andere schwere Erkrankungen der Verdauungsorgane ohne äußerst schwere CC, Alter < 16 Jahre
G 70 B	M	Andere schwere Erkrankungen der Verdauungsorgane ohne äußerst schwere CC, Alter > 15 Jahre

Quelle: FPV 2013, Anlage 1, S. 34

DRG	Partition	Bezeichnung
1	2	3
MDC 06 Krankheiten und Störungen der Verdauungsorgane		
G 07 A	O	Appendektomie oder laparoskopische Adhäsiolyse bei Peritonitis mit äuß. schw. oder schweren CC oder kleine Eingr. an Dünn-und Dickdarm od. a. abd. Gef. ohne äußerst schwere CC, Alter < 3 Jahre oder mit best. perkutan-translumin. Eingr. an abdom. Gefäßen
G 07 B	O	Appendektomie oder laparoskopische Adhäsiolyse bei Peritonitis mit äußerst schweren oder schweren CC oder kleine Eingriffe an Dünn- und Dickdarm ohne äußerst schwere CC, mit laparoskopischer Adhäsiolyse od. Alter > 2 Jahre und Alter < 10 Jahre
G 07 C	O	Appendektomie oder laparoskopische Adhäsiolyse bei Peritonitis mit äußerst schweren oder schweren CC oder kleine Eingriffe an Dünn- und Dickdarm ohne äußerst schwere CC, Alter > 9 Jahre

Quelle: FPV 2013, Anlage 1, S. 30

Für behandlungsbedürftige Neugeborene wird der Schweregrad durch das Geburtsgewicht und die Dauer der nötigen Beatmung ausgedrückt. Es gibt auch DRG, für die keine Abstufung nach der Schwierigkeit vorgenommen wird; sie werden mit einem Z gekennzeichnet.

MDC 08 Krankheiten und Störungen an Muskel-Skelett-System und Bindegewebe		
I 79 Z	M	Fibromyalgie

Quelle: FPV 2013, Anlage 1, S. 45

Jeder DRG des Fallpauschalenkataloges ist eine **Bewertungsrelation** zugeordnet. Sie gibt das „Gewicht", gemessen an den Behandlungskosten bzw. dem Ressourcenverbrauch im Vergleich zu den durchschnittlichen Kosten aller DRG an.

> **Beispiel:**
>
> Eine DRG hat die Bewertungsrelation bzw. das Kostengewicht 1,3. Das bedeutet, die Kosten für diese DRG liegen um 30 % über den Kosten der Durchschnitts-DRG bzw. die Kosten betragen das 1,3-fache des Durchschnitts. Ist die Bewertungsrelation kleiner als eins, so handelt es sich um einen Behandlungsfall mit unterdurchschnittlichem Ressourcenverbrauch. So entspricht z. B. eine Bewertungsrelation von 0,8 einem Fall, dessen Kosten um 20 % unter dem Durchschnitt liegen.

DRG	Partition	Bezeichnung	Bewertungsrelation bei Hauptabteilung
1	2	3	4
MDC 05 Krankheiten und Störungen des Kreislaufsystems			
F 68 A	M	Angeborene Herzkrankheit, Alter < 6 Jahre	1,109
F 68 B	M	Angeborene Herzkrankheit, Alter > 5 Jahre	0,854

Quelle: FPV 2013, Anlage 1, S. 28

Die Behandlung der angeborenen Herzkrankheit wird in zwei Schweregrade A und B unterteilt. Die Kosten bzw. der Ressourcenverbrauch für F 68 A liegt um 10,9 % über dem Durchschnitt, F 68 B um 14,6 % unter dem Durchschnitt aller DRG. Damit sind die Bewertungsrelationen der DRG so genannte **Äquivalenzziffern.** Diese leiten sich aus einer Referenzgröße – hier dem Durchschnitt über alle DRG, repräsentiert durch die Ziffer 1 – ab und geben das Kostengewicht der jeweiligen Leistung in Bezug auf die Referenzgröße wieder. Als Kalkulationsverfahren wird die Äquvalenzziffernmethode dann eingesetzt, wenn Produkte eines Unternehmens in einem festen Kostenverhältnis zueinander stehen. Für die DRG sind die Kostenverhältnisse immer für ein Jahr fest vorgegeben und werden danach an die Ergebnisse der laufenden Kalkulationen in den Krankenhäusern angepasst. Diese Aufgabe wird vom Institut für das Entgeltsystem im Krankenhaus (InEK gGmbH) wahrgenommen. Das Institut arbeitet mit Krankenhäusern zusammen, die sich für laufende Kostenerhebungen zur Verfügung gestellt haben.

Die Bewertungsrelation ergibt, multipliziert mit dem Basisfallwert (bzw. base-rate) das Entgelt des Krankenhauses für die DRG.

Angenommen, der Basisfallwert beträgt 3 050 €. Es wird die Fallpauschale F 68 A abgerechnet.

Entgelt des Krankenhauses	=	Basisfallwert	×	Bewertungsrelation
3 382,45 €	=	3 050 €	×	1,109

Die Entgelthöhe bleibt gleich, egal ob der Patient 2 oder 10 Tage im Krankenhaus liegt.

3.7.3 Basisfallwert, Erlösbudget, case mix, Minder-, Mehrerlösausgleich

Die Bewertungsrelation ist für jede Klinik in Deutschland dieselbe. Der Basisfallwert wurde bis 2009 für jedes Krankenhaus gesondert (krankenhausindividuell) ermittelt. Seitdem gilt für alle Krankenhäuser eines Bundeslandes derselbe Basisfallwert. Die Konstruktion ist derjenigen der Arzthonorare für GKV-Patienten vergleichbar; der EBM ist bundeseinheitlich, der Punktwert landeseinheitlich vorgegeben. So, wie für den Punktwert des EBM ein bundesweiter Orientierungswert zu beachten ist, an dem sich die Länderebene auszurichten hat, wird für die Landesbasisfallwerte seit 2010 bundesweit ein Korridor vorgegeben, innerhalb dessen sich die **Landesbasisfallwerte** bewegen (2013 zwischen 3 030,02 € und 3 145,08 €).

Das **DRG-Erlösbudget** ist der Geldbetrag, der dem Krankenhaus für eine Rechnungsperiode – ein Jahr – zur Abrechnung von DRG mit den Krankenkassen zur Verfügung steht. Seine Höhe wird in Verhandlungen zwischen dem einzelnen Krankenhaus bzw. dem Krankenhausträger und den Krankenkassen im Voraus für das kommende Jahr festgelegt. Die Verhandlungen beinhalten neben der Budgethöhe auch Bestimmungen über den Zahlungsverkehr, z. B. Fristen, Teilzahlungen, Verzugszinsen. Können sich Kassen und Krankenhaus nicht einigen, kommt es also zu keiner vollständigen Vereinbarung, wird eine Schiedsstelle (§ 13 KHEntgG) eingeschaltet. Sie entscheidet innerhalb von sechs Wochen über die strittigen Fragen. Die Vereinbarung – ob im Einvernehmen erzielt oder von der Schiedsstelle festgelegt – muss von der zuständigen Landesbehörde, in der Regel dem Sozialministerium, genehmigt werden.

Die Vertragsparteien bedienen sich zur Ermittlung des DRG-Erlösbudgets des so genannten **case mix** des jeweiligen Krankenhauses. Anhand eines einfachen Beispiels für ein fiktives Krankenhaus soll die Berechnung des case mix erläutert werden.

Tab. 26: Rechenbeispiel zur Ermittlung des case mix

Anzahl Fälle	Bewertungsrelation	Anzahl Fälle × Bewertungsrelation
252	0,8	201,6
379	0,9	341,1
548	1,1	602,8
1 244	1,3	1 617,2
108	2,3	248,4
97	2,5	242,5
∑ 2 628		∑ 3 253,6

Bei der Zählung der Fälle ist zu beachten, dass jede abgerechnete Fallpauschale im **Jahr der Entlassung** als Fall gezählt wird. Tatsächlich wurden im Beispielkrankenhaus im vergangenen Jahr 2 628 Patienten stationär behandelt. Da der Aufwand je Fall – gemessen anhand der Bewertungsrelation – jedoch insgesamt überdurchschnittlich hoch war, wiegen die 2 628 Fälle so schwer wie 3 253,6 Fälle. Der case mix ist somit als **gewichtete Fallzahl** zu interpretieren. Dividiert durch die Summe aller Behandlungsfälle ergibt sich der **case-mix-Index**, der die durchschnittliche Bewertungsrelation im Beispielkrankenhaus wiedergibt.

$$\frac{3\,253,6}{2\,628} = 1,24 \text{ (case-mix-Index)}$$

Der case-mix-Index lässt Schlüsse auf das Leistungsspektrum einer Klinik zu. So wird er in einem Krankenhaus der Maximalversorgung höher sein als in einem Krankenhaus der Regelversorgung. Er kann zu Klinikvergleichen herangezogen werden, aber auch zu Vergleichen z. B. der Abteilungen innerhalb eines Krankenhauses oder der Entwicklung im Zeitverlauf für eine Klinik.

Um das Budget im Beispielkrankenhaus zu ermitteln, wird angenommen, der Landesbasisfallwert betrage 3 050 €. Wird die gewichtete Fallzahl des Krankenhauses mit diesem Preis multipliziert, erhält man das DRG-Erlösbudget, welches das Beispielkrankenhaus benötigt, um seine erwarteten Behandlungsfälle mit den Kassen abrechnen zu können.

case mix 3 253,6 × 3 050 € Basisfallwert = 9 923 480 € DRG-Erlösbudget

Für das Beispielkrankenhaus resultieren nun verschiedene Möglichkeiten: Es schöpft das Budget gerade aus, es rechnet weniger oder mehr als das Budget mit den Kassen ab. Falls das Budget nicht aufgebraucht wird, erzielt das Krankenhaus einen **Mindererlös**, wie es im KHEntgG heißt. Für diese Situation regelt das KHEntgG eine Aufteilung des Betrages auf Krankenkassen und Krankenhaus.

Beispiel für Mindererlösausgleich:

Angenommen, dem Krankenhaus bleiben am Ende der Rechnungsperiode vom DRG-Erlösbudget 50 000 € übrig. 80 % davon, also 40 000 €, zahlt es an die Kassen zurück. Den Rest, also 10 000 €, behält das Krankenhaus zur Deckung seiner Fixkosten, da diese durch die geringeren Leistungen nicht verändert werden.

Umgekehrt ist es möglich, dass das Krankenhaus mit dem Budget nicht auskommt und den Kassen mehr DRG in Rechnung stellt als das Budget vorsah. Auch für diesen Fall ist eine Aufteilung des **Mehrerlöses** im KHEntgG vorgegeben.

Beispiel für Mehrerlösausgleich:

Das Krankenhaus rechnet mit den Kassen um 50 000 € mehr ab, als im Budget vorgesehen war. 65 % des Betrages, also 32 500 €, erhalten die Kassen, 17 500 € behält das Krankenhaus zur Deckung der durch die Leistungsausweitung zusätzlich entstandenen variablen Kosten.

Zusätzlich zum Erlösbudget können Krankenhäuser in den Budgetverhandlungen mit den Kassen so genannte **Mehrleistungen** vereinbaren. Angenommen, ein Krankenhaus hat sich auf eine bestimmte Leistung spezialisiert, etwa auf die Einsetzung von Hüftprothesen. Aufgrund der Spezialisierung hat das Krankenhaus einen guten Ruf bei einweisenden Ärzten und rechnet mit einer Zunahme der Patientenzahl für Hüftprothesen. Kassen und Krankenhaus einigen sich auf Mehrleistungen dieser Operation über das Erlösbudget hinaus. Allerdings wird der Landesbasisfallwert für die zusätzlich vereinbarten Behandlungen abgesenkt. Dies lässt sich damit begründen, dass Spezialisierung zu Kosteneinsparungen führt. Die Behandlerteams sind aufeinander eingespielt, die Abläufe erfolgen routiniert ohne Reibungsverluste.

3.7.4 Ökonomische Anreize und Verhalten von Krankenhäusern unter DRG-Bedingungen

Im Folgenden soll erläutert werden, welche betriebswirtschaftlichen Konsequenzen die DRG-Vergütung für Krankenhäuser hat. Welche Strategien sind für Krankenhäuser aus ökonomischen Gründen vorteilhaft? Weiterhin ist zu fragen, ob es aus gesundheitspolitischen Gründen notwendig ist, betriebswirtschaftliche Anreize zu korrigieren.

3.7.4.1 Strategien zur Gewinnerzielung

Der Gewinn ergibt sich, wenn vom Umsatz die Kosten subtrahiert werden.

$$\text{Gewinn} = \underbrace{\text{Menge} \times \text{Preis}}_{\text{Erlös bzw. Umsatz}} - \text{Kosten}$$

Nun steht für Krankenhäuser der Preis pro Leistung, also die Höhe dessen, was für eine bestimmte DRG erlöst wird, fest. Das Krankenhaus hat keine Möglichkeit, den Preis der DRG zu beeinflussen. Ihm stehen als beeinflussbare Größen die Menge der „produzierten" DRG und die Kosten zur Verfügung. Der Erlös, also das Produkt aus Preis und Menge, ist budgetiert, d. h., das Krankenhaus kann die Menge nicht beliebig erhöhen. Eine mögliche Strategie könnte es aber sein, durch Mengenerhöhungen das Budget zu überschreiten und dies in den kommenden Erlösverhandlungen mit den Kassen als Argument für eine Erhöhung der Budgetsumme zu verwenden. Wie kann das Krankenhaus die Mengen erhöhen? Die Anzahl der DRG hängt ganz überwiegend von den Einweisungen niedergelassener Ärzte in die jeweilige Klinik ab. Durch geeignete Marketingmaßnahmen (vgl. Kap. IX) kann das Krankenhaus versuchen, sich einen guten Ruf bei den Vertragsärzten zu sichern, um deren Patienten zugewiesen zu bekommen.

Diejenige Größe, die den Gewinn maßgeblich beeinflusst, und die das Krankenhaus selbst steuern kann, sind die Kosten. Also wird es versuchen, die Kosten pro DRG möglichst gering zu halten. Der größte Kostenblock sind die fixen Kosten, also jene, die sich mit der Menge der erbrachten DRG zumindest kurzfristig nicht verändern. An den Fixkosten wiederum haben die Personalkosten den größten Anteil. Folglich wird das Krankenhaus in dem Bemühen, Gewinn zu erzielen, bestrebt sein, mit niedrigen Fixkosten eine möglichst große Menge an DRG zu erstellen. Es profitiert damit von der so genannten Fixkostendegression, d. h., die Fixkosten je zusätzlich produzierter Mengeneinheit (hier eben DRG) sinken.

Welche Strategie bietet sich an? Vorteilhaft für das Krankenhaus ist eine Spezialisierung auf bestimmte Leistungen, z. B. Knie-Operationen. Durch die

Spezialisierung sinkt der Ressourcenverbrauch, also die Kosten je DRG. Zudem bietet es sich an, interdisziplinäre Behandlungspfade (clinical pathways) zu entwickeln (vgl. dazu Kap. IV 7.2), mithilfe derer Behandlungen strukturiert und allen Mitarbeitern auf jeder Stufe des Ablaufs Tätigkeiten zugeordnet werden. Die Verweildauer je Patient wird so kurz wie möglich sein, denn die Vergütung für die DRG bleibt die gleiche, egal ob der Patient nun drei oder sieben Tage im Krankenhaus liegt. Bleibt er länger, verursacht er variable Kosten, die durch eine frühe Entlassung vermieden werden. Zudem macht er ein Bett frei, das wieder belegt werden kann mit einem neuen Patienten, für den das Krankenhaus wiederum einen Erlös erhält.

3.7.4.2 Mögliche Fehlanreize durch die Fallpauschalenvergütung und deren Gegensteuerung

Nun sind einige der oben genannten Konsequenzen gesundheitspolitisch durchaus erwünscht, insbesondere die Senkung der hohen Verweildauer in deutschen Kliniken. Selbstverständlich ist auch ein sparsamer Umgang mit knappen Ressourcen, also Kostensenkung, eine anzustrebende Strategie.

Allerdings kann es zu Fehlanreizen kommen, zu Verhaltensweisen also, die **gesundheitspolitisch nicht hinnehmbar** sind und denen folglich gegengesteuert werden muss. Die Fallpauschalen könnten zu einer übermäßigen und damit unerwünschten Senkung der Verweildauer führen. Für Patienten ist das mit Risiken verbunden, für die Krankenkassen mit höheren Ausgaben, sofern sich ein „**Drehtüreffekt**" ergibt. Werden Patienten zu früh entlassen, müssen sie möglicherweise, weil ihre Erkrankung nicht auskuriert ist, erneut eingewiesen werden.

Ebenso ist es denkbar, dass der **Behandlungsaufwand je Fall** zum Nachteil der Patienten **allzu stark minimiert wird**, um den Kostendeckungsgrad je Fallpauschale zu erhöhen. Ferner könnten Krankenhäuser dazu übergehen, schwierige Fälle, bei denen zu erwarten ist, dass die Patienten lange in der Klinik bleiben, möglichst abzuweisen oder aber sie kurz nach der Aufnahme in ein anderes Krankenhaus zu verlegen. Erhält die Klinik für jeden Krankenhausaufenthalt eines Patienten ein Entgelt, so könnte sie zudem dazu verleitet werden, Behandlungsfälle aufzusplitten in mehrere Krankenhausaufenthalte. Für jeden der genannten Fehlanreize sehen das KHEntgG und die FPV Maßnahmen zur Gegensteuerung vor, die im Folgenden anhand von Beispielen erläutert werden.

Für jede DRG ist im Fallpauschalenkatalog eine **obere und untere Grenzverweildauer** vorgegeben.

213

DRG	Partition	Bezeichnung	Bewertungsrelation bei Hauptabt.	Bewertungsrelation bei Hauptabt. und Beleghebamme	Mittlere Verweildauer	Untere Grenzverweildauer		Obere Grenzverweildauer	
						Erster Tag mit Abschlag	Bewertungsrelation/ Tag	Erster Tag zus. Entgelt	Bewertungsrelation/ Tag
1	2	3	4	5	6	7	8	9	10

MDC 09 Krankheiten und Störungen an Haut, Unterhaut und Mamma

DRG	Partition	Bezeichnung	Bewertungsrelation bei Hauptabt.	Bewertungsrelation bei Hauptabt. und Beleghebamme	Mittlere Verweildauer	Erster Tag mit Abschlag	Bewertungsrelation/ Tag	Erster Tag zus. Entgelt	Bewertungsrelation/ Tag
J 04Z	O	Eingriffe an der Haut der unteren Extremität außer bei Ulkus oder Infektion/ Entzündung	0,820		6,0	1	0,430	15	0,070

Quelle: FPV 2013, Anlage 1, S. 46

Unterschreitet ein Krankenhausaufenthalt die untere Grenzverweildauer, so muss es einen Abschlag von der Pauschale pro Unterschreitungstag hinnehmen. Dadurch ist es für Krankenhäuser aus ökonomischen Gründen weniger attraktiv, Patienten allzu früh zu entlassen.

Die Zahl der Abschlagstage ist nach § 1 Abs. 3 FPV folgendermaßen zu errechnen:

$$\frac{\text{erster Tag mit Abschlag (Spalte 7) + 1}}{-\quad \text{tatsächliche Verweildauer}}$$

$$= \quad \text{Zahl der Abschlagstage}$$

Die Zahl der Abschlagstage wird mit dem Basisfallwert und der Bewertungsrelation je Tag bei unterer Grenzverweildauer (Spalte 8) multipliziert und von der Fallpauschale subtrahiert.

Beispiel:

Frau B. wird am 5.10. mit J04Z ins Krankenhaus (Basisfallwert 3 050 €) eingeliefert und am 6.10. entlassen.

Anzahl der Abschlagstage:

erster Tag mit Abschlag (Spalte 7) + 1 = 2
−   tatsächliche Verweildauer   1

―――――――――――――――――――――――――――

=   1 Abschlagstag

Bei der Berechnung der Verweildauer gilt der Aufnahmetag als Behandlungstag, nicht aber der Entlassungs- oder Verlegungstag.

Entgeltberechnung:

$$3\,050\ € \times 0{,}820 \quad - \quad 1 \times 3\,050\ € \times 0{,}430 \quad = \quad 1\,189{,}50\ €$$

Fallpauschale   − Abschlag wegen Unter- = Entgelt für Patientin B.
                     schreitung der unteren
                     Grenzverweildauer

Überschreitet die Aufenthaltsdauer eines Patienten die obere Grenzverweildauer, erhält das Krankenhaus für jeden weiteren Tag einen Zuschlag zur Fallpauschale (§ 1 Abs. 7 FPV). Durch diese Regelung soll der Anreiz, Fälle mit langer Aufenthaltsdauer möglichst nicht aufzunehmen, etwas abgemildert werden.

Die Anzahl der Zuschlagstage berechnet sich nach folgender Formel (§ 1 Abs. 2 FPV)

tatsächliche Verweildauer + 1
−   erster Tag mit zusätzlichem Entgelt (Spalte 9)

―――――――――――――――――――――――――――

=   Zahl der Zuschlagstage

Die Zahl der Zuschlagstage wird mit dem Basisfallwert und der Bewertungsrelation je Tag bei oberer Grenzverweildauer (Spalte 10) multipliziert und zur Fallpauschale addiert.

215

Beispiel:

Der Patient Herr W. wird am 16.5. mit DRG J04Z ins Krankenhaus (Basisfallwert 3 050 €) aufgenommen und am 2.6. entlassen.

Anzahl der Zuschlagstage:

	tatsächliche Verweildauer + 1	= 18
–	erster Tag mit zusätzlichem Entgelt (Spalte 9)	15
=	3 Zuschlagstage	

Entgeltberechnung:

$$3\,050\,\text{€} \times 0{,}820 \;+\; 3 \times 3\,050\,\text{€} \times 0{,}070 \;=\; 3\,141{,}50\,\text{€}$$

Fallpauschale + Zuschlag wegen Überschreitung der oberen Grenzverweildauer = Entgelt für Patienten W.

Am Beispiel der Fallpauschale J04Z zeigt sich exemplarisch der betriebswirtschaftliche Anreiz für Krankenhäuser. Die Vergütung bleibt bei einer Verweildauer zwischen zwei und 14 Tagen stets gleich. Folglich wird man bemüht sein, die tatsächliche Verweildauer möglichst nicht zu weit über zwei Tage auszudehnen, zumal dann, wenn das freiwerdende Bett mit einem neuen Patienten belegt werden kann. Herr W. im Beispiel oben lag 17 Tage im Krankenhaus. Wären in dieser Zeit statt einem Patienten vier mit (angenommen) derselben DRG behandelt worden, so betrüge der Erlös, statt 3 141,50 € für Herrn W. allein, mit 10 004 € mehr als das Dreifache.

Spezielle Regelungen zur Wiederaufnahme von Patienten in dasselbe Krankenhaus (§ 2 FPV) sollen dafür sorgen, dass Kliniken einen ökonomischen Nachteil erleiden, wenn sie Patienten zu früh entlassen oder den Behandlungsaufwand je Fall allzu gering halten. Wird ein Patient entlassen und innerhalb der oberen Grenzverweildauer ab dem ersten Aufnahmedatum in dasselbe Krankenhaus mit derselben Basis-DRG wieder aufgenommen, dann darf das Krankenhaus nur eine Pauschale abrechnen. Die beiden Fälle werden zu einem Fall zusammengeführt. Die analoge Regelung gilt, wenn ein Patient wegen Komplikationen im Zusammenhang mit der durchgeführten Leistung wieder aufgenommen wird und das Krankenhaus für die Komplikation verantwortlich ist. Sind Komplikationen bei Strahlentherapie und Chemotherapie von Krebspatienten unvermeidlich, erfolgt keine Zusammenführung. Die Verweildauer des zusammengeführten Falles ergibt sich durch Addition der Verweildauern beider Krankenhausaufenthalte.

Am Beispiel der Basis-DRG F63 (Venenthrombose) und DRG I04Z (Knieprothese) werden die Regelungen erläutert.

DRG	Partition	Bezeichnung	Bewertungsrelation bei Hauptabt.	Bewertungsrelation bei Hauptabt. und Beleghebamme	Mittlere Verweildauer	Untere Grenzverweildauer		Obere Grenzverweildauer	
						Erster Tag mit Abschlag	Bewertungsrelation/ Tag	Erster Tag zus. Entgelt	Bewertungsrelation/ Tag
1	2	3	4	5	6	7	8	9	10
MDC 05 Krankheiten und Störungen des Kreislaufsystems									
F 63 A	M	Venenthrombose mit äußerst schweren CC	1,084		9,6	2	0,349	20	0,076
F 63 B	M	Venenthrombose ohne äußerst schwere CC	0,662		6,3	1	0,462	13	0,070
MDC 08 Krankheiten und Störungen an Muskel-Skelett-System und Bindegewebe									
I 04 Z	O	Implantation, Wechsel oder Entfernung einer Endoprothese am Kniegelenk mit komplizierender Diagnose oder Arthrodese	3,308		18,2	5	0,304	33	0,070

Quelle: FPV 2013, Anlage 1, S. 28 und 37

Beispiele:

Herr P. wird am 20.10. in das Krankenhaus (Basisfallwert 3 050 €) aufgenommen, in DRG F 63 B eingestuft und am 24.10. entlassen. Am 28.10. wird er mit erneuten Thrombose-Beschwerden wieder in dieselbe Klinik eingewiesen und am 4.11. entlassen. Die beiden Krankenhausaufenthalte von Herrn P. müssen zu einem Fall zusammengeführt werden. Die Neueinstufung erfolgt in die DRG F 63 A, da nun schwere Komplikationen aufgetreten sind. Gerechnet vom Aufnahmetag seines ersten Aufenthaltes, dem 20.10., liegt die Wiederaufnahme am 28.10. innerhalb der oberen Grenzverweildauer (erster Tag mit Zusatzentgelt: 20, vgl. Spalte 9). Zur Ermittlung der Verweildauer werden die Tage für beide Fälle zusammengezählt. Bei seinem ersten Aufenthalt betrug die Verweildauer von Herrn P. 4 Tage, bei seinem zweiten Aufenthalt 7 Tage, zusammen ergibt sich damit eine Dauer von 11 Tagen. Diese Verweildauer liegt nicht über der oberen Grenzverweildauer der DRG F 63 A, d. h., das Krankenhaus erhält keinen Zuschlag.

Entgelt für die Behandlung von Herrn P.: 3 050 € × 1,084 = 3 306,20 €.

Frau C. wird am 7.8. zur Knieoperation in die Klinik (Basisfallwert 3 050 €) eingewiesen, am 13.8. entlassen und am 15.8. wegen Komplikationen bei der Wundheilung, die das Krankenhaus zu verantworten hat, erneut eingewiesen und am 28.8. nach Hause entlassen. Auch in diesem Fall kann das Krankenhaus nur eine Pauschale abrechnen.

Entgelt für die Behandlung von Frau C.: 3 050 € × 3,308 = 10 089,40 €.

Eine weitere Regelung zur Wiederaufnahme in dasselbe Krankenhaus unterbindet die Aufsplittung eines Behandlungsfalles in mehrere. Wird ein Patient aufgenommen und in eine DRG der Partition M (medizinisch) oder A (andere) eingruppiert, nach Hause entlassen und **innerhalb von 30 Tagen** nach seiner ersten Aufnahme wieder in dasselbe Krankenhaus eingeliefert und in derselben Hauptdiagnosegruppe (MDC) in eine operative DRG eingestuft, so darf das Krankenhaus nur die Operation abrechnen.

An einem Beispiel aus der MDC „08 Krankheiten und Störungen an Muskel-Skelett-System und Bindegewebe" sei die Regelung erläutert.

DRG	Partition	Bezeichnung	Bewertungsrelation bei Hauptabt.	Bewertungsrelation bei Hauptabt. und Beleghebamme	Mittlere Verweildauer	Untere Grenzverweildauer		Obere Grenzverweildauer	
						Erster Tag mit Abschlag	Bewertungsrelation/ Tag	Erster Tag zus. Entgelt	Bewertungsrelation/ Tag
1	2	3	4	5	6	7	8	9	10

MDC 08 Krankheiten und Störungen an Muskel-Skelett-System und Bindegewebe

DRG	Partition	Bezeichnung	Bewertungsrelation bei Hauptabt.	Bewertungsrelation bei Hauptabt. und Beleghebamme	Mittlere Verweildauer	Erster Tag mit Abschlag	Bewertungsrelation/ Tag	Erster Tag zus. Entgelt	Bewertungsrelation/ Tag
I 16 Z	O	Andere Eingriffe am Schultergelenk oder an der Klavikula	0,804		3,6	1	0,204	7	0,070
I 77 Z	M	Mäßig schwere Verletzungen von Schulter, Arm, Ellenbogen, Knie, Bein und Sprunggelenk	0,492		4,4	1	0,284	10	0,076

Quelle: FPV 2013, Anlage 1, S. 40 und 45

Beispiel:

Herr L. wird am 15.3. mit einer Schulterverletzung in die Klinik aufgenommen und in I 77 Z eingestuft. Nach seiner Entlassung am 17.3. stellt sich heraus, dass doch eine Operation an der Schulter nötig ist. Am 19.3. kommt er deshalb erneut in die Klinik, wird gemäß DRG I 16 Z operiert und am 24.3. entlassen. Das Krankenhaus darf für Herrn L. nur eine Fallpauschale, DRG I 16 Z, abrechnen. Die Fallzusammenführung erfolgt nach den gleichen Regeln wie bei Wiederaufnahme in dieselbe Basis-DRG, bzw. bei Wiederaufnahme wegen Komplikationen. Addiert man die Verweildauern der beiden Aufenthalte des Herrn L., so ergeben sich insgesamt 7 Tage. Da nach Spalte 9 der 7. Tag der erste Tag mit Zuschlag ist, erhält das Krankenhaus für Herrn L:

3 050 € x 0,804 + 1 x 3 050 € x 0,07 = 2 665,70 €

In allen genannten Regelungen zur Wiederaufnahme in dasselbe Krankenhaus müsste die Klinik, wenn sie der Krankenkasse bereits eine Pauschale in
Rechnung gestellt hätte, diese stornieren und den zu **einer** Pauschale zusam-
mengefassten Fall erneut abrechnen. Hätte also das Krankenhaus für Herrn
L. die erste DRG I 77 Z bereits abgerechnet, so wäre diese Rechnung zu
stornieren.

Für einige Indikationen gibt es aus medizinischen Gründen Ausnahmen von
den Wiederaufnahmeregelungen. So ist es heute z. B. bei Krebsbehandlungen
üblich, Patienten immer wieder nach Hause zu entlassen, z. B. nach einer
Strahlentherapie, und zum nächsten Therapieschritt wieder einzuweisen. Die
Einleitung einer Chemotherapie erfolgt häufig auch teilstationär. Den Patienten werden lange Krankenhausaufenthalte erspart, für die Krankenkassen
Kosten vermieden.

Im Fallpauschalenkatalog werden DRG, für die eine Ausnahme von der Wiederaufnahme gilt, in Spalte 13 mit einem Kreuz gekennzeichnet.

DRG	Partition	Bezeichnung	Bewertungsrelation bei Hauptabt.	Bewertungsrelation bei Hauptabt. und Beleghebamme	Mittlere Verweildauer	Untere Grenzverweildauer		Obere Grenzverweildauer		Externe Verlegung Abschlag/Tag (Bewertungsrelation)	Verlegungsfallpauschale	Ausnahme von Wiederaufnahme
						Erster Tag mit Abschlag	Bewertungsrelation/Tag	Erster Tag zus. Entgelt	Bewertungsrelation/Tag			
1	2	3	4	5	6	7	8	9	10	11	12	13
MDC 17 Hämatologische und solide Neubildungen												
R 63 A	M	Andere akute Leukämie mit hochkomplexer Chemotherapie	10,707		50,2	16	0,612	68	0,215	0,203		X

Quelle: FPV 2013, Anlage 1, S. 65

Ausnahmen gelten für Krebserkrankungen, HIV-Fallpauschalen, Transplan-
tationen sowie für alle DRG für Neugeborene und DRG der MDC „Schwangerschaft, Geburt und Wochenbett".

Die Vergütung bei Verlegungen von einem Krankenhaus in ein anderes wird
nach § 3 der FPV wie folgt geregelt: Bleibt ein Patient länger als die mittlere

Verweildauer (Spalte 6) im Krankenhaus und wird danach verlegt, so erhält das verlegende Krankenhaus die volle Pauschale. Völlig analog ist die Abrechnungsvorschrift für das Krankenhaus, das den Patienten danach aufnimmt. Auch diese Klinik erhält die volle Pauschale, wenn der Patient nach seiner Verlegung dort länger als die mittlere Verweildauer bleibt.

Ein Abschlag von der Fallpauschale ist vom verlegenden und vom aufnehmenden Krankenhaus folglich dann vorzunehmen, wenn die Verweildauer die mittlere Verweildauer unterschreitet. Lag der Patient jedoch weniger als 24 Stunden im verlegenden Krankenhaus, so muss das Krankenhaus, das ihn danach aufnimmt, keinen Verlegungsabschlag berechnen. Der Fall ist wie eine Erstaufnahme zu vergüten, d. h., es ist auf untere oder obere Grenzverweildauer zu prüfen. Das Krankenhaus, in dem der Patient zuvor lag, wendet die Verlegungsregelung an.

Die Zahl der Abschlagstage ist wie folgt zu berechnen (§ 3 FPV):

> mittlere Verweildauer (Spalte 6), kaufmännisch gerundet
> – tatsächliche Verweildauer
> _____
> = Zahl der Abschlagstage

Die Fallpauschale ist um die Zahl der Abschlagstage, multipliziert mit dem Basisfallwert und der Bewertungsrelation bei externer Verlegung (Spalte 11) zu vermindern.

Berechnungsbeispiele anhand der DRG C 66 Z

DRG	Partition	Bezeichnung	Bewertungsrelation bei Hauptabt.	Bewertungsrelation bei Hauptabt. und Beleghebamme	Mittlere Verweildauer	Untere Grenzverweildauer		Obere Grenzverweildauer		Externe Verlegung Abschlag/Tag (Bewertungsrelation)	Verlegungsfallpauschale	Ausnahme von Wiederaufnahme
						Erster Tag mit Abschlag	Bewertungsrelation/Tag	Erster Tag zus. Entgelt	Bewertungsrelation/Tag			
1	2	3	4	5	6	7	8	9	10	11	12	13
MDC 02 Krankheiten und Störungen des Auges												
C 66 Z	M	Augenerkrankungen bei Diabetes mellitus	0,568		5,0	1	0,357	10	0,073	0,080		

Quelle: FPV 2013, Anlage 1, S. 14

Beispiel:

Frau N. wird am 2.12. in das Kreiskrankenhaus Neustadt eingewiesen und in DRG C 66 Z eingestuft. Am 4.12. wird sie in die Hochschulklinik verlegt und dort am 8.12. nach Hause entlassen (Basisfallwert jeweils 3 050 €).

Anzahl der Abschlagstage im Kreiskrankenhaus:

	mittlere Verweildauer, kaufmännisch gerundet	5
–	tatsächliche Verweildauer	2
=	3 Abschlagstage	

Entgeltberechnung für das Kreiskrankenhaus:

$$3\,050\,€ \times 0,568 \quad - \quad 3 \times 3\,050\,€ \times 0,080 \quad = \quad 1\,000,40\,€$$

Fallpauschale   –   Verlegungsabschlag   =   Entgelt für Patientin N.

Anzahl der Abschlagstage in der Hochschulklinik:

	mittlere Verweildauer, kaufmännisch gerundet	5
–	tatsächliche Verweildauer	4
=	1 Abschlagstag	

Entgeltberechnung für die Hochschulklinik:

$$3\,050\,€ \times 0,568 \quad - \quad 1 \times 3\,050\,€ \times 0,080 \quad = \quad 1\,488,40\,€$$

Fallpauschale   –   Verlegungsabschlag   =   Entgelt für Patientin N.

Wird ein Patient innerhalb von 30 Tagen in das Krankenhaus **zurückverlegt**, das ihn zuerst aufgenommen hat, legt dieses Krankenhaus die beiden Aufenthalte zu einem Fall zusammen.

Beispiel:

Herr P. wurde mit C 66 Z in das Kreiskrankenhaus am 3.4. aufgenommen, am 5.4. in die Hochschulklinik verlegt und am 8.4. von dort in das Kreiskrankenhaus zurückverlegt; am 10.4. wird er nach Hause entlassen. Das Kreiskrankenhaus legt die beiden Aufenthalte zusammen:

Verweildauer 1. Aufenthalt + Verweildauer 2. Aufenthalt = 4 Tage. Da die tatsächliche Verweildauer unter der mittleren liegt, wird dem Kreiskrankenhaus ein Abschlagstag berechnet.

Entgelt Kreiskrankenhaus:

3 050 € × 0,568 – 1 × 3 050 € × 0,080 = 1 488,40 €

Auch für die Hochschulklinik ist die Verlegungsregelung anzuwenden. Die tatsächliche Verweildauer betrug 3 Tage. Der Klinik werden also 2 Abschlagstage berechnet.

Entgelt Hochschulklinik:

3 050 € × 0,568 – 2 × 3 050 × 0,080 = 1 244,40 €

Der Fallpauschalenkatalog enthält auch DRG, die in Spalte 12 mit einem Kreuzchen als **Verlegungsfallpauschale** gekennzeichnet sind. Für diese DRG gilt die beschriebene Regelung nicht. Zu prüfen wäre hier, ob die untere Grenzverweildauer erreicht wurde und deshalb ein Abschlag vorzunehmen ist.

3.7.5 Abrechnung von Geburten

Geburten sind bei Frauen der dritthäufigste Einweisungsgrund in ein Krankenhaus. Mutter und Kind werden **grundsätzlich eigene DRG** zugeordnet. Die Mutter erhält eine DRG aus der Hauptdiagnosegruppe **MDC 14 Schwangerschaft, Geburt und Wochenbett**, das Kind aus der **MDC 15 Neugeborene**. Gesunde, also nicht behandlungsbedürftige Neugeborene werden in die DRG P 66 D (gesunder Mehrling) oder P 67 D (gesunder Einling) eingestuft und **mit dem Kostenträger** der Mutter, also ihrer gesetzlichen Krankenkasse oder privaten Krankenversicherung, abgerechnet. Mit Ausnahme der beiden DRG P66D und P67D ist das Kind außerhalb des Kreißsaales behandlungsbedürftig, z. B. weil das Geburtsgewicht unter 2 000 Gramm liegt. In all diesen Fällen ist zu ermitteln, wer Kostenträger für die Fallpauschale des Neugeborenen ist. Angenommen, die Mutter sei gesetzlich versichert, der Vater als Beamter in einer PKV, so ist das Kind dann bei ihm versichert, wenn sein Einkommen jenes seiner Frau übersteigt (vgl. Kap. II 2.2). Das Krankenhaus rechnet in diesem Fall die Fallpauschale der Mutter mit deren Kasse und diejenige des Neugeborenen über die Privatversicherung ab.

3.7.6 Weitere Vergütungen nach dem Krankenhausentgeltgesetz

Im KHEntgG (§ 7) werden weitere Entgelte genannt, die neben den Fallpauschalen der Vergütung der allgemeinen Krankenhausleistungen dienen.

Die FPV enthält eine Liste von **Zusatzentgelten,** die zusätzlich zu einer Fall-pauschale abgerechnet werden können. Mit Zusatzentgelten werden Leistungen vergütet, die nicht in einer DRG abgebildet werden können, weil sie für diese DRG eine nicht-typische Leistung darstellen oder weil sie als zusätzliche Leistungen in verschiedenen DRG infrage kommen. Als Beispiel sei ein dialysepflichtiger Patient angeführt, der sich einer Knieoperation unterzieht und während des Klinikaufenthaltes eine Dialyse benötigt. In die operative DRG I30Z „komplexe Eingriffe am Kniegelenk" sind Dialyseleistungen nicht einkalkuliert. Die Klinik rechnet dafür ein Zusatzentgelt ab. Wäre derselbe Patient wegen seines Nierenleidens im Krankenhaus, könnte das Zusatzentgelt nicht abgerechnet werden, da die Dialyseleistung bereits in die dafür vorgesehene DRG einberechnet ist. Zusatzentgelte können für bestimmte meist sehr teure Medikamente, ebenso für den Einsatz von Medikamentenpumpen etc. berechnet werden. Die Höhe der Zusatzentgelte ist **bundesweit gleich,** für die im Beispiel genannte Dialyse beträgt das Zusatzentgelt für Patienten über 14 Jahren im Jahr 2013 220,62 €. Ebenso wie der Fallpauschalenkatalog wird das Verzeichnis der Zusatzentgelte jährlich überarbeitet.

Ebenfalls bundeseinheitlich ist die Vergütung des Krankenhauses für die aus medizinischen Gründen notwendige Aufnahme einer Begleitperson geregelt. Das Krankenhaus erhält für die Begleitperson 45 € je Tag.

Beispiel:

Ein kleines Kind wird mit G 22 A „Appendektomie oder laparoskopische Adhäsiolyse bei Peritonitis oder mit äußerst schweren oder schweren CC, Alter < 10 Jahre" (Operation, Bewertungsrelation 1,355) in ein Krankenhaus eingeliefert. Der Krankenhausarzt bestätigt, dass die Mitaufnahme der Mutter medizinisch notwendig ist. Die Verweildauer beträgt 6 Tage, der Basisfallwert liegt bei 3 050 €.

Entgelt des Krankenhauses für die Behandlung des Kindes:

3 050 € × 1,355 = 4 132,75 €

Entgelt des Krankenhauses für die Mutter als Begleitperson:

45 € × 6 = 270 €

Als Anlage ist der FPV ferner eine Liste von Leistungen beigefügt, die nicht mit dem Fallpauschalenkatalog vergütet werden. Es handelt sich um seltene Behandlungen, für die es noch nicht möglich war, eine ausreichend große Stichprobe zur Kalkulation von Fallpauschalen zu bilden bzw. um Therapien, die von Fall zu Fall zu stark variieren, um mit einer Pauschale vergütet zu werden. Als Beispiele seien genannt: „Epilepsiechirurgie mit invasivem präoperativem Video-EEG" oder „Frührehabilitation nach Polytrauma". Erbringt ein Krankenhaus solche Leistungen, so werden dafür krankenhausin-dividuelle Entgelte als Tagessätze zwischen den Krankenkassen und dem Krankenhaus vereinbart. Dasselbe Verfahren – krankenhausindividuelles Entgelt nach Vereinbarung zwischen den Vertragsparteien – wird für neue Untersuchungs- und Behandlungsmethoden angewandt, die noch nicht im Fallpauschalenkatalog stehen.

Das KHEntgG sieht eine Reihe von Zuschlägen vor, die Kliniken zur Vergü-tung der allgemeinen Krankenhausleistungen von der gesetzlichen bzw. pri-vaten Krankenversicherung oder von den Patienten selbst erhalten.

Der **DRG-Systemzuschlag** wird zu jedem Krankenhausfall erhoben; im Jahr 2013 beträgt er 1,10 € je Fall. Das Krankenhaus führt den Zuschlag an das Institut für das Entgeltsystem im Krankenhaus (InEK gGmbH) ab. Aufga-be des InEK ist die Weiterentwicklung des DRG-Vergütungssystems und die Festlegung der Kodierrichtlinien. Seine Vertragspartner sind die deutsche Krankenhausgesellschaft, der Spitzenverband der gesetzlichen Krankenkas-sen und der Verband der privaten Krankenversicherung. Der Zuschlag dient der Finanzierung des InEK sowie derjenigen Krankenhäuser, die in Zusam-menarbeit mit dem InEK bei der Kalkulation von Fallpauschalen mitwirken.

Ein **Qualitätssicherungszuschlag** wird je Fallpauschale den Kostenträgern in Rechnung gestellt. Der Zuschlag enthält einen Anteil des Landes und des Krankenhauses selbst. Der Landesanteil wird vom Krankenhaus an die zu-ständige Stelle für Qualitätssicherung weitergeleitet, den Krankenhausanteil (2013: 0,60 €) behält die Klinik selbst. Hält das Krankenhaus seine Ver-pflichtungen zur Qualitätssicherung nicht ein, sind Abschläge von den Fall-pauschalen vorzunehmen (§ 8 Abs. 4 KHEntgG).

Je voll- und teilstationärem Krankenhausaufenthalt wird ein **Systemzuschlag** in Rechnung gestellt, der der Finanzierung des Gemeinsamen Bundesaus-schusses und des Instituts für Qualität und Wirtschaftlichkeit dient. Im Jahr 2013 beträgt er 1,13 € je Krankenhausfall.

Unterhalten Krankenhäuser Ausbildungsstätten, bekommen sie zu deren Fi-nanzierung einen **Ausbildungszuschlag**. Die Höhe dieser Zuschläge wird je-weils auf Ebene des Bundeslandes vereinbart.

Krankenhäuser, die Leistungen vorhalten, die aufgrund des geringen Versor-gungsbedarfs mit Fallpauschalen nicht kostendeckend finanzierbar sind, er-halten einen **krankenhausindividuellen Sicherstellungszuschlag**.

Betreiben Krankenhäuser **Zentren und Schwerpunkte** (z. B. für Schlaganfall-patienten, auch als so genannte stroke units bezeichnet), können sie dafür einen **Zuschlag** vereinbaren.

Kliniken, die sich nicht an der Notfallversorgung beteiligen, müssen einen Abschlag vom Entgelt (2013: 50 € je vollstationärem Fall) hinnehmen.

3.7.7 Abrechnungsregelungen bei teilstationären und bei vor- und nachstationären Leistungen

Teilstationäre Leistungen werden mit **krankenhausindividuellen** tagesbezogenen Entgelten vergütet (§ 6 FPV). Verhandlungs- und Vertragspartner sind, ebenso wie für Budgetverhandlungen und alle krankenhausindividuellen Vergütungssätze, die Krankenkassen und das Krankenhaus bzw. der Krankenhausträger.

Für einige Indikationen – Krebserkrankungen, Schmerztherapie, HIV und Dialysen – sind teilstationäre Behandlungstage in jedem Fall abrechenbar. In allen übrigen Fällen kann das Krankenhaus teilstationäre Behandlungstage ab dem dritten Tag ab Überschreiten der abgerundeten mittleren Verweildauer in Rechnung stellen. Die mittlere Verweildauer bezieht sich auf die zuvor abgerechnete Fallpauschale.

DRG	Partition	Bezeichnung	Bewertungsrelation bei Hauptabt.	Bewertungsrelation bei Hauptabt. und Beleghebamme	Mittlere Verweildauer	Untere Grenzverweildauer		Obere Grenzverweildauer		Externe Verlegung Abschlag/Tag (Bewertungsrelation)
						Erster Tag mit Abschlag	Bewertungsrelation/Tag	Erster Tag zus. Entgelt	Bewertungsrelation/Tag	
1	2	3	4	5	6	7	8	9	10	11
MDC 08 Krankheiten und Störungen an Muskel-Skelett-System und Bindegewebe										
I 24 Z	O	Arthroskopie einschließlich Biopsie oder andere Eingriffe an Kniegelenk, Ellenbogengelenk und Unterarm	0,591		2,7	1	0,144	6	0,074	0,077

Quelle: FPV 2013, Anlage 1, S. 41

> **Beispiel:**
>
> Frau G. wird am 13.6. in das Krankenhaus aufgenommen, in DRG I 24 Z eingestuft und am 17.6. entlassen. Am 20. und 21.6. wird sie im selben Krankenhaus teilstationär weiterbehandelt. Die mittlere Verweildauer beträgt für DRG I 26 Z 2,7 Tage. Der dritte Tag ab Überschreiten der abgerundeten mittleren Verweildauer ab Aufnahmedatum zur stationären Behandlung ist der 18.6. Bis zu diesem Tag gilt die teilstationäre Behandlung als mit der Fallpauschale abgegolten. Das Krankenhaus kann der Krankenkasse die beiden teilstationären Behandlungstage 20. und 21.6. zusätzlich zur DRG-Pauschale berechnen.

Vorstationäre Leistungen nach § 115a SGB V können nicht zusätzlich zu einer DRG-Pauschale abgerechnet werden. Das Krankenhaus erhält dafür nur dann eine Vergütung, wenn es nach der vorstationären Behandlung **nicht** zu einer stationären Aufnahme des Patienten kommt. Nachstationäre Behandlung wird nur dann gesondert vergütet, wenn die Summe aus stationären, vor- und nachstationären Behandlungstagen die obere Grenzverweildauer übersteigt (§ 8 Abs. 2 KHEntgG).

DRG	Partition	Bezeichnung	Bewertungsrelation bei Hauptabt.	Bewertungsrelation bei Hauptabt. und Beleghebamme	Mittlere Verweildauer	Untere Grenzverweildauer		Obere Grenzverweildauer		Externe Verlegung Abschlag/ Tag (Bewertungsrelation)	Verlegungsfallpauschale	Ausnahme von Wiederaufnahme
						Erster Tag mit Abschlag	Bewertungsrelation/ Tag	Erster Tag zus. Entgelt	Bewertungsrelation/ Tag			
1	2	3	4	5	6	7	8	9	10	11	12	13
MDC 10 Endokrine, Ernährungs- und Stoffwechselkrankheiten												
K 62 B	M	Verschiedene Stoffwechselerkrankungen außer bei Para-/Tetraplegie, ohne komplizierende Diagnose, ohne endoskopische Einlage eines Magenballons, ohne äußerst schwere CC	0,631		5,4	1	0,418	12	0,079	0,095		

Quelle: FPV 2013, Anlage 1, S. 50

227

> **Beispiel:**
>
> Herr H. wird am 31.7. vorstationär untersucht, vom 2.8. – 4.8. mit DRG K 62 B stationär behandelt und kommt am 5. und 6.8. zur nachstationären Untersuchung. Da die Summe aller Behandlungstage unter der oberen Grenzverweildauer liegt, kann das Krankenhaus die nachstationäre Behandlung nicht zusätzlich zur Pauschale abrechnen.

3.8 Belegärztliche Leistungen

Belegärzte sind niedergelassene Ärzte (Vertragsärzte), die ihre Patienten in einem Krankenhaus stationär oder teilstationär behandeln (§ 18 KHEntgG, § 121 SGB V). Das Krankenhaus stellt dem Vertragsarzt für dessen Patienten so genannte Belegbetten zur Verfügung. Die Vertragsärzte sind also nicht am Krankenhaus angestellt und erhalten von ihm keine Vergütung. Um Belegarzt werden zu können, muss der Vertragsarzt bei seiner KV einen Antrag stellen. Im Einvernehmen der KV mit den Landesverbänden der Krankenkassen und den Ersatzkassen erteilt die KV ihr Einverständnis.

Nach § 8 KHEntgG sind Leistungen des Belegarztes

1. seine persönlichen Leistungen
2. der ärztliche Bereitschaftsdienst
3. die von ihm veranlassten Leistungen nachgeordneter Ärzte des Krankenhauses
4. die von ihm veranlassten Leistungen von Ärzten außerhalb des Krankenhauses.

Alle genannten Leistungen werden vom Belegarzt für Patienten der GKV mit der KV **nach dem EBM abgerechnet**. Für Privatpatienten rechnet der Belegarzt mit dem Patienten selbst nach der **GOÄ** ab. Dabei muss er einen **Abschlag von 15 %** von den Gebühren der GOÄ vornehmen. Nach ihrer Entlassung aus dem Krankenhaus erhalten Privatpatienten eine Rechnung des Belegarztes. Werden sie operiert, sind es in der Regel zwei Rechnungen, eine vom Belegoperateur eine zweite vom Beleganästhesisten.

> **Beispiel:**
>
> Der Privatpatient Herr M. unterzog sich einer Bruchoperation und erhält nach seiner Entlassung aus dem Krankenhaus von seinem Operateur, einem Belegarzt, folgende Rechnung.

Diagnose: Leistenhernie rechts

Datum	GOÄ-Ziffer	Leistung	Gebühr	Faktor	Betrag
12.10.	3	Eingehende Beratung	8,74 €	2,3	20,10 €
12.10.	8	Ganzkörper-status	15,15 €	2,3	34,85 €
12.10.	45	Visite	4,06 €	2,3	9,34 €
13.10.	3 285	Operation, Leisten-/ Schenkelbruch	75,19 €	3,5	263,17 €
13.10.	272	Infusion	10,49 €	2,3	24,13 €
13.10.	3	Eingehende Beratung	8,74 €	2,3	20,10 €
13.10.	8	Ganzkörper-status	15,15 €	2,3	34,85 €
13.10.	45	Visite	4,06 €	2,3	9,34 €
...					...,.. €
				Summe	1 413,86 €
minus Honorarminderung nach GOÄ § 6a Abs. 1 (15 %)					212,08 €
Rechnungsbetrag					**1 201,78 €**

GOÄ-Ziffer 3285 – Begründung gemäß § 5 Abs. 2 GOÄ: hoher Zeitaufwand wegen chronischer Vernarbungen.

Abb. 17: Beispielrechnung eines Belegarztes

Patienten von Belegärzten schließen zwei Verträge ab, einmal einen Behandlungsvertrag (= Dienstvertrag) mit dem Belegarzt, zum anderen einen Dienstvertrag mit dem Krankenhaus. Der Vertrag mit der Klinik beinhaltet keine ärztlichen Leistungen, da diese vom Belegarzt erbracht werden, sondern nur Krankenpflege und die so genannten Hotelleistungen Unterkunft und Verpflegung.

Das Krankenhaus stellt für seine Leistungen der Krankenkasse oder der Privatversicherung eine belegärztliche DRG in Rechnung. Dazu ist dem Fallpauschalenkatalog der FPV ein zusätzlicher Teil b) „Bewertungsrelationen bei belegärztlicher Versorgung" angefügt.

DRG	Partition	Bezeichnung	Bewertungs- relation bei Belegopera- teuren/-ärzten	Bewertungsrelation bei Belegopera- teuren/-ärzten und Beleganästhesisten
1	2	3	4	5
MCD 06 Krankheiten und Störungen der Verdauungsorgane				
G 09 Z	O	Beidseitige Eingriffe bei Leisten- und Schenkelhernien, Alter >55 Jahre oder komplexe Herniotomien	0,758	0,685

Quelle: FPV 2013, Anlage 1, S. 92

Die dort ausgewiesenen Bewertungsrelationen wurden ohne ärztliche Leistungen kalkuliert, da diese vom Belegarzt (vom Belegoperateur allein, Spalte 4 oder von Belegoperateur und Beleganästhesist, Spalte 5) erbracht werden und nicht von Krankenhausärzten.

3.9   Wahlleistungen und ihre Abrechnung

Wahlleistungen (§ 17 KHEntgG) dürfen von einem Krankenhaus dann gesondert erbracht und berechnet werden, wenn dadurch die allgemeinen Krankenhausleistungen nicht beeinträchtigt werden. Allgemeine Krankenhausleistungen genießen also Priorität vor medizinisch nicht erforderlichen Luxusleistungen einer Klinik. Erbringt eine Klinik Wahlleistungen, so hat sie dies der zuständigen Landesbehörde, dem Sozialministerium, mitzuteilen.

Es gibt zwei Arten von Wahlleistungen für Patienten: wahlärztliche Leistungen und Komfortleistungen bei Unterbringung und Verpflegung. Privatversicherte Patienten haben in aller Regel Policen, die Wahlleistungen einschließen. Zudem werden Wahlleistungen durch private Zusatzversicherungen, die Mitglieder der GKV bei privaten Versicherungsanbietern abschließen, finanziert.

Wahlleistungen müssen schriftlich mit dem Patienten vereinbart werden. Vor Vereinbarung ist der Patient über die Inhalte und die Entgelthöhe der Leistungen zu unterrichten. Die Kliniken verwenden zu diesem Zweck Vordrucke, die Patienten über Art und Entgelt der Wahlleistungen sowie deren rechtliche Grundlagen informieren.

Auszug aus einer Unterrichtung der Patienten über wahlärztliche Leistungen:

„a. Ärztliche Leistungen:

Bei der Inanspruchnahme wahlärztlicher Leistungen kann die Wahl nicht auf einzelne liquidationsberechtigte Ärzte des Klinikums beschränkt werden (§ 17 Abs. 3 KHEntgG). Eine Vereinbarung über wahlärztliche Leistungen erstreckt sich auf alle an der Behandlung des Patienten beteiligten Ärzte des Krankenhauses, soweit diese zur gesonderten Berechnung ihrer Leistungen im Rahmen der vollstationären und teilstationären sowie einer vor- und nachstationären Behandlung (§ 115a des Fünften Buches Sozialgesetzbuch) berechtigt sind, einschließlich der von diesen Ärzten veranlassten Leistungen von Ärzten und ärztlich geleiteten Einrichtungen außerhalb des Krankenhauses. Dies gilt auch, soweit das Krankenhaus selbst wahlärztliche Leistungen berechnet.

Für die Berechnung wahlärztlicher Leistungen finden die Vorschriften der Gebührenordnung für Ärzte (GOÄ) in der jeweils gültigen Fassung Anwendung. Nach § 6a GOÄ erfolgt bei vollstationären, teilstationären sowie vor- und nachstationären wahlärztlichen/privatärztlichen Leistungen eine Minderung der Gebühren einschließlich der darauf entfallenden Zuschläge um 25 %; bei Leistungen und Zuschlägen von Belegärzten und anderen niedergelassenen Ärzten um 15 %. Das Arzthonorar wird in der Regel gesondert von den jeweils liquidationsberechtigten Krankenhausärzten geltend gemacht, sofern nicht die Verwaltung des Klinikums oder eine externe Abrechnungsstelle für den liquidationsberechtigten Arzt tätig wird.

Die gesondert berechenbaren ärztlichen Leistungen werden, auch soweit sie vom Krankenhaus berechnet werden, vom nachfolgend aufgeführten Wahlarzt der Fachabteilung oder der ärztlich geleiteten Einrichtungen persönlich oder unter der Aufsicht des Wahlarztes nach fachlicher Weisung von einem nachgeordneten Arzt der Abteilung (§ 4 Abs. 2 Satz 1 GOÄ) oder von dem ständigen ärztlichen Vertreter (§ 4 Abs.2 Satz 3 GOÄ) erbracht:

Abteilung Chirurgie	*Wahlarzt/Chefarzt*	*ständiger ärztlicher Vertreter*
	Prof. Dr. A.	*Dr. B.* *Dr. C.* *Dr. D.*

*Die ärztlichen Leistungen der Konsiliarärzte und der fremden ärztlich gelei-
teten Einrichtungen werden von diesen nach den für sie geltenden Tarifen
berechnet."*

Bekommt ein Patient wahlärztliche Leistungen, so leitet sich daraus **nicht**
der Anspruch ab, immer vom Chefarzt selbst, im Beispiel von Prof. Dr. A.,
behandelt zu werden. Ebenso berechtigt zur Behandlung sind die ärztlichen
Vertreter des Chefarztes sowie evtl. zur Beratung der behandelnden Ärzte
hinzugezogene Konsiliarärzte.

Chefärzte, im Beispiel Prof. Dr. A., erhalten in aller Regel in ihrem Dienstvertrag mit dem Krankenhaus bzw. dem Krankenhausträger das Recht, privat
mit den Patienten abrechnen zu dürfen, das so genannte Liquidationsrecht.
Für beamtete Ärzte, z. B. Medizinprofessoren an Universitätskliniken, gelten
die Nebentätigkeitsverordnungen auf Ebene des jeweiligen Bundeslandes.

Wahlärztliche Leistungen werden **grundsätzlich** nach GOÄ abgerechnet. Der
Patient erhält nach seiner Entlassung aus dem Krankenhaus eine Rechnung
über wahlärztliche Leistungen, die er begleicht und an seine Versicherung zur
Erstattung der Kosten weiterleitet. Die Entgelte für wahlärztliche Leistungen
müssen um 25 % gemindert werden.

Datum	GOÄ-Ziffer	Leistung	Gebühr	Faktor	Betrag
6.3.	45	Visite	4,06 €	2,3	9,34 €
7.3.	45	Visite	4,06 €	2,3	9,34 €
7.3.	5 372	CT Abdomen	151,55 €	2,3	348,57 €
...					...,.. €
				Summe	1 712,55 €
Minus Honorarminderung nach GOÄ § 6a Abs. 1 (25 %)					428,14 €
Rechnungsbetrag					**1 284,41 €**

Abb. 18: Auszug aus einer Rechnung für wahlärztliche Leistungen

Möchte ein Patient **gesondert berechenbare Unterbringungsleistungen**, z. B.
ein Ein-Bett-Zimmer, darf das Krankenhaus dies nicht davon abhängig machen, ob zusätzlich auch andere Wahlleistungen, z. B. Chefarztbehandlung,
vereinbart wurden. Die Unterrichtung des Patienten informiert über Komfortleistungen bei Unterbringung und Verpflegung und deren Preise.

Auszug aus einer Unterrichtung des Patienten über Komfortleistungen:

„b. Unterbringung in einem Ein-Bett-Zimmer nach Maßgabe folgender Leistungsbeschreibung:

Abteilung Chirurgie: separates WC und Dusche, Farbfernseher, Besucherecke, persönlicher Service ...

Preis pro Berechnungstag 55,- €

c. Unterbringung in einem Zwei-Bett-Zimmer nach Maßgabe folgender Leistungsbeschreibung:

Abteilung Chirurgie: separates WC und Dusche, Farbfernseher, persönlicher Service ...

Preis pro Berechnungstag 35,- €"

Nimmt ein Patient Wahlleistungen in Anspruch, schließt er einen so genannten aufgespaltenen Krankenhausvertrag ab. D. h., er tritt mit dem Krankenhaus in Dienstvertragsbeziehung; die Klinik verpflichtet sich zur Erbringung der allgemeinen Krankenhausleistungen und rechnet diese mit einer DRG ab. Eine weitere Dienstvertragsbeziehung besteht zwischen Patient und Wahlarzt, der so genannte Arztzusatzvertrag, in dem sich der Wahlarzt zur Behandlung (persönlich oder durch seine ständigen Vertreter) verpflichtet.

Wahlärzte nutzen für ihre Leistungserbringung, die sie nach GOÄ liquidieren, Personal und Sachausstattung der Klinik. Dafür sind sie gegenüber dem Krankenhaus zu einer Erstattung der Kosten verpflichtet. BPflV und KHEntgG geben die Erstattungssätze vor. Ist ein Arzt zur Abrechnung wahlärztlicher Leistungen berechtigt, so muss er dem Krankenhaus 40 % der Gebühren für die Abschnitte A, E, M und O der GOÄ erstatten.

Abschnitt A: Gebühren in besonderen Fällen, die nur bis zum 2,5-fachen gesteigert werden dürfen, z. B. EKG
Abschnitt E: physikalisch-medizinische Leistungen, z. B. Krankengymnastik, Massagen
Abschnitt M: Laboruntersuchungen
Abschnitt O: Strahlendiagnostik, -therapie, Nuklearmedizin.

Für alle übrigen Gebühren beträgt der **Erstattungssatz 20 %**. Maßgeblich für die Kostenerstattung sind jeweils die Gebühren **vor Abzug der 25 %igen Minderung**. Der höhere Abtretungssatz für Leistungspositionen der GOÄ aus den Abschnitten A, E, M und O, resultiert daraus, dass Wahlärzte, z. B. wenn sie Laboruntersuchungen vornehmen lassen, ein EKG schreiben lassen etc. die Ausstattung des Krankenhauses in besonderem Maß nutzen.

Die Abrechnung seiner Leistungen kann der Wahlarzt selbst vornehmen, eine Abrechnungsstelle beauftragen oder die Abrechnung vom Krankenhaus vornehmen lassen. Wahlärzte bzw. beauftragte Abrechnungsstellen sind verpflichtet, dem Krankenhaus umgehend die zu Ermittlung der Kostenerstattung nötigen Unterlagen und eine Liste aller erbrachten Leistungen zukommen zu lassen (§ 17 Abs. 3 KHEntgG). Der Arzt muss dem Krankenhaus die Möglichkeit geben, die Rechnungslegung zu prüfen. Rechnet das Krankenhaus für den Wahlarzt ab, behält es Verwaltungsgebühren für die Abrechnung und die Kostenerstattung ein und leitet dann die Vergütung an den Wahlarzt weiter.

Für beamtete Ärzte, z. B. Medizinprofessoren an Hochschulkliniken, sind zusätzlich die Nebentätigkeitsverordnungen des jeweiligen Bundeslandes anzuwenden. Darin ist vorgeschrieben, dass sich das Nutzungsentgelt eines liquidationsberechtigten Arztes aus der Kostenerstattung und einem so genannten Vorteilsausgleich zusammensetzt. Dadurch werden wirtschaftliche Vorteile ausgeglichen, die dem Beamten durch die Nutzung von Personal, Räumen, Geräten der Klinik zugutekommen. So verpflichtet z. B. die bayerische Nebentätigkeitsverordnung beamtete Ärzte, dem Krankenhaus als Vorteilsausgleich 17 % des privat liquidierten Rechnungsbetrages zusätzlich zur Kostenerstattung zu überlassen.

Aus den zusammengezählten Liquidationserlösen beamteter Ärzte für stationäre und ambulante Behandlung (zur Kostenerstattung bei ambulanten Leistungen vgl. Kap. IV 2.11.4) im Krankenhaus, die sich nach Abzug der Kostenerstattung und des Vorteilsausgleichs ergeben, entrichtet der Arzt zusätzlich eine Pflichtbeteiligung, mit der seine Mitarbeiter, die an der Erbringung der Leistungen des liquidationsberechtigten Arztes mitwirkten, angemessen zu entlohnen sind. Hochschulen, an denen liquidationsberechtigte Ärzte arbeiten, können dabei selbst regeln, dass so genannte Mitarbeiterpools und Verteilungsausschüsse dafür gebildet werden.

3.10 Mitteilungspflichten des Krankenhauses

Krankenhäuser müssen alle **Patienten**, also nicht nur jene, die Wahlleistungen erhalten, über die voraussichtlichen Entgelte und die abzurechnende Fallpauschale unterrichten, sofern diese darüber Auskunft erhalten möchten (§ 8 Abs. 8 KHEntgG). Die im Kapitel IV 3.9 besprochene Unterrichtung der Patienten informiert auch über die Vergütung mit Fallpauschalen sowie über weitere Entgelte, z. B. Zusatzentgelte, Tagessätze von vor- und nachstationärer Behandlung.

Gegenüber den **Krankenkassen** sind die nach § 108 SGB V zur Behandlung von GKV-Patienten zugelassenen Kliniken zu zahlreichen Auskünften verpflichtet. Folgende Angaben sind nach § 301 SGB V den Kassen vom Krankenhaus *„im Wege elektronischer Datenübertragung oder maschinell verwertbar auf Datenträgern zu übermitteln:*

Die nach § 108 zugelassenen Krankenhäuser sind verpflichtet, den Krankenkassen bei Krankenhausbehandlung folgende Angaben im Wege elektronischer Datenübertragung oder maschinell verwertbar auf Datenträgern zu übermitteln:

1. *die Angaben nach § 291 Abs. 2 Nr. 1 bis 10 sowie das krankenhausinterne Kennzeichen*
   des Versicherten,
2. *das Institutionskennzeichen des Krankenhauses und der Krankenkasse,*
3. *den Tag, die Uhrzeit und den Grund der Aufnahme sowie die Einweisungsdiagnose, die Aufnahmediagnose, bei einer Änderung der Aufnahmediagnose die nachfolgenden Diagnosen, die voraussichtliche Dauer der Krankenhausbehandlung sowie, falls diese überschritten wird, auf Verlangen der Krankenkasse die medizinische Begründung, bei Kleinkindern bis zu einem Jahr das Aufnahmegewicht,*
4. *bei ärztlicher Verordnung von Krankenhausbehandlung die Arztnummer des einweisenden Arztes, bei Verlegung das Institutionskennzeichen des veranlassenden Krankenhauses, bei Notfallaufnahme die die Aufnahme veranlassende Stelle,*
5. *die Bezeichnung der aufnehmenden Fachabteilung, bei Verlegung die der weiterbehandelnden Fachabteilungen,*
6. *Datum und Art der im jeweiligen Krankenhaus durchgeführten Operationen und sonstigen Prozeduren,*
7. *den Tag, die Uhrzeit und den Grund der Entlassung oder der Verlegung, bei externer Verlegung das Institutionskennzeichen der aufnehmenden Institution, bei Entlassung oder Verlegung die für die Krankenhausbehandlung maßgebliche Hauptdiagnose und die Nebendiagnosen,*
8. *Angaben über die im jeweiligen Krankenhaus durchgeführten Leistungen zur medizinischen Rehabilitation und ergänzende Leistungen sowie Aussagen zur Arbeitsfähigkeit und Vorschläge für die Art der weiteren Behandlung mit Angabe geeigneter Einrichtungen,*
9. *die nach den §§ 115a und 115b sowie nach dem Krankenhausentgeltgesetz und der Bundespflegesatzverordnung berechneten Entgelte (§ 301 Abs. 1 SGB V).*

Bei den unter 1. genannten Angaben nach § 291 SGB V handelt es sich um die auf der Krankenversichertenkarte des Patienten enthaltenen Daten. Die Angaben der Nummern 1 bis 4 des § 301 Abs. 1 bilden den Aufnahmedatensatz; das Krankenhaus übermittelt ihn spätestens drei Tage nach Aufnahme des Versicherten an dessen Krankenkasse. Von der Kasse werden die Krankenhausangaben daraufhin überprüft, ob und inwieweit eine Zahlungspflicht seitens der Kasse besteht. Das Ergebnis dieser Überprüfung, im Fall eines positiven Bescheides ist dies die Kostenübernahmeerklärung, wird drei Tage nach Eingang des Aufnahmedatensatzes an die Klinik übermittelt. Die Klinik ihrerseits gibt spätestens drei Tage nach Entlassung des Patienten die Angaben der Nummern 5 bis 9 des § 301 Abs. 1 an die Krankenkasse weiter.

Sämtliche unter Punkt 3. und 7. des § 301 Abs.1 erwähnten Diagnosen sind mit dem ICD-10-GM zu verschlüsseln, Operationen unter Punkt 6. werden mit dem OPS-301 verschlüsselt (vgl. dazu Kap VI 1.4).

Weitere Mitteilungspflichten bestehen gegenüber dem InEK. Zum jeweils 31.3. jeden Jahres übermittelt das Krankenhaus auf maschinenlesbaren Datenträgern die in § 21 Abs. 2 KHEntgG genannten Angaben an die DRG-Datenstelle, das InEK. Es handelt sich dabei um Angaben zu Alter und Geschlecht der Patienten, deren Haupt- und Nebendiagnosen, die jeweilige Verweildauer, die Entgelthöhe.

Die Informationspflichten nach § 21 KHEntgG an das InEK dienen der Pflege und Weiterentwicklung der DRG, die Informationen nach § 301 SGB V vor allem der Abrechnung und deren Überprüfung durch die Kassen.

3.11 Zuzahlung, Abrechnungsmodalitäten, Rechte des MDK

Gesetzlich krankenversicherte volljährige Patienten zahlen am Ende ihres stationären Aufenthaltes pro Krankenhaustag 10 € aus eigener Tasche an das Krankenhaus bis zur kalenderjährlichen Obergrenze von 280 €. Die **Zuzahlung** ist **auch für den Entlassungstag** zu leisten. Die Zuzahlungstage übersteigen die Verweildauer also um einen Tag. Das Krankenhaus **verrechnet die Zuzahlung** mit der Rechnung an die Krankenkasse des Patienten.

Beispiel:

Frau V. lag vom 15.5. bis 20.5., also fünf Tage, im Krankenhaus. Sie zahlt inklusive Entlassungstag 60 € Selbstbeteiligung. Das Krankenhaus behält die 60 € ein und kürzt die Rechnung an Frau V.s Kasse um diesen Betrag.

Wird ein GKV-Patient von einem in ein anderes Krankenhaus verlegt, sind die 10 € für den Verlegungstag vom **aufnehmenden Krankenhaus zu kassieren**. Falls ein Patient während eines Krankenhausaufenthaltes zuzahlungspflichtig wird, also seinen 18. Geburtstag begeht, so fällt für diesen stationären Aufenthalt keine Zuzahlung an.

Die Abrechnung zwischen Kassen und Krankenhäusern wird in Verträgen auf Landesebene nach § 112 SGB V geregelt. So kann z. B. der Landesvertrag nach § 112 eine Zahlungsfrist von 21 Tagen vorsehen. Überschreitet die Krankenkasse die Zahlungsfrist, kann das Krankenhaus Verzugszinsen fordern. Häufig kommt es aber zu einer Überschreitung der Frist. Ein Grund dafür kann sein, dass die Kassen vom Krankenhaus die Daten nach § 301 SGB V verzögert erhalten und somit die Kostenübernahme nicht zustande kommt.

Krankenkassen als Kostenträger *„sind in den gesetzlich bestimmten Fällen oder wenn es nach Art und Schwere, Dauer oder Häufigkeit der Erkrankung oder nach dem Krankheitsverlauf erforderlich ist, verpflichtet ... eine gutachterliche Stellungnahme des MDK einzuholen"* (§ 275 Abs. 1 SGB V). Ein häufiger Grund für die Beauftragung des MDK durch die Kassen sind Zweifel daran, ob eine stationäre Behandlung überhaupt notwendig war, weil eine ambulante Behandlung (z. B. eine ambulante Operation) für ausreichend erachtet wird. Im Auftrag der Kasse kann die Zuordnung zu einer DRG überprüft werden, z. B. dann, wenn Unklarheit über Haupt- oder Nebendiagnose oder über die Schweregradeinordnung besteht. Ebenso kann die Notwendigkeit einer Überschreitung der oberen Grenzverweildauer bzw. bei Verlegungen der Überschreitung der mittleren Verweildauer bezweifelt werden. In allen solchen Fällen kann der MDK den Sachverhalt nach § 275 SGB V überprüfen. Allerdings sind der Kasse Fristen gesetzt: Die Prüfung durch den MDK ist spätestens sechs Wochen nach Rechnungseingang bei der Krankenkasse einzuleiten.

Die Mitarbeiter des MDK sind berechtigt, für eine gutachterliche Stellungnahme über Dauer und Notwendigkeit der stationären Behandlung, die Räume des Krankenhauses zwischen 8.00 und 18.00 Uhr zu betreten (§ 276 SGB V), um die Krankenunterlagen einzusehen und, falls nötig, den Versicherten zu untersuchen. Die Krankenkasse selbst hat kein Recht, Behandlungsunterlagen des Versicherten einzusehen, dies steht nur den Prüfärzten des MDK zu. Kassen haben nur das Recht, Informationen nach § 301 zu erhalten. Ergibt sich nach der Prüfung durch den MDK, dass Leistungen ungerechtfertigt abgerechnet wurden, kann die Krankenkasse eine Rückerstattung bereits bezahlter Beträge vom Krankenhaus fordern. Das Krankenhaus seinerseits erhält vom MDK eine Aufwandspauschale von 300 €, wenn sich herausstellt, dass die Prüfung keine Minderung des Abrechnungsbetrags ergibt.

Privat Krankenversicherte können in der Regel gemäß den allgemeinen Vertragsbedingungen der Krankenhäuser von der Möglichkeit einer direkten Abrechnung der Privatversicherung mit dem Krankenhaus Gebrauch machen. Die allgemeinen Vertragsbedingungen verpflichten in diesen Fällen den Privatversicherten, schriftlich seine Einwilligung dafür zu erteilen, dass seine Daten im Datenaustauschverfahren nach § 301 SGB V an seine Versicherung weitergeleitet werden. Die Bezahlung von wahlärztlichen Leistungen ist in dieses Verfahren nicht einbezogen. Der Wahlarzt liquidiert direkt mit dem Patienten, wie im Kapitel 3.9 beschrieben.

3.12 Krankenhausbuchführung – Sonderposten

Krankenhäuser unterliegen der Pflicht zur kaufmännischen Buchführung. Die einzige Ausnahme von dieser Pflicht besteht für kommunale Regiebetriebe, einer heute nicht mehr gebräuchlichen Rechtsform für Krankenhäuser.

Im Folgenden wird auf eine Besonderheit der doppelten Buchführung im Krankenhaus eingegangen, die daraus resultiert, dass Krankenhäuser, die dual finanziert werden, Steuermittel für Investitionen erhalten. Aus den Büchern muss klar ersichtlich sein, wie viele Steuergelder in der Klinik stecken und wofür sie verwendet werden. In der KHBV sind die einschlägigen Buchungsvorgänge des Krankenhauses vorgeschrieben. Die Buchungssätze entsprechen jenen der Pflegebuchführungsverordnung, da auch Pflegeheime öffentliche Mittel für Investitionen bekommen können.

Anhand eines Beispiels werden Buchungen, die mit der Zuweisung und Verwendung von Steuermitteln einhergehen, durchgeführt.

Beispiel:

Das Kreiskrankenhaus Neustadt hat beim Bundesland Fördermittel für einen Anbau beantragt und bekommt dafür eine Bewilligung. Mit der Zusage ist dem Krankenhaus eine Forderung gegen das Bundesland entstanden.

Buchung bei Bewilligung (Angaben in Klammern: Konto bzw. Kontengruppe der KHBV)

Forderungen nach dem Krankenhausgesetz (150)

an Erträge aus Fördermitteln nach dem KHG (46)

Dies ist der bei Entstehung einer Forderung bzw. eines Ertrages übliche Buchungssatz. Im Falle der Bewilligung öffentlicher Fördermittel für Investitionen handelt es sich nicht um einen echten Ertrag oder Erlös des Krankenhauses. Tatsächlich erzielt ein Krankenhaus Erlöse aus Fallpauschalen, Zusatzentgelten, ambulanten Leistungen etc. und diese erscheinen auf der Habenseite des Gewinn- und Verlustkontos. Der „Ertrag" aus Fördermitteln nach dem KHG darf das Betriebsergebnis des Krankenhauses nicht beeinflussen. Deshalb muss die Ertragsbuchung neutralisiert werden, d. h., es muss eine Aufwandsbuchung in gleicher Höhe durchgeführt werden, die dafür sorgt, dass sich beide Buchungen im Gewinn- und Verlustkonto aufheben. Dafür gibt die KHBV ein Aufwandskonto „Zuführung der Fördermittel nach KHG zu Sonderposten oder Verbindlichkeiten" (752) vor. Die Aufwandsbuchung erhöht zugleich die Verbindlichkeiten der Klinik.

Buchung zur Neutralisierung des Ertrages:

Zuführung der Fördermittel nach KHG zu Sonderposten oder Verbindlichkeiten (752)

an Verbindlichkeiten nach dem KHG (350)

Mit dieser Buchung wird deutlich, dass das Krankenhaus dem Bundesland die Steuergelder schuldet, solange sie nicht für den gesetzlich vorgesehenen Zweck, im Beispiel den Anbau, verwendet werden.

Geht das Geld bei der Bank des Krankenhauses ein, wird die Forderung nach dem KHG ausgeglichen.

Buchung bei Geldeingang:

Guthaben bei Kreditinstituten (13)

an Forderungen nach dem Krankenhausgesetz (150)

Die Mittel werden zweckgebunden für den Anbau verwendet.

Buchung bei Verwendung der Mittel:

Betriebsbauten (011)

an Guthaben bei Kreditinstituten (13)

Zugleich

• bildet das Krankenhaus Sonderposten und
• bucht seine Verbindlichkeiten gegen das Bundesland aus.

Buchung zur Bildung von Sonderposten:

Verbindlichkeiten nach dem KHG (350)

an Sonderposten aus Fördermitteln nach dem KHG (22)

Das Krankenhaus hat nun keine Verbindlichkeiten mehr gegenüber dem Bundesland, da die Steuermittel dem KHG gemäß für den Anbau verwendet wurden. Das Konto „Sonderposten aus Fördermitteln nach dem KHG" ist ein passives Bestandskonto. Durch dieses Konto wird ersichtlich, wie viele Steuergelder im Anlagevermögen des Krankenhauses gebunden sind. Sonderposten sind dem Eigenkapital vergleichbar, einmal, weil sie ebenso lang wie das gezeichnete Kapital an das Unternehmen gebunden sind, zum anderen,

239

weil darauf keine Zinsen zu zahlen sind wie auf Fremdkapital. In der Gliederung der Passivseite der Bilanz des Krankenhauses stehen die Sonderposten direkt unter dem Posten Eigenkapital; sie werden bei der Bilanzanalyse diesem zugerechnet.

Schreibt das Kreiskrankenhaus Neustadt am Jahresende den Anbau ab, dann verliert das steuerfinanzierte Anlagevermögen an Wert, deshalb müssen auch die Sonderposten um den Abschreibungsbetrag nach unten korrigiert werden.

Abschreibungsbuchung:

Abschreibung auf Sachanlagen (761)

an Betriebsbauten (011)

Mit dieser Buchung entsteht, wie bei jeder anderen Abschreibungsbuchung auch, ein Aufwand. Er darf, wie die Erfolgsbuchung bei der Bewilligung, die Gewinn- und Verlustrechnung nicht beeinflussen. Auch hier muss also eine Neutralisierung vorgenommen werden.

Neutralisierung des Abschreibungsaufwands:

Sonderposten aus Fördermitteln nach dem KHG (22)

an Erträge aus der Auflösung von Sonderposten nach dem KHG (490)

Ist das Anlagegut vollständig abgeschrieben, erlischt der Sonderposten.

Übungsaufgaben zu Teil IV Kapitel 3

Aufgabe 1

In der Krankenhausversorgung in Deutschland gibt es einige spezifische Entwicklungen. Bitte beantworten Sie dazu folgende Fragen:

1. Was verstehen Sie unter Privatisierungstendenz im Zusammenhang mit Krankenhäusern?
2. Wie hat sich die Verweildauer entwickelt?
3. Wie verändern sich die Kapazitäten, gemessen an aufgestellten Betten?

Aufgabe 2

Welche der folgenden Krankenhäuser sind zur Behandlung von GKV-Versicherten zugelassen? (Drei Nennungen)

1. alle Akutkrankenhäuser
2. alle Versorgungskrankenhäuser
3. jedes Krankenhaus in Deutschland
4. alle Hochschulkliniken
5. alle Rehabilitationskliniken
6. alle Plankrankenhäuser
7. die Bundeswehrkrankenhäuser

Aufgabe 3

Bitte ordnen Sie zu, welche der folgenden Tatbestände in Plankrankenhäusern auf Antrag, pauschal oder nicht vom Bundesland gefördert werden.

	a) Antrags-förderung	b) Pauschal-förderung	c) keine Förderung
1. Grunderwerbssteuer, Notarkosten			
2. Anschaffung neuer Matzratzen			
3. Neumöblierung eines Stationszimmers			
4. Erweiterungsbau für die Intensivstation			
5. Erwerb eines Grundstücks			
6. Umwidmung einer Abteilung in ein Pflegeheim			

Aufgabe 4

Bitte geben Sie an, was aus dem Erlösbudget des Krankenhauses (aus Fallpauschalen, Zusatzentgelten etc.) finanziert wird.

1. Kauf von Narkosemitteln
2. Instandhaltung der Gebäude
3. Umbau des OP-Traktes
4. Wiederbeschaffung eines Sonografiegerätes
5. Kauf von Blutkonserven
6. Zahlung an Firma Maier für Reinigungsarbeiten

Aufgabe 5

Ein Krankenhaus hatte im vergangenen Jahr 1 207 Fälle mit Bewertungsrelation 2,3, 5 714 Fälle mit Bewertungsrelation 1,8, 6 728 Fälle mit Bewertungsrelation 1,4 und 8 927 Fälle mit Bewertungsrelation 0,7. Errechnen Sie den case mix und den case-mix-Index.

Aufgabe 6

Patientin Frau U. liegt mit F72B, instabile Angina Pectoris ohne äußerst schwere CC, vom 7.9. bis 12.9. im Kreiskrankenhaus Neustadt. Am 18.9. wird sie erneut in das Kreiskrankenhaus aufgenommen und in F72A, instabile Angina Pectoris mit äußerst schweren CC, eingestuft. Sie erhalten folgende Informationen zu den beiden DRG:

	Partition	1. Abschl.Tag untere GVD	1. Zuschl.Tag obere GVD
F72A	M	2	16
F72B	M	1	8

Beide DRG sind nicht gekennzeichnet in Spalte 13; Komplikationen lagen nicht vor. Bitte entscheiden Sie, ob Sie die beiden Fälle zusammenlegen müssen. Hinweis: **Laden Sie sich als Hilfestellung im Internet das Schema zur Fallzusammenführung herunter: http://www.dkgev.de/pdf/475.pdf**

Aufgabe 7

In welchen drei Krankenhaustypen werden GKV-Patienten behandelt? Bitte geben Sie die Rechtsquelle im SGB V an.

Aufgabe 8

Das städtische Krankenhaus Neustadt hat in der Inneren Abteilung 226 Betten, in der Chirurgie 167 Betten. In der Inneren Abteilung wurden im vergangenen Jahr an 7673 Patienten 70588 Behandlungstage erbracht, in der Chirurgie an 8586 Patienten 55805 Behandlungstage.

Bitte errechnen Sie die durchschnittliche Verweildauer und die Bettennutzung im vergangenen Jahr in den beiden Abteilungen. (Das vergangene Jahr war ein Schaltjahr.)

Aufgabe 9

Das Marien-Hospital hatte im Jahr 2013 eine Anzahl von 56873 Pflegetagen; die Anzahl der Fälle betrug 5933. Das Marien-Hospital hat 218 Betten

a) Bitte errechnen Sie die durchschnittliche Verweildauer
b) Bitte errechnen Sie Auslastung in %
c) Wie viele Betten müssten im Marien-Hospital abgebaut werden, um die Auslastung bei gleichbleibenden Pflegetagen auf 80 % zu erhöhen?

Aufgabe 10

Bitte ordnen Sie zu: Wer gehört zu welcher Berufsgruppe?

	a) ärztlicher Dienst	b) Pflegedienst	c) medizinisch-tech-nischer Dienst	d) Funktionsdienst	e) Wirtschafts- und Versorgungsdienst	f) Verwaltungsdienst
1. Schreibkraft in der Apotheke						
2. Sozialarbeiter						
3. Krankenschwester in der Anästhesie						
4. Stationsärztin						
5. Buchhalter						
6. Hausmeister						
7. Krankenpfleger auf der chirurgischen Station						
8. Krankenhausapothekerin						
9. OP-Schwester						

Aufgabe 11

a) Frau S., in der AOK versichert, wird am 20.9. in das Krankenhaus A eingeliefert, in DRG F 65Z D eingestuft und am 1.10. in das Krankenhaus B (Basisfallwert jeweils 3 050 €) verlegt. Das Krankenhaus B. entlässt sie am 18.10. nach Hause. Bitte errechnen Sie das Entgelt für Krankenhaus A und Krankenhaus B.

b) Bitte geben Sie an, wie viel Frau S. im Krankenhaus A zuzahlt und wie viel im Krankenhaus B und verrechnen Sie die Zuzahlung in der Abrechnung an die Kasse. (Hinweis: Frau S. war im selben Kalenderjahr vom 4.3 bis 9.3. in stationärer Behandlung.).

DRG	Par-ti-tion	Bezeich-nung	Bewer-tungs-relation bei Haupt-abt.	Bewer-tungs-rela-tion bei Haupt-abt. und Beleg-heb-amme	Mitt-lere Ver-weil-dauer	Untere Grenz-verweildauer (Erster Tag mit Ab-schlag)	Bewer-tungs-rela-tion/ Tag	Obere Grenz-verweildauer (Erster Tag zus. Ent-gelt)	Be-wer-tungs-re-lation/ Tag	Externe verle-gung Ab-schlag/ Tag (Bewer-tungsre-lation)	Verle-gungs-fall-pau-scha-le	Aus-nah-me von Wie-der-auf-nah-me
1	2	3	4	5	6	7	8	9	10	11	12	13
MDC 05 Krankheiten und Störungen des Kreislaufsystems												
F 65 Z	M	Peri-phere Gefäß-krank-heiten mit komple-xer Dia-gnose und äußerst schwe-ren CC	1,400		13,2	3	0,343	27	0,073	0,096		

Aufgabe 12

Frau Ö., privat krankenversichert, wurde am 11.2. um 14.00 Uhr mit K 62 Z in ein Kreiskrankenhaus aufgenommen und am 12.2 um 8.00 Uhr in die Hochschulklinik weiterverlegt. Dort wurde sie mit K 62 Z behandelt und am 20.2. entlassen.

DRG	Partition	Bezeichnung	Bewertungsrelation bei Hauptabt.	Bewertungsrelation bei Haupt- abt. und Beleghebamme	Mittlere Verweildauer	Untere Grenzverweildauer		Obere Grenzverweildauer		Externe verlegung Abschlag/Tag (Bewertungsrelation)	Verlegungsfallpauschale	Ausnahme von Wiederaufnahme
						Erster Tag mit Abschlag	Bewertungsrelation/Tag	Erster Tag zus. Entgelt	Bewertungsrelation/Tag			
1	2	3	4	5	6	7	8	9	10	11	12	13
K 62 Z	M	Verschiedene Stoffwechselerkrankungen	0,685		6,7	1	0,513	15	0,070	0,086		

Bitte errechnen Sie das Entgelt für das Kreiskrankenhaus und die Hochschulklinik (Basisfallwert je 3050 €). Wie viel zahlt Frau Ö zu?

Aufgabe 13

Eine psychiatrische Klinik berechnet einen Basispflegesatz von 90,14 €
und in der Abteilung für Psychosomatik einen Abteilungspflegesatz von
119,28 €. Herr G., BKK-versichert, wird vom 3.11. bis 21.11. in der Psychosomatik stationär behandelt. Bitte ermitteln Sie das Entgelt für das Krankenhaus und verrechnen Sie es mit der Zuzahlung, die Herr G. an seine
Krankenkasse zu leisten hat.

Aufgabe 14

Bitte kreuzen Sie die richtigen Aussagen an.

1. Wahlärztliche Leistungen können grundsätzlich nur PKV-Patienten erhalten
2. Wahlärzte müssen ihre Liquidation nach GOÄ um 25 % mindern
3. Der Patient, der wahlärztliche Leistungen bekommt, hat einen Anspruch
   darauf, vom Chefarzt behandelt zu werden
4. Die Patienten sind über Wahlleistungen und deren Entgelte schriftlich
   zu informieren
5. Wahlärzte schulden dem Krankenhaus ein Nutzungsentgelt
6. Bekommt ein Patient die Wahlleistung Ein-Bett-Zimmer, so erhält er
   auch wahlärztliche Leistungen

Aufgabe 15

Bitte geben Sie an, welche Aussagen zur belegärztlichen Versorgung zu-
treffen:

1. Belegärzte sind am Krankenhaus angestellt
2. Zur Abrechnung von Belegarztfällen hat das Krankenhaus für seine eigenen Leistungen gesonderte DRG
3. Zur Abrechnung von Belegarztfällen verwendet das Krankenhaus für
   seine eigenen Leistungen den EBM
4. Belegärzte rechnen mit GKV-Patienten direkt ab
5. Belegärzte sind Vertragsärzte, die Krankenhausbetten nutzen
6. Patienten von Belegärzten liegen immer in Ein- oder Zweibett-Zim-
   mern

Aufgabe 16

a) Für belegärztliche Leistungen an einen Privatpatienten ergibt sich für Dr. A. nach GOÄ ein Betrag von 15 728,40 €. Welche Summe stellt er seinem Patienten in Rechnung?

b) Frau Prof. Dr. B. hat wahlärztliche Leistungen nach GOÄ in Höhe von 18 503,76 € erbracht. Welchen Betrag stellt sie ihrem Patienten in Rechnung?

Aufgabe 17

Folgende Gesetze regeln die Krankenhausversorgung in Deutschland: Das SGB V, das Krankenhausfinanzierungsgesetz (KHG), das Krankenhaus-Entgeltgesetz (KHEntgG), die Fallpauschalenverordnung (FPV) und die Bundespflegesatzverordnung (BPflVO)

Bitte geben Sie jeweils an, in welchem Gesetz die im Folgenden genannten Tatbestände zu finden sind.

	a) SGB V	b) KHG	c) KHEntgG	d) FPV	e) BPflVO
1. Vergütungsabschläge bei Verlegung eines Patienten					
2. Zuschläge für Fallpauschalen					
3. Duale Finanzierung der Krankenhäuser					
4. Tagesgleiche Pflegesätze					
5. Ambulantes Operieren					
6. Vor- und nachstationäre Behandlung					
7. Krankenhaus- und Investitionsplan der Bundesländer					
8. Vergütungsregelung bei Überschreiten der oberen Grenzverweildauer					

Aufgabe 18

Ihnen liegt der Auszug einer Statistik zur Investitionsfinanzierung der Krankenhäuser durch die Bundesländer vor. Allerdings fehlen einige Angaben. Bitte füllen Sie die Lücken aus.

Bundesland	€ je Einwohner	€ pro Bett	Fördermittel nach KHG in Mio €	KHG-geförderte Betten	Bevölkerung in Mio.
Hamburg		8 958	100,29	11 195	1,75
Sachsen-Anhalt	48,20	7 598		15 491	2,44
Meck.-Vorp.	44,62		75,58	8 736	1,69
Bayern	36,22	6 679	452,55	67 762	
Baden-Wü.	28,40	5 684	305,00		10,74

Aufgabe 19

DRG 1 und DRG 2 haben dieselbe Bewertungsrelation. Das Krankenhaus Neustadt bietet beide DRG an. Bitte geben Sie an, welche Aussage für das Krankenhaus Neustadt richtig ist.

Aufgrund derselben Bewertungsrelation

1. verursachen beide DRG grundsätzlich gleich hohe Kosten
2. ist die Arbeitsproduktivität in beiden Fällen gleich
3. ist der Erlös gleich
4. liefern beide denselben Deckungsbeitrag
5. gehen beide mit derselben Summe in den case mix ein
6. lässt sich mit beiden DRG derselbe Gewinn erzielen

Aufgabe 20

Was geschieht, wenn ein Krankenhaus

1. das Budget nicht voll ausschöpft?
2. das Budget übersteigt?

249

Aufgabe 21

Die Krankenhausküche hat folgende Kostenstruktur

Fixkosten pro Jahr	823 980 €
darunter Personal	*709 771 €*
Variable Kosten je Mahlzeit:	
Normale Kost	1,17 €
Vollwertkost	1,36 €
Diätkost	0,98 €

Pro Jahr werden 597 000 Mahlzeiten produziert, davon sind 82 % Normalkost, 4 % Vollwertkost und 14 % Diätkost.

a) Bitte errechnen Sie die Durchschnittskosten pro Mahlzeit
b) Das Krankenhaus möchte die Kosten senken; es hat zwei Optionen:
   1. Es könnte die Küche ausgründen (Outsourcing) in eine eigene GmbH, die Personalkosten würden sich dadurch um 10 % verringern
   2. Es könnte anstatt des Outsourcing (vgl. oben) die Mahlzeitenversorgung eines Altenheims mit übernehmen. Die Produktionsmenge stiege auf 712 000 Mahlzeiten pro Jahr, wobei sich die Zusammensetzung der Kostarten nicht verändert. Dies wäre mit den bisherigen Mitarbeitern zu bewältigen, jedoch müsste ein zusätzlicher Raum angemietet werden. Die Fixkosten würden sich dadurch um 50 500 € pro Jahr erhöhen.

Bitte errechnen Sie die Stückkosten im Fall 1.) und 2.)
Was raten Sie dem Krankenhaus?

Aufgabe 22

Sehen Sie sich die Zuordnungsvorschriften zum Kontenrahmen der KHBV für die Kontengruppe 6002 (Aufwandskonto Löhne und Gehälter des medizinisch-technischen Dienstes) an und listen Sie auf, welche Berufe dort genannt sind.

Aufgabe 23

Die Klinik Dres. Müller und Maier berechnet für nicht-ärztliche Wahlleistungen die folgenden Tagessätze:

Ein-Bett-Zimmer	76,50 €
Ein-Bett-Zimmer mit PC und Fax	82,15 €
Zwei-Bett-Zimmer	35,90 €
Zwei-Bett-Zimmer mit PC und Fax	41,55 €

Bitte rechnen Sie die folgenden Fälle mit den Patienten ab (Zuzahlung und nicht-ärztliche Wahlleistungen):

1. Herr N. ist privat versichert. Er belegt ein Zwei-Bett-Zimmer mit PC und Fax vom 3.7. bis 5.7.
2. Herr O., Mitglied einer BKK, wird vom 30.7. bis 7.8. in ein Ein-Bett-Zimmer mit PC und Fax aufgenommen.
3. Frau T., versichert in einer Ersatzkasse, belegt vom 11.7 bis 18.7. ein Zwei-Bett-Zimmer
4. Frau L., Privatpatientin, wird vom 13.5. bis 21.5. in einem Ein-Bett-Zimmer behandelt

Aufgabe 24

Das Krankenhaus St. Agathe erstellt die Jahresbilanz. Auf der Passivseite der Bilanz finden sich die Eintragungen:

Sonderposten aus öffentlichen Fördermitteln für Investitionen   150 000 €
Verbindlichkeiten aus öffentlicher Förderung   70 000 €.

Was können Sie aus diesen Angaben schließen? (Zwei Nennungen)

1. Das Krankenhaus hat 150 000 € Fördergelder noch nicht investiert.
2. Das Krankenhaus schuldet der öffentlichen Hand 150 000 €.
3. Das Krankenhaus hat öffentlich geförderte Investitionen in Höhe von 70 000 € voll abgeschrieben.
4. Das Krankenhaus wird nach dem Krankenhausbedarfsplan des Bundeslandes gefördert.
5. Das Krankenhaus hat 70 000 € Fördergelder noch nicht investiert.
6. Das Krankenhaus hat öffentlich geförderte Investitionen in Höhe von 150 000 € voll abgeschrieben.

Aufgabe 25

Wenn Anlagegüter, die das Krankenhaus aus öffentlicher Förderung finanziert hat, abgeschrieben werden (eine Nennung),

1. vermindern sich die Verbindlichkeiten aus öffentlicher Förderung.
2. vermindern sich die Sonderposten aus öffentlicher Förderung.
3. erhöhen sich die Verbindlichkeiten aus öffentlicher Förderung.
4. steigen die Aufwendungen in der GuV-Rechnung.
5. sinken die Erträge.
6. erzielt das Krankenhaus einen Gewinn.

4 Rehabilitation

Rehabilitation ist der Oberbegriff für eine Vielzahl von einzelnen Maßnahmen, deren Ziel es ist, Menschen mit erworbenen oder angeborenen Krankheiten und Behinderungen zu helfen, an möglichst allen Facetten des Lebens teilzuhaben. Im Jahr 2001 wurde das SGB IX Rehabilitation/Teilhabe in das Sozialgesetzbuch eingefügt. Damit wurde in **einem** Gesetzeswerk das Behinderten- und Schwerbehindertenrecht trägerübergreifend zusammengefasst. Von allen Beteiligten wurde dies als Fortschritt begrüßt, denn in keinem anderen Bereich der Gesundheitsversorgung sind die Zuständigkeiten verschiedener Träger so zersplittert wie in der Rehabilitation.

4.1 Ziele und Definitionen des SGB IX

Das Ziel des SGB IX wird in dessen § 1 wie folgt beschrieben:

„Behinderte und von Behinderung bedrohte Menschen erhalten Leistungen nach diesem Buch und den für die Rehabilitationsträger geltenden Leistungsgesetzen, um ihre Selbstbestimmung und gleichberechtigte Teilhabe am Leben in der Gesellschaft zu fördern, Benachteiligungen zu vermeiden oder ihnen entgegenzuwirken."

Behinderte und von Behinderung bedrohte Menschen sind vom Gesetz ausdrücklich gleichgestellt. Mit den Termini Selbstbestimmung und gleichberechtigte Teilhabe wird eine endgültige Abkehr vom patriarchalischen Fürsorgegedanken früherer Zeiten vollzogen. Auch an anderen Stellen des Gesetzes wird dies deutlich, so etwa im Recht der Behinderten, Leistungen in Form eines eigenen selbst verwalteten Budgets zu erhalten.

Das Gesetz definiert den Zustand der Behinderung: Sie ist gegeben, wenn *„körperliche Funktion, geistige Fähigkeit oder seelische Gesundheit mit hoher Wahrscheinlichkeit länger als sechs Monate von dem für das Lebensalter typischen Zustand abweichen und daher ihre Teilhabe am Leben in der Gesellschaft beeinträchtigt ist"* (§ 2). Als von Behinderung bedroht gilt ein Mensch, wenn eine Beeinträchtigung zu erwarten ist.

Beispiel:

Herr N., 38 Jahre alt, hat sich bei einem Freizeitunfall so schwer verletzt, dass eine längere Beeinträchtigung seines Gehvermögens zu erwarten ist, ebenso seine Fähigkeit, mit dem Fahrrad zu fahren. Ihm droht eine Behinderung und daraus leitet sich sein Anspruch auf Rehabilitation ab.

Als schwerbehindert gilt ein Mensch, wenn ein Grad der Behinderung von mindestens 50 vorliegt. Menschen mit Behinderungsgraden zwischen 30 und 50 können Schwerbehinderten gleichgestellt werden, wenn sie ohne diese Gleichstellung keinen Arbeitsplatz erhalten können (zum Schwerbehindertenrecht vgl. Kap. IV 4.6).

4.2 Rehabilitationsträger und ihre Zuständigkeit

Insgesamt sind unter dem Dach des SGB IX sieben Rehabilitationsträger vereint. Sie erbringen Leistungen, die vom Gesetz in vier Hauptgruppen eingeteilt werden: medizinische Rehabilitation, Teilhabe am Arbeitsleben, unterhaltssichernde und ergänzende Leistungen sowie Teilhabe am Leben in der Gemeinschaft. In der folgenden Übersicht ist die Zuständigkeit der Träger für einzelne Leistungsgruppen zusammengestellt (§§ 5, 6).

Übersicht 7:   Rehabilitationsträger nach SGB IX

Leistungen Träger	Medizinische Rehabilitation	Teilhabe am Arbeitsleben	Unterhaltssichernde und ergänzende Leistungen	Teilhabe am Leben in der Gemeinschaft
GKV	x		x	
Bundesagentur für Arbeit		x	x	
GUV	x	x	x	x
Gesetzliche Rentenversicherung	x	x	x	
Kriegsopferversorgung	x	x	x	x
Öffentliche Jugendhilfe	x	x		x
Sozialhilfe	x	x	x	x

Schwieriger als die Zuordnung der Träger zu den Leistungsgruppen ist die Zuordnung der Berechtigten zu den einzelnen Trägern. Die eingangs erwähnte Zersplitterung der Reha-Landschaft liegt darin begründet, dass die Berechtigung, Rehabilitationsleistungen zu erhalten an unterschiedlichen

Tatbeständen anknüpft. So ist es einmal der Status als Erwerbstätiger bzw. Nicht-Erwerbstätiger, ein anderes Mal der Grund der Rehabilitationsbedürftigkeit (z. B. Arbeitsunfall oder Freizeitunfall), die Vorversicherungszeiten (in der Rentenversicherung), die Frage der Subsidiarität. Anhand von Fallbeispielen wird für die einzelnen Rehabilitationsträger die Zuständigkeit erklärt.

Die GKV finanziert generell Rehabilitation für nichterwerbstätige Versicherte, also für Rentner, Kinder, Hausfrauen, Studenten.

Beispiele:

Die Studentin, Frau F., versichert in der DAK, erhält nach einem Skiunfall medizinische Rehabilitation.

Herrn N.s (aus dem Beispiel oben) Tochter, mitversichert bei ihrem Vater in der IKK, leidet an Asthma und benötigt einen stationären Rehabilitationsaufenthalt.

Die Rentnerin, Frau D., AOK-versichert, muss nach einer schweren Operation in die Anschlussheilbehandlung.

Eine spezielle Rehabilitationsleistung, die stationäre Mutter-/bzw. Vater-Kind-Maßnahme, wird von der GKV finanziert. Seit April 2007 ist sie Pflichtleistung der Kassen.

Der Großteil der Ausgaben für medizinische Rehabilitation fällt bei der Rentenversicherung an. Für sie gilt der Grundsatz „**Reha vor Rente**". Bevor ein Versicherter aus gesundheitlichen Gründen vorzeitig in Rente gehen muss, sollen die Möglichkeiten der Rehabilitation ausgeschöpft werden, um ihm seine Erwerbsfähigkeit zu erhalten. Rehabilitation erfüllt damit nicht nur einen sozialen Zweck für den Patienten, sondern soll aus Sicht der Rentenversicherung das Verhältnis von Beitragszahlern zu Rentenempfängern günstig beeinflussen. Die gesetzliche Rentenversicherung finanziert Rehabilitationsleistungen für ihre Mitglieder, wenn diese bestimmte versicherungsrechtliche Voraussetzungen erfüllen (§ 11 SGB VI). Generell anspruchsberechtigt für Rehabilitationsleistungen der Rentenversicherung ist ein behinderter oder von Behinderung bedrohter Versicherter, wenn er 15 Jahre lang in der Rentenversicherung versichert war oder wenn er eine Rente wegen verminderter Erwerbsfähigkeit bezieht. Teilweise erwerbsgemindert sind Rentner, die nicht imstande sind mindestens sechs Stunden täglich erwerbstätig zu sein; bei voller Erwerbsminderung beträgt die Grenze drei Stunden täglich. Leistungen zur Teilhabe am Arbeitsleben erhält ein Versicherter, der die Vorversicherungszeit nicht erfüllt hat, wenn ohne berufliche Rehabilitation eine Rente wegen Erwerbsminderung bezahlt werden müsste oder wenn die Leistung direkt im Anschluss an die medizinische Rehabilitation erforderlich ist.

Einfachere Voraussetzungen gelten für medizinische Rehabilitation der gesetzlichen Rentenversicherung. Anspruchsberechtigt ist ein Versicherter, der zwei Jahre vor Antragstellung mindestens ein halbes Jahr einer versicherten Tätigkeit nachging, ebenso ein Versicherter, der mindestens zwei Jahre Beiträge bezahlt hat und danach bis zur Antragstellung arbeitsunfähig oder arbeitslos war.

Beispiele:

Frau B. ist seit 5 Jahren versicherungspflichtig beschäftigt. Ihr Hausarzt rät ihr, wegen ihrer chronischen Rückenbeschwerden eine medizinische Rehabilitation zu beantragen.

Frau T. ist seit 25 Jahren Mitglied der gesetzlichen Rentenversicherung. Nach einem schweren Autounfall (nicht auf dem Weg zur oder von der Arbeit) war sie in medizinischer Rehabilitationsbehandlung. Dennoch ist Frau T. aufgrund der unfallbedingten Behinderung nicht mehr in der Lage, in ihrem Beruf als Friseurmeisterin länger als drei Stunden täglich zu arbeiten. Sie erhält eine von der Rentenversicherung finanzierte Umschulung zur Bürokauffrau und bezieht während der Maßnahme Übergangsgeld.

Medizinische Rehabilitation kann für Rentner von der Rentenversicherung dann erbracht werden, wenn der Grund für den Rehabilitationsbedarf eine Tumorerkrankung ist.

Die **Bundesagentur für Arbeit** gewährt Leistungen zur Teilhabe am Arbeitsleben und damit verbundene Einkommensleistungen. Allerdings bezeichnet das SGB III diese Leistungen als Kann-Leistungen (§ 97 SGB III). Darüber hinaus ist bei der Auswahl der Maßnahmen die Lage am Arbeitsmarkt zu berücksichtigen.

Beispiel:

Herr W. ist seit 12 Jahren rentenversichert, er hat also die Vorversicherungszeit der GRV nicht erfüllt. Nach einer schweren Erkrankung erhält er von der GRV medizinische Rehabilitation. Derzeit ist er arbeitslos; Rente wegen Erwerbsminderung ist nicht zu erwarten. Herr W. beantragt bei der Arbeitsagentur eine Umschulung.

Die **GUV** übernimmt alle Risiken, die mit einem Versicherungsfall verbunden sind, folglich trägt sie auch alle Arten von Rehabilitationsmaßnahmen. Voraussetzung ist, dass ein Versicherungsfall, also Arbeitsunfall oder Berufskrankheit vorliegt.

> **Beispiel:**
>
> Herr V. erleidet als Bauarbeiter einen Arbeitsunfall. Nach einem Aufenthalt zur kurativen und rehabilitativen Behandlung in einer Unfallklinik erhält er von seiner Berufsgenossenschaft eine Umschulung zum technischen Zeichner, da er aufgrund der Unfallfolgen nicht mehr als Bauarbeiter beschäftigt werden kann.

Kriegsopferversorgung, öffentliche Jugendhilfe und Sozialhilfe werden im Gegensatz zu den zuvor genannten Rehabilitationsträgern nicht aus Beiträgen, sondern aus Steuern finanziert. Aus der Kriegsopferversorgung werden Rehabilitationsfälle finanziert, deren Ursache in militärischem bzw. militärähnlichem Dienst liegt.

> **Beispiel:**
>
> Herr Z. hat sich bei einem Bundeswehreinsatz verletzt und tritt eine medizinische Rehabilitation an.

Der öffentlichen Kinder- und Jugendhilfe ist ein eigenes Buch VIII des SGB gewidmet. Träger der öffentlichen Kinder- und Jugendhilfe sind die Jugendämter der Kommunen. Deren Zuständigkeit für Rehabilitationsleistungen ist aber eng begrenzt und gilt nur für seelisch behinderte Kinder und Jugendliche (z. B. seelisch bedingte Entwicklungsstörungen, Drogenabhängigkeit).

Ein vom Ausgabenvolumen bedeutender Rehabilitationsträger ist die Sozialhilfe. Für Sozialhilfeleistungen ist das Subsidiaritätsprinzip anzuwenden. Zunächst wird geprüft, ob ein Sozialversicherungsträger zuständig sein könnte, ist dies nicht der Fall oder reichen die Mittel des Sozialversicherungsträgers nicht aus, übernimmt die Sozialhilfe Leistungen, jedoch nur nach vorheriger Bedürftigkeitsprüfung. Allerdings gelten für behinderte Menschen großzügigere Einkommensgrenzen als für die von der Sozialhilfe finanzierten Hilfen zum Lebensunterhalt.

> **Beispiel:**
>
> Frau H. ist Hausfrau und Mutter und bei ihrem Mann in der Barmer GEK Ersatzkasse mitversichert. Nach einem schweren Unfall erhält sie eine von der Barmer finanzierte stationäre medizinische Rehabilitationsbehandlung. Frau H. bleibt aber behindert und kann, nachdem ihre Kinder groß genug sind, nicht mehr in ihren erlernten Beruf als Krankenschwester zurückkehren. Sie ist als Hausfrau weder arbeitslosen- noch rentenversichert und erfüllt die oben genannten Bedingungen des SGB VI nicht, um eine

Leistung zur Teilhabe am Arbeitsleben durch die gesetzliche Rentenversicherung erhalten zu können. Frau H. beantragt eine von der Sozialhilfe finanzierte Umschulung in einen kaufmännischen Beruf. Nach Prüfung der Einkommens- und Vermögensverhältnisse der Familie H. wird ihr diese Leistung gewährt.

Die Beispiele zeigen die Komplexität der Zuständigkeitsfragen im Rehabilitationsrecht. Es ist deshalb nicht verwunderlich, wenn es eines der Hauptanliegen des SGB IX ist, die Rehabilitationsantragsteller selbst soweit möglich von der Klärung von Zuständigkeitsfragen zu entlasten. Dafür sieht das SGB IX einige Regelungen vor. In § 14 SGB IX wird der Rehabilitationsträger, bei dem der Antrag eingeht verpflichtet, innerhalb von 14 Tagen festzustellen, ob er selbst zuständig ist. Sofern dies nicht der Fall ist, leitet er den Antrag unverzüglich weiter. Wie aus einigen Beispielen deutlich wurde, gibt es Fälle, bei denen mehrere Rehabilitationsträger zuständig sind. Das Gesetz verpflichtet deshalb die Rehabilitationsträger zur Zusammenarbeit (§ 12 SGB IX), damit *„die im Einzelfall erforderlichen Leistungen zur Teilhabe nahtlos (und) zügig"* erbracht und *„Abgrenzungsfragen einvernehmlich geklärt werden"*.

Als neue Einrichtungen wurden durch das SGB IX so genannte **Servicestellen** geschaffen, die Behinderten oder von Behinderung bedrohten Menschen im intransparenten Rehabilitationsrecht Beratung und Unterstützung bieten (§ 22 ff. SGB IX). Servicestellen werden von den Rehabilitationsträgern gemeinsam betrieben. Sie helfen beispielsweise bei der Klärung der Leistungsvoraussetzungen, der Frage, an wen sich der Rehabilitationsbedürftige zu wenden hat, wirken bei den Rehabilitationsträgern auf schnelle Entscheidungen hin etc. Mittlerweile gibt es in Deutschland flächendeckend Servicestellen in allen Landkreisen und kreisfreien Städten.

4.3 Medizinische Rehabilitation – Leistungen und Einrichtungen

Im Folgenden werden Leistungen und Einrichtungen der medizinischen Rehabilitation ausführlich vorgestellt, die übrigen Leistungsbereiche der Rehabilitation lediglich kurz beschrieben.

4.3.1 Aufgabe der medizinische Rehabilitation

Das SGB IX weist der medizinischen Rehabilitation zwei Aufgaben zu (§ 26):

257

- Behinderungen einschließlich chronischer Krankheiten sollen abgewendet, beseitigt, gemindert, ausgeglichen werden oder ihre Verschlimmerung verhindert werden und
- Eine Einschränkung der Erwerbsfähigkeit und Pflegebedürftigkeit soll vermieden, überwunden oder gemindert und damit dem vorzeitigen Bezug von Sozialleistungen vorgebeugt werden.

Das erste Ziel ist allgemein sozial- bzw. gesundheitspolitisch formuliert. Durch Gesundheitsleistungen der medizinischen Rehabilitation sollen Krankheitsfolgen vermieden werden und sofern dies nicht möglich ist, den Betroffenen geholfen werden, die Beeinträchtigungen zu bewältigen. Die zweite Zielsetzung ist eine Verallgemeinerung des Grundsatzes „Reha vor Rente" der Rentenversicherung. Generell sollen Rehabilitationsleistungen dazu beitragen, den Bezug von Sozialleistungen zu vermeiden, wobei die Vermeidung von Pflegebedürftigkeit gesondert erwähnt wird. Es gilt auch der Grundsatz „Reha vor Pflege". Rehabilitation verfolgt damit sowohl den Zweck einzelnen betroffenen Menschen zu dienen als auch der Allgemeinheit in Form eingesparter Sozialleistungen.

An dieser Stelle sei auf eine institutionelle Schwäche des Rehabilitationsrechts hingewiesen, die oft moniert, aber bislang nicht beseitigt wurde. Die Pflegeversicherung gehört, wie aus Übersicht 7 hervorgeht, nicht zu den Trägern von Rehabilitationsleistungen. Geriatrische (aus dem Griech.: geras = das Alter) Rehabilitation zur Vermeidung oder Verminderung von Pflegebedürftigkeit wird von der GKV finanziert. Folgerichtig wäre es gewesen, geriatrische Rehabilitation bei dem Sozialversicherungsträger anzusiedeln, der durch Rehabilitation Sozialleistungen einsparen kann, also bei der Pflegeversicherung selbst. Zu einer Pflege nach anerkannten wissenschaftlichen Maßstäben gehören aktivierende Elemente; der Pflegebedürftige soll möglichst in die Lage versetzt werden, sich selbst zu helfen. Ein Wesensunterschied zwischen aktivierender Pflege und Rehabilitation ist nicht zu erkennen.

Immerhin wurde durch das GKV-WSG die geriatrische Rehabilitation dadurch gestärkt, dass sie zur Pflichtleistung in stationären Pflegeeinrichtungen wurde (§ 40 SGB V). Zudem werden Pflegeheime seit der Pflegereform finanziell belohnt, wenn es gelingt, durch aktivierende Pflege und rehabilitative Maßnahmen Pflegebedürftige in eine niedrigere Pflegestufe einzustufen. Das Heim erhält dann eine einmalige Zahlung von 1 536 €. Dadurch soll für Pflegeheime auch der Anreiz, für ihre Bewohner eine möglichst hohe, also teure Pflegestufe zu erreichen, zumindest abgemildert werden. Zusätzlich sind Strafzahlungen der Krankenkasse an die Pflegekasse in Höhe von 3 072 € zu leisten, wenn Rehabilitationsmaßnahmen nicht rechtzeitig eingeleitet wurden. Zwar wurde die oben genannte institutionelle Schwäche durch diese Neuerungen nicht beseitigt, dennoch bleibt zu hoffen, dass künftig der Rehabilitation alter Menschen größeres Gewicht zukommt.

4.3.2 Leistungsarten und Zugang zur Rehabilitation

Medizinische Rehabilitation setzt sich aus einem ganzen Bündel einzelner Maßnahmen zusammen. Dazu gehören Behandlung durch Ärzte und Psychologen, durch Heilmittelerbringer wie Logopäden, Krankengymnasten ebenso Arzneimittel, Hilfsmittel wie z. B. ein Rollstuhl. Als Beispiel sei die Rehabilitation nach einem Schlaganfall genannt: Der Patient wird von einem Arzt behandelt, dem auch die konkrete Zusammenstellung des Maßnahmenbündels obliegt. Es enthält in diesem Fall Arzneimittel, in aller Regel die Leistungen einer Logopädin, zumeist auch die eines Ergotherapeuten. Häufig wird eine psychotherapeutische Intervention nötig sein. Nach einem schweren Schlaganfall sind Patienten oft auf einen Rollstuhl angewiesen.

Die Formen der medizinischen Rehabilitation haben sich in den vergangenen Jahren diversifiziert und sind heute den unterschiedlichen Bedürfnissen der Patienten und den unterschiedlichen Erfordernissen je nach Indikation besser angepasst als früher. Noch vor ca. 20 Jahren war die stationäre Rehabilitationsbehandlung in einem Kurort – zumeist fern dem Wohnort des Patienten – die gängige Behandlungsart. Zwar dominiert diese Art der Leistungserbringung auch heute noch; es haben sich aber zusätzliche und flexiblere Rehabilitationsformen herausgebildet. Folgende Formen der Behandlung werden angeboten:

• Frührehabilitation im Krankenhaus
• Anschlussheilbehandlung (AHB)
• stationäre medizinische Rehabilitation
• teilstationäre und ambulante Rehabilitation
• ergänzende Maßnahmen zur Festigung des Rehabilitationserfolges
• stufenweise Wiedereingliederung in die Erwerbstätigkeit.

Frührehabilitation im Krankenhaus gilt heute bei einzelnen Indikationen als unverzichtbarer Bestandteil der Behandlung. Als Beispiel sei noch einmal der oben genannte Schlaganfall angeführt. Ist das Sprechvermögen des Patienten beeinträchtigt, beginnt bereits im Akutkrankenhaus die logopädische Behandlung. Setzt die rehabilitative Intervention zu spät ein, können irreparable Schädigungen resultieren. Aus diesem Grund gibt es einige DRG für Leistungen zur Frührehabilitation im Krankenhaus, z. B. die Pauschale B 42 A und B „Frührehabilitation bei Krankheiten und Störungen des Nervensystems" (FPV 2013).

AHB werden direkt im Anschluss an einen Krankenhausaufenthalt oder in unmittelbarer zeitlicher Nähe zur Entlassung aus dem Krankenhaus durchgeführt. In unmittelbarer zeitlicher Nähe heißt, der Patient soll nicht mehr als 14 Tage zwischen der Klinikentlassung und dem Beginn der AHB zuhause verbringen. Rehabilitationskliniken, die AHB anbieten, sind besonders spezialisiert auf diese Form der Rehabilitation. AHB wird nach schwerwiegenden

Erkrankungen oder schweren Operationen erbracht, z. B. nach einem Herzinfarkt, nach einer Krebsbehandlung in der Akutklinik, nach einer unfallchirurgischen Behandlung etc. Voraussetzung ist die Rehabilitationsfähigkeit des Patienten, d. h., er sollte nicht mehr vorrangig der akutmedizinischen Behandlung bedürfen und selbst auch motiviert und in der Lage sein, bei der Rehabilitation mitzuwirken. Die Initiative zur Einleitung eines AHB-Verfahrens geht vom behandelnden Arzt im Akutkrankenhaus aus. Krankenhäuser verfügen über Sozialdienste, deren Mitarbeiter den Patienten beim Übergang von der Akut- in die Rehabilitationsversorgung behilflich sind (zum Entlassungsmanagement vgl. Kap. IV 7.3.1). Die Krankenkassen haben Krankenhäuser bei der Überleitung in die Rehabilitation zu unterstützen (§ 11 SGB V). Die Klärung der Zuständigkeit für die Kostenübernahme (z. B. GKV oder Rentenversicherung) kann durch die Träger selbst erfolgen. Möglich ist es dabei auch, dass ein Kostenträger, z. B. die Rentenversicherung, in Vorleistung tritt, und sich, sofern sich erweist, dass die Krankenkasse zuständig ist, die Kosten zurückerstatten lässt.

Der Zugang zur stationären Rehabilitation, die nicht AHB ist, erfolgt in der Regel aus der ambulanten Behandlung eines Patienten. Im Gegensatz zur AHB ist ein Antragsverfahren nötig; Formulare sind beim Kostenträger oder in gemeinsamen Servicestellen erhältlich. Der niedergelassene Arzt bescheinigt in einem Gutachten die Rehabilitationsbedürftigkeit seines Patienten. Im Sinne des SGB IX spielt es keine Rolle, an welchen Kostenträger sich der Antragsteller wendet, da die Rehabilitationsträger (vgl. Kap. IV 4.2) verpflichtet sind, die Zuständigkeit selbst innerhalb von 14 Tagen zu klären. Der Kostenträger kann, wenn Zweifel an der Rehabilitationsbedürftigkeit des Patienten bestehen, eine Untersuchung durch einen Facharzt verlangen. Zeit und Ort der Rehabilitationsbehandlung werden vom Kostenträger, z. B. der Rentenversicherung bestimmt.

Stationäre Rehabilitationskliniken befinden sich traditionellerweise in Kurorten und damit für die meisten Patienten weit entfernt von ihrem Wohnort. Um auch den Bedürfnissen von Patienten gerecht zu werden, die während der Rehabilitation zuhause wohnen möchten, wurden teilstationäre und ambulante Rehabilitationsformen und -einrichtungen geschaffen. Für die GKV besteht nach § 40 SGB V ein Vorrang von ambulanter Rehabilitationsbehandlung. Nur wenn diese nicht ausreicht, kann stationäre Rehabilitation gewährt werden. Auch AHB kann ambulant bzw. teilstationär erbracht werden. Die gesetzliche Rentenversicherung als größter Rehabilitationsträger sieht einen Vorrang ambulanter vor stationärer Rehabilitation nicht vor, bietet jedoch ebenfalls ambulante Rehabilitationsleistungen an. Ambulante und teilstationäre Rehabilitation werden von Reha-Zentren erbracht, in denen neben Ärzten Physio- und Ergotherapeuten, ggf. Logopäden beschäftigt sind. Meist spezialisieren sie sich auf bestimmte Indikationsbereiche.

> **Beispiel:**
>
> Ein ambulantes Reha-Zentrum bietet Leistungen für Patienten mit Herz-Kreislauf-Erkrankungen und Patienten mit Erkrankungen des Bewegungsapparates an. Kostenträger der Rehabilitation sind vor allem Krankenkassen und Rentenversicherung. Mit ihnen rechnet das Reha-Zentrum die Leistungen ab.

Nach der Rehabilitation können von der Rentenversicherung Nachsorgeleistungen zur Festigung des Rehabilitationserfolges finanziert werden. Versicherte mit Erkrankungen des Bewegungsapparates, Herz-Kreislauf-Erkrankungen, neurologischen sowie Stoffwechselerkrankungen und psychischen Störungen können Leistungen der „Intensivierten Rehabilitations-Nachsorge" (IRENA) in Anspruch nehmen. Während der Rehabilitation erhält der Patient auf Initiative der Rehabilitationseinrichtung eine Empfehlung für die Teilnahme an IRENA. Die Bewilligung erteilt die Rentenversicherung. Der Versicherte kehrt nach der Rehabilitation ins Berufsleben zurück und nimmt am Abend oder an Samstagen an Gruppentherapien in Rehabilitationseinrichtungen teil. Für Diabetiker werden z. B. Ernährungsberatung, ein Lehrgang in einer Diätküche etc. angeboten, für Patienten mit Krankheiten des Bewegungsapparates z. B. Wirbelsäulengymnastik und vieles mehr.

Die stufenweise Wiedereingliederung gibt arbeitsunfähigen Arbeitnehmern nach der Rehabilitation einer schweren Erkrankung die Möglichkeit, Schritt für Schritt wieder ihre vorherige Erwerbstätigkeit aufzunehmen. Der Arzt attestiert auf der Arbeitsunfähigkeitsbescheinigung, dass der Versicherte seine bisherige Tätigkeit teilweise wieder aufnehmen kann, sofern der Versicherte damit einverstanden ist. D. h., für den Patienten ist die Teilnahme freiwillig. Gegebenenfalls ist eine Stellungnahme des MDK und des Betriebsarztes des Arbeitgebers einzuholen. Zusammen mit dem Arbeitgeber wird ein Wiedereingliederungsplan erstellt. Dieser kann z. B. die tägliche Arbeitszeit des Versicherten in Schritten erhöhen, etwa drei Arbeitsstunden täglich in den ersten vier Wochen, danach Erhöhung auf vier Stunden etc. Ebenso kann vorgesehen werden, bestimmte Tätigkeiten am Arbeitsplatz stufenweise wiederaufzunehmen. Während der Wiedereingliederung erhält der Versicherte weiterhin Entgeltersatz, also Kranken-, Verletzten- oder Übergangsgeld. Mit dem Arbeitgeber kann ein Arbeitsentgelt vereinbart werden; die Entgeltersatzleistung ist in diesem Fall nur anteilig zu zahlen.

4.3.3 Leistungsdauer und Zuzahlung durch den Patienten, Wegfall des Krankengeldes

Stationäre Rehabilitation, auch AHB, dauert im Regelfall **drei Wochen**. Eine Verlängerung ist möglich, wenn das Rehabilitationsziel sonst nicht erreicht werden kann. **Alle vier Jahre** können Rehabilitationsleistungen gewährt werden, jedoch gilt auch hier, dass aus medizinischen Gründen eine häufigere Inanspruchnahme möglich ist. Erwachsene Versicherte zahlen je Tag stationären Rehabilitationsaufenthalts oder je Tag einer ambulanten Rehabilitationsbehandlung 10 € aus eigener Tasche dazu. Die Zahlung wird an die Rehabilitationseinrichtung geleistet, die sie dann an den jeweiligen Kostenträger weiterleitet. Sofern es sich um AHB handelt, zahlen Rehabilitationspatienten der GKV bis zu 28 Tagen je 10 €, also maximal 280 € dazu. War der Versicherte im selben Kalenderjahr in Krankenhausbehandlung, so ist die dort geleistete Zuzahlung anzurechnen.

Beispiel:

Frau K. ist Rentnerin und in einer IKK versichert. Sie war im Jahr 2013 15 Tage im Akutkrankenhaus und danach 21 Tage in AHB. Für die insgesamt 36 stationär verbrachten Tage zahlt sie 280 € zu.

AHB, die von der Rentenversicherung finanziert werden, sind nur längstens 14 Tage mit je 10 € zuzahlungspflichtig. Auch dafür werden Zuzahlungen angerechnet, die der Versicherte im Akutkrankenhaus für die Krankenkasse geleistet hat.

Beziehen Versicherte Krankengeld ihrer Krankenkasse und ist ihre Erwerbsfähigkeit nach ärztlichem Gutachten erheblich gefährdet oder gemindert, kann die Kasse dem Versicherten eine Frist von zehn Wochen setzen, innerhalb der er einen Antrag auf Rehabilitation zu stellen hat. Unterlässt es der Versicherte, einen Antrag zu stellen, entfällt der Anspruch auf Krankengeld.

4.3.4 Rehabilitationskliniken – Grunddaten, Finanzierung

Die Finanziers von medizinischer Rehabilitation – Rentenversicherung, GKV, UV – schließen Verträge mit Rehabilitationskliniken, in denen ihre Versicherten behandelt werden. Ebenso wie im Fall der Krankenhaus- und der Pflegeversorgung ist die Vielfalt der Träger zu beachten (§ 19 Abs. 4 SGB IX). Verträge dürfen nur mit Kliniken abgeschlossen werden, die ein internes Qualitätsmanagement betreiben und erfolgreich an einem Zertifizierungsverfahren teilgenommen haben (vgl. Kap VII 2.1).

Das Statistische Bundesamt weist in Abgrenzung von Akutkrankenhäusern Rehabilitations- und Vorsorgekliniken gemeinsam aus. In Vorsorgekliniken werden Leistungen erbracht, wie sie in Kap. II 2.3.2 beschrieben wurden; im Vergleich zu Rehabilitationskliniken spielen sie eine untergeordnete Rolle.

Tab. 27: Rehabilitations- und Vorsorgekliniken nach Bettenzahl und Träger 2011

Anzahl Reha- und Vorsorgekliniken	1 233
Anzahl Betten in Reha- und Vorsorgekliniken	17 544
davon: öffentliche Träger in %	18
freigemeinnützige Träger in %	15,7
private Träger in %	66,4

Quelle: Statistisches Bundesamt, Internet https://www.destatis.de/DE/Publikationen/Thematisch/Gesundheit/VorsorgeRehabilitation/GrunddatenVorsorgeReha2120612117004.pdf?__blob=publicationFile, (Zugriffsdatum 17.5.2013)

Während im Akutkrankenhaussektor die öffentlichen Träger dominieren, sind es bei den Rehabilitations- und Vorsorgekliniken mit großem Abstand private Klinikträger.

Der Auslastungsgrad betrug im Jahr 2011 durchschnittlich 79 %. Die durchschnittliche stationäre Rehabilitationsmaßnahme dauerte 25,4 Tage, sie war also länger als die Regeldauer von 21 Tagen. Hauptgrund dafür ist die Vergütung der Krankenhäuser mit Fallpauschalen, die eine Verkürzung des Aufenthalts der Patienten im Akutkrankenhaus bewirken. Werden die Patienten anschließend in eine Rehabilitationsklinik eingeliefert (AHB), ist ihre Rehabilitationsfähigkeit oftmals noch nicht in ausreichendem Maß gewährleistet. Dadurch verlängert sich die Zeit in Rehabilitationsbehandlung.

Die regionale Verteilung der Rehabilitations- und Vorsorgekliniken ist eher ungleich; gut 40 % aller Standorte liegen in den beiden südlichen Bundesländern Bayern und Baden-Württemberg mit ihren zahlreichen Kurorten.

Rehabilitations- und Vorsorgekliniken haben eine andere Personalzusammensetzung als Akutkrankenhäuser. Darin zeigt sich die spezifische Aufgabe der Rehabilitation. Sowohl der Anteil von Ärzten als auch von Pflegepersonal ist in Rehabilitations- und Vorsorgekliniken geringer als in Akutkrankenhäusern. Dafür liegt die Quote des medizinisch-technischen Personals deutlich höher. Unter dieser Rubrik werden die Gesundheitsberufe geführt, die in der Rehabilitation einen großen Teil der Leistungen erbringen. Es handelt sich um dabei um vor allem um folgende Berufe (geordnet nach dem Anteil der Beschäftigten im medizinisch-technischen Dienst):

263

- Krankengymnasten/-innen, Physiotherapeuten/-innen
- Masseure/-innen, medizinische Bademeister/-innen
- Psychologen/-innen
- Sozialarbeiter/-innen
- Diätassistenten/-innen
- Logopäden/-innen.

Die Bedeutung dieser Berufe für die Rehabilitation weist auch auf die Vielfalt und Breite der therapeutischen Intervention in den Rehabilitationskliniken hin.

Wie es für das Gesundheitswesen typisch ist, wird die Vergütung der Rehabilitationseinrichtungen zwischen Anbietern und Finanziers ausgehandelt. Die Sozialversicherungsträger – hier vor allem die Renten- und die Krankenversicherung – handeln mit den Kliniken, mit denen sie Verträge abgeschlossen haben, die Pflegesätze aus. Rehabilitationskliniken werden noch mit Tagespflegesätzen vergütet und nicht wie Akutkrankenhäuser mit Fallpauschalen. Allerdings ist auch im Rehabilitationssektor mit einer Umstellung der Vergütung auf Pauschalen zu rechnen. Bislang erhalten die Kliniken pro stationär verbrachtem Tag für jeden Rehabilitationspatient einen festen Betrag, den tagesgleichen Pflegesatz.

Ein wichtiger Unterschied zum stationären Akutsektor ist die Investitionsfinanzierung der Rehabilitationskliniken. Sie werden **monistisch** finanziert, d. h., im Pflegesatz sind nicht nur die Kosten des laufenden Betriebs, sondern auch die Investitionskosten enthalten und beide Kostenblöcke werden von den Sozialleistungsträgern finanziert. Der Ausdruck „monistisch" (aus dem Griech.: mono = allein) ist als Gegensatz zur „dualen" Finanzierung der Plankrankenhäuser und Universitätskliniken zu verstehen. Diese erhalten die Mittel zur Deckung der Ausgaben des laufenden Betriebs aus Beiträgen der Krankenkassen, die Investitionsmittel von der öffentlichen Hand; sie finanzieren sich also aus zwei Quellen. Aufgrund der monistischen Finanzierung der Rehabilitationskliniken ist die Höhe des Zuschlags auf den Pflegesatz, der der Rehabilitationsklinik für Investitionszwecke zur Verfügung steht, Verhandlungsgegenstand der Vertragsparteien. Es gibt für den Rehabilitationssektor kein dem Krankenhausplan der Bundesländer analoges Instrument, aus dem eine öffentliche Förderung ableitbar wäre.

Aus der Sicht der Kostenträger des laufenden Betriebs – also hier der Rentenversicherung und der GKV – hat die monistische Finanzierung aber ökonomische Vorteile. Die Höhe der Betriebsausgaben einer Klinik ist nicht unabhängig von deren Ausstattung mit Kapitalgütern – also Investitionen.

Beispiel:

Eine Klinik, die über einen Computertomographen, also ein Investitionsgut, verfügt, wird diesen auch einsetzen, vielleicht sogar in Fällen, in denen ein einfaches Röntgenbild genügen würde. Die Diagnostik-Kosten dieser Klinik werden also tendenziell steigen. Damit steigt aber auch die Finanzierungslast der Kostenträger, z. B. der Krankenkassen.

Ein weiteres Beispiel soll zeigen, dass auch das Umgekehrte passieren kann, eine Senkung der Betriebsausgaben durch Investition: Eine Klinik beschafft sich eine Software, also ein Investitionsgut, das die Betriebsabläufe optimiert und dadurch zu Einsparungen verhilft.

Die Höhe der laufenden Ausgaben hängt also auch von der Ausstattung mit Investitionsgütern ab und deshalb, so argumentieren viele Ökonomen, ist es sinnvoll, diejenigen die bezahlen, also die Sozialversicherungsträger, auch über die Art der Investitionen auf dem Verhandlungsweg mitbestimmen zu lassen. Von ökonomischer Seite wurde schon oft auch für den Akutkrankenhaussektor die monistische Finanzierung gefordert, allerdings bisher erfolglos.

In der folgenden Übersicht ist für drei Krankenhausarten die Finanzierung der Investitionen gegenübergestellt.

Übersicht 8:   Investitionsfinanzierung in verschiedenen Krankenhaustypen

Krankenhaustyp	Investitionsfinanzierung
Plankrankenhaus	Fördermittel des Bundeslandes (duale Finanzierung)
Rehabilitationsklinik	Investitionsanteil im Pflegesatz, der zwischen Sozialversicherungsträgern und Klinik ausgehandelt wird (monistische Finanzierung)
Versorgungskrankenhaus	Wie im Privatunternehmen, entweder durch Eigenkapital (über Außenfinanzierung durch Erhöhung von Einlagen und/oder aus Innenfinanzierung durch Gewinne) oder Kredite, deren Bedienung aus den laufenden Einnahmen zu tragen ist

4.4   Übrige Leistungsbereiche der Rehabilitation

4.4.1   Teilhabe am Arbeitsleben

Leistungen zur Teilhabe am Arbeitsleben dienen dazu, die Erwerbsfähigkeit behinderter oder von Behinderung bedrohter Menschen zu erhalten, zu verbessern oder wiederherzustellen (§ 33 SGB IX). Die Rehabilitationsträger erbringen folgende Leistungen:

- Beratung, Vermittlung durch ein Reha-Team
- Berufsvorbereitung
- berufliche Weiterbildung
- Ausbildung/Umschulung.

Daneben ist es möglich, dass der Arbeitgeber Zuschüsse vom Rehabilitationsträger erhält, z. B. wenn es nötig ist, den Arbeitsplatz eines behinderten Erwerbstätigen umzurüsten. Finanziert werden auch Trainingsmaßnahmen am Arbeitsplatz, um feststellen zu können, wie groß die Belastbarkeit des Erwerbstätigen im Beruf ist. Stellt ein Arbeitgeber einen behinderten Mitarbeiter ein, so kann er ein Jahr lang einen Eingliederungszuschuss in Höhe von 50 % der Lohnkosten erhalten.

Beispiel:

Frau T., deren Fall im Kapitel IV 4.2 beispielhaft geschildert wurde, erhält folgende Leistungen zur Teilhabe am Arbeitsleben: In einem Berufsvorbereitungs-Lehrgang kann sie sich zunächst auf die Anforderungen in ihrem angestrebten neuen Beruf als Bürokauffrau einstellen; sie frischt Schulwissen auf, das sie in dem zuvor ausgeübten Beruf als Friseurin nicht brauchte. Danach absolviert sie eine zweijährige Umschulung zur Bürokauffrau. Nach der IHK-Prüfung findet sie eine Stelle als Teamassistentin. Ihr Arbeitgeber beantragt einen Eingliederungszuschuss.

4.4.2   Unterhaltssichernde und ergänzende Leistungen

Während der medizinischen Rehabilitation und der Leistungen zur Teilhabe am Arbeitsleben zahlt der Rehabilitationsträger Einkommensersatzleistungen. Anspruch und Höhe der Einkommensleistung werden wieder am Fall von Frau T. (vgl. Beispiel Kap. IV 4.2) demonstriert.

Nach ihrem Unfall erhält Frau T. sechs Wochen lang Entgeltzahlung von ihrem Arbeitgeber. Während dieses Zeitraums tritt sie die medizinische Rehabilitation an. Eine Woche nach ihrer Aufnahme in die Rehabilitationsklinik endet die Entgeltzahlung; an deren Stelle tritt das Übergangsgeld der Rentenversicherung, die Frau T.s zuständiger Rehabilitationsträger ist. Zur Berechnung des Übergangsgeldes wird ebenso wie bei der Krankengeldberechnung vom Regelentgelt ausgegangen (vgl. Kap. II 2.3.3). Vom kalendertäglichen Bruttoregelentgelt werden 80 % errechnet. Der sich ergebende Betrag wird mit dem kalendertäglichen Nettoarbeitsentgelt verglichen und der niedrigere Betrag der weiteren Berechnung zugrunde gelegt. 75 % dieses Betrages ergeben das Übergangsgeld pro Kalendertag für Versicherte mit Kindern (nach § 32 Einkommensteuergesetz) oder Versicherte, die einen Angehörigen pflegen; in allen anderen Fällen sind 68 % zu berechnen.

Beispiel:

Frau T. verdient im Monat ein regelmäßiges Bruttoentgelt von 1 930 € (Regelentgelt).

1 930 € : 30 = 64,33 € (Bruttoregelentgelt pro Kalendertag)

Davon werden 80 % berechnet: 64,33 € × 0,8 = 51,47 €.

Ihr monatliches Nettoentgelt beträgt 1 526 €.

Daraus ergibt sich das kalendertägliche Nettoentgelt:
1 526 €: 30 = 50,87 €.

Da dieser Betrag niedriger ist, wird damit weitergerechnet.

Frau T. hat eine 20-jährige Tochter, die sich aber noch in Ausbildung befindet. Sie erhält deshalb 75 % des Betrages von 50,87 € als Übergangsgeld.

50,87 € × 0,75 = 38,15 € kalendertägliches Übergangsgeld

Bleibt Frau T. nach Beendigung ihres Lohnfortzahlungsanspruchs noch 14 Tage in Rehabilitationsbehandlung, so erhält sie 14 × 38,15 € = 534,10 € Übergangsgeld. Das Übergangsgeld wird ihr auch während der Maßnahmen zur Teilhabe am Arbeitsleben weitergezahlt.

Der Rehabilitationsträger – in Frau T.s Fall die Rentenversicherung – zahlt während des Bezugs des Übergangsgeldes Sozialversicherungsbeiträge an die Kranken-, Pflege- und Arbeitslosenversicherung. Reisekosten, die bei medizinischer Rehabilitation oder wegen Leistungen zur Teilhabe am Arbeitsleben anfallen, werden vom Rehabilitationsträger übernommen. In Frau T.s Fall sind dies Reisen zur Rehabilitationsklinik und die Fahrten zur beruflichen Umschulung. Versicherten mit Kindern bis 12 Jahre können darüber hinaus Kinderbetreuungskosten erstattet werden.

4.4.3 Teilhabe am Leben in der Gemeinschaft

Leistungen zur Teilhabe am Leben in der Gemeinschaft sollen es behinderten Menschen ermöglichen, Alltagsaktivitäten wie gewohnt zu entfalten, mit Anderen Kontakte zu pflegen, ihren Neigungen gemäß Sport zu treiben, kulturelle Veranstaltungen zu besuchen etc. Behinderung kann zu **sozialer Isolation** führen, z. B. wenn die Bewegungsfähigkeit beeinträchtigt ist. Alles was einer solchen Isolation entgegenwirkt, kann als Teilhabeleistung am Leben in der Gemeinschaft aufgefasst werden. Entsprechend vielfältig sind die im SGB IX § 55 ff. aufgeführten Leistungen:

- Versorgung mit besonderen Hilfsmitteln (z. B. Einbau einer Lenkhilfe in ein Kfz zur Bedienung mit einem Arm)
- heilpädagogische Leistungen für Kinder
- Hilfen zum Erwerb praktischer Kenntnisse und Fähigkeiten
- Verständigungshilfen
- Wohnungshilfen (z. B. Beseitigung von Schwellen)
- betreutes Wohnen
- Hilfe zur Teilhabe am gemeinschaftlichen und kulturellen Leben (z. B. Beförderungshilfen, Theaterbesuche, Behindertensport etc.).

Beispiel:

Herr V. (vgl. Kap. IV 4.2) ist nach seinem Arbeitsunfall auf einen Rollstuhl angewiesen. Er beantragt bei seiner Berufsgenossenschaft den rollstuhlgerechten Umbau seiner Wohnung. Diese Maßnahme ermöglicht es ihm, in seiner gewohnten Umgebung, in seinem sozialen Umfeld, zu bleiben und auf diese Weise am Leben in der Gemeinschaft teilzuhaben.

4.5 Weiterentwicklung des Rehabilitationsrechts durch das SGB IX

Als Fortschritt im Rehabilitationsrecht durch das SGB IX wurde die Tatsache gewertet, dass nun alle Rehabilitationsträger unter dem Dach eines Gesetzes zur Zusammenarbeit verpflichtet wurden; unter Abschnitt 4.2 wurde bereits darauf verwiesen. Ebenso erwähnt wurden die Gemeinsamen Servicestellen der Rehabilitationsträger (§ 22 SGB IX), an die sich jeder wenden kann, der Beratung und Unterstützung in allen Fragen der Rehabilitation braucht. Sie dienen dazu, die sozialrechtliche Unübersichtlichkeit des Rehabilitationswesens für die Versicherten zu beseitigen und ihnen eine vom einzelnen Träger unabhängige Anlaufstelle zu geben. Das SGB IX sieht weitere Neuerungen vor, die für viele behinderte und von Behinderung bedrohte Menschen als Verbesserungen begrüßt wurden.

In erster Linie ist das trägerübergreifende **persönliche Budget** zu nennen: Behinderte können sich, anstatt Sach- und Dienstleistungen direkt vom Rehabilitationsträger zu beziehen, ein Budget als Geldleistung ausbezahlen lassen (§ 17 SGB IX). Über das Budget können sie autonom verfügen, d. h., sie können sich die Dienste und Güter, die sie als Hilfen benötigen, selbst beschaffen. Dies entspricht dem Leitbild des SGB IX, wonach behinderten Menschen ein selbstständiges und selbstbestimmtes Lebens in eigener Regie ermöglicht werden soll. Trägerübergreifend ist das Budget, weil darin Geldleistungen verschiedener Rehabilitationsträger enthalten sein können. Bezieht der behinderte Mensch zusätzlich Leistungen der Pflegeversicherung, so können auch diese in das Budget einbezogen werden. Wer die Möglichkeit des persönlichen Budgets wählt, nimmt in der Regel die Dienstleistung eines Fallmanagers in Anspruch, der ihm bei Bedarf unterstützend zur Seite steht (vgl. Kap. IV 7.3.1).

Eine Erleichterung für viele behinderte Menschen ist auch die Einführung des **Verbandsklagerechts** im SGB IX (§ 63). Werden behinderte Menschen in ihren Rechten verletzt, so können, wenn der Betroffene einverstanden ist, Verbände (z. B. ein Sozialverband) an seiner Statt klagen und vor Gericht seine Interessen vertreten.

4.6 Grundzüge des Schwerbehindertenrechts

Unter dem Dach des SGB IX ist das Recht schwerbehinderter Menschen geregelt. Wie unter Punkt 4.1. erwähnt, ist Schwerbehinderung bei einem Grad der Behinderung von mindestens 50 gegeben. Gleichstellung mit Schwerbehinderten ist für Menschen mit einem Behinderungsgrad zwischen 30 und 50 möglich, wenn dies zur Erlangung eines Arbeitsplatzes erforderlich ist. Schwerbehinderung bzw. Gleichstellung wird auf Antrag des behinderten Menschen durch die **Versorgungsämter** festgestellt.

4.6.1 Pflichten der Arbeitgeber

Aus der Schwerbehinderung resultieren eine Reihe von Rechten und Pflichten. So unterliegen Arbeitgeber mit mindestens 20 Arbeitsplätzen einer **Beschäftigungspflicht** von schwerbehinderten Mitarbeitern (§ 71 SGB IX). Die Pflichtquote – also Arbeitsplätze die mit Schwerbehinderten zu besetzen sind – beträgt 5 % der Arbeitsplätze des Unternehmens. Unterschreiten Betriebe die Pflichtquote, müssen sie eine Ausgleichsabgabe entrichten. Je nach Ausmaß der Unterschreitung beträgt die Abgabe je nicht mit einem Schwerbehinderten besetzten Arbeitsplatz zwischen 105 € und 260 € monatlich. Der

Arbeitgeber zahlt die Ausgleichsabgabe an das **Integrationsamt,** das die Gelder zweckgebunden für schwerbehinderte Menschen verwendet. Bis zum 31. März jeden Jahres muss jeder der Beschäftigungspflicht für Schwerbehinderte unterliegende Arbeitgeber der zuständigen Arbeitsagentur Angaben zur Erfüllung seiner Pflicht vorlegen (§ 80 SGB IX). Darüber hinaus muss er prüfen, ob freie Arbeitsplätze im Betrieb mit arbeitslos oder arbeitssuchend gemeldeten schwerbehinderten Menschen besetzt werden können (§ 81 SGB IX).

4.6.2 Rechte der schwerbehinderten Arbeitnehmer

Schwerbehinderte Arbeitnehmer haben Anspruch auf eine ihren Fähigkeiten und Kenntnissen angemessene Beschäftigung; Arbeitsstätten müssen behindertengerecht ausgestattet sein und am Arbeitsplatz die erforderlichen technischen Hilfen bereitgestellt werden. Schwerbehinderte Mitarbeiter genießen einen **besonderen Kündigungsschutz** (§§ 85 ff. SGB IX). Das Arbeitsverhältnis kann nur mit Zustimmung des Integrationsamtes gekündigt werden; die Kündigungsfrist beträgt mindestens vier Wochen. In Betrieben und Dienststellen mit wenigstens fünf schwerbehinderten Mitarbeitern werden von diesen eine **Vertrauensperson** und ein Stellvertreter als Interessenvertreter der Schwerbehinderten gewählt (§§ 93 ff. SGB IX). Der Interessenvertretung obliegt es, die Eingliederung der Schwerbehinderten in den Betrieb zu fördern, darüber zu wachen, dass deren Rechte im Betrieb gewahrt werden und deren Anregungen aufgenommen und wenn möglich realisiert werden. Die Vertrauenspersonen üben ihr Amt ohne Entgelt als Ehrenamt aus. Zusammen mit dem Betriebsrat und dem Arbeitgeber schließen die Vertrauenspersonen eine **Integrationsvereinbarung** für schwerbehinderte Mitarbeiter. Darin sind verpflichtende Regelungen zu treffen über die Eingliederung schwerbehinderter Mitarbeiter in den Betrieb, die Arbeitszeit, Arbeitsplatzgestaltung, Arbeitsorganisation.

4.6.3 Besondere Regelungen und Einrichtungen zur beruflichen Integration für schwerbehinderte Menschen

Das Schwerbehindertenrecht sieht einige besondere Maßnahmen zur Teilhabe am Arbeitsleben vor. Wenn Arbeitgeber ihren Beschäftigungspflichten nicht nachkommen und stattdessen Ausgleichsabgaben zahlen, wirken Arbeitsagenturen und Integrationsämter zusammen (§§ 101 ff. SGB IX). Die Integrationsämter erheben die Ausgleichsabgabe und finanzieren daraus Leistungen an schwerbehinderte Menschen, an Arbeitgeber und an Behinderteneinrichtungen. Schwerbehinderten kann das Integrationsamt z. B. technische

Arbeitshilfen finanzieren, Geldleistungen zur Gründung einer selbstständigen Existenz zur Verfügung stellen, die Ausstattung einer behindertengerechten Wohnung unterstützen. Arbeitgeber können vom Integrationsamt Mittel zur behindertengerechten Einrichtung von Arbeitsplätzen erhalten oder finanzielle Unterstützung für außergewöhnliche Belastungen, die mit der Beschäftigung von Behinderten verbunden sind (z. B. wenn ein schwerbehinderter Mitarbeiter der ständigen Unterstützung durch eine Hilfskraft bedarf). Die Arbeitsagenturen beraten Schwerbehinderte bei der Berufsfindung, vermitteln Arbeitsplätze sowohl auf dem allgemeinen Arbeitsmarkt als auch in Werkstätten für Behinderte und fördern die Teilhabe Behinderter am Arbeitsleben.

Im Auftrag der Arbeitsagentur und der Integrationsämter sind Integrationsfachdienste tätig. An sie können sich Schwerbehinderte und deren Arbeitgeber wenden, um Beratung und Hilfestellung bei allen Fragen in Zusammenhang mit der Erwerbstätigkeit Behinderter zu erhalten. Integrationsdienste vermitteln, wenn es zu Konflikten am Arbeitsplatz kommt, wenn arbeitsuchende Schwerbehinderte Hilfestellung bei Bewerbungen benötigen etc.

Primäres Ziel ist es, behinderten Menschen einen Arbeitsplatz im normalen, so genannten ersten Arbeitsmarkt, zu vermitteln. Jedoch gibt es Behinderungen nach Art und Schwere, die eine Integration in den ersten Arbeitsmarkt nicht erlauben. Das Rehabilitationsrecht sieht in solchen Fällen zwei Arten von Teilhabe am Arbeitsleben vor: Integrationsprojekte und Werkstätten für behinderte Menschen. Integrationsprojekte sind rechtlich und wirtschaftlich selbstständige Unternehmen (Integrationsunternehmen) oder Abteilungen von Unternehmen, in denen Menschen beschäftigt werden, bei denen „*Teilhabe an einer sonstigen Beschäftigung auf dem allgemeinen Arbeitsmarkt auf Grund von Art und Schwere der Behinderung oder wegen sonstiger Umstände voraussichtlich trotz Ausschöpfens aller Fördermöglichkeiten und des Einsatzes von Integrationsfachdiensten auf besondere Schwierigkeiten stößt*" (§ 132 SGB IX). In Integrationsunternehmen müssen mindestens 25 % der Mitarbeiter schwerbehindert sein, es sollen laut Gesetz aber nicht mehr als 50 % sein. Dadurch wird sichergestellt, dass behinderte und nicht behinderte Menschen in einem Betrieb zusammenarbeiten; auch dies dient dem Ziel der Integration Schwerbehinderter. Sie arbeiten in Integrationsunternehmen zu Bedingungen, wie ihre nicht behinderten Kollegen, d. h., sie werden nach Tarifvertrag entlohnt. Ziel der Integrationsunternehmen ist es, behinderten Menschen dauerhafte Arbeitsmöglichkeiten anzubieten. In jüngster Zeit haben sich vor allem Beschäftigungsangebote für psychisch behinderte Menschen in Integrationsunternehmen herausgebildet. Meist werden solche Unternehmen in der Rechtsform einer gGmbH geführt (vgl. Kap. V 1). Integrationsunternehmen können aus Mitteln der Ausgleichsabgabe Leistungen beziehen.

Werkstätten für behinderte Menschen bieten Beschäftigungsmöglichkeiten für Menschen, die in der Regel schwerst- oder mehrfach behindert sind. Die größte Gruppe sind dabei geistig behinderte Menschen. In den Werkstätten werden vielfältige einfach auszuführende Arbeiten unter der Anleitung eines nicht behinderten Mitarbeiters, z. B. eines Handwerksmeisters ausgeführt. Als Beispiele seien genannt: Abfüllen von Waren eines Industriebetriebes in Verpackungen, Schusterwerkstätten, Küchenservice, wie z. B. Partydienste, Holzarbeiten. Behinderte Menschen in Werkstätten erhalten ein Arbeitsentgelt, das aus den Verkäufen der Werkstätte finanziert wird. Für Arbeitgeber ist im Gesetz ein Anreiz vorgesehen, Aufträge an Werkstätten für Behinderte zu vergeben (wie im Beispiel oben die Verpackung von Waren zum Versand): Sie können sich 50 % der Personalkosten der Werkstätte auf die Ausgleichsabgabe anrechnen lassen (§ 140 SGB IX).

4.6.4 Finanzierung von stationären und teilstationären Behinderteneinrichtungen

Stationäre und teilstationäre Behinderteneinrichtungen werden mit **Pflegesätzen** vergütet, die sich aus drei Komponenten zusammensetzen:

- Grundpauschale
- Maßnahmenpauschale
- Investitionsbetrag.

In der Grundpauschale sind die Hotelkosten enthalten, also Sach- und Personalkosten für Unterkunft und Verpflegung. Da in teilstationären Einrichtungen keine Übernachtungen anfallen, ist die Grundpauschale in diesen Betrieben geringer als in stationären Einrichtungen. Die Maßnahmenpauschale enthält die Vergütung für Leistungen zur Eingliederung der Behinderten (Leistungen zur Teilhabe am Arbeitsleben, am Leben in der Gemeinschaft); sie muss für Gruppen behinderter Menschen mit vergleichbarem Bedarf je unterschiedlich kalkuliert werden. In der Maßnahmenpauschale sind auch Pflegeleistungen für behinderte Bewohner enthalten. Ist der behinderte Mensch pflegebedürftig, bezahlt die Pflegeversicherung 10 % des Heimentgelts, jedoch höchstens 256 € pro Monat (§ 43a SGB XI). Mit dem Investitionsbetrag werden Aufwendungen für Anschaffung von Anlagegütern, Instandhaltung, Abschreibungen, Zins und Tilgung von Darlehen und Mieten/Pachten abgegolten.

Vertragspartner bei Vergütungsverhandlungen sind die Träger der Sozialhilfe, also Städte und Gemeinden, einerseits und die Träger der Einrichtungen andererseits. Sozialhilfeleistungen sind subsidiär, werden also erst nach Prüfung der Bedürftigkeit gewährt. Dies gilt auch für behinderte Menschen, jedoch sind die Voraussetzungen für einen Anspruch auf Sozialhilfe für Behinderte weniger streng gefasst als für andere Gruppen von Sozialhilfeempfängern.

Für die meisten Leistungen der Behindertenhilfe (z. B. schulische Ausbildung für behinderte Kinder, berufliche Rehabilitation) tragen die behinderten Bewohner von Heimen bzw. deren Angehörige nur die Kosten der Lebenshaltung, die anfielen, wenn der Behinderte zuhause leben würde. Die Hilfen für Menschen in Behindertenwerkstätten oder Kinder in heilpädagogischen Einrichtungen werden ohne Berücksichtigung des Vermögens der Leistungsbezieher bzw. ihrer Angehörigen erbracht. Für die Eingliederungshilfe wird der doppelte Eckregelsatz angesetzt. Der Eckregelsatz gibt das Mindesteinkommen an, bei dessen Unterschreitung Sozialhilfe gewährt wird. Auch hier gelten also erleichterte Bedingungen für behinderte Menschen und ihre Angehörigen.

Ein Investitionssatz als Bestandteil der Pflegesätze wird der Behinderteneinrichtung nur gewährt, wenn die Sozialhilfeträger zustimmen. Es gibt für die Einrichtungen neben öffentlichen Mitteln auch andere Quellen der Investitionsfinanzierung, die so genannten Eigenmittel. Letztere werden aus Spenden der Bevölkerung und aus Geldern durch den Erlös von Wohlfahrtsbriefmarken, Bußgeldern und den Lotterien von ARD und ZDF (Glücksspirale, Aktion Mensch) gespeist. Solche Eigenmittel können auch für die Finanzierung des laufenden Betriebs einer Behinderteneinrichtung verwendet werden. Insgesamt ergibt sich ein für die Behindertenhilfe typisches Bild einer Mischfinanzierung.

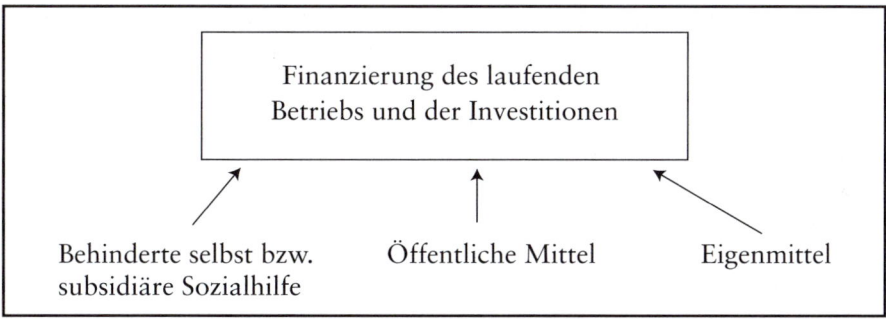

Abb. 19: Mischfinanzierung von Behinderteneinrichtungen

4.6.5 Einrichtungsträger, Entwicklungstendenzen in der Behindertenhilfe

Träger von Behinderteneinrichtungen sind überwiegend **gemeinnützige Betriebe**, die häufig unter dem Dach eines Wohlfahrtsverbandes geführt werden (vgl. Teil V 1). Das SGB XII fordert die Sozialhilfeträger auf, keine eigenen

Einrichtungen anzubieten, sondern mit vorhandenen geeigneten Einrichtungen Verträge abzuschließen. Inhalt der Verträge ist neben der Vergütung auch die Beschreibung der Leistungen der jeweiligen Einrichtung und die **Qualitäts- und Wirtschaftlichkeitsprüfung durch die Sozialhilfeträger**. Zwischen dem Träger der Einrichtung und der Sozialhilfe werden Grundsätze vereinbart, wie die Prüfung der Qualität und Wirtschaftlichkeit erfolgen soll. Neben der Sozialhilfe sind auch die Heimaufsichtsbehörden der Städte und Landkreise sowie der Medizinische Dienst der Krankenkassen zur Überprüfung berechtigt. Das SGB XII fordert die Sozialhilfeträger deshalb zur Zusammenarbeit mit diesen Institutionen auf, um Doppelprüfungen der Behinderteneinrichtungen zu vermeiden.

In den letzten Jahrzehnten hat sich die Behindertenhilfe in Deutschland stark gewandelt. Früher waren stationäre Einrichtungen vorherrschend, die vor allem dem Ziel der Unterbringung behinderter Menschen dienten. Die Menschen in den Heimen hatten keine eigenen Zimmer, schliefen in großen Schlafsälen und ihrer individuellen Förderung wurde kaum Bedeutung beigemessen. Heute wird das Recht auf Intimsphäre schwer behinderter Menschen und eine Abstimmung der Hilfe auf ihre individuell unterschiedlichen Bedürfnisse betont. Das SGB IX hat dieser neuen Sicht Nachdruck verliehen und Vorschub geleistet, z. B. durch die Möglichkeit eines selbst verwalteten Budgets für behinderte Menschen. Auch die Angebotslandschaft passt sich der neuen Sichtweise an. Die traditionelle stationäre Behinderteneinrichtung entspricht immer weniger dem humanitären Verständnis der Hilfe für Behinderte. An ihre Stelle treten dezentrale neue Wohnformen, wie z. B. Wohngemeinschaften, betreutes Wohnen etc., die durch teilstationäre Angebote z. B. zur Teilhabe am Arbeitsleben begleitet werden können. Ganz Ähnliches gilt auch für die Altenpflege; auch hier wird das stationäre Pflegeheim immer weniger als angemessen angesehen.

Übungsaufgaben zu Teil IV Kapitel 4

Aufgabe 1

Welche Versicherung ist zuständig?

1. Frau H., pflichtversicherte Angestellte, AOK-Mitglied, verletzt sich auf dem Heimweg von der Arbeit am Fuß.
2. Frau H.s Sohn hat ein Loch im Zahn.
3. Frau H. muss sich einer Blinddarm-Operation unterziehen.
4. Sie beantragt eine stationäre Rehabilitations-Maßnahme.
5. Frau H.s Sohn bricht sich beim Schulsport den Arm.
6. Frau H.s Sohn muss sich wegen seines Asthmas einer dreiwöchigen stationären Rehabilitation unterziehen.

Aufgabe 2

Geben Sie bitte an, in welcher Reihe alle drei Begriffe richtig zugeordnet sind.

Rehabilitationsträger	Leistung	Prinzip
1. Gesetzliche Renten-versicherung	Medizinische Rehabilitation	Subsidiarität
2. Gesetzliche Unfall-versicherung	Soziale Rehabilitation	Subsidiarität
3. Gesetzliche Kranken-versicherung	Berufliche Rehabilitation	Solidarität
4. Sozialhilfe	Unterhaltssicherung	Solidarität
5. Gesetzliche Unfall-versicherung	Unterhaltssicherung	Solidarität
6. Bundesagentur für Arbeit	Berufliche Rehabilitation	Subsidiarität

Aufgabe 3

Geben Sie je zwei konkrete Beispiele von Leistungen bzw. Gütern für folgende Versorgungsbereiche der Rehabilitation an:

a) medizinische Rehabilitation
b) Teilhabe am Arbeitsleben
c) Unterhaltssicherung und andere ergänzende Leistungen
d) Teilhabe am Leben in der Gemeinschaft

Aufgabe 4

Ordnen Sie bitte zu.

Leistung	Versorgungsbereich		
	a) Prävention	b) Kuration	c) Rehabilitation
1. Polio-Schluckimpfung			
2. Operative Entfernung der Rachenmandeln			
3. Anschlussheilbehandlung			
4. Leistungen in Werkstätten für Behinderte			
5. Wurzelbehandlung beim Zahnarzt			
6. Schwangeren-Vorsorgeuntersuchung			
7. Verschreibung eines Antibiotikums durch den Kassenarzt			

Aufgabe 5

Bitte erläutern Sie den Unterschied zwischen dualer und monistischer Finanzierung

Aufgabe 6

a) Berechnen Sie den Auslastungsgrad der Vorsorge- und Rehabilitationsklinik Bad Neustadt im Jahr 2012. Gegeben: Anzahl Betten 171, Anzahl
Pflegetage 50 882.

b) Die durchschnittliche Verweildauer betrug 25,3 Tage. Berechnen Sie die
Fallzahl der Rehabilitationsklinik im Jahr 2012.

Aufgabe 7

Herr O., IKK-versichert, war im Jahr 2013 vom 3.6. bis 16.6. im Krankenhaus und wurde vom 20.6. bis 11.7. in stationäre Anschlussheilbehandlung
aufgenommen. Wie viel zahlt er aus eigener Tasche für die AHB zu?

Aufgabe 8

Frau L., kinderlos, langjährige Angestellte eines Großhandelsbetriebes, hatte einen schweren Skiunfall. Nach vier Wochen im Krankenhaus tritt sie eine
AHB an. Zwei Wochen später endet die Lohnfortzahlung durch ihren Arbeitgeber, danach erhält sie Übergangsgeld.

a) Wer bezahlt das Übergangsgeld?

b) Wie hoch ist ihr kalendertägliches Übergangsgeld, wenn ihr regelmäßiges monatliches Nettoentgelt 1 927,22 € beträgt?

5 Arzneimittel, Medizinprodukte, Heil- und Hilfsmittel

Im Kapitel 5 werden materielle Güter (Arzneimittel, Medizinprodukte und
Hilfsmittel) und Dienstleistungen (Heilmittel) besprochen, die zusätzlich zu
den ärztlichen und pflegerischen Leistungen im Gesundheitswesen eingesetzt
werden. Ihre steuerliche Behandlung ist in Deutschland – im Gegensatz zu
anderen EU-Ländern – uneinheitlich geregelt. Arzneimittel und Medizinprodukte werden industriell gefertigt; sie unterliegen dem **vollen Mehrwertsteuersatz** von 19 %. Medikamente werden also **nicht** als Lebensmittel eingestuft
und mit dem ermäßigten Steuersatz von 7 % besteuert. Der **ermäßigte Satz**
wird auf **einige Hilfsmittel** erhoben, z. B. auf Rollstühle, Prothesen, Krücken,
Hörgeräte. Bei Heilmitteln handelt es sich um Therapieleistungen. Sie sind
wie Arzt- und Pflegeleistungen **von der Mehrwertsteuerpflicht befreit**.

5.1 Arzneimittelversorgung

5.1.1 Arzneimittelgesetz

In Deutschland wird die Arzneimittelversorgung von Mensch und Tier durch das Gesetz über den Verkehr mit Arzneimitteln (AMG) geregelt. Zweck des Gesetzes ist es, Sicherheit im Verkehr mit Arzneimitteln zu gewährleisten und für Qualität, Wirksamkeit und Unbedenklichkeit von Medikamenten zu sorgen (§ 1 AMG).

Das AMG definiert den Begriff des Arzneimittels (§ 2 AMG). Danach sind Arzneimittel Stoffe, die

- Krankheiten heilen, lindern, verhüten oder erkennen
- Körperfunktionen oder seelische Zustände erkennen oder beeinflussen
- vom Körper erzeugte Wirkstoffe ersetzen
- Krankheitserreger abwehren.

Stoffe (§ 3 AMG) können dabei pflanzlicher Art oder chemisch erzeugt sein; unter den Stoffbegriff fallen auch Stoffwechselprodukte (z. B. Insulin) und Mikroorganismen (z. B. Impfstoffe). Die größte Untergruppe der Arzneimittel sind so genannte Fertigarzneimittel. Sie werden von pharmazeutischen Herstellern produziert und an Verbraucher abgegeben. Dies setzt allerdings eine offizielle Zulassung der Medikamente voraus, entweder durch eine Behörde des Bundes, das Bundesinstitut für Arzneimittel und Medizinprodukte (BfArM), das Paul-Ehrlich-Institut (zuständig für Impfstoffe und Sera) oder durch die Europäische Union (§ 21 AMG). Fertigarzneimittel müssen eine Packungsbeilage enthalten, die den Verbraucher über Anwendungsbereiche, Wirkung, Dosierung und mögliche Nebenwirkungen informiert.

Das AMG definiert die Aufteilung der Medikamente in verschreibungspflichtige und nicht-verschreibungspflichtige. Die Verschreibungspflicht eines Medikaments (§ 48 AMG) erfolgt durch Rechtsverordnung der Bundesregierung mit Zustimmung des Bundesrates. Ein solches Medikament ist für den Nachfrager nur nach Verordnung durch einen niedergelassenen Arzt oder auf Veranlassung eines Arztes im Krankenhaus erhältlich. Nicht-verschreibungspflichtige Arzneimittel können (mit wenigen Ausnahmen) von Vertragsärzten an Versicherte über 12 Jahre nicht zulasten der GKV verordnet werden. Diese Arzneien bilden den Selbstmedikationsmarkt. Im Fachjargon werden sie als OTC-Produkte (over the counter (engl.) = über den Ladentisch) bezeichnet.

Allerdings regelt das AMG den Vertriebsweg. Verschreibungspflichtige Arzneien dürfen an den Endverbraucher nur von öffentlichen Apotheken und seit dem 1.1.2004 auch von zugelassenen Versandapotheken abgegeben werden, d. h., sie unterliegen generell der Apothekenpflicht. Für nicht-verschreibungspflichtige Arzneien gilt die Apothekenpflicht (apothekenpflichtige Arzneimittel) ebenfalls, jedoch gibt es hier Ausnahmen. So dürfen Heilwässer, Badezusätze, Tees, Vitaminbrausetabletten, Pflaster etc. auch vom normalen Einzelhandel (Supermärkte, Drogerien) verkauft werden (AMG § 44).

Das AMG sieht auch eine Unterscheidung von Arzneimitteln nach dem Zulassungsverfahren vor, die in der Praxis eine große Rolle spielt. Entwickelt ein Hersteller ein Präparat mit einem neuen Wirkstoff, ist ein aufwändiges, teures, meist Jahre dauerndes Verfahren von Tierversuchen und klinischen Prüfungen vorgeschrieben. Besteht das neue Arzneimittel die Testreihe und wird zugelassen, erhält der Produzent ein Patent. Während der Laufzeit des Patentes, z. B. 15 Jahre lang, agiert der Hersteller als Monopolist. Ist die Patentlaufzeit beendet, dürfen andere Unternehmen das zuvor geschützte Produkt nachbauen und vermarkten. Sie benötigen keine eigenen Forschungsanstrengungen und das AMG schreibt keine aufwändigen Testreihen vor. Man spricht in diesen Fällen von so genannten Generika (aus dem Lat.: genus = die Gattung betreffend). Die Preise für Generika sind wesentlich niedriger als die vorherigen Preise unter Patentschutz.

5.1.2 Öffentliche Apotheken

Öffentliche Apotheken sind im Gegensatz zu Arztpraxen **Gewerbebetriebe**. Sie müssen deshalb bei der Kommune ein Gewerbe anmelden, Gewerbesteuer zahlen, wenn der Gewinn über der Freibetragsgrenze liegt, sich in das Handelsregister eintragen lassen und die doppelte Buchführung anwenden.

Den Apotheken obliegt, wie es im § 1 des Apothekengesetzes heißt, *„die im öffentlichen Interesse gebotene Sicherstellung einer ordnungsgemäßen Arzneimittelversorgung der Bevölkerung.“* Der Inhaber oder Pächter einer Apotheke muss approbierter Apotheker sein. Damit gilt für Apotheken das so genannte Fremdbesitzverbot. Es ist nicht erlaubt, dass ein Nichtapotheker das Apothekengewerbe betreibt. Das Mehrbesitzverbot, das für Apotheken ebenfalls galt, wurde vom Gesetzgeber gelockert. Seit 1.1.2004 darf ein Apotheker bis zu drei Filialen betreiben.

Grundsätzlich zu unterscheiden ist die Preisbildung von verschreibungspflichtigen und nicht-verschreibungspflichtigen Arzneien. Erstere unterliegen der so genannten Preisbindung der zweiten Hand, d. h., die Handelsspannen sind den öffentlichen Apotheken (ebenso dem Großhandel) gesetzlich durch die Arzneimittelpreisverordnung vorgeschrieben. Bei nicht-verschreibungspflichtigen Medikamenten, also auf dem Selbstmedikationsmarkt, können Apotheker dagegen Preise frei gestalten. Hier stehen die Anbieter im Wettbewerb um die Kunden; diesen wiederum ist es möglich, durch Preisvergleiche das günstigste Angebot zu ermitteln.

5.1.3 Krankenhausapotheken

Krankenhausapotheken können für ein Krankenhaus oder mehrere eingerichtet werden; mit allen beteiligten Krankenhäusern sind Verträge abzuschließen. Dem Krankenhaus kann der Betrieb einer Krankenhausapotheke nur dann erlaubt werden, wenn es einen approbierten Apotheker anstellt und mit der Leitung der Apotheke betraut (§ 14 Apothekengesetz). Die Apotheke wird als Funktionseinheit des Krankenhauses betrieben (§ 26 Apothekenbetriebsordnung). Sie muss, der Größe des Krankenhauses gemäß, über ausreichend Personal verfügen und die Räumlichkeiten müssen nach der Apothekenbetriebsordnung bestimmten Anforderungen (z. B. Kühlmöglichkeiten) genügen.

Für Krankenhäuser gilt die Arzneimittelpreisverordnung nicht, durch welche die maximalen Handelsspannen für verschreibungspflichtige Arzneimittel festgelegt werden. Der Krankenhausapotheker handelt in der Regel direkt mit der Pharmaindustrie die Preise aus und kann deshalb, vor allem wenn er als Großabnehmer auftritt, Rabatte fordern. Tatsächlich erhalten Krankenhausapotheken Arzneimittel wesentlich günstiger als öffentliche Apotheken.

Arzneimittel der Krankenhausapotheke dürfen nur an stationär, teilstationär oder ambulant versorgte Patienten des Krankenhauses abgegeben werden. Bei Entlassung darf einem Patienten zur Überbrückung seiner Arzneimittelversorgung nur die nötige Menge an Medikamenten mitgegeben werden, wenn auf die Entlassung ein Feiertag oder ein Wochenende folgt (Apothekengesetz § 14). Dieser Passus des Gesetzes schützt öffentliche Apotheken vor der Konkurrenz durch Krankenhausapotheken, indem er sicherstellt, dass der entlassene Patient seinen weiteren Medikamentenbedarf in öffentlichen Apotheken deckt. Wird nun ein Patient im Krankenhaus mit Arzneimitteln behandelt, die in öffentlichen Apotheken sehr viel teurer sind, so kämen auf die Krankenkassen hohe Kosten zu, wenn der Patient nach seiner Entlassung mit diesen Medikamenten weiterbehandelt würde. Deshalb stellt der § 115c des SGB V sicher, dass die ambulante Behandlung – abgesehen von begründeten Ausnahmefällen – mit günstigeren vergleichbaren Arzneien fortgeführt wird. Der Krankenhausarzt ist demgemäß verpflichtet, dem nach der Entlassung des Patienten weiterbehandelnden Vertragsarzt einen Arzneimittel-Therapievorschlag mitzuteilen. Dabei muss er, falls preisgünstigere Arzneimittel mit pharmakologisch vergleichbaren Wirkstoffen oder therapeutisch vergleichbarer Wirkung verfügbar sind, mindestens ein preisgünstigeres Medikament angeben.

5.1.4 Apothekerkammern

Jeder Apotheker, ob er nun im Krankenhaus oder in einer öffentlichen Apotheke arbeitet, muss der **Apothekerkammer** angehören; es besteht somit, wie bei Ärzten in der Ärztekammer, Pflichtmitgliedschaft. Die Kammern sind, wie die Ärztekammern auch, auf Länderebene organisiert und wie diese **Körperschaften des öffentlichen Rechts**. Diese Rechtsform leitet sich aus dem oben genannten Gesetzesauftrag der Sicherstellung der Arzneimittelversorgung ab. Auch hier hat der Staat, wie es für Körperschaften des öffentlichen Rechts kennzeichnend ist, eine öffentliche Aufgabe an einen Verband delegiert. Aufgabe der Apothekerkammern ist – auch hier in Analogie zu den Ärztekammern – die Weiterbildung der Apotheker.

5.1.5 Steuerung der Arzneimittelversorgung in der GKV

Arzneimittel bilden den zweitgrößten Ausgabenposten der GKV; zudem weisen die Kosten **überdurchschnittlich hohe Steigerungsraten** auf. Deshalb verfügt die GKV über zahlreiche Instrumente zur Steuerung der Arzneimittelausgaben. Zwei davon – Zuzahlungen der Patienten (vgl. Kap. II 2.5.6) und Arzneimittelrichtgrößen für Vertragsärzte (vgl. Kap. IV 2.8) – sind an anderer Stelle bereits beschrieben worden. Die Steuerung der Arzneimittelversorgung ist ein stets umstrittenes Gebiet der Gesundheitspolitik. Zuzahlungserhöhungen oder gar die Streichung von Arzneimitteln aus dem Leistungskatalog der Kassen stoßen bei vielen Patienten auf Ablehnung. Andere Maßnahmen werden von der Pharmaindustrie oder Apothekerverbänden vehement bekämpft. Im Folgenden werden nur die wichtigsten gesetzlichen Regelungen angesprochen.

5.1.5.1 Festbeträge

Die Festbetragsregelung wurde bereits 1988 in das Sozialgesetzbuch V eingefügt. Sie gilt bis heute als wirksames Steuerungsinstrument des Gesetzgebers.

Der Gemeinsame Bundesausschuss bestimmt die Arzneimittelgruppen, für die Festbeträge gelten. Es handelt sich dabei um verschreibungspflichtige Medikamente, in der Regel Generika, mit denselben bzw. vergleichbaren Wirkstoffen. Sind die Arzneimittelgruppen vom Gemeinsamen Bundesausschuss definiert, legt der Spitzenverband der Krankenkassen den Festbetrag als Erstattungsobergrenze fest. Das heißt, die Kassen übernehmen die Kosten nur bis zur Höhe des Festbetrags (§ 31 Abs. 2 SGB V). Will ein Patient ein Arzneimittel, das teurer als der Festbetrag ist, so kann ihm sein Arzt dies verschreiben, die über den Festbetrag hinausgehenden Kosten des Arzneimittels trägt dann aber der Patient selbst. De facto führt diese Regelung dazu, dass die Hersteller ihre Preise nicht über den Festbetrag hinaus erhöhen.

Seit 2006 gibt es für die Krankenkassen die Möglichkeit, Festbetragsarzneimittel von der Zuzahlung durch die Patienten zu befreien. Liegt der Preis des

Arzneimittels 30 % oder mehr unter dem Festbetrag, entfällt die Zuzahlung. Patienten können ihren Arzt bitten, bei der Verschreibung, sofern möglich, ein Medikament zu verordnen, das von der Zuzahlung befreit ist. Krankenkassen veröffentlichen auf ihren Internetseiten die Liste der betreffenden Medikamente.

5.1.5.2 Aut idem-Regelung, gesetzlich vorgeschriebene Rabatte, Rabattverträge, Preisgestaltung für Innovationen

Das SGB V schreibt im § 129 die so genannte aut-idem-Regelung (aus dem Lat.: aut idem = oder Gleiches) vor. Sie verpflichtet den Apotheker zur **Abgabe eines preisgünstigen Medikaments** an einen Versicherten der GKV, wenn der verordnende Arzt

- auf dem Rezept nur einen Wirkstoff anstatt eines Arzneimittels angegeben hat oder
- die Ersetzung des Arzneimittels auf dem Rezept durch ein wirkstoffgleiches anderes Arzneimittel nicht ausgeschlossen hat.

Das SGB schreibt ferner Rabatte für öffentliche Apotheken und pharmazeutische Unternehmen vor. Die Krankenkassen erhalten von den Apothekern für jedes zu ihren Lasten verschriebene Medikament einen Rabatt von 2,05 €. Die pharmazeutische Industrie muss der GKV auf Generika 10 % sowie auf Arzneimittel, für die kein Festbetrag gilt, einen Rabatt von 16 % einräumen. Seit 1.1.2011 gilt dieser Rabatt auch für Rezepte zulasten der PKV.

Krankenkassen haben zudem die Möglichkeit, im Wege der Ausschreibung Rabattverträge mit der pharmazeutischen Industrie abzuschließen. Besteht zwischen der Kasse des Versicherten und dem Hersteller des Wirkstoffes ein Rabattvertrag, gibt der Apotheker dessen Arzneimittel an den Kunden ab. Allerdings hat der Versicherte die Möglichkeit, ein anderes (wirkstoffgleiches) Medikament zu erhalten, jedoch muss er dies dann selbst bezahlen. Von seiner Krankenkasse kann er sich den Betrag erstatten lassen, den die Kasse für das Medikament aus dem Rabattvertrag zahlt.

Die Ausgabensteigerungen der Kassen sind in besonderem Maß Preiserhöhungen von innovativen, patentgeschützten Arzneien geschuldet. Anders als in fast allen Ländern der Europäischen Union konnten Arzneimittelhersteller in Deutschland für neue Produkte Preise bisher selbst festlegen. In anderen Ländern ist die Preisgestaltung Gegenstand von Verhandlungen, z. B. zwischen Gesundheitsministerium oder Kassen und den Herstellern. Seit 2011 gilt nun auch hierzulande eine entsprechende Regelung. Bringt ein pharmazeutisches Unternehmen ein innovatives Medikament auf den Markt, so muss es dieses mit einer Einschätzung des Nutzens für Patienten belegen. Den Preis für das neue Medikament setzt das Unternehmen zunächst selbst fest. Innerhalb von sechs Monaten prüft der G-BA zusammen mit dem Institut für

Qualität und Wirtschaftlichkeit im Gesundheitswesen, ob das neue Mittel tatsächlich einen zusätzlichen Nutzen für Patienten im Vergleich zu bisherigen Verfahren hat. Ist dies der Fall, treten Krankenkassen und Hersteller in Preisverhandlungen ein. Stellt der G-BA keinen Zusatznutzen fest, wird für das Arzneimittel ein Festbetrag als Erstattungsobergrenze festgelegt.

5.2 Medizinprodukte

Im Gesundheitswesen werden in allen Teilbereichen, von der ambulanten Pflege über den Rettungsdienst bis hin zur Intensivmedizin, verschiedenste Medizinprodukte eingesetzt. Unter den Begriff fallen nicht nur **High-Tech-Medizinprodukte** wie die Computertomografie, sondern auch das einfache **Verbandspäckchen** oder der Handschuh. Die Produkte werden in unterschiedliche Kategorien eingeteilt. Dabei sind Geräte, die elektrisch betrieben werden und direkt in den Patienten implantiert werden in der höchsten Kategorie. Dies resultiert aus der höheren Gefährdung bzw. den Unfallrisiken.

5.2.1 Rechtliche Grundlagen

Bereits in den sechziger Jahren gab es rechtliche Grundlagen, die das Thema Gerätesicherheit zum Inhalt hatten. Es handelte sich um das Gerätesicherheitsgesetz, das später von der Verordnung über die Sicherheit medizinisch-technischer Geräte abgelöst wurde. Heute ist die rechtliche Grundlage das **Medizinproduktegesetz** (MPG), die Verordnung über das Errichten, Betreiben und Anwenden von Medizinprodukten (MPBetreibV) und die Verordnung über die Erfassung, Bewertung und Abwehr von Risiken bei Medizinprodukten (MPSV).

Alle Vorschriften hatten und haben ähnliche Zielrichtungen. Zum einen soll ein möglichst hohes Maß an Produktsicherheit gewährleistet werden. Des Weiteren sollen Medizinprodukte medizinisch-technisch unbedenklich und eindeutig gekennzeichnet sein, der gesamte Prozess von der Herstellung bis zur Instandhaltung mit qualitätssichernden Maßnahmen begleitet werden und der Patient aber auch Anwender und Dritte geschützt werden (vgl. MPG § 1 Zweck des Gesetzes).

5.2.2 Begriffsbestimmung – Risikoklassen

Im ersten Abschnitt des MPG unter § 3 werden die Medizinprodukte definiert.

„Medizinprodukte sind alle einzeln oder miteinander verbunden verwendeten Instrumente, Apparate, Vorrichtungen, Stoffe und Zubereitungen aus Stoffen oder andere Gegenstände einschließlich der für ein einwandfreies Funktionieren des Medizinproduktes eingesetzten Software, die vom Hersteller zur Anwendung für Menschen mittels ihrer Funktionen zum Zwecke

a) der Erkennung, Verhütung, Überwachung, Behandlung oder Linderung von Krankheiten,
b) der Erkennung, Überwachung, Behandlung, Linderung oder Kompensierung von Verletzungen oder Behinderungen,
c) der Untersuchung, der Ersetzung oder der Veränderung des anatomischen Aufbaus oder eines physiologischen Vorgangs oder
d) der Empfängnisregelung

zu dienen bestimmt sind und deren bestimmungsgemäße Hauptwirkung im oder am menschlichen Körper weder durch pharmakologisch oder immunologisch wirkende Mittel noch durch Metabolismus erreicht wird, deren Wirkungsweise aber durch solche Mittel unterstützt werden kann.“

Im zweiten Abschnitt des MPG werden unter § 13 die Medizinprodukte in verschiedene Risikoklassen eingruppiert. Die Klassifizierung erfolgt durch den Hersteller und wird dann durch eine benannte Stelle bestätigt (Konformitätsbewertungsverfahren). Bei Meinungsverschiedenheiten entscheidet die zuständige Behörde. Dabei wird das Produkt aus drei Sichtweisen beleuchtet (Übersicht 9).

Übersicht 9: Klassifizierung der Medizinprodukte nach dem Medizinprodukte-Gesetz

Anwendungsort	Anwendungsdauer	Wirkung
Nicht invasiv (außerhalb des Körpers)	Vorübergehend (weniger als 60 min)	Aktiv, d. h. energetisch betriebene Produkte
Invasiv (ganz oder teilweise im Körper)	Kurzzeitig (bis zu 30 Tage)	Produkte in Verbindung mit Arzneimitteln
Implantierbar	Langzeitig (mehr als 30 Tage)	Produkte, die aus tierischem Gewebe hergestellt wurden

Schließlich werden die Produkte in folgende Risikoklassen eingruppiert:

Übersicht 10: Risikoklassen nach dem Medizinprodukte-Gesetz

Klasse	Produktbeispiel
Klasse I	Augenklappe, Lederfingerling
Klasse Is (steril)	Nabelklemme
Klasse Im (messend)	Thermometer (analog)
Klasse IIa	Elektrische Absaugpumpe
Klasse IIb	EKG-Gerät, Defibrillator, Schrittmacher, Blutbeutel
Klasse III	Herzklappe
In-vitro-Diagnostik	Blutzucker-Messgerät

5.2.3 Betroffene Personenkreise – Anwender und Betreiber

Medizinprodukte dürfen nur von Personen errichtet, betrieben und angewendet werden und in Stand gehalten werden, die dafür die erforderliche Ausbildung oder Kenntnis und Erfahrung besitzen (§ 2 MPBetreibV). Die Ausbildung dazu darf nur durch den Hersteller bzw. autorisierte Personen erfolgen (§ 6 MPBetreibV), so genannte MPG-Beauftragte.

Was sind nun die Unterschiede zwischen einem Betreiber und einem Anwender? Die Begriffe sind im MPG nicht definiert. Ein Betreiber kann eine natürliche wie auch juristische Person sein. Entscheidend für die Fragestellung ist das Besitzverhältnis und nicht das Eigentumsverhältnis. Ein Krankenhaus least ein Medizingerät und setzt es für die Patientenversorgung ein. Das Krankenhaus ist zwar nicht Eigentümer aber Besitzer und somit Betreiber. Das hat zur Folge, dass das Krankenhaus alle geltenden Vorschriften einhalten muss, wie z. B. die Wartung der Geräte und deren organisatorische Regelung. Anwender sind natürliche Personen, die in die sachgerechte Handhabung der Geräte eingewiesen wurden, z. B. durch den MPG-Beauftragten.

5.2.4 Messtechnische Kontrollen – Sicherheitstechnische Kontrollen

Um den technischen Zustand der Geräte zu überprüfen hat der Gesetzgeber so genannte „Messtechnische Kontrollen" und „Sicherheitstechnische Kontrollen" geschaffen. Darüber hinaus gibt es z. B. noch Prüfungen wie den

TÜV (Beispiel Druckflaschen Sauerstoff) oder Elektroprüfungen. Die Sicherheitstechnischen Kontrollen sind im § 6 MPBetreibV, die Messtechnischen Kontrollen im § 11 MPBetreibV geregelt. Es gelten je nach Gerät unterschiedliche Fristen zur Wiederholung der Prüfprozesse, die jedoch spätestens alle zwei Jahre fällig sind.

5.2.5 Dokumentationsvorschriften

Neben den Gebrauchsanweisungen gibt es noch weitere verpflichtende Dokumente. Der Betreiber muss zum Teil Medizinproduktbücher bzw. Bestandsverzeichnisse führen. Der Inhalt der Medizinproduktbücher ist im § 7 MPBetreibV geregelt. Dabei sind alle Datenformate zulässig, wobei der Anwender während der Arbeitszeit Zugang haben muss.

Was steht in einem Medizinproduktbuch?

- Bezeichnung/Angaben zur Identifikation
- Beleg über Erstinbetriebnahme und Einweisung
- Namen und Zeitpunkt der eingewiesenen Personen inkl. der beauftragten Person
- Fristen und Protokolle von Maßnahmen am Gerät
- Daten der Firmen mit Vertragsbindungen
- Art, Datum und Folgen von Funktionsstörungen und Bedienungsfehlern
- Meldung von Vorkommnissen.

Für welche Produkte ein Medizingerätebuch zu führen ist steht im § 7 Abs. 2 MPBetreibV. Beispiele dafür sind Beatmungsgeräte, Defibrillatoren, Inkubatoren, Infusionspumpen, Injektomaten usw.

Was steht in einem **Bestandsverzeichnis**?

- Bezeichnung der Gerätes inkl. Seriennummern, Charge und Anschaffungsjahr
- Name und Anschrift des Herstellers
- Betriebliche Identifikationsnummer
- Standort und betriebliche Zuordnung, z. B. Kostenstelle
- Frist der sicherheitstechnischen Kontrolle.

Für welche Produkte ein Bestandsverzeichnis zu führen ist schreibt § 8 Abs. 2 MPBetreibV vor. Beispiele dafür sind Blutdruckmessgeräte, Thermometer (elektrisch), Druckminderer, Monitore usw.

Sollte es trotz Wartung, Schulung und Qualitätssicherung eine Funktionsstörung nach MPBetreibV geben, die zu einer schwerwiegenden Verschlechterung des Gesundheitszustandes oder gar zum Tod eines Patienten geführt hat, muss dies vom Betreiber an das **Bundesinstitut für Arzneimittel und Medizinprodukte** mit entsprechenden Formularen gemeldet werden. Die gesetzliche Regelung der Meldepflichten findet sich in der MPSV.

Alle Aufzeichnungen sind nach Außerbetriebnahme des Produktes noch fünf Jahre aufzubewahren.

5.3 Heilmittel

Heilmittel sind medizinische **Dienstleistungen**, die von nicht-medizinischen Therapeuten erbracht werden. Sie werden wie verschreibungspflichtige Arzneien vom Arzt verordnet. An der Heilmittelversorgung sind folgende Berufsgruppen beteiligt:

• Physiotherapeuten/-innen
• Logopäden/-innen
• Ergotherapeuten/-innen
• Podologen/-innen.

Versicherten der GKV können Heilmittel verordnet werden, die der G-BA in seiner Richtlinie je Indikation zugelassen hat. Darin legt er auch die Verordnungshäufigkeit und Frequenz fest. Der folgende Auszug aus der Heilmittelrichtlinie des G-BA soll als Beispiel dienen; er bezieht sich auf die Verordnung von Krankengymnastik.

Übersicht 11: Auszug aus der Heilmittelrichtlinie des Gemeinsamen Bundesausschusses vom 1.7.2011

---

1 Erkrankungen der Stütz- und Bewegungsorgane

Leitsymptomatik: Gelenkfunktionsstörungen, Bewegungsstörungen, Kontrakturen

Ziel der Physikalischen Therapie: Wiederherstellung, Besserung der gestörten Beweglichkeit

A. vorrangige Heilmittel B. optionale Heilmittel C. *ergänzende Heilmittel*:

A. Krankengymnastik/Massagetherapie
B. Übungsbehandlung
C. *Wärmetherapie/Kältetherapie/ Elektrotherapie*

Verordnungsmengen je Diagnose:

Erst-VO:
• bis zu 6×/VO

Gesamtverordnungsmenge des Regelfalls:
• bis zu 6 Einheiten

Frequenzempfehlung:
• mind. 2× wöchentlich

Gemeinsamer Bundesausschuss, Internet http://www.g-ba.de/downloads/62-492-532/HeilM-RL_2011-05-19_bf.pdf (Zugriffsdatum1.7.2013)

Der G-BA erlässt eine Negativliste von Heilmitteln, die nicht zu Lasten der GKV verordnet werden können. Dazu gehören z. B. die Akupunkturmassage, Stimmtherapie bei Stimmbruch nicht krankhaftem Verlauf des Stimmbruches etc. Eine für die Arzneimittelversorgung geltende Regelung ist auch auf Heilmittel anzuwenden: Die Richtgrößen, die Vertragsärzte bei der Verordnung einzuhalten haben (vgl. Kap. IV 2.8).

Dienstleistende der Heilmittelberufe müssen zur Behandlung von Kassenpatienten zugelassen werden, wenn sie (§ 124 SGB V)

- die erforderliche Ausbildung besitzen (vgl. Kap. III Berufe des Gesundheitswesens)
- über eine Praxisausstattung verfügen, die eine zweckmäßige und wirtschaftliche Leistungserbringung gewährleistet und
- die geltenden Vereinbarungen (Heilmittelrichtlinien) anerkennen.

Seitens der Kassen besteht Kontrahierungszwang.

Heilmittelerbringer üben ihre Tätigkeit in aller Regel in freier Praxis aus und gehören wie auch Ärzte den freien Berufen an. Damit gilt auch für sie, dass sie nicht gewerbesteuerpflichtig und nicht zur doppelten Buchführung verpflichtet sind. Allerdings gibt es für Angehörige der Heilmittelberufe keine Pflichtmitgliedschaft in Berufsverbänden wie für Ärzte und Apotheker in ihren jeweiligen Kammern. Heilmittelerbringer haben sich zu freiwilligen Interessenverbänden in Form von eingetragenen Vereinen zusammengeschlossen, wie z. B. dem Zentralverband für Physiotherapeuten/Krankengymnasten e.V., dem Deutschen Bundesverband für Logopädie e.V.

Auf Landesebene handeln die Verbände der Heilmittelerbringer mit den Krankenkassen die Vergütung aus. Die Preise beziehen sich auf einzelne Leistungen der Heilmittelerbringer, wie z. B. logopädische Einzelbehandlung, Therapiezeit 45 Minuten.

5.4 Hilfsmittel

Hilfsmittel sind **Sachgüter**, die erforderlich sind, um den Erfolg der Behandlung zu sichern, einer drohenden Behinderung vorzubeugen oder eine Behinderung auszugleichen (§ 33 SGB V). Zu den Hilfsmitteln gehören

- Hörhilfen
- Sehhilfen
- Körperersatzstücke (Prothesen)
- orthopädische und andere Hilfsmittel (z. B. Schuheinlagen, Krücken, Rollstühle)
- Applikations-(= Anwendungs-)hilfen wie z. B. Inhalationsgeräte, Spritzen

Der Versorgung mit Hilfsmitteln ist auch die Reparatur, Änderung und Ersatzbeschaffung zuzurechnen.

Hilfsmittel werden vom Arzt verordnet; für GKV-Patienten müssen sie im Hilfsmittelverzeichnis, das der Spitzenverband der Krankenkassen erstellt, verzeichnet sein, um von den Kassen erstattet zu werden. Sehhilfen werden seit dem GKV-Modernisierungsgesetz nur noch für Kinder und Jugendliche bis 18 Jahre und für Menschen mit schweren Sehstörungen von den Kassen finanziert. Brillengestelle sind generell nicht erstattungsfähig.

Hilfsmittel werden industriell oder von Gesundheitshandwerkern produziert. Der Vertrieb erfolgt über den Sanitätsfachhandel oder über die Einzelhandelsbetriebe der Gesundheitshandwerker wie z. B. Augenoptiker. Hilfsmittel sind – anders als Gesundheitsdienstleistungen – mehrwertsteuerpflichtig; für bestimmte Hilfsmittel gilt jedoch der verminderte Mehrwertsteuersatz von 7 % (so z. B. für Prothesen, Krücken, Rollstühle, Hörgeräte vgl. Umsatzsteuergesetz § 12 Abs. 2, Anlage zum Umsatzsteuergesetz),

Sind Hilfsmittel für den längerfristigen Gebrauch bestimmt, wie z. B. Rollstühle, geben die Kassen diese bevorzugt leihweise an die Patienten ab. Die Hilfsmittel bleiben im Besitz der Kasse, werden aber, sofern notwendig, dem Patienten individuell angepasst.

Die Preisbildung und -steuerung für Hilfsmittel gleicht jener für Arzneimittel. Ebenso wie für bestimmte Medikamente gelten auch für einige Hilfsmittel Festbeträge (z. B. Sehhilfen, Hörgeräte, Inkontinenzartikel), d. h., die Erstattungspflicht der Kassen endet bei dem durch den Festbetrag vorgegebenen Höchstpreis. Über den Festbetrag hinausgehende Beträge zahlt der Patient selbst. Ebenso wie in der Arzneimittelversorgung arbeiten die Kassen bei Hilfsmitteln mit dem Instrument der Ausschreibung, allerdings nur bei Hilfsmitteln, die dem Versicherten nicht individuell angepasst werden, wie z. B. Schuheinlagen. Ausgeschrieben werden z. B. Inkontinenzhilfen, Inhalationsgeräte, Dekubitushilfsmittel etc.

Übungsaufgaben zu Teil IV Kapitel 5.1, 5.2, 5.3, 5.4

Aufgabe 1

Für welche der folgenden Produkte gilt die Apothekenpflicht nicht? (Bitte kreuzen Sie an)

1. Wundsalbe
2. Teezubereitung gegen Blasen- und Nierenleiden
3. Vitamin C-Brausetabletten
4. Hustensaft
5. Kopfschmerztabletten
6. Badezusatz für trockene Haut

Aufgabe 2

Was versteht man unter einem „Generikum"?

Aufgabe 3

Was besagt die Festbetragsregelung?

Aufgabe 4

Auf welche Umsätze, um die es bei den folgenden Vorgängen geht, wird Mehrwertsteuer erhoben? (4 Nennungen)

1. Der Vertragsarzt Dr. V. kauft ein neues Sonografiegerät.
2. Dr. V. stellt einer Patientin eine Rechnung über Individuelle Gesundheitsleistungen aus.
3. Der Arzneimittelgroßhändler S. verkauft Antibiotika an Apotheker A.
4. Ein stationäres Pflegeheim kauft Lebensmittel.
5. Eine Rehabilitations-Klinik rechnet Tagessätze mit der Deutschen Rentenversicherung Oberbayern ab.
6. Frau H. löst ein Rezept in der Apotheke ein.
7. Die Ergotherapeutin, Frau H. rechnet mit der DAK ab.
8. Ein Altenpflegeheim stellt dem Bewohner N. den Satz für Unterkunft und Verpflegung in Rechnung.

Aufgabe 5

Bitte begründen Sie, warum das MPG geschaffen wurde.

Aufgabe 6

Bitte ordnen Sie zu.

		a) Heilmittel	b) Hilfsmittel
1.	Krankengymnastik		
2.	Schuheinlagen		
3.	Logopädie		
4.	Krücken		
5.	Hörgerät		
6.	Elektrotherapie		

Aufgabe 7

Bitte geben Sie die Art der Zuzahlung an:

a) Frau M., BKK-versichert bekommt von ihrem Hausarzt podologische Leistungen verschrieben
b) Herrn F., Privatpatient, verschreibt der Arzt ein Inhalationsgerät

6   Pflege

Mit dem Begriff Pflege werden Leistungen beschrieben, die ein Mensch benötigt, der sich krankheitsbedingt bei alltäglichen Verrichtungen nicht mehr selbst helfen kann. Dieser Bedarf kann vorübergehend sein, z. B. in der Zeit nach einer Operation, oft aber ist er von Dauer, in der Regel bis zum Tod des Pflegebedürftigen. Das Sozialrecht trägt den unterschiedlichen Bedarfsarten Rechnung, ebenso den Gründen, die Pflegebedarf entstehen lassen. Neben der Pflegeversicherung (SGB XI) als mit Abstand größtem Leistungsträger gibt es deshalb weitere Sozialleistungsträger, die Pflege finanzieren.

6.1   Leistungsträger

Neben der Pflegeversicherung werden Pflegeleistungen auch von den Berufsgenossenschaften und den Unfallkassen der öffentlichen Hand finanziert, sowie von Krankenkassen und Sozialhilfeträgern.

Leistungen der Pflegeversicherung nach SGB XI sind Pflegeleistungen der Unfallversicherung nachrangig (**subsidiär**). Wer also z. B. nach einem Arbeitsunfall einen Anspruch auf Pflege durch die Berufsgenossenschaft nach § 44 SGB VII hat, erhält keine Pflegeleistungen nach SGB XI (§ 13 SGB XI). Gleiches gilt für Ansprüche aus einem Versorgungsgesetz, wie dem Kriegsopferversorgungsgesetz. Wird z. B. ein Soldat aufgrund einer Verletzung pflegebedürftig, so werden seine Leistungen aus Steuern als Versorgungsleistungen finanziert. **Subsidiär gegenüber der Pflegversicherung** sind Leistungen, die von der **Sozialhilfe** finanziert werden. Wessen Pflege durch die Pflegeversicherung getragen wird, hat, solange die Finanzierung nach SGB XI ausreicht, demgemäß keinen Anspruch auf Pflegeleistungen durch den Sozialhilfeträger. Decken die Mittel der Pflegeversicherung und des Pflegebedürftigen selbst den Finanzbedarf nicht, zahlt die Sozialhilfe die fehlenden Beträge – allerdings nur dann, wenn die Bedürftigkeitsprüfung die subsidiären Sozialhilfeleistungen rechtfertigt.

Von den Bestimmungen des SGB XI bleiben Leistungen der **häuslichen Krankenpflege durch die Krankenkassen** nach § 37 SGB V unberührt.

Häusliche Krankenpflege durch die GKV nach § 37 SGB V wird durch den Vertragsarzt verordnet. Verordnungsfähig sind zwei Varianten, die Krankenhausvermeidungspflege oder die Sicherungspflege. Erstere kann ein Versicherter erhalten, wenn dadurch eine Krankenhausbehandlung vermieden oder verkürzt wird bzw. wenn Krankenhausbehandlung zwar geboten, aber nicht durchführbar ist (§ 37 Abs. 1 SGB V); im Regelfall beträgt die Verordnungsdauer vier Wochen. Sicherungs- bzw. **medizinische Behandlungspflege** wird pflegebedürftigen Patienten verordnet, die über die von der

Pflegeversicherung finanzierten Leistungen (vgl. Kap. IV 6.3) hinaus, **spezifische krankheitsbezogene Leistungen** benötigen. Als Beispiele seien genannt: Blutzuckermessung, Infusionen, Medikamentengabe, Anlegen und Wechseln von Wundverbänden etc. Verordnungsfähig und damit von der Krankenkasse zu bezahlen, sind Leistungen der Behandlungspflege nur dann, wenn der Pflegebedürftige zuhause oder in einer Einrichtung des betreuten Wohnens oder in einer ambulant betreuten Wohngruppe lebt, nicht jedoch in einem Pflegeheim. Pflegeheime, ebenso teilstationäre Pflegeeinrichtungen, erbringen selbst Leistungen der Behandlungspflege, werden dafür aber **nicht** gesondert von der Krankenkasse bezahlt. Vielmehr ist in Heimen das Entgelt für Behandlungspflege Bestandteil der von den Pflegekassen vergüteten Leistungen. (Ausnahmen gelten nur für besonders schwere Fälle, z. B. dann, wenn ein Heimbewohner auf ein Beatmungsgerät angewiesen ist und ständiger Überwachung bedarf.)

Häusliche Krankenpflege wird bei häuslicher Pflege durch ambulante Pflegedienste erbracht (vgl. Kap. IV 6.4.2). Als Zuzahlung leisten die Versicherten 10 € für die Verordnung und 10 % der anfallenden Kosten des Pflegedienstes, allerdings je Kalenderjahr nur für 28 Tage.

6.2 Pflegebedürftigkeit und Pflegestufen nach SGB XI, Antragsverfahren

Das SGB XI bezeichnet Menschen als pflegebedürftig, wenn sie *„wegen einer körperlichen, geistigen oder seelischen Krankheit oder Behinderung für die gewöhnlichen und regelmäßig wiederkehrenden Verrichtungen im Ablauf des täglichen Lebens auf Dauer, voraussichtlich für mindestens sechs Monate, in erheblichem oder höherem Maße der Hilfe bedürfen"* (§ 14 SGB XI).

Das Gesetz definiert **gewöhnliche und regelmäßig wiederkehrende Verrichtungen** anhand von vier Kriterien:

1. **Körperpflege** – Waschen, Duschen, Rasieren, Kämmen, Zahnpflege, Darm- und Blasenentleerung
2. **Ernährung** – mundgerechtes Zubereiten und Aufnehmen der Nahrung
3. **Mobilität** – Aufstehen und Zu-Bett-Gehen, An- und Auskleiden, Stehen, Gehen, Treppensteigen, die Wohnung verlassen und wiederkehren
4. **Hauswirtschaftliche Versorgung** – Einkaufen, Kochen, Wohnung putzen, Spülen, Wäsche waschen, Heizen.

293

Die **Grundpflege** umfasst mit den Bereichen Körperpflege, Ernährung und Mobilität Leistungen, die der Pflegebedürftige selbst erhält; davon abgegrenzt sind **Arbeiten im Haushalt** des Pflegebedürftigen, die dieser krankheitsbedingt nicht mehr erledigen kann.

Anhand der genannten Kriterien und dem erforderlichen Zeitaufwand erfolgt die Einteilung in eine Pflegestufe (§ 15 SGB XI). Der Zeitaufwand wird danach bemessen, wie viel Zeit ein **Laie** für die Pflege benötigt und nicht eine professionelle Pflegefachkraft.

Stufe I – erheblich pflegebedürftig: In der Grundpflege ist für wenigstens zwei Verrichtungen aus einem oder mehreren Bereichen mindestens einmal täglich Hilfe notwendig und mehrfach in der Woche Hilfe bei hauswirtschaftlichen Arbeiten. Der tägliche Zeitaufwand für die Pflege muss mindestens 90 Minuten betragen, wobei auf die Grundpflege 45 Minuten oder mehr entfallen müssen.

Beispiel:

Frau L. kann sich aufgrund einer schweren Arthrose nicht allein duschen und an- und auskleiden. Sie benötigt Hilfe bei der Wäsche und beim Putzen der Wohnung.

Stufe II – schwerpflegebedürftig: In der Grundpflege ist mindestens dreimal täglich zu verschiedenen Tageszeiten Hilfe notwendig und mehrfach in der Woche Hilfe bei hauswirtschaftlichen Arbeiten. Der tägliche Zeitaufwand für die Pflege muss mindestens drei Stunden betragen, wobei auf die Grundpflege mindestens zwei Stunden entfallen müssen.

Beispiel:

Herr M. leidet an Morbus Parkinson und braucht Hilfe beim Aufstehen und Zu-Bett-Gehen, An- und Auskleiden, bei allen Verrichtungen der Körperpflege sowie beim Zerkleinern der Nahrung. Er kann nicht kochen, spülen, putzen und waschen.

Stufe III – schwerstpflegebedürftig: In der Grundpflege ist rund um die Uhr, auch nachts, Hilfe notwendig und mehrfach in der Woche Hilfe bei hauswirtschaftlichen Arbeiten. Der tägliche Zeitaufwand für die Pflege muss mindestens fünf Stunden betragen, wobei für die Grundpflege mindestens vier Stunden verwendet werden müssen.

Beispiel:

Herr W. ist nach einem Schlaganfall vollständig gelähmt.

Übersteigt der Pflegeaufwand die für Pflegestufe III vorgesehen Leistungen, kann die Pflegekasse für Sachleistungen und stationäre Pflege Zulagen für **Härtefälle** bewilligen. Ein Härtefall ist z. B. ein Apalliker oder ein Patient in der Endphase einer Krebserkrankung.

Pflegeleistungen werden **auf Antrag** gewährt, d. h., wer bei sich selbst oder einem Angehörigen Pflegebedürftigkeit vermutet, stellt bei der zuständigen Pflegekasse einen Antrag. Die Versicherung beauftragt den MDK, die Pflegebedürftigkeit und ihre Ausprägung zu begutachten. Zur Begutachtung und Einstufung bedient sich der MDK der in den §§ 14 und 15 SGB XI genannten Kriterien. Ist eine Überprüfung anhand der Aktenlage nicht möglich, sind Mitarbeiter des MDK befugt, den Versicherten im Krankenhaus oder in seiner Wohnung aufzusuchen. Verweigert der Versicherte dem MDK den Zutritt zu seiner Wohnung, so kann ihm die Pflegekasse Leistungen versagen. Die **Bewilligung** (= Verwaltungsakt) **erfolgt durch die Pflegekasse.**

Privat Pflegeversicherte werden von privaten Gutachterstellen, z. B. der Medicproof GmbH, also quasi dem MDK der Privatversicherer, begutachtet und einer Pflegestufe zugeordnet. Auch hier erfolgt die Bewilligung durch den Versicherer. Die Begutachtung muss nach den gleichen Kriterien wie bei Versicherten der sozialen Pflegeversicherung vorgenommen werden. Pflegestufen und Leistungen beider Versicherungen, der privaten und der gesetzlichen, sind identisch.

Durch die Pflegereform von 2008 wurden die **Fristen für die Begutachtung** verschärft. Spätestens fünf Wochen, nachdem ein Antrag auf Pflegeleistungen gestellt wird, muss der Antragsteller vom Ergebnis unterrichtet werden. Die Frist verkürzt sich auf eine Woche, wenn der Antragsteller, z. B. nach einem Schlaganfall, im Krankenhaus liegt.

Abbildung 20 gibt die Verfahrensschritte wieder.

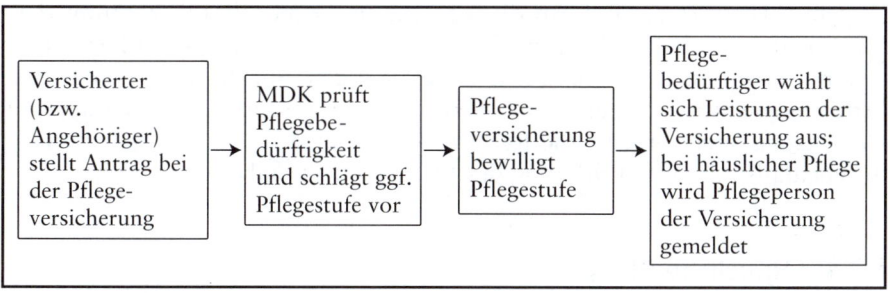

Abb. 20: Antragsverfahren zum Erhalt einer Pflegestufe

Als **Pflegeperson** gilt, wer als Angehöriger für den Pflegebedürftigen Pflegeleistungen erbringt. Da Pflegepersonen Rechte aus dem SGB XI ableiten können, werden sie der Pflegekasse gemeldet. Die Leistungen, die die Pflegekassen gewähren, werden in den folgenden Abschnitten vorgestellt.

6.3   Leistungsspektrum der Pflegeversicherung

Die Pflegeversicherung folgt wie auch die Krankenversicherung dem Grundsatz „ambulant vor stationär". Diese Zielsetzung ist humanitär zu begründen, da die meisten Menschen das Leben zuhause in der gewohnten Umgebung der stationären Unterbringung in einem Pflegeheim vorziehen. Hinzukommt eine finanzielle Zielsetzung: Stationäre Leistungen sind in der Regel mit höheren Kosten verbunden als ambulante. Angesichts der schon heute angespannten finanziellen Lage der Pflegeversicherung und deren weiterer Verschärfung aufgrund der demografischen Entwicklung, gewinnt die Forderung ambulant vor stationär steigende Bedeutung. Die Leistungen der Pflegeversicherung sind gerade bei der häuslichen Pflege vielfältig, um möglichst viele verschiedene Bedarfslagen abzudecken und stationäre Versorgung im Pflegeheim dadurch zu ersetzen.

Zum 1.7.2008 trat die **Pflegereform** in Kraft; der Beitragssatz wurde erhöht und die Leistungen nach SGB XI ausgeweitet. Die Zahlungen der Pflegeversicherung, die ohnehin zu Recht als Teilkaskoversicherung bezeichnet wird, waren bis dahin seit Einführung Mitte der 90er-Jahre in ihrer Höhe unverändert geblieben. Nunmehr wurden bzw. werden sie in drei Stufen angehoben: zum 1.7.2008, zum 1.1.2010 und zum 1.1.2012. Beginnend im Jahr 2014 prüft danach die Bundesregierung alle drei Jahre, ob weitere Erhöhungen nötig sind. Dabei orientiert sie sich an der Inflationsrate und an der Bruttolohnentwicklung der vergangenen drei Jahre. Die bis 2008 konstanten Leistungen werden somit **dynamisiert**, d. h. der allgemeinen Preis- und Lohnentwicklung angepasst.

Zudem verbessert die Reform die Versorgung Demenzkranker, räumt dem Vorrang der häuslichen Pflege noch höheren Stellenwert ein, führt Beratungsangebote neu ein und ermöglicht erwerbstätigen Angehörigen von Pflegebedürftigen einen „Pflegeurlaub". Weitere Verbesserungen, insbesondere für Demenzpatienten, brachte die Reform vom 1.1.2013 (vgl. Kap. IV 6.3.1.2), die ebenfalls mit einer Erhöhung des Beitragssatzes einherging.

6.3.1   Häusliche Pflege

Seit langem ist es das Anliegen der Gesundheitspolitik, die häusliche Pflege zu stärken. Durch die Pflegereform von 2008 ist dies in mehrfacher Hinsicht geschehen. So wurden die Erstattungsbeträge der Pflegeversicherung für die ambulante Pflege deutlich stärker angehoben als die Leistungen für stationäre Pflege. Zur Unterstützung für Pflegebedürftige und ihre pflegenden Angehörigen werden zudem neue Leistungen angeboten.

6.3.1.1 Sach-, Geld-, Kombinationsleistung

Häusliche Pflegeleistungen können als

- Sachleistung,
- Geldleistung für selbst beschaffte Pflegehilfen oder eine
- Kombination von Sach- und Geldleistung

gewährt werden.

Die vom SGB XI als Sachleistung (§ 36 SGB XI) titulierte Pflege ist eigentlich eine Dienstleistung. Der Pflegebedürftige nimmt die Dienste eines **ambulanten Pflegedienstes** in Anspruch, mit dem seine Pflegekasse einen Versorgungsvertrag abgeschlossen hat. Der Pflegedienst sucht den Pflegebedürftigen in der Wohnung auf und leistet Grundpflege und hauswirtschaftliche Arbeiten. Der ambulante Pflegedienst rechnet direkt mit der Pflegekasse ab. Es gelten dabei die in Tabelle 28 ausgewiesenen monatlichen Höchstbeträge der Pflegekassen.

Tab. 28:   Pflegesachleistung – monatliche Höchstbeträge in Euro

Zeitraum	Seit 2012
Pflegestufe I	450 €
Pflegestufe II	1 100 €
Pflegestufe III	1 550 €
Härtefall	–

> Beispiel:
>
> Zu Frau L., Pflegestufe I, kommt zweimal täglich morgens und abends ein Pflegedienst, um ihr bei der Morgentoilette und dem Ankleiden bzw. abends beim Auskleiden zu helfen. Zudem leistet die Pflegefachkraft Unterstützung beim Wäschewaschen und -legen und beim Sauberhalten der Wohnung.

Seit 2013 können Pflegedürftige mit einer Pflegeeinstufung sowie Menschen mit eingeschränkter Alltagskompetenz (vgl. Kap. IV 6.3.1.2) auch Betreuungsleistungen nach § 124 SGB XI erhalten. Sie dienen psychischen und sozialen Bedürfnissen der betroffenen Menschen, die bislang vom Leistungsspektrum der Pflegeversicherung eher vernachlässigt wurden. Zuvor gab es Betreuungsleistungen nur für Menschen mit demenziellen Erkrankungen in eher bescheidener Höhe von 100 bzw 200 € je Monat, je nach Ausprägung der Erkrankung. Betreuungsleistungen dienen der Aufrechterhaltung sozialer Kontakte, der Kommunikation mit andern, der Aufrechterhaltung einer Tagesstruktur oder der bedürfnisgerechten Beschäftigung der Betroffenen.

Anstelle der Sachleistung kann der Pflegebedürftige **Pflegegeld** beantragen (§ 37 SGB XI), wenn sichergestellt ist, dass Grundpflege und hauswirtschaftliche Versorgung in geeigneter Weise erbracht werden. Die Pflege erfolgt zuhause durch Angehörige oder Freunde. Vom Gesetz werden sie als Pflegepersonen bezeichnet. Sie dürfen die Leistungen nicht erwerbsmäßig erbringen.

Tab. 29: Höhe des Pflegegeldes in Euro

Zeitraum	Seit 2012
Pflegestufe I	235 €
Pflegestufe II	440 €
Pflegestufe III	700 €

Wer Pflegegeld bezieht, ist **verpflichtet,** Beratung durch eine zugelassene Pflegeeinrichtung oder durch eine von der Pflegekasse beauftragte Pflegefachkraft anzufordern (§ 37 Abs. 3 SGB XI) und zwar

- bei Pflegestufe I und II einmal halbjährlich und
- bei Pflegestufe III einmal vierteljährlich.

Der Mitarbeiter der Pflegeeinrichtung bzw. die Pflegefachkraft besucht den Pflegebedürftigen in seiner Wohnung. Unterlässt es der Pflegebedürftige Beratung abzurufen, kann ihm das Pflegegeld gekürzt bzw. im Wiederholungsfall entzogen werden. Die Pflicht zur Beratung dient der Qualitätssicherung der häuslichen Pflege durch pflegende Angehörige oder Freunde. Diese sind, anders als die Mitarbeiter von Pflegediensten, nicht einschlägig ausgebildet.

Beispiel:

Herr M., Pflegestufe II, wird von seiner Frau zuhause gepflegt. Er erhält ein monatliches Pflegegeld in Höhe von 440 €. Einmal im Halbjahr ruft er bei einem zugelassenen Pflegedienst in seiner Gemeinde an, um Beratung anzufordern.

Schöpft ein Pflegebedürftiger die maximale Höhe der Sachleistung nicht aus, kann er zusätzlich anteilig Pflegegeld beziehen, also Pflege durch professionelle Pflegedienste und durch Angehörige kombinieren (**Kombinationsleistung nach § 38 SGB XI**). Das Pflegegeld wird dabei um den Prozentsatz gekürzt, zu dem der Pflegebedürftige Sachleistungen in Anspruch genommen hat.

Beispiel:

Herr M. (siehe Beispiel oben) hat einen ambulanten Pflegedienst beauftragt. Da er aber von seiner Frau in Grundpflege und Hauswirtschaft unterstützt wird, benötigt er die Leistungen des Pflegedienstes nicht bis zum Höchstbetrag von 1 100 € pro Monat. Seine monatlichen Sachleistungen kosten 750 €, also 68,18 % der ihm zustehenden Summe von 1 100 €. Herr M. bezieht zusätzlich zu den Sachleistungen ein um 68,18 % gekürztes Pflegegeld von

440 € − 0,6818 × 440 € = 140 € **pro Monat.**

Das Leistungsrecht des SGB XI sieht für die häusliche Pflege zusätzlich **Pflegehilfsmittel** (§ 40 SGB XI) und die so genannte Verhinderungspflege (§ 39 SGB XI) vor. Pflegehilfsmittel können Gebrauchs- oder Verbrauchsgüter sein. Gebrauchsgüter wie z. B. ein spezielles Pflegebett, beantragt der Pflegebedürftige bei seiner Pflegekasse. Diese prüft durch den MDK, ob das Spezialbett zur Erleichterung der Pflege nötig ist oder zur Beschwerdelinderung beiträgt. Wird das Gebrauchsgut bewilligt, soll es die Pflegekasse dem Pflegebedürftigen leihweise überlassen. Verbrauchsgüter, wie z. B. Handschuhe für Pflegepersonen, können pro Monat bis maximal 31 € von der Pflegekasse finanziert werden. Ist ein Umbau der Wohnung nötig, so wird dieser von der Pflegekasse mit einem Zuschuss bis zu 2 557 € gefördert. Eine solche Maßnahme zur Verbesserung des Wohnumfeldes kann z. B. eine Verbreiterung der Türen, Beseitigung von Türschwellen, Einbau eines Treppenlifters etc. sein.

Der Anspruch auf **Verhinderungspflege** (§ 39 SGB XI) steht dem Pflegebedürftigen zu, stellt aber de facto vor allem für pflegende Angehörige eine Erleichterung dar. Bei Urlaub, Krankheit oder sonstiger Verhinderung der Pflegeperson übernimmt die Pflegekasse die Kosten einer Ersatzpflege für **längstens vier Wochen pro Kalenderjahr**. Voraussetzung für den Anspruch ist, dass die Pflegeperson vor der Verhinderung den Pflegebedürftigen ein halbes Jahr lang versorgt hat. Die maximale Erstattungssumme beträgt pro Jahr 1 550 €; die Höhe der Summe ist **unabhängig von der Pflegestufe**. Sie kann für die Inanspruchnahme eines ambulanten Pflegedienstes verwendet werden. Hinzu kommt, dass seit 2013 die Hälfte des Pflegegeldes während der Zeit der Verhinderungspflege weiterbezahlt wird.

Beispiel:

Frau G. pflegt ihren Vater Herrn K. seit über einem Jahr. Er hat Pflegestufe II und bezieht Pflegegeld. Frau G. möchte vier Wochen Urlaub machen. Ihr Vater beauftragt für diese Zeit einen ambulanten Pflegedienst. Dafür steht ihm der Betrag von 1 550 € von seiner Pflegekasse zu. Die Hälfte des Pflegegeldes, also 220 €, verwendet Herr G. für die Bezahlung der Hilfsdienste einer Nachbarin.

Wird die Ersatzpflege von einem Angehörigen übernommen, der nicht erwerbsmäßige Pflegekraft ist, zahlt die Pflegekasse nur in Höhe des regulären Pflegegeldes nach § 37 SGB XI. Aufwendungen, wie z. B. Fahrtkosten, werden dem Angehörigen von der Pflegekasse erstattet.

Zusätzlich kann einmal pro Kalenderjahr die Möglichkeit der Kurzzeitpflege genutzt werden. Der Pflegebedürftige zieht für maximal vier Wochen vorübergehend in ein Pflegeheim (vgl. Kap. IV 6.3.2). Auch in diesem Fall wird die Hälfte des Pflegegeldes während der Kurzzeitpflege weiter ausgezahlt.

6.3.1.2 Stärkung der häuslichen Pflege nach den Reformen 2008 und 2013, Verbesserungen für Demenzkranke, Freistellungsmöglichkeiten für pflegende Angehörige

Pflegebedürftige haben die Möglichkeit des so genannten **Poolens** von Pflegesachleistungen. Wohnen mehrere pflegebedürftige Menschen in einer Wohnung, einem Haus oder in einer Straße, so können sie gemeinsam einen Pflegedienst beauftragen. Dadurch sparen die Mitarbeiter des ambulanten Pflegedienstes Zeit ein, die sie, so das Anliegen der Neuerung, für die Betreuung der alten Menschen nutzen können.

Wesentlich erleichtert wird es, die Dienste von **Einzelpflegekräften** zu nutzen. Statt eines ambulanten Pflegedienstes versorgt eine professionelle Pflegefachkraft einen oder mehrere Pflegebedürftige zuhause. Die Einzelpflegekraft geht jedoch kein Beschäftigungsverhältnis mit den Pflegebedürftigen ein. Vielmehr schließt sie einen Vertrag mit der Pflegeversicherung ab, in dem auch die Vergütung geregelt ist. Pflegefachkräften ist es damit erleichtert, sich als Einzelperson selbstständig zu machen, anstatt als Angestellte eines Pflegedienstes zu arbeiten.

Beide Angebote, das Poolen und die Inanspruchnahme von Einzelpflegekräften, soll häusliche Pflege und vor allem **neue Versorgungsformen der ambulanten Pflege, wie Alten- oder Pflegewohngemeinschaften** – das SGB XI spricht von ambulant betreuten Wohngruppen – **betreutes Wohnen, Leben in Mehrgenerationenhäusern**, stützen.

> **Beispiele:**
>
> Drei pflegebedürftige alte Menschen leben mit ihren Angehörigen in einem Wohnblock. Sie verpflichten gemeinsam einen Pflegedienst. Dessen Mitarbeiterin fährt zweimal pro Tag den Block an und versorgt die alten Menschen mit den notwendigen Pflegeleistungen. Sie spart Fahrzeit und kann auch in der hauswirtschaftlichen Versorgung Zeit gewinnen, wenn sie z. B. Einkäufe für alle drei Haushalte zusammen erledigt.
>
> In einer ambulant betreuten Wohngruppe bzw. in einer Pflege-WG leben vier pflegebedürftige alte Menschen, jeder versichert in einer anderen Pflegekasse Auf ihren gemeinsamen Wunsch hin soll sich Frau S., eine staatlich geprüfte Altenpflegerin, um die vier pflegebedürftigen Bewohner kümmern. Frau S. schließt mit den jeweiligen Pflegeversicherungen der pflegebedürftigen Menschen je einen Vertrag ab und wird von diesen sowie von den Bewohnern selbst bezahlt. Ein Beschäftigungsverhältnis zwischen ihr und den vier Bewohnern besteht nicht.

Seit 2013 werden ambulant betreute Wohngruppen verstärkt gefördert (§ 45 e SGB XI). Ihre Gründung kann pro Bewohner mit 2 500 € (maximal 10 000 €) von der Pflegeversicherung gefördert werden. Zusätzlich zu diesen Beträgen können die Bewohner, wie alle Pflegebedürftigen in häuslicher Pflege, von der Pflegekasse Mittel für die Verbesserung des Wohnumfeldes bis zur Höhe von 2 557 € je Bewohner erhalten (vgl. Kap. IV 6.3.1.1). Als neue Leistung für ambulant betreute Wohngruppen gibt es seit 2013 einen monatlichen Zuschuss von 200 € je Bewohner. In obigem Beispiel der ambulant betreuten Wohngruppe von vier pflegebedürftigen Menschen kämen monatlich nochmals 800 € hinzu. Die Pflegekraft Frau S. könnte dieses Geld z. B. für eine Hilfskraft verwenden, die ihr bei der Organisation der Pflege-WG zur Hand geht.

Für **demenzkranke Patienten** in häuslicher Pflege wurden die Leistungen der Pflegeversicherung in zweierlei Hinsicht verbessert. Die im Kapitel IV 6.2 beschriebenen Kriterien zur Festsetzung der Pflegebedürftigkeit und ihrer Abstufungen zeigen, dass Menschen mit Demenz-Erkrankungen, wie z. B. Morbus Alzheimer, im Anfangsstadium der Erkrankung als nicht pflegebedürftig gelten. Verrichtungen des täglichen Lebens und hauswirtschaftliche Arbeiten sind auch demenzkranken alten Menschen möglich. Ihre Probleme und die Probleme ihrer Angehörigen liegen woanders, z. B. kann es nötig sein, die Betroffenen zu beaufsichtigen, um gefährlichen Situationen oder dem Weglaufen und Verirren vorzubeugen. Bis zur Reform 2013 erhielten Menschen mit beginnender Demenz kaum Leistungen der Pflegeversicherung, sofern sie nicht aufgrund einer weiteren Erkrankung als pflegebedürftig eingestuft waren. Lediglich die Auszahlung eines Betrages von monatlich 100 € für Betreuungsleistungen war möglich (vgl. Kap. IV 6.3.1.1). Seit Bestehen der Pflegeversicherung war es ein Hauptkritikpunkt, dass den spezifischen Bedürfnissen von Menschen mit eingeschränkter Alltagskompetenz – so die Umschreibung des SGB XI für Menschen mit demenziellen Erkrankungen – zu wenig Rechnung getragen wurde. Der oben beschriebene Pflegebedürftigkeitsbegriff stellt überwiegend auf Grundpflegebedürfnisse ab. Probleme mit An- und auskleiden, Essen zerkleinern etc. haben eher Menschen mit körperlichen Gebrechen als Menschen mit eingeschränkter Alltagskompetenz, wie Alzheimer-Patienten. Nun können sie auch **ohne Pflegeeinstufung** Leistungen beziehen (man spricht von der sog. **Pflegestufe 0**). Voraussetzung ist eine Begutachtung durch den MDK. Stellt er fest, dass die demenzielle Erkrankung eine dauerhafte Einschränkung der täglichen Aktivitäten verursacht, so können Leistungen von der Pflegeversicherung bewilligt werden. Zur Begutachtung, ob eine Demenz vorliegt und wie stark ihre Ausprägung ist, bedient sich der MKD einer Indikatorenliste, die in § 45a SGB XI aufgeführt ist. Genannt werden beispielsweise *„unkontrolliertes Verlassen des Wohnbereiches"*, *„Verkennen oder Verursachen gefährdender Situationen"*, *„unsachgemäßer Umgang mit gefährlichen Gegenständen"* und andere Anzeichen mehr.

Nach derzeitigem Rechtsstand (Juli 2013) erhalten Pflegebedürftige der Pflegestufen 0, I und II mit eingeschränkter Alltagskompetenz Leistungen nach § 123 SGB XI. Sie sind in der Übersicht 12 aufgelistet.

Übersicht 12:   Verbesserung der Leistungen der häuslichen Pflege für Personen mit erheblich eingeschränkter Alltagskompetenz seit 1.1.2013

Leistungen der Pflegekasse pro Monat	Pflegestufen		
	Stufe 0	**Stufe I**	**Stufe II**
Leistungen der Pflegekasse pro Monat	Stufe 0	Stufe I	Stufe II
Pflegegeld	120 €	Zusätzlich 70 € (insg. 305 €)	Zusätzlich 85 € (insg. 525 €)
Pflegesachleistung	225 €	Zusätzlich 215 € (insg. 665 €)	Zusätzlich 150 € (insg. 1 250 €)
Kombination Pflegegeld und -sachleistung	Je nach Kombination	Je nach Kombination	Je nach Kombination

Daneben **bleibt das** sog. **Betreuungsgeld bestehen.** Je nach Ausprägung der Demenzerkrankung können pro Monat 100 bzw. 200 € in Anspruch genommen werden.

Beispiel:

Frau Z. pflegt ihren Mann, der an Morbus Alzheimer erkrankt ist und in Pflegestufe I eingestuft ist. Das Ehepaar hat einen ambulanten Pflegedienst engagiert. Dieser übernimmt einen Teil der Grundpflege in Höhe von monatlich 320 €, den Frau Z. aufgrund ihres Alters selbst nicht mehr leisten kann. Herr Z. nimmt also von den ihm zustehenden 665 € (vgl. Übersicht 12) nur 48,12 % in Anspruch. Das Pflegegeld in Höhe von 305 € wird um 48,12 % gekürzt auf 158,23 €. Zusätzlich erhält Herr Z. aufgrund seiner fortgeschrittenen Erkrankung pro Monat 200 € Betreuungsgeld. Das Ehepaar Z. verwendet diesen Betrag für Betreuungsleistungen des ambulanten Pflegedienstes. Eine Mitarbeiterin des Pflegedienstes unternimmt gelegentlich Spaziergänge mit Herrn Z., sie hört mit ihm Musik an oder betrachtet Fotoalben mit ihm.

Die in Übersicht 12 aufgelisteten Verbesserungen für Demenzpatienten nach § 123 SGB XI sind eine Übergangslösung. Von Seiten der Gesundheitspolitik wird angestrebt, den Pflegebegriff in den kommenden Jahren neu zu definieren und zwar **unter Einbeziehung der Bedürfnisse von Menschen mit eingeschränkter Alltagskompetenz.** Die Anzahl der Pflegestufen wird sich dabei voraussichtlich von bisher drei auf fünf erhöhen.

Gleichzeitig mit Inkrafttreten der Pflegereform 2008 wurde eine Ergänzung des Arbeitsrechtes wirksam, das **Pflegezeitgesetz** (PflegeZG). Es dient der Stärkung der häuslichen Pflege, indem es berufstätigen Angehörigen die Möglichkeit eines Pflegeurlaubes einräumt. Zwei Varianten können genutzt werden: Beschäftigte können bis zu 10 Tagen von der Arbeit freigestellt werden, wenn ein naher Angehöriger unvorhergesehen zum Pflegefall wird (§ 2 PflegeZG). Tarifvertraglich kann vereinbart werden, dass das Gehalt während dieser Zeit vom Arbeitgeber weitergezahlt wird. Die zweite Variante ist eine Freistellung (§§ 3 ff. PflegeZG) bis zu **maximal sechs Monaten ohne Gehaltszahlung.** Zum Schutz kleiner Unternehmen steht dies nur Arbeitnehmern in Betrieben mit mehr als 15 Mitarbeitern offen. Neben einer vollständigen Freistellung von der Arbeit ist es auch möglich, mit dem Arbeitgeber eine Teilzeitbeschäftigung während der Pflegezeit zu vereinbaren. Während des Pflegeurlaubs (im Gesetz Pflegezeit genannt) besteht Kündigungsschutz. Der pflegende Angehörige ist nach SGB III arbeitslosenversichert und erhält auf Antrag von der Pflegekasse des zu Pflegenden seine Kranken- und Pflegeversicherung bezahlt.

303

> **Beispiele:**
>
> Frau S. lebt und arbeitet in Hamburg. Ihr Vater ist in München zuhause. Er erleidet einen schweren Schlaganfall und wird dadurch pflegebedürftig. Seine Tochter nimmt sich 10 Tage frei und organisiert in München die Pflege ihres Vaters. Ihrem Arbeitgeber muss sie ein ärztliches Attest vorlegen, das die Pflegebedürftigkeit des Vaters bestätigt.
>
> Frau V. leidet an Morbus Alzheimer. Ihr Sohn möchte im Sinne seiner Mutter vermeiden, dass sie in ein Pflegeheim umziehen muss. Er lässt sich von seinem Arbeitgeber, der örtlichen Stadtverwaltung, sechs Monate freistellen. Die Pflegebedürftigkeit seiner Mutter belegt er durch eine Bestätigung der Pflegekasse seiner Mutter. Er beantragt die Weiterzahlung seiner Beiträge zur Kranken- und Pflegeversicherung während der Pflegezeit. Nun hat er ein halbes Jahr Zeit, um für seine Mutter geeignete Angebote zu suchen und ihr Leben mit der Krankheit zu organisieren.

Am 1.1.2012 trat zusätzlich das sog. **Familienpflegezeitgesetz** in Kraft. Arbeitnehmern wird damit ermöglicht, ihre Arbeitszeit zu reduzieren, z. B. von 40 Stunden pro Woche auf 20 Stunden, um neben der Berufstätigkeit Angehörige pflegen zu können. Diese Möglichkeit kann bis zu 24 Monate genutzt werden. Das Gehalt wird während der Pflegezeit nur um 25 % statt, wie im Beispiel, um 50 % reduziert. Dafür muss der Arbeitnehmer nach Beendigung der Pflegezeit dieselbe Zeit, z. B. 24 Monate, Vollzeit arbeiten, jedoch wiederum zum um 25 % reduzierten Gehalt. Um das Ausfallrisiko für den Arbeitgeber abzudecken, dass der Arbeitnehmer nach dem Ende der Pflegezeit seine Arbeit nicht mehr antritt, muss der Arbeitnehmer eine Familienpflegezeitversicherung abschließen. Ein Rechtsanspruch des Arbeitnehmers auf die Nutzung der Familienpflegezeit besteht allerdings nicht. Er bedarf der Zustimmung des Arbeitgebers; lehnt dieser ab, kann die Arbeitszeit nicht reduziert werden.

> **Beispiel:**
>
> Frau V.s Sohn im Beispiel oben vereinbart mit seinem Arbeitgeber eine Verringerung seiner Arbeitszeit von 40 auf 20 Stunden pro Woche, um sich neben dem Beruf um seine Mutter kümmern zu können. Sein Gehalt von 3 000 € wird nicht auf 1 500 € halbiert, sondern nur um 25 % gekürzt auf 2 250 €.

Beide Gesetze – das Pflegezeitgesetz und das Familienpflegezeitgesetz – werden kaum genutzt, denn beide haben **gravierende Nachteile**. Das Pflegezeitgesetz setzt voraus, die Auszeit für die Pflege ohne eigenes Erwerbseinkommen finanziell überbrücken zu können, was sicherlich nicht für jeden Arbeitnehmer möglich ist. Die Inanspruchnahme der Familienpflegezeit erfordert die Zustimmung des Arbeitsgebers, die offenbar – wie die geringe Nutzung zeigt – zumeist versagt wird.

6.3.2 Teilstationäre Pflege und Kurzzeitpflege

Versicherte Pflegebedürftige haben Anspruch auf teilstationäre Tages- oder Nachtpflege, wenn häusliche Pflege nicht in ausreichendem Maß sichergestellt werden kann (§ 41 SGB XI). Die Leistungshöhe entspricht je Pflegestufe und Monat dem Anspruch bei Sachleistungen (vgl. Tabelle 28). Die Finanzierung der Pflegekassen dient dabei neben der Grundpflege auch der sozialen Betreuung und der medizinischen Behandlungspflege der Pflegebedürftigen. Sie umfasst auch die Beförderung des Patienten von zuhause zur teilstationären Einrichtung und zurück.

Den Pflegebedürftigen steht es offen, **teilstationäre Leistungen** mit **Sachleistungen oder dem Pflegegeld zu kombinieren.** Ebenso ist es möglich, die Kombinationsleistung nach § 38 SGB XI zusätzlich zur teilstationären Pflege zu wählen. Wer den Erstattungssatz der Pflegeversicherung je Pflegestufe für Tages- oder Nachtpflege zu 50 % oder weniger in Anspruch nimmt, erhält Pflegesachleistung, Pflegegeld oder eine Kombination beider nach § 38 in voller Höhe.

Übersicht 13: Teilstationäre Pflege in Kombination mit anderen Leistungen bei häuslicher Pflege

Inanspruchnahme der teilstationären Pflege	Kombination mit		
	Pflegesachleistung	Pflegegeld	Kombination von Pflegesachleistung und -geld
50 % oder weniger des Satzes je Pflegestufe	Bleibt in voller Höhe erhalten 1)	Bleibt in voller Höhe erhalten 2)	Bleibt in voller Höhe erhalten 3)
Mehr als 50 % des Satzes je Pflegestufe	Anspruch auf Pflegesachleistung mindert sich um den %-Satz, zu dem teilstationäre Pflege 50 % übersteigt 4)	Anspruch auf Pflegegeld mindert sich um den %-Satz, zu dem teilstationäre Pflege 50 % übersteigt 5)	Gesamtleistungsanspruch aller drei Leistungen darf 150 % nicht überschreiten 6)

Beispiele zur Übersicht 13:

1. Herr F., Pflegestufe I, nimmt teilstationäre Pflege für 200 € pro Monat (= 44,44 % von 450 €) in Anspruch. Er kann zusätzlich Pflegesachleistungen in Höhe von 450 € monatlich von der Pflegekasse erhalten.

2. Frau P., Pflegestufe I, erhält ebenfalls teilstationäre Leistungen in Höhe von 200 € von ihrer Pflegekasse. Ihr Anspruch auf Pflegegeld beträgt 235 € pro Monat.

3. Frau Z., Pflegestufe II, nutzt die Kombinationsleistung nach § 38 SGB XI: Monatlich erhält sie Pflegesachleistungen von der Pflegekasse in Höhe von 800 € (= 72,73 % des Höchstsatzes von 1100 €) sowie ein um 72,73 % vermindertes Pflegegeld in Höhe von 440 € − 440 € × 0,7273 = 120 €. Pro Monat bezieht sie zusätzlich teilstationäre Leistungen in Höhe von 550 € (= 50 % von 1 100 €).

4. Herr A., Pflegestufe II, nimmt teilstationäre Pflege in Höhe von 800 € pro Monat in Anspruch. 800 € entspricht 72,73 % von 1 100 € und übersteigt die 50 %-Marke um 22,73 %. Der ihm zustehende Betrag für Pflegesachleistung mindert sich um 22,73 %. Zulasten der Pflegeversicherung erhält er folglich Pflegesachleistungen in Höhe von 1 100 € − 1 100 € × 0,2273 = 850 €.

5. Frau N., Pflegestufe II, nutzt ihren Anspruch auf teilstationäre Pflege in Höhe von 850 € im Monat. Das entspricht 77,27 % der maximalen Summe von 1 100 €, die die Pflegekasse für teilstationäre Pflege pro Monat übernimmt. Ihr Pflegegeld ist um 27,27 % zu kürzen: 440 € − 440 € × 0,2727 = 320 €.

6. Herr U. hat Pflegestufe I und erhält pro Monat teilstationäre Leistungen in Höhe von 230 € (= 51,11 % von 450 €) sowie Pflegesachleistungen in Höhe von 310 € (= 68,89 % von 450 €). Sein maximaler Leistungsanspruch beläuft sich für alle drei Leistungen auf 150 %. Für das Pflegegeld ist der verbleibende Prozentsatz zu errechnen: 150 % − 51,11 % − 68,89 % = 30 %. Folglich bezieht er im Monat 235 € × 0,3 = 70,50 € Pflegegeld.

Wer teilstationäre Pflege zu mehr als 50 % des Erstattungssatzes in Anspruch nimmt, dessen **Gesamtleistungsanspruch addiert sich auf 150 %.** Im 4. Beispielfall des Herrn A. mit Pflegestufe II ergibt sich als Summe aus teilstationären Leistungen und Pflegesachleistungen, die die Pflegekasse übernimmt, ein Betrag von 1 650 €. Diese Summe ist **höher als jene, die die Kasse übernähme, wenn Herr A. in einem Pflegeheim versorgt würde.** In diesem Fall würde sie maximal 1 279 € tragen. An diesem Beispiel zeigt sich die Besserstellung der Pflege zuhause durch die Pflegereform 2008.

Abbildung 21 zeigt graphisch die Kombinationsmöglichkeiten der Leistungsvarianten bei teilstationärer Pflege

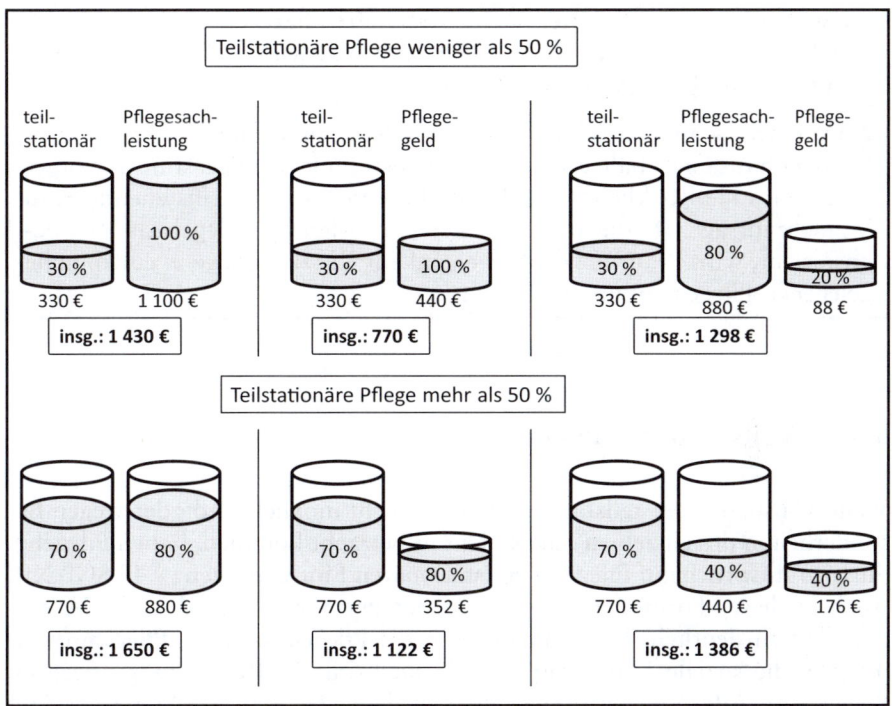

Abb. 21: Kombinationsmöglichkeiten von teilstationärer Pflege, Pflegesachleistung und Pflegegeld am Beispiel der Pflegestufe II

Kurzzeitpflege in einer stationären Pflegeeinrichtung wird von der Pflegekasse finanziert, wenn häusliche Pflege zeitweise nicht, noch nicht oder nicht in ausreichendem Umfang sichergestellt ist und auch teilstationäre Pflege nicht ausreicht (§ 42 SGB XI). In dieser Formulierung des Gesetzes zeigt sich der oben angesprochene Vorrang ambulanter vor stationärer Pflege. Der Leistungsanspruch auf Kurzzeitpflege beträgt für maximal vier Wochen pro Jahr 1 550 € unabhängig von der Pflegestufe. Der Betrag dient der Finanzierung der Grundpflege, der sozialen Betreuung und der medizinischen Behandlungspflege.

Beispiele:

Herr K. wird von seiner Tochter, Frau G., gepflegt. Sie tritt einen Urlaub an, während dessen ihr Vater in eine stationäre Pflegeeinrichtung einzieht. Das Pflegegeld, das Herr K. zuvor bezogen hat, wird während der Kurzzeitpflege zur Hälfte weiterbezahlt.

Nach einem schweren Schlaganfall wird bei Frau W. noch während ihres Krankenhausaufenthaltes eine Schnelleinstufung in Pflegestufe II vorgenommen. Eine Rückkehr nach Hause kommt für die alleinstehende Frau W. nicht infrage. Da die Suche nach einem geeigneten Pflegeheim Zeit beansprucht, wird Frau W. vorübergehend zur Kurzzeitpflege in einem nahe gelegenen Pflegeheim untergebracht.

6.3.3 Vollstationäre Pflege

Wenn häusliche oder teilstationäre Pflege nicht möglich sind oder wegen Besonderheiten des einzelnen Falles nicht in Betracht kommen, haben Pflegebedürftige Anspruch auf Pflege in vollstationären Einrichtungen (§ 43 SGB XI). Auch in dieser Formulierung wird wieder der Vorrang niedrigerer Versorgungsstufen deutlich. Dabei finanzieren die Pflegekassen die **Pflegeaufwendungen,** die **soziale Betreuung** und die **medizinische Behandlungspflege** im Pflegeheim. Alle drei Leistungen werden dem Heim im Pflegesatz vergütet (vgl. Kap IV 6.4.3.2). Soziale Betreuung beinhaltet eine Vielzahl von Leistungen der Pflegeheime. z. B. Ausflüge mit den Bewohnern, das Gestalten jahreszeitlicher Feste, Beistand in Krisen und Sterbebegleitung. Die von den Pflegekassen erstatteten Höchstbeträge sind in Tab. 30 ausgewiesen.

Tab. 30: Stationäre Pflege – Monatliche Höchstbeträge in Euro

Zeitraum	bis 30.6.2008	ab 1.7.2008	ab 2010	ab 2012
Pflegestufe I	1 023 €	1 023 €	1 023 €	1 023 €
Pflegestufe II	1 279 €	1 279 €	1 279 €	1 279 €
Pflegestufe III	1 432 €	1 470 €	1 510 €	1 550 €
Härtefall	1 688 €	1 750 €	1 825 €	1 918 €

Für Pflegestufe I und II wurden die Sätze durch die Reform von 2008 **nicht angehoben.** Dadurch werden Leistungen der **häuslichen Pflege** für die Stufen I und II in Relation zur stationären Pflege **finanziell attraktiver.** Auch damit wird das Bemühen des Gesetzgebers deutlich, die häusliche Pflege aufzuwerten. Erhöht wurden dagegen die stationären Sätze für Stufe III und für Härtefälle. Die Konsequenz wird sein, dass künftig in Heimen die Anzahl schwerstpflegebedürftiger und sterbender Menschen ansteigen wird. Dem trägt die Pflegereform Rechnung, indem die Zusammenarbeit zwischen Ärzten und Pflegeheimen neu gestaltet wird. Stationäre Pflegeeinrichtungen können zur ärztlichen Versorgung ihrer Bewohner Kooperationsverträge mit Vertragsärzten abschließen. Kommt ein Kooperationsvertrag nicht zustande, darf das Heim Ärzte im Angestelltenverhältnis beschäftigen.

Für Bewohner mit erheblichem allgemeinem Betreuungsbedarf – i.d.R. Patienten mit Demenzerkrankung – erhalten die Heime einen Vergütungszuschlag (vgl. dazu Berechnungsbeispiel im Kap. IV 6.4.3.2). Voraussetzung dafür, diesen Zuschlag zu bekommen ist es, dass das Heim zusätzliche speziell geschulte, versicherungspflichtig Beschäftigte zur Betreuung der Bewohner einstellt.

Leistungen nach SGB XI erhalten auch behinderte Menschen in stationären Einrichtungen, die als pflegebedürftig eingestuft sind. Die Pflegekasse erstattet pro Monat einen 10 %igen Anteil des Heimentgelts, jedoch nur bis zur Höchstgrenze von 256 €.

6.3.4 Beratung, Pflegestützpunkte

Seit 1.1.2009 hat jeder, der Leistungen nach SGB XI empfängt, einen Rechtsanspruch auf Pflegeberatung (§ 7a SGB XI). Pflegeberater sind Angestellte der Pflegekassen oder von der Pflegeversicherung beauftragte Dritte. Das SGB XI gibt genau vor, welche Aufgaben der **Pflegeberater** hat, bzw. im Umkehrschluss auf welche Leistungen der Pflegeberatung ein Ratsuchender Anspruch hat.

Der Pflegeberater

* erfasst und analysiert den Pflegebedarf,
* erstellt einen individuellen Versorgungsplan, der, falls erforderlich, präventive, kurative, rehabilitative, pflegerische und soziale Hilfen beinhaltet,
* wirkt darauf hin, dass die notwendigen Maßnahmen durchgeführt werden,
* überwacht die Durchführung des Versorgungsplanes, passt ihn ggf. an den veränderten Bedarf an und
* wertet bei schwierigen Fällen den Hilfeprozess aus.

Pflegeberater stimmen den Versorgungsplan mit den beteiligten Leistungserbringern ab. Sie sollen nach dem Wunsch des Gesetzgebers eng mit den gemeinsamen Servicestellen nach SGB IX zusammenarbeiten (vgl. Kap. IV 4.5).

Dies sind sehr detaillierte Vorgaben; sie gehen weit über das hinaus, was SGB V den Krankenversicherten an Fallmanagement anbietet. Dort heißt es lediglich, es bestehe Anspruch auf ein Versorgungsmanagement beim Übergang in verschiedene Versorgungsbereiche, wobei die Leistungserbringer zusammenzuwirken haben (vgl. Kap. IV 7.3.1). Im Idealfall entsprechen die Leistungen des Pflegeberaters dem so genannten case management (vgl. Kap. IV 7.2).

Ein weiteres Beratungsangebot, die Pflegestützpunkte, war im Gesetzgebungsverfahren der Pflegereform bis zuletzt umstritten zwischen den Parteien der Großen Koalition. Der schließlich gefundene Kompromiss legt die Entscheidung über Pflegestützpunkte in die Hand der Bundesländer.

Pflegestützpunkte sind eine **neue Institution der sozialen Infrastruktur.** Sie sollen wohnortnah als Anlaufstelle für alle Fragen rund um die Pflegeversorgung dienen. Entscheidend ist das Adjektiv „wohnortnah", denn neben Auskunft und Beratung ist es Aufgabe der Pflegestützpunkte, lokal, also im Stadtviertel, im Landkreis etc., Versorgungsangebote zu **koordinieren** und zu **vernetzen.** Versorgung ist umfassend zu verstehen, nicht nur bezogen auf Pflege, sondern auch auf Kuration, Prävention, Rehabilitation und soziale Dienste. Ausdrücklich wird im SGB XI auf das Instrument der **integrierten Versorgung** hingewiesen, das sich für solche vernetzten Angebote speziell eignet (vgl. Kap IV 7.3.6). Die Pflegeberater der Pflegeversicherung sind in den Stützpunkten tätig.

Entscheidet sich ein Bundesland für Pflegestützpunkte, so schließt es mit Pflege- und Krankenkassen Verträge, in denen auch die laufenden Kosten der Stützpunkte auf die Vertragsparteien aufgeteilt werden. Um Errichtungskosten zu sparen, sollen die Stützpunkte in bereits vorhandene Einrichtungen, z. B. gemeinsame Servicestellen nach SGB IX, Alten-Service-Zentren etc. integriert werden. Das Gesetz fordert allerdings eine wettbewerbsneutrale Umsetzung der Pflegestützpunkte. D. h., es muss gewährleistet sein, dass die Stützpunkte nicht bestimmte Anbieter, z. B. ein Pflegeheim, einen ambulanten Pflegedienst, bevorzugt vermitteln, selbst wenn sie sich in räumlicher Nähe zu ihm befinden.

6.3.5 Leistungen für Pflegepersonen

Das SGB XI sieht im § 44 Sozialleistungen für pflegende Angehörige bzw. Freunde – die so genannten Pflegepersonen – vor, die es vor der Einführung der Pflegeversicherung nicht gab. Pflegekassen und private Pflegeversicherer entrichten für die Pflegeperson **Beiträge zur Rentenversicherung**, sofern die Pflegeperson nicht mehr als 30 Stunden pro Woche erwerbstätig ist. Während der Pflege sind Pflegepersonen in den Versicherungsschutz der **Unfallversicherung** einbezogen. Als Kann-Leistung nennt das SGB XI die Finanzierung beruflicher Weiterbildung durch die Bundesagentur für Arbeit für pflegende Angehörige, die nach langer Pflegetätigkeit ins Erwerbsleben zurückkehren wollen.

Für pflegende Angehörige und ehrenamtliche Pflegepersonen finanzieren die Kassen Schulungskurse zur Vermittlung von Fertigkeiten für die Pflege (§ 45 SGB XI).

6.4 Pflegeeinrichtungen

Ein Anliegen des Gesetzgebers bei Einführung der Pflegeversicherung war es, die Infrastruktur mit Pflegeeinrichtungen zu verbessern und neue Versorgungsformen zu schaffen. Die pflegerische Versorgung der Bevölkerung wird im § 8 des SGB XI als gesamtgesellschaftliche Aufgabe definiert. In einer für das Sozialrecht typischen Weise ordnet das SGB XI dann den einzelnen staatlichen Gebietskörperschaften und den Verbänden ihre spezifischen Aufgaben zu. So obliegt den Pflegekassen die **Sicherstellung der pflegerischen Versorgung** für ihre Versicherten (§ 12 SGB XI). Dazu schließen sie Versorgungsverträge, Qualitätssicherungs- und Vergütungsvereinbarungen mit den Pflegeeinrichtungen. Aufgabe der Bundesländer ist es, für eine leistungsfähige, ausreichende und wirtschaftliche **pflegerische Infrastruktur** zu sorgen (§ 9); deshalb führen sie **landesweite Pflegepläne**. Aus dieser Rollenzuweisung für die Bundesländer resultiert die Möglichkeit für Pflegeeinrichtungen, öffentliche Zuschüsse für Investitionen zu erhalten.

Ausdrücklicher Wunsch des Gesetzgebers ist es, die **Vielfalt der Träger** von Pflegeeinrichtungen zu wahren (§ 11 SGB XI). So soll den unterschiedlichen Lebenshintergründen und Weltanschauungen der Pflegebedürftigen Rechnung getragen werden. Folgerichtig sieht das Gesetz einen Vorrang freigemeinnütziger und privater Träger vor öffentlichen Trägern von Pflegeeinrichtungen vor.

6.4.1 Gemeinsame Vorschriften für ambulante und stationäre/teilstationäre Pflegeeinrichtungen

Das Gesetz verpflichtet alle Pflegeeinrichtungen auf Humanität sowie die Einhaltung wissenschaftlicher Erkenntnisse. Im § 11 Abs. 1 des SGB XI heißt es: *„Die Pflegeeinrichtungen pflegen, versorgen und betreuen die Pfle-*

311

gebedürftigen, die ihre Leistungen in Anspruch nehmen, entsprechend dem allgemein anerkannten Stand medizinisch-pflegerischer Erkenntnisse. Inhalt und Organisation der Leistungen haben eine humane und aktivierende Pflege unter Achtung der Menschenwürde zu gewährleisten." Um diesem Anspruch gerecht werden zu können, haben Pflegeeinrichtungen einer Reihe von Vorschriften und Auflagen zu genügen.

6.4.1.1 Anforderungen an eine Pflegeeinrichtung

Ambulante und stationäre bzw. teilstationäre Pflegeeinrichtungen müssen unter **ständiger Verantwortung einer ausgebildeten Pflegefachkraft** stehen (§ 71 SGB XI). Als Pflegefachkraft kann anerkannt werden, wer eine Ausbildung als Altenpfleger/in, Krankenschwester bzw.-pfleger oder Kinderkrankenschwester bzw. -pfleger hat. Voraussetzung ist ferner, dass der Bewerber in seinem erlernten Beruf eine mindestens zweijährige Berufspraxis innerhalb der letzten acht Jahre vorweisen kann.

Pflegekassen dürfen ambulante oder stationäre Pflegeleistungen nur durch zugelassene Pflegeeinrichtungen gewähren (§ 72 SGB XI), mit denen ein **Versorgungsvertrag** geschlossen wurde. Der Versorgungsvertrag beinhaltet eine Verpflichtung der Pflegeeinrichtungen, die im Vertrag vereinbarten Leistungen auch tatsächlich anzubieten. Regelt der Vertrag beispielsweise, dass ein Pflegeheim den Bewohnern Leistungen gemäß Pflegestufe I, II und III vorzuhalten hat, kann es diese Leistungen den Pflegebedürftigen nicht verweigern. Voraussetzung für einen Versorgungsvertrag ist, dass die Pflegeeinrichtung unter ständiger Verantwortung einer ausgebildeten Pflegefachkraft steht, wie oben beschrieben, dass sie die Gewähr für eine leistungsfähige und wirtschaftliche Versorgung bietet und sich verpflichtet, ein **Qualitätsmanagement** einzuführen. Genügt eine Pflegeeinrichtung diesen Anforderungen, so hat sie Anspruch auf einen Versorgungsvertrag; es besteht also **Kontrahierungszwang** seitens der Pflegekassen. Auf diese Weise wird der Wettbewerb der Einrichtungen um pflegebedürftige Nachfrager sichergestellt.

Nach § 75 SGB XI gelten **Rahmenverträge** auf Landesebene zwischen den Pflegekassen, dem MDK und den Trägern von Pflegeeinrichtungen, die für die Beteiligen **unmittelbar verbindlich** sind. Die Verträge regeln u. a.

- den Inhalt der Pflegeleistungen, der medizinischen Behandlungspflege und der sozialen Betreuung
- Abrechnungsbestimmungen
- Rechte des MDK zur Überprüfung der Notwendigkeit und Dauer der Pflege und zur Kontrolle der Pflegeeinrichtungen
- Pflegedokumentation
- Verfahren bei Wirtschaftlichkeitsprüfungen
- Entgeltabschläge bei vorübergehender Abwesenheit des Pflegebedürftigen.

Zur Personalausstattung der Pflegeeinrichtungen sind im Rahmenvertrag ferner

- landesweite Verfahren zur Ermittlung des Personalbedarfs oder
- landesweite Personalrichtwerte

vorzusehen.

Beispiel:

In einem Rahmenvertrag sind folgende Personalrichtwerte für Pflegeheime vorgegeben:

Pflegestufe 0:	1:4,9	Pflegestufe II:	1:2,4
Pflegestufe I:	1:3,4	Pflegestufe III:	1:1,9

Zur Pflegestufe 0 werden Bewohner des Heimes gezählt, die keine Pflegestufe zugewiesen bekamen. Die Zahlenangaben sind wie folgt zu interpretieren: 1 Pflegekraft ist im Durchschnitt für 3,4 Pflegebedürftige der Stufe I zuständig, 1 Pflegekraft für durchschnittlich 1,9 Pflegebedürftige der Stufe III usw.

6.4.1.2 Wirtschaftlichkeits- und Qualitätsprüfungen

Die Landesverbände der Pflegekassen dürften die Wirtschaftlichkeit von Pflegeeinrichtungen durch Sachverständige prüfen lassen. Der Träger der Pflegeeinrichtung ist zur Kooperation mit dem Sachverständigen verpflichtet; er muss ihm die zur Prüfung notwendigen Unterlagen, z. B. die Buchführung, zur Verfügung stellen und ihm Auskünfte erteilen.

Für die Qualitätssicherung sind die Pflegeeinrichtungen grundsätzlich selbst zuständig (§ 112 SGB XI). Sie müssen sich dabei aber an bundesweit gültigen Grundsätzen und Maßstäben orientieren (§ 113 SGB XI). Um sicherzustellen, dass die Einrichtungen nach medizinisch-pflegerischen Erkenntnissen ihre Leistungen erbringen, sind Expertenstandards einzuhalten. Mit diesen werden gesicherte Erkenntnisse pflegewissenschaftlicher Forschung in die Praxis umgesetzt.

Pflegeeinrichtungen sind verpflichtet, ihre Leistungen und ihre Qualität auf Verlangen der Landesverbände der Pflegekassen, durch deren Sachverständige oder den MDK prüfen zu lassen. Dazu haben die Prüfer das Recht, sich an Ort und Stelle umzusehen. Sie dürfen Grundstücke und Räume betreten, mit Pflegebedürftigen und deren Angehörigen sprechen und die Mitarbeiter der Pflegeeinrichtung befragen. Grundsätzlich müssen die **Prüfungen unangemeldet** durchgeführt werden (§ 114a SGB XI). Unterliegen die Räume des

Pflegeheimes einem Wohnrecht des Heimbewohners, hat der MDK ohne Zustimmung des Bewohners keinen Zutritt. Das Grundrecht auf Unverletzlichkeit der Wohnung (Art. 13 Grundgesetz) gibt dem Bewohner das Recht, dem MDK den Zutritt zu verweigern.

Mit der Pflegereform von 2008 wurde die Pflicht zur Veröffentlichung der Prüfberichte eingeführt. Sie müssen, vor allem die Ergebnisqualität (vgl. Kap. VII) betreffend, ins Internet gestellt werden. In der Einrichtung selbst sind das Datum der letzten Prüfung und eine Zusammenfassung des Prüfergebnisses auszuhängen.

Wurden bei einer Prüfung Mängel festgestellt, erhält der Träger der Einrichtung eine angemessene Frist zur Beseitigung der Missstände. Bei Vertragsverletzung der Leistungs- und Qualitätsvereinbarung können der Einrichtung die Pflegesätze gekürzt werden. Werden schwerwiegende Mängel festgestellt, so kann dies die fristlose Kündigung des Versorgungsvertrages nach sich ziehen. In diesem Falle sind die Pflegekassen verpflichtet, den betroffenen Pflegebedürftigen eine andere Pflegeeinrichtung zu vermitteln (§ 115 SGB XI).

6.4.2 Ambulante Pflegeeinrichtungen

Ambulante Pflegeeinrichtungen werden zu etwa 60 % von privaten Trägern betrieben, zu etwa 40 % von freigemeinnützigen. Öffentliche Träger spielen nur eine untergeordnete Rolle.

Die Vergütung ambulanter Dienste wird landeseinheitlich auf dem Verhandlungsweg geregelt. Verhandlungspartner sind die ambulanten Pflegedienste bzw. deren Träger, Pflegekassen und Sozialhilfeträger (§ 89 SGB XI). Letztere wirken an der Verhandlung mit, da sie an der Finanzierung beteiligt sind, sofern die Versicherungsleistungen nicht ausreichen und der Pflegebedürftige selbst bzw. seine nächsten Angehörigen nicht in der Lage sind, die fehlenden Beträge aufzubringen.

Die Vertragspartner bedienen sich einer Gebührenordnung, in der die Pflegeleistungen anhand von **Leistungskomplexen** definiert werden und eine Punktzahl erhalten.

Beispiel:

Leistungskomplex aus der Grundpflege: Hilfe beim An- und Auskleiden

Der Leistungskomplex enthält die Hilfe beim An- und Auskleiden, auch die Auswahl der Kleidung, ggf. An- und Ausziehtraining und die Entnahme aus dem normalen Aufbewahrungsort.

50 Punkte

Verhandelt wird um den Punktwert, der, mit der Punktzahl multipliziert, die Vergütung der Pflegeeinrichtung ergibt. Die Vergütung ambulanter Pflegedienste ähnelt also jener der niedergelassenen Ärzte. Bei einem Punktwert von z. B. 0,05044 € erhielte der Pflegedienst für den Leistungskomplex An- und Auskleiden 0,05044 € × 50 = 2,52 €. Die Pflegevergütung ist je Leistungskomplex für jeden Pflegebedürftigen gleich; sie darf nicht nach Kostenträgern differenziert werden.

Entscheidet sich ein Pflegebedürftiger für Sachleistungen, sucht er sich selbst bzw. seine Angehörigen oder sein Betreuer (vgl. Kap. IV 6.5) einen Anbieter ambulanter Pflegeleistungen. Ist der Pflegedienst ausgewählt, so stellt er dem Pflegebedürftigen einen Kostenvoranschlag aus, dem zu entnehmen ist, welchen Kostenanteil die Pflegekasse und welchen der Pflegebedürftige selbst bzw. die subsidiäre Sozialhilfe trägt.

Beispiel:

Frau T., Pflegestufe I, hat mit einem ambulanten Pflegedienst Leistungen vereinbart und erhält folgenden Kostenvoranschlag:

Leistungskomplex 1 b:	Hilfe bei An- und Auskleiden, 2-mal täglich je 50 Punkte à 0,05044 €
Leistungskomplex 2 a:	Teilkörperwäsche, 1-mal täglich je 90 Punkte à 0,05044 €
Leistungskomplex 12 a:	Vorratseinkauf, 1-mal wöchentlich je 200 Punkte à 0,05044 €

Wegepauschale (pro Besuch) 3,90 € (nachts 20.00 – 8.00 Uhr 5,58 €)

Frau T. erhält die Leistungen 1 b pro Monat (30 Tage) 60-mal, jeweils tagsüber. Die Mitarbeiterin des Pflegedienstes fährt also zweimal täglich zu Frau T.; die Leistungen 2 a und 12 a erfordern keine zusätzliche Anfahrt.

60 × 50 × 0,05044 € =	151,32 €	Leistung 1 b
30 × 90 × 0,05044 € =	136,19 €	Leistung 2 a
4 × 200 × 0,05044 € =	40,35 €	Leistung 12 a
60 × 3,90 € =	234,00 €	Wegepauschale
Summe	561,86 €	

Die Pflegeversicherung übernimmt davon 450 €. Der ambulante Pflegedienst rechnet diesen Betrag **direkt mit der Pflegeversicherung** ab. Den Rest, also 111,86 €, muss Frau T. selbst bezahlen.

Wäre sie sozialhilfeberechtigt, würde dieser Betrag vom Sozialamt bezahlt werden. Auch hier erfolgt die Abrechnung des ambulanten Dienstes **direkt mit dem Sozialhilfeträger.**

Zwischen Pflegebedürftigem und Pflegedienst wird ein Vertrag abgeschlossen, der den Anforderungen des § 75 SGB XI (vgl. oben 6.4.1.1) genügen muss. So enthält der Vertrag die Leistungsbeschreibung der Dienste und Abrechnungsbestimmungen. Darin wird die Vergütung festgelegt und vereinbart, mit wem – Pflegeversicherung, Krankenversicherung, Pflegebedürftigem bzw. ggf. Sozialhilfeträger – der Pflegedienst abrechnet.

Auszug aus einem Pflegevertrag:

Der Pflegedienst berechnet für die erbrachten Leistungen die mit den Kranken- und Pflegekassen bzw. Sozialhilfeträgern ausgehandelten Entgelte entsprechend der jeweils gültigen Vergütungsvereinbarungen.

Leistungen, die direkt mit der Pflegekasse oder mit der Krankenkasse abgerechnet werden können, werden vom Pflegedienst dem jeweiligen Kostenträger direkt in Rechnung gestellt. Der Pflegedienst kann bei einer Kostenzusage seitens des Sozialhilfeträgers direkt mit diesem abrechnen.

Ambulante Pflegedienste erbringen neben Leistungen nach dem SGB XI auch Leistungen der gesetzlichen Krankenversicherung und rechnen diese mit den Krankenkassen ab. Es handelt sich dabei um die unter Abschnitt 6.1 beschriebene **häusliche Krankenpflege nach § 37 SGB V**. Auch diese Leistungen sind im Pflegevertrag zu regeln.

Beispiel:

Frau T. (vgl. oben) muss sich täglich Insulin spritzen. Der Arzt hat ihr als medizinische Behandlungspflege das Herrichten der Injektion verordnet. Die Mitarbeiterin des ambulanten Pflegedienstes erledigt dies bei ihrem täglichen Besuch am Morgen und rechnet die Leistung mit der Krankenkasse von Frau T. ab. Die Wegepauschale für den Morgenbesuch wird in diesem Fall zur Hälfte, je 1,95 €, der Krankenkasse, zur anderen Hälfte der Pflegekasse in Rechnung gestellt.

Seit der Pflegereform 2008 können ambulante Dienste zusätzlich Betreuungsleistungen für demenzkranke Patienten mit der Pflegeversicherung abrechnen. Seit 2013 ist dies auch für Pflegebedürftige der Stufen I – III ohne Demenzerkrankung möglich (zu diesen Leistungen vgl. Kap. IV 6.3.1.1). Derzeit (Juli 2013) befindet sich die Vergütung der ambulanten Pflegedienste im Wandel. Der Grund dafür ist, dass es seit 1.1.2013 für Pflegebedürftige möglich ist, eine **Vergütung nach Zeiteinheiten** oder Leistungskomplexen zu wählen. Insbesondere für Betreuungsleistungen (vgl. Kap. IV 6.3.1.2) bietet sich die Abrechnung nach Zeiteinheiten an.

Beispiele:

Herr O. erhält täglich die Leistungskomplexe 1 d (Mundpflege und Zahn-pflege oder Zahnprothesenpflege, 50 Punkte) sowie 2b (Ganzkörperwäsche, 250 Punkte). Er kann nun wählen, ob er für diese Leistungen z. B. täglich eine halbe Stunde Zeit des ambulanten Pflegedienstes erwirbt, angenommen für z. B. 15,50 €, oder ob er die beiden Leistungen als Komplexpauschalen abrechnen möchte. Letzteres ergäbe $(50 + 250) \times 0{,}05044 = 15{,}13$ €.

Frau L. nimmt Betreuungsleistungen des Pflegedienstes in Anspruch. Der Pflegedienst bemisst die Vergütung dieser Leistungen nach Zeiteinheiten. Die Stunde kostet 20 €; Frau L. erhält von ihrer Pflegekasse 200 € pro Monat für Betreuungsleistungen. Sie kann also für 10 Stunden pro Monat Betreuung erhalten.

6.4.3 Stationäre Einrichtungen

Träger von Pflegeheimen sind überwiegend (ca. 55 %) freigemeinnützig; private Anbieter betreiben ca. 38 % der Heime, öffentliche ca. 7 %. Neben Heimen etablieren sich mehr und mehr alternative Wohnformen für pflege-bedürftige Menschen. Die Verbesserung der häuslichen Pflege – Poolen von Pflegeleistungen und Pflege durch Einzelpflegekräfte – tragen dazu bei, sol-che Alternativen zum Pflegeheim zu etablieren. Betreutes Wohnen, Alten-WG und andere neue Lebensformen im Alter stellen einen Kompromiss zwischen dem Leben in der vorherigen Umgebung und dem Heim dar. Besser als im Heim soll die Privatsphäre gewahrt werden, zum anderen sind Service- und Pflegeleistungen jederzeit abrufbar. Rechtlich sind Unterschiede zwischen Heimen und betreutem Wohnen zu beachten; auf diese wird im folgenden Abschnitt eingegangen.

6.4.3.1 Wohn- und Betreuungsvertragsgesetz und Vertragsvorschriften nach SGB XI

Für Pflegeheime sind neben dem SGB XI die Heimgesetze der Bundesländer und die aus diesen Gesetzen abgeleiteten Verordnungen für das Heimperso-nal und baurechtliche Vorschriften zu beachten. Die **Bundesländer** haben mit Inkrafttreten der Föderalismusreform im September 2006 die Zuständigkeit für die Heimgesetzgebung erhalten. **Bundesweit** gelten die Vorschriften des SGB XI sowie ein **spezielles Verbraucherschutzgesetz** für volljährige Bewoh-ner von Heimen, das Gesetz zur Regelung von Verträgen über Wohnraum mit Pflege- oder Betreuungsleistungen (WBVG). Somit hat das Heim zwei wichti-ge Verträge zu beachten, den bereits unter Abschnitt 6.4.4.1 angesprochenen Versorgungsvertrag mit den Pflegeversicherungen und den Heimvertrag, in dem Bestimmungen des WBVG und des SGB XI zu berücksichtigen sind.

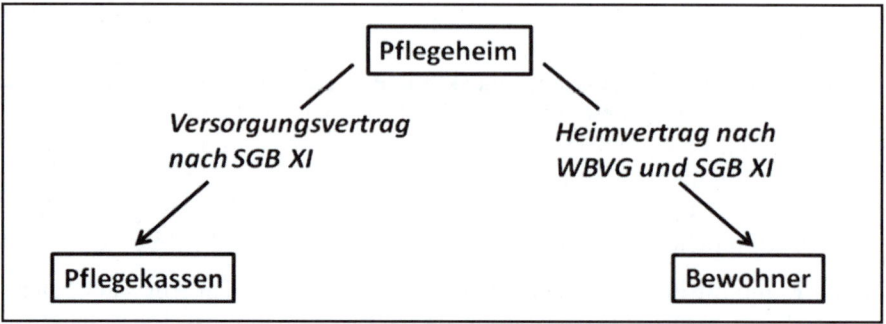

Abb. 22: Vertragsbeziehungen des Pflegeheimes

Die Vorschriften des WBVG sind zu beachten, wenn Bewohnern neben der Wohnraumüberlassung vertraglich zusätzlich **spezielle Pflege- oder Betreuungsleistungen** angeboten werden. Diese dienen dazu, Behinderung oder altersspezifische Beeinträchtigungen der Bewohner zu bewältigen. Dazu gehören Leistungen der Grundpflege im Sinne des SGB XI, **nicht** jedoch so genannte **allgemeine Betreuungsleistungen**. Dabei handelt es sich z. B. um die hauswirtschaftliche Versorgung, das Vorhalten eines Notrufes, die Vermittlung von Pflegediensten.

Da Pflegeheime Grundpflege bereitstellen, ist für Verträge zwischen Bewohnern von Pflegeheimen und deren Betreibern das WBVG anzuwenden, und zwar sowohl für normale stationäre Pflege als auch für Kurzzeitpflege. Für das betreute Wohnen bzw. das so genannte **Service-Wohnen** gilt das WBVG nur dann, wenn **neben der Überlassung von Mietraum spezielle Pflegeleistungen** vertraglich zwischen Bewohner und Vermieter **vereinbart werden**.

Beispiele:

Frau F. hat Pflegestufe I. Sie lebt in einer Anlage, in der betreutes Wohnen angeboten wird. Sie hat dort ein behindertengerechtes Zimmer mit Küche und Bad gemietet. Ihr Vermieter sorgt für die hauswirtschaftliche Versorgung, kümmert sich also um die Reinigung der Wohnung, Einkäufe für Frau F. etc. Zusätzlich wurde zwischen Frau F. und dem Betreiber der Anlage vereinbart, dass Frau F. Hilfestellung bei ihrer persönlichen Hygiene erhält. Dies ist eine Leistung der Grundpflege, die über allgemeine Betreuungsleistungen hinausgeht. Somit ist das WBVG anzuwenden.

Frau M., ebenfalls Pflegestufe I, wohnt in derselben Anlage. Anders als Frau F. hat sie sich selbst einen ambulanten Pflegedienst ausgesucht und mit diesem einen Vertrag geschlossen. Mitarbeiter des Pflegedienstes besuchen sie täglich und helfen ihr bei der Körperpflege. In ihrem Fall gilt das WBVG nicht, sondern lediglich das Mietvertragsrecht des BGB.

Nicht anzuwenden ist das WBVG für ambulant betreute Wohngruppen, denn auch deren Bewohner erhalten, wie Frau M. im Beispiel, Grundpflege von ambulanten Pflegediensten oder Einzelpflegekräften.

Frau F. aus dem obigen Beispiel, ebenso Bewohner von Pflegeheimen (das Gesetz nennt sie Verbraucher), können aus dem WBVG Rechte ableiten. Umgekehrt unterliegt der Betreiber der Anlage bzw. des Pflegeheimes, vom Gesetz als Unternehmer tituliert, gesetzlichen Verpflichtungen. Er muss künftige Bewohner vor Vertragsabschluss **umfassend informieren** über die Ausstattung der Gebäude, alle angebotenen Leistungen, deren Vergütung, Voraussetzungen für Leistungs- oder Vergütungsänderungen, ebenso über die Ergebnisse der Qualitätsprüfungen. Das WBVG ermöglicht es den Unternehmen, bestimmte Leistungen auszuschließen. Darauf müssen die Verbraucher in der Vorabinformation hingewiesen werden.

> **Beispiel:**
>
> Das Pflegeheim „Am Stadtbach" schließt mit folgender Klausel in der Vorabinformation nach § 3 WBVG die Versorgung von Beatmungspatienten aus: „Die Versorgung von Beatmungspatienten setzt eine Vereinbarung mit den Kostenträgern über die Vorhaltung einer geeigneten Infrastruktur und die Vergütung voraus. Eine solche Vereinbarung ist nicht geschlossen."

Die Entscheidung, in ein Heim oder eine betreute Wohnung umzuziehen, ist für die betroffenen Menschen schwierig, legt sie doch die zukünftige Lebensgestaltung in aller Regel nicht revidierbar fest. Vorabinformationen über die Angebote sollen die **Entscheidung für eine bestimmte Wohnform zumindest erleichtern** und ermöglichen es, Preis-Leistungs-Vergleiche anzustellen.

Der Heimvertrag ist **schriftlich** zu schließen und darf nur dann befristet werden, wenn es den Interessen des Verbrauchers nicht widerspricht, also z. B. bei vereinbarter Kurzzeitpflege. Die Kündigungsvorschriften begünstigen die Bewohner. Sie können den Vertrag am dritten Werktag eines Monats zum Ablauf dieses Monats kündigen. Erhöht der Unternehmer das Entgelt, ist eine sofortige Kündigung möglich. Der Unternehmer selbst unterliegt strengeren Vorschriften. Er darf den Vertrag nur aus wichtigem Grund beenden. Ein solcher kann z. B. vorliegen, wenn der Betrieb eingestellt wird oder wenn der Bewohner Leistungen benötigt, die der Unternehmer nicht erbringen kann und die er deshalb vertraglich ausgeschlossen hat. In obigem Beispiel wären dies Versorgungsleistungen für Beatmungspatienten. Kündigungsgrund für den Unternehmer kann ferner eine grobe Pflichtverletzung des Bewohners sein. Als solche gilt ein mindestens zweimaliger Zahlungsverzug.

Ist ein Bewohner vorübergehend abwesend, muss das Heim die Vergütung kürzen. Diese Forderung stellt sowohl der § 87a Abs. 1 SGB XI als auch der § 7 WBVG. In den Heimvertrag ist eine entsprechende Regelung aufzunehmen, z. B.

„Bei einer vorübergehenden Abwesenheit von bis zu drei Tagen wird das Heimentgelt abzüglich der Kosten für Verpflegung berechnet. Bei einer Abwesenheit von mehr als drei Tagen werden die Tagessätze für Pflege und für Unterkunft und Verpflegung um 25 % gekürzt; der Satz für Investitionskosten wird in voller Höhe berechnet."

Gesetzlich geregelt ist das Vorgehen bei einer **Änderung des Pflegebedarfes**. Steigt nach Ansicht des Heimes der Pflegebedarf eines Bewohners, ist dieser verpflichtet, bei seiner Pflegekasse eine höhere Pflegestufe zu beantragen (§ 87a Abs. 2 SGB XI). Weigert sich der Pflegebedürftige, dies zu tun, kann das Heim ihm vorläufig – bis zur Bestätigung durch ein Gutachten des MDK und der Bewilligung durch die Pflegekasse – den Pflegesatz für die höhere Stufe berechnen. Lehnt die Pflegekasse die Höherstufung ab, muss das Heim den erhöhten Betrag unverzüglich zurückerstatten.

Ergibt sich tatsächlich eine höhere Pflegestufe, ist der Heimträger nach WBVG verpflichtet, den betroffenen Bewohnern die entsprechenden Leistungen auch anzubieten. Ausnahmen davon sind nur möglich, wenn sie im Versorgungsvertrag mit den Pflegekassen vereinbart wurden und ebenso im Heimvertrag mit dem Bewohner festgelegt sind. Sieht etwa der Versorgungsvertrag vor, dass das Heim keine Pflege für Härtefälle nach § 43 Abs. 2 SGB XI anbietet (z. B. weil es personell nicht in der Lage dazu ist) und schließt auch der Heimvertrag dies aus, so ist das Heim dazu nicht verpflichtet (vgl. das obige Beispiel des Pflegeheims „Am Stadtbach").

Im Fall einer Höherstufung darf das Heim ein höheres Entgelt berechnen (umgekehrt muss es bei niedrigerer Einstufung ein geringeres Entgelt verlangen). Der Bewohner hat im Fall der Entgelterhöhung ein Sonderkündigungsrecht (vgl. oben). Macht er davon keinen Gebrauch, gilt nach § 9 WBVG für das höhere Entgelt automatisch der zwischen dem Pflegeheim und den Pflegekassen und Sozialhilfeträgern vereinbarte Betrag (zum Pflegesatzverfahren vgl. den folgenden Abschnitt).

Beispiel:

Herr D. hatte bisher Pflegestufe I und erhielt nunmehr von seiner Pflegekasse die Stufe II zugewiesen. Für diese Stufe hat das Heim mit den Verhandlungspartnern, Pflegekassen und Sozialhilfeträger, einen Tagessatz von 79,32 € vereinbart. Dieser ist folglich vom Heim zu berechnen.

Für den Fall, dass das Heim seine vertraglichen Verpflichtungen verletzt, sind zwei Möglichkeiten zu unterscheiden. Einmal kann es sich um eine **Verletzung des Versorgungsvertrages** zwischen Heim und Pflegekassen handeln, etwa dann, wenn das Heim seine Pflichten zur qualitätsgesicherten Leistungserbringung nicht einhält. Die Pflegeversicherung wird in diesem Fall dem Heim eine Frist setzen, innerhalb der die Mängel zu beseitigen sind (vgl. § 115 SGB XI). Kommt das Heim dieser Pflicht nicht nach, können die Pflegekassen den Versorgungsvertrag kündigen. Werden die Mängel vereinbarungsgemäß behoben, können die Pflegekassen eine Minderung des Heimentgelts für die Zeit verlangen, in der die Leistungserbringung nicht vertragsgerecht erfolgte. Der Kürzungsbetrag steht dem Bewohner bis zu seinem Eigenanteil zu, den darüberhinausgehenden Betrag erhält die Pflegekasse.

Zum anderen kann es sich um eine **Vertragsverletzung des Heimvertrages** zwischen Bewohner und Heimträger handeln. Eine solche kann der Bewohner nur dann geltend machen, wenn nicht bereits eine Entgeltkürzung durch die Pflegekasse erreicht wurde.

Beispiel:

In dem Heim, das Herr D., vgl. oben, bewohnt, wurde vom MDK festgestellt, dass die Besetzung der Nachtschicht mit einer ausgebildeten Pflegefachkraft vom Heim nicht gewährleistet war. Für diese Zeit verlangen die Kassen aufgrund der Vorschriften des SGB XI eine Entgeltminderung. Herr D. selbst kann seinerseits denselben Mangel nicht mehr nach WBVG geltend machen. Angenommen, er hat in seinem Heimvertrag eine Klausel, in der ihm das Heim einen Kabelanschluss für Radio und Fernsehen zusichert. Sofern der Anschluss nicht funktioniert, kann Herr D. aufgrund dieses Mangels nach WBVG vom Heim eine Entgeltminderung verlangen.

6.4.3.2 Vergütung der Pflegeheime – Abrechung

Pflegeheime erhalten einen **tagesgleichen Pflegesatz**, mit dem die Pflegeleistungen des Heimes sowie medizinische Behandlungspflege und soziale Betreuung der Bewohner entgolten werden (§ 84 SGB XI). Die Pflegesätze sind für jede Pflegestufe gesondert zu kalkulieren und zu verhandeln. Sie müssen für alle Heimbewohner nach einheitlichen Grundsätzen bemessen werden; eine unterschiedliche Höhe der Sätze nach Kostenträgern ist nicht gestattet. Die Kosten werden von der Pflegekasse, dem Bewohner bzw. – falls dieser dazu finanziell nicht in der Lage ist – von der Sozialhilfe getragen. Neben dem Pflegesatz erhält das Heim eine **Vergütung für Unterkunft und Verpflegung**, die grundsätzlich vom Bewohner selbst (bzw. der Sozialhilfe) zu zahlen ist. Mit beiden Entgelten (Pflegesatz und Satz für Unterkunft und Verpflegung) sind nur die Kosten des laufenden Betriebs, also vor allem Lohnkosten und Kosten für Verbrauchsgüter, abgedeckt, **nicht jedoch Investitionskosten.**

Pflegesatz und Entgelt für Unterkunft und Verpflegung werden auf dem Verhandlungsweg gefunden zwischen den Verhandlungspartnern (§§ 85, 87 SGB XI)

- Träger des Heimes
- Pflegekassen bzw. Arbeitsgemeinschaften der Sozialversicherungsträger
- Sozialhilfeträger.

Kommt eine Vereinbarung nach sechswöchiger Verhandlung nicht zustande, trifft die **Schiedsstelle** unverzüglich eine Entscheidung über die Höhe des Entgelts. Die Schiedsstelle (§ 76 SGB XI) setzt sich neben einem neutralen Vorsitzenden zu je gleichen Teilen aus Vertretern der Heimträger einerseits und Vertretern der Pflegekassen, der privaten Versicherer und der Sozialhilfeträger andererseits zusammen.

Seit der Pflegereform können Heime von den Pflegekassen einen **Zuschlag für die Pflege demenzkranker Bewohner** erhalten (vgl. § 87b SGB XI). Das SGB XI spricht in diesem **Zusammenhang von erheblichem allgemeinem Betreuungsbetrag.** Allerdings setzt die Berechnung eines Zuschlages voraus, dass das Heim für Demenzpatienten zusätzliche sozialversicherungspflichtige Betreuungskräfte beschäftigt, deren Schulung überdies bundesweit geltenden Qualifikationsanforderungen genügen muss.

Neben den genannten Entgeltarten können Pflegeheime ihren Bewohnern Investitionskosten berechnen. Dies ist allerdings **nur möglich für Investitionen,** die **nicht aus öffentlichen Mitteln des Bundeslandes** nach § 9 SGB XI **gefördert werden.** Ähnlich den Krankenhausbedarfsplänen führen die Bundesländer Pläne der mit Investitionsmitteln förderungsfähigen Pflegeeinrichtungen. Jedoch können die Einrichtungen daraus keinen Rechtsanspruch auf Förderung ableiten, wie dies für die Pauschalförderung der Plankrankenhäuser nach KHG gilt. Stattdessen haben sie die Möglichkeit, Investitionskosten, die das Bundesland nicht trägt, den Bewohnern zu berechnen.

Angenommen, ein Pflegeheim, das in den Landespflegeplan aufgenommen ist, plant eine Erweiterung der Abteilung für Schwerstpflegebedürftige. Zunächst wird es versuchen, Fördermittel nach dem Landespflegeplan zu erhalten. Wird der Antrag negativ beschieden, bittet das Pflegeheim das Sozialministerium des Bundeslandes um Erlaubnis, den Bewohnern des Heimes die Zinskosten eines Darlehens, das zur Erweiterung der Pflegeabteilung vom Heim aufgenommen wird, berechnen zu dürften. Stimmt die Landesbehörde zu, tragen die Heimbewohner anteilig die Investitionskosten mit. Für Bewohner, die aufgrund ihrer finanziellen Verhältnisse nicht in der Lage sind, diese Kosten selbst zu tragen, übernimmt dies die Sozialhilfe. Dafür ist allerdings eine gesonderte Vereinbarung mit dem Sozialhilfeträger nötig.

Komfortleistungen bei Unterkunft und Verpflegung (z. B. Verpflegung nach individuellen Wünschen) und zusätzliche pflegerisch-betreuende Leistungen (z. B. Pediküre) kann das Pflegeheim den Bewohnern in Rechnung stellen, sofern dadurch die notwendigen Leistungen des Heimes nicht beeinträchtigt werden (§ 88 SGB XI). Diese Vorschrift gleicht jener für Krankenhäuser: Luxusleistungen dürfen nur angeboten werden, wenn dadurch die allgemeinen Krankenhausleistungen nicht beeinträchtigt werden. Sowohl im Pflegeheim als auch im Krankenhaus hat die Versorgung mit notwendigen Leistungen Vorrang vor Komfort- und Luxusangeboten. Dadurch wird der soziale Auftrag der Gesundheitsbetriebe unterstrichen. Rechnet das Pflegeheim Zusatzleistungen ab, muss es dies den Pflegekassen und dem Sozialhilfeträger mitteilen.

Bildet ein Pflegeheim für den Beruf des Altenpflegers/der Altenpflegerin aus, berechnet es dafür einen **Zuschlag** zum Entgelt (ein Ausbildungszuschlag kann auch von einem ambulanten Pflegedienst erhoben werden). Grundsätzlich sind alle Entgeltbestandteile im Heimvertrag auszuweisen.

Jedes Pflegeheim muss sämtliche Entgeltbestandteile **auf den Tag bezogen** abrechnen (§ 87a SGB XI). Die Zahlungspflicht endet mit dem Tag, an dem der Bewohner auszieht oder stirbt. Zu beachten ist die Vorschrift des § 43 Abs. 2 SGB XI, wonach der von der Pflegekasse zu übernehmende Betrag **75 % des Gesamtbetrages** aus Pflegesatz, Entgelt für Unterkunft und Verpflegung und gesondert berechenbaren Investitionskosten nicht übersteigen darf.

Üblicherweise treten Pflegebedürftige ihre Rente dem Heim ab; das Heim verrechnet die Rente mit dem auf den Bewohner entfallenden Entgelt und zahlt den Restbetrag an den Pflegebedürftigen aus (vgl. Kap. IV 6.4.3.4). Reicht die Rente nicht aus und ist der Bewohner Sozialhilfeempfänger, rechnet das Pflegeheim mit dem Sozialamt ab. Für sozialhilfeberechtigte Bewohner zahlt das Sozialamt einen so genannten **Barbetrag** als Taschengeld. Der Barbetrag beträgt mindestens 27 % des Satzes für alleinstehende Empfänger von Grundsicherung für Arbeitssuchende („Hartz-IV"), also derzeit 104 € (vgl. § 27 b SGB XII). Das Pflegeheim stellt dem Sozialhilfeträger den Barbetrag in Rechnung und zahlt ihn an den Bewohner aus.

Abrechnungsbeispiele:

Das Pflegeheim St. Margarete berechnet folgende Entgelte pro Tag

Pflegesatz Stufe I	58,25 €
Pflegesatz Stufe II	70,50 €
Pflegesatz Stufe III	82,90 €
Unterkunft und Verpflegung	21,35 €
betriebsnotwendige Investitionsaufwendungen	12,60 €
Ausbildungszuschlag	0,22 €

Frau M. hat Pflegestufe II; sie hat ihre Rente (1 998 € pro Monat) an das Heim abgetreten. Frau M. ist in der AOK pflegeversichert. Das Heim rechnet für den Monat April ab.

- Rechnung an die Pflegekasse der AOK über $\qquad$ **1 279 €**
- Rechnung an Frau M.:

Pflegevergütung	70,50 € × 30	=	2 115,00 €
	abzüglich 1 279 €	=	**836,00 €**
Unterkunft/Verpflegung	21,35 € × 30	=	**640,50 €**
Investitionsaufwendungen	12,60 € × 30	=	**378,00 €**
Ausbildungszuschlag	0,22 € × 30	=	**6,60 €**

$$\underline{\qquad\qquad}$$

1 861,10 €

Die restliche Rente in Höhe von 1 998 € − 1 861,10 € = 136,90 € erhält Frau M. zu ihrer eigenen Verfügung.

Frau G. hat ebenfalls Pflegestufe II, ihre monatliche Rente beträgt 956,70 €. Frau G. ist in einer BKK pflegeversichert. Sie ist sozialhilfeberechtigt.

- Rechnung an die Pflegekasse der BKK über $\qquad$ **1 279 €**
- Rechnung an Frau G.:

Pflegevergütung	70,50 € × 30	=	2 115,00 €
	abzüglich 1 279 €	=	**836,00 €**
für Unterkunft/Verpflegung			
verbleibende Rente			**120,70 €**

$$\underline{\qquad\qquad}$$

956,70 €

- Rechnung an das Sozialamt

restliche Vergütung für		
Unterkunft und Verpflegung	640,50 € − 120,70 € =	**519,80 €**
Investitionsaufwendungen		**378,00 €**
Ausbildungsvergütung		**6,60 €**
Barbetrag (Taschengeld für Frau G.)		**104,00 €**

$$\underline{\qquad\qquad}$$

1 008,40 €

Der Barbetrag von 104 € wird dem Sozialamt in Rechnung gestellt und an Frau G. vom Heim ausgezahlt; über diesen Betrag kann sie pro Monat verfügen (vgl. Kap. 6.4.3.4).

Variationen der Beispiele:

Angenommen die beiden Bewohnerinnen weisen aufgrund einer Demenz-erkrankung einen erheblichen allgemeinen Betreuungsbedarf auf, so rechnet das Pflegeheim, wenn es die personellen und qualitativen Anforderungen erfüllt, mit den Pflegekassen der Bewohnerinnen je einen monatlichen pauschalen Zuschuss von z. B. 114 € ab.

Abrechnung Herr O. Pflegestufe I, Bewohner des Pflegeheimes St. Margarete. Herr O. zieht am 14.4.2013 aus dem Pflegeheim aus und wohnt künftig bei seiner Tochter, die ihn bei sich zuhause pflegt. Hier ist nun die o.g. 75 %-Regel zu beachten.

Abrechnung des Monats April für Herrn O.

$$14 \times 58,25 € = 815,50 €$$
$$14 \times 21,35 € = 298,90 €$$
$$14 \times 12,60 € = 176,40 €$$

1 290,80 € Gesamtbetrag, davon 75 %:

1 290,80 € × 0,75 = **968,10 €** zahlt die Pflegekasse im Monat April für Herrn O.

6.4.3.3 Zusammenarbeit der Aufsichtsbehörden, Dokumentationspflichten

Sowohl nach SGB XI als auch nach den Heimgesetzen der Länder sind Qualitätsmanagement und -sicherung Voraussetzung dafür, die Einrichtung betreiben zu dürfen. Der MDK überprüft die Qualität sowohl von ambulanten als auch von stationären Pflegeeinrichtungen. Die Vorschriften der Heimgesetze gelten nur für Pflegeheime. Heimgesetze räumen den zuständigen Behörden des Landes oder der Kommune das Recht auf unangemeldete Besuche im Heim ein. MDK und Pflegekassen arbeiten mit den kommunalen Heimaufsichtsbehörden zusammen. Diese informieren sich gegenseitig, können Heime auch gemeinsam überprüfen und verständigen sich über die notwendigen Schritte im Einzelfall.

Ebenso regeln die Heimgesetze die Dokumentations- und Aufbewahrungspflichten der Heime. Demnach ist das Heim zur Dokumentation folgender Angaben verpflichtet:

* Räumliche und personelle Ausstattung einschließlich Name, Anschrift und Qualifikation der Beschäftigten
* Name und Geburtsdatum der Bewohner sowie deren Betreuungsbedarf und Pflegestufe
* Arzneimittelgaben

- Pflegeplan und Pflegeverlauf für Bewohner
- Qualitätssicherungsmaßnahmen
- Freiheitsbeschränkende bzw. -entziehende Maßnahmen bei Bewohnern (z. B. Fixierung)
- Für Bewohner verwaltete Gelder.

Träger, die mehrere Heime betreiben, müssen die Aufzeichnungen für jedes einzelne Heim dokumentieren und aufbewahren. Alle genannten Angaben sind **fünf Jahre lang aufzubewahren** (vgl. Kap. VI 1.4). Personenbezogene Daten müssen für Nichtberechtigte unzugänglich sein.

6.4.3.4 Pflegebuchführungsverordnung

Pflegeheime unterliegen ebenso wie Krankenhäuser einer vom Gesetzgeber vorgeschriebenen Buchführungsvorschrift, der so genannten Pflegebuchführungsverordnung (PBV). Auch Pflegeheime können, wie Krankenhäuser, öffentliche Fördermittel für Investitionen erhalten. Die Buchungssätze für solche öffentlich geförderten Investitionen entsprechen genau jenen der Krankenhausbuchführungsverordnung (vgl. Kap. IV 3.12), deshalb werden sie an dieser Stelle nicht mehr wiedergegeben. Eine Besonderheit, die in der Buchführung von Pflegeheimen zu berücksichtigen ist und die es in anderen Gesundheitsbetrieben nicht gibt, sind die **Verwahrgelder**, die das Pflegeheim für die Bewohner verwaltet. Bewohner von Pflegeheimen erhalten **Barbeträge** (Taschengelder) zu ihrer eigenen Verfügung. Sie können damit Güter und Dienstleistungen erwerben und bestreiten daraus Zuzahlungen für Arzneimittel, Krankenhaus-Aufenthalte etc. Die Verwahrgelder stammen aus Mitteln der Bewohner selbst, z. B. aus ihrer Rente, von ihren Angehörigen oder von der Sozialhilfe. Bewohner können ihre Barbeträge vom Pflegeheim aufbewahren und vom Heim auf ihren Wunsch ausbezahlen lassen. Das Pflegeheim verwaltet also Gelder, die nicht ihm, sondern dem Bewohner gehören und übernimmt damit quasi die Funktion einer Bank. Barbeträge stehen dem Bewohner in jedem Fall zu, auch dann, wenn er selbst Schulden beim Heim hat, z. B. weil er in Zahlungsverzug geraten ist. Taschengelder dürfen nicht mit ausstehenden Zahlungen des Bewohners verrechnet werden.

Das Pflegeheim führt für jeden Bewohner im Nebenbuch ein **Verwahrgeldkonto**, auf dem die Barbeträge gebucht werden. Im Hauptbuch werden diese Konten zusammengeführt zum Konto Verwahrgelder. Es ist ein Passivkonto und gibt die Verbindlichkeiten des Heimes aus Barbeträgen gegenüber den Bewohnern wieder. In der Bilanz steht es auf der Passivseite.

Beispiele:

Frau L., Pflegestufe I, hat dem Heim ihre Rente in Höhe von 1 650 € abgetreten. Das gesamte monatliche Heimentgelt beträgt:

Pflegesatz Stufe I	2 017 €
Unterkunft und Verpflegung	511 €
	2 528 €.

Vom Pflegesatz trägt die Pflegeversicherung 1 023 € pro Monat. Auf Frau L. entfällt ein Anteil von 2 017 € – 1 023 € = **994 €**.

Frau L. erhält folgende Rechnung vom Pflegeheim:

Anteil am Pflegesatz Stufe I	994 €
Unterkunft und Verpflegung	511 €
	1 505 €.

Das monatliche Taschengeld von Frau L. ergibt sich als Differenz aus ihrer Rente und ihrem Anteil am Heimentgelt: 1 650 € – 1 505 € = **145 € Barbetrag.**

Buchungen des Heims (Angaben in Klammern: Konto bzw. Kontengruppe nach PBV):

a) Frau L's Rente geht ein

Bank (1210)
an Renteneingang (395)   1 650 €

b) Rechnung des Heims an die Pflegekasse

Forderungen an Pflegekassen (110)
an Erträge aus Pflegestufe I (420)   1 023 €

c) Rechnung des Heims an Frau L.

Forderungen an Bewohner (112)	1 505 €
an Erträge aus Pflegestufe I (420)	994 €
an Erträge aus Unterkunft und Verpflegung (424)	511 €

Renteneingang (395) an Forderungen an Bewohner (112) 1 505 €

d) Verwahrgeldgutschrift für Frau L.

Renteneingang (395)
an Verwahrgeld (37)   145 €

Frau W. wohnt im gleichen Heim. Auch sie hat Pflegestufe I; ihre Rente beträgt 900 € pro Monat. Frau W. erhält von der Sozialhilfe den nicht-gedeckten Teil des Heimentgelts sowie einen monatlichen Barbetrag von 104 €.

a) Frau W's Rente geht ein

Bank (1210)
an Renteneingang (395)   900 €

b) Rechnung des Heims an die Pflegekasse

Forderungen an Pflegekassen (110)
an Erträge aus Pflegestufe I (420)   1 023 €

c) Rechnung des Heims an Frau W.

Forderung an Bewohner (112)
an Erträge aus Pflegestufe I (420)   900 €

Renteneingang (395) an Forderungen an Bewohner (112)   900 €

d) Rechnung des Heims an den Sozialhilfeträger

Forderungen an Sozialämter (111)   709 €
an Erträge aus Pflegestufe I (420)   94 €
an Erträge aus Unterkunft und Verpflegung (424)   511 €
an Zwischenkonto Barbeträge Sozialamt (396)   104 €

e) Verwahrgeldgutschrift für Frau W.

Zwischenkonto Barbeträge Sozialamt (396)
an Verwahrgeld (37)   104 €

6.5 Grundzüge des Betreuungsrechts

Beschäftigte in Pflegeeinrichtungen aber auch in anderen Gesundheitsbetrieben wie Krankenhäusern, in Einrichtungen für behinderte Menschen werden häufig mit Fragen des Betreuungsrechts konfrontiert. Deshalb soll es in seinen Grundzügen skizziert werden.

Das Betreuungsrecht ist Teil des bürgerlichen Rechts (§ 1 896 bis § 1 921 BGB). Es wurde im Jahr 1992 grundlegend reformiert. Seitdem gibt es keine Entmündigung mehr, die für Betroffene einen weitgehenden Entzug von Rechten mit sich brachte. Die rechtliche Betreuung bezieht sich jeweils auf einzelne Aufgabenkreise und ist somit nicht umfassend, wie es die Entmündigung war. Grundanliegen des Betreuungsrechtes ist es, das Wohl des Betreuten zu wahren und Schaden von ihm abzuwenden.

Die rechtliche Betreuung unterliegt laut Gesetz strikt dem **Prinzip der Erforderlichkeit**: Es müssen bestimmte Voraussetzungen vorliegen, die eine Betreuung nötig machen. Nach § 1896 BGB sind diese gegeben, wenn ein Volljähriger aufgrund

- einer psychischen Krankheit (dazu gehört z. B. auch Morbus Alzheimer) oder
- einer körperlichen, geistigen oder seelischen Behinderung

seine Angelegenheiten ganz oder teilweise nicht besorgen kann. In solchen Fällen wird vom Amtsgericht auf Antrag des zu Betreuenden oder von Amts wegen ein Betreuer bestellt. Dabei gilt für körperlich behinderte Menschen eine strengere Regelung: Sie bestimmen, sofern sie in der Lage sind, ihren Willen kund zu tun, allein wer ihr Betreuer sein soll. Eine Bestellung des Betreuers von Amts wegen gibt es für körperbehinderte Menschen nicht.

Der Betreuer darf **nur für die Aufgabenkreise tätig werden, für die er bestellt wurde**. In diesen Aufgabenbereichen vertritt der Betreuer den Betreuten gerichtlich und außergerichtlich (§ 1902 BGB). Welche Aufgaben der Betreuer zur Wahrung der Interessen des Betreuten zu übernehmen hat, **bestimmt das Betreuungsgericht**. Ist der Betreute z. B. nicht in der Lage, Sozialleistungen von der Pflegekasse anzufordern, kann das Gericht verfügen, dass der Betreuer dies für ihn übernimmt. Die wichtigsten Aufgabenkreise, die für Betreuer von Pflegeheimbewohnern anfallen, sind die Sorge um die medizinische Versorgung, die so genannte **Behandlungsbetreuung**, und die **Bestimmung des Aufenthaltsortes**.

Beispiel:

Herr P. leidet an der Alzheimer-Krankheit. Als er noch gesund war, hat er schriftlich in einer Betreuungsverfügung niedergelegt, dass im Bedarfsfall seine Tochter als Betreuerin bestellt werden soll, was nun auch vom Gericht seinem Wunsch gemäß verfügt wurde. Konkret wurde der Tochter übertragen, das Wohl ihres Vaters in medizinischen Angelegenheiten zu wahren. Die Tochter wird also dabei sein, wenn ihr Vater mit den behandelnden Ärzten spricht. Ihr gegenüber ist der Arzt von der Schweigepflicht entbunden. Ist Herr P. kognitiv nicht in der Lage, Behandlungsalternativen, die der Arzt vorschlägt, abzuwägen, tut dies seine Tochter für ihn. Die Aufklärungspflicht des Arztes gilt also auch der Betreuerin gegenüber. Sie hat die Entscheidung so zu treffen, dass es dem Wohl ihres Vaters dient. Sie wird sich daran orientieren, was ihr Vater gewünscht hätte, wenn er noch in der Lage wäre, seine Wünsche zu äußern.

Es gibt auch Bewohner von Heimen, die keine Angehörigen haben. Für sie kann das Pflegeheim, wenn sie z. B. an einer Demenzerkrankung leiden, ein **Betreuungsverfahren** anregen. Das Gericht leitet von Amts wegen ein Betreuungsverfahren ein. Es wird für den Betroffenen, sofern dieser selbst keinen

Rechtsbeistand hat, einen Verfahrenspfleger mit der Wahrnehmung der Interessen des Betroffenen während des Verfahrens betrauen (§ 276 Gesetz über das Verfahren in Familiensachen und in den Angelegenheiten der freiwilligen Gerichtsbarkeit, FamFG). Zur Prüfung der Notwendigkeit einer Betreuung benötigt das Gericht ein ärztliches Gutachten. Dies kann es selbst in Auftrag geben oder auf vorhandene Gutachten, z. B. des MDK, zurückgreifen. Sofern der Betroffene oder sein Verfahrenspfleger dies wünschen, wird eine Stellungnahme der örtlichen Betreuungsstelle eingeholt. Betreuungsstellen sind kommunale Behörden, die z. B. beim Sozialreferat einer Stadt/eines Landkreises angesiedelt sind. Ein wichtiges Recht des Betroffenen ist es, selbst vor Gericht gehört zu werden. Es darf aufgrund des Selbstbestimmungsrechtes eines jeden Menschen nicht „über seinen Kopf hinweg" über ihn entschieden werden. Eine Anhörung kann nur dann unterbleiben, wenn nach ärztlichem Gutachten gesundheitliche Nachteile für den Betroffenen zu erwarten wären oder wenn er nicht in der Lage ist, seinen Willen zu bekunden (§ 34 FamFG). Schließlich werden vom Gericht der Aufgabenkreis (bzw. die Aufgabenkreise) der Betreuung bestimmt und ein Betreuer bestellt. Das Gericht muss nach dem Willen des Gesetzes bevorzugt natürliche Personen als Betreuer einsetzen, die geeignet sind, die rechtlichen Angelegenheit des Betroffenen zu besorgen (§ 1 897 BGB). In aller Regel sind dies Angehörige des Betroffenen. Hat ein zu Betreuender keine Angehörigen oder sind diese nicht geeignet, haben ehrenamtliche Betreuer Vorrang. Wer Betreuungen berufsmäßig ausübt soll nur dann zum Betreuer bestellt werden, wenn sich kein ehrenamtlicher Betreuer findet (§ 1 897 Abs. 6 BGB). Wenn eine Betreuung durch natürliche Personen nicht möglich ist, kann das Gericht einen anerkannten Betreuungsverein beauftragen (§ 1 900 BGB). Lebt der zu Betreuende in einem Heim, so verbietet das Gesetz ausdrücklich, jemanden zum Betreuer zu bestellen, der zum Heim in einem Abhängigkeitsverhältnis steht. Demgemäß ist es nicht möglich, dass Mitarbeiter des Heims Betreuer von Heimbewohnern werden.

Der oben geschilderte Fall des Herrn P. und seiner Tochter, die ihn zum Arzt begleitet, wird wohl leider eher als Ausnahmefall anzusehen sein. Im Alltagsbetrieb eines Pflegeheimes wird es häufig nicht möglich sein, bei jeder ärztlichen Behandlung den Betreuer hinzuzuziehen. Deshalb sollte sich das Heim schriftlich dessen Einverständnis einholen, dass das Pflegepersonal den Bewohner zum Arzt bringt und den ärztlichen Rat im Interesse des Betroffenen befolgt.

Für weitgehende Eingriffe in die Rechte des Betreuten gilt der **Einwilligungsvorbehalt** des Betreuungsgerichts (§§ 1 903, 1 904 BGB). So muss das Betreuungsgericht angerufen werden, wenn es um medizinische Behandlung geht, die mit einer schweren gesundheitlichen Gefahr für den Betroffenen verbunden sein kann, z. B. eine riskante Operation. Nur wenn mit einem Aufschub der medizinischen Maßnahme eine Gefahr für den Betroffenen verbunden ist – im Notfall also – darf sie ohne Genehmigung des Gerichts vorgenommen werden.

Hat der Betreute eine Patientenverfügung verfasst, so hat der Betreuer diese zu beachten. In einer Patientenverfügung kann man vorsorglich für den Fall einer Einwilligungsunfähigkeit (z. B. durch Koma) festlegen, ob lebensverlängernde Maßnahmen vorgenommen oder unterlassen werden sollen. Aufgabe des Betreuers ist es, in der aktuellen Lebenssituation des Betreuten zu prüfen, ob die Festlegungen der Patientenverfügung anzuwenden sind.

Beispiel:

Frau L. hat in einer Patientenverfügung (§ 1901a Abs. 1 BGB) festgelegt, im Fall einer irreversiblen Bewusstlosigkeit lebensverlängernde Maßnahmen (z. B. künstliche Ernährung) zu unterlassen. Dieser Wille der Frau L. ist vom Betreuer zu respektieren, die Behandlung ist in der in der Verfügung beschriebenen Situation demgemäß einzustellen. Kommt es zu Streitigkeiten, etwa mit den behandelnden Ärzten der Frau L., die eine Weiterführung der Behandlung fordern, entscheidet das Betreuungsgericht.

Wenn Frau L. keine Patientenverfügung verfasst hat, obliegt es ihrem Betreuer, ihren mutmaßlichen Willen zu ermitteln (§ 1901a Abs. 2 BGB). Dies können beispielsweise mündliche Äußerungen von Frau L. aus gesunden Tagen sein.

Ein strenger Einwilligungsvorbehalt des Gerichtes gilt auch für Aufgaben der Bestimmung des Aufenthaltsortes, die mit Freiheitsentziehung für den Betroffenen verbunden sind (§ 1906 BGB). Eine **freiheitsentziehende Unterbringung** darf der Betreuer nur gestatten, wenn für den Betreuten Lebensgefahr besteht oder wenn eine medizinische Maßnahme durchgeführt werden muss, die eine Unterbringung des Betroffenen erfordert. Der Betreuer hat jedoch die Einwilligung des Betreuungsgerichts einzuholen. Soll z. B. ein Heimbewohner oder ein Patient in einer geschlossenen Station untergebracht werden, so bedarf es der Einwilligung des Gerichts. Gleiches gilt für unterbringungsähnliche Maßnahmen, wie z. B. Fixierung an das Bett, Gabe von Medikamenten, die die Gehfähigkeit beeinträchtigen.

Beispiel:

Die Bewohnerin eines Pflegeheimes, Frau V., ist nach einem schweren Schlaganfall halbseitig gelähmt und hat ihre Sprech- und Schluckfähigkeit verloren. Sie wird mit einer Magensonde ernährt, die sie sich jedoch immer wieder selbst entfernt. Das Heim bittet ihre Betreuerin, Frau V.s Hand am Bett fixieren zu dürfen. Die Betreuerin beantragt die Genehmigung beim Betreuungsgericht. Dieses willigt ein, die Maßnahme für fünf Tage durchzuführen.

Ohne gerichtliche Genehmigung ist eine freiheitsentziehende Maßnahme nur zulässig bei „Gefahr im Verzug". Dies ist dann der Fall, wenn aufgrund einer für den Betroffenen lebensgefährlichen Situation nicht auf die Entscheidung des Gerichts gewartet werden kann. Die Genehmigung des Gerichtes ist aber *„unverzüglich nachzuholen"* (§ 106 Abs. 2 BGB).

Übungsaufgaben zu Teil IV Kapitel 6

Aufgabe 1

Sie sind Mitarbeiter(in) einer Pflegekasse. Eine Anruferin bittet Sie um folgende Auskunft: „Mein Mann hat Pflegestufe II und wird von mir seit 2 Jahren zuhause gepflegt. Ich brauche dringend Urlaub, sonst schaffe ich das nicht mehr. Können Sie mir da helfen?"

Bitte erklären Sie der Anruferin die Möglichkeiten nach SGB XI.

Aufgabe 2

Sehen Sie sich das Demenz-Assessment in § 45a SGB XI an. Was ist die Voraussetzung dafür, dass der Gutachter eine erheblich eingeschränkte Alltagskompetenz feststellt?

Aufgabe 3

Welche der nachfolgend genannten Personen darf einen ambulanten Pflegedienst leiten?

1. Frau B. ist Kinderkrankenschwester und hat bis vor neun Jahren in einem Krankenhaus gearbeitet und war danach als Hausfrau und Mutter tätig.
2. Herr F. ist Altenpflegehelfer und arbeitet seit 10 Jahren in einem teilstationären Altenpflegezentrum.
3. Frau V. ist Krankenschwester und arbeitet seit acht Jahren als Chefarztsekretärin.
4. Frau M. ist Krankenschwester und arbeitet nach 15-jähriger Kinderpause seit drei Jahren in ihrem Beruf in einer Rehabilitationsklinik.
5. Frau K. ist Krankenpflegehelferin und arbeitet seit ihrer Abschlussprüfung vor fünf Jahren in einem ambulanten Rehabilitations-Zentrum.

Aufgabe 4

a) Frau A. nimmt die Kombinationsleistung nach § 38 SGB XI in Anspruch.
Frau A. (Pflegestufe II) wird ambulant von einem Pflegedienst betreut. Ihr Mann übernimmt einen Teil der Pflege seiner Frau, sodass Frau A. von der ihr zustehenden Summe von 1 100 € pro Monat für den ambulanten Pflegedienst nur 675 € benötigt. Bitte berechnen Sie, wie viel Geld Frau A. pro Monat von der Pflegekasse erhält.

b) Herr P. hat ebenfalls Pflegestufe II, zusätzlich erhält er erhöhte Leistungen (vgl. Übersicht 12), da seine Alltagskompetenz erheblich eingeschränkt ist. Er wird von seiner Frau gepflegt und nimmt zusätzlich die Leistungen eines ambulanten Pflegedienstes in Höhe von 855 € pro Monat in Anspruch. Wie viel Pflegegeld erhält Ehepaar P. von der Pflegekasse?

Aufgabe 5

a) Frau L., Pflegestufe I, hat im Mai teilstationäre Pflege in Anspruch genommen. Die teilstationäre Einrichtung berechnete der Pflegekasse von Frau L. dafür 187,50 €. Frau L. bezieht zusätzlich Pflegegeld. Wie viel bekommt sie für den Mai?

b) Auch im Juni nutzt Frau L. die Dienste des teilstationären Pflegedienstes, der dafür ihrer Pflegekasse 310 € berechnet. Frau L. möchte nun zusätzlich einen ambulanten Pflegedienst in Anspruch nehmen. Wie viel steht ihr dafür von ihrer Pflegekasse zu?

Aufgabe 6

a) Sehen Sie sich im Internet das Heimgesetz Ihres Bundeslandes an und notieren Sie sich, welche Regelungen darin enthalten sind.

b) Viele Pflegeheime stellen Vertragsvordrucke ins Internet. Laden Sie sich einen solchen Vertrag herunter und prüfen Sie, wie sich die Vorschriften des WBVG und des SGB XI in den Vertragsklauseln niederschlagen.

Aufgabe 7

Welche der folgenden Vorgänge können im Heimentgelt den Bewohnern in Rechnung gestellt werden? (Drei Nennungen)

1. Aus öffentlichen Fördermitteln werden neue Pflegebetten angeschafft.
2. Die Lebensmittelpreise sind gestiegen.
3. Die Löhne und Gehälter steigen um 3 %.
4. Das Pflegeheim hat an der Aktienbörse einen Verlust erlitten.
5. Das Pflegeheim erweitert ohne öffentliche Förderung den Park.

Aufgabe 8

Auf welchen der folgenden Fälle (alle haben eine Einstufung als Pflegefall) ist beim Vertragsabschluss das WBVG anzuwenden?

1. Frau H. zieht in eine Anlage des betreuten Wohnens; ihre Grundpflege übernimmt weiterhin der ambulante Pflegedienst, der sie auch in ihrer früheren Wohnung betreute.
2. Herr L. kommt zur Kurzzeitpflege in ein Pflegeheim.
3. Frau W. wird zuhause von ihrem Mann gepflegt. Das Ehepaar beschließt, einen ambulanten Pflegedienst zu engagieren.
4. Frau Z. wird nach einem Schlaganfall in ein Pflegeheim aufgenommen.
5. Herr D. bewohnt zwei Zimmer im so genannten Service-Wohnen. Neben der Reinigung seiner Wohnung stellt ihm das Personal seines Vermieters Hilfestellung beim An- und Auskleiden zur Verfügung.

Aufgabe 9

Abrechnung im Pflegeheim

Frau F., Pflegestufe II, pflegeversichert bei der AOK, hat ihre Rente in Höhe von 1 598,36 € pro Monat an das Pflegeheim abgetreten. Das Pflegeheim berechnet einen Satz für Pflegeleistungen der Stufe II in Höhe von 71,33 € pro Tag, Unterkunft und Verpflegung kosten pro Tag 18,25 €. Bitte schreiben Sie die Rechnung des Pflegeheimes für Frau F. für den Monat Oktober und geben Sie an, wie viel Frau F. im Oktober als Taschengeld übrig bleibt.

Aufgabe 10

Die Vergütung der Pflegeheime wird zwischen drei Vertragsparteien verhandelt. In welcher Zeile sind die richtigen Vertragsparteien verzeichnet?

1. Pflegekassen   Krankenkassen   Sozialhilfeträger
2. Pflegeheim   Pflegekassen   MDK
3. Pflegeheim   Bundesland   Sozialhilfeträger
4. Pflegeheim   Pflegekassen   Sozialhilfeträger
5. Pflegeheim   Pflegekassen   Bundesland

Aufgabe 11

Im Pflegeheim „Am Stadtpark" leben 80 Bewohner. 9 haben Pflegestufe 0, 18 Stufe I, 23 Stufe II und 30 Stufe III. Errechnen Sie den Bedarf an Pflegekräften nach den Personalrichtwerten des Beispiels im Kapitel 6.4.1.1. Runden Sie kaufmännisch auf die nächste ganze Zahl.

Aufgabe 12

Welche der folgenden Gesundheitsbetriebe können zur Investitionsfinanzierung Fördermittel des Bundeslandes erhalten?

1. Versorgungskrankenhaus Dr. Meier
2. Rehabilitationsklinik der Deutschen Rentenversicherung Oberfranken
3. Altenpflegeheim St. Margarete
4. Bahnhofsapotheke
5. Universitätsklinikum Ulm
6. Gemeinschaftspraxis Dres. Hansen in Hamburg
7. Plankrankenhaus München-Schwabing

Aufgabe 13

Bewohner A. bekommt vom Sozialamt einen Barbetrag in Höhe von 104 €. Wie lauten die Buchungssätze für:

1. Rechnung an das Sozialamt
2. Überweisung durch das Sozialamt
3. Gutschrift des Barbetrags für Bewohner A.?

Konten:

111   Forderung an Sozialamt
396   Barbetrag Sozialamt
121   Bank
37   Verwahrgeld Bewohner

Aufgabe 14

Vergleichen Sie die Kontenrahmen nach der Krankenhaus- und der Pflegebuchführungsverordnung. Stellen Sie Gemeinsamkeiten und Unterschiede zusammen.

Aufgabe 15

Sie sind in einer Pflegeeinrichtung beschäftigt. Am Montagvormittag erscheinen Mitarbeiter des MDK. Sie möchten die Gemeinschaftseinrichtungen sehen und mit Pflegebedürftigen und Angehörigen sprechen. Überdies möchten sie die von der Bewohnerin, Frau I., gemieteten zwei Räume besichtigen. Bitte geben Sie an, wie Sie sich richtigerweise verhalten.

Aufgabe 16

Bitte geben Sie die Rechtsquellen im SGB XI für folgende Aussagen an:

1. Pflegeeinrichtungen haben einen Rechtsanspruch auf Abschluss eines Versorgungsvertrages, wenn sie die gesetzlichen Anforderungen erfüllen (Kontrahierungszwang seitens der Pflegekassen).
2. Pflegeeinrichtungen sind zur Qualitätssicherung verpflichtet.
3. Zusatzleistungen darf ein Pflegeheim nur dann anbieten, wenn dadurch die notwendigen Pflegeleistungen nicht beeinträchtigt werden.
4. Pflegebedürftige haben einen Rechtsanspruch auf Beratung.

Aufgabe 17

Ordnen Sie bitte die Entgeltarten den folgenden Gesundheitsbetrieben zu

	a) Einzelleistungs-vergütung	b) Fallpauschalen	c) Pflegesätze	d) Einzelleistungs-vergütung mit Pauschalen
1. Reha-Klinik der Deutschen Rentenversicherung Niederbayern				
2. Kreiskrankenhaus Neustadt				
3. Altenpflegeheim St. Gero				
4. Gemeinschaftspraxis Dres. Müller				
5. Augenklinik der Universität Erlangen				
6. Rot-Kreuz-Klinik für Frauenkrankheiten und Geburtshilfe				
7. Zahnarztpraxis Dr. Reich (nur Privatpatienten)				
8. Psychosomatische Klinik Waldheim				

Aufgabe 18

Das Pflegeheim St. Anna berechnet jeweils pro Tag für

Pflegestufe I	73,56 €
Pflegestufe II	95,90 €
Pflegestufe III	105,75 €
Unterkunft und Verpflegung	18,05 €
Investitionskosten	13,26 €

Für Abwesenheitszeiten enthält der Heimvertrag folgende Regelung:

1. Bei vorübergehender Abwesenheit bis zu drei Tagen wird das volle Entgelt weitergezahlt. Nimmt die Bewohnerin die von der Einrichtung zur Verfügung gestellte Verpflegung nicht in Anspruch, reduziert sich die Zahlungsverpflichtung um den so genannten Beköstigungssatz. Dieser beträgt am Tag des Vertragsabschlusses 5,45 € pro Tag.
2. Bei vorübergehender Abwesenheit von mehr als drei Tagen wird vom ersten Abwesenheitstag an ein Freihaltegeld gezahlt, wenn die Einrichtung den Heimplatz während des Zeitraums frei hält und die Rückkehr in die Pflegeeinrichtung zu erwarten ist.
3. Das Freihaltegeld umfasst 75 % des Teilentgelts für die vertraglich vereinbarte Pflegeleistung und das um den Beköstigungssatz verminderte Entgelt für Unterkunft und Verpflegung. Das Teilentgelt für den betriebsnotwendigen Investitionsaufwand ist weiter in voller Höhe zu zahlen.
4. Grundsätzlich wird der Einweisungstag bzw. erste Urlaubstag als Freihaltetag in Rechnung gestellt. Der Rückkehrtag wird dagegen als voller Belegungstag berücksichtigt.

a) Bitte berechnen Sie das Heimentgelt für Frau N., Pflegestufe I, Sozialhilfeempfängerin für den Monat Juli. Im Juli war Frau N. für ein Wochenende (am 4.7. und am 5.7.) bei ihrer Tochter zu Besuch. Frau N. erhält eine Rente von 724 €, die sie an das Heim per Einzugsermächtigung abgetreten hat. Ihr Taschengeld vom Sozialamt beträgt 104 € pro Monat.
b) Bitte berechnen Sie das Heimentgelt für Herrn M., Pflegestufe III, Selbstzahler für den Monat November. Herr M. war vom 22.11. bis 3.12. im Krankenhaus.

Aufgabe 19

Frau K., Pflegestufe I, nicht sozialhilfeberechtigt, hat mit einem ambulanten Pflegedienst folgende Leistungen vereinbart:

Leistungskomplex 1 b:
Hilfe bei An- und Auskleiden, 2x täglich je 50 Punkte à 0,05044 €

Leistungskomplex 2 a:
Teilkörperwäsche, 1x täglich je 90 Punkte à 0,05044 €

Leistungskomplex 12 a:
Vorratseinkauf, 1x wöchentlich je 200 Punkte à 0,05044 €

Hausbesuchspauschale je Besuch 3,90 €

1x täglich Medikamentengabe (med. Behandlungspflege) 1,76 €

Bitte erstellen Sie die Rechnung des ambulanten Pflegedienstes für den Monat Januar. Der Januar hat vier Wochen. Geben Sie jeweils an, welcher Betrag wem in Rechnung gestellt wird. (Hinweise: Die Medikamentengabe erfordert keine zusätzliche Anfahrt, deshalb ist die Hausbesuchspauschale aufzuteilen.)

7 Angebote des Versorgungsmanagements

7.1 Anliegen und Kennzeichen des Versorgungsmanagements

Versorgungsmanagement – oder care management, wie es im englischen Sprachraum genannt wird – ist ein mittlerweile häufig benutzter Begriff im Gesundheitswesen. Die Definition des Begriffs ist weit; sie reicht von der effizienten Handhabung einzelner Arbeitsabläufe in Krankenhäusern bis zum Angebot breitgefächerter Versorgungsnetze durch Leistungserbringer unterschiedlicher Versorgungsstufen oder auch unterschiedlicher Berufsgruppen. In den folgenden Abschnitten werden Kennzeichen und Anliegen des Versorgungsmanagements, dessen Grundtypen und Instrumente sowie konkrete Angebote in Deutschland besprochen.

Zweck des care managements ist die Verbesserung der Versorgung, um

- zum einen für Patienten die Kontinuität der Behandlung zu wahren, ihnen Versorgungsbrüche beim Übergang von einer zur anderen Versorgungsstufe zu ersparen sowie

- zum anderen die Effizienz der Versorgung zu erhöhen, um Ressourcen sparsamer zu verwenden und Kosten zu senken.

In Kapitel IV 2.11 wurde schon auf die Probleme der sektoralen Abgrenzung in der deutschen Gesundheitsversorgung verwiesen. Wer als Patient die Versorgungsstufen ambulant (Hausarzt, Facharzt) – stationär – rehabilitativ durchläuft, wird in aller Regel von einem zum anderen Leistungsanbieter weitergeschickt. Die Kooperation erschöpft sich zumeist in der Übermittlung von Arztbriefen. Oft gehen dabei Informationen verloren, mit der Konsequenz von Doppeluntersuchungen, also z. B. einer Röntgenaufnahme beim niedergelassenen Arzt und einer weiteren nach Einweisung in das Krankenhaus. Für Patienten geht dies mit unnötigen Belastungen einher, für die Krankenkassen entstehen vermeidbare Kosten. Ineffizient und aus Sicht der Patienten mit Unannehmlichkeiten verbunden, kann es auch sein, wenn auf verschiedenen Versorgungsstufen unterschiedliche Therapieansätze verfolgt werden. Solches zu vermeiden ist das Ziel der Versorgungsmanagements.

Einige Angebote des care management sind mit einem Verzicht auf freie Arztwahl der Patienten verbunden (z. B. Hausarztmodell, strukturierte Behandlungsprogramme, Integrierte Versorgung). Oftmals geht die Leistung über medizinische oder pflegerische Belange hinaus (z. B. beim Entlassungsmanagement im Krankenhaus). Typisch für bestimmte Angebote ist die Gestaltungsmöglichkeit der Krankenkassen durch Selektivverträge (Integrierte Versorgung, hausarztzentrierte Versorgung, besondere ambulante Versorgung).

7.2 Grundtypen und Instrumente des Versorgungsmanagements

Grundtypen des care management, die mittlerweile in vielen Gesundheitssystemen eingesetzt werden, sind das disease (aus dem Engl.: = Erkrankung) management, das case (aus dem Engl.: = Fall) management und das gate keeping (aus dem Engl. = Torwärter). Alle drei Arten finden sich im deutschen Gesundheitswesen.

Disease management setzt an der Erkrankung des Patienten an. Ziel ist es, die Behandlung von Patienten mit derselben Krankheit zu steuern, um die Versorgung zu verbessern. Dazu werden **schwere chronische Erkrankungen** ausgewählt,

- die eine große Anzahl von Patienten betreffen,
- deren Verlauf günstig beeinflusst werden kann,
- deren Behandlung qualitativ verbessert werden kann und die verschiedene Versorgungssektoren umfasst,
- für die es wissenschaftlich gesicherte Behandlungsleitlinien gibt und

• die hohe Kosten verursachen.

Mit disease management werden Behandlungsabläufe nach den neuesten wissenschaftlichen Erkenntnissen standardisiert. Den Patienten, die daran teilnehmen, bieten sie die Gewähr der besten derzeit verfügbaren Behandlung. Anders als das case management bleibt das disease management auf die Gesundheitsversorgung beschränkt.

Im Mittelpunkt des **case management** steht nicht die Erkrankung selbst, sondern der **einzelne komplexe Fall** eines Patienten. Mit case management wird der Bedarf eines einzelnen Patienten individuell koordiniert. Der Bedarf geht dabei in der Regel über das Gesundheitswesen hinaus, er kann z. B. Unterstützung in rentenrechtlichen Angelegenheiten des Patienten beinhalten. Für case management oder Fallmanagement gibt es mittlerweile zahlreiche Fortbildungsmöglichkeiten, z. B. für Angehörige von Pflegeberufen. Ein Fallmanager arbeitet eng mit dem Patienten selbst zusammen, knüpft für ihn ein Versorgungsnetz, kooperiert mit Angehörigen, klärt sozialrechtliche Fragen. Abbildung 23 veranschaulicht die Breite der Aufgabenbereiche.

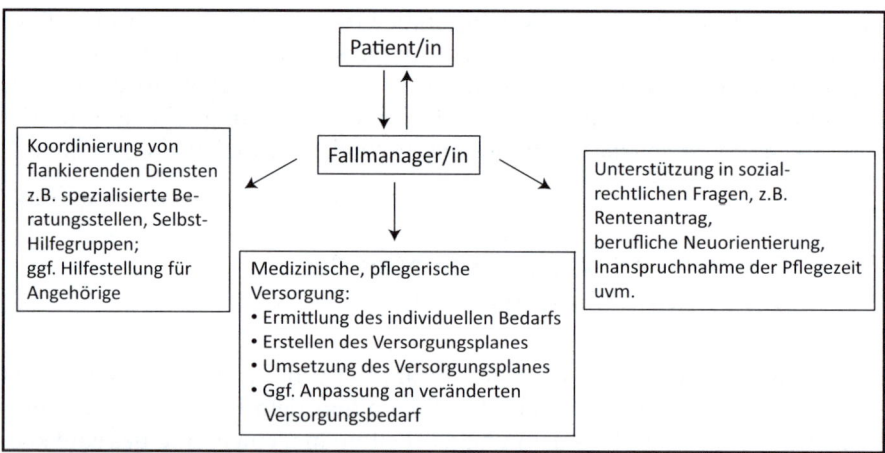

Abb. 23: Aufgabenbereiche eines Fallmanagers

Beispiel:

Frau L., 47 Jahre alt, hat einen schweren Autounfall erlitten. Nach dem Aufenthalt im Akutkrankenhaus wird sie in einer Rehabilitationsklinik weiterbehandelt. Die Verletzungsfolgen sind so schwer, dass sich die Frage einer Umschulung bzw. eines Rentenantrages stellt. Zudem muss geprüft werden, ob Frau L. mit ihrer Behinderung in ihrer Wohnung (zweiter Stock ohne Lift) bleiben kann. Ihre seelische Belastung und die der Familie sind nach dem Unfall hoch. Eine Fallmanagerin hilft Frau L. und ihrer Familie und entlastet sie davon, sich in ihrer schwierigen Situation auch noch um institutionelle Fragen kümmern zu müssen. Sie sorgt für eine nahtlose Rehabilitationsversorgung und die ambulante physio- und ergotherapeutische Weiterbehandlung nach der Entlassung, klärt den Umschulungsbedarf, organisiert ggf. den Umzug in eine Erdgeschosswohnung und vermittelt psychologische Beratungsdienste.

Das Prinzip des **gate keeping** stellt den Hausarzt in den Mittelpunkt. Er steht sozusagen an der Pforte des Gesundheitssystems und öffnet die Wege in die einzelnen Versorgungsbereiche. In vielen Gesundheitssystemen, so z. B. im britischen, ist das gate keeping die übliche Versorgung. Patienten schreiben sich bei einem von ihnen ausgewählten Hausarzt ein. Von Notfällen abgesehen koordiniert allein der Hausarzt die Versorgung. Eine Erstkonsultation eines Facharztes ist nicht möglich; fachärztliche Behandlung setzt die Überweisung durch den Hausarzt voraus. Der Hausarzt wird zur Schaltstelle der gesamten Versorgung.

Zunehmend setzen Gesundheitseinrichtungen **Behandlungspfade** (bzw. engl.: = clinical pathways) ein. Mit Pfaden wird der Ablauf der Behandlung in einzelnen Schritten festgelegt und damit gesteuert. So werden Prozesse standardisiert und zwar nach dem besten derzeit verfügbaren Kenntnisstand. Pfade werden von **allen** an der Behandlung Beteiligten, also z. B. Ärzten, Pflegekräften, evtl. Physiotherapeuten etc., **gemeinsam entwickelt** und weisen jedem seine Arbeitsschritte zu. Ziel ist es, die Abläufe ohne Reibungsverluste (z. B. Doppelarbeiten, unabgestimmtes Arbeiten, Unterlassen wichtiger Arbeitsschritte) zu vermeiden und Routinen zu schaffen. Durch Pfade soll die Qualität gesichert und zusätzlich unnötiger Ressourcenverbrauch verhindert werden. Zur bildlichen Darstellung bedient man sich zumeist eines Flussdiagrammes. Abbildung 24 zeigt die dabei verwendeten Symbole.

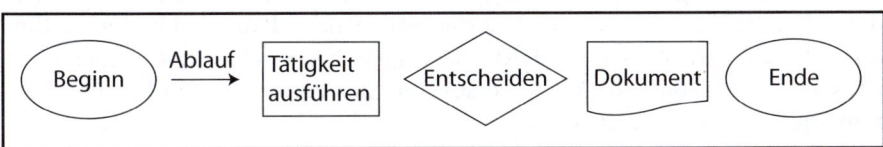

Abb. 24: Symbole des Pfaddesigns

Einen konkreten Pfadausschnitt, beginnend mit der Aufnahme des Patienten, zeigt Abbildung 25:

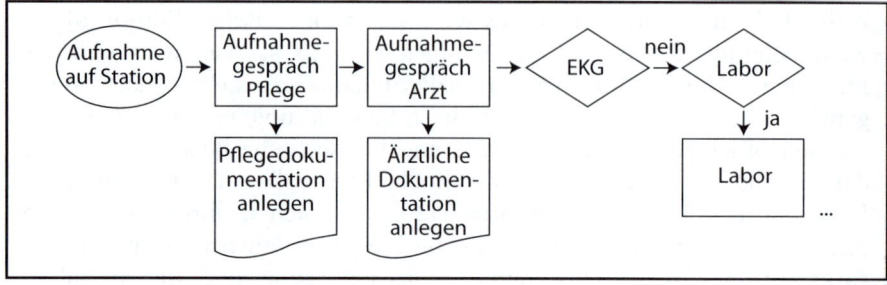

Abb. 25: Behandlungspfad (Beispiel)

7.3 Versorgungsmanagement im deutschen Sozialrecht

7.3.1 Entlassungsmanagement, Pflegeberatung und Unterstützung beim persönlichen Budget

Seit einigen Jahren haben gesetzlich Krankenversicherte einen Rechtsanspruch auf Versorgungsmanagement. In § 11 Abs. 4 SGB V heißt es: „*Versicherte haben Anspruch auf ein Versorgungsmanagement insbesondere zur Lösung von Problemen beim Übergang in die verschiedenen Versorgungsbereiche. Die betroffenen Leistungserbringer sorgen für eine sachgerechte Anschlussversorgung des Versicherten und übermitteln sich gegenseitig die erforderlichen Informationen. Sie sind zur Erfüllung dieser Aufgaben von den Krankenkassen zu unterstützen. In das Versorgungsmanagement sind die Pflegeeinrichtungen einzubeziehen; dabei ist eine enge Zusammenarbeit mit Pflegeberatern ... zu gewährleisten.*" Selbstverständlich muss der Patient der Übermittlung seiner Daten zwischen den Leistungserbringern schriftlich zustimmen.

Große Bedeutung hat das Versorgungsmanagement in Kliniken, wenn es gilt, für Patienten mit einer schweren Erkrankung oder Verletzung die Anschlussversorgung zu organisieren. In Krankenhäusern gibt es dazu Sozialstationen, deren Mitarbeiter als case manager die betreffenden Patienten betreuen. Eine kurze Verweildauer, die unter DRG-Bedingungen betriebswirtschaftlich nötig ist, setzt voraus, dass die Weiterversorgung der Patienten vom Krankenhaus reibungslos sichergestellt wird.

Beispiel:

Der 85-jährige Herr Z. hat einen schweren Schlaganfall erlitten. Er ist halbseitig gelähmt und hat sein Sprachvermögen verloren. Bisher lebte er allein uns konnte sich und seinen Haushalt selbst versorgen. Während seines Aufenthaltes im Akutkrankenhaus nimmt eine Mitarbeiterin der Sozialstation Kontakt zu ihm und zu seinem Sohn auf. Sie bespricht mit Vater und Sohn das weitere Vorgehen, zunächst eine Behandlung in einer Rehabilitationsklinik. Sie kontaktiert Herrn Z.s Krankenkasse, organisiert ein freies Bett in einer Rehabilitationsklinik und kümmert sich um den Transport am Tag der Entlassung.

Pfaddarstellungen, analog den clinical pathways, können auch genutzt werden, um die Schrittfolge beim Entlassungsmanagement zu standardisieren. Abbildung 26 zeigt eine Möglichkeit anhand des Beispiels von Herrn Z.

Nach der Forderung des SGB V ist auch die pflegerische Versorgung der Patienten in das Fallmanagement einzubeziehen. Seit 2009 sind die Pflegekassen nach § 7a SGB XI zur Pflegeberatung verpflichtet (vgl. Kap. IV 6.3.4). Die im Gesetz genannten Anforderungen an die Pflegeberater der Kassen entsprechen vollinhaltlich dem Tätigkeitsfeld von Fallmanagern bei der Organisation der pflegerischen Versorgung, wie es in Abbildung 23 dargestellt ist.

Fortführung des Beispiels:

In der Rehabilitation gelingt es zwar, Herrn Z.s Sprechfähigkeiten zu verbessern, dennoch wird ihm von seiner Kasse künftiger Pflegebedarf attestiert. Ein Fallmanager der Klinik informiert Vater und Sohn über die weiteren Schritte. Herrn Z.s Sohn unterrichtet er über dessen Möglichkeiten nach dem Pflegezeitgesetz, sich vorübergehend von der Arbeit freistellen zu lassen. Zudem nimmt er Kontakt zum zuständigen Mitarbeiter der Pflegekasse auf. Dieser leitet zusammen mit Herrn Z. und dessen Sohn die pflegerische Anschlussversorgung in die Wege.

Elemente des case management finden sich auch bei der Ausgestaltung des persönlichen Budgets für behinderte Menschen nach SGB IX (vgl. Kap. IV 4.5). Erhält ein behinderter Mensch ein trägerübergreifendes **persönliches Budget** (also z. B. Leistungen des Sozialamtes, der Kranken- und Pflegeversicherung), so unterstützt ihn ein Beauftragter, der in der Regel bei einem der Rehabilitationsträger oder auch dem Integrationsamt angesiedelt ist. Zusammen mit ihm wird eine Zielvereinbarung geschlossen, die z. B. eine berufliche Wiedereingliederung zum Inhalt haben kann. Der Beauftragte koordiniert nötige Maßnahmen und hilft dem behinderten Menschen, die vereinbarten Ziele umzusetzen.

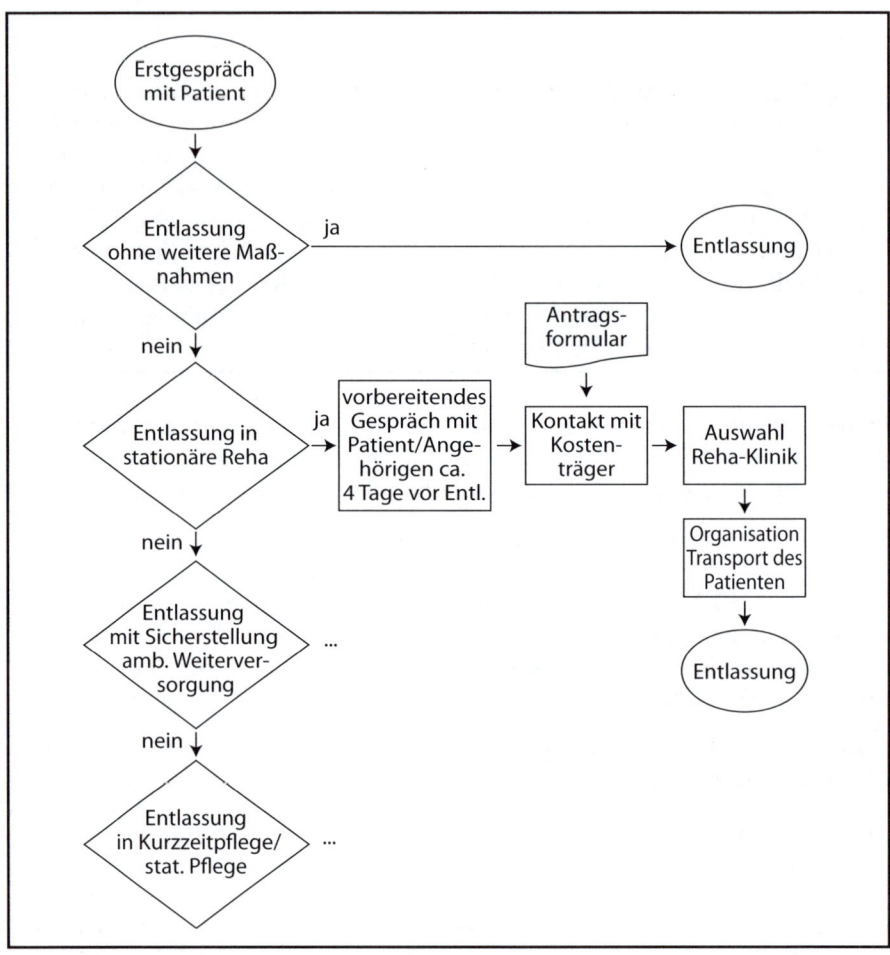

Abb. 26: Entlassungsmanagement als Flussdiagramm

7.3.2   Strukturierte Behandlungsprogramme

Strukturierte Behandlungsprogramme sind der Anwendungsfall des disease management im deutschen Sozialrecht; sie werden auch häufig als so genannte DMP (disease management program) oder als **Chronikerprogramme** bezeichnet.

Alle unter Abschnitt 7.1 genannten Auswahlkriterien treffen auf strukturierte Behandlungsprogramme zu. Es gibt sie für Versicherte der GKV mit einer der folgenden fünf Erkrankungen:

- Diabetes Typ I und II
- Brustkrebs
- Koronare Herzkrankheit
- Asthma
- Chronisch obstruktive Lungenkrankheit (COPD)

Chronikerprogramme unterliegen **strengen gesetzlichen Vorgaben**. Sie werden vom Bundesversicherungsamt genehmigt und von diesem überwacht. Richtlinien des G-BA steuern die Versorgungsabläufe. Leistungserbringer, die DMP anbieten, sind verpflichtet, diese Richtlinien einzuhalten. Sie müssen spezielle Schulungen durchlaufen, Qualitätssicherung gewährleisten und hohen Dokumentationsanforderungen genügen. DMP werden von entsprechend spezialisierten Vertragsärzten und Krankenhäusern angeboten. Für letztere ist es eine Möglichkeit, sich an der ambulanten Behandlung zu beteiligen.

Beispiel:

Ein Universitätsklinikum betreibt ein so genanntes Brustzentrum als Schwerpunktversorgung. Es genießt bei der Behandlung von Brustkrebs einen überregional guten Ruf. Neben der stationären Behandlung bietet das Brustzentrum ein strukturiertes Behandlungsprogramm für Brustkrebspatientinnen an.

Patienten, die an einer der oben genannten Krankheiten leiden, können sich bei ihrer Krankenkasse in ein DMP einschreiben; die Teilnahme ist freiwillig. Kassen können teilnehmenden Patienten einen Bonus, z. B. Zuzahlungserleichterungen einräumen. Der Hauptvorteil der Patienten dürfte es allerdings sein, dass sie die Gewähr haben, von Spezialisten nach neuen wissenschaftlichen Erkenntnissen behandelt zu werden. Kassen erhalten für jeden Versicherten, der sich in ein DMP einschreibt, eine zusätzliche Pauschale aus dem Gesundheitsfonds.

7.3.3 Hausarztzentrierte Versorgung

Die hausarztzentrierte Versorgung ist seit 2007 die deutsche Variante des gate keeping. Häufig ist von so genannten **Hausarztmodellen** die Rede. Die Rechtsgrundlage findet sich im § 73b des SGB V. Danach sind die Krankenkassen verpflichtet, ihren Versicherten hausarztzentrierte Versorgung anzubieten. Hausärzte, die sich an Hausarztmodellen beteiligen möchten, müssen laut Gesetz an Qualitätszirkeln zur Arzneimitteltherapie teilnehmen. Sie verpflichten sich zur Einhaltung von hausärztlichen Leitlinien, führen ein praxisinternes Qualitätsmanagement ein und absolvieren bestimmte Fortbildungen. Diese beinhalten z. B. Zusatzqualifikationen in Geriatrie, Schmerztherapie, Palliativversorgung.

Versicherte, die an einem Hausarztmodell teilnehmen, verpflichten sich gegenüber ihrer Krankenkasse, einen Hausarzt auszuwählen und nur auf dessen Überweisung zum Facharzt zu gehen (Ausnahmen davon sind Konsultationen von Frauen- und Augenärzten). Grundsätzlich ist es Versicherten freigestellt, sich an der hausärztlichen Versorgung zu beteiligen. Entscheiden sie sich dafür, so sind sie **ein Jahr** an ihre Wahl gebunden. Für diesen Zeitraum verzichten sie auf die freie Arztwahl, die ihnen nach § 76 SGB V zustünde. Für die Krankenkassen können Kosteneinsparungen resultieren, wenn – im Vergleich zur Hausarzt-Konsultation – kostspieligere Facharztbesuche auf das notwendige Maß begrenzt werden. Dafür kann die Satzung der Kasse als finanziellen Anreiz einen speziellen Tarif für Versicherte vorsehen, die an der hausarztzentrierten Versorgung teilnehmen. In diesem Rahmen können den Versicherten Prämienzahlungen oder Zuzahlungsermäßigungen gewährt werden (§ 53 SGB V).

Eine Besonderheit der hausarztzentrierten Versorgung ist die Vertragsgestaltung zwischen Kassen und Leistungserbringern. Nach § 73b SGB V haben Kassen allein oder zusammen mit anderen Kassen Verträge mit Gemeinschaften von Leistungserbringern zu schließen, die **mindestens die Hälfte der Allgemeinärzte** eines KV-Bezirks vertreten. Dieser Passus wurde nachträglich in das Gesetz eingefügt. Er begünstigt die **Hausärzteverbände** und belastet die Kassenärztlichen Vereinigungen. Die regionalen Gliederungen des Hausarztverbandes erfüllen die Voraussetzung, mindestens die Hälfte der Allgemeinärzte zu repräsentieren und sind deshalb seit der Gesetzesänderung überwiegend Vertragspartner der Kassen bei der hausarztzentrierten Versorgung. Die Kassen kontrahieren per **Einzel- bzw. Selektivvertrag** (vgl. Kap IV 2.5.3) mit dem Hausärzteverband und vereinbaren mit ihm die Vergütung. Diese fließt dem Verband zu, der sie an die teilnehmenden Hausärzte verteilt. Im Gegenzug wird die Gesamtvergütung, die die Kassen an die KV bezahlen, gekürzt und der Sicherstellungsauftrag der KV eingeschränkt.

Beispiel:

Frau Dr. B. ist Allgemeinärztin. Sie nimmt an der vertragsärztlichen Versorgung teil, ist also Mitglied ihrer KV. Ihr Hausärzteverband hat für Versicherte der regionalen AOK und einer großen Ersatzkasse Verträge zur hausarztzentrierten Versorgung abgeschlossen. Patienten ihrer Praxis, die bei diesen Kassen versichert sind, können sich in die hausarztzentrierte Versorgung einschreiben. Für diese rechnet Frau Dr. B. nicht mit der KV ab, vielmehr erhält sie ihre Vergütung vom Hausarztverband.

7.3.4 Besondere ambulante Versorgung

Die besondere ambulante Versorgung nach § 73c SGB V ist eine Variante des Selektivvertrags, der jedoch anders als das Hausarztmodell bisher in der Praxis kaum Bedeutung erlangte. Deshalb soll sie nur kurz vorgestellt werden.

Verträge zur besonderen ambulanten Versorgung sind als **Facharztvariante des Hausarztmodells** gedacht; deshalb ist auch von so genannten Facharztverträgen die Rede. Inhalte der Verträge können einzelne Bereiche der ambulanten Versorgung, z. B. ambulante Operationen oder die gesamte ambulante Versorgung von Herzpatienten sein. Verträge müssen von den Kassen öffentlich ausgeschrieben werden (vgl. dazu Kap. IV 2.5.3 sowie Kap. X 1). Als Vertragspartner kommen einzelne Ärzte, ebenso Gemeinschaften von Ärzten und die KV in Frage. Kommen Facharztverträge zustande, ist wie beim Hausarztmodell die Gesamtvergütung der Kassen an die KV zu kürzen.

7.3.5 Spezialisierte ambulante Palliativversorgung

In den letzten Jahren hat der Gesetzgeber medizinische und pflegerische Leistungen für Menschen am Ende ihres Lebens in das Sozialrecht aufgenommen. Damit trug er dem demografischen Wandel Rechnung. Eine immer älter werdende Gesellschaft steht in der Pflicht, Leistungen für sterbende Menschen bereitzustellen, die ein Sterben in Würde ermöglichen. Krankenhäuser der oberen Versorgungsstufen führen Palliativstationen, in denen sterbende Menschen von Ärzten und Pflegenden mit symptom- und schmerzlindernden Maßnahmen versorgt werden. Hospize werden seit 1996 von den Kassen gefördert. Hospize sind keine Krankenhäuser, eher können sie als Pflegeheime für die letzten Tage des Lebens bezeichnet werden. Folglich stehen sie – anders als Palliativstationen in Krankenhäusern – nicht unter ärztlicher Leitung. Zusätzlich zu den nicht-ärztlichen Professionen sind in die Hospizarbeit oft ehrenamtlich Tätige eingebunden. Die ärztliche Versorgung übernehmen niedergelassene Ärzte.

Seit 2007 gibt es eine ambulante Variante der Versorgung sterbender Menschen, die spezialisierte ambulante Palliativversorgung (SAPV) nach § 37b SGB V. Sie wird häufig in der Form der Integrierten Versorgung (vgl. dazu das folgende Kapitel) erbracht in **Zusammenarbeit von niedergelassenen Ärzten und spezialisierten Pflegediensten**. Die Leistungserbringer der SAPV schließen einen Selektivvertrag mit den Kassen ab, der den Inhalt der Leistung, Qualitätssicherungsvorschriften und die Vergütung beinhaltet. Letztere erfolgt durch vertraglich vereinbarte Pauschalen, die den Leistungserbringern direkt von der Kasse erstattet werden.

Den Patienten soll es, begleitet und unterstützt vom Team der Mitarbeiter der SAPV, ermöglicht werden, in ihrer vertrauten Umgebung zu sterben. SAPV **muss** von einem Vertragsarzt oder einem Krankenhausarzt **verordnet werden** und umfasst palliativärztliche und -pflegerische Leistungen sowie deren Koordination. Die Linderung von Schmerzen und die Kontrolle der Symptome des Sterbenden stehen im Vordergrund. Auch Bewohner in Pflegeheimen können die Leistung der SAPV erhalten. Die Verträge zwischen den Leistungserbringern der SAPV und den Kassen haben sich an einer Richtlinie des Gemeinsamen Bundesausschusses zu orientieren. Sie definiert sechs Symptomgruppen, darunter z. B. ausgeprägte Schmerzsymptomatik, ausgeprägte neurologische/psychiatrische/psychologische Symptomatik. Trifft eine davon auf den Patienten zu, kann SAPV verordnet werden. Darüber hinaus legt die Richtlinie das Leistungsspektrum der SAPV fest. Es enthält neben medizinischen Leistungen, insbesondere Symptomkontrolle, weitere Aufgaben wie z. B. die Koordination aller palliativmedizinischen Maßnahmen, ggf. auch durch Hinzuziehung weiterer Professionen neben Ärzten und Pflegekräften. Kooperationspartner können Hospize, Sozialarbeiter und Seelsorger sein. Es ist ein individueller Versorgungsplan zu erstellen, vorbeugendes Krisenmanagement zu leisten; Patienten und Angehörige werden beraten und unterstützt beim Umgang mit Sterben und Tod. Sowohl für Ärzte als auch für Pflegende wird eine Fortbildung in Palliativversorgung vorausgesetzt; werden weitere Berufsgruppen herangezogen, so müssen auch sie Kenntnisse in Sterbebegleitung nachweisen.

Beispiel:

Zwei niedergelassene Ärzte mit entsprechender Fortbildung und ein ambulanter Pflegedienst mit Schwerpunkt Palliativversorgung schließen mit mehreren Krankenkassen einen Vertrag zur SAPV. Sie sind vernetzt mit der Palliativstation eines Krankenhauses und einem psychologischen Kriseninterventionsteam. Bei Bedarf kooperieren sie mit der evangelischen und der katholischen Kirche sowie der muslimischen Gemeinde.

7.3.6 Integrierte Versorgung

7.3.6.1 Anliegen der Integrierten Versorgung

Die Integrierte Versorgung (IV) stellt den bisher konsequentesten Versuch dar, die Schnittstellen im deutschen Gesundheitswesen zu überwinden. § 140a SGB V definiert sie als

- eine verschiedene Leistungssektoren übergreifende Versorgung (so genannte vertikale Vernetzung) oder
- eine interdisziplinär-fachübergreifende Versorgung (so genannte horizontale Vernetzung).

Als Beispiel einer **vertikalen Vernetzung** sei die Zusammenarbeit von hausärztlichen Praxen, öffentlichen Apotheken, der geriatrischen Station eines Krankenhauses, eines ambulanten Rehabilitationszentrums sowie teilstationärer Pflegedienste genannt. Die Partner können sowohl indikationsbezogen, z. B. als Angebot für Patienten nach einem Schlaganfall, als auch ohne Indikationsbezug kooperieren. **Horizontale Vernetzung** findet auf derselben Versorgungsstufe statt; ein Beispiel wäre die Zusammenarbeit zweier Krankenhausabteilungen oder die Kooperation von Vertragsärzten. Bisher realisierte Angebote der IV beziehen sich in aller Regel auf einzelne Erkrankungen oder Leistungskomplexe (z. B. Hüftprothesen).

Eine idealtypische IV soll den Patienten eine koordinierte Versorgung mit Gesundheitsleistungen bieten, erbracht von Therapeuten, die sich auf seine Erkrankung spezialisiert haben und die ohne Brüche und Informationsverluste zusammenarbeiten. Die Versorgung soll an einem Behandlungskonzept ausgerichtet sein, das jedem Leistungserbringer seinen Part im Lauf der Therapie zuweist. Die Anbieter bedienen sich dazu **clinical pathways** bzw. wissenschaftlich gesicherter **Behandlungsleitlinien** (vgl. dazu auch Kap. IV 7.2).

7.3.6.2 Juristische und ökonomische Kennzeichen der Integrierten Versorgung

Für die Versicherten ist die Teilnahme an der IV grundsätzlich freiwillig. Im Integrationsvertrag können aber Fristen gesetzt werden, die z. B. den Patienten, der sich für eine IV entschieden hat, zu einer einjährigen Teilnahme verpflichten. Wer als Patient an einer IV teilnimmt, verzichtet damit auf die freie Wahl der Therapeuten, da er sich auf die an der IV beteiligten Leistungsanbieter beschränkt. Die reibungslose Zusammenarbeit der Anbieter der IV erfordert, dass die Dokumentation (die Patientenakte) für die Mitwirkenden einsehbar ist, um Informationsverluste zu vermeiden. Dies setzt voraus, dass der Versicherte, der sich in eine IV einschreibt, dazu sein Einverständnis erteilt. Um ihren Versicherten einen Anreiz zur Teilnahme an der IV zu geben, können ihnen die Kassen einen Bonus gewähren.

349

Wichtigstes Kennzeichen der IV ist die so genannte **Einzel- bzw. Selektivvertraglichkeit** (vgl. Kap. IV 2.5.3). Verträge zur IV werden zwischen der Krankenkasse und den in der IV kooperierenden Leistungsanbietern geschlossen. Möglich ist es, dass sich mehrere Krankenkassen gemeinsam als Vertragspartner zusammenschließen. Außen vor bleiben auf jeden Fall die Kassenärztlichen Vereinigungen; mit ihnen können Verträge zur IV **nicht** vereinbart werden. Der Sicherstellungsauftrag der KV nach § 75 SGB V (vgl. Kap. IV 2.5.1) wird durch die IV eingeschränkt. Die Gesamtvergütung, die die Kassen an die KV zahlt, ist um den Betrag zu kürzen, der für die ambulante Versorgung durch IV verausgabt wird.

Dominierender Vertragspartner der IV sind die Krankenkassen. Sie **können**, wie es in den §§ 140a und 140b SGB V heißt, Verträge mit Integrationsnetzen abschließen. Die IV ist somit dem Einkaufsmodell zuzuordnen, wonach die Kassen nicht automatisch mit Anbietern kontrahieren müssen, sofern diese Mitglied der KV sind. Vielmehr suchen sich die Kassen Anbieter ihrer Wahl und schließen mit diesen Einzelverträge. Als juristische Personen des öffentlichen Rechts schreiben die Krankenkassen Aufträge öffentlich aus, ebenso wie z. B. eine Gemeinde, die einen Rathausneubau plant (§ 101 Gesetz gegen Wettbewerbsbeschränkungen; vgl. auch Kap. X.1). Potentielle Leistungsanbieter konkurrieren um die Vergabe des Auftrags. Den Zuschlag erhält – bei angenommen gleichen Leistungen – der Bewerber mit dem günstigsten Angebot. Durch das Ausschreibungsverfahren wird gewährleistet, dass alle berechtigten Anbieter gleiche Chancen auf einen Vertragsabschluss mit der Kasse haben.

Beispiel:

Eine oder mehrere Kassen schreiben öffentlich einen Auftrag zur sektorenübergreifenden IV ihrer Versicherten mit Diabetes Typ II aus, die an einem DMP teilnehmen. Die Versorgung soll sich laut Ausschreibung an wissenschaftlich abgesicherten Leitlinien (Behandlungspfaden) orientieren. Ziel ist die Verhütung von Komplikationen und Folgeerkrankungen sowie die Vermeidung stationärer Aufenthalte und die Versorgung mit kostengünstigen Medikamenten.

Es gibt allerdings auch Konstellationen, bei denen Kassen nicht notwendigerweise eine Ausschreibung vornehmen müssen, sondern die Vergabe „freihändig" erfolgen kann. Dies wäre dann der Fall, wenn nur bestimmte Anbieter für eine IV infrage kommen.

> **Beispiel:**
>
> In einer ländlichen Region mit geringer Versorgungsdichte soll eine IV zwischen einem Kreiskrankenhaus, niedergelassenen Ärzten und ambulanten Pflegediensten für geriatrische Patienten organisiert werden. Als Vertragspartner der Kassen kommen hier nur die regionalen Leistungserbringer infrage.

Unter welchen Voraussetzungen ist für die Kassen ein Integrationsvertrag attraktiv? Krankenkassen konkurrieren um Versicherte, da diese Wahlfreiheit haben. Im Wettbewerb um Kunden setzten sie vor allem zwei Größen ein: den kassenindividuellen Zusatzbeitrag und ihre Leistungen. Eine ideale IV aus Sicht der Kassen überzeugt die Versicherten durch ihr Konzept und ihre Qualität und trägt zudem zur Kosteneinsparung bei, z. B. durch verminderte Krankenhauseinweisungen.

Wer kommt als Vertragspartner der Kassen infrage? Die Kassen können nach § 140b SGB V Integrationsverträge

- mit einzelnen zur Versorgung der Versicherten berechtigten Anbietern (inkl. Apotheken) sowie deren Trägern oder
- mit Gemeinschaften von Anbietern
- mit Pflegeeinrichtungen und Pflegekassen
- mit pharmazeutischen Herstellern und Herstellern von Medizinprodukten

abschließen.

Gemeinschaften von Anbietern können **nicht** Kassenärztliche Vereinigungen sein, da sonst der Wille des Gesetzgebers, die IV außerhalb des Sicherstellungsauftrages zu organisieren, konterkariert würde. Als Gemeinschaft der Anbieter kann eine Management-Gesellschaft fungieren, die als Vertragspartner der Krankenkasse auftritt. Ebenso ist es möglich, dass die Kassen mit einzelnen Anbietern kontrahieren. Abbildung 27 zeigt die beiden Möglichkeiten anhand obigen Beispiels.

Entscheiden sich die Leistungsanbieter für die Verbundform, sind sie in der Wahl der Rechtsform frei. Die Management-Gesellschaft kann z. B. als GmbH, als eingetragener Verein, als BGB-Gesellschaft betrieben werden. Ein wesentlicher Vorteil der Verbundform ist es, dass in der Management-Gesellschaft die **Verwaltungsarbeiten gebündelt** werden, der einzelne Anbieter also davon entlastet wird. Ist eine IV gegründet, der Integrationsvertrag mit der Kasse geschlossen, so können sich weitere Leistungsanbieter der IV nur anschließen, wenn alle bisherigen Vertragspartner, also die Gründer der IV, damit einverstanden sind.

Einige Inhalte des Integrationsvertrages schreibt das SGB V im § 140b) vor. Danach müssen sich die Vertragspartner, wie alle anderen Leistungsanbieter

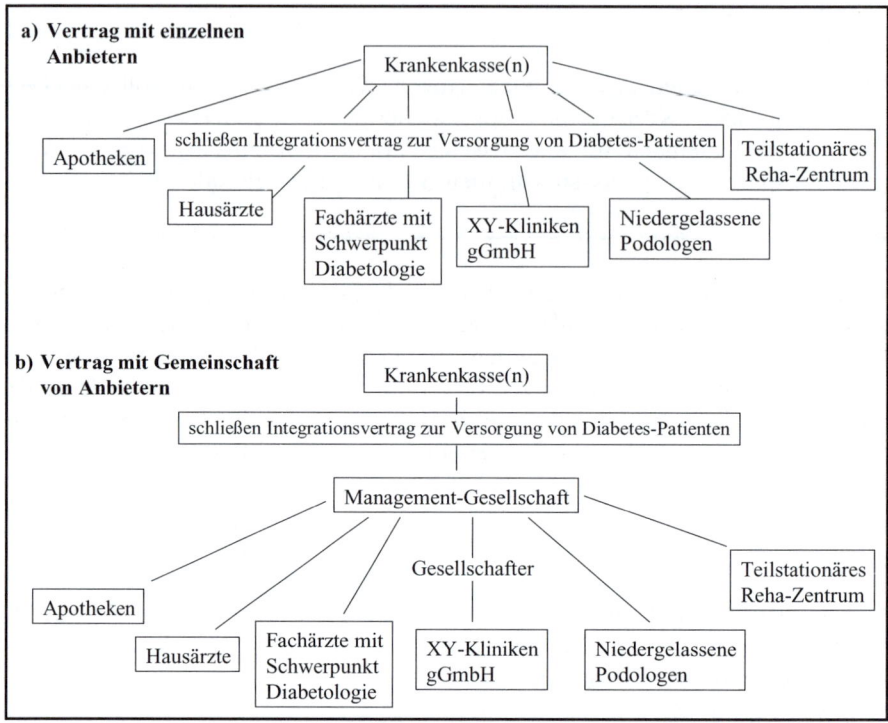

Abb. 27: Mögliche Vertragsbeziehungen zwischen Kasse und Integrierter Versorgung

in der GKV auch, zu einer qualitätsgesicherten, wirksamen, ausreichenden, zweckmäßigen und wirtschaftlichen Versorgung verpflichten. Ferner müssen die Vertragspartner gewährleisten, dass sie die organisatorischen, betriebswirtschaftlichen, medizinischen und medizinisch-technischen Voraussetzungen zur Vertragserfüllung mitbringen und dass sie die Koordination der Versorgung und die Leistungsdokumentation sicherstellen. Der Versorgungsauftrag darf keine Leistungen vorsehen, die vom Gemeinsamen Bundesausschuss (vgl. Kap. IV 2.9) für Versicherte der gesetzlichen Kassen nicht zugelassen sind.

7.3.6.3 Vergütung der Integrierten Versorgung

In Fragen der Vergütung gewährt das Gesetz den Vertragspartnern der IV **weitgehende Freiheit**. Festgelegt ist aber, dass sie im Integrationsvertrag zu regeln ist (§ 140c SGB V). Aus der im Vertrag zwischen Kasse(n) und IV vereinbarten Vergütung sind sämtliche Leistungen zu bezahlen, die von den Kooperationspartnern an den teilnehmenden Patienten erbracht werden. Darin sind auch Leistungen enthalten, die Versicherte im Rahmen des Versorgungsauftrages bekommen, wenn sie von Partnern der IV an Leistungserbringer außerhalb der IV überwiesen werden. Für die Kassen wird damit sicherge-stellt, dass es nicht zu doppelten Abrechnungen kommt, einmal innerhalb der IV, einmal außerhalb.

Die Verträge zwischen Kasse(n) und IV sind in Vergütungsfragen nicht an die für die sektorale Regelversorgung geltenden Entgeltarten nach EBM oder DRG gebunden. Vielmehr können Preise frei vereinbart werden und zwar sowohl ihre Höhe als auch die Größe betreffend, auf die sie sich beziehen. Die Preise können sich auf Einzelleistungen oder Leistungskomplexe (wie im EBM), auf einen stationären Behandlungsfall (wie die DRG) oder einen eingeschriebenen Versicherten beziehen. Zwischen Kasse(n) und Kooperati-onspartnern der IV kann ein Budget vereinbart werden, entweder insgesamt oder für Teile des Versorgungsvertrages, z. B. ein Budget für Arzneimittel, ein weiteres für diagnostische, therapeutische und pflegerische Leistungen. Die Weiterverteilung der Budgetanteile an die Kooperationspartner obliegt der IV gemäß dem **internen Vertrag** der Teilnehmer.

Beispiel:

Eine IV für Patienten mit koronaren Herzkrankheiten wird in der Rechts-form einer Gesellschaft des bürgerlichen Rechts von einer Management-Gesellschaft betrieben. Bei einem Gesellschafter, z. B. dem Krankenhaus-träger XY, liegt die Budgetverantwortung.

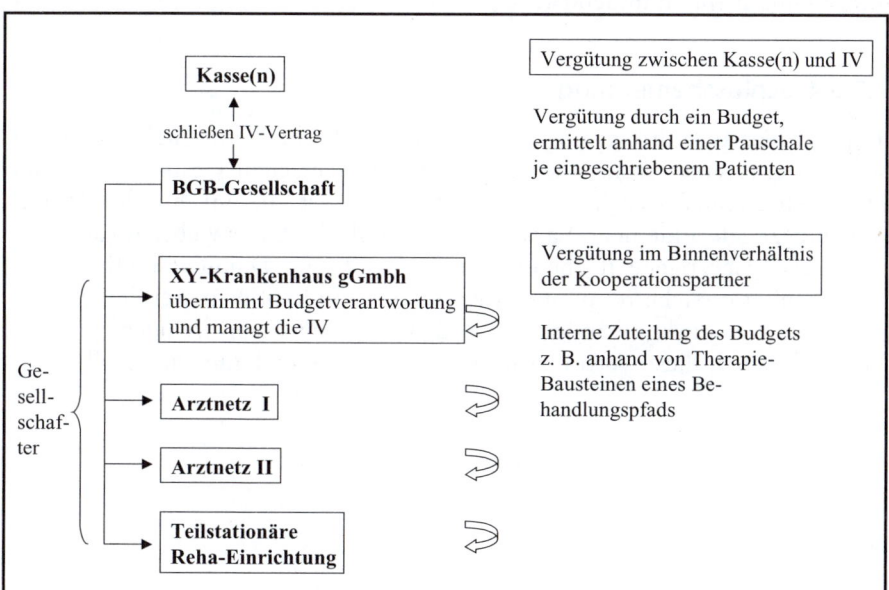

Abb. 28: Beispiel zur Organisation der Vergütung innerhalb der Integrierten Versor-gung

Die abgebildete Organisation ist nur eine unter vielen möglichen Varianten einer IV. Rechtsform, Preisgestaltung, Teilnehmerzahl können frei gewählt werden und demgemäß ergeben sich zahlreiche Organisationsformen der IV und Gestaltungsmöglichkeiten für die Entgelte. In der Abbildung wird angenommen, der Integrationsvertrag zwischen Kassen und IV – vertreten durch eine BGB-Gesellschaft – sehe eine pro Versichertem vereinbarte Vergütungshöhe vor. Die Höhe der Pauschale könnte differenziert werden nach Art und Schwere der Herzerkrankung der Patienten. Steht die Anzahl der eingeschriebenen Versicherten und die jeweilige Höhe der Kopfpauschalen fest, so resultiert die Gesamtsumme, die den Kooperationspartnern zur Verfügung steht.

Deren Verteilung im Binnenverhältnis könnte sich z. B. an Einzelleistungen der beteiligten Therapeuten ausrichten, die am Patienten auf den jeweiligen Stufen eines Behandlungspfades, auf den sich die Kooperationspartner verständigt haben, erbracht werden. Auch dies ist nur eine von zahlreichen Möglichkeiten. Die Vertragspartner genießen auch im Innenverhältnis Vertragsfreiheit.

Der IV-Vertrag zwischen Kassen und Kooperationspartnern kann vorsehen, dass die Leistungsanbieter an Einsparungen der Krankenkasse beteiligt werden. Wenn es z. B. gelingt, durch Verordnung preisgünstiger Medikamente Kosten zu senken, können sich Kasse und IV-Partner vertraglich auf eine Aufteilung der Ersparnis verständigen. Auch in dieser Hinsicht bietet die IV eine Flexibilität, wie sie in der durch Kollektivverträge geprägten sektoralen Versorgung nicht zu finden ist.

7.3.6.4 Schlussbemerkung

Trotz großer Gestaltungsmöglichkeiten ist die IV bis heute nicht die Regel, sondern eher eine Ausnahmeerscheinung im deutschen Gesundheitswesen. Die bislang realisierten Integrationsnetze sind fast alle auf einzelne Indikationen bezogen. Eine neue Variante der IV will der Gesetzgeber fördern: die bevölkerungsbezogene, flächendeckende Versorgung. Damit sollte für gesetzlich Krankenversicherte in einer Region eine indikationsübergreifende integrierte Vollversorgung ermöglicht werden. Abgesehen von wenigen einzelnen Verträgen spielt diese Vertragsvariante jedoch bislang kaum eine Rolle.

Übungsaufgaben zu Teil IV Kapitel 7

Aufgabe 1

Skizzieren Sie den Unterschied zwischen disease management und case management und geben Sie jeweils ein Beispiel an.

Aufgabe 2

Ihre Nachbarin hat von der hausarztzentrierten Versorgung gehört und möchte von Ihnen wissen, ob sie auf freie Arztwahl verzichten muss, wenn sie daran teilnimmt. Bitte beantworten Sie ihre Frage.

Aufgabe 3

Welche der folgenden Anbieter/Organisationen kommen als Partner einer IV infrage?

1. Rehabilitationsklinik Bad Neustadt
2. Bahnhofsapotheke Neustadt
3. Heilpraktiker Herr Müller
4. KV Hessen
5. Logopädin Frau Schulz
6. Privatpraxis Frau Dr. Maier
7. Klinikträger XY gGmbH

Aufgabe 4

Integrationsverträge sind dem Einkaufsmodell zuzuordnen. Was versteht man darunter?

Aufgabe 5

Nennen Sie einige Möglichkeiten zur Überwindung von sektoralen Schnittstellen im Gesundheitswesen

8 Notfalldienste und Krankentransporte

Im § 69 SGB V werden so genannte sonstige Leistungserbringer erwähnt. Damit sind Anbieter von Krankentransportleistungen für die Versicherten der gesetzlichen Krankenversicherung und Rettungsdienste gemeint. Es handelt sich dabei um Hilfsorganisationen und private Firmen, die im Rettungsdienst

355

tätig sind bzw. Krankentransporte durchführen. Details dieser Aufgaben sind in den jeweiligen **Rettungsdienstgesetzen** der Bundesländer ausgeführt.

8.1 Notfallrettung – Rettungskette

„Gegenstand der Notfallrettung ist es, das Leben von Notfallpatienten, soweit an Ort und Stelle möglich, zu erhalten, sie transportfähig zu machen und sie unter fachgerechter Betreuung in eine für die weitere Versorgung geeignete Einrichtung zu befördern" (Art. 2 Abs. 1 Bayerisches Rettungsdienstgesetz BayRDG).

Der Ablauf der Notfallrettung kann anhand der Rettungskette (Abbildung 29) dargestellt werden.

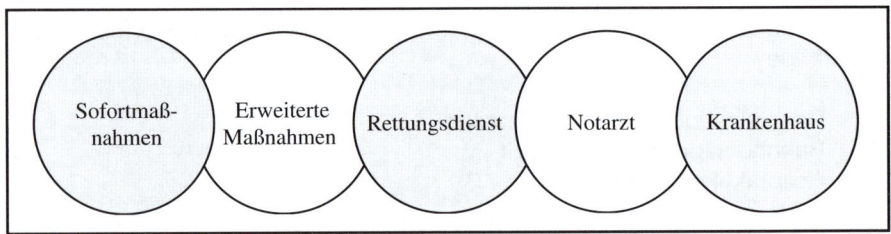

Abb. 29: Rettungskette

Die Rettungskette beschreibt die präklinische Zeit, also die Zeit vom Unfall- bzw. Notfallgeschehen bis zur Einlieferung. Für Notfallopfer kann die Länge dieser Zeit und die Qualität der Versorgung in der präklinischen Phase über Leben und Tod oder über bleibende Behinderungen entscheiden. Noch so gute Therapien können bereits aufgetretene Schäden bestenfalls nur noch lindern. Zum Beispiel muss die Versorgung des Gehirns mit Sauerstoff in vier Minuten erfolgen, danach treten irreversible Schäden auf. Deshalb ist das therapiefreie Intervall, also die Zeit, die bis zur ersten Behandlung durch Ersthelfer vergeht, so gering wie möglich zu halten.

8.2 Rettungsdienst – Rechtsgrundlagen und Finanzierung

Jeder kann einmal in die Situation geraten, auf einen Rettungsdienst angewiesen zu sein. Auch wer aktuell der Hilfe nicht bedarf, profitiert davon, dass Rettungsdienste bereit stehen. Damit weist der Rettungsdienst wie auch die

Krankenhausversorgung Kennzeichen von Kollektivgütern auf (vgl. Kap. IV 3.6.1). Aus diesem Grund ist er eine **öffentliche Aufgabe**, die in die Kompetenz der Bundesländer fällt. In allen Bundesländern gibt es ein Rettungsdienstgesetz. Die notärztlichen Leistungen gehören nach geltender Gesetzeslage nicht in das Aufgabengebiet der vertragsärztlichen Versorgung nach § 75 SGB V; sie werden in den Rettungsdienstgesetzen der Länder geregelt.

Der Rettungsdienst garantiert die präklinische, notfallmedizinische Versorgung der Bevölkerung in den Bereichen Rettungsdienst und Krankentransport (vgl. z. B. BayRDG), ihm obliegt die dauerhafte Sicherstellung einer flächendeckenden, bedarfs- und fachgerechten Versorgung der Bevölkerung mit Leistungen der Notfallrettung und des Krankentransportes. Wenn sich eine Organisation oder ein Unternehmen am Rettungsdienst beteiligen möchte, so bedarf es der **Genehmigung** durch die zuständige Behörde (in Bayern z. B. der Kreisverwaltungsbehörde). Die Genehmigung hängt von der sächlichen Ausstattung, also vor allem der Ausstattung der Rettungsfahrzeuge, und der Qualifikation des Personals ab. So müssen Krankenwagen wenn sie für die Notfallrettung eingesetzt werden, mit mindestens zwei Rettungssanitätern besetzt sein, von denen einer den Patienten während der Fahrt betreut. Ärzte (so genannte Notärzte) müssen einen Fachkundenachweis für notfallmedizinische Kenntnisse erbringen.

Investitionskosten der Rettungsdienste für Anlagegüter mit einer Nutzungsdauer von mehr als drei Jahren werden vom Staat erstattet, sofern sie nicht durch Zuwendungen Dritter gedeckt sind. Solche Zuwendungen erhalten die Rettungsorganisationen durch Spenden. Die großen Anbieter von Rettungsdiensten sind, mit je nach Bundesland unterschiedlichem Gewicht, die kommunalen Feuerwehren und die gemeinnützigen Organisationen Deutsches Rotes Kreuz, Malteser Hilfsdienst, Johanniter Unfallhilfe und Arbeiter Samariter Bund. Gemeinnützige Organisationen sind berechtigt, Spenden gegen Zuwendungsbestätigung entgegenzunehmen (vgl. Kap. V 1). Die laufenden Kosten werden von den Krankenversicherungen, also vor allem den gesetzlichen Krankenkassen getragen. Wie es für das Gesundheitswesen typisch ist, erfolgt die Preisbildung in Verhandlungen zwischen Krankenkassen und Anbietern von Rettungsdiensten.

Ebenso wie der Rettungsdienst ist der **Katastrophenschutz** in Deutschland auf Länderebene organisiert. Die Länder haben dazu eigene Katastrophenschutzgesetze (KatSG), in denen die Zuständigkeiten bei einem so genannten Massenanfall von Verletzten – einer Katastrophe – geregelt sind. Die Gesetze bestimmen die Katastrophenschutzbehörden (Kreis-, Landesbehörden, Polizei), denen es obliegt, einen Katastrophenfall zu definieren. Sie sind in einem solchen Fall weisungsbefugt und koordinieren die Zusammenarbeit aller Katastrophenhelfer. Nach den KatSG sind die Rettungsdienste zur Katastrophenhilfe verpflichtet. Ebenso in den Katastrophenschutz eingebunden sind die Krankenhäuser nach § 108 SGB V; sie müssen im Bedarfsfall die Verletzen aufnehmen und behandeln.

8.2.1 Organisation des Rettungsdienstes

In so genannten **Rettungszweckverbänden** stellen die Gebietskörperschaften den Rettungsdienst sicher, der von geeigneten Organisationen, überwiegend Hilfsorganisationen und Feuerwehr, durchgeführt wird. Bei den Rettungsleitstellen gehen die Notfallmeldungen ein, sie koordinieren das Vorgehen. Die Alarmierung des Rettungsdienstes und des Notarztes erfolgt in Deutschland über die einheitliche Notfallnummer 112 (Feuerwehr + Rettungsdienst). Die Nummer 110 ist zur Alarmierung der Polizei, z. B. bei Verkehrsunfällen oder der Meldung von Straftaten, zu verwenden.

In manchen Kommunen stehen für die Erstversorgung nach der Rettungskette so genannte **First Responder** zur Verfügung. Das sind freiwillige ehrenamtliche Helfer vor Ort, die von der Rettungsleitstelle alarmiert werden und noch vor dem Eintreffen des Rettungsdienstes zur Unglücksstelle kommen. Von der Rettungsleistelle oder den First Respondern wird – je nach Sachlage – entschieden, ob ein Rettungsdienst mit oder ohne Notarzt zu alarmieren ist. Ob der Notarzt per PKW, Transporter oder Hubschrauber zum Notfallort kommt, entscheidet die Leitstelle nach der jeweiligen Verfügbarkeit bzw. Dringlichkeit. Der Rettungsdienst verschafft sich nach dem Eintreffen einen Überblick über die Situation und die bestehenden Gefahren für Patient und Helfer. Wenn nötig, werden weitere Kräfte bzw. andere Dienste alarmiert. Dann werden erste notfallmedizinische Maßnahmen ergriffen bis ggf. der Notarzt beim Patienten eintrifft. Zusammen erfolgt dann die weitere Behandlung bis zum Krankenhaus.

8.2.2 Einzelne Rettungsdienste

Je nach geographischer Gegebenheit und nach Art und Schwere des Notfalles kommen unterschiedliche Rettungsdienste zum Einsatz. Der Regelfall ist die **Landrettung**. Sie wird – je nach Indikation – von Rettungswägen, Krankentransportwägen oder Notarzteinsatzfahrzeugen übernommen. Betreiber der Landrettungsdienste sind die Feuerwehren, die unter Abschnitt 8.2 genannten gemeinnützigen Organisationen sowie einige kleinere private Anbieter.

Bei hoher Dringlichkeit, besonders schweren Notfällen oder für Rettung in unwegsamem Gelände stehen Hubschrauber des **Luftrettungsdienstes** zur Verfügung. Das Bundesgebiet ist fast flächendeckend mit Hubschrauberstandorten abgedeckt und darüber hinaus durch europäische Kooperationen vernetzt. Der größte Betreiber von Luftrettungsdiensten ist der ADAC. Weitere Betreiber sind z. B. die Deutsche Rettungsflugwacht, die Björn-Steiger-Stiftung sowie Maschinen der Bundeswehr und des Katastrophenschutzes.

Für Unglückfälle in Gewässern kommt der **Wasserrettungsdienst** zum Einsatz. Da die Ausrüstung des Landrettungsdienstes für Wasserrettungseinsätze nicht geeignet ist, wird die Wasserwacht, die Deutsche Lebensrettungsgesellschaft, die Gesellschaft zur Rettung Schiffbrüchiger oder die Küstenwacht alarmiert. Diese Organisationen verfügen auch über Rettungstaucher. In einigen Einsatzsituationen besteht eine enge Verknüpfung zwischen Luftrettung und Wasserrettung z. B. bei der Suche nach vermissten Schwimmern oder der Eisrettung. Im Sommer werden an den Seen, Flüssen und an der Nord- und Ostsee Wasserrettungsstationen turnusmäßig besetzt.

In den Bundesländern mit Gebirgen, gibt es zumeist eine Bergwacht. Sie ist für die **Bergrettung,** d. h. die Rettung aus unwegsamem Berggelände, zuständig. Diese Aufgabe wird neben den geographischen Gegebenheiten durch Wetterlage, Uhrzeit und Einsatzart beeinflusst.

8.3 Kassenärztlicher Notdienst

Bestandteil des **Sicherstellungsauftrages der KV** ist der ärztliche Notdienst. *„Die Sicherstellung umfasst auch die vertragsärztliche Versorgung zu den sprechstundenfreien Zeiten (Notdienst), nicht jedoch die notärztliche Versorgung im Rahmen des Rettungsdienstes, soweit Landesrecht nichts anderes bestimmt"* (§ 75 Abs. 1 SGB V).

Jede Kassenärztliche Vereinigung organisiert einen ärztlichen Bereitschaftsdienst mit einer entsprechenden Leitstelle. Die derzeit gültige Telefonnummer lautet 116117. Alle an der vertragsärztlichen Versorgung mitwirkenden Praxisinhaber sind verpflichtet, sich am ärztlichen Bereitschaftsdienst der KV zu beteiligen. Einzelheiten werden jeweils in den Satzungen der KV geregelt. Heute ist es üblich, dass sowohl ein hausärztlicher als auch fachärztlicher Notdienst zur Verfügung steht. Vor allem in größeren Städten haben sich Praxen etabliert, die ihre Dienste am Wochenende und am Feierabend erbringen. Der übliche Weg, den ärztlichen Notdienst in Anspruch zu nehmen, ist aber nach wie vor der Hausbesuch. Der Patient ruft die Nummer des Notdienstes an. Die Hilfeersuchen gehen bei der Leitstelle der Kassenärztlichen Vereinigung ein und werden nacheinander abgearbeitet. Mit einem Taxi oder dem eigenen Fahrzeug kommt der Arzt zum Patienten und behandelt ihn zuhause.

Der Kassenärztliche Notdienst deckt Erkrankungen oder Unfälle ab, die nicht so gravierend sind, dass sie eines Rettungsdiensteinsatzes bedürften. Allerdings kann der Bereitschaftsarzt, wenn es die Situation im Einzelfall erfordert, einen Transport des Patienten in ein Krankenhaus durch ein Rettungsfahrzeug verordnen.

Die Leistungen der Bereitschaftsärzte werden für gesetzlich Krankenversicherte durch die Krankenkassen nach EBM abgerechnet. Für Privatpatienten erfolgt die Abrechnung nach der GOÄ.

8.4   Transportleistungen

Neben den Transporten des Rettungsdienstes zur Einlieferung in ein Krankenhaus nach einem Notfall (so genannte Primärtransporte) gibt es im Gesundheitswesen weitere Transportleistungen. Müssen Patienten von einem Krankenhaus in ein anderes verlegt werden (Sekundärtransporte), übernehmen diese Leistung in der Regel die in Abschnitt 8.2 genannten gemeinnützigen oder privaten Anbieter im Rettungsdienst. Für schwere Fälle – intensivpflichtige Patienten – werden Intensivwagen oder -hubschrauber vorgehalten.

Kostenträger der genannten Transporte sind die Krankenversicherungen. Sie finanzieren ebenso Fahrten zum niedergelassenen Arzt mit dem Taxi. Allerdings wurde durch das GKV-Modernisierungsgesetz die Möglichkeit für Patienten, die Taxikosten der Fahrt zum Arzt von der Kasse erstattet zu bekommen beschränkt. Patienten, die z. B. aufgrund einer Gehbehinderung nicht in der Lage sind öffentliche Verkehrsmittel zu benutzen, müssen sich die Taxifahrt von der Kasse genehmigen lassen.

Transporte behinderter Menschen, z. B. in eine teilstationäre Einrichtung, in eine Werkstätte für Behinderte, werden von gemeinnützigen oder privaten Rettungsdiensten übernommen, aber auch z. B. von Taxiunternehmern, die Spezialfahrzeuge, etwa für die Nutzung mit einem Rollstuhl, vorhalten. Kostenträger sind in der Regel die Kommunen im Rahmen der Behindertenhilfe des SGB XII.

Übungsaufgaben zu Teil IV Kapitel 8

Aufgabe 1

Erklären Sie, warum Rettungsdienste ebenso wie Krankenhäuser, Merkmale von Kollektivgütern haben.

Aufgabe 2

Suchen Sie im SGB V die Paragraphen, welche die Übernahme von Fahrtkosten durch die Krankenkassen regeln. Wie hoch ist die Zuzahlung der
Patienten? Welche Besonderheit ist zu beachten?

Aufgabe 3

Bitte geben Sie an, welche der folgenden Preise auf dem Verhandlungsweg
vereinbart werden, welche im Zusammenspiel von Angebot und Nachfrage
am Markt gebildet werden und welche vom Staat per Gesetz oder Rechtsverordnung vorgegeben werden.

	a) Verhand-lungspreis	b) Markt-preis	c) staatlich vorgegeben
1. Punktwert eines EBM-Punktes			
2. Preis eines Zahnarzt-Be-handlungsstuhles			
3. Pflegesatz eines Altenpfle-geheimes			
4. Preis eines nicht-verschrei-bungsplichtigen Medika-mentes			
5. Preis der Transportleistung von Rettungsfahrzeugen des Roten Kreuzes			
6. Basisfallwert			
7. Punktwert eines GOÄ-Punktes			
8. Preis eines Blutdruckmess-gerätes			
9. Maßnahmepauschale einer Behinderteneinrichtung			
10. Pflegesatz einer Rehabilita-tionsklinik			

9   Öffentlicher Gesundheitsdienst

Aufgaben des Staates in der Gesundheitsversorgung sind je Gebietskörperschaft unterschiedlich. Auf **Bundesebene** werden vom Gesetzgeber die Rahmenbedingungen in Form der Sozialgesetzgebung festgelegt. Bundesweite Zuständigkeit besitzen auch Bundesbehörden, wie das Bundesinstitut für Arzneimittel, das für die Zulassung von Arzneimitteln zuständig ist, das Robert-Koch-Institut, dessen Hauptaufgabe die Überwachung des Infektionsgeschehens ist, das Deutsche Institut für medizinische Dokumentation und Information (DIMDI), das die internationale Klassifikation der Krankheiten – ICD – für Deutschland herausgibt. Den **Ländern** obliegt die Krankenhausplanung, die Finanzierung der Investitionen von Plankrankenhäusern und Hochschulkliniken, die Rechtsaufsicht über Körperschaften des öffentlichen Rechts, die auf Landesebene organisiert sind, die Heimaufsicht. Die **Kommunen** betreiben Gesundheitsämter als so genannte untere Gesundheitsbehörden, und diese werden im engeren Sinn als öffentlicher Gesundheitsdienst bezeichnet.

9.1   Aufgaben des öffentlichen Gesundheitsdienstes

In jedem Bundesland gibt es ein **Gesetz über den öffentlichen Gesundheitsdienst** (ÖGDG), in dem die Aufgaben der Gesundheitsämter festgelegt sind. Danach ist es die Pflicht von Gesundheitsämtern

- Ursachen von Gesundheitsgefahren zu ermitteln und auf ihre Beseitigung hinzuwirken
- Hygieneanforderungen zu überwachen
- Infektionskrankheiten zu verhüten und zu bekämpfen
- bei Prävention und Gesundheitserziehung mitzuwirken
- das Krankheitsgeschehen epidemiologisch (aus dem Griech.: epidemia nosos = im ganzen Volk verbreitete Krankheit) zu erfassen und Gesundheitsberichte zu erstellen
- Berufe des Gesundheitswesens zu beaufsichtigen, sofern keine andere Stelle zuständig ist.

Aus dieser Aufzählung resultieren einige konkrete Aufgaben der Gesundheitsämter. Sie überwachen die Einhaltung von **Hygienevorschriften** in Krankenhäusern, Heimen (einschließlich Pflegeheimen), Kur- und Badeeinrichtungen, Einrichtungen des Rettungswesens sowie in zahlreichen weiteren Institutionen, die nicht zum Gesundheitswesen gehören, wie z. B. in Wasserwerken. Liegen Anhaltspunkte für Verstöße gegen Hygienevorschriften vor, können Gesundheitsämter auch Praxen von Freiberuflern im Gesundheitswesen überwachen. Mitarbeitern der Gesundheitsämter ist es gestattet, für Hygieneprüfungen in die Betriebe zu gehen und Proben zu entnehmen. Benötigen sie Unterlagen, so müssen ihnen diese ausgehändigt werden.

Im Rahmen ihrer Präventionsaufgaben führen die Gesundheitsämter die obligatorischen **Einschulungsuntersuchungen** bei Kindern durch. Dabei wird die Schulfähigkeit getestet und gesundheitliche Beeinträchtigungen der Kinder erfasst. Dies ist ein screening (aus dem Engl.: screen = Schutzschirm, Reihenuntersuchung), das die gesamte Bevölkerung im Einschulungsalter erfasst. Die daraus gewonnen Daten werden von den Gesundheitsämtern anonymisiert statistisch erfasst. Sie können in der Gesundheitsberichterstattung Hinweise auf gesundheitliche Defizite der Kinder geben und daraus resultierend gesundheitspolitischen Handlungsbedarf aufzeigen. Mitarbeiter von Gesundheitsämtern führen in Kindergärten und Schulen Gruppenprophylaxe gegen Zahnerkrankungen durch.

Die in der Aufzählung erwähnte Aufsicht über Berufe des Gesundheitswesens bezieht sich konkret auf **Heilpraktiker**. Sie müssen im Gegensatz zu anderen Heil- bzw. Pflegeberufen keinen staatlichen Abschluss ablegen und sie gehören auch keiner Körperschaft des öffentlichen Rechts an. Wer Heilpraktiker werden möchte, muss keine berufsqualifizierende Fachprüfung ablegen. Um zu gewährleisten, dass Heilpraktiker ihren Beruf verantwortlich ausführen, ist es die Aufgabe der Gesundheitsämter, ihnen Prüfungen abzunehmen. *„Die Überprüfung hat sich ... darauf zu erstrecken, ob die antragstellende Person so viele heilkundliche Kenntnisse und Fähigkeiten besitzt, dass die Ausübung der Heilkunde durch sie nicht zu einer Gefahr für die Volksgesundheit wird"* (Richtlinien zur Durchführung des Heilpraktikergesetzes). Als Heilpraktiker darf sich nur niederlassen, wer weiß, in welchen Krankheitsfällen er eine Behandlung **zu unterlassen hat**. Heilpraktiker dürfen grundsätzlich keine meldepflichtigen Krankheiten behandeln. So bezieht sich die Prüfung beim Gesundheitsamt vor allem darauf, dass der Berufsanwärter zum Heilpraktiker diese Krankheiten erkennen kann.

9.2   Vollzug des Infektionsschutzgesetzes

Eine Schlüsselfunktion kommt den Gesundheitsämtern beim Vollzug des Infektionsschutzgesetzes zu. Der Schutz vor Seuchen gehört zu den ältesten Aufgaben des Staates im Gesundheitswesen. Dies ist aus der Geschichte erklärbar; waren es doch Seuchen größten Ausmaßes, die in früheren Zeiten die Menschen in Europa bedrohten. Noch vor 100 Jahren dominierten hierzulande als Todesursachen Infektionskrankheiten, vor allem Scharlach und Tuberkulose. Der Schutz vor Ansteckung ähnelt einem Kollektivgut: Wer sich selbst vor Infektionen schützt, z. B. durch eine Impfung, der kann die Krankheit auch nicht übertragen und schützt damit auch diejenigen Menschen vor

Ansteckung, die mit ihm in Kontakt kommen. Jeder, der mit dem Geimpften zusammentrifft, kommt in den Genuss des Schutzes, von ihm nicht infiziert zu werden, obwohl er selbst keine Anstrengungen dafür in Kauf nehmen muss. Also kann man fordern, diejenigen zu belohnen, die sich impfen lassen, etwa dadurch, dass ihnen die Impfung vom Staat bezahlt wird. Weitere Gründe dafür, die Verhinderung einer Ausbreitung von übertragbaren Krankheiten als Aufgabe des Staates zu sehen, sind die potentielle Gefahr, die von solchen Krankheiten für die Menschen ausgehen kann und die Tatsache, dass beim Infektionsschutz zum Wohl der Allgemeinheit Grundrechte eingeschränkt werden können.

Das Infektionsgeschehen wird in Deutschland mithilfe des Infektionsschutzgesetzes (IfSG) kontrolliert. Sein Zweck ist es, übertragbaren Krankheiten vorzubeugen, Infektionen frühzeitig zu erkennen und ihre Weiterverbreitung zu verhindern (§ 1 IfSG). Das wichtigste Instrument bei dieser Aufgabe ist die **Meldepflicht** bestimmter Krankheiten und Krankheitserreger beim Gesundheitsamt. Denn nur wenn die Behörden Kenntnis über das Auftreten übertragbarer Krankheiten haben, können sie wirksam etwas gegen deren Ausbreitung tun. Das Gesetz nennt eine Reihe von namentlich **meldepflichtigen Krankheiten** (§ 6 Abs. 1 IfSG), darunter z. B. Diphtherie, Masern, Tuberkulose, Kinderlähmung, Typhus etc. Ebenso muss der Verdacht auf eine bakteriell bedingte Lebensmittelvergiftung und der Verdacht auf besonders heftige Impfreaktionen den Gesundheitsämtern mitgeteilt werden. Wird ein Mensch durch ein tollwutkrankes oder tollwutverdächtiges Tier verletzt, ist das Gesundheitsamt zu unterrichten. **Meldepflichtige Erreger** (§ 7 IfSG) sind z. B. Salmonellen, Hepatitisviren, Gelbfiebervirus, Pesterreger und viele andere mehr. Bei namentlichen Meldungen erhält das Gesundheitsamt Namen, Adresse und Geburtstag des von der Krankheit oder dem Erreger Befallenen. Einige Krankheiten, darunter HIV, werden nicht-namentlich gemeldet (§ 7 Abs. 3 IfSG). In jedem Fall aber muss das Gesundheitsamt Informationen erheben, um den Infektionsweg nachvollziehen zu können.

Zur Meldung **verpflichtet** sind Ärzte, die eine meldepflichtige Krankheit diagnostizieren, ebenso Leiter von Labors, die einen meldepflichtigen Erreger identifizieren. Die Schweigepflicht des Arztes und damit auch das Recht des Patienten auf Verschwiegenheit sind aufgehoben. Der Staat greift in ein Grundrecht ein, denn das Recht auf Verschwiegenheit resultiert letztlich aus Artikel 1 der Verfassung (Wahrung der Menschenwürde). Der Staat darf dies nur dann, wenn ein höherwertiges Rechtsgut zu schützen ist und das ist hier der Schutz der Allgemeinheit vor übertragbaren Krankheiten. Neben Ärzten sind auch Angehörige von Heil- und Pflegeberufen mit staatlich geregelter Ausbildung (z. B. Krankenschwestern) zur Meldung verpflichtet, ebenso Leiter von Pflegeeinrichtungen, von Heimen und Heilpraktiker. Für sie alle entfällt die Schweigepflicht. Das Infektionsschutzgesetz nennt eine Meldefrist:

Wer Kenntnis von einer meldepflichtigen Krankheit erlangt, muss dies innerhalb von 24 Stunden dem zuständigen Gesundheitsamt mitteilen.

Die Gesundheitsämter sind verpflichtet, wöchentlich, spätestens aber am dritten Arbeitstag der Folgewoche die namentlich gemeldeten Krankheiten an die zuständige Landesbehörde weiterzuleiten, die sie dann wiederum innerhalb einer Woche an das **Robert-Koch-Institut**, also die Bundesbehörde zur Überwachung des Infektionsgeschehens, weitergibt. Im Robert-Koch-Institut laufen damit alle Informationen bundesweit zusammen. Von dort werden die Daten an die Europäische Union weitergeleitet. Bestimmte Erkrankungen, z. B. Cholera, übertragbare Tropenerkrankungen, Pest und andere werden ohne Namensnennung der Kranken vom Robert-Koch-Institut der Weltgesundheitsorganisation der Vereinten Nationen (WHO) gemeldet. Die Daten können also, beginnend auf der kommunalen Ebene der Gesundheitsämter, für ein europa- oder sogar weltweites Netz zur Bekämpfung von Infektionskrankheiten genutzt werden.

Maßnahmen, die den Gesundheitsämtern zur Verfügung stehen, um die Verbreitung von Infektionskrankheiten zu verhindern, können für die Betroffenen – wiederum im Interesse der Allgemeinheit – mit weiteren **Einschränkungen ihrer Grundrechte** einhergehen. So können Mitarbeiter der Gesundheitsämter Wohnungen betreten, wenn sie z. B. Proben entnehmen müssen (§ 16 IfSG) und damit das Grundrecht auf Unverletzlichkeit der Wohnung (Art. 13 Grundgesetz) einschränken. Menschen mit meldepflichtigen Infektionen, bzw. dem Verdacht auf eine solche Infektion, kann vorübergehend das Recht der Freizügigkeit, also der Freiheit sich in Deutschland aufhalten zu dürfen, wo man will (Art. 11 Grundgesetz), genommen werden. Im Grenzfall, bei besonders gefährlichen Krankheiten wie den übertragbaren Tropenkrankheiten, kann den Betroffenen die Freiheit entzogen werden (**Quarantäne**, § 30 IfSG). Damit wird ihr Freiheitsrecht nach Art. 2 Grundgesetz beschnitten.

Eine spezielle Dokumentationspflicht sieht das IfSG (§ 23) für **nosokomiale** (aus dem Griech.: nosokomeion = Krankenhaus) **Infektionen** und das Auftreten von Krankheitserregern mit Resistenzen (aus dem Lat.: resistere = widerstehen) vor. Nosokomiale Infektionen sind solche, die sich Patienten im Krankenhaus selbst zuziehen. Resistenzen von Erregern liegen vor, wenn eine Behandlung mit Antibiotika unwirksam ist, weil der Erreger auf das Medikament nicht anspricht. Leiter von Krankenhäusern und von Einrichtungen für ambulante Operationen müssen solche Infektionen fortlaufend schriftlich festhalten und bewerten. Zudem haben sie, wie auch Betreiber von Arztpraxen, die Pflicht, infektionspräventive Maßnahmen, die das Robert-Koch-Institut vorschreibt, umzusetzen. Die Vorschriften zielen auf die Bekämpfung des im Krankenhaus selbst verursachten, bzw. durch medizinische Behandlung begünstigten Infektionsgeschehens.

365

Das IfSG (§ 36) verpflichtet stationäre und teilstationäre Gesundheitseinrichtungen einschließlich Pflegeheime dazu, innerbetrieblich **Hygienepläne** (aus dem Griech.: hygieinos = heilsam, gesund) vorzulegen. Darin werden infektionshygienische Verfahren, z. B. Desinfektionen, als Selbstverpflichtung des Gesundheitsbetriebes festgelegt. Die Gesundheitsämter überwachen die Einhaltung der Infektionshygiene.

Übungsaufgaben zu Teil IV Kapitel 9

Aufgabe 1

Welche der folgenden Aufgaben gehören in die Zuständigkeit der Gesundheitsämter?

1. Das Krankheitsgeschehen statistisch erfassen
2. Beratung der Kassenärztlichen Vereinigungen
3. Sicherstellung des Unfallschutzes
4. Einschulungsuntersuchungen
5. Hautkrebsscreening
6. Heilpraktiker-Überprüfung
7. Hygieneüberwachung

Aufgabe 2

Welche Aufgabe haben die Gesundheitsämter bei der Prüfung von Heilpraktikern?

Aufgabe 3

Skizzieren Sie den Meldeweg einer übertragbaren Tropenkrankheit.

Teil V
Gemeinnützigkeit und Tendenzbetrieb als typische Rechtsformen von Gesundheitseinrichtungen

Einrichtungen des Gesundheitswesens sind häufig selbst **steuerbegünstigte Zweckbetriebe** oder werden von steuerbegünstigten Organisationen getragen. Üblicherweise werden sie als **gemeinnützige Körperschaften** bezeichnet. Sie gehören dem **Non-Profit-Sektor** der Wirtschaft an; d. h., primäres Ziel ist nicht die Gewinnerzielung gemäß dem erwerbswirtschaftlichen Prinzip. Stattdessen verfolgen sie nach dem **gemeinwirtschaftlichen Prinzip** Versorgungs- und Bedarfsdeckungsziele. Häufig sind Gesundheitseinrichtungen darüber hinaus weltanschaulich geprägte so genannte **Tendenzbetriebe**, in denen das Betriebsverfassungsgesetz nicht oder nur mit Einschränkungen gilt. Viele Gesundheitsbetriebe sind beides, sowohl Zweck- als auch Tendenzbetrieb, wie z. B. ein Pflegeheim der Arbeiterwohlfahrt. Es gibt aber auch Betriebe, die nur Zweckbetrieb sind, z. B. gemeinnützige städtische Krankenhäuser, für die der Tendenzschutz nicht gilt. Wichtig ist es, die Konsequenzen für die Betriebe auseinander zu halten: Die Eigenschaft **Zweckbetrieb hat steuerrechtliche Konsequenzen**, die Eigenschaft **Tendenzbetrieb arbeitsrechtliche**.

1 Zweckbetriebe

Ausschließlich **juristischen Personen** (= Körperschaften des privaten oder öffentlichen Rechts) ist es vorbehalten, Zweckbetrieb zu sein, d. h., eine OHG kann nicht steuerbegünstigt werden, wohl aber eine GmbH. Rechtsgrundlage ist die Abgabeordnung (AO), dritter Abschnitt mit der Überschrift *„Steuerbegünstigte Zwecke"* (§§ 51 ff. AO).

1.1 Rechtsformen

Rechtsformen **juristischer Personen (Körperschaften)** des Privatrechts, die im Gesundheitswesen Bedeutung haben, sind Vereine, Stiftungen und gemeinnützige GmbH.

1.1.1 Gemeinnütziger Verein (e.V., §§ 21 ff. BGB)

Vereine bestehen aus Mitgliedern; jeder Verein muss einen Vorstand haben, der ihn nach außen und vor Gericht vertritt. Die „Legislative" eines Vereins ist die Mitgliederversammlung, die alle Entscheidungen, sofern sie nicht dem Vorstand übertragen sind, per Mehrheitsbeschluss trifft. Eingetragene Vereine sind im Vereinsregister verzeichnet.

Alle Wohlfahrtsverbände firmieren als gemeinnützige Vereine. Es gibt in Deutschland **sechs Wohlfahrtsverbände**, die zahlreiche Einrichtungen des Gesundheitswesens – Pflegeheime, Krankenhäuser, Einrichtungen für Behinderte – betreiben:

- Arbeiterwohlfahrt e.V.
- Deutscher Caritasverband e.V.
- Deutsches Rotes Kreuz e.V.
- Diakonisches Werk e.V.
- Paritätischer Wohlfahrtsverband e.V.
- Zentralwohlfahrtsstelle der Juden e.V.

1.1.2 Gemeinnützige Stiftung (§§ 80 ff. BGB)

Eine Stiftung ist eine Vermögensmasse, die vom Stifter für einen bestimmten Zweck zur Verfügung gestellt wird. Die Höhe des Vermögens wird im Gesetz nicht vorgegeben. Über 90 % aller Stiftungen in Deutschland sind als gemeinnützig anerkannt. Im Gesundheitswesen dienen sie häufig der Forschungsförderung für Diagnostik und Therapie bestimmter Krankheiten, so z. B. die Dr. Mildred Scheel-Stiftung, deren Zweck die Unterstützung von Forschung zur Krebsentstehung und -behandlung ist. Stiftungen unterstützen Einrichtungen des Gesundheitswesens, z. B. fördert die Stiftung Deutsche Schlaganfall-Hilfe die Einrichtung von Schlaganfall-Stationen, die Christiane Herzog-Stiftung stellt für Kinder mit Mukoviszidose finanzielle Mittel für Spezialambulanzen an Kinderkliniken zur Verfügung. Auch eigene Gesundheitseinrichtungen werden von Stiftungen betrieben, jedoch sehen sie ihre Aufgaben, wie die Beispiele zeigen, eher in der finanziellen Förderung und Unterstützung.

1.1.3 Gemeinnützige GmbH

Die **gemeinnützige GmbH** (gGmbH) ist die geläufige Rechtsform von Krankenhäusern, Rehabilitationskliniken, Pflegeheimen, Behinderteneinrichtungen, die unter dem Dach eines Wohlfahrtsverbandes firmieren. Immer mehr Kommunen privatisieren Krankenhäuser, die bisher als kommunale Eigenbetriebe geführt wurden; auch hier findet sich die Rechtsform der gGmbH. Für eine gGmbH gelten vollinhaltlich die Vorschriften des Gesetzes betreffend die Gesellschaften mit beschränkter Haftung (GmbH-Gesetz). Der einzige Unterschied besteht in der Steuerbegünstigung aufgrund der Gemeinnützigkeit der GmbH.

1.2   Steuerbegünstigung

Wie aus den Beispielen gemeinnütziger Körperschaften im Abschnitt V 1.1 deutlich wurde, nehmen diese zum Teil Aufgaben wahr, sei es der Betrieb von Krankenhäusern, Forschungsförderung etc., die der Staat übernehmen müsste, wenn sich kein anderer Anbieter finden würde. Dafür werden sie vom Staat „belohnt" und zwar durch eine im Vergleich zu anderen Betrieben bevorzugte Besteuerung.

Sind Körperschaften von den Finanzbehörden als steuerbegünstigt anerkannt, können sie folgende Rechte in Anspruch nehmen:

* Steuerfreiheit von der Körperschaft- und Gewerbesteuer
* Befreiung von der Schenkung- und Erbschaftsteuer
* Erlaubnis, Zuwendungsbestätigungen (Spendenbescheinigungen) auszustellen.

Die **Finanzämter** prüfen in der Regel alle drei Jahre, ob die Betriebe die Voraussetzungen eines Zweckbetriebes erfüllen. Die Befreiung von der Umsatzsteuer ist für Zweckbetriebe nicht zwingend; jedoch spielt dies für Gesundheitsbetriebe keine Rolle, da Dienstleistungen im Gesundheitswesen nicht der Umsatzsteuer unterliegen.

Ein steuerbegünstigter Zweckbetrieb im Gesundheitswesen **muss eine Satzung haben**, in der er sich auf **gemeinnützige** oder **mildtätige** Zwecke verpflichtet. *„Eine Körperschaft verfolgt gemeinnützige Zwecke, wenn ihre Tätigkeit darauf gerichtet ist, die Allgemeinheit auf materiellem, geistigem oder sittlichem Gebiet selbstlos zu fördern"* (§ 52 AO). Das Gesetz nennt einige Tätigkeiten, die diesem Ziel im Besonderen dienen, darunter die Förderung der Altenhilfe, des Gesundheitswesens, des Wohlfahrtswesens. Mildtätige Zwecke verfolgt eine Körperschaft, wenn sie Menschen **selbstlos** unterstützt, die aufgrund ihres körperlichen, geistigen oder seelischen Zustandes auf Hilfe angewiesen sind oder die bedürftig sind (§ 53 AO).

Beispiel:

Das Altenpflegeheim Am Stadtbach gGmbH hat sich in seiner Satzung verpflichtet, „... ausschließlich und unmittelbar alte pflegebedürftige Menschen gemeinnützig und mildtätig zu unterstützen ...".

Entscheidend ist der Begriff der **Selbstlosigkeit**; darin kommt das gemeinwirtschaftliche Prinzip zum Tragen: Ein Zweckbetrieb verfolgt eben nicht das Ziel der Gewinnmaximierung, sondern dient altruistisch (aus dem Franz.: altruisme = Selbstlosigkeit) der Allgemeinheit. In der Abgabenordnung (§ 55) wird genau vorgeschrieben, welche Verhaltensweisen eines Betriebes das Attribut selbstlos rechtfertigen. Die Mittel der Körperschaft dürfen **nur für satzungsgemäße Zwecke**, also für gemeinnützige oder mildtätige Zwecke, verwendet werden. Mitglieder oder Gesellschafter dürfen **keine Gewinnanteile** oder sonstige Zuwendungen aus Mitteln der Körperschaft erhalten. Nach dieser Vorschrift ist es der Körperschaft nicht verboten, Gewinne zu erzielen; sofern ein Überschuss erzielt wird, muss er für den in der Satzung genannten Zweck – also z. B. die Förderung pflegebedürftiger Menschen – verwendet werden.

Beispiel:

Das Altenpflegeheim Am Stadtbach gGmbH erwirtschaftet einen Gewinn von 45 000 € und renoviert davon den Aufenthalts- und Fernsehraum für die Bewohner.

Mitglieder oder Gesellschafter der Körperschaft dürfen bei ihrem Ausscheiden **nicht mehr als die eingezahlten Kapitalanteile** und den Wert ihrer geleisteten Sacheinlagen zurückerhalten.

Beispiel:

Frau Z. ist Gesellschafterin des Altenpflegeheims Am Stadtbach gGmbH, ihre Einlage beträgt 30 000 €. Bei ihrem Ausscheiden erhält sie 30 000 € zurück.

Die Körperschaft darf keine Person durch Ausgaben, die dem Zweck der Körperschaft fremd sind, oder durch unverhältnismäßig hohe Vergütungen begünstigen.

Beispiel für ein Vorgehen, das mit der Steuerbegünstigung nicht vereinbar ist:

Herr E. ist Gesellschafter des Altenpflegeheims Am Stadtbach gGmbH. Seine Frau, eine Designerin, erhält vom Pflegeheim den Auftrag, für 100 000 € ein neues Logo für die gGmbH zu entwerfen.

Bei Auflösung oder Aufhebung der Körperschaft oder dem Wegfall des Zwecks darf das Vermögen der Körperschaft, das die eingezahlten Kapitalanteile der Mitglieder und deren geleistete Sacheinlagen übersteigt, nur für steuerbegünstigte Zwecke verwendet werden. Diese Voraussetzung ist auch erfüllt, wenn das Vermögen einer anderen steuerbegünstigten Körperschaft oder einer Körperschaft des öffentlichen Rechts für steuerbegünstigte Zwecke übertragen wird. Dies ist **der Grundsatz der Vermögensbindung**: Vermögen, das bisher für gemeinnützige oder mildtätige Zwecke eingesetzt wurde, darf auch in Zukunft nur für steuerbegünstigte Zwecke, die aber anderer Art sein dürfen als die vorherigen, verwendet werden.

Beispiel:

Das Altenpflegeheim Am Stadtbach gGmbH wird aufgelöst. Jeder Gesellschafter erhält die eingezahlten Kapitalanteile zurück. Das verbleibende Vermögen wird einem gemeinnützigen Verein übertragen, der eine Behinderteneinrichtung betreibt.

Die Mittel der Körperschaft sind **zeitnah** für ihre steuerbegünstigten Zwecke zu verwenden. Die Vorschrift ist erfüllt, wenn die Mittel spätestens im Folgejahr des Mittelzuflusses für Satzungszwecke ausgegeben werden. Allerdings darf ein Zweckbetrieb Rücklagen bilden, wenn dies der Sicherstellung der satzungsmäßigen Zwecke in der Zukunft dient (§ 58 AO). Dies können Rücklagen für betriebsnotwendige Investitionen sein oder so genannte Betriebsmittelrücklagen, für regelmäßig wiederkehrende Ausgaben (z. B. Löhne und Gehälter) für eine angemessene Zeitperiode. Der Zweckbetrieb muss Rücklagen dem zuständigen Finanzamt mitteilen, das die Vereinbarkeit mit der Steuerbegünstigung prüft.

Beispiel:

Das Altenpflegeheim Am Stadtbach gGmbH hat Spenden in Höhe von 50 000 € erhalten. Die Mittel werden im selben Rechnungsjahr, also zeitnah, für die Renovierung der Sonnenterrasse für die Bewohner verwendet. Hätte das Pflegeheim z. B. den Plan, die Station für schwerstpflegebedürftige Bewohner zu erweitern und wäre es nötig, für diese Investition weitere Mittel anzusammeln, könnte es die 50 000 € einer Rücklage zuführen.

---

§ 56 der AO schreibt weiterhin vor, dass eine steuerbegünstigte Körperschaft **nur** ihre satzungsmäßigen Zwecke verfolgen darf (**Gebot der Ausschließlichkeit**). Strebt sie weitere steuerbegünstigte Unternehmensziele an, muss sie ihre Satzung ändern.

> **Beispiel:**
>
> Das Altenpflegeheim Am Stadtbach gGmbH möchte, um behinderten Menschen die Teilhabe am Leben in der Gemeinschaft zu ermöglichen, Räume als Begegnungsstätte für behinderte und nicht-behinderte Menschen nutzen. In die Satzung wird der Zusatz eingefügt, dass die gGmbH darüber hinaus die Begegnung von Menschen mit und ohne Behinderung fördert.

Das **Gebot der Unmittelbarkeit** fordert, dass die Körperschaft ihre Zwecke selbst erbringt. Sie kann sich der Unterstützung von Hilfspersonen bedienen, jedoch müssen diese den Weisungen der Körperschaft unterliegen.

Die Abgabenordnung nennt Betätigungen, die der Steuerbegünstigung nicht entgegenstehen (§ 58 AO). Die wichtigste ist **die Möglichkeit, zu erben.**

> **Beispiel:**
>
> Das Altenpflegeheim Am Stadtbach gGmbH erbt von einer verstorbenen Bewohnerin 1 Mio. €. Von der Erbschaftsteuer ist die gGmbH befreit. Sie investiert die Erbschaft in den Ausbau der Pflegestation.

Die Abgabenordnung nennt einige Einrichtungen, die unter bestimmten Voraussetzungen quasi automatisch Zweckbetriebe sind. **Einrichtungen der Wohlfahrtpflege** und **Alten- sowie Altenpflegeheime** sind Zweckbetriebe, wenn sie in erster Linie Menschen dienen, die aufgrund ihres körperlichen, geistigen oder seelischen Zustandes auf Hilfe angewiesen sind oder die bedürftig sind (§ 53 AO). **Einrichtungen zur Teilhabe Behinderter am Arbeitsleben** sind Zweckbetriebe, also Werkstätten für Behinderte, Integrationsprojekte, **Einrichtungen der Blindenfürsorge** und der **Fürsorge für körperbehinderte Menschen** (§ 68 AO). Krankenhäuser können nur dann Zweckbetriebe sein, wenn mindestens 40 % der jährlichen Pflegetage auf Patienten entfallen, bei denen **nur Entgelte für allgemeine Krankenhausleistungen** – also **keine** Wahlleistungen – berechnet werden. Mit dieser Vorschrift wird sichergestellt, dass der soziale Zweck im Vordergrund steht.

Allerdings können Einrichtungen im Gesundheitswesen auf Steuerbegünstigung verzichten. Sie tun dies dann, wenn das Unternehmensziel gemäß dem erwerbswirtschaftlichen Prinzip darin besteht, einen maximalen Gewinn zu erzielen. So ist etwa eine börsennotierte Klinikkette in der Form einer AG nicht gemeinnützig; ihr Ziel ist gerade die Ausschüttung von Gewinnen an die Aktionäre, die sich bei einer Steuerbegünstigung verbieten würde.

2 Tendenzbetriebe

Viele Zweckbetriebe sind zugleich Tendenzbetriebe; als solche werden Unternehmen bezeichnet, die **ideelle, weltanschauliche Vorstellungen** verwirklichen. Für sie gilt das Betriebsverfassungsgesetz (BetrVG) nur eingeschränkt oder gar nicht. In § 118 BetrVG wird der Tendenzbetrieb definiert. Danach handelt es sich um Unternehmen und Betriebe, die *„unmittelbar und überwiegend*

1. politischen, koalitionspolitischen, konfessionellen, karitativen, erzieherischen, wissenschaftlichen oder künstlerischen Bestimmungen oder

2. Zwecken der Berichterstattung oder Meinungsäußerung, auf die Artikel 5 Abs. 1 Satz 2 des Grundgesetzes (Pressefreiheit, die Verf.) *Anwendung findet, dienen …"* (§ 118 Abs. 1 BetrVG).

„Das BetrVG findet keine Anwendung auf Religionsgemeinschaften und ihre karitativen … Einrichtungen …" (§ 118 Abs. 2 BetrVG). In einem Altenpflegeheim der Diakonie oder der Caritas wird folglich das BetrVG nicht umgesetzt. Die Beschäftigten haben nicht das Recht, einen Betriebsrat zu wählen.

Für die übrigen Tendenzbetriebe finden die Vorschriften des BetrVG dann keine Anwendung, *„soweit die Eigenart des Unternehmens oder des Betriebs dem entgegensteht"* (§ 118 Abs. 1 BetrVG). Die §§ 106 bis 110 BetrVG sind grundsätzlich nicht anzuwenden, die §§ 111 bis 113 nur zur Milderung wirtschaftlicher Nachteile für die Arbeitnehmer.

Die Eigenart des Unternehmens steht den Rechten nach dem BetrVG nur dann entgegen, wenn es um einen so genannten **Tendenzträger** geht, der von einer tendenzbedingten Maßnahme betroffen ist, nicht jedoch dann, wenn eine Entscheidung in einem wertneutralen, von der ideellen Zielsetzung unabhängigen Unternehmensbereich betroffen ist. Tendenzträger sind leitende Mitarbeiter, die den ideellen Betriebszweck mitgestalten.

Beispiele:

Die stellvertretende Leiterin eines Altenpflegeheimes des Roten Kreuzes hat sich wiederholt herabsetzend über die Bewohner des Heimes geäußert und soll deshalb gekündigt werden. Sie fällt unter den Begriff Tendenzträger und ihre Äußerungen laufen dem ideellen Zweck zuwider. In diesem Fall hat der Betriebsrat zwar das Recht gehört zu werden, nicht jedoch das Recht, der Kündigung zu widersprechen (§ 102 BetrVG). Seine Rechte sind folglich im Sinne des Tendenzschutz-Paragraphen (§ 118 BetrVG) eingeschränkt.

> Einer Mitarbeiterin der Küche des Altenpflegeheimes soll gekündigt werden. Diese Mitarbeiterin ist in einem Bereich des Unternehmens beschäftigt, der nichts mit der weltanschaulich-ideellen Zielsetzung des Betriebes zu tun hat. In diesem Fall bleiben die Rechte des Betriebsrates erhalten. Er kann nach § 102 BetrVG der Kündigung widersprechen.

Grundsätzlich **keine** Gültigkeit haben in Tendenzbetrieben die §§ 106 bis 110 BetrVG. Sie räumen dem Betriebsrat in Unternehmen mit mehr als 100 Beschäftigten das Recht ein, einen Wirtschaftsausschuss zu bilden, der vom Unternehmer umfassend über die wirtschaftlichen Angelegenheiten des Betriebs unterrichtet wird.

In Betrieben von Religionsgemeinschaften gelten darüber hinaus weitere arbeitsrechtliche Einschränkungen. Ein Streikrecht besitzen Kirchenmitarbeiter nicht, allerdings wurde dieses Privileg der Religionsgemeinschaften in jüngster Zeit vom Bundesarbeitsgericht abgemildert. Kirchliche Arbeitgeber haben das Recht, bei Lohnverhandlungen die Gewerkschaften von der Mitwirkung auszuschließen. Macht die Kirche jedoch von diesem Recht Gebrauch, so das Bundesarbeitsgericht, dürfen die Beschäftigten streiken. Kirchen als Arbeitgeber sind von Bestimmungen des Allgemeinen Gleichbehandlungsgesetzes (AGG) ausgenommen, sie dürfen ihre Mitarbeiter je nach deren Religionszugehörigkeit unterschiedlich behandeln. Dies gilt allerdings nur für leitende Mitarbeiter (Tendenzträger, s.o.), z. B. die Leiterin eines kirchlichen Pflegeheims. Kirchen können mit Hinweis auf die Konfessionszugehörigkeit Bewerber für leitende Positionen ablehnen. Juristisch ist sehr umstritten, inwieweit Kirchen von ihren Mitarbeitern auch im Privatleben religionskonformes Verhalten verlangen dürfen (vgl. z. B. das Verbot der Ehescheidung in der katholischen Kirche).

Übungsaufgaben zu Teil V

Aufgabe 1

Welche der nachfolgenden Betriebe sind Tendenzbetriebe? (Vier Nennungen)

1. Zeitungsverlag
2. Arzneimittelhersteller
3. Krankenhaus des Roten Kreuzes
4. Behindertenwohnheime der Caritas
5. Theodor Heuss Stiftung der FDP
6. Arzneimittel-Großhandlung

Aufgabe 2

Frau B. möchte eine gemeinnützige GmbH, die „Sonnenschein gGmbH" gründen, deren Zweck die häusliche Betreuung und Teilhabe behinderter Menschen am Leben in der Gemeinschaft ist. Sie entwirft eine Satzung. Bitte kreuzen Sie an, was nicht in der Satzung stehen darf.

1. Die Sonnenschein gGmbH hilft behinderten Menschen bei der Verrichtung ihrer täglichen Arbeiten im Haushalt.
2. Diese Haushaltstätigkeiten werden im Auftrag der Sonnenschein gGmbH von der Firma Heinzelmann OHG ausgeführt.
3. Die Sonnenschein gGmbH verpflichtet sich, behinderten Menschen die Teilnahme am Leben in der Gemeinschaft zu ermöglichen.
4. Aus den Mitteln der Körperschaft werden Gemeinschaftsräume errichtet, in denen behinderte und nicht-behinderte Kinder miteinander spielen können.
5. Die Sonnenschein gGmbH betreibt aus den Mitteln der Körperschaft ein Taxiunternehmen, das gelegentlich auch dem Transport von Behinderten dienen soll.
6. Die Gesellschafter der Sonnenschein gGmbH erhalten nach ihrem Ausscheiden aus der Körperschaft ihre Einlagen zuzüglich eines angemessenen Zuschlags zurück.

Aufgabe 3

Das Pflegeheim Am Stadtpark hat die Rechtsform einer gemeinnützigen GmbH.

Welche steuerlichen Konsequenzen ergeben sich

a) aus der Eigenschaft Pflegeeinrichtung?
b) aus der Gemeinnützigkeit?

Aufgabe 4

Das Krankenhaus A ist eine gGmbH und ein Tendenzbetrieb, da es von einem kirchlichen Träger betrieben wird. Welche Aussage trifft auf das Krankenhaus nicht zu?

1. Das Betriebsverfassungsgesetz gilt für Krankenhaus A grundsätzlich nicht.
2. Das Stammkapital beträgt mindestens 25 000 €.
3. Das Krankenhaus investiert den Mehrerlös des vergangenen Jahres in den Ausbau der Notaufnahme.
4. Aufgrund gesetzlicher Bestimmungen können im Krankenhaus A konfessionslose Mitarbeiter nicht beschäftigt werden.
5. Als Plankrankenhaus erhält Krankenhaus A vom Bundesland einen jährlichen Pauschalbetrag zur Wiederbeschaffung kurzfristiger Anlagegüter.
6. Steuervergünstigung setzt eine Satzung für das Krankenhaus voraus.

Aufgabe 5

Die gemeinnützige Rehabilitationsklinik Bad Neustadt möchte verstärkt auf den Export von Gesundheitsleistungen setzen. Deshalb forciert sie den Absatz von Luxusleistungen an wohlhabende Patienten aus dem Ausland. Worauf muss die Klinik achten, wenn sie die Steuerbegünstigung aufrecht erhalten möchte?

Teil VI
Dokumentation und Berichtswesen in Gesundheitsbetrieben

Das Recht der Patienten auf ordnungsgemäße Dokumentation und ihre Einsichtsrechte in die Unterlagen resultieren aus der ärztlichen Berufsordnung (vgl. Kap. IV 2.1.3.2) und aus dem Behandlungsvertrag (vgl. Kap. IV 2.2.1). An dieser Stelle werden rechtliche Aspekte erläutert, spezielle Anforderungen an medizinische und pflegerische Dokumentation aufgezeigt sowie auf das Berichtswesen in betriebswirtschaftlicher Sicht, das Controlling, eingegangen.

1   Ärztliche und pflegerische Dokumentation

1.1   Dokumentationspflicht

Die Pflicht zur Dokumentation ergibt sich einerseits als Nebenpflicht aus dem **Behandlungsvertrag** bzw. **Krankenhausaufnahmevertrag**, andererseits aus dem Berufsrecht der Ärzte.

In der Klinik dokumentieren Ärzte, Pflegekräfte und nicht-ärztliche Mitarbeiter als so genannte Erfüllungsgehilfen. Die Deutsche Krankenhausgesellschaft empfiehlt, dass der Krankenhausträger zur Vermeidung von Fehlern und damit eines Organisationsverschuldens eine Dienstanweisung über die Durchführung der Dokumentation erlassen und regelmäßig überprüfen sollte, ob diese ausreichend umgesetzt wird.

Alle Ärzte sind gemäß § 10 Abs. 1 der Berufsordnung für Ärzte (BO) und gemäß § 630f BGB zur Dokumentation der Behandlung verpflichtet. Für Vertragsärzte wurde diese wichtige Aufgabe zusätzlich in den Bundesmantelverträgen geregelt. Daneben gibt es zahlreiche rechtliche Vorschriften; z. B. verpflichtet der Vertrag zu ambulanten Operationen zwischen Kassen, Krankenhäusern und Vertragsärzten den Operateur, seine Entscheidung für eine ambulante Operation zu dokumentieren. EBM und GOÄ enthalten Leistungspositionen, für die eine Dokumentation explizit als Bestandteil der Leistung obligatorisch ist.

Spezielle Dokumentationspflichten ergeben sich aus weiteren Gesetzen und Verordnungen, z. B. der Röntgenverordnung oder dem Transplantationsgesetz.

Pflegeeinrichtungen sind sowohl nach SGB XI als auch nach dem Heimgesetz zur Dokumentation verpflichtet. Seit der Föderalismusreform 2006 werden die ordnungsrechtlichen Vorschriften des Heimgesetzes durch Regelungen der Länder ersetzt. Mittlerweile haben – mit Ausnahme von Thüringen – alle Bundesländer Gesetze und Verordnungen erlassen, die unter anderem die Aufzeichnungspflicht regeln.

In besonderen Fällen, in denen die Datenerfassung nicht unmittelbar mit der Behandlung oder einer vertraglichen Beziehung zusammenhängt, ist eine Einverständniserklärung des Patienten, die jederzeit widerrufen werden kann, erforderlich (z. B. für klinische Studien bei Krebspatienten).

1.2 Begriffsdefinitionen

Die medizinische Dokumentation beinhaltet das manuelle oder elektronische Erfassen/Sammeln (= Primärdokumentation), das formale und inhaltliche Erschließen (= Sekundärdokumentation), das Speichern, das Ordnen, das Aufbewahren und das Wiederfinden der medizinischen Informationen bzw. Daten.

Von Ärzten, Pflegekräften und ggf. Therapeuten erhobene Dokumentation, die so genannte Primärdokumentation befindet sich in der vollständigen Krankenakte. Die Sekundärdokumentation wird aus Gründen der Weiterverarbeitung (oder der Auswertbarkeit) aus der Primärdokumentation heraus erstellt und ggf. durch spezielle Informationen ergänzt. Hierunter fallen Abrechnungsunterlagen, die Tumordokumentation, die DMP-Dokumentation und Dokumente zur externen Qualitätssicherung nach § 137 SGB V.

1.3 Zwecke der medizinischen Dokumentation

Damit die ärztliche und pflegerische Dokumentation den in der Abbildung 30 dargestellten vorrangigen Zwecken dient, muss sie ausführlich, sorgfältig, vollständig und zeitnah erfolgen.

Die medizinische Dokumentation ist **Voraussetzung für eine kontinuierliche Versorgung des Patienten.** Der Arzt muss nach einer Unterbrechung der Behandlung als Gedächtnisstütze auf seine Aufzeichnungen zurückgreifen können, wenn der Patient wieder zu ihm kommt. Wird die Behandlung von

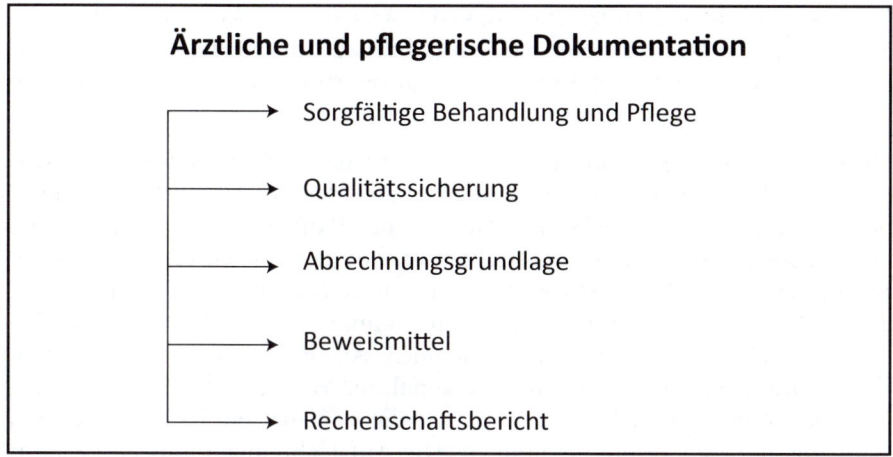

Abb. 30: Zwecke der Dokumentation

einem anderen Therapeuten, z. B. bei Praxisübernahme, fortgeführt, so kann dieser – allerdings nur, wenn der Patient zustimmt – Einsicht in die Dokumentation nehmen.

Niedergelassene Ärzte und Krankenhäuser legen für jeden Patienten eine Patientenkarte oder -akte an. Heute geschieht dies in den meisten Fällen auf elektronischem Wege.

Dem Arzt obliegt die Sicherung der Daten und deren Schutz; sie dürfen Außenstehenden nicht zugänglich sein. Die Patientenakte enthält die **Personalien** (Name, Geburtsdatum, Anschrift) des Patienten um ihn jederzeit einwandfrei identifizieren zu können. Der Arzt legt in seiner Aufzeichnung die **Anamnese** (aus dem Griech.: anamnesis = Erinnerung), die krankheitsbezogene Vorgeschichte nach den Angaben des Patienten, nieder. Jeder Arztkontakt ist mit dem **Datum** zu versehen, bei manchen Prozeduren, z. B. Operationen, wird auch die Uhrzeit angegeben. Kernbestandteile der Dokumentation sind **Diagnostik und Therapie**. Im Krankenhaus sind die Prozeduren als Verlaufsblatt anzulegen, aus dem die einzelnen Verfahrensschritte, z. B. Medikamentengaben, in zeitlicher Abfolge ersichtlich sind. Bestandteil der Patientenakte sind Diagnosebefunde, z. B. Laborwerte, EKG-Auswertung etc. Besonders wichtig sind Anordnungen.

Die Behandelnden sind verpflichtet, die *„Dokumentation in unmittelbarem zeitlichen Zusammenhang mit der Behandlung"* zu führen, und es ist ihnen nur dann erlaubt Berichtigungen und Änderungen vorzunehmen, wenn der ursprüngliche Inhalt erkennbar bleibt (§ 630f Abs. 1 BGB).

Nicht zwingend notwendig ist es, dass der Arzt selbst dokumentiert. Er kann dies delegieren, z. B. an eine medizinische Fachangestellte, eine Krankenschwester oder eine Schreibkraft. Die Verantwortung für die Dokumentation liegt beim Arzt.

Die **Pflege-Dokumentation** ist neben der ärztlichen Dokumentation ein wichtiger Teil der medizinischen Dokumentation. Pflegekräfte sind verpflichtet, den körperlichen und seelischen Zustand des Patienten und die diesen beeinflussenden Umstände zu beobachten und diese Beobachtungen an die an Diagnose, Therapie und Pflege Beteiligten weiterzugeben (§ 4 Krankenpflegegesetz). Sie sind weiterhin verpflichtet, administrative Aufgaben im Zusammenhang mit der Pflege zu übernehmen. Aus beidem leitet sich eine **Dokumentationspflicht für das Pflegepersonal** ab. Verantwortlich dafür ist die leitende Pflegekraft. Jede Pflegekraft hat die von ihr selbst durchgeführten Pflegemaßnahmen zu dokumentieren. Die Aufzeichnungen müssen Leistungen der Grundpflege, wie z. B. Bettenmachen, nicht enthalten. Dokumentiert werden Maßnahmen der medizinischen Behandlungspflege (Verabreichung von Medikamenten, Verbände, Injektionen etc.) und krankheitsrelevante Beobachtungen, wie sie im Krankenpflegegesetz beschrieben werden.

Für die Pflegedokumentation in der stationären Altenpflege wurde vom Bundesministerium für Familie, Senioren, Frauen und Jugend das Handbuch „Pflegedokumentation stationär – das Handbuch für die Pflegeleitung" herausgegeben. Es bietet eine sehr gute und klare Orientierungshilfe darüber, was, in welcher Form und für wen zu dokumentieren ist, zudem werden spezifische Anleitungen gegeben für typische und alltägliche Pflegesituationen, z. B. in den Berichten Flüssigkeitsdefizit, Wunddokumentation oder Sturz.

Die medizinische Dokumentation im Krankenhaus hat sowohl durch die **gesetzlichen Qualitätssicherungsmaßnahmen** als auch für die **Abrechnung stationärer Fälle** mittels DRG einen deutlich höheren Stellenwert im Gesundheitswesen. So sind seit 1.1.2001 alle nach § 108 SGB V zugelassenen Krankenhäuser gesetzlich verpflichtet (§§ 135a und 137a SGB V), an der **externen vergleichenden Qualitätssicherung** teilzunehmen. In bestimmten Leistungsbereichen sind Informationen zur Qualitätsmessung und zum Qualitätsvergleich in Medizin und Pflege zu dokumentieren und anonymisiert an Auswertestellen zu übermitteln. Die Ergebnisse der Auswertungen (Qualitätssicherungsreport) werden den Krankenhäusern wieder zugeleitet; die Angaben der Krankenhäuser dabei pseudonymisiert. Das zeigt den Krankenhäusern, wie gut sie im Vergleich zu den anderen sind. Das Verfahren wird Benchmarking genannt und führt in der Regel zur Qualitätsverbesserung (vgl. Kap. VII).

> **Beispiel:**
>
> Im Leistungsbereich Hüftgelenksersatz wird anhand zuvor festgelegter Qualitätsmerkmale bzw. Qualitätsindikatoren (z. B. Entzündung des OP-Bereiches nach der Operation) die Behandlung aller Patienten dokumentiert. Diese Daten werden an eine zentrale externe Stelle (AQUA-Institut für angewandte Qualitätsförderung und Forschung im Gesundheitswesen) übermittelt und ausgewertet.

Krankenhäuser veröffentlichen in ihrem Qualitätsbericht z. B. ihre Dokumentationsraten (= Qualitätsindikator) (Tabelle 31).

Tab. 31: Ermittelte Dokumentationsraten

Leistungsbereich	Fallzahl	Dokumentationsrate (%)
Dekubitusprophylaxe	2 649	98,5
Herztransplantation	31	100
Hüftgelenksersatz	655	94

Im Rahmen des internen Qualitätsmanagements werden Qualitätsstandards überwacht. Dies geschieht durch Beobachtung und Aufzeichnung einzelner Qualitätsindikatoren wie Verbrauch von Antibiotika und/oder Auftreten von Komplikationen.

Der Umfang der Dokumentation nimmt sowohl im Krankenhaus wie auch in der niedergelassenen Praxis ständig zu. Ein Beispiel hierfür ist die zusätzliche Dokumentation, die im Rahmen der **disease management Programme** (vgl. Kap. IV 7.3.2) anfällt.

Als Nachweis für das Erbringen einer Leistung ist die Dokumentation **Grundlage für die Vergütung**. Im Verhältnis zwischen **Leistungserbringer und Abrechnungsstelle** – Kassenärztliche Vereinigung oder Krankenkassen – werden dazu spezielle Leistungsverzeichnisse oder Klassifikationen (z. B. EBM, DRG, ICD, OPS) eingesetzt.

1.4 Dokumentation mit ICD, OPS und Kodierrichtlinien

Die **DRG-Dokumentation** unterscheidet sich von der **medizinischen Dokumentation** dadurch, dass nur abrechnungsrelevante Diagnosen und Prozeduren – also jene, die eines Aufwands bedurften – in verschlüsselter Form an die Leistungsträger übermittelt werden müssen bzw. dürfen (vgl. Kap. IV 3.10).

> **Beispiel:**
>
> Frau M. wird zur Behandlung einer chronischen myeloischen Leukämie (CML) stationär aufgenommen. Bei der Untersuchung stellt sich heraus, dass vor 10 Jahren eine Knieoperation durchgeführt wurde; eine sonografische Untersuchung zeigt ein Uterusmyom, das keine weitere Diagnostik und Therapie erfordert. Die bekannte koronare Herzkrankheit (KHK) wird während des stationären Aufenthaltes medikamentös weiterbehandelt. Frau M. muss wegen anhaltender Lumbalgien krankengymnastisch behandelt werden.

Während der Arzt in der Akte aus medizinischen Gründen sämtliche Diagnosen im Klartext aufzuzeichnen hat (Primärdokumentation), sind für die Abrechnung neben der Hauptdiagnose (HD) Begleiterkrankungen bzw. Nebendiagnosen (ND) nur dann relevant, wenn sie diagnostische oder therapeutische Maßnahmen oder einen erhöhten Betreuungs-, Pflege- oder Überwachungsaufwand verursachen. Anamnestische Diagnosen (z. B. Uterusmyom), die das Patientenmanagement gemäß obiger Definition nicht beeinflusst haben, sind für die Belange des DRG-Systems nicht zu dokumentieren und folglich auch nicht zu kodieren. Die DRG-Kodierung umfasst hier CML als Hauptdiagnose, Lumbalgie und KHK als Nebendiagnosen. Uterusmyom und Knieoperation erfüllen nicht die Definition der Nebendiagnose.

Besondere Bedeutung haben im DRG-System neben pflegerelevanten Nebendiagnosen die im OPS (Operationen- und Prozedurenschlüssel) neu eingeführten Kodes für die **hochaufwändige Pflege** von Erwachsenen, Jugendlichen und Kindern auf der Basis der Pflegekomplexmaßnahmen-Scores (PKMS) auf Normalstationen. Die PKMS sind ein vom Deutschen Pflegerat entwickeltes Instrument zur Abbildung der Pflege von hochaufwändigen Patienten im Krankenhaus. Hierzu müssen die Gründe für hochaufwändige Pflege einmalig wie auch Änderungen erfasst werden, Pflegeinterventionen sind durch tägliche Leistungsdokumentation nachzuweisen.

> **Beispiel:**
>
> Frau M. leidet an extremen Schmerzzuständen, die sich auf die Körperpflegeaktivitäten auswirken.

Die Klassifikationen **ICD-10** (International Classification of Diseases, Internationale statistische Klassifikation der Krankheiten und verwandter Gesundheitsprobleme) und **OPS** (Operationen- und Prozedurenschlüssel) dienen der **einheitlichen Verschlüsselung** von Diagnosen, Operationen und Prozeduren. Ihre Anwendung im ambulanten und stationären Bereich ist im Sozialgesetzbuch V gesetzlich verankert. Die ICD-10 ist die international verwendete

Klassifikation von Krankheiten in ihrer 10. Version. Die Klassifikation enthält 22 Kapitel, die nach Indikationen gegliedert sind und mit römischen Ziffern durchnummeriert werden. Kapitel I trägt die Überschrift „*Bestimmte infektiöse und parasitäre Krankheiten*". Innerhalb der Obergruppen wird nach einzelnen Diagnosen anhand von Großbuchstaben und arabischen Ziffern weiter differenziert, z. B.

Kapitel I   Bestimmte infektiöse und parasitäre Krankheiten A 00–B 99
Kapitel XI   Krankheiten der Verdauungsorgane K 00–K 93

Eine akute Blinddarmentzündung (Appendizitis) gehört zu den Krankheiten der Verdauungsorgane und wird folglich im Kapitel XI verschlüsselt mit K 35.8.

In der ambulanten Versorgung (§ 295 SGB V) reicht die vierstellige Verschlüsselung aus; in der fachärztlichen Versorgung für Diagnosen innerhalb des Fachgebietes und im Krankenhaus muss so spezifisch wie möglich, d. h. endständig kodiert werden. Eine weitere wesentliche Unterscheidung in der Kodierung sind die für den Stand der Diagnosesicherheit verwendeten Zusatzkennzeichen V (für Verdacht auf), G (für gesicherte Diagnose), A (für ausgeschlossene Diagnose) und Z (für symptomloser Zustand nach betreffender Diagnose). Im ambulanten Bereich sind sie obligatorisch anzuwenden, im stationären Bereich dürfen sie dagegen nicht verwendet werden. In der stationären Versorgung sind stattdessen die hierfür vorgesehenen Schlüsselnummern im Kapitel „*XXI: Faktoren, die den Gesundheitszustand beeinflussen und zur Inanspruchnahme des Gesundheitswesens führen*" zu verwenden.

In Deutschland gibt es für die ICD-10 zwei wesentliche Einsatzbereiche:

• Zur Verschlüsselung von Diagnosen in der ambulanten und stationären Versorgung ist die jeweilige ICD-10-GM-Version (2013, 2014 usw.) anzuwenden.
• Für die Verschlüsselung von Todesursachen gilt weiterhin die ICD-10-WHO Version 2006

Die ICD-10-WHO wird seit dem 1.1.1998 für die Verschlüsselung von Todesursachen eingesetzt und ist die Grundlage der amtlichen **Todesursachenstatistik**. Für diesen Zweck wird die ICD-10-WHO, die deutschsprachige WHO-Ausgabe der ICD-10, verwendet. Dabei handelt es sich um eine 1:1-Übertragung der englischsprachigen WHO-Originalausgabe. Zweck der Standardisierung ist die internationale Vergleichbarkeit von Todesursachenstatistiken. Die ICD-10-GM (der Zusatz GM bedeutet German Modification) ist dagegen auf die Erfordernisse der Datenübermittlung und Kodifizierung nach dem SGB V zugeschnitten und trägt damit deutschen Besonderheiten (vor allem der DRG-Zuordnung) Rechnung.

Der OPS ordnet jeder Operation bzw. Prozedur eine Ziffer zu. Würde ein Patient mit K 35.8 operiert, so wäre die Blinddarmoperation mit 5-470-0 (Appendektomie, offen chirurgisch) zu verschlüsseln.

Beide Klassifizierungen, ICD-10 in den zwei Versionen sowie OPS, werden vom Deutschen Institut für Medizinische Dokumentation und Information (DIMDI), einer Bundesbehörde, herausgegeben.

Ärzte und Kodierfachkräfte im Krankenhaus müssen seit 2005 zur korrekten und abrechnungsrelevanten Diagnosen- und Prozeduren-Verschlüsselung die vom Institut für das Entgeltsystem (InEK) jährlich herausgegebenen **Deutschen Kodierrichtlinien** (DKR) anwenden. Bei Abweichungen haben die DKR immer Vorrang vor ICD-10-GM und OPS.

Seit Januar 2011 sind die Diagnosen und Prozeduren in stationären **psychiatrischen und psychosomatischen** Einrichtungen nach den Deutschen Kodierrichtlinien für die Psychiatrie/Psychosomatik (DKR-Psych – Hrsg. InEK) zu verschlüsseln. Die Kodierung ist gemäß § 17d KHG für die Entwicklung und Anwendung eines leistungsgerechten Psych-Entgeltsystems zu vereinheitlichen. Um eine einheitliche Anwendung der Diagnosen- und Prozeduren-Klassifikation zu ermöglichen, vereinbaren die Vertragspartner jährlich die Kodierrichtlinien. Die DKR-Psych (2013, 2014 usw.) beziehen sich wie die DKR auf die Anwendung der ICD-10-GM und OPS 2013, 2014; bei Widersprüchen haben auch hier Kodierrichtlinien Vorrang.

Die gleichzeitig am 1.1. 2011 **bundesweit** in Kraft getretenen **Ambulanten Kodierrichtlinien** (AKR) sind wieder vom Tisch.

Die Pflicht zum Kodieren der **Behandlungsdiagnosen (nicht** Prozedurenverschlüsselung) für Vertragsärzte und Psychotherapeuten bleibt jedoch. Als Kodierhilfen zur Kodierung stellt die Kassenärztliche Vereinigung den niedergelassenen Ärzten sog. Wegweiser-ICD 10 und Checklisten-ICD 10 zur Verfügung.

Da Leistungsansprüche generell nur dann geltend gemacht werden können, wenn eine stationäre Aufnahme notwendig ist, d. h., eine ambulante oder teilstationäre Behandlung nicht ausreicht, müssen Kliniken zunehmend mit **Abrechnungsprüfungen durch den MDK** (Medizinischer Dienst der Krankenkassen) rechnen. Auf der Basis einer nachvollziehbaren und gut strukturierten Dokumentation der Behandlung über deren gesamten Verlauf kann vonseiten der Klinik der Nachweis für die Notwendigkeit der Krankenhausbehandlung erbracht werden. Eine korrekte Dokumentation, d. h., eine schlüssige Übereinstimmung der medizinischen Dokumentation mit der DRG-Dokumentation trägt entscheidend dazu bei, Auseinandersetzungen mit den Kostenträgern bzw. Entgeltkürzungen nach MDK-Prüfverfahren zu vermeiden (vgl. Kap. IV 3.5 und IV 3.11).

Aufzeichnungen können schließlich auch als **Beweismittel** eine Rolle spielen, wenn es zu gerichtlichen Auseinandersetzungen zwischen Patienten und Ärzten bzw. Pflegepersonen kommt. In Arzthaftungsprozessen, in Fällen also, in denen dem Arzt ein Behandlungsfehler nachgewiesen werden soll, wird von Gerichten bei mangelhafter oder fehlender Dokumentation meist im Sinne des Patienten entschieden. Eine unterlassene ärztliche oder pflegerische Dokumentation bildet nach Auffassung des Bundesgerichtshofes und des § 630h Abs. 3 BGB selbst zwar keine Anspruchsgrundlage; eine nicht dokumentierte Leistung gilt aber in der Regel als nicht erbrachte Leistung. Dokumentationsmängel können im Zivilprozess zu Beweiserleichterungen bis hin zu einer **Beweislastumkehr** führen. Der Gesetzgeber hat seit 2013 im § 630h BGB die Beweislast bei Behandlungs- und Aufklärungsfehlern geregelt. Hier wird gefordert, dass der Behandelnde beweisen muss, dass er eine Einwilligung gemäß § 630d eingeholt und entsprechend den Anforderungen des § 630e aufgeklärt hat (vgl. Kap. IV.2.1.3.2).

Kommt es zur Beweislastumkehr, hat nicht der Patient ein Verschulden des Arztes nachzuweisen, sondern der Arzt seine Unschuld. Jederzeit gerichtlich überprüfbar, und also einer strengen Dokumentationspflicht unterworfen, müssen Maßnahmen sein, die **Grundrechte von Patienten berühren**, wie freiheitsentziehende Maßnahmen (z. B. Fixierung im Bett). Wichtig ist ferner die Dokumentation von Patientenentscheidungen wie Behandlungsabbruch oder Beurlaubung auf eigene Gefahr.

Ein weiterer Zweck der Dokumentation ist auch das **Recht der Patienten**, darüber informiert zu werden, welche Prozeduren mit welchem Ergebnis an ihnen vorgenommen wurden. Patienten haben das Recht, ihre Behandlungsunterlagen einzusehen. Davon ausgenommen sind diejenigen Teile der ärztlichen Aufzeichnungen, die subjektive Eindrücke des Arztes wiedergeben. Möchte ein Patient Kopien seiner Behandlungsunterlagen, so müssen der Arzt bzw. seine Mitarbeiter diese gegen die Erstattung der Kosten herausgeben; die Akte selbst bleibt im Besitz des Arztes oder Krankenhauses.

Die **Pflicht zur Aufbewahrung** liegt beim Vertragspartner des Patienten. Im Krankenhaus ist dies der Träger des Krankenhauses. Nimmt die Dokumentation der Belegarzt vor, dann bleibt die Akte trotzdem im Besitz des Krankenhauses. Die Klinik ist für die Archivierung verantwortlich. Beauftragt die Klinik ein Archivierungsunternehmen, so bleibt die Gesamtverantwortung über den Verbleib der Akte bei der Klinik.

Der Nutzen der Dokumentation liegt insbesondere darin, zum gegebenen Anlass und zum gegebenen Zeitpunkt jederzeit darauf zurückgreifen zu können. Die Information oder das Wissen darf jedoch nur berechtigten Personen zur Verfügung gestellt werden. Damit diese Zweckbestimmungen eingehalten werden, müssen die Schweigepflicht und der Datenschutz sowie die Datensicherung gewährleistet werden, vor allem bei der Archivierung. Im Krankenhausbetrieb muss der Träger dafür sorgen, dass sämtliche Vorschriften eingehalten werden bis hin zur vorschriftsgemäßen Entsorgung.

Nach den gesetzlichen Bestimmungen gelten unterschiedliche Aufbewahrungsfristen. Fristen für die wichtigsten Unterlagen sind in Übersicht 14 verzeichnet.

Aufgrund der Tatsache, dass zivilrechtliche Ansprüche (vertragliche und deliktische) von Patienten gegen ihren Arzt oder das Krankenhaus nach dem Bürgerlichen Gesetzbuch erst **nach 30 Jahren verjähren**, werden die Krankenunterlagen in Kliniken entsprechend der Empfehlung der Deutschen Krankenhausgesellschaft (DKG e.V.) 30 Jahre lang aufbewahrt. Die Kassenärztliche Vereinigung empfiehlt, die Dokumentation so lange aufzubewahren, bis eindeutig feststeht, dass aus der ärztlichen Behandlung keine Schadensersatzansprüche mehr erwachsen können.

Übersicht 14: Aufbewahrungsfristen

Art des Dokumentes	Aufbewahrungsfrist
Ärztliche Aufzeichnungen, Befunde wie EKG-Aufzeichnungen, Ergebnisse von Früherkennungsuntersuchungen, disease management-Programme (Unterlagen), Arztbriefe	Mind. 10 Jahre nach Abschluss der Behandlung
Röntgenbilder, Aufzeichnungen von Röntgenuntersuchungen	10 Jahre
Röntgenbilder, Aufzeichnungen von Röntgenuntersuchungen von Kindern, Jugendlichen	Bis zur Vollendung des 28. Lebensjahres
Aufzeichnungen über Röntgenbehandlung und Strahlenbehandlung	30 Jahre
Aufzeichnungen zu Medizinprodukten	5 Jahre
Arbeitsunfähigkeitsbescheinigungen, (Durchschriften)	1 Jahr
Überweisungsscheine	1 Jahr
Pflegedokumente	5 Jahre
Betäubungsmittel-Dokumente	3 Jahre
Berufsgenossenschaftliche Verletzungsverfahren	15 Jahre

1.5 Computergestützte Dokumentation

Im Krankenhaus wie auch in der niedergelassenen Praxis wird zunehmend elektronisch dokumentiert. Zur Anwendung kommt häufig das KIS (Krankenhausinformationssystem = Gesamtheit aller informationsverarbeitenden Einheiten, z. B. Fachabteilung, Verwaltung, Patientenaufnahme), in der Praxis dienen APIS (Arztpraxisinformationssysteme) Dokumentationszwecken. KIS spielt eine wesentliche Rolle beim Aufbau einer **Gesundheitstelematik**, der Vernetzung von Einrichtungen im Gesundheitswesen.

Die elektronische Datenerfassung bringt viele Vorteile mit sich. Die Daten können schnell erfasst und zügig verarbeitet werden, sind bei Bedarf Berechtigten jederzeit schnell verfügbar. Der Zugriff auf die „identische Datenquelle", z. B. für das Erstellen verschiedenster Berichte, kann nur Berechtigten vorbehalten werden. Der Zugriff wird dokumentiert und Veränderungen werden zeitgenau gespeichert. Die technischen und organisatorischen Maßnahmen für einen reibungslosen, den Datenschutzvorschriften entsprechenden Umgang mit den Patientendaten müssen jedoch gewährleistet sein. Weitere Vorteile sind geringerer Platzbedarf und geringerer Papierverbrauch.

Nachteile sind die höheren Kosten, die strengere Formalisierung und der mögliche Datenmissbrauch aufgrund des schnellen Zugriffs, z. B. interne Zugriffe von nicht dazu berechtigten Personen oder das Eindringen von außen in das Kliniknetz. Evtl. sind ältere Datenbestände in Zukunft nicht mehr lesbar.

2 Innerbetriebliches Berichtswesen – Controlling

Controlling (aus dem Engl.: to control = nachprüfen, überwachen) ist eine Aufgabe der Unternehmensleitung, die der Planung, Prüfung und Steuerung der Unternehmensabläufe dient. Mit Controllinginstrumenten wird die Umsetzung der Planung **laufend geprüft** und bei Abweichungen der Ist-Werte vom Plansoll **möglichst früh gewarnt**. Welche Entscheidung der Unternehmensleitung eine Ist-Soll-Abweichung nach sich zieht, bleibt offen. So ist es möglich, dass die Zielerreichung forciert wird, z. B. durch eine Erhöhung der Arbeitsproduktivität (Arbeitsleistung je Pflegetag), denkbar ist aber auch, dass die Planvorgaben revidiert werden müssen, weil die Zielsetzung nicht realistisch war. Geläufigstes Instrument des Controlling sind je Leistungsbereich **spezifische Kennziffern**, z. B. zur Produktivität (Verhältnis von Output zu eingesetzten Produktionsfaktoren), zur Liquidität usw. Controlling kann in allen Leistungsbereichen des Betriebes eingesetzt werden; es kann auf alle Abteilungen und Einzelfunktionen angewandt werden. Betriebliche Kennziffern sind Gegenstand der Fächer Betriebswirtschaftslehre und Buchführung/ Kostenrechnung. Deshalb wird an dieser Stelle nicht detailliert auf einzelne

Ziffern eingegangen, sondern spezifische Kennziffern für Gesundheitsbetriebe vorgestellt. Sinnvoll ist es, die Controlling-Bereiche aufzugliedern in kaufmännisches, medizinisches und pflegerisches Controlling (auf einen speziellen Aspekt, das Beschwerdecontrolling, wird im Kap. VIII 2.2.8 gesondert eingegangen).

2.1   Kaufmännisches Controlling

Beispiele für Teilbereiche

- Erlöscontrolling (Erlöse aus Fallpauschalen, häufigste DRG nach Haupt- und Nebendiagnosen, Erlöse aus ambulanten Leistungen, ABC Analysen nach Umsatz und Fallzahlen usw.)
- Finanzcontrolling (Kennzahlen und Auswertungen der Bilanz, der Gewinn- und Verlustrechnung, hinsichtlich der Liquidität, der Rentabilität und der Finanzierung)
- Kostencontrolling (Kostenarten- und Kostenträgerrechnung, Gegenüberstellung der Plan- und Istkosten, Deckungsbeitrag einzelner DRG)
- Anlagencontrolling (Auswertungen über Anlagegüter, Alter, durchschnittliche Wartungskosten usw.)
- Projektcontrolling (Auswertung laufender Projekte hinsichtlich Kosten, Termine, Qualität)
- Personalcontrolling (Auswertungen über das Personal, Alter, Ausbildung, Ausfallzeiten, Personalbesetzung, Stellenplan, Überstunden, Schichtzulagen usw.)

Gesundheitsbetriebe können in der Regel die Preise der abgegebenen Dienstleistungen kurzfristig nicht oder kaum beeinflussen. In der Gleichung für den Erlös bzw. Umsatz

$$\text{Umsatz} = \text{Preis} \times \text{Menge}$$

lassen sich Erlöse nicht durch eine Preisvariation, sondern allenfalls durch eine Anpassung der Mengen steuern. Erlöscontrolling in Gesundheitsbetrieben wird sich also vornehmlich auf die Art und Menge der abgegebenen Leistungen beziehen. Am Beispiel von Fallpauschalen soll dies anhand einer **ABC-Analyse** dargestellt werden.

> **Beispiel:**
>
> Im Kreiskrankenhaus Neustadt wurden in den vergangenen vier Monaten die in Tabelle 32 genannten DRG erbracht.

Als A-DRG werden jene eingestuft, deren Anteil 10 % und mehr am Gesamtumsatz ausmachen; auf B-DRG entfällt ein Umsatzanteil von 5 % bis unter 10 %, auf C-DRG weniger als 5 % (Tabelle 33).

DRG 1, 2 und 4 gehören zur A-Gruppe, DRG 3 und 6 zur B-Gruppe, DRG 5 zur C-Kategorie.

Das Kreiskrankenhaus Neustadt erwirtschaftet mit den drei DRG der Kategorie A (Nummern 1, 2 und 4) insgesamt 83,2 % des Gesamtumsatzes aus Fallpauschalen. Um Erlöseinbrüche zu vermeiden, sollten Mengenrückgänge dieser drei DRG unterbleiben.

Tab. 32: Erlös je DRG – ABC-Analyse

DRG-Nummer	Erbrachte Mengen	Erlös je DRG
DRG 1	72	1 934 €
DRG 2	53	2 723 €
DRG 3	36	987 €
DRG 4	21	3 578 €
DRG 5	5	3 014 €
DRG 6	4	5 389 €

Tab. 33: Anteil der DRG am Gesamtumsatz – ABC-Analyse

DRG-Nummer	Erlös (Menge × Preis)	Anteil am Gesamtumsatz in %
1	139 248 €	32,3
2	144 319 €	33,5
3	35 532 €	8,3
4	75 138 €	17,4
5	15 070 €	3,5
6	21 556 €	5,0
Summe	**430 863 €**	

Denkbar sind auch Szenarien, die eine Änderung der Unternehmensstrategie auslösen: Der Controller beobachtet und meldet einen Erlösrückgang beim „Umsatzrenner" DRG 2 und einen leichten Anstieg des Umsatzes aus DRG 6. Zur Behandlung der Indikation der DRG 6 hat das Kreiskrankenhaus eine therapeutische Innovation entwickelt, die die durchschnittliche Verweildauer der DRG um einen Tag senkt. Die Krankenhausleitung beschließt, Marketing-Aktivitäten für DRG 6 zu forcieren, vor allem sollen niedergelassene Ärzte über den neuen Behandlungsansatz informiert werden. Langfristig gibt sich das Krankenhaus als Ziel vor, mit den Erlösen aus DRG 6 in die A-Kategorie zu expandieren, um den Rückgang von DRG 2-Umsätzen zu kompensieren.

2.2 Medizincontrolling

Mit dem Medizincontrolling werden alle medizinisch relevanten Vorgänge und Abläufe in einem Krankenhaus erfasst und im Zeitvergleich einander gegenübergestellt. Hauptaufgabe ist es, das **Qualitätsgeschehen** zu überwachen mit dem Ziel, Standards aufrecht zu erhalten oder ggf. Schwachstellen zu identifizieren. Medizincontroller, ebenso Pflegecontroller arbeiten mit Mitarbeitern des Qualitätsmanagements (vgl. dazu Kap. VII) und der Dokumentation eng zusammen. Die drei Bereiche überschneiden sich häufig (ein Beispiel dazu findet sich unter dem Stichwort „Pflegecontrolling").

Kennziffern des Medizincontrolling können z. B. folgende Angaben sein:

- Verweildauer je DRG nach Alter, Geschlecht etc.
- Medikamenteneinsatz je Indikation
- Fehlerquoten bei der Patientendokumentation
- Operationsdauer je Indikation
- Anzahl der Krankenhausinfektionen
- Komplikationsrate je DRG

2.3 Pflegecontrolling

Pflegecontrolling beschäftigt sich mit Auswertungen von Daten der Verwaltung über Kosten, Leistungen, Erlösen und Personal im Bereich des Pflegedienstes; Hauptaufgabe ist auch hier die kontinuierliche Überwachung des Leistungsgeschehens im Hinblick auf die Qualität.

Mögliche Teilbereiche des Pflegecontrolling:

- Auswertungen und Kennzahlen der Pflegequalität, z. B. Patientenzufriedenheit, Dekubitus (= Wundliegen), Infektionen, Stürze
- Auswertungen auf Basis der Pflegediagnosen

- Auswertungen im Bereich Personal, z. B. Personalbedarfsberechnungen
- Auswertungen der Prozessabläufe, z. B. welche Berufsgruppe braucht für welche Tätigkeit wie viel Zeit

Wie Controlling, Dokumentation und Qualitätsmanagement zusammenwirken und einander bedingen, soll an einem Beispiel aus der Altenpflege illustriert werden.

Beispiel:

Im Pflegeheim St. Margarete haben sich Dekubitusfälle in der Station für Schwerstpflegbedürftige gehäuft. Man setzt sich zum Ziel, Dekubitusfälle bereits bei Grad 1 (Rötung der Haut, noch keine Hautdefekte) vollständig zu erfassen und eine Verschlimmerung in jedem Fall zu verhindern. Dazu sollen die Beobachtungen durch das Personal verstärkt werden und die Umlagerungen der Pflegebedürftigen erhöht werden. Das Pflegeheim geht vom **PDCA-Zyklus** aus:

Plan (Planen) → Do (den Plan ausführen) → Check (Zielerreichung überprüfen) → Act (ggf. verbessern).

Der Plan – keine Dekubitusfälle mit höherem Schweregrad als 1 (plan) – wird mit den genannten Mitteln realisiert (do). Das Ergebnis wird dokumentiert und ausgewertet (check). Dabei ergibt sich, dass bei 2 % der Pflegebedürftigen das Ziel nicht erreicht wurde; sie litten unter Hautveränderungen (Risse, Blasen). Daraufhin wird beschlossen, als Verbesserung zusätzlich mehr Lagerungshilfsmittel einzusetzen und die Anzahl der Inspektionen der gefährdeten Hautstellen durch das Pflegepersonal weiter zu erhöhen (act).

2.4 Balanced Score Card (BSC)

Die Balanced Score Card (aus dem Engl. = ausbalanciertes Kennzahlensystem) wird als Controlling-, aber auch als Managementinstrument gesehen. Alle Unternehmen haben Auswertungen und Kennzahlen hinsichtlich der Finanzsituation des Unternehmens. In den achtziger Jahren des vergangenen Jahrhunderts haben Kaplan und Norton aus den USA untersucht, was erfolgreiche Unternehmen – oftmals Markenartikelunternehmen – von nicht-erfolgreichen Unternehmen unterscheidet. Dabei stellte sich heraus, dass die erfolgreichen Unternehmen nicht nur Kennzahlen aus dem Finanzbereich, sondern aus noch drei weiteren Bereichen verwenden. Sie nannten die vier **Perspektivbereiche:**

- Finanzperspektive
- Innovationsperspektive

- Perspektive der internen Prozesse
- Kundenperspektive

Die Finanzperspektive betrachtet die bekannten Kennzahlen wie Liquidität, Rentabilität, Eigenkapital- oder Fremdkapitalquote usw. Die Innovationsperspektive beleuchtet mithilfe von Kennzahlen die Innovationsfähigkeit des Unternehmens. Für Gesundheitsbetriebe wären dies z. B. Erhebungen zur **Anzahl wissenschaftlicher Studien**, an denen die Einrichtung beteiligt war, die Anzahl **neu entwickelter Verfahren** etc. Die Perspektive der internen Prozesse versucht, mit Kennzahlen und Auswertungen z. B. die Prozesszeit und die Prozessqualität auszudrücken. Konkrete Beispiele wären Verweildauer, Wartezeit, Zahl der Stürze, Dekubiti oder Infektionen, aber auch Zweitoperationen oder Verfall von Medikamenten. Die Kundenperspektive hat ihren Fokus auf Begriffen wie Kundenzufriedenheit, Kundentreue und Kundenakquisition. Als Kennzahlen kommen z. B. innerbetriebliche Erhebungen zur Patientenzufriedenheit infrage.

Betrachtet ein Unternehmen regelmäßig alle vier Perspektiven, bekommt es laufend Informationen über mehr Bereiche und – noch viel wichtiger – über die Wünsche der Kunden/Patienten. Folglich ist das Unternehmen, lange bevor die Finanzkennzahlen Anlass zur Sorge geben, vorgewarnt und kann früher reagieren. Aus dieser Perspektive heraus ist die BSC nicht nur ein Controlling-Werkzeug, sondern auch ein Managementinstrument, da dadurch ggf. eine Vielzahl von Veränderungen über alle Managementebenen hinweg ausgelöst wird.

Übungsaufgaben zu Teil VI

Aufgabe 1

Nennen Sie die Bedeutung der folgenden Abkürzungen:

1. InEK
2. ICD
3. DKR
4. PKMS
5. OPS
6. DIMDI

Aufgabe 2

Das wichtigste Klassifikationskriterium bei allen DRGs ist die Hauptdiagnose, die pro stationärem Aufenthalt nur einmal dokumentiert werden darf. Da Spielräume in der Auswahl der Hauptdiagnose genutzt werden können, um höhere Vergütungen zu erzielen, muss sie sehr präzise definiert sein. Welche der folgenden Aussage ist nicht richtig?

1. In den Deutschen Kodierrichtlinien wird die Hauptdiagnose definiert als: „Die Diagnose, die nach Analyse als diejenige festgestellt wurde, die hauptsächlich für die Veranlassung des stationären Krankenhausaufenthaltes des Patienten verantwortlich ist."
2. Die Hauptdiagnose ist diejenige Diagnose, für die während des stationären Aufenthaltes der höchste Aufwand betrieben werden musste.
3. Die Hauptdiagnose muss nicht identisch sein mit der Aufnahmediagnose, wenn diese sich z. B. nicht bestätigt hat.
4. Die Hauptdiagnose muss nicht identisch sein mit der Entlassungsdiagnose, die zum Ende des Aufenthaltes im Vordergrund stand.

Aufgabe 3

Frau M. wird stationär aufgenommen. Noch am gleichen Tag muss sie operiert werden. Die Krankenhausleitung hat festgelegt, dass Diagnosen unmittelbar vom behandelnden Arzt dokumentiert und verschlüsselt werden. Nennen Sie die geeigneten (Software-)Werkzeuge, die der Stationsarzt zur korrekten, abrechnungsrelevanten Verschlüsselung der Aufnahmediagnose und der durchgeführten Operation benötigt.

Aufgabe 4

In einem Krankenhaus wird ein Rückgang der Belegung in der Abteilung für Geburtshilfe beobachtet. Sollte der Auslastungsgrad im Jahr 2013 drei Monate hintereinander unter 70 % fallen, will die Geschäftsleitung über das weitere Vorgehen (Bettenabbau, Umwidmung) entscheiden. Die Geburtshilfeabteilung hat 110 Betten. Die Anzahl der Pflegetage betrug im

Januar	2 574
Februar	2 346
März	2 416
April	2 392
Mai	2 205
Juni	2 211

Erstellen Sie die Kennziffern für die Krankenhausleitung.

Aufgabe 5

Eine DRG (Preis 5 812 €) erwirtschaftet einen Deckungsbeitrag von 3 687 € pro DRG (bei einer Verweildauer von 6,1 Tagen).

a)   Errechnen Sie die variablen Kosten der DRG.
b)   Die Gewinnschwelle wird bei einer Menge von 40 DRG pro Monat erreicht. Wie hoch sind die Fixkosten pro Monat?
c)   Bei einer Erhöhung der Verweildauer auf 7 Tage steigen die variablen Kosten um 10 %. Wie hoch ist der Deckungsbeitrag jetzt und wo liegt die Gewinnschwelle?

Aufgabe 6

In einem Krankenhaus werden zwei Abteilungen verglichen

Abteilung 1

Bewertungsrelation	Fälle
0,6	50
0.92	30
0.98	80
1,15	100
Case mix	

Abteilung 2

Bewertungsrelation	Fälle
0,95	83
1,25	50
1,45	68
1,9	17
1,95	22
Case mix	

Die base rate (Basisfallwert) beträgt 3 090 €.
Gesamtkosten Abt. 1: 800 690 €
Gesamtkosten Abt. 2: 942 298,50 €

Errechnen Sie den Gewinn bzw. Verlust jeder Abteilung.

Aufgabe 7

a)   Was bedeutet der Begriff Balanced Score Card im Deutschen?
b)   Nennen Sie die vier Perspektiven der BSC und jeweils ein Beispiel.

Teil VII
Qualitätssicherung, Qualitätsmanagement

Das SGB V § 70 verpflichtet Kassen und Leistungsanbieter unter der Überschrift *„Qualität, Humanität und Wirtschaftlichkeit"*, Versorgung in der fachlich gebotenen Qualität zu erbringen. Patienten haben dem gemäß nicht nur einen Anspruch auf Behandlung, sondern auf **gute** Behandlung. Das Gebot guter Leistung gilt für alle Versorgungsbereiche nach SGB V und sinngemäß ebenso für die Pflegeversicherung. Die Leistungen der Pflegeversicherung sollen nach § 2 SGB XI den Pflegebedürftigen helfen, trotz ihres Hilfebedarfs ein Leben zu führen, „das der Würde des Menschen entspricht." Humanität lässt sich schwerlich messen und konkret einfordern; gleichwohl ist sie wesentlicher Teil einer guten Behandlung und Pflege.

1 Definitionen

Um den Anspruch der Patienten auf gute Qualität in Medizin und Pflege zu wahren, sind dennoch konkrete Maßnahmen möglich. Die einschlägigen Gesetze und Berufsordnungen sehen eine Reihe von Kontroll- und Berichtsvorschriften vor. Unter dem Begriff Qualitätssicherung versteht man im Zusammenhang mit der gesetzlichen Krankenversicherung konkrete Maßnahmen, die eine gute Qualität der medizinischen Versorgung gewährleisten sollen. Dabei geht es vor allem darum, Ärzte, Krankenhäuser und andere Leistungserbringer zur Transparenz zu verpflichten, um Vergleichbarkeit herzustellen und damit die Voraussetzung für einen Wettbewerb um Qualität zu schaffen.

Im eigentlichen Sinne ist die Qualitätssicherung ein Teil des Qualitätsmanagements. Qualitätsmanagement (QM) bezeichnet im SGB V **interne Maßnahmen** der Leistungserbringer, die der Sicherung der Qualität dienen.

Die Regelungen in einem Qualitätsmanagement basieren in der Regel auf einem Kreislauf. Dessen Bestandteile sind:

- Qualitätsplanung (Entwicklung sowie inhaltliche und organisatorische Planung)
- Qualitätslenkung (Ablauf- und Prozesssteuerung unter beherrschten Bedingungen)
- Qualitätssicherung (Prüfungsplanung und Prüfungsroutine) und

- Qualitätsverbesserung (Systematisches Fehler-, Risiko und Verbesserungs-management).

Bekannt ist dieser Kreislauf auch als PDCA-Zyklus (vgl. dazu Kap. VI 2).

Unter dem Begriff der **externen Qualitätssicherung** werden Überprüfungen der Einrichtungen durch Dritte, z. B. MDK, Heimaufsicht, KTQ-Visitoren (vgl. Kap. VII 3) verstanden.

Als Ebenen der Qualität, bzw. als Ansatzpunkte für eine Verbesserung werden Struktur-, Prozess- und Ergebnisqualität unterschieden. **Strukturqualität** setzt an der Ausstattung des Betriebes, z. B. eines Krankenhauses an. Da im Gesundheitswesen personalintensive Dienstleistungen erbracht werden, ist die Anzahl und Qualifikation des Personals die wichtigste Strukturkomponente der Qualität. Aus Sicht der Patienten dürfte die vom SGB geforderte Humanität der Versorgung in erster Linie davon abhängen, ob sich Ärzte, Schwestern, Altenpfleger ihnen freundlich zuwenden und sie professionell nach den Regeln der medizinisch-pflegerischen Erkenntnisse behandeln. Letzteres setzt auch hohe Qualität der eingesetzten Sachgüter als Bestandteil der Strukturqualität voraus. Wenn ein Krankenhaus mit modernen, allen Hygieneanforderungen genügenden Operationssälen, hochwertigen Medizinprodukten und zeitgemäßer Medizintechnik oder ein Pflegeheim mit hellen Zimmern und guter Küche etc. ausgestattet sind, werden sie den Ansprüchen an Standards der Strukturqualität gerecht.

Mit dem Begriff **Prozessqualität** wird die Leistungserstellung selbst beschrieben. Gute Prozessqualität setzt einen reibungslosen Ablauf der Behandlung oder der Pflegeprozeduren und deren Lenkung nach bestimmten Kriterien voraus. So sollte vorab festgelegt werden, welche Arbeitsschritte z. B. vor einer Operation erfolgen, von wem in welchem Zeitrahmen sie durchzuführen sind, wer sie dokumentiert. Die Zusammenarbeit der verschiedenen Berufsgruppen (im Beispiel Stationsärzte, -schwestern, Operateure, Anästhesisten, Personal des Funktionsdienstes) muss geplant und den Vorgaben gemäß durchgeführt werden. Kommt es zu Brüchen im Ablauf, z. B. zu vermeidbaren Wartezeiten für Patienten vor der Operation, sollen sie durch kontinuierliche Verbesserungsmaßnahmen abgestellt werden. In der Medizin werden heute zur Sicherung der Prozessqualität clinical pathways (klinische Pfade) eingesetzt (vgl. Kap. IV 7.2).

Die am schwierigsten zu messende Qualitätsdimension ist die **Ergebnisqualität**. Ziel der Handelnden im Gesundheitswesen ist Heilung und Linderung für Patienten. Heilung aber ist nicht immer erreichbar, Linderung oft schwer zu messen. Prinzipiell ist es aber möglich, Hilfsgrößen heranzuziehen, die einen Rückschluss auf das Ergebnis medizinischen und pflegerischen Handelns erlauben. Als Beispiele seien genannt: die Anzahl der Dekubiti, Rückfallhäufigkeit, Länge beschwerdefreier Intervalle, nosokomiale Infektionen, Funktionsmaße in der Rehabilitation (z. B. Messung von Gelenkbeweglichkeit),

Sterblichkeit. Die Erfassung der Ergebnisqualität in diesem Sinne ist bis heute noch nicht in zufrieden stellendem Maß gelungen und bleibt somit eine Aufgabe für die Zukunft. Indirekt lässt sich Ergebnisqualität bei den Patienten selbst, z. B. mittels Befragung erheben. Die Zufriedenheit der Patienten hängt sicher in erster Linie vom Behandlungserfolg ab, wird aber auch beeinflusst von der Freundlichkeit des Personals, der Qualität der Service- und Hotelleistungen bzw. insgesamt der Dienstleistungsorientierung der Einrichtung.

Generell stehen Gesundheitsbetriebe heute mehr denn je untereinander in Wettbewerb um ihre Kunden, die Patienten und Pflegebedürftigen. Für diese spielt der Preis der Leistungen keine Rolle, da die Finanzierung von den Sozialversicherungsträgern übernommen wird. (Eine Ausnahme bilden die Pflegeleistungen, für die aufgrund des Teilkaskocharakters der Pflegeversicherung in der Regel ein erheblicher Eigenanteil des Versicherten anfällt.) Die Anbieter von Gesundheitsleistungen werden also vor allem die Qualität ihrer Leistung als Argument im Wettbewerb einsetzen und zwar umso mehr, je aufgeklärter und besser informiert ihre Kunden sind.

2   Rechtliche Grundlagen

2.1   Ambulante Versorgung, Rehabilitation, Pflege

Alle Leistungserbringer nach § 135a SGB V

- sind zur Sicherung und Weiterentwicklung der Qualität der von ihnen erbrachten Leistungen verpflichtet,
- müssen sich an einrichtungsübergreifenden Maßnahmen der Qualitätssicherung beteiligen und
- ein einrichtungsinternes Qualitätsmanagement einführen und weiterentwickeln.

Eine Reihe von Vorschriften zur Qualitätssicherung, vor allem unangekündigte Stichproben der Heimaufsicht, des MDK, der Gesundheitsämter wurden in den jeweiligen Kapiteln bereits angesprochen.

Für die **vertragsärztliche Versorgung** fordert eine Richtlinie des G-BA vom 1.1.2006 gemäß § 136a) SGB V ein einrichtungsinternes (auf die einzelne Praxis bezogenes) Qualitätsmanagement, das derzeit schrittweise einzuführen ist. Nach der Richtlinie sind zwei Grundelemente des Qualitätsmanagements vorgesehen: Patientenversorgung und Praxisorganisation. Unter dem Stichwort „Patientenversorgung" soll der Vertragsarzt vor allem sicherstellen, seine Patienten nach dem neuesten Stand der medizinischen Kenntnisse zu behandeln. Dazu ist er auch nach seiner Berufsordnung und dem dort verankerten Fortbildungsgebot verpflichtet. Unter dem Stichwort „Praxisorganisation" ist z. B. die Terminplanung aufgeführt. Eine Verminderung der Wartezeiten in den Praxen entspräche den Wünschen vieler Patienten, ob sie jedoch mit Mitteln der Qualitätssicherung zu erreichen ist, bleibt zweifelhaft. Bislang ist das Qualitätsmanagement in der ambulanten Versorgung noch nicht so ausgereift wie im Krankenhaus. So gibt denn auch die Richtlinie des G-BA keine Sanktionen für Praxen vor, die kein praxisinternes Qualitätsmanagement durchführen. Vorgesehen ist eine Stichproben-Überprüfung der Praxen durch die KV. Falls sich der Praxisinhaber nicht an die Richtlinie hält, wird er von der KV lediglich beraten.

Stationäre und ambulante **Rehabilitationseinrichtungen**, mit denen Krankenkassen einen Versorgungsvertrag geschlossen haben, sind zu interner und externer Qualitätssicherung verpflichtet. Das einrichtungsinterne Qualitätsmanagement und die Verpflichtung zur Zertifizierung für stationäre Rehabilitationseinrichtungen sind im § 20 des Neunten Buches festgeschrieben. Das QM-System muss den Vorgaben der Bundesarbeitsgemeinschaft für Rehabilitation (BAR) entsprechen.

Als Anforderungen an das Qualitätsmanagement der Klinik werden in der Vereinbarung unter anderem genannt: Verbindliches Klinikkonzept, indikationsspezifische Behandlungskonzepte, Beschwerde- und Fehlermanagement, Einbeziehung der Erwartung der Versicherten.

Pflegeeinrichtungen sind für die Qualitätssicherung grundsätzlich selbst zuständig (§ 112 SGB XI). Sie müssen sich dabei aber an bundesweit gültigen Grundsätzen und Maßstäben orientieren (§ 113 SGB XI). Um sicherzustellen, dass die Einrichtungen nach medizinisch-pflegerischen Erkenntnissen ihre Leistungen erbringen, sind nationale Expertenstandards einzuhalten. Mit diesen werden gesicherte Erkenntnisse pflegewissenschaftlicher Forschung in die Praxis umgesetzt.

Mit der Pflegereform wurde die Pflicht zur Veröffentlichung der Berichte externer Prüfer (MDK oder Sachverständige, vgl. Kap IV 6.4.1.2) eingeführt. Sie müssen, vor allem die Ergebnisqualität betreffend, ins Internet gestellt werden. In der Einrichtung selbst sind das Datum der letzten Prüfung und eine Zusammenfassung des Prüfergebnisses auszuhängen.

2.2   Krankenhaus

Am weitesten ausgereift ist die Qualitätssicherung im Krankenhaussektor. Die gesetzlichen Vorschriften wurden in den letzten Jahren auch für diesen Bereich ausgeweitet. Grund dafür ist das neue Vergütungsverfahren mit DRG, das die Krankenhäuser dazu verleiten könnte, ihre Leistungen mit möglichst wenig Aufwand zu erbringen, da die Bezahlung pauschal erfolgt.

Federführendes Gremium für die Qualitätssicherung im Krankenhaus ist der G-BA in Zusammenarbeit mit dem AQUA-Institut für angewandte Qualitätsförderung und Forschung im Gesundheitswesen. § 137 SGB V verpflichtet die Krankenhäuser zu einem einrichtungsinternen Qualitätsmanagement. Die Leitung verpflichtet sich zur Kunden- und Mitarbeiterorientierung, setzt das QM-System mit Politik, Zielen und Regelungen in Kraft, aktiviert dieses und stellt die notwendigen Ressourcen zur Verfügung. QM-Beauftragte, Steuerungsgruppe, QM-Verantwortliche oder QM-Koordinator steuern und pflegen das QM-System, überprüfen es, berichten den Stand des QM-Systems an die Leitung und sensibilisieren Mitarbeiter hinsichtlich des Qualitätsgedankens und motivieren diese. Hier sind für den Erfolg Fachkompetenz und Sozialkompetenz unabdingbar. Nachgeordnet können dann Projekt- oder Arbeitsgruppen bzw. Qualitätszirkel agieren. Interne Information und Kommunikation müssen in systematischer Weise geregelt und umgesetzt sein. D. h., es gibt kein QM-Projekt, kein QM-System ohne Information der Mitarbeiter.

Extern wird die Qualität von Krankenhäusern, die nach § 108 SGB V zur Behandlung gesetzlich Krankenversicherter zugelassen sind, nach einer Richtlinie des G-BA jährlich durch eine 5 %ige Zufallsstichprobe der Krankenhäuser eines Bundeslandes geprüft. Das Verfahren soll vor allem der Aufdeckung von Qualitätsdefiziten dienen.

Stark ausgeweitet wurden die Pflichten der Krankenhäuser über ihre Leistungsfähigkeit zu informieren. Seit dem GKV-Modernisierungsgesetz gilt eine **Mindestmengenregelung** für Krankenhäuser. Planbare chirurgische Eingriffe, deren Auswahl der G-BA trifft, dürfen von Krankenhäusern nur noch erbracht werden, wenn sie eine bestimmte Menge an entsprechenden Operationen pro Jahr durchführen. Dahinter steht die Vermutung, dass Leistungen umso besser sind, je häufiger sie erbracht werden. Behandlerteams sind aufeinander eingespielt, haben – sofern nötig – aus vergangenen Fehlern gelernt, sind geübt im Umgang mit der Operationstechnik.

Patienten können sich über die Leistungsmengen der Krankenhäuser informieren. Seit 2005 muss jedes Krankenhaus in zweijährigem Turnus, seit 2013 sogar jährlich, einen **Qualitätsbericht** verfassen und im Internet veröffentlichen, in dem unter anderem auch die vorgeschriebenen Mindestmengen je Operation und die erbrachte Menge in der jeweiligen Klinik verzeichnet sind. Inhalt und Gliederung des Qualitätsberichtes sind für die Krankenhäuser durch eine Richtlinie des G-BA verbindlich vorgeschrieben. So muss das Krankenhaus folgende Angaben machen:

- Versorgungsschwerpunkte
- ambulante Angebote
- apparative Ausstattung
- Personal und dessen Qualifikation

- je Fachabteilung Leistungs- und Strukturdaten (10 häufigste Diagnosen nach ICD und 10 häufigste Operationen nach OPS je Abteilung)
- Teilnahme an externer Qualitätssicherung und internem QM
- Umsetzung der Mindestmengenvereinbarung.

In der Regel findet man so genannte **Strukturierte Qualitätsberichte** nach § 137 Abs. 3 SGB V. Diese bestehen aus dem Basisteil I:

A Allgemeine Struktur und Leistungsdaten
B Fachabteilungsbezogene Struktur und Leistungsdaten
C Qualitätssicherung

und dem Systemteil II:

D Qualitätspolitik
E Qualitätsmanagement und dessen Bewertung
F Qualitätsmanagementprojekte
G Weiterführende Information.

3 Standardisierte Verfahren zur Bewertung von Qualität

Qualität, wenn sie die Bewertung der Dienstleistungen als Gesamtpaket zum Ziel hat, ist ein subjektiver Begriff. Jeder der ihn definieren sollte, wird individuell eigene Schwerpunkte setzen. Um die Qualität von Anbietern dennoch vergleichbar zu machen, wurden Normen mit einheitlichen Qualitätsmaßstäben für Betriebe entwickelt. Die für Gesundheitseinrichtungen, vor allem Krankenhäuser, wichtigsten werden im Folgenden kurz vorgestellt. Die Teilnahme an allen genannten Verfahren ist für die Krankenhäuser freiwillig.

3.1 DIN EN ISO

DIN EN ISO (Deutsches Institut für Normung Europa Norm International Standard Organisation) 9000 ff. ist ein internationales, branchenübergreifendes und prozessorientiertes Normverfahren, das ursprünglich in der Industrie zum Einsatz kam. Es wurde für Dienstleistungsbetriebe weiterentwickelt und in der Variante ISO 9001:2008 auch zur Qualitätsbeurteilung von Einrichtungen des Gesundheitswesens herangezogen. Die ISO-Norm besteht aus 5 Kernforderungen:

- Qualitätsmanagementsystem
- Verantwortung der Leitung

- Management der Ressourcen
- Produkt-/Dienstleistungsrealisierung
- Messung, Analyse und Verbesserung.

Verpflichtend ist, dass die Leitung des Betriebes die Verantwortung für das QM-System trägt und die entsprechenden Ressourcen bereitstellt. Im Übrigen setzt die Norm Maßstäbe für Struktur- und Prozessqualität und fordert größtmögliche Sicherheit für die Kunden.

Neben den management- und prozessbezogenen Forderungen werden Prozess-, Produkt- und Systemprüfungen vorgeschrieben. Die Systemprüfung wird als **Audit** bezeichnet. Das Audit ist eine systematische unabhängige Untersuchung, um festzustellen, ob die qualitätsbezogenen Tätigkeiten und die damit zusammenhängenden Ergebnisse den geplanten Anordnungen entsprechen, und ob diese Anordnungen tatsächlich verwirklicht und geeignet sind, die Ziele zu erreichen. Zweck des Audit ist also die Beurteilung der Notwendigkeit von Korrektur- und Vorbeugemaßnahmen.

Neben der Erfüllung von festgelegten Forderungen werden die Wirksamkeit aller Regelungen des QM-Systems, aber auch die Erfüllung gesetzlicher und behördlicher Forderungen geprüft und damit auch (Unternehmens-)Risiken bewertet.

Einrichtungen, die ein Zertifikat (= Gütesiegel) nach DIN EN ISO 9001:2008 erhalten möchten, setzen die Forderungen der Norm angemessen, sinnvoll und wirksam um und erstellen parallel ein **Qualitätsmanagement-Handbuch**. Ein externer Prüfer (**Auditor**) eines akkreditierten Zertifizierungsunternehmens besucht den Betrieb und vergleicht die Qualität vor Ort mit den Vorgaben des Handbuchs auf Normkonformität. Erfüllt der Betrieb die Anforderungen der DIN EN ISO, erhält er ein Zertifikat, das bei jährlicher externer Überwachung nach drei Jahren zu erneuern ist.

Zertifiziert wird das Qualitätsmanagementsystem, d. h. die Organisationsfähigkeit des Unternehmens, nicht die Qualität der Produkte oder Leistungen.

Der Zertifizierungsablauf:

- Auswahl des Zertifizierers und Vertrag,
- ggf. Voraudit
- Zertifizierungsaudit Stufe 1 inkl. Dokumentenprüfung und Bereitschaftsanalyse und Stufe 2,
- Zertifikatserteilung
- 1. Überwachungsaudit genau ein Jahr nach Zertifizierung
- 2. Überwachungsaudit 2 Jahre nach Zertifizierung

Die Re-Zertifizierung erfolgt im 3. Jahr nach der Erstzertifizierung.

3.2 EFQM

Die EFQM (European Foundation for Quality Management) ist ein gemeinnütziges Unternehmen mit Sitz in Brüssel. Das von ihr entwickelte branchenübergreifende Verfahren zur Qualitätsbewertung ist stark ergebnisorientiert. Die gängigen Qualitätspreise basieren auf EFQM. Für die Anwendung des EFQM-Modells werden keine Zertifikate vergeben, denn die würden dem Prinzip der Selbstbewertung widersprechen. Selbstbewertungen werden aber auf Wunsch des Kunden von erfahrenen EFQM-Assessoren der deutschen EFQM auf ihre Plausibilität und Glaubwürdigkeit hin überprüft. Das Niveau des QM wird mittels Urkunde bescheinigt.

Das Modell besteht aus 9 Kriterien: 5 Befähigerkriterien und 4 Ergebniskriterien (Abbildung 31).

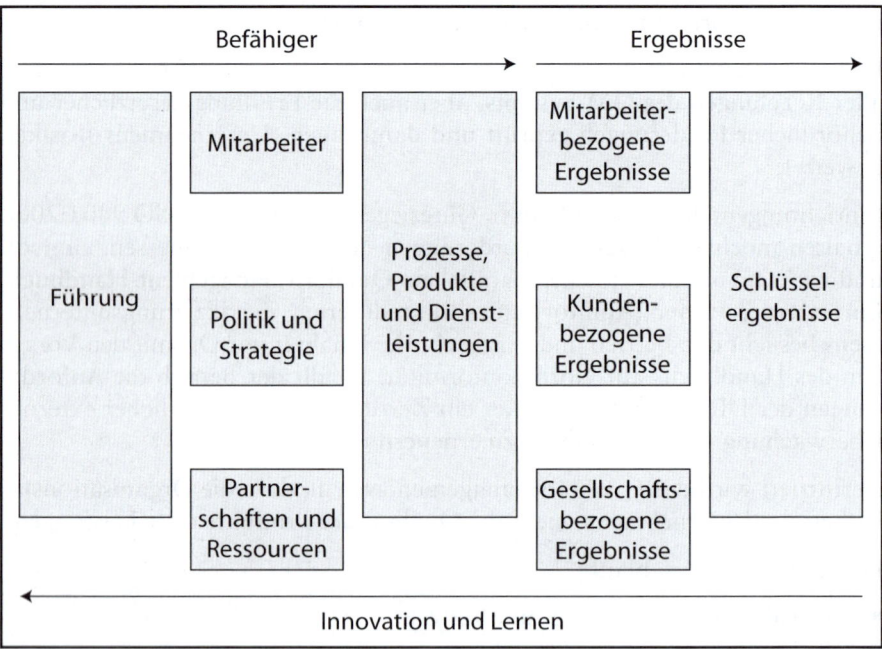

Abb. 31: Kriterien des EFQM

Die Darstellung des Modells ist als Warenzeichen eingetragen.

Der Betrieb bewertet sich selbst durch Punktevergabe anhand von Kriterien zur Struktur- und Prozessqualität (so genannte Befähigerkriterien) und zur Ergebnisqualität (Ergebniskriterien).

3.3   KTQ®

Entstanden ist das KTQ® (Kooperation für Transparenz und Qualität im Krankenhaus)-Verfahren als Projekt bereits 1997, bis dann 2001 die KTQ®-GmbH gegründet wurde. Die beteiligten Gesellschafter/Träger der KTQ®-GmbH sind – neben dem Spitzenverband Bund der Kassen und der Bundesärztekammer die DKG e.V. – der Deutsche Pflegerat und der Hartmannbund. Am KTQ® orientiert sich auch das Zertifizierungsverfahren der konfessionellen Krankenhäuser proCum Cert.

Das KTQ®-Verfahren ist auf Krankenhäuser zugeschnitten, die Patientenorientierung steht im Vordergrund. Das Verfahren hat den Anspruch, das interne Qualitätsmanagement der Kliniken zu standardisieren und somit vergleichbar zu machen. Das KTQ®-Modell besteht aus 6 Kategorien mit 21 Subkategorien und 71 Kriterien. Die Hauptkategorien sind dabei:

- Patientenorientierung (z. B. Information der Patienten über den Behandlungsverlauf)
- Mitarbeiterorientierung (z. B. Fortbildungsmöglichkeiten, betriebliches Vorschlagswesen)
- Sicherheit (z. B. Hygiene, Dienstanweisungen zum Umgang mit Medizinprodukten)
- Informationswesen (z. B. Dokumentation, Datenschutz)
- Führung (z. B. Leitbild, Organisation)
- Qualitätsmanagement (z. B. Einsatz von Steuergruppen bzw. Stäben, Methoden wie etwa Patientenbefragungen zur Zufriedenheit)

Es sind als aufeinander folgende Schritte sowohl eine Selbstbeurteilung des Krankenhauses als auch eine externe Fremdbeurteilung, die in eine Zertifizierung mündet, vorgesehen.

Das Zertifizierungsverfahren läuft im Einzelnen folgendermaßen ab:

1. Das Krankenhaus führt eine KTQ®-Selbstbewertung durch. Dies ist eine Gesamtdarstellung des Krankenhauses, bezogen auf die im KTQ®-Katalog beschriebenen Anforderungen. Diese Selbstbewertung basiert auf dem PDCA-Zyklus.
2. Vertragsabschluss mit der Zertifizierungs-Stelle, Benennung des Visitationsbegleiters, der als Koordinator fungiert.
3. Einreichen der Antragsunterlagen und der Selbstbewertung inkl. Qualitätsbericht, Strukturerhebungsbogen, Lageplan und Organigramm an Zertifizierungsstelle.
4. Formale Prüfung der Unterlagen durch den Visitationsbegleiter.
5. Festlegung des Visitationstermins und Zusammenstellung des Visitorenteams. Dies besteht immer aus einem ärztlichen, pflegerischen und kaufmännischen Visitor und dem Visitationsbegleiter.

6. KTQ®-Visitoren geben ihre Erstbewertung ab, Erstellung des Visitationsplanes und des Interviewleitfadens.
7. Visitation vor Ort ca. 3–4 Tage mit Begehung und Interviews.
8. Erstellung des KTQ®-Visitationsberichts und KTQ®-Qualitätsberichts durch KTQ®-Visitoren.
9. Weiterleitung der Berichte an das Krankenhaus.
10. Rückmeldung des Krankenhauses, ggf. Einspruch des Krankenhauses.
11. Weiterleitung des KTQ®-Qualitätsberichtes durch die Zertifizierungsstelle an die KTQ®.
12. Erteilung des KTQ®-Zertifikates durch die KTQ® und Veröffentlichung.

Stimmen die Ergebnisse der Selbstbewertung mit den Erkenntnissen der KTQ® Visitoren weitestgehend überein und wurden mindestens 55 % der Gesamtpunktzahl erreicht, erhält die Klinik das KTQ®-Zertifikat. Ein KTQ®-Zertifikat ist für den Zeitraum von drei Jahren ohne weitere Überprüfungen gültig und muss danach erneuert werden. Im Gegensatz zu einer ISO-Zertifizierung muss bei KTQ® immer die Gesamteinrichtung zertifiziert werden.

Das proCum Cert GmbH-Modell der konfessionell ausgerichteten Einrichtungen entspricht im Wesentlichen dem KTQ®, sieht jedoch spezifische zusätzliche Kriterien wie z. B. Spiritualität und Kirchlichkeit vor.

3.4   DIN EN 15224:2012

Seit Mai 2013 liegt mit der **neuen** Norm **DIN EN 15224:2012** die erste **bereichspezifische** Norm eines Qualitätsmanagementsystems in Organisationen der Gesundheits**versorgung** vor.

Sie ist für alle Leistungsanbieter in der Gesundheitsversorgung relevant, sprich von der Arztpraxis über Pflegeheime, Rehabilitationseinrichtungen bis hin zu Krankenhäusern.

Die eigenständige Norm baut auf der Grundlagennorm DIN EN ISO 9001:2008 „Qualitätsmanagementsysteme – Anforderungen" (vergl. VII.3.1) auf und gibt **europaweit vereinheitlichte Anforderungen** vor, die speziell auf den **medizinischen Bereich** ausgerichtet sind und für eine gleichbleibend **hohe Qualität** der Dienstleistungen im Gesundheitswesen sorgen. Zusätzlich werden **wichtige Managementaspekte** klinischer Risiken erläutert.

Die Norm legt Anforderungen an ein QM-System fest, in dem die Einrichtung des Gesundheitswesens folgende Fähigkeiten nachweisen muss:

• gleichbleibend Dienstleistungen der Gesundheitsversorgung zu erbringen
• die Kunden-Anforderungen zu erfüllen

- die rechtlichen Vorgaben (z. B. Gesetze, behördliche Vorgaben, berufliche Standards) zu erfüllen

und in dem die Einrichtung beabsichtigt,

- die Kundenzufriedenheit durch die effektive Anwendung des Systems ständig zu verbessern
- die Patientensicherheit aufrecht zu erhalten
- die Prozesse der Gesundheitsversorgung und die Anforderungen hinsichtlich der Qualitätsmerkmale einzuhalten.

Schwerpunkte legt diese Norm auf die Themen Patientenversorgung, Risikomanagement und Personalentwicklung.

3.5   QEP®

QEP® (Qualität und Entwicklung in Praxen) wurde von der Kassenärztlichen Bundesvereinigung für Arzt-, Psychotherapeutenpraxen und MVZ entwickelt, um den Vertragsärzten die Umsetzung der im Kapitel VII 2.1 genannten Richtlinie des G-BA zu ermöglichen. Das Verfahren des QEP® ist orientiert an den Abläufen in der Praxis, die anhand eines Zielkataloges beurteilt werden.

Wichtigste Kriterien sind:

1. Patientenversorgung
2. Patientenrechte und Patientensicherheit
3. Mitarbeiter und Fortbildung
4. Praxisführung und Organisation
5. Qualitätsentwicklung

Ähnlich dem KTQ®-Verfahren ist eine Selbstbeurteilung der Praxis vorgesehen, der anschließend eine Fremdbewertung mit formaler und inhaltlicher Dokumentenprüfung, der Visitationsplanung und der Visitation mit Berichterstellung durch externe Visitoren folgt. Bei Einhaltung der Qualitätsvorgaben wird eine Zertifizierung erteilt.

Übungsaufgaben zu Teil VII

Aufgabe 1

Bitte ordnen Sie die aufgelisteten Nennungen einer Qualitätsdimension zu

	a) Struktur-qualität	b) Prozess-qualität	c) Ergebnis-qualität
1. Anzahl Dekubitusfälle			
2. Ausstattung der Pflegesta-tion mit Pflegehilfsgeräten			
3. Wartezeit auf das Essen im Speisesaal			
4. Anzahl Pflegebedürftige Stufe II je Altenpfleger/in			
5. Zufriedenheit der Pflege-bedürftigen mit der Freundlichkeit des Perso-nals			
6. Flexibilität der Planung der Arbeitsschichten			

Aufgabe 2

Bitte geben Sie an, welche Maßnahmen für Krankenhäuser verpflichtend sind.

1. Zertifizierung mit KTQ®
2. Einhaltung von clinical pathways
3. Veröffentlichung der 10 häufigsten Diagnosen
4. Selbstbewertung nach EFQM
5. einrichtungsinternes Qualitätsmanagement
6. Veröffentlichung der Umsetzung der Mindestmengenvereinbarung

Aufgabe 3

Was verstehen Sie unter internem Qualitätsmanagement und externer Qualitätssicherung?

Aufgabe 4

Im Kreiskrankenhaus Neustadt hat eine Patientenbefragung ergeben, dass das ärztliche und pflegerische Personal der Inneren Abteilung sich zu wenig den Patienten zuwendet. Überlegen Sie sich anhand des PDCA-Zyklus, welche Verfahrensschritte das Krankenhaus einleiten sollte.

Aufgabe 5

Laden Sie sich im Internet den Qualitätsbericht eines Krankenhauses herunter und sehen Sie sich die Leistungs- und Strukturdaten der Abteilungen an.

Teil VIII
Kommunikation und Beschwerdemanagement

Begibt sich der Patient in ambulante oder stationäre Behandlung, so entscheidet bereits der erste Kontakt mit dem Personal in der Krankenhausaufnahme darüber, ob er sich in guten Händen fühlt. Eine kundenorientierte Kommunikation trägt maßgeblich zur Stärkung des Vertrauensverhältnisses zwischen Personal und Patienten bei.

Von Mitarbeitern einer Gesundheitseinrichtung wird erwartet, dass sie über kommunikative Fähigkeiten verfügen und die sensiblen Patienteninformationen vertraulich behandeln. Dann fühlt sich der Patient sicher, dass diese nicht in falsche Hände geraten.

Während des stationären Aufenthaltes im Krankenhaus erlebt der Patient neben der persönlichen Kommunikation mit dem Klinikpersonal oftmals auch die betriebliche Kommunikation – mitunter Gespräche über andere Patienten – und auch den Umgang der Mitarbeiter untereinander. Die auf verschiedenen Ebenen stattfindende betriebliche Kommunikation spielt eine nicht unerhebliche Rolle für das Wohlbefinden des Patienten.

Patientenbefragungen bestätigen immer wieder, wie wichtig neben einer guten Behandlung das Gespräch ist. Die Kommunikation zwischen Arzt und Patient, zwischen der Pflegekraft und dem Patienten und allen weiteren Mitarbeitern des Krankenhauses (Funktionsabteilung, Verwaltung etc.) ist dann erfolgreich, wenn der Patient als gleichwertiger Gesprächspartner ernst genommen und in gemeinsame Entscheidungen mit einbezogen wird. Ebenso wichtig ist für ihn, dass er Antworten auf seine Fragen erhält, offen Kritik äußern kann und mit seinen Beschwerden professionell umgegangen wird.

Ob er sich erneut für dieselbe Klinik entscheidet, hängt davon ab, ob seine Erwartungen hinsichtlich Behandlung, Service und Organisation erfüllt wurden. Ein unzufriedener Kunde trägt in aller Regel seine negativen Erfahrungen weiter, auch an den Haus- oder Facharzt. Diese beeinflussen durch ihr (Zuweiser-)Verhalten maßgeblich den wirtschaftlichen Erfolg des Dienstleistungsunternehmens Krankenhaus.

Im Kapitel 1 wird vorwiegend auf die Kommunikation mit Kunden des Krankenhauses eingegangen. Im Kapitel 2 wird die Bedeutung von Beschwerden wie auch der richtige Umgang mit unzufriedenen Kunden herausgestellt.

1 Kommunikation in Gesundheitsbetrieben

Die Kommunikation ist eine **Schlüsselqualifikation** in Medizin und Pflege. Wer mit dem wichtigsten Kunden des Krankenhauses, dem Patienten, zu tun hat, sollte nicht nur gute Kenntnisse auf dem Gebiet Kommunikation und Psychohygiene (Umgang mit beruflichen Belastungen) mitbringen, sondern auch psychosoziale Fähigkeiten und **soziale Kompetenz**. Entsprechende Fähigkeiten benötigt auch das Verwaltungspersonal, sowohl im Umgang mit dem Patienten, der sich in einer für ihn besonders schwierigen belastenden Situation befindet, als auch für Kontakte mit weiteren Kunden des Krankenhauses. Eine gute Kommunikation verbessert nachweislich die Zusammenarbeit im Team sowie die Kooperation verschiedener Abteilungen und Berufsgruppen.

1.1 Was ist Kommunikation, wodurch wird sie beeinflusst?

Ein Computerfachmann im Krankenhaus versteht unter Kommunikation etwas anderes als ein Arzt oder eine Mitarbeiterin in der Beschwerdestelle. Jene Mitarbeiterin weiß, dass Botschaften vom Sender zum Empfänger, z. B. im Gespräch mit dem Beschwerdeführer (Patient oder Angehörige) neben dem inhaltlichen Aspekt noch weitere, z. B. den Beziehungsaspekt beinhalten.

1.1.1 Definitionen

Unter Kommunikation wird im Allgemeinen der Austausch von Informationen durch Zeichensysteme bzw. Sprache verstanden. Der Austausch findet zwischen Menschen untereinander, zwischen Mensch und Maschine und in zunehmendem Maße zwischen Maschinen statt. Tabelle 34 enthält Beispiele für entsprechende Kommunikations-Beziehungen im Betrieb Krankenhaus.

Tab. 34: Kommunikationsbeziehungen

Kommunikation zwischen	Anwendungsbeispiel
Krankenhauspersonal und Patient	Aufnahmegespräch
Krankenhauspersonal und EDV-Gerät	Dateneingabe in der Aufnahme
Computer Aufnahme und Computer Krankenkasse	Datenübermittlung an die Krankenkasse

1.1.2 Unterschied zwischen Kommunikation und Interaktion mit Gesprächspartnern

Kommunikation ist der Prozess der Informationsübertragung wie auch der Verständigung zwischen den Gesprächspartnern. Hierunter fällt auch der Austausch von Erfahrungen, Wissen, Gedanken, Meinungen und Gefühlen durch Zeichensysteme verbaler und nonverbaler Art.

Interaktion bezeichnet darüber hinaus die durch Kommunikation vermittelten wechselseitigen Beziehungen zwischen Personen und Gruppen (z. B. die Arzt-Patienten-Beziehung) und die daraus resultierende wechselseitige Beeinflussung der Einstellungen, Erwartungen und Handlungen.

Die Kommunikation geschieht auf mündlichem, schriftlichem, telefonischem und stark zunehmend auf elektronischem Wege, wobei dem persönlichen Gespräch immer noch die größte Bedeutung zukommt.

1.1.3 Verbale und nonverbale Kommunikation

Alle Menschen kommunizieren verbal (mit Worten) und nonverbal (ohne Worte) miteinander. Nonverbale Ausdrucksmittel sind der eigene Körper (Mimik, Gestik, Körperhaltung, Blickkontakt), Objekte (Kleidung, Statussymbole) und die räumliche Distanz zum Gesprächspartner. Stimmen verbaler und nonverbaler Ausdruck überein (ja sagen und dabei nicken), ist die Kommunikation kongruent. Ist dies nicht der Fall, spricht man von inkongruentem Verhalten (siehe Beispiel).

> **Beispiel:**
>
> Der Patient sagt: „Nein, ich habe keine Fragen mehr." Sein Gesichtsausdruck zeigt aber einen völlig überforderten Menschen mit vielen Fragezeichen.

Bei sprachbegabten Menschen nimmt die **verbale Kommunikation** einen vergleichsweise hohen Stellenwert ein; im Normalfall jedoch einen geringeren als die nonverbale Sprache. Die **nonverbale Kommunikation** nimmt durchschnittlich 60 Prozent der Mitteilung ein, sie kann jedoch beim ersten Kontakt mit unbekannten Menschen bis zu 90 Prozent betragen. Einen vergleichsweise hohen Stellenwert hat sie bei alten Menschen, bei Patienten mit Sprachstörungen (z. B. nach Schlaganfall) wie auch bei Kindern. Bei Patienten mit Migrationshintergrund können nonverbale Zeichen aufgrund unterschiedlicher kultureller Gepflogenheiten leicht zu Missverständnissen führen.

> **Beispiel:**
>
> Während eine türkische Patientin eine deutsche Pflegekraft mit den Fingern nach unten herbeiwinkt, könnte die Pflegekraft die Geste so verstehen, als ob es um nichts Besonderes geht (so genannte Geste des keine-Bedeutung-Beimessens).

Nonverbale Signale wie Verschränken der Arme oder fehlender Blickkontakt werden als negativ im Gespräch empfunden. Sie vermitteln Desinteresse, Langeweile oder fehlende Aufmerksamkeit.

1.1.4 Einflüsse auf die Kommunikation

Es gibt viele Faktoren, die die Kommunikation mitunter erheblich behindern oder verzerren.

Biologische Faktoren: Bedingt durch die demografische Entwicklung werden Mitarbeiter im Gesundheitswesen zunehmend mit älteren und alten Menschen zu tun haben. Diese Menschen haben andere Bedürfnisse, auch im Hinblick auf Kommunikation, und die Nachfrage konzentriert sich auf bestimmte Gesundheitsleistungen. Menschen mit Seh-, Hör- oder Sprachbehinderung sind oft stark eingeschränkt und haben teilweise nur begrenzt Zugang zu bestimmten Informationen und Kommunikationsmitteln. Probleme treten häufig aufgrund von Vergesslichkeit auf, was zu Missverständnissen führen kann.

Kulturelle Faktoren: Fast ein Fünftel der Deutschen hat einen Migrationshintergrund. Krankenhäuser werden heute und in Zukunft unausweichlich mit neuen Herausforderungen aufgrund unterschiedlicher Herkunft, Sprache, Kultur sowie Gesundheits- und Krankheitsverhalten bei wachsendem Anteil an Patienten und Mitarbeitern mit Migrationshintergrund konfrontiert. Während sich einerseits eine Verständigung zwischen Patienten und Krankenhausmitarbeitern wegen fehlender deutscher Sprachkenntnisse oft schwierig gestaltet, dienen andererseits zwei- oder mehrsprachige Krankenhausmitarbeiter der Überwindung der sprachlichen Barrieren. Durch die Inanspruchnahme des sprachkundigen Krankenhauspersonals, Angehöriger oder Dolmetscher kommt der Träger seiner Verpflichtung nach. Der Patient ist wiederum verpflichtet, auf seine Verständigungsprobleme hinzuweisen.

Soziale Faktoren: Alte, allein lebende Menschen sind kontaktscheu und verunsichert. Im Gegensatz dazu sind Menschen, die privat oder beruflich sehr viel mit Menschen zu tun haben, kommunikativ sehr kompetent.

Psychische Faktoren: Die Kommunikation wird beispielsweise durch Bedürfnisse, Stimmung, Gefühle beeinflusst. Gereizte, verärgerte Menschen sprechen laut und aggressiv, ängstliche sprechen schnell.

Umgebungsfaktoren: Eine ruhige Umgebung wirkt sich enorm positiv auf das Gespräch aus. Störend sind sowohl technische Geräusche (z. B. Drucker oder Telefon) als auch die Anwesenheit oder Unterhaltungen weiterer Personen im Raum. Diese Faktoren können und sollten berücksichtigt werden, auch beim Telefongespräch.

1.1.5 Bedeutende Fehlerquellen

Die zwischenmenschliche Kommunikation wird zudem durch die unterschiedliche Wahrnehmung der Gesprächspartner, durch subjektive Theorien wie auch durch Unterschiede in Selbst- und Fremdwahrnehmung beeinträchtigt.

Die Wahrnehmung der am Gespräch Beteiligten ist selektiv. Sie wird beeinflusst durch ihr Wissen, ihre Bedürfnisse, Erfahrungen, Erwartungen, Meinungen, Glaubensvorstellungen und Überzeugungen. Bei der Wahrnehmung spielen psychische Gegebenheiten eine nicht unerhebliche Rolle.

Beispiel:

Herr M. muss sich einer stationären Behandlung unterziehen. Während er zuhause seinen eigenen Tagesrhythmus hatte, muss er sich im Krankenhaus dem Tagesgeschehen unterordnen und Anweisungen befolgen. Herr M. fühlt sich nicht wohl, er nimmt den Tag-/Nachtrhythmus als große Einschränkung seiner Freiheit wahr. Ein anderer Patient findet diesen Rhythmus sehr angenehm als Frühaufsteher. Und die Pflegekräfte haben sich schon lange an diesen Rhythmus gewöhnt und sind der Meinung, dass dieser gut für alle sei.

Subjektive Theorien oder Selbsttheorien haben einen großen Einfluss auf das Kommunikationsverhalten. Sie bestimmen darüber, welche Situation ein Mensch aufsucht und wie er diese interpretiert. Infolge dieses Verhaltens tritt genau das ein, was er erwartet, es kommt also zu einer „sich selbst erfüllenden Prophezeiung".

Beispiel:

Herr F. hat starke Schmerzen im Hüftgelenk. Vor drei Jahren hatte er auch Schmerzen. Damals hatte er den Eindruck, dass ihm das nicht abgenom-

---

men wurde. Er ist davon überzeugt, dass der Arzt und die Pflegekräfte seine Schmerzen nicht ernst nehmen. Er verhält sich aufgrund seiner Gedanken unsicher und etwas eigenartig. Er ist davon überzeugt, dass er deshalb abends nicht ein Schmerzmittel, sondern ein Placebo erhält. Bedingt durch sein Verhalten sind nun auch die Krankenhausmitarbeiter verunsichert, ob bzw. wie stark seine Schmerzen sind. Herr F. fühlt sich in seiner Annahme bestätigt.

Diskrepanzen in der **Selbst- und Fremdwahrnehmung** können durchaus die Kommunikation beeinträchtigen.

Beispiel:

Herr B. nimmt sich selbst als sehr kooperativ wahr. Aus Sicht des Krankenhauspersonals ist Herr B. keineswegs kooperativ.

1.2   Anforderungen an die Patientenkommunikation

Der mündige Bürger, im Gesundheitssystem der „Kunde" oder „Patient", möchte aktiv an seiner Behandlung mitwirken. Ein sehr großer Anteil der Patienten informiert sich über ihre Krankheit, zunehmend auch im Internet. Beim nächsten Arztbesuch sucht der Patient dann das Gespräch.

Während des Arztbesuches oder eines stationären Aufenthaltes wird die Beziehung zwischen dem Krankenhauspersonal und dem Patienten durch eine Reihe von Aspekten beeinflusst.

1.2.1   Aus Sicht des Patienten

Kranke Menschen haben Sorgen und Ängste im Zusammenhang mit ihrer Erkrankung oder Behinderung. Hinzu kommt, dass sich der Patient während des stationären Aufenthaltes dem streng organisierten Tagesplan unterordnen muss, der für die Aufrechterhaltung des Klinikbetriebes wiederum notwendig ist.

Vermeidbar jedoch sind unangebrachte Kommunikationsstile wie infantilisierende Sprache gegenüber Patienten oder ein nicht angemessener Umgang mit Fachausdrücken, da ihn diese verunsichern. Der Kunde Patient hat das Bedürfnis nach freundlichem, würdevollem Umgang. Er möchte ernst genommen werden, sich nicht abhängig fühlen und sucht oft Zuspruch oder Trost.

Auch die Visite, auf die der Patient wartet, lässt oftmals einen enttäuschten Patienten zurück, der sich dann hilfesuchend, verzweifelt an die Pflegekraft wendet, um die eine oder andere Frage oder Sorge los zu werden. Ganz zu schweigen von der Zuwendung, die für ihn und seine erfolgreiche Behandlung so wichtig wäre. Die derzeitige Situation ist weder zufriedenstellend für die Patienten noch für die Ärzte. Auch Ärzte beklagen häufig, dass das Patientengespräch viel zu kurz kommt. Im Beisein des Pflegepersonals ist der Arzt während der „Schnellvisite" damit beschäftigt, die aktuell eingetroffenen Befunde (z. B. Laborwerte) auszuwerten, notwendige Untersuchungen zu veranlassen und/oder entsprechende Therapien anzuordnen. Der persönliche Kontakt dauert im Schnitt nur wenige Minuten. Dem Patienten bleibt noch die Möglichkeit, den Arzt um einen Extrabesuch zu bitten. Dieses Problem wird zudem verstärkt durch steigende Fallzahlen und die zunehmende Verwaltungsarbeit der Krankenhausärzte.

Auf onkologischen Stationen sind so genannte schwierige Gespräche mit dem Patienten selbst oder mit seinen Angehörigen wichtige pflegerische und ärztliche Handlungen. Sie setzen gute Kenntnisse auf dem Gebiet der Kommunikation voraus. Hier ist nicht ausschließlich fachliches Wissen gefordert.

Beispiele:

Auf die sorgenvolle Äußerung „Ich habe große Angst vor den starken Schmerzen" folgt eine Erklärung der Zuverlässigkeit der modernen Analgetika (Schmerzmittel) und auf die Frage „Was machen wir, wenn der Krebs sich ausbreitet?" folgt die ausführliche Erläuterung verschiedener neuester Therapieformen.

Patienten erinnern sich oft Jahre danach noch an die „Worte" der Diagnose-Mitteilung „Krebs" und an die Worte und die Zeit, die sich der Arzt für sie genommen hat.

Patienten, vor allem Krebskranke und chronisch Kranke, beklagen sich zunehmend darüber, dass keine oder zu wenig Zeit für das Gespräch ist, das ihnen doch so wichtig ist.

1.2.2 Aus Sicht des Krankenhauspersonals: Pflege und Verwaltung

Ein Teil der Gespräche wird nach Plan durchgeführt, wie z. B. die Aufnahmegespräche, ob in der Krankenhausaufnahme oder auf Station. Der andere Teil umfasst die alltägliche begleitende Interaktion wie das Gespräch über

Anliegen – inwieweit der/die Betroffene auf dem Weg zur Station begleitet werden möchte oder die Angst davor, nachts aus dem Bett zu fallen – und die besondere Kommunikation wie z. B. das Gespräch der Pflegekraft mit dem Patienten, nachdem dieser vom Arzt erfahren hat, dass die Niere nicht mehr funktioniert. Für diese nicht immer planbare, vorwiegend psychosoziale Arbeit bleibt im Pflegeprozess ungewollt zu wenig oder keine Zeit. Ebenso belastend ist die „Pflege im Laufschritt" auf Station, im Pflegeheim und in der ambulanten Pflege, bedingt durch zeitliche Kürzungen aus Kostengründen. Von Pflegenden selbst wird die begleitende Interaktion oft nicht als „richtige Arbeit" empfunden.

Mitarbeiter der Krankenhausverwaltung klagen ebenso über Überlastung wie die Pflegekräfte auf Station oder in der Tagespflege.

1.2.3   Entwicklungen der modernen Medizin

Im Vordergrund steht eher „die nicht funktionierende, reparaturbedürftige Maschine" als der leidende Mensch. Durch die enorme Entwicklung in der Medizin mit ihrer Technisierung und Spezialisierung steht den Ärzten einerseits eine Fülle diagnostischer und therapeutischer Möglichkeiten zur Verfügung. Andererseits muss der selbstbewusste Patient zwangsläufig in zunehmendem Umfang in die Entscheidung mit einbezogen werden, weil es für den behandelnden Arzt immer schwieriger wird, stellvertretend für den Patienten zu entscheiden, was für ihn „das Richtige" ist. Voraussetzung dafür ist, dass dem Patienten alle relevanten Informationen in geeigneter Form zur Verfügung gestellt werden. Dazu gehören Informationen über die entsprechenden Methoden/Verfahren und deren Risiken, Nebenwirkungen wie auch Informationen über die Qualität der Leistungserbringer. Wird dies berücksichtigt, trägt die dabei entstehende Arzt-Patienten-Beziehung (vgl. Kap. VIII 1.2.4) Früchte und die partnerschaftliche Entscheidungsfindung lässt eine auf Vertrauen basierende, stabile langfristige Kundenbeziehung entstehen. Das ist der beste Schutz vor „Doktor-Hopping".

Nach den Ergebnissen einer repräsentativen Bevölkerungsstudie aus dem Jahr 2002 wird ein partizipatives Entscheidungsmodell von mehr als 80 % der erwachsenen deutschen Bevölkerung grundsätzlich befürwortet, tatsächlich realisiert sehen dies allerdings nur knapp 45 %. Im internationalen Vergleich zeigt sich, dass Spanier zu 43 %, Polen zu 57 %, Schweden zu 80 % und Schweizer zu 91 % eine partnerschaftliche Entscheidung wünschen.

1.2.4 Arzt-Patienten-Beziehung und Compliance

Einerseits hat es der Arzt mit dem Patienten zu tun, der sich durch dessen kompetente Behandlung passiv gesund machen lässt, andererseits jedoch mit Patienten, die aktiv am Gesundheitsprozess mitwirken wollen. Diese Patienten sind dann zufrieden, wenn sie sich als Partner in der Behandlungsaufgabe ernst genommen fühlen und der Arzt eine Hilfestellung gibt. Voraussetzung für die Zusammenarbeit sind das ausführliche Gespräch und die Betrachtung des Patienten als mündiges Individuum. Gelingt die Entstehung einer partnerschaftlichen Beziehung zwischen Arzt und Patient und übernimmt der Patient schließlich eine Rolle im Behandlungsgeschehen, dann spricht man von Compliance (engl.: = Einwilligung).

Beispiel:

Patient A. sucht wegen leichter Kopfschmerzen (immer morgens) seinen Hausarzt auf. Bei mehrfachen Blutdruckmessungen werden hohe Werte ermittelt. Der Arzt teilt ihm daraufhin mit, dass die Hypertonie (Bluthochdruck) unbedingt behandelt werden muss, weil solche Blutdruckwerte sehr ungesund sind und schlimmstenfalls können Herzinfarkt, Schlaganfall und Durchblutungsstörungen die Folge sein. Daraufhin wird eine medikamentöse Behandlung eingeleitet.

Tatsächlich hält sich jedoch nur jeder zweite Hypertoniker an die Empfehlungen seines Arztes. Mehr als 50 % steigen innerhalb eines Jahres aus, nur zwei Drittel der Verbliebenen nehmen ihre Medikamente korrekt ein.

Compliance ist die Bereitschaft eines Patienten zur Zusammenarbeit mit dem Arzt bzw. zur Mitarbeit bei diagnostischen oder therapeutischen Maßnahmen. Dazu gehört z. B. die Zuverlässigkeit, mit der therapeutische Anweisungen befolgt werden (so genannte Verordnungstreue). Die Compliance ist u. a. abhängig von Persönlichkeit, Krankheitsverständnis und Leidensdruck des Patienten, der Arzt-Patienten-Beziehung, Anzahl und Schwierigkeit der Anweisungen, Art der Therapie und eventuell erforderlichen Verhaltensänderungen.

Noncompliance steht für die fehlende Bereitschaft, der Patient wirkt nicht effektiv an der Behandlung mit oder es kommt sogar zum Behandlungsabbruch trotz Bedarf. Gründe für Noncompliance können Defizite in der Arzt-Patienten-Kommunikation sein:

- Patienten verstehen die Anweisungen des Arztes nicht
- Patienten vergessen die Anweisungen
- Ärzte verwenden zu viele Fachausdrücke
- von 20 Minuten Arzt-Patienten-Kontaktzeit entfallen nur 2 Minuten auf die Informationsvermittlung.

Ein Arztwechsel erfolgt häufig nicht wegen mangelnder Fachkompetenz, sondern wegen schlechter Kommunikation.

1.2.5 Kommunikative Qualifikationen

In der Berufsordnung für Ärzte sind neben den in Abschnitt B enthaltenen Berufsregeln (vgl. Kap. IV 2.1.3.1) im Abschnitt C **Verhaltensregeln korrekter ärztlicher Berufsausübung** festgelegt:

Grundsatz Nr. 1 verlangt „eine *korrekte ärztliche Berufsausübung, dass Ärztinnen und Ärzte beim Umgang mit den Patienten*

- *ihre Würde und ihr Selbstbestimmungsrecht respektieren*
- *ihre Privatsphäre achten*
- *über die beabsichtigte Diagnostik und Therapie, ggf. über ihre Alternativen und über ihre Beurteilung des Gesundheitszustandes in für die Patientinnen und Patienten* **verständlicher und angemessener Weise informieren** *und ...*
- *Rücksicht auf die Situation der Patientinnen und Patienten nehmen,*
- *auch bei Meinungsverschiedenheiten* **sachlich und korrekt bleiben,**
- *den* **Mitteilungen** *der Patientinnen und Patienten* **gebührende Aufmerksamkeit entgegenbringen** *und einer* **Patientenkritik sachlich begegnen.*“

Im Grundsatz Nr. 3 „*wird vom Arzt verlangt, dass er bei der Ausübung seiner Tätigkeit nichtärztliche Mitarbeiterinnen und Mitarbeiter nicht* **diskriminiert.**“ Ebenso untersagt ist Medizinern die Kollegenschelte.

Das Thema Kommunikation wird im Medizinstudium nach wie vor vernachlässigt. Die Delegierten des 113. Deutschen Ärztetages fordern Ausbildungsreformen: „Studenten sollten frühzeitig am Patienten arbeiten und verstärkt in Kommunikationsfähigkeit und Teamfähigkeit" geschult werden.

Dass den Arzt-Patienten-Gesprächen große Aufmerksamkeit gebührt, wird im Kapitel Kundenorientierung noch ausführlicher dargestellt.

1.3 Kundenorientierte Kommunikation

Die Bedeutung der persönlichen Kommunikation bzw. Interaktion zwischen Personal und Patient wurde bereits angesprochen (vgl. Kap. VIII 1.2). In diesem Kapitel ist der Schwerpunkt der Kommunikation und Information auf die Kundenorientierung ausgerichtet.

1.3.1 Definitionen

Kundenorientierung bedeutet, das gesamte betriebliche Denken und Handeln aller Führungskräfte und Mitarbeiter auf den Kunden hin auszurichten. Die Wünsche, Erwartungen des Kunden stehen im Mittelpunkt.

Unter Patientenorientierung versteht man, dass sich das Gesundheitssystem und die darin handelnden Professionellen an den Wünschen, Erwartungen und der Zufriedenheit der Patienten und Patientinnen orientieren.

Mitarbeiterorientierung im Unternehmen heißt, dass dieses auf die Wünsche, Bedürfnisse und Erwartungen ihrer Mitarbeiter eingeht (VIII.1.3.5).

1.3.2 Patientenorientierung in der Arztpraxis

Viele Patienten sehen den Arzt als Berater in Gesundheitsfragen und erwarten in der Praxis eine individuelle und hochwertige Dienstleistung. Mit gutem Recht verlangen sie Informationen über die bevorstehende Untersuchung oder Therapie, vor allem dann, wenn sie – wie immer häufiger der Fall – die Kosten dafür selbst tragen müssen (Individuelle Gesundheitsleistungen, IGeL).

Dem müssen der Arzt und sein Team gerecht werden. Entscheidend dafür, dass und ob sich der Patient in der Arztpraxis wohlfühlt, sind in erster Linie qualitativ hochwertige medizinische Leistungen. Da der Patient diese im Allgemeinen als Laie nicht beurteilen kann, zieht er zur Bewertung Kriterien wie saubere und gepflegte Räume, freundliche Mitarbeiter, das Gefühl, dass sich Arzt und Praxismitarbeiter Zeit für ihn nehmen, heran. Deshalb fordert die Kassenärztliche Bundesvereinigung eine gezielte und verständliche Kommunikation in der Praxis.

In einer Vergleichsstudie (Abbildung 32), bei der Bürger und Bürgerinnen verschiedener Länder befragt wurden, wie sie die Kommunikation mit Ärzten oder anderen Professionellen einschätzen, liegt Deutschland nur an vorletzter Stelle.

1.3.3 Kundenorientierung im Krankenhaus

Aus der Sicht des Krankenhausbetriebes gibt es interne Kunden und externe Kunden. Interne Kunden sind die tatsächlichen und potentiellen Mitarbeiter, externe Kunden sind Leistungsempfänger (z. B. Patient), andere Leistungserbringer (z. B. zuweisender Arzt), Leistungsträger (z. B. Krankenkasse, Berufsgenossenschaft) oder Lieferanten (vgl. Kap. VIII 1.4.2).

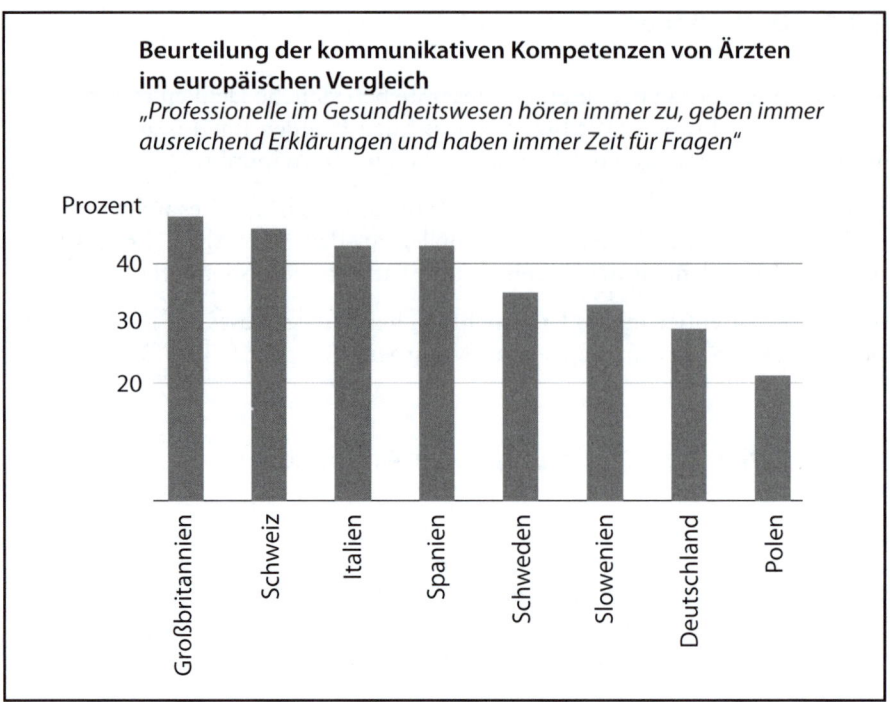

Beurteilung der kommunikativen Kompetenzen von Ärzten im europäischen Vergleich
„Professionelle im Gesundheitswesen hören immer zu, geben immer ausreichend Erklärungen und haben immer Zeit für Fragen"

Abb. 32: Befragung von Bürgerinnen und Bürgern nach Einschätzung der Kommunikation mit Ärzten oder anderen Professionellen. Quelle: GBE des Bundes, Heft 32, Hrsg. RKI, 2006

Die Kunden- und Mitarbeiterorientierung sind wichtige Instrumente zur Zielerreichung des Qualitätsmanagements – neben Prozessorientierung (Hinterfragen von Strukturen und Abläufen), Benchmarking (Vergleichsanalysen) und Führung und Zusammenarbeit (übergreifendes Denken, kooperativer Führungsstil etc.).

Konkrete Vorgaben zur Patienten- und Mitarbeiterorientierung lassen sich auch aus dem Kriterienkatalog der Kooperation für Transparenz und Qualität im Gesundheitswesen (KTQ) ableiten (vgl. Kap. VII 3). Anforderungen der Patientenorientierung richten sich an den Abläufen im Krankenhaus aus und umfassen sämtliche Prozesse, von Erreichbarkeit und Aufnahmeplanung über Visite bis zu Entlassung, Weiterbetreuung, Umgang mit Angehörigen von Verstorbenen. Anforderungen der Mitarbeiterorientierung beziehen sich auf die Einarbeitung von Mitarbeitern, mitarbeiterorientierten Führungsstil, auf Mitarbeiterwünsche und -beschwerden.

1.3.4 Patientenorientierung im Krankenhaus – „Der Patient ist König"

Patientenorientierung im Krankenhaus bedeutet einerseits, dass patientenorientierte Leistungen wie gute Erreichbarkeit, kurze Wartezeiten, gute Ausstattung der Räume, evtl. Internetanschluss etc., optimal gestaltet und geregelt werden. Andererseits bedeutet es auch, dass die Patienten ausreichend informiert werden. Ziel einer Einrichtung ist, an sämtlichen Schnittstellen wie Telefonzentrale, Ambulanz oder Notaufnahme eine offene Kommunikation und nicht Kommunikationsbarrieren zu schaffen.

Eine große Bedeutung kommt den Leit- und Orientierungssystemen eines Krankenhauses zu. Leitsysteme geleiten den Patienten oder Besucher vom Eingang bis hin zum gesuchten Ziel und wieder zurück zum Ausgang. Sie werden visuell wahrgenommen und hinterlassen einen ersten und bleibenden Eindruck. Wesentliche Merkmale sind Übersichtstafeln, versehen mit Pfeilen, solange, bis man das Ziel erreicht hat. Auch Patienten mit Sehbehinderung oder Migranten mit mangelhaften Sprachkenntnissen sollten sich ohne größere Schwierigkeit zurechtfinden.

Orientierungssysteme unterstützen das Zurechtfinden, insbesondere in großen Kliniken, mithilfe von Orientierungsplänen, auf denen der jeweilige Standort gekennzeichnet ist und durch Verwendung von bestimmten Merkmalen (Farben, Licht) für die jeweiligen Bereiche.

Zusätzlich existiert in kundenorientierten Einrichtungen ein Informationssystem. Dieses dient nicht als Wegweiser und nicht zur Orientierung, sondern ausschließlich zur Information der Kunden des Krankenhauses. Informationselemente sind nach wie vor Hinweisschilder, Pinnwände und Aushangvitrinen. Da die Übermittlung von Informationen im Krankenhaus überwiegend digital erfolgt, werden auch die Pinnwände und Schilder nach und nach durch Bildschirme ersetzt oder ergänzt.

Während des Aufenthaltes gelten für den Patienten die Qualität der Kommunikation und die Information als wichtige Indikatoren der guten Fürsorge und Krankenhausleistung.

Kundenorientierte Kommunikation in der Klinik bedeutet für den Patienten, dass

- er Erwartungen, Bedürfnisse äußern kann,
- er als gleichwertiger Gesprächspartner ernst genommen wird,
- er in Entscheidungen mit einbezogen wird,
- Zeit ist für Gespräche mit Arzt oder Pflegepersonal und Gelegenheit für Fragen bleibt,
- Übersetzungshilfen zur Kommunikation mit ausländischen Patienten angeboten werden,
- Kritik und Beschwerden artikuliert werden können.

Notwendige **patientenorientierte Informationen** im Krankenhaus sind beispielsweise

- allgemeine Informationen über die Klinik
- Informationen zum Tagesablauf
- Informationen zur Notwendigkeit von Behandlungen, Operationen
- Übersetzung von Aufnahmevertrag bis Informationsblatt in verschiedene Sprachen
- Patienteninformationsbroschüre
- Patientencharta (Patientenrechte) in Broschüre oder an Aushängetafel
- Patientenzeitung, schwarzes Brett für Patienten usw.

1.3.5 Mitarbeiterorientierung und Betriebsklima

Eine Organisation, die sich an den Bedürfnissen ihrer Mitarbeiter orientiert, stellt ausreichend qualifiziertes Personal ein, arbeitet dieses gut ein, bietet Fort- und Weiterbildungen an, greift die Ideen der Mitarbeiter auf und geht sowohl auf Wünsche als auch auf Beschwerden ein. Wertschätzung, Anerkennung und Kontaktpflege (z. B. Zusendung einer Mitarbeiterzeitschrift) unterstützen die Motivation der Mitarbeiter und fördern das Betriebsklima. Der Umgang der Mitarbeiter untereinander gibt den Patienten und anderen Kunden einen tiefen Einblick in das Miteinander und die Zusammenarbeit im Krankenhaus und prägt das entstehende Bild über die Einrichtung entscheidend mit. Das Betriebsklima ist somit eine Größe, die vom Patienten wahrgenommen wird und die sein Wohlbefinden direkt beeinflusst.

1.4 Betriebliche Kommunikation

Der Begriff „betriebliche Kommunikation" umfasst den Informationsaustausch zwischen Unternehmensleitung und Mitarbeitern bis hin zu Public Relations-Planung (Abbildung 33, vgl. auch Kap. IX 3).

1.4.1 Interne Kommunikation, Organisationsstruktur eines Krankenhauses

Unter interner Kommunikation eines Betriebes ist der Austausch von Informationen zwischen den organisatorischen Einheiten, d. h. letztlich zwischen sämtlichen Mitarbeitern (inkl. Führungskräften) zu verstehen. Sie unterscheidet sich von der Kommunikation in anderen Lebensbereichen nur insoweit,

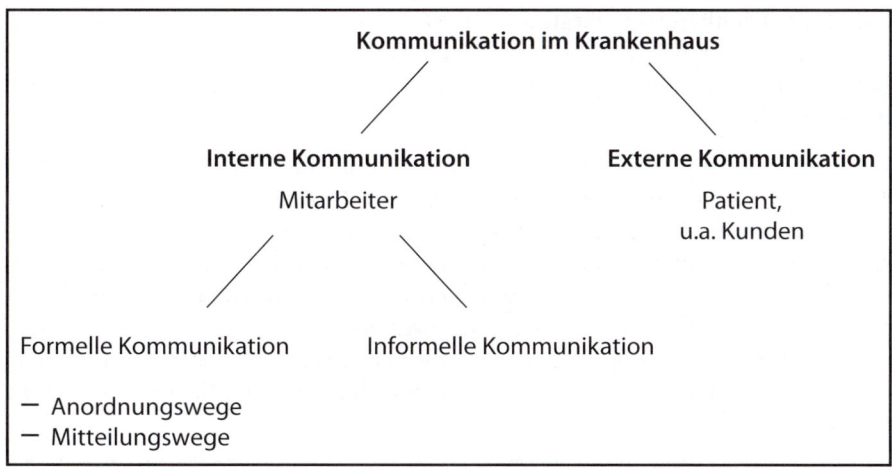

Abb. 33: Einteilung der betrieblichen Kommunikation

als sie begrenzt ist und geprägt durch die Art und Organisation des Betriebes.

Durch die interne Organisation eines Krankenhauses werden Aufgaben und Kompetenzen der Mitarbeiter so festgelegt, dass die Erfüllung des Zieles eines Krankenhauses, nämlich die Gewährleistung der bestmöglichen Hilfe für den Patienten, auf Dauer sichergestellt werden kann.

Aufbauorganisation: In den meisten Krankenhäusern bestehen die Organisationen aus drei funktionalen Säulen mit relativer Eigenständigkeit. Sie werden gebildet aus ärztlichem Dienst, Pflegedienst und der Verwaltung. (vgl. Kap. IV 3.3.4). Die Arbeitsteilung besteht:

a) zwischen den drei Berufsgruppen
b) und innerhalb der Säulen.

Jede Säule verfügt über eine hierarchische Ordnung. Beispielsweise sind im ärztlichen Bereich dem Chefarzt ein leitender Arzt sowie ein Oberarzt und Assistenzärzte unterstellt.

Kommunikationsprobleme können sich ergeben, wenn die drei Bereiche Medizin, Pflege, Verwaltung ein übermäßiges Eigenleben entwickeln. Besteht die Klinikleitung (Direktorium) aus dem Chefarzt, dem Leiter des Pflegedienstes und dem Verwaltungsleiter, werden oftmals Zielkonflikte (z. B. leistungs- und finanzwirtschaftliche Aspekte) zwischen den Berufsgruppen in der Klinikleitung ausgetragen, da auf unteren hierarchischen Ebenen zu wenig (horizontal) kommuniziert wird.

Ablauforganisation: Voraussetzung für eine ordnungsgemäße Behandlung der Patienten in der Klinik ist eine interdisziplinäre Zusammenarbeit der

423

einzelnen Fachbereiche, Stationen und Berufsgruppen. Die Koordination der Zusammenarbeit des medizinischen Personals, das unmittelbar an der Behandlung des Patienten beteiligt ist, so genanntes Behandlungsteam, hat dabei eine herausragende Bedeutung.

Für Fehler in der Ablauforganisation (Organisationsmängel, z. B. fehlende Dienstanweisung zur ordnungsgemäßen Aufklärung, Unterlassen von persönlichem Aufnahmegespräch, Nichtweitergabe von wichtigen medizinischen Informationen oder unterlassene Hinzuziehung eines Spezialisten), durch die der Patient geschädigt wird, **haftet die Einrichtung** aufgrund der so genannten Organisationshaftung. Die Sorgfaltspflicht des Trägers beschränkt sich nicht auf die richtige Auswahl, Überwachung und Instruktion der Arbeitnehmer. Der Unternehmer hat auch für eine zweckmäßige Organisation des Betriebs zu sorgen.

Informationsdefizite führen zu Fehlern

Durch die Vorgaben des Arbeitszeitgesetzes vom 1.1.1996 entstehen oftmals Lücken in der Kontinuität und in der Weitergabe von Informationen, wenn der verantwortliche Stationsarzt, der sich selbstverständlich nach dem anstrengenden Nachtdienst ausruhen muss, ein- bis zweimal pro Woche einen Tag lang als **Ansprechpartner** fehlt. Diese Arbeitsteiligkeit kann nur durch qualifizierte Dienstübergaben aufgefangen werden. Notwendig ist eine persönliche Übergabe des Patienten am Bett, auch im Beisein der zuständigen Schwester. Gerade hier sind Kommunikationsprobleme eine nicht seltene Fehlerquelle.

In jedem Betrieb sind Kommunikationswege nötig. Sie dienen der Koordination der Arbeitsprozesse (z. B. Termin für Röntgenuntersuchung) und der Übermittlung von Informationen. Die Kommunikationswege werden zwangsläufig bestimmt durch die Aufbau- und Ablauforganisation des Betriebes.

Formelle und informelle Kommunikation: Im Betrieb Krankenhaus existiert wie in anderen Betrieben auch neben dem formalen ein informales Kommunikationssystem. Die formelle Kommunikation findet auf horizontal, vertikal und diagonal verlaufenden Mitteilungswegen (gegenseitiges Informieren) oder auf nur vertikal verlaufenden Anordnungswegen (Anweisungen geben) statt.

a) Anordnungsweg:
   Information gelangt **indirekt** (Umweg) über **Dienstweg** vom Sender zum Empfänger: **Pflegedienstleitung** → **Stationsschwester** → **Pflegekraft**

b) Mitteilungsweg:
   Information gelangt **direkt** (horizontal, vertikal, diagonal durch die Organisationsstruktur) zum Empfänger: **Pflegekraft** → **Pflegedienstleitung**

Obwohl die formellen Kommunikationsbeziehungen diejenigen sind, die innerhalb des Betriebes geplant wurden bzw. werden, nehmen sie einen weitaus geringeren Anteil ein als die informellen Kommunikationsbeziehungen (Tabelle 35). Die informelle Kommunikation, die sich zwischen Mitarbeitern aufgrund von Sympathie oder Antipathie bildet, führt häufig dazu, dass einzelne Mitarbeiter zu viele Informationen erhalten, andere dagegen zu wenig. Sie ist durchaus erforderlich, da nicht alle Kommunikationsvorgänge vorhersehbar sind und geplant werden können. Tatsache ist, dass die informelle Kommunikation mit zunehmender Größe des Betriebes abnimmt. In kleineren Krankenhäusern (Kreiskrankenhaus) kennen sich die Mitarbeiter besser; hier nimmt die informelle Kommunikation einen großen Raum ein. In großen Betrieben (Universitätskliniken) finden sich informelle Gruppen eher in einzelnen Arbeitsbereichen. Probleme im Zusammenhang mit der informellen Kommunikation können insbesondere dann auftreten, wenn unzulässig Informationen weitergegeben werden.

Tab. 35: Gegenüberstellung von formeller und informeller Kommunikation

Formales Kommunikationssystem	Informales Kommunikationssystem
• Geplant und geregelt Mitteilungen, Anordnungen • Anteil: entspricht der Spitze des Eisberges • Umfang ist abhängig von Betriebsgröße (dominiert in großen Betrieben)	• Nicht geplant, ergibt sich aus Beziehungen zwischen den Mitarbeitern • Anteil: entspricht dem Eisberg unter der Wasseroberfläche • Umfang ist abhängig von Betriebsgröße (dominiert in kleinen Betrieben)

Das Kommunikationssystem eines Krankenhauses: Im modernen Krankenhaus findet neben der persönlichen Kommunikation (Gespräch, Telefongespräch) ein Austausch über das Intranet statt. Im Kommunikationssystem eines Krankenhauses, dem so genannten Krankenhausinformationssystem (KIS), wird festgelegt, welche Informationen zu übermitteln sind, zu welchem Zeitpunkt die Weitergabe der Information erfolgen soll und welche Kommunikationsmittel (gebundene Kommunikation, z. B. mithilfe von Formularen, oder offene Kommunikation) verwendet werden müssen. Weiter wird in jedem Kommunikationssystem geregelt, welche Informationen zu speichern sind, wer auf welche Daten Zugriff erhält usw. Jede Einrichtung hat ein Datenschutzkonzept zu erstellen. Über das Intranet kann die Einrichtung ihren Mitarbeitern eine Reihe von Informationen zur Verfügung stellen. Hier können Mitarbeiter z. B. den Qualitätsbericht (vgl. Kap. VII 2.2) einsehen oder die Mitarbeiterzeitung lesen.

1.4.2   Externe Kommunikation, Schweigepflicht

Bei der externen Kommunikation geht es um den Austausch mit der Umwelt des Krankenhauses. Hierzu gehören die externen Kunden entsprechend Tabelle 37. Das Besondere der Kommunikation eines Krankenhauses liegt in der zentralen Ausrichtung auf die Kommunikation mit dem Patienten.

Kommunikation unter Berücksichtigung der Patientenrechte: Der Patient hat im Rahmen seiner Behandlung Recht auf Information und Beratung und vor allem das Recht auf Selbstbestimmung. Der Patient ist „Herr seiner Daten, Herr des medizinischen Verfahrens" und er entscheidet, ob Informationen über ihn und seine Krankheit – über die gesetzlich zulässige Übermittlung hinaus – weitergegeben werden dürfen.

Die Kommunikation im Krankenhaus kann sich nicht so frei entfalten, wie dies etwa im privaten Bereich möglich ist. Der Kommunikation der Mitarbeiter im Krankenhaus sind Grenzen gesetzt – sie unterliegen der Schweigepflicht. So darf beispielsweise eine Pflegekraft der kardiologischen Station keine personenbezogenen Angaben (von einem ihrer Patienten) an eine Pflegekraft auf der gynäkologischen Station mitteilen. Erlaubt ist eine Weitergabe von Informationen nur, wenn beide Pflegekräfte die Patientin betreuen. Es dürfen nur die für den Pflegeprozess bzw. Behandlungsprozess notwendigen Informationen weitergegeben werden. Die vorsätzliche (mit Wissen und Wollen im Bewusstsein der Rechtswidrigkeit) Verletzung von Privatgeheimnissen, Betriebs- oder Geschäftsgeheimnissen wird im § 203 Strafgesetzbuch unter Freiheitsstrafe bis zu einem Jahr oder unter Geldstrafe gestellt. Für Ärzte stellt die Verletzung der Schweigepflicht zusätzlich einen Verstoß gegen die Berufsordnung dar, der von der Ärztekammer geahndet werden kann bis hin zum Entzug der Approbation.

§ 9 Abs. 1 BO: *„Der Arzt hat über das, was ihm in seiner Eigenschaft als Arzt anvertraut oder bekannt geworden ist – auch über den Tod des Patienten hinaus – zu schweigen. Dazu gehören auch schriftliche Mitteilungen über Patienten, Röntgenaufnahmen und sonstige Unterlagen."*

Zweck der ärztlichen Schweigepflicht: Die in der Berufsordnung für Ärzte festgelegte Schweigepflicht und das Arztgeheimnis im Sinne des § 203 Strafgesetzbuch bilden eine rechtliche Schranke der innerbetrieblichen und außerbetrieblichen Kommunikation. Die Schweigepflicht verfolgt einen doppelten Zweck. Zum einen dient sie dem Schutz der Intimsphäre des Patienten. Zum anderen ist die Schweigepflicht Voraussetzung für das Vertrauensverhältnis zwischen Arzt und Patient. Ein Patient, der nicht auf „Geheimhaltung" vertrauen kann, wird dem Arzt wahrscheinlich nicht mitteilen, dass er übermäßig viel Alkohol konsumiert, obwohl diese Information sehr wichtig wäre für die Anamnese und die Therapie.

Alle Mitarbeiter im Krankenhaus, selbstverständlich auch Mitarbeiter in der Verwaltung, müssen sich entsprechend den Vorschriften des Grundgesetzes, des Sozialrechts, Datenschutzrechts, Strafrechts, Zivilrechts, Berufsrechts und entsprechender Hinweise im Arbeitsvertrag korrekt im Umgang mit Sozialdaten und dem Patientengeheimnis verhalten. So ist beispielsweise die Weitergabe von Informationen an Angehörige oder eine Weitergabe von Daten an die Lebensversicherung nur mit schriftlicher Einwilligung des Patienten zulässig.

Laut Berufsordnung ist es Aufgabe von Ärzten, ihre Mitarbeiter über die Verschwiegenheit zu belehren und dies schriftlich festzuhalten. Der Schweigepflicht unterliegen nicht Personen, deren Tätigkeit nicht im Zusammenhang mit der Arztleistung steht, also z. B. das Reinigungspersonal. Hier muss allerdings der Arzt dafür Sorge tragen, dass der Zugang zu Patientendaten für Außenstehende, wie die Putzkolonne, unmöglich ist. Das kann durch Wegschließen der Unterlagen oder durch einen passwortgeschützten Zugang zum PC geschehen. Der Arzt hat auch sicherzustellen, dass ärztliche Dokumente mit Patientendaten so entsorgt werden, dass sie nicht mehr wiederherstellbar sind. Das heißt, dass z. B. schriftliche Dokumente in einem Aktenvernichter zerkleinert werden müssen, Festplatteneinträge so entfernt werden, dass sie nicht wieder zugänglich gemacht werden können.

Wenn das Patientengeheimnis den Bereich des Krankenhauses verlässt (Entlassung, Verlegung, Rehabilitation), bedeutet dies keinesfalls, dass hier die Schweigepflicht endet. Sie gilt laut Berufsordnung über den Tod hinaus. Die Offenbarung des Geheimnisses, d. h. die Kommunikation mit Dritten, ist nur erlaubt, wenn

- eine Einwilligung des Betroffenen (Entbindung von der Schweigepflicht) vorliegt, z. B. dass der Patient mit der ärztlichen Auskunft an den Hausarzt einverstanden ist,
- eine gesetzliche Meldepflicht besteht (z. B. nach Infektionsschutzgesetz),
- eine gesetzliche Datenübermittlung oder Auskunft nach dem Sozialgesetzbuch vorgeschrieben/zulässig ist (z. B. Datenübermittlung gemäß § 301 SGB V an die Krankenkassen und die Mitteilungspflicht nach § 294a SGB V),
- der Schweigepflicht der Schutz eines höherwertigen Rechtsgutes gegenübersteht.

Ob es sich um ein höherwertiges Rechtsgut handelt, ist für jeden Einzelfall abzuwägen. Jedoch sind sogar Fälle denkbar, bei denen der Arzt zum Schutz anderer seine Schweigepflicht durchbrechen muss. Nach der Rechtsprechung muss er z. B. dann sein Schweigen brechen, wenn ihm konkrete Hinweise auf die Misshandlung eines Kindes vorliegen.

1.4.3   Weitere externe Kundenkontakte

Krankenhäuser kommunizieren mit externen Kunden, die direkt mit der Behandlung zu tun haben (Tabelle 36), aber auch mit Kunden, die nichts mit der Behandlung zu tun haben. Zu letztgenannten gehören die Lieferanten, der Besitzer der Cafeteria des Krankenhauses, die Reinigungsfirma oder das Entsorgungsunternehmen. Ziel der Krankenhäuser ist es, ihre Kunden zufriedenzustellen, Neukunden zu gewinnen und ein gutes Image zu bewahren.

Tab. 36:   Externe Kunden

Leistungsempfänger	Andere Leistungserbringer	Leistungsträger
• Patienten • Potentielle Patienten • Angehörige • Besucher	• Einweiser • Krankentransportunternehmen • Krankenhäuser • Reha-Einrichtungen • Pflegedienste	• Krankenkassen • Pflegekassen • Berufsgenossenschaften • Unfallkassen • Rentenkasse

Durch ein gutes Verhältnis und eine gute Zusammenarbeit mit den **niedergelassenen Ärzten** kann sich das Krankenhaus zwei äußerst wichtige Zielgruppen, den Patienten und den Zuweiser, sichern. Auf die Kommunikation mit niedergelassenen Ärzten als Marketing-Instrument wird im Kapitel IX 3.2.3 eingegangen.

Während die externe Kommunikation mit den Lieferanten über das Internet (weltweites Netz) erfolgt, dürfen Patientendaten an die **gesetzlichen Krankenkassen** nur über besonders gesicherte Datenleitungen übermittelt werden. Durch zusätzliche aufwändige Verschlüsselung der Daten wird verhindert, dass Unbefugte auf die Daten zugreifen können. Die Spitzenverbände haben in der Datenübermittlungsvereinbarung nach § 301 Abs. 3 SGB V kassenartenbezogen zentrale Datenannahme- und -verteilerstellen eingerichtet.

Auch der **Kommunikationsweg** kann nicht immer beliebig gewählt werden. Ein Beispiel dafür ist die gesetzliche Regelung zur Kommunikation der **Leistungserbringer untereinander** und der **Leistungserbringer mit den Krankenkassen** (vgl. auch Kap IV 3.10): § 67 SGB V: *„Elektronische Kommunikation. (1) Zur Verbesserung der Qualität und Wirtschaftlichkeit der Versorgung soll die papiergebundene Kommunikation unter den Leistungserbringern so bald und so umfassend wie möglich durch die elektronische und maschinell verwertbare Übermittlung von Befunden, Diagnosen, Therapieempfehlungen und Behandlungsberichten, die sich auch für eine einrichtungsübergreifende fallbezogene Zusammenarbeit eignet, ersetzt werden. (2) Die Krankenkassen und Leistungserbringer sowie ihre Verbände sollen* *den Übergang zur elektronischen Kommunikation nach Absatz 1 finanziell unterstützen.*

Übungsaufgaben zu Teil VIII, Kapitel 1

Aufgabe 1

Welche nonverbalen Signale sollten von Gesprächspartnern, insbesondere Mitarbeitern, unbedingt vermieden werden? (2 Beispiele)

Aufgabe 2

Beschreiben Sie den Unterschied zwischen formeller und informeller Kommunikation.

Aufgabe 3

Erklären Sie den Begriff Patientenorientierung.

Aufgabe 4

Sie haben an einer Fortbildung „Kundenorientierte Kommunikation" teilgenommen. Beantworten Sie bitte folgende Fragen:

1. Welche Kunden sind „interne Kunden" in der Klinik? (3 Beispiele)
2. Welche sind die zwei bedeutendsten „externen" Kundengruppen einer Klinik?
3. Welche externen Kunden kennen Sie, die nichts mit der Behandlung zu tun haben? (3 Beispiele)

Aufgabe 5

Sie sind Mitarbeiter/in in einem Krankenhaus und werden am Telefon von folgenden Personen gebeten, Auskunft über das Befinden eines Patienten zu geben. Wem geben Sie Auskunft?

1. Chef des Patienten
2. Bruder des Patienten
3. Sachbearbeiter seiner Krankenversicherung
4. Rechtsanwalt des Patienten
5. Keiner der genannten Personen

2 Beschwerdemanagement

2.1 Erwartung und Kundenzufriedenheit

Kunden haben bestimmte Erwartungen gegenüber den Dienstleistungen und Produkten, die von Einrichtungen des Gesundheitssystems angeboten werden. Krankenhäuser, Pflegeheime und alle weiteren Dienstleistungsunternehmen müssen diesen gerecht werden.

Den Verantwortlichen ist bewusst, dass **zufriedene Kunden wiederkommen** und/oder die **Einrichtung weiterempfehlen.** Die Imagepflege und die Kundenorientierung sind eng miteinander verbunden und werden in der Regel durch die Abteilungen Öffentlichkeitsarbeit und Qualitätsmanagement gesteuert.

Wie jedoch ein Unternehmen mit dem Begriff Qualität tatsächlich umgeht, zeigt sich insbesondere in der Qualität im Umgang mit Beschwerden und Reklamationen. Ein professioneller Umgang durch die Mitarbeiter bedeutet primär eine **kompetente Annahme und Reaktion.** Voraussetzung dafür sind Kenntnisse von der Beschwerdeentstehung bis hin zur kundenorientierten Bearbeitung. Mitarbeiter müssen zu einer guten Gesprächsführung befähigt sein und ihre Rolle innerhalb eines institutionalisierten Beschwerdemanagementsystems erkennen und einnehmen.

Eine **kundenorientierte Gesundheitseinrichtung** ermuntert ihre Kunden dazu, ihre Sorgen, Anregungen und Beschwerden mitzuteilen. Sie nutzt einerseits die Chance, Schwachstellen herauszufinden, die Vorschläge der Patienten aufzugreifen und die Qualität zu verbessern, andererseits die Gelegenheit, sie noch enger an die Einrichtung zu binden. Voraussetzung hierfür ist die so genannte Beschwerdezufriedenheit, die nicht mit dem Beschwerdegrund, sondern mit dem Umgang der Beschwerde selbst zusammenhängt. Dies sind Aufgaben des Beschwerdemanagements.

In **stationären Einrichtungen oder Pflegeheimen** kommt erschwerend hinzu, dass zwischen den Patienten, Heimbewohnern und Angehörigen oft noch eine Abhängigkeit vom Wohlwollen des Personals besteht, die zur Konfliktvermeidung der Betroffenen führt. Sie halten sich deshalb zurück mit Kritik und der Artikulation ihrer Unzufriedenheit. Gerade deshalb sollte ihnen das „Beschweren" leichter gemacht werden.

Leistungserbringer, die Kundenorientierung nicht nur als marketingstrategische Notwendigkeit sehen, sondern die Kundenzufriedenheit zum Ziel haben, werden ihre Chancen auf dem Markt deutlich verbessern.

2.1.1 Einflussfaktoren auf die Entstehung von Unzufriedenheit

Patienten beschweren sich, wenn ihre Erwartungen nicht erfüllt wurden. Die Erwartungen wiederum hängen ab von **individuellen Bedürfnissen** wie gute Behandlung, Service und respektvoller Umgang, von bisherigen **eigenen Erfahrungen,** von positiver und negativer **Mundkommunikation** in Form von Empfehlungen oder Abraten durch Zuweiser, Verwandte, Freunde, Arbeitskollegen. Die Erwartungen werden ebenso beeinflusst durch **Informationen,** die z. B. die Klinik selbst nach außen verbreitet: **Public Relations** dienen zum einen dazu, die Einrichtung bekannter zu machen, zum anderen dazu, den potentiellen Kunden durch Vorträge, Veranstaltungen und Auftritt im Internet die besondere Kompetenz auf einem Spezialgebiet oder die außergewöhnliche Patientenfreundlichkeit zu vermitteln (vgl. Kap IX 3).

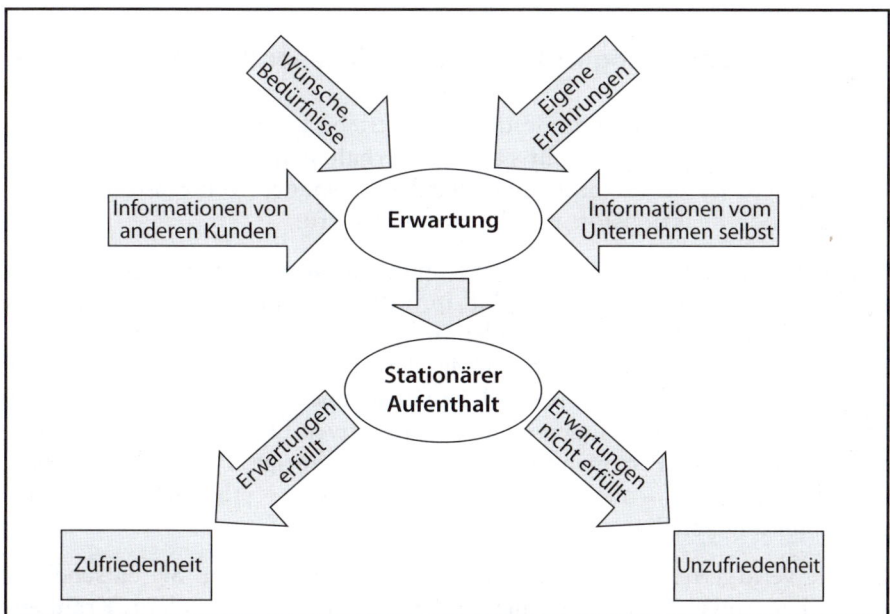

Abb. 34: Entstehung von Zufriedenheit bzw. Unzufriedenheit

Werden während des gesamten Aufenthaltes in der Klinik die Erwartungen des Patienten erfüllt, dann entsteht zunächst Zufriedenheit, bei Enttäuschung ist der Patient unzufrieden.

Die Patientenzufriedenheit ist nicht nur abhängig von konkreten Erfahrungen im Versorgungssystem und ist deshalb nur begrenzt ein aussagefähiger Indikator für die Bewertung der Versorgungsqualität in einem Gesundheitssystem. Wissenschaftler vermuten, dass die Berichterstattung in den Medien,

431

das Ausmaß an Lob und Tadel, in ganz erheblichem Umfang das Urteil von Patienten mit beeinflusst. Die Vermutung beruht auf Ergebnissen einer von der WHO in Auftrag gegebenen EU-Studie, in der festgestellt wurde, dass konkrete eigene Erfahrungen im Zusammenhang mit der medizinischen Versorgung und durchgeführten Reformen im jeweiligen Land mit nur 10,4 % bei der Bewertung eine untergeordnete Rolle spielen.

Untersuchungen zur Zufriedenheit von Kunden und Patienten zeigen in Studien häufig, dass die überwiegende Mehrheit der Befragten sehr oder eher zufrieden ist. Man geht davon aus, die Artikulation von Unzufriedenheit werde deshalb sehr zurückgehalten, weil der Befragte sonst eingesteht, dass er nicht in der Lage ist, diese Situation zu verbessern. Ärzteverbände, Krankenhäuser, Krankenkassen und die Kassenärztliche Bundesvereinigung nutzen diese Befragungen für eine positive Selbstdarstellung (vgl. Kap. VIII 2.1.3–2.1.4).

2.1.2 Verhaltensmöglichkeiten unzufriedener Kunden/Patienten

Krankenhäuser und andere Gesundheitsbetriebe können durch ein aktives Beschwerdemanagement Einfluss auf das Verhalten ihrer unzufriedenen Kunden nehmen. Es ist durchaus möglich, dass besonders verärgerte Patienten nachfolgende Reaktionsformen gleichzeitig äußern:

Sehr häufig wird von unzufriedenen Kunden **negative Mundkommunikation** betrieben. Sie ist sehr wirksam (vgl. Kap. VIII 2.1.1) und beeinflusst einerseits die Entscheidung potentieller Kunden für oder gegen einen Aufenthalt in derselben Einrichtung, andererseits erleidet das Image erheblichen Schaden. Der unzufriedene Patient spricht, noch bevor er sich beschwert, erfahrungsgemäß mit **mindestens zehn Personen** über seine negativen Erfahrungen. Diese Kontaktpersonen oder Personengruppen (z. B. Angehörige, Personal, Zuweiser, Besucher u. a.) sind – auch ohne eigene Erfahrungen – erheblich an der Weiterverbreitung beteiligt.

Andere verärgerte oder enttäuschte Patienten **bleiben fern**. Sie entscheiden sich bei erneutem Bedarf für einen anderen Arzt bzw. ein anderes Krankenhaus. Das Unternehmen erfährt von diesen bereits verlorenen Kunden weder den Grund ihrer Unzufriedenheit oder des Abwanderns, noch bekommt es eine Chance, die negative Mundkommunikation zu verhindern.

Viele Patienten unternehmen nichts, **bleiben** also **inaktiv** trotz großer Enttäuschung oder Ärgernis. Bietet sich die Gelegenheit zum Wechsel, dann werden sie diese wahrnehmen und zur Konkurrenz abwandern. Unzufriedene Patienten sind durchaus bereit, sich in einer Klinik behandeln zu lassen, die vom Wohnort weiter entfernt ist.

Zu wenige der unzufriedenen Patienten äußern ihre Beschwerden direkt gegenüber dem Unternehmen, sondern gegenüber Drittinstitutionen wie Verbraucherorganisationen oder Krankenkassen. Das mag daran liegen, dass das Unternehmen gar kein Interesse an Beschwerden hat und der Kunde nur schwerlich Ansprechpartner findet bzw. einen Briefkasten, in den er seinen Beschwerdebrief einwerfen kann.

2.1.3 Beschwerden in stationären Einrichtungen

Beschwerden können auftreten im Zusammenhang mit der Behandlung selbst, dem Umgang mit dem Patienten bzw. Heimbewohner, mit Schwachstellen oder Fehlern in der Organisation. Strukturelle Veränderungen im Betrieb, hoher Arbeitsdruck, ausgeprägte ökonomische Denkweise sind oftmals Auslöser für Unzufriedenheit der Mitarbeiter. Sie wirken sich zunehmend auch auf die externen Kunden aus.

Bedingt durch die steigenden Gesundheitskosten sind immer mehr Kliniken darauf angewiesen, ihre Deckungsbeiträge aus behandlungsfernen Dienstleistungen, wie aus Telefongebühren, zu erschließen. Diese Maßnahmen führen zu Unmut bei Patienten.

Beispiel:

Frau B. beschwert sich über überhöhte Telefongebühren aufgrund der teuren 0180-Rufnummer in den Patientenzimmern. Dies hat natürlich zur Folge, dass auch eingehende Anrufe von Verwandten und Freunden sehr teuer werden können. Dass die Kliniken Grundgebühren und Gebühren pro Einheit für ausgehende Gespräche verlangen, obwohl für ausgehende Gespräche Flatrates existieren, ist ihrer Meinung nach nicht in Ordnung.

Nicht selten ist die Unzufriedenheit im Krankenhaus verbunden mit dem Zustand des Patienten, seiner erhöhten Empfindlichkeit, seinen Ängsten oder den Sorgen seiner Angehörigen. Die Beschwerde richtet der Patient seltener an die Ärzte, meist an das Pflegepersonal, nicht selten auch an das Personal in der Verwaltung, weil gerade hier das Abhängigkeitsverhältnis nicht so ausgeprägt ist.

Wenn sich Patienten, Heimbewohner oder ihre Angehörigen beschweren, dann wurden nicht nur ihre Erwartungen nicht erfüllt, sondern häufig ist die Beziehung zwischen ihnen und der Einrichtung bzw. den Mitarbeitern gestört. Das eigentliche Problem ist nicht immer sofort erkennbar. In Pflegeheimen und auf geriatrischen Stationen sind nicht die Betroffenen selbst, sondern weitaus häufiger deren Angehörige die Beschwerdeführer.

Beispiel:

Eine Angehörige beschwert sich bei der Pflegedienstleitung (PDL) über schmutzige Bettwäsche.

Eine erfolgreiche PDL wird nicht versuchen, das Problem durch Aufzeichnungen zu lösen. Sie wird gemeinsam mit der Wohnbereichsleitung sicherstellen, dass kein Anlass zu berechtigter Klage besteht. Sie wird einschätzen, ob die Beschwerde tatsächlich dem Zustand von Bett und Bettwäsche gilt oder Ausdruck einer misslungenen Kommunikation zwischen der Angehörigen und den Pflegenden oder eines gestörten Vertrauensverhältnisses ist. Beidem ist mit den Mitteln des Beschwerdemanagements zu begegnen und nicht mit den Mitteln der Pflegedokumentation.

2.1.4 Beschwerden in der Arztpraxis

Im Rahmen der Versichertenbefragung der Kassenärztlichen Bundesvereinigung KBV von 2010 wurden 6 065 zufällig ausgewählte Bürgerinnen und Bürger zu Patientenbeschwerden sowie der individuellen Situation telefonisch befragt. Gefragt wurde nach Unzufriedenheit mit dem Arzt und ihren Ursachen, nach Adressaten von Kritik sowie nach Arztwechseln, die aus Unzufriedenheit mit ärztlichen Leistungen resultierten (Abbildung 35).

Die Frage: „Waren Sie im letzten Jahr einmal so unzufrieden mit dem Arzt, dass Sie sich beschweren wollten?" beantworteten 16 % der Befragten mit Ja. Von diesen 16 % hat sich weniger als die Hälfte (42 %) tatsächlich beschwert, was einem prozentualen Anteil von lediglich 6,7 % an allen 6 065 Befragten entspricht. Allerdings steigt die Anzahl der Unzufriedenen, die es wagen, sich zu beschweren. 2008 und 2006 waren es mit 34 % und 36 % gegenüber 42 % im Jahr 2010 noch weniger, die ihre Unzufriedenheit geäußert haben. Die Patienten in der Praxis beschwerten sich meistens (60 %) direkt beim Arzt .

Gründe für Unzufriedenheit mit dem Arzt liegen mit ca. 30 % vorwiegend im medizinisch-therapeutischen Bereich. Zunehmend spielen bei GKV-Patienten Wartezeiten eine Rolle, 19 % in diesem Jahr gegenüber der Befragung im Jahr 2006 mit 12 %. Von 10 % im Jahr 2006 auf 20 % im Jahr 2010 verdoppelt haben sich Beschwerden der Patienten darüber, dass ihr Anliegen nicht ernst genommen wird. 16 % der Befragten beklagten, der Arzt sei ihnen gegenüber respektlos oder unhöflich aufgetreten. Privatpatienten beklagen sich vergleichsweise weniger über Wartezeiten und zu wenig Zeit mit dem Arzt, jedoch häufiger über falsche Behandlung und falsche Abrechnung.

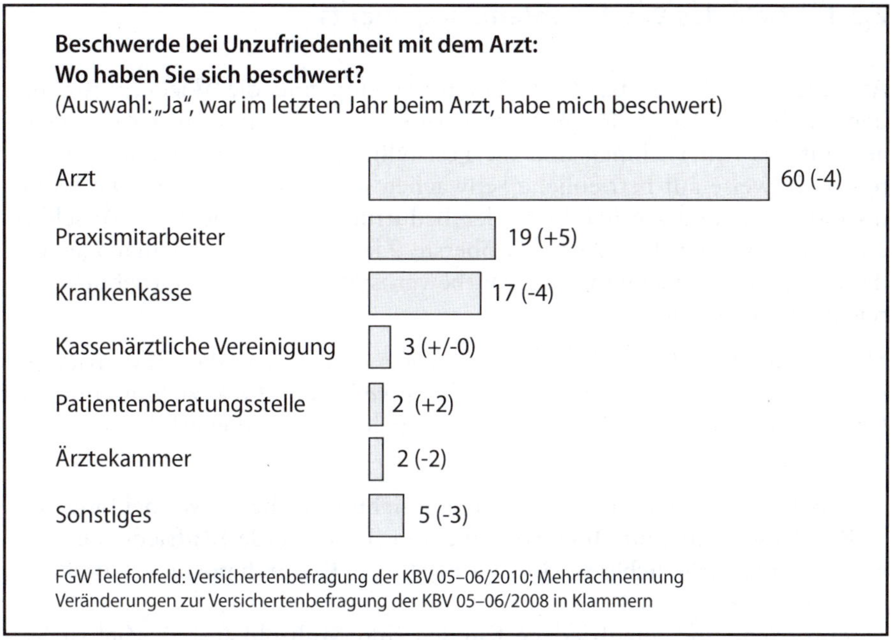

Beschwerde bei Unzufriedenheit mit dem Arzt:
Wo haben Sie sich beschwert?
(Auswahl: „Ja", war im letzten Jahr beim Arzt, habe mich beschwert)

Arzt	60 (-4)
Praxismitarbeiter	19 (+5)
Krankenkasse	17 (-4)
Kassenärztliche Vereinigung	3 (+/-0)
Patientenberatungsstelle	2 (+2)
Ärztekammer	2 (-2)
Sonstiges	5 (-3)

FGW Telefonfeld: Versichertenbefragung der KBV 05–06/2010; Mehrfachnennung
Veränderungen zur Versichertenbefragung der KBV 05–06/2008 in Klammern

Abb. 35: Adressat der Beschwerde, Quelle: KBV

Einen Arztwechsel nehmen in Deutschland durchschnittlich 10 % der Befragten einmal jährlich wegen Unzufriedenheit vor. Während ältere Patienten seltener den Arzt wechseln, suchen sich jüngere Menschen bei Unzufriedenheit häufiger einen neuen Arzt.

2.2 Das Beschwerdemanagement

Das Beschwerdemanagement stellt einen eigenständigen Zweig kundenorientierter Unternehmensführung dar. Die Zielgruppe des Beschwerdemanagements sind die Kunden, die sich mit einer Beschwerde an das Unternehmen wenden. Damit spielt es eine bedeutende Rolle im Qualitätsmanagement und ist ein Teil des Kundenbindungsmanagements. Das Beschwerdemanagement umfasst die Planung, die Durchführung und die Kontrolle sämtlicher Maßnahmen im Zusammenhang mit Beschwerden.

2.2.1 Ziele des Beschwerdemanagements

Allgemeine Ziele des Beschwerdemanagements sind die Wiederherstellung der Kundenzufriedenheit, die Minimierung sämtlicher negativer Auswirkungen auf das Unternehmen und die Feststellung der in Beschwerden enthaltenen Hinweise auf betriebliche Schwächen und Marktchancen. Die Kenntnisse darüber und die Erfüllung der Bedürfnisse des Kunden im Anschluss daran tragen dazu bei, dass das oberste Ziel des Beschwerdemanagement, die Erhöhung der Gewinn- und Wettbewerbsfähigkeit des Unternehmens, erreicht werden kann.

Nach Stauss/Seidel (2007) werden die Ziele unterteilt in das Globalziel und in Teilziele. Die Teilziele beziehen sich entweder auf die Beziehung mit dem Kunden, auf die Qualität oder auf die effiziente Aufgabenerfüllung im Unternehmen:

- **Stabilisierung gefährdeter Kundenbeziehungen bzw. Vermeidung von Kundenverlusten durch Herstellung von (Beschwerde-)Zufriedenheit**
- **Schaffung zusätzlicher werblicher Effekte, z. B. durch positive Mundkommunikation:**
  Zufriedene und unzufriedene Kunden sind Multiplikatoren. Ziel ist Verhinderung negativer Mundkommunikation und die Stimulation positiver Mundkommunikation.
- **Förderung eines kundenorientierten Unternehmensimages:**
  Ein aktives Beschwerdemanagement vermittelt dem Kunden Sicherheit und den Mitarbeitern die große Bedeutung kundenorientierten Handelns.
- **Verbesserung der Qualität von Produkten und Dienstleistungen durch Nutzung der in Beschwerden enthaltenen Informationen:**
  Beschwerden enthalten wertvolle Informationen über relevante Kundenprobleme im Umgang mit Produkten, Dienstleistungen oder unternehmerischen Verhaltensweisen.
- **Vermeidung externer Fehlerkosten, z. B. Auseinandersetzungskosten:**
  Kundenbeschwerden verursachen Kosten, insbesondere dann, wenn Kunden ihre Beschwerden nicht direkt an das Unternehmen richten, sondern an Drittinstitutionen (Schlichtungsstellen, Verbraucherorganisationen, Medien). Gelingt es dem Unternehmen, die **Mängel** zu erkennen und zu beseitigen, kann es Auseinandersetzungskosten, Prozesskosten etc. vermeiden.
- **Vermeidung interner Fehlerkosten:**
  Durch Kenntnis der Produktmängel und der **Prozessmängel** können die internen Prozesse produktiver gestaltet, dadurch Falsch-, Doppelarbeiten vermieden werden.
- **Effiziente Aufgabenerfüllung:**
  Zur Erreichung obiger Ziele ist der Einsatz von Ressourcen erforderlich. Bei allen Maßnahmen ist grundsätzlich das Ziel einer effizienten Aufgabenerfüllung zu beachten.

- **Globalziel: Erhöhung der Gewinn- und Wettbewerbsfähigkeit:**
  Durch den positiv erlebten Beschwerdeprozess können eine höhere Bindung erreicht werden, negative Auswirkungen minimiert und die in Beschwerden enthaltenen Hinweise genutzt werden.

2.2.2 Nutzen des Beschwerdemanagements – Die Beschwerde als Chance

Der Vorteil für Patienten besteht darin, dass sie die Möglichkeit haben, ihren Ärger loszuwerden und so zu einer Verbesserung beitragen. Soweit möglich, wird der Beschwerdeführer dann im Gespräch aktiv in den Lösungsprozess eingebunden.

Durch kontinuierliche Förderung und Entwicklung **des Krankenhauspersonals,** sowohl fachlich als auch im Kommunikationsprozess, entsteht eine Dynamik, die eine Verbesserung der Betreuungsqualität, aber auch eine Stärkung des Verantwortungsgefühls der Mitarbeiter bedeutet. Besonders wertvoll sind die Ideen der Mitarbeiter im Lösungsprozess der Beschwerden, da diese die Bedürfnisse des Patienten am besten kennen. Den Mitarbeitern bietet sich die Möglichkeit, aktiv an der Gestaltung von Arbeitsprozessen mitzuwirken. Dies wiederum erhöht den Selbstwert und die Professionalität und kann so zu einer Steigerung der Motivation und Leistungsbereitschaft beitragen. Die Mitarbeiter fühlen sich zuständig, wenn Probleme auftreten und behandeln diese kompetent (vgl. Kap. VIII 2.2.5).

Die Rolle der Mitarbeiter spielt im Beschwerdemanagement eine entscheidende Rolle. Sie verlangt Kritikfähigkeit, Selbstbeherrschung und Belastbarkeit. Durch Verhaltenstrainings und Rollenspiele kann dies erlernt werden. Zur Vorbeugung von Gesundheitsschäden wie Burnout sollten die extremen Belastungen unbedingt in Supervisionsgruppen oder durch alternative Möglichkeiten abgebaut werden.

Für die Gesundheitseinrichtung ist die Beschwerde die günstigste Reaktionsform von Kunden. Das Beschwerdemanagement ist ein bedeutsames Instrument des Qualitätsmanagements.

2.2.3 Aufgaben des Beschwerdemanagements

Patientenorientierter Umgang mit Beschwerden bedeutet, die Patienten dazu zu ermuntern, ihre Beschwerden mitzuteilen. Voraussetzung hierfür ist, dass umfassend auf **Beschwerdewege** hingewiesen wird und diese **leicht zugänglich** sind. Nach professioneller Beschwerdeannahme sollte die Beschwerde **zügig,**

437

sprich innerhalb von ein bis drei Werktagen, bearbeitet werden. Unternehmen sollten grundsätzlich Voraussetzungen dafür schaffen, dass sich die Beschwerdeführer an unabhängig arbeitendes Personal wenden können. Sämtliche Aufgaben, die unmittelbar gegenüber dem Kunden erfüllt werden, sollten **transparent** sein. Beispielweise muss die Funktion des Personals, das die Beschwerde entgegennimmt und/oder bearbeitet, bekannt sein, gleichermaßen das Stadium der Bearbeitung gegenüber dem Beschwerdeführer und das Ergebnis der Bearbeitung (z. B. ob sich der Vorwurf bestätigt hat). Informationen über die Wirkung der Beschwerde, ob z. B. der Fehler behoben wurde, ob jemand zur Rechenschaft gezogen wurde, ob qualitative Änderungen bereits vorgenommen wurden oder geplant sind, stehen ebenso für Transparenz. Die Tätigkeiten der Beschwerdestelle sollten in einem **Jahresbericht** veröffentlicht werden. Die Teilaufgaben des Beschwerdemanagements werden zusammengefasst in zwei Bereiche. In den **direkten Beschwerdemanagementprozess** fallen sämtliche Aufgaben mit direktem Kontakt des Beschwerdeführers. Der **indirekte Beschwerdemanagementprozess** umfasst weitere Aufgaben, die den Kunden nur indirekt betreffen (vgl. Abbildung 36).

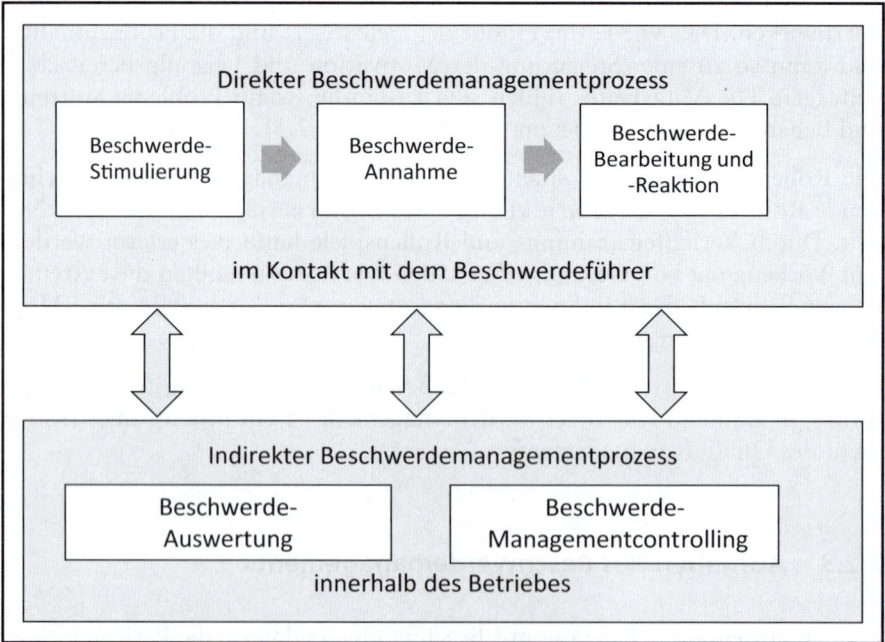

Abb. 36: Der Beschwerdemanagementprozess im Überblick in Anlehnung an Stauss/ Seidel (2007). Quelle: Stauss, B., Seidel, W. (2007): Beschwerdemanagement, 4. vollständig überarbeitete Auflage. München, Hauser Verlag

2.2.4 Beschwerdestimulierung

Beschwerden sind bereits im Vorfeld – also schon im Zustand latenter Unzufriedenheit – anzuregen. Unternehmen müssen signalisieren, dass sie sich für alle Gründe von Unzufriedenheit verantwortlich fühlen und diese auch beseitigen möchten.

Im Durchschnitt beschweren sich nur 10 % der unzufriedenen Kunden. In Gesundheitseinrichtungen werden wegen der abhängigen Position vermutlich weit mehr Beschwerden nicht geäußert (vgl. Kap. VIII 2.1.4). Das Ziel eines patientenorientierten Beschwerdemanagements darf nicht sein, die Zahl der Kunden, die es wagen, ihre Unzufriedenheit zu äußern, zu minimieren, sondern im Gegenteil zu maximieren.

Die Hauptaufgabe der Beschwerdestimulierung ist somit, Beschwerdebarrieren aus dem Weg zu räumen und dem Betroffenen die Möglichkeit zu bieten, seine Beschwerde auf dem von ihm gewünschten Weg zu äußern.

Zugänglichkeit bedeutet, dass nicht nur im Eingangsbereich, sondern auch auf Station in geeigneter Form (Aufnahmepapiere, Flyer) auf die Beschwerdemöglichkeit hingewiesen und dadurch sichergestellt wird, dass sich Patienten jederzeit telefonisch, schriftlich oder persönlich beschweren können. Dem Patienten muss hierfür die Telefonnummer, die Platzierung des Kummerkastens und die Sprechzeit der Beschwerdestelle bekannt gegeben werden. Der Beschwerdebeauftragte sollte gut sichtbar eine eigene Seite im Internet erhalten.

Während in stationären Einrichtungen des Gesundheitssystems die Einrichtung **mündlicher** Beschwerdewege geeignet ist, sind vor allem im ambulanten Pflegebereich die **telefonischen** Beschwerdewege von Vorteil. Sie signalisieren Erreichbarkeit, der Anrufer kann bei Bedarf eine Nachricht hinterlassen. Junge Menschen bevorzugen **elektronische Medien**. Die Kliniken haben darauf reagiert und fordern ihre Patienten auf ihrer Homepage auf, das elektronische Kontakt- bzw. Beschwerdeformular auszufüllen (Feedback).

Neben offenen Kontakten müssen auch Möglichkeiten geschaffen werden, **anonym** zu bleiben. Viele Menschen, insbesondere alte Menschen, trauen sich nicht, ihre Unzufriedenheit direkt der Organisation gegenüber zu äußern. Hier spielen **Ombudsmänner** und **unabhängige Patienten- oder Heimfürsprecher** eine wichtige Rolle.

Die Beschwerdeanregung in Gesundheitseinrichtungen wird immens beeinflusst durch Mitarbeiter, weil sie es sind, die dem Patienten mitteilen, ob Kritik und Beschwerden erwünscht oder nicht erwünscht sind:

„Wenn Sie zufrieden sind, sagen Sie es Ihren Freunden, wenn Sie nicht zufrieden sind, sagen Sie es bitte uns!" (Stauss/Seidel 2007).

Positiv beeinflusst wird die Lösung eines Problems bereits dadurch, dass der Patient mündlich oder schriftlich nach seiner Meinung gefragt wird, er persönlich auf die „Meckerkästen", auf die Beschwerde-Sprechstunden wie auch auf neutrale, anonyme Beschwerdeannahme durch Patientenfürsprecher hingewiesen wird. Dadurch wird das Vertrauen gestärkt und der Patient fühlt sich sicherer. Beschwerden nehmen durch solche Möglichkeiten nicht zu, es verhält sich gerade umgekehrt: Die Anzahl der Beschwerden geht meist zurück, wenn Patienten wissen, dass sie im Bedarfsfall einen kompetenten Ansprechpartner haben.

Für Patienten, die es vorziehen, sich an eine externe **unabhängige Beschwerdestelle** zu wenden, gibt es unabhängige Patientenberatungsstellen Deutschland (UPD), bei denen man eine kostenlose Beratung in Anspruch nehmen kann.

2.2.5 Beschwerdeannahme

Jeder Mitarbeiter ist sein eigener Beschwerdemanager. Er kann, vorausgesetzt er bekommt die Chance dazu, den Beschwerdeführer oft in direktem Kontakt zufrieden stellen. Beim **Erstkontakt** kann die Kundenzufriedenheit gesteigert, aber auch abgebaut werden.

Der Beschwerdeannahmeprozess umfasst die **Organisation** des Eingangs der Beschwerden und die **Erfassung der Beschwerdeinformationen.**

Einrichtungen müssen dafür sorgen, dass innerhalb des Betriebes Zuständigkeiten, Verantwortlichkeiten, Kompetenzen klar definiert sind. Ein Leitfaden oder eine Dienstanweisung kann sicherstellen, dass die Beschwerde kompetent und zuverlässig angenommen wird. Von Mitarbeitern im Unternehmen wird erwartet, dass sie

- über Beschwerdewege und über Bearbeitungsstandards informiert sind,
- über sozialpsychologische Kenntnisse zur Beruhigung der Situation verfügen,
- den Willen des Unternehmens zur Problemlösung deutlich machen.

Erfahrungsgemäß werden Beschwerden von Mitarbeitern erfolgreich angenommen und auch bearbeitet, wenn sie sich dafür verantwortlich fühlen. Das Prinzip der **Complaint Ownership** (aus dem Engl.: complaint = Beschwerde, Klage; ownership = Eigentum) hat sich bewährt. Derjenige Mitarbeiter, der als erster das Kundenproblem wahrnimmt, hat das „Eigentum" an dieser Beschwerde erworben und als so genannter **Complaint Owner** die Aufgabe, das Problem unmittelbar zu lösen, wenn es in seinen fachlichen Kompetenzbereich fällt. Ist dies nicht der Fall, muss er die Beschwerde weiterleiten an den nächsten Complaint Owner, den Qualitätsbeauftragten oder Vorgesetzten.

Obwohl sein Eigentum an der Beschwerde erlischt, sollte er über den weiteren Verlauf informiert werden und möglichst mit dem Beschwerdeführer Kontakt halten.

Damit die Mitarbeiter diesen hohen Anforderungen gerecht werden, sollte ihnen die Teilnahme an entsprechenden Schulungen zu Gesprächsführung und zum patientenorientierten Umgang mit Beschwerden ermöglicht werden. Durch korrektes Verhalten der Mitarbeiter und eine kundenorientierte Kommunikation können Folge-Beschwerden vermieden werden.

Beispiele für Verhaltensfehler:

- Beschwerdeannahme im Beisein anderer Kunden
- Keine vertrauliche Behandlung
- Fehlende Entschuldigung
- Respektloses Verhalten gegenüber dem Kunden
- Kein Interesse am Problem, Bedürfnis des Kunden
- Sich nicht zuständig oder verantwortlich fühlen
- Schuldzuweisungen gegenüber anderen Mitarbeitern

Beschwerdeprobleme müssen vollständig und gut strukturiert erfasst werden. Mithilfe von standardisierten Formblättern oder mittels elektronischer Datenerfassung können diese Anforderungen erfüllt werden. Neben Informationen zum Inhalt der Beschwerde (Nr. 2–4) müssen auch Informationen zur Abwicklung bzw. Bearbeitung (Nr. 1, 5, 6) dokumentiert werden.

Ein umfangreiches Beschwerdeerfassungsformular sollte folgende Fragen beantworten:

1. Angaben zur Beschwerdeannahme
- Wer hat die Beschwerde entgegengenommen?
- Wann wurde sie entgegengenommen?
- Welcher Beschwerdeweg wurde gewählt?
- An wen wurde die Beschwerde gerichtet?

2. Angaben zum Beschwerdeführer
- Wer hat sich beschwert (Name, Adresse)?
- Erreichbarkeit des Betroffenen?
- Handelt es sich um einen internen oder externen Kunden?
- Wer hat sich beschwert: der Betroffene selbst, ein Verwandter oder andere?
- Wie hoch ist das Ausmaß der Verärgerung?
- Welche Lösung wünscht bzw. erwartet der Kunde?

3. Angaben zum Beschwerdeobjekt
- Welche Dienstleistung wird beanstandet?
- Was erwartet der Betroffene (Kenntnis ist wichtig für die Beschwerdeannahme wie auch für die Bearbeitung)?

4. Angaben zum Beschwerdeproblem
- Welches Problem ist aufgetreten?
- Wann ist das Problem aufgetreten?
- Wo ist das Problem aufgetreten?
- Welche betriebliche Organisationseinheit betrifft der Vorfall?
- Handelt es sich um eine Erstbeschwerde oder eine Folgebeschwerde?

5. Angaben zur Beschwerdebearbeitung
- Wer sind die Verantwortlichen während der Bearbeitung?

6. Angaben zur Beschwerdelösung
- Wurden dem Kunden gegenüber bereits Zusagen gemacht, wenn ja: Welche?
- Welcher Termin wurde zugesagt für Zwischenbescheid, zur Problemlösung?

2.2.6 Beschwerdebearbeitung und Beschwerdereaktion

Für den Patienten ist in erster Linie wichtig, dass sein Anliegen zügig bearbeitet wird, dass versprochene Termine eingehalten werden und ihm eine faire Lösung angeboten wird. Nicht alle Beschwerden werden mündlich artikuliert. Schriftliche Beschwerden haben den Vorteil, nicht unter dem Druck des verärgerten Patienten angenommen und bearbeitet werden zu müssen. Die Gestaltung der **internen Bearbeitungsprozesse** von Beschwerden erfordert:

- die Festlegung von Verantwortlichen auf unterschiedlichen Ebenen:
  - für den gesamten Prozess (Process Owner)
  - für die Bearbeitung des Einzelfalles (Complaint Owner, vgl. Kap. VIII 2.2.5)
  - für einzelne Bearbeitungsstufen bzw. Aufgaben (Task Owner)
- die Festlegung von Bearbeitungsterminen, die Einrichtung von Mechanismen zur Überwachung der Termineinhaltung
- die Entscheidung über den Umfang der Kommunikation (Rückmeldung, Zwischenbescheid), die Kommunikationsform (mündlich, schriftlich) mit dem Kunden während der Bearbeitung und die festgelegten Termine

- die Entscheidung darüber, welche Lösungen dem Kunden angeboten werden:
  - finanzielles Angebot: Preisnachlass, Schadensersatz
  - materielles Angebot: Geschenk, Gutschein für Massage
  - immaterielles Angebot: Entschuldigung, Gespräch mit Personal, Information

Nach dem Erstkontakt folgen weitere Kontakte mit dem Kunden. Die Kommunikation mit dem Kunden während des Bearbeitungsprozesses bis einschließlich der endgültigen angebotenen Problemlösung sind die einzelnen Schritte der **Beschwerdereaktion.**

Die Problemlösung bzw. Wiedergutmachung trägt entscheidend zur Beschwerdezufriedenheit bei. Damit seine Erwartungen erfüllt werden und er die Lösung für fair und angemessen hält, ist es je nach Beschwerdegrund sinnvoll, den Patienten mit in die Problemlösung einzubeziehen.

2.2.7 Beschwerdeauswertung

Beschwerden enthalten wertvolle Informationen. Im Rahmen der Beschwerdeauswertung werden sie mithilfe geeigneter Analyseverfahren **quantitativ und qualitativ** ausgewertet. Die Ergebnisse werden bereitgestellt für strategische und operative Entscheidungen und aktiv genutzt im Rahmen eines kontinuierlichen Verbesserungsprozesses.

Bei der quantitativen Auswertung wird das gesamte Beschwerdeaufkommen erfasst und auf wichtige, häufig auftretende Merkmale untersucht. Die Ergebnisse deuten auf innerbetriebliche Schwachstellen hin, geben aber nicht immer eindeutige Hinweise auf die Beschwerdeursachen. Diese werden durch qualitative (inhaltliche) Analyse ermittelt. Die Ergebnisse liefern dem Betrieb somit wichtige Hinweise über die tatsächlichen Ursachen und dienen der Entwicklung von Verbesserungsvorschlägen.

Beispiel:

Immer mehr Patienten beschweren sich darüber, dass das Essen kalt serviert wird. Da das Essen auf Station zügig ausgeteilt wird, ist hier die vermutete Ursache nicht zu finden. Arbeitsgruppen finden schließlich heraus, dass der Essenswagen sehr lange bevor er zur Station gebracht wird unterwegs ist. Der Grund hierfür ist Personalmangel. Der Hol- und Bringe-Dienst ist seit Wochen schlecht besetzt, weshalb früher mit der Essenswagen-Verteilung begonnen wurde.

> Die Arbeitsgruppen schlagen vor, zwei weitere Mitarbeiter des Unternehmens, die für den Transport von Patienten zuständig sind, einzuarbeiten und für zwei Stunden zur Verteilung der warmen Mittagsmahlzeit einzusetzen. Die Mittagspausen sollen je nach Wunsch der Mitarbeiter davor oder danach genommen werden.

Die quantitative Auswertung kann mittels Häufigkeitsverteilung erfolgen. Zur qualitativen Auswertung könnte das Ursachen-Wirkungs-Diagramm (Fischgräten- oder Ishikawa-Diagramm) zum Einsatz kommen. Das Verfahren ist geeignet, für ein Problem (= Wirkung) alle Einflussgrößen (= Ursachen) zu ermitteln, die zu dessen Auftreten beitragen können.

Im Krankenhaus oder im Pflegeheim werden die Analysen und Vorschläge durch Arbeitsgruppen bewältigt, die Umsetzung der erhaltenen Informationen wird durch Qualitätszirkel, so genannte Qualitätsverbesserungsteams, erreicht. Das Unternehmen erhält somit Informationen, die sich zur kontinuierlichen Verbesserung der Qualität nutzen lassen.

2.2.8 Beschwerdecontrolling

Controlling-Aufgaben allgemein sind Koordination, Planung, Steuerung und Überwachung des betrieblichen Geschehens, um die adäquate Umsetzung der Ziele der Organisation sicherzustellen.

Der Aufgabenbereich des Beschwerdemanagement-Controllings kann inhaltlich in drei Bereiche unterteilt werden:

1. **Evidenzcontrolling** ist für das Unternehmen sehr wichtig, weil man weiß, dass die Unzufriedenheit von Kunden in den im Unternehmen erfassten Beschwerden oft nur unzureichend zum Ausdruck kommt. Es hat vor allem die Aufgabe, den Umfang der Nicht-Artikulation und Nicht-Registrierung von (verborgenen) Beschwerden aufzudecken und daraus Schlussfolgerungen für das Beschwerdemanagement zu ziehen. Mit den Ergebnissen wird ermittelt, inwieweit das Beschwerdemanagement in der Lage ist, das Ausmaß der unter den Kunden des Unternehmens verbreiteten Unzufriedenheit in Form von Beschwerden aufzudecken, d. h. für das Management evident zu machen.

2. Der Bereich **Aufgabencontrolling** überwacht, inwieweit die Aufgaben des Beschwerdemanagement, z. B. Beschwerdebearbeitung und -reaktion der Patienten, erfüllt werden. Im Rahmen des **objektiven** Aufgabencontrollings wird die Einhaltung von Leistungsstandards für alle Aufgabenbereiche des Beschwerdemanagements mittels objektiver Messgrößen überwacht. Im Zuge des **subjektiven** Aufgabencontrollings wird die Zufriedenheit der Be-

schwerdeführer mit dem direkten Beschwerdemanagementprozess erfasst (z. B. Zufriedenheit mit der Schnelligkeit der Beschwerdebearbeitung).

3. **Kosten-Nutzen-Controlling:** Das Kosten-Controlling dient der Abschätzung der durch das Beschwerdemanagement-System entstehenden Ausgaben der drei vorausgehenden Prozesse (Annahme, Reaktion und Bearbeitung). In Gesundheitseinrichtungen werden die Personal-, Verwaltungs-, Kommunikations- und Wiedergutmachungskosten dem Nutzen gegenübergestellt. Aus der Kosten-Erfolgs-Rechnung wird der **Gewinn** berechnet.

Aus der Gegenüberstellung von Beschwerdekosten und Beschwerdenutzen lässt sich die Rentabilität des Beschwerdemanagements berechnen. Der durch positive Mundkommunikation erzeugte **nicht messbare Nutzen** sei an dieser Stelle nochmal erwähnt; er spielt insbesondere in Dienstleistungsbetrieben des Gesundheitssystems eine nicht unerhebliche Rolle.

2.2.9 Beschwerdereporting

Das Berichtswesen ist das Bindeglied zwischen dem Beschwerdemanagement und der Controlling-Funktion. Die Ergebnisse der qualitativen und quantitativen Beschwerdeauswertung werden an die Unternehmensleitung und Funktionsbereiche wie Controlling, Qualitätsmanagement, Personalmanagement, Marketing, Vertrieb u. a. weitergeleitet. Sie dienen als Grundlage für zukünftige Entscheidungen. Selbstverständlich sind die Daten allen Verantwortlichen des Kundenmanagements zugänglich zu machen.

Innerhalb der Einrichtung ist ferner festzulegen, welche Ergebnisse aus Beschwerdemanagement und -controlling allen Mitarbeitern der Einrichtung, z. B. im Intranet oder in Mitarbeiterzeitschriften, zugänglich gemacht werden.

Übungsaufgaben zu Teil VIII, Kapitel 2

Aufgabe 1

Sie erklären einem Azubi in Ihrer Klinik die Aufgaben des Beschwerdemanagements. Welche Aussage ist nicht richtig?

1. Aufgaben des Beschwerdemanagements sind Beschwerdeanregung, die Beschwerdeannahme, -bearbeitung, -auswertung und das -controlling.
2. Zum indirekten Beschwerdemanagementprozess gehören sämtliche Aufgaben des Beschwerdemanagements, die unmittelbar gegenüber dem Kunden erfüllt werden.
3. Der indirekte Beschwerdeprozess dient dem Unternehmen dazu, sämtliche Beschwerden qualitativ und quantitativ auszuwerten und umfasst auch das Aufgaben-, Kosten- und Nutzencontrolling.
4. Ergebnisse der quantitativen Beschwerdeauswertung deuten auf innerbetriebliche Schwachstellen hin, geben aber nicht immer eindeutige Hinweise auf problemerzeugende Ursachen.
5. Die qualitative Auswertung dient der Suche nach Ursachen und der Entwicklung von Verbesserungsvorschlägen.

Aufgabe 2

Herr P. musste sich einer stationären Behandlung im Krankenhaus unterziehen. Er beklagte, dass er schlecht informiert wurde über seine Krankheit und Behandlungsalternativen, ferner sei das Personal sehr unfreundlich gewesen. Beschreiben Sie drei mögliche Verhaltensweisen von unzufriedenen Kunden im Krankenhaus.

Aufgabe 3

Nennen Sie je zwei kundenbeziehungsrelevante Ziele und zwei qualitätsrelevante Ziele des Beschwerdemanagements.

Aufgabe 4

Zur Ermittlung der Kundenwünsche und -bedürfnisse und/oder Kundenzufriedenheit stehen dem kundenorientierten Beschwerdemanagement eine
Reihe von Instrumenten zur Verfügung.

Welche zwei Instrumente sind dazu nicht geeignet?

1. In der Einrichtung werden Kummerkästen gut sichtbar angebracht und
   Leerungsfrequenzen angegeben. Meinungskarten liegen im Eingangsbereich und auf Station aus.
2. Die Einrichtung führt eine schriftliche Zufriedenheitsbefragung durch.
3. Die unzufriedenen Patienten werden persönlich von Ärzten und Pflegekräften angesprochen und ermuntert, ihre Beschwerden persönlich
   oder anonym abzugeben.
4. Die Einrichtung ist der Meinung, dass eine geringe Anzahl an Beschwerden als Indikator einer hohen Patientenzufriedenheit gewertet werden
   kann und diese keine weiteren Wünsche haben.
5. Die Patienten werden am Tag der Entlassung persönlich interviewt.
6. Die Verantwortlichen fragen die Mitarbeiter, ob die Patienten ihrer Meinung nach mit Behandlung, Pflege und Versorgung zufrieden sind.
7. Die Patienten werden am Tag der Aufnahme persönlich interviewt.

Aufgabe 5

Entscheiden Sie, welche der folgenden Angaben ein Beschwerdeerfassungsformular enthalten sollte. Kreuzen Sie die vier richtigen Angaben an.

1. Wer sich beschwert hat, der Name wie auch die Erreichbarkeit des Beschwerdeführers.
2. Ergebnisse der qualitativen und quantitativen Beschwerdeanalyse.
3. Welche Verbesserungsvorschläge von Arbeitsgruppen erarbeitet wurden.
4. Den Grad der Verärgerung des Betroffenen und seine Erwartungshal-
   tung.
5. Wer, wann die Beschwerde entgegengenommen hat.
6. Wer die Verantwortlichen bei der Beschwerdebearbeitung sind.

Teil IX
Marketing und Public Relations im Gesundheitswesen

Seit einigen Jahren zeichnet sich das Gesundheitswesen durch eine verschärfte Konkurrenzsituation aus. Krankenkassen, Krankenhäuser und Arztpraxen buhlen verstärkt um Kunden und versuchen, nicht nur die bisherigen Kunden zu behalten, sondern neue Zielgruppen anzusprechen und zu gewinnen. Sie bedienen sich dabei zunehmend der Instrumente des betriebswirtschaftlichen Marketings. Im Folgenden wird auf den speziellen Zuschnitt des Marketing in Gesundheitsbetrieben, vor allem in Krankenhäusern, eingegangen. Da im Gesundheitswesen die Schutzwürdigkeit der Verbraucher stärker ausgeprägt ist als auf anderen Märkten, gelten für Leistungserbringer zusätzliche rechtliche Regelungen, die in Kapitel IX 3.4 besprochen werden.

Bevor die einzelnen Instrumente im Marketing und der Presse- und Öffentlichkeitsarbeit vorgestellt werden, ist eine Abgrenzung und Definition der Begriffe Marketing und Presse- und Öffentlichkeitsarbeit sinnvoll. Häufig werden beide Begriffe synonym verwandt, was jedoch falsch ist.

1 Begriffsbestimmung

Unter dem Begriff Marketing werden alle Aktivitäten eines Unternehmens verstanden, die sich auf den **Absatz seiner Produkte** beziehen. Konzeptionell geht Marketing davon aus, dass der Schlüssel zum Erreichen der unternehmerischen Ziele darin liegt, die Wünsche und Bedürfnisse der ausgesuchten Zielgruppen bzw. Zielmärkte zu ermitteln und wirksamer und wirtschaftlicher zu befriedigen als die Konkurrenz. Dies bedeutet, dass eine permanente Markt- und Konkurrenzbeobachtung nötig ist. Nur durch Kenntnisse über neue gesetzliche Rahmenbedingungen, Wünsche und Bedürfnisse der Patienten nach neuen medizinischen und Serviceleistungen und der Aktivitäten der Konkurrenz kann ein Betrieb seine eigene Marketingstrategie planen.

Im Marketing stehen den Unternehmen die klassischen vier Instrumente, die so genannten vier P's (= Marketing-Mix), als Gestaltungsmöglichkeit zur Verfügung.

- Preispolitik (price)
- Produktpolitik (product)

- Vertriebspolitik (place)
- Kommunikationspolitik (promotion)

Die Öffentlichkeitsarbeit bzw. Public Relations (PR) ist der wichtigste Teil der Kommunikationspolitik des Unternehmens. Sie zielt darauf, die Wahrnehmung des Unternehmens in der Öffentlichkeit positiv zu gestalten. Anders als durch Werbung, die direkt am Produkt des Unternehmens ansetzt, und ebenfalls der Kommunikationspolitik zuzurechnen ist, soll durch PR das Bild des gesamten Unternehmens vermittelt werden. Zweck von PR ist es vor allem, Vertrauen der Öffentlichkeit, also der potentiellen Kunden, in das eigene Unternehmen aufzubauen.

2 Marketinginstrumente im Gesundheitswesen

Im Gegensatz zu anderen Märkten sind dem Einsatz der vier Marketinginstrumente im Gesundheitswesen durch gesetzliche Regelungen Grenzen gesetzt.

2.1 Preispolitik

Aufgrund des regulierten Marktes und der engen gesetzlichen Rahmenbedingungen können Kliniken und Mediziner die Preise für ihre Leistungen nicht selbst bilden. Stattdessen gelten vertraglich oder gesetzlich festgelegte Preise. Auch bei einer hohen Nachfrage nach einer Leistung (z. B. innovative Hüftoperation), die auf nicht regulierten Märkten zu einem Preisanstieg führen würde, kann das Krankenhaus seine Preise nicht verändern. Aufgrund der gesetzlich definierten Finanzierung durch die DRG bekommt die Klinik einen festgeschriebenen Erlös.

Variationsmöglichkeiten beim Preis bieten sich den Kliniken nur durch Wahlmöglichkeiten wie z. B. Chefarztbehandlung, Einzelzimmerzuschlag, therapeutische und medizinische Leistungen, die nicht von den Krankenkassen finanziert werden und vom Patienten selbst zu tragen sind. Kliniken und Ärzte konzentrieren sich deshalb verstärkt auf Privatpatienten und Selbstzahler. Lukrativ sind für Kliniken ausländische Patienten, vor allem aus dem arabischen und russischen Raum. Der Export von Gesundheitsleistungen (= Behandlung ausländischer Patienten durch deutsche Anbieter) gewinnt an Bedeutung. Da Patienten aus dem Ausland zunehmend auf Preise achten, setzen die Krankenhäuser im Wettbewerb auf das Instrument der Preispolitik.

Niedergelassene Ärzte haben Preisgestaltungsmöglichkeiten aufgrund der Steigerungsfaktoren der GOÄ bei der Abrechnung mit Privatpatienten und GKV-Patienten, die individuelle Gesundheitsleistungen (IGeL) erhalten. Im Wettbewerb um Kunden werden Preisvariationen aber nicht eingesetzt. Privatpatienten sind nicht gezwungen, Preisvergleiche anzustellen, da die Versicherung Steigerungsfaktoren nach der GOÄ in aller Regel akzeptiert, sofern sie vom Arzt begründet werden. Zum andern gilt die Nachfrage nach Gesundheitsleistungen als nur wenig preisreagibel. Ist ein Patient davon überzeugt, z. B. eine Untersuchung seines Augeninnendrucks zu benötigen, die vom G-BA als Routineuntersuchung aus der Erstattungspflicht durch die Kassen genommen wurde, bzw. gelingt es dem Augenarzt seinen Patienten von deren Notwendigkeit zu überzeugen, so wird dieser in aller Regel die Leistung erwerben und bezahlen.

Neue Anforderungen an den Preiswettbewerb resultieren für Anbieter, wenn die Möglichkeiten der Kassen, nach dem Einkaufsmodell Anbieter selbst auszuwählen, erweitert werden. In der Integrierten Versorgung und den anderen Versorgungsvarianten, die nach dem Einkaufsmodell ausgestaltet sind und in Vergütungsfragen große Freiräume bieten, konkurrieren die Anbieter untereinander auch mit der Preishöhe.

Möglichkeiten zur Preisgestaltung haben Pflegeheime, wenn sie mit den Bewohnern Komfortleistungen und zusätzliche pflegerisch-betreuende Maßnahmen vereinbaren, die über die Leistungen nach SGB XI hinausgehen. Die Heime müssen in diesen Fällen die Preise nicht mit Pflegekassen und Sozialhilfeträgern verhandeln, sondern können ihre Preisgestaltung am Markt ausrichten.

2.2 Produktpolitik

Das Produkt einer Klinik sind die erbrachten medizinischen, pflegerischen und Serviceleistungen. Innerhalb der von Fachgesellschaften und Berufsverbänden vorgegebenen medizinischen und pflegerischen Standards und Leitlinien können die Kliniken ihr Produkt bzw. ihre Leistung variieren und somit um Patienten konkurrieren. Qualitativ hochwertige Medizin und Therapie sind die Basis, um Patienten gewinnen zu können. Als Instrument der Produktpolitik wird das Qualitätsmanagement eingesetzt. Von immer größerer Bedeutung ist die Vernetzung der Klinik in die vertikale und horizontale Versorgung der Patienten. Hierzu gehört zum Beispiel die enge Zusammenarbeit mit niedergelassenen Ärzten wie auch mit ambulanten Pflegediensten, Heimen oder Rehabilitationseinrichtungen. Die Möglichkeiten der Produktgestaltung wurden in den vergangenen Jahren durch neue Angebotsformen wie die Integrierte Versorgung, medizinische Versorgungszentren usw. erweitert.

451

Dienstleistungen der Pflege wurden in den vergangenen Jahren diversifiziert. Die Pflegereform wird diese Tendenz beschleunigen, da sie Angebotsformen forciert, die an die Stelle eines Heimaufenthaltes treten. Die Arbeitsteilung zwischen ambulanter und stationärer Pflege wird sich ändern. In Pflegeheimen werden künftig, mehr noch als heute, schwerstpflegebedürftige Menschen und Patienten mit Härtefalleinstufung die letzte Phase ihres Lebens zubringen. Häusliche Pflegeangebote, die es den Betroffenen ermöglichen, ihren individuellen Lebensstil zu erhalten und ihre Privatsphäre zu bewahren, müssen verstärkt entwickelt werden. Die Anforderungen an die Produktgestaltung werden für Anbieter von Pflegedienstleistungen tendenziell zunehmen.

Zusammen mit der Öffentlichkeitsarbeit bietet die Produktgestaltung derzeit für Gesundheitsbetriebe das größte Marketing-Potential. Wenn Anbieter neben fachlicher Kompetenz den Nachfragern zusätzlich Service (z. B. in Form einer Praxisorganisation ohne allzu lange Wartezeiten), Freundlichkeit und Zuwendung bieten, haben sie im Wettbewerb gute Chancen. Die Versorgungsdichte mit Praxen, Apotheken, Krankenhäusern etc. ist in Deutschland sehr hoch und Patienten nehmen mehr und mehr wahr, dass sie die Wahl haben.

2.3 Vertriebspolitik

Die Vertriebs- oder Distributionspolitik umfasst alle Maßnahmen eines Unternehmens, das Produkt zum Kunden zu bringen. Dazu gehören Absatzwege und -arten und die Wahl des Standortes des Unternehmens. Im Gesundheitswesen spielt das Marketing-Instrument „place" aufgrund gesetzlicher Vorgaben eine untergeordnete Rolle. Kliniken haben einen Versorgungsauftrag für eine Region, den sie erfüllen müssen. Daraus leitet sich der Anspruch auf Investitionsfinanzierung durch die öffentliche Hand ab. Da die Krankenhausplanung der Bundesländer auf Fachabteilungen der Krankenhäuser bezogen ist, ist es den Kliniken nicht möglich, ihr Leistungsspektrum beliebig zu ändern.

Auch Vertragsärzte sind verpflichtet, für eine Region die Versorgung zu sichern. Wer sich als Vertragsarzt niederlassen möchte unterliegt den Vorschriften der Bedarfsplanung (vgl. Kap. IV 2.5.2). Neue Möglichkeiten bieten sich jedoch durch die Lockerung des Zulassungsrechtes. So dürfen Ärzte heute Zweitpraxen, also Filialen, unterhalten.

2.4 Kommunikationspolitik

Promotion steht als Sammelbegriff für alle Aktivitäten und Maßnahmen, ein Produkt an die gewählte Zielgruppe zu verkaufen. Unter den Begriff fallen die klassische Werbung mit Anzeigen, Radio-, TV-Spots etc. ebenso wie die Öffentlichkeitsarbeit. PR ist der wichtigste Baustein des Marketing im Gesundheitswesen, vor allem im Krankenhaussektor. Deshalb wird den Methoden der Öffentlichkeitsarbeit ein eigener Abschnitt gewidmet.

3 Public Relations

Wie kann eine Gesundheitseinrichtung die Öffentlichkeit ansprechen, und welche Instrumente stehen ihr hierbei zur Verfügung? Im Prinzip kann auf eine Vielzahl von PR-Instrumenten zurückgegriffen werden, um sich dem Informationswunsch der Öffentlichkeit zu stellen. Einige der Instrumente sind jedoch relativ aufwändig und kostenintensiv, sodass sie gerade für kleinere Einrichtungen nur bedingt lohnend sind. Gesundheitseinrichtungen stehen viele Wege und Mittel zur Verfügung, auch relativ kostengünstig eine seriöse und informative Presse- und Öffentlichkeitsarbeit zu betreiben.

3.1 Zielgruppenübergreifende Instrumente

Einige der PR-Instrumente sind speziell auf eine Zielgruppe zugeschnitten, wie z. B. die Patientenbroschüre. Daneben gibt es PR-Instrumente, die sich an mehrere Zielgruppen wenden und deswegen auch universell eingesetzt werden können.

3.1.1 Medium Hauszeitschrift

Eine Hauszeitschrift bietet sich als Medium für Gesundheitseinrichtungen an, um Patienten, Angehörige und andere Zielgruppen über die Entwicklungen und Neuigkeiten im Haus zu informieren. Viele Krankenhäuser, ebenso Pflegeheime oder Behinderteneinrichtungen, haben bereits eine Hauszeitschrift, konzipieren sie allerdings als reine Patientenzeitschrift. Man kann das Angebot auf die Zielgruppe Patienten beschränken, jedoch lohnt es sich, die Zeitschrift inhaltlich nicht nur auf die Kunden zu begrenzen. Eine Hauszeitschrift, die z. B. auch Themen anspricht, die für Journalisten und Selbsthilfegruppen von Interesse sind, erhöht die Aufmerksamkeit in der Öffentlichkeit.

Bei Veröffentlichungen muss ein Impressum angegeben werden. Anhand des Impressums übernimmt die Gesundheitseinrichtung die Verantwortung im Sinne des Presserechts für den Inhalt der Publikation. Es ist zwingend vorgeschrieben für folgende Publikationen: Patientenbroschüre, Mitarbeiterzeitung, Hauszeitschrift bzw. Patientenzeitung, Informationsbroschüren für einzelne Abteilungen.

Beispiel:

Impressum der Hauszeitung der Klinik Neustadt GmbH

Geschäftsführer: Hr. A. M.

Presserechtlich verantwortlich: Fr. B. Z.

Postanschrift: ...

E-Mail: ...

Handelsregister: Amtsgericht Neustadt, Registergericht ...

Steueridentifikationsnummer: ...

Webseiten bzw. Homepages unterliegen nicht dem Presserecht, jedoch müssen auch sie den Anbieter der Informationen kennzeichnen. So muss der Firmenname angegeben werden, ebenso Kontaktdaten wie E-Mail-Adresse, Telefonnummer, Postanschrift.

3.1.2 Internet

Klassische Instrumente der Presse- und Öffentlichkeitsarbeit werden weiterhin genutzt, jedoch gewann in den letzten Jahren das Medium Internet auch für Gesundheitsbetriebe große Bedeutung. Es bietet den Einrichtungen die Möglichkeit, **alle relevanten Zielgruppen** direkt anzusprechen. Nicht nur die junge Generation, sondern zunehmend auch die älteren Menschen nutzen die Möglichkeiten, sich im Netz zu informieren. Gesundheitseinrichtungen sollten ihre Präsenz im Internet nach den grundlegenden Informationsbedürfnissen ausrichten und nicht mit einer Unmenge von unwichtigen Mitteilungen füllen. Da für Internetnutzer eine leichte Orientierung entscheidend ist, sollte eine klare und übersichtliche Navigationsleiste vorgesehen werden.

Inzwischen gibt es mehrere **Klinikportale**, die eine bundesweite Datenbank der Krankenhäuser anbieten. Die bekanntesten Klinikportale sind u. a. www.kliniken.de und www.dkg.de. Bei der Deutschen Krankenhaus Gesellschaft e.V. können sich Internetnutzer Informationen anhand von verschiedenen Suchbegriffen holen, etwa zu den medizinischen Leistungen, der Größe des Hauses, Möglichkeit der Privatbehandlung etc. Die Daten werden regelmäßig überprüft und auf dem neuesten Stand gehalten. Krankenhäuser können sich freiwillig in die Datenbanken aufnehmen lassen. Geordnet nach Postleitzahlen, Städten und zum Teil nach Behandlungsschwerpunkten können die Interessierten die Krankenhäuser vor Ort suchen. Durch einen Link kommen sie von dem Internetportal auf die Internetseite des Hauses. Ebenso gibt es für Internetnutzer **Pflegeportale**; häufig sind diese auf Regionen bezogen. Sie stellen Informationen mit Angabe der jeweiligen Websites der Anbieter für verschiedene Pflegedienste (häuslich, teilstationär, stationär) sowie zu alternativen Wohnformen für Pflegebedürftige zur Verfügung.

Niedergelassene Ärzte empfehlen ihren Patienten Krankenhäuser, Rehabilitationskliniken oder Pflegeeinrichtungen und stellen damit ein wichtiges Verbindungsglied zum Kunden dar. Per Internet können sie direkt angesprochen und an das Haus gebunden werden. Krankenhäuser können Ärzten aktuelle Informationen zu neuen Therapien, zu Medikamenten etc. anbieten, ihnen online-Lexika zur Verfügung stellen und vieles andere mehr. Im Gegensatz zum Informationsangebot für Patienten und Angehörige können Kliniken Ärzte auch über spezielle Angebote und besondere Leistungsschwerpunkte ihres Hauses informieren. Gegenüber dem Fachpublikum ist dies ausdrücklich gestattet. Viele Krankenhäuser bieten Fachärzten daher einen separaten Bereich an, der durch ein Passwort geschützt ist.

Journalisten sind immer auf der Suche nach neuen Informationen. Indem Kliniken aktuelle Informationen anbieten, binden sie die Medien auch an das Haus. Das Informationsangebot kann breit gestreut sein und das ganze Leistungsspektrum umfassen. Die Journalisten können bei Bedarf die einzelnen Informationen abrufen. In einem separaten Bereich für die Medien, der jedoch nicht mit einem Passwort geschützt ist, könnten vielfältige Themen angeboten werden.

Einige Krankenhäuser nutzen das World Wide Web für eine **interaktive Kommunikation**. Sie bieten Chatrooms für einzelne Krankheiten an. Das „Chatten mit dem Chefarzt" ist ein Versuch, auch über die räumliche Distanz mit Patienten sprechen zu können und ihnen Informationen zu geben. In einem interaktiven Gespräch haben hier Patienten die Möglichkeit, direkt und in Echtzeit mit einem Chefarzt zu sprechen. In Sekunden kann der Mediziner die Fragen beantworten und per PC verschicken. Die ersten Versuche in einigen Krankenhäusern zeigen, dass dies eine erfolgversprechende Kommunikation sein kann. In diesem Zusammenhang ist jedoch zu beachten, dass in einem Chat keine Fernbehandlung erlaubt ist.

3.2 Zielgruppengerechte Presse- und Öffentlichkeitsarbeit

3.2.1 Medien

Medien sind eine wichtige öffentliche Zielgruppe der PR. Redaktionen und Journalisten fungieren als **Multiplikatoren der Nachrichten.** Man kann direkt mit den Medien kommunizieren (zum Beispiel bei einer Pressekonferenz oder einem Presseworkshop) oder auch indirekt, zum Beispiel durch eine Pressemitteilung. Egal, auf welche Art und Weise kommuniziert wird: Die Grundregeln der PR, nämlich seriös, ehrlich und transparent zu sein, gelten uneingeschränkt.

3.2.1.1 Pressemitteilung

Schnell und einfach erreicht man Journalisten durch eine Pressemitteilung. In schriftlicher Form bietet man den Journalisten die relevanten Informationen an.

Damit die Pressemitteilung nicht in der Flut von Informationen, die Journalisten täglich erhalten, verloren geht, muss sie journalistisch aufbereitet werden. Im Vordergrund stehen der Informationsgehalt und die Neuigkeiten. Die W-Fragen (Wer?, Was?, Wann?, Wo?, Wie?, Warum?) müssen beantwortet werden. Das wichtigste steht am Anfang der Pressemitteilung. Dieser Einstieg (lead genannt) serviert das Besondere und soll das Interesse der Leser wecken. Das heißt, die Meldung kommt ohne Umschweife und Einleitung sofort auf den Punkt. Die weiteren Details folgen später im Text und verbreitern die Meldung. Am Ende muss ein Ansprechpartner für Nachfragen angegeben sein. Falls es eine Sperrfrist für die Veröffentlichung gibt, muss der genaue Zeitpunkt angegeben werden, ab dem die Journalisten die Nachricht verwerten können. Der Versand erfolgt per Post, per Fax oder per Mail.

Beispiel:

Vierlingsgeburt im Klinikum Neustadt – Mutter und Kinder wohlauf

Gestern wurden im Klinikum Vierlinge (drei Mädchen, ein Junge) per Kaiserschnitt zur Welt gebracht. Für Mutter und Kinder standen Ärzte- und Pflegeteams des Klinikums bereit. Jedes Neugeborene wurde von einem erfahrenen Pädiater und seinen Mitarbeitern betreut. …

Kontakt: Frau Prof. Dr. J. M., Klinikum Neustadt, Tel. …, E-Mail …

3.2.1.2 Direkter Kontakt mit Journalisten – Pressekonferenz

Ein weiteres Instrument der Presse- und Öffentlichkeitsarbeit ist die Presse-konferenz (PK). Im direkten Kontakt mit den Medienvertretern haben Ge-sundheitseinrichtungen die Möglichkeit, sich zu präsentieren. Allerdings gibt es einige Fragen zu beachten, um die Veranstaltung auch für beide Seiten, Journalisten und Gesundheitseinrichtung, gewinnbringend umzusetzen.

Ist das Thema wirklich interessant genug, um die Journalisten einzuladen? Ist es aktuell und für die Öffentlichkeit interessant? Hat die Einrichtung der Öffentlichkeit wirkliche Neuigkeiten mitzuteilen? Nur dann lohnt es sich, eine Pressekonferenz einzuberufen.

Ist das Thema sehr komplex, wie etwa eine neue medizinische Therapie eines Krankenhauses, reicht eine Pressemitteilung nicht aus, um den Informati-onswunsch der Journalisten zu erfüllen. Hier lohnt es sich, die Journalisten einzuladen und ihnen die Therapie mit allen Vorteilen und Nachteilen vor-zustellen. Ein anderes Beispiel ist die Vorstellung des Geschäftsberichtes. Die Öffentlichkeit interessiert sich dafür, wie eine Gesundheitseinrichtung das zur Verfügung stehende Geld verwendet, ob ein Plus erwirtschaftet worden ist etc. Der Geschäftsbericht ist zu umfangreich, um ihn per Pressemitteilung zu veröffentlichen.

Bevor eine Pressekonferenz einberufen wird, sollte eine Checkliste erstellt werden. Folgende Punkte sind zu beachten:

- Die Gesundheitseinrichtung sollte sich vorab informieren, ob an dem favorisierten Datum eine andere Pressekonferenz (Konkurrenzveranstal-tung) geplant ist
- Rechtzeitige Information an die Presse über die geplante Pressekonferenz, ca. 3 Wochen zuvor
- Erinnerungsfax: 5–7 Tage vor der PK nochmals eine Erinnerung an die Medien schicken
- Die PK selbst: Sind vor dem Haus Parkplätze reserviert worden?
- Ist der Raum gut beschildert worden und ist die Pforte über die PK infor-miert?
- Namensschilder aller Podiumsteilnehmer, inklusive akademischer Titel und Vornamen
- Pressemappe für weitere Informationen (vgl. den folgenden Abschnitt)
- Manuskripte der einzelnen Referenten
- Lebenslauf der einzelnen Referenten
- Fotomaterial (Fotos der Referenten, Fotos zum Thema)
- Telefon-, Faxnummern und E-Mail-Adresse der Referenten für weitere Nachfragen der Journalisten
- Hintergrundmaterial: Tipps und Hinweise für Journalisten, die dieses Thema weiter vertiefen möchten
- Literaturhinweise, gerade bei wissenschaftlichen Themen

- Ansprechpartner für Journalisten
- Falls ein Fernsehteam an der Pressekonferenz teilnimmt: Sendefähiges TV-Material bzw. Animationen bereithalten, die das Team in seinen Beitrag einbauen kann.

3.2.1.3 Allgemeine Pressemappe

Die Pressemappe ist ein Baustein der Presse- und Öffentlichkeitsarbeit. In ihr sollten die wichtigsten Informationen über die Einrichtung, deren Organisation und Leitung enthalten sein. Diese Basisinformationen helfen Journalisten, sich einen ersten Überblick über die Gesundheitseinrichtung zu verschaffen und gezielte Nachfragen zu einzelnen Themen zu stellen.

Die Pressemappe sollte in zwei Versionen vorliegen: Als Papierausdruck, der per Post und als Fax verschickt werden kann und zusätzlich auch als PDF-Version, die per E-Mail zugestellt wird. Auch im Internet kann das Krankenhaus sie direkt anbieten.

Ein möglicher Aufbau einer Pressemappe kann folgendermaßen aussehen:

- Geschichte der Einrichtung
- Organisatorischer und struktureller Aufbau
- Wichtige Kennzahlen (z. B. in einem Krankenhaus die Zahl der behandelten Patienten, Anzahl der Kliniken und Institute, Zahl der Mitarbeiter, Operationen im Jahr etc.)
- Als „Q & A" („questions and answers", Fragen und Antworten) sollten die häufigsten Fragestellungen alphabetisch abrufbar sein
- Kurzlebenslauf der Leitung (z. B. im Krankenhaus ärztlicher Direktor, Verwaltungsdirektor, Pflegedirektor) mit Fotos
- Leitbild der Einrichtung
- Aktuelle Informationen und Pressemitteilungen
- Informationsbroschüren des Hauses
- Ansprechpartner für weitere Fragen

Wichtig ist, dass die Pressemappe stets aktuell ist. Eine permanente Überarbeitung (jeden Monat) empfiehlt sich.

3.2.1.4 Workshop – Hintergrundinformation aus erster Hand

Die moderne Medizin und Wissenschaft sind komplex. Kleine, aber oft bedeutende Schritte in der Erforschung der einzelnen Krankheiten bedeuten einen großen Fortschritt für Behandlung und Therapie. Medizinische Laien können die einzelnen Schritte des Fortschrittes kaum nachvollziehen. Dies gilt für die Patienten genauso wie für die überwiegende Zahl der Journalisten, die kein Medizinstudium oder eine ähnliche Ausbildung aufweisen können.

Ein Workshop, der vom Krankenhaus bzw. den Medizinern organisiert wird, kann Journalisten Hintergrundinformationen anbieten. Um dieses Instrument auch sinnvoll einsetzen zu können, bedarf es allerdings mehrerer Rahmenbedingungen. Die wichtigste ist, dass es genügend Medien vor Ort gibt. Für ein Krankenhaus in einer Stadt mit nur einer Tageszeitung ist ein Workshop zu aufwändig. Ein persönliches Hintergrundgespräch erfüllt hier denselben Zweck. In Städten allerdings, die über eine breitere Mediendichte verfügen und die Medien auch in Konkurrenz zueinander stehen, lohnt sich die Veranstaltung auf jeden Fall.

3.2.2 Patienten/Bewohner – Öffentlichkeit

Eine wichtige Zielgruppe der PR sind die Patienten, die der Gesundheitseinrichtung ihr Vertrauen schenken sollen. Im Mittelpunkt stehen die medizinische bzw. pflegerische Qualität und die soziale Kompetenz: zwei Ebenen, denen Patienten bzw. Bewohner große Bedeutung beimessen.

3.2.2.1 Telefonaktion

Eine Möglichkeit, viele interessierte Leser auf das Thema Gesundheit oder eine bestimmte Erkrankung aufmerksam zu machen, ist eine Telefonaktion, an der z. B. Ärzte eines Krankenhauses beteiligt sind. Dieses **gemeinsame Projekt mit einer Tageszeitung** bietet die Möglichkeit, das Krankenhaus mit seinen medizinischen Experten als ein Kompetenzzentrum für die Erkrankung darzustellen. Auch die Zeitungen profitieren von dem Projekt, denn eine Telefonaktion ist relativ günstig, erhöht das Image der Zeitung und das Thema Gesundheit interessiert viele Leser. Viele Zeitungen übernehmen deshalb selbst die Kosten für Raum, Telefonanlage und Verpflegung. Einige Zeitungen sind jedoch auf einen geringen Kostenbeitrag der Gesundheitseinrichtung angewiesen.

Die Telefonaktion ist meist auf eine Stunde begrenzt. In dieser Zeit haben die Anrufer die Möglichkeit, allgemeine und persönliche Fragen zur Erkrankung und deren Behandlung zu stellen. Die Mediziner können neben allgemeinen Tipps auch auf die persönlichen Probleme der Anrufer eingehen. Natürlich sind hierbei enge Grenzen gesetzt, denn eine Beratung am Telefon ersetzt nicht das persönliche Gespräch zwischen Arzt und Patient. Die anwesenden Redakteure wählen die Anrufe aus und protokollieren sie. Die Auswahl dient dazu, allzu spezielle Fragen auszuschließen und eher Fragen auszuwählen, die für die Mehrheit der Leser interessant sind. Als Themen der Aktion bieten sich **bekannte und weit verbreitete Krankheiten** wie zum Beispiel Schlaganfall, Diabetes und Osteoporose an, von denen auch viele Zeitungsleser betroffen oder potentiell gefährdet sind.

3.2.2.2 Tag der Offenen Tür

Ein Tag der Offenen Tür ist für eine Gesundheitseinrichtung ein wichtiges Instrument, um mit allen Interessierten, ehemaligen und zukünftigen Patienten bzw. Bewohnern, niedergelassenen Ärzten, Vertretern von Kassen und anderen relevanten Bezugsgruppen direkt und persönlich in Kontakt zu treten. Zudem bietet ein solcher Event die Möglichkeit, Ängste, Sorgen und Vorurteile von Patienten oder Angehörigen zu verringern und abzubauen.

Ein Tag der Offenen Tür erfordert eine lange und sorgfältige Vorbereitung. Die Planung sollte mindestens acht Monate vor dem Termin beginnen, damit es keinen zeitlichen Engpass gibt. Bevor der Termin für den Tag der Offenen Tür festgelegt wird, muss recherchiert werden, ob es Konkurrenzveranstaltungen gibt, die mit dem Event kollidieren. Zu berücksichtigen sind auch Ferien, lokale Feiertage und Brückentage, an denen wahrscheinlich viele der möglichen Besucher nicht in der Stadt sein werden.

Steht der Termin fest, müssen die Besucher im Vorfeld darauf aufmerksam gemacht werden, damit sie sich ihn freihalten. Die Gesundheitseinrichtung wird sich der lokalen Zeitung bedienen, um auf den Tag der Offenen Tür hinzuweisen. Sie sollte aber auch weitere Informationsmöglichkeiten nutzen, wie z. B. Plakate, Folder und Informationsbroschüren, die an verschiedene Multiplikatoren verschickt werden. Als solche kommen z. B. niedergelassene Ärzte, das Informationszentrum und das Gesundheitsamt der Stadt, Schulen, Filialen der Krankenkassen vor Ort, Selbsthilfegruppen etc. infrage. Mindestens einen Monat vor dem Tag der Offenen Tür sollte das Informationsmaterial an die verschiedenen Multiplikatoren verschickt sein.

Falls die Gesundheitseinrichtung zum ersten Mal einen Tag der Offenen Tür ausrichtet, sollte sorgfältig überlegt werden, was den Besuchern angeboten werden soll. Möglichkeiten gibt es genügend: Führungen, Vorträge, Informationsstände, vielleicht auch Filme und Diashows helfen, die Einrichtung den Besuchern näherzubringen.

Beispiele:

Eine Werkstätte für behinderte Menschen veranstaltet zum 20-jährigen Bestehen der Einrichtung einen Tag der Offenen Tür und bietet den Besuchern die Möglichkeit, die einzelnen Werkstätten und die dort gefertigten Artikel zu besichtigen.

Ärzte eines Krankenhauses halten für interessierte Besucher am Tag der Offenen Tür Vorträge zu bestimmten Behandlungen in ihrer Abteilung. Für Kinder der Besucher steht ein beaufsichtigter Spielbereich zur Verfügung. Durch Führungen zu bestimmten Zeiten können Fragen der Besucher beantwortet werden wie etwa: Wie funktioniert ein CT? Wie sieht

---

eine Intensivstation oder ein OP-Saal von innen aus? Wer reinigt die schmutzige Wäsche und garantiert den neuen Patienten ein sauberes Bett?

Um einen Tag der Offenen Tür erfolgreich umsetzen zu können, müssen **alle Berufsgruppen** der Einrichtung in das Projekt integriert werden. Pflege, Medizin, Verwaltung, interne Dienstleister stellen die Einrichtung vor. Den Besuchern wird damit demonstriert, dass der Betrieb vom **gemeinsamen Engagement** und dem Zusammenwirken der vielen Mitarbeiter lebt.

3.2.2.3 Messen

Messen sind ein Marketing-Instrument, das auch für Gesundheitseinrichtungen zunehmend an Bedeutung gewinnt. Gesundheitsbetrieben wird branchenspezifisch die Möglichkeit geboten, ihre Leistungen dem Fachpublikum, der Presse bzw. auch den interessierten Laien zu präsentieren. Im Vordergrund stehen die klassischen Messen des Gesundheits- und des Krankenhauswesens. Sie sind reine Fachmessen, die sich nicht an Laien wenden. Die jährlich ausgerichtete „Medica" in Düsseldorf ist sicherlich die bekannteste Messe für Anbieter von Gesundheitsleistungen. In den letzten Jahren haben sich auch Messen und Kongresse für Pflege und Rehabilitation etabliert. Manche von ihnen wenden sich neben dem Fachpublikum auch an Laien, z. B. die Pflegemesse „Pflege + Homecare" in Leipzig.

Ein Messeauftritt muss im Vorfeld wohl überlegt sein. So sollten z. B. folgende Fragen beantwortet werden:

Auf welcher Messe soll sich der Betrieb präsentieren? Macht es Sinn, eher auf einer Verbrauchermesse, die auch Laien anspricht, vertreten zu sein mit dem Ziel, vielleicht neue Kunden zu gewinnen oder soll eine reine Fachmesse bevorzugt werden?

Im Vorfeld muss auch geklärt sein, welche primäre Zielgruppe angesprochen werden soll. Welche Botschaft möchte die Einrichtung auf der Messe vertreten? Die eigene Unternehmenskultur und die Essenz des Leitbildes können hier eine Orientierungshilfe sein.

Ist der Betrieb organisatorisch auf einen Messeauftritt vorbereitet? Viele der Aussteller verlangen zum Beispiel einen standardisierten Messestand.

Wie können Besucher angesprochen und dazu verleitet werden, sich länger am Stand aufzuhalten? Entspricht das Informationsmaterial der Zielgruppe? Welche Mitarbeiter sollen den Betrieb auf der Messe vorstellen?

3.2.2.4 Weitere Informationsmöglichkeiten im Krankenhaus

Die folgenden Ausführungen gelten Informationsangeboten, wie sie vor allem in Krankenhäusern eingesetzt werden. Ein inzwischen unverzichtbares

Instrument, potentielle und tatsächliche Patienten zu informieren, ist eine **Krankenhausbroschüre**. Sie dient dazu, in kurzer Form alles Wichtige über das Leistungsspektrum und die Dienstleistungen des Hauses vorzustellen. Üblicherweise finden sich Angaben zur Geschichte des Hauses in der Broschüre, sowie eine Auflistung der einzelnen Kliniken und Institute, zentrale Telefonnummern und ein kurzer Überblick über die Infrastruktur des Krankenhauses. Krankenhausbroschüren dienen als Basisinformation für die Patienten bzw. Angehörige. Vertiefende und ausführliche Informationen finden die Leser zum Beispiel im Internet oder in einem persönlichen Gespräch mit den Ärzten des Hauses.

Eine weitere Form der Patienteninformation sind Broschüren, die gezielt über einzelne Abteilungen unterrichten. Hier finden die Patienten Informationen zu möglichen Operationen, speziellen Behandlungsmöglichkeiten, dem Zimmerangebot und natürlich Hinweise auf die Ambulanzen und die Ansprechpartner der Klinik. Häufig wird auch das behandelnde Team vorgestellt. Die Broschüre soll den Patienten, die sich für eine spezielle Behandlung interessieren, als Leitfaden dienen. In den meisten Fällen sind die **Abteilungsbroschüren** als Flyer konzipiert.

Viele Patienten haben vor und auch während eines Aufenthalts in einem Krankenhaus Sorgen. Finde ich mich zurecht, kann ich mich orientieren in einem großen Haus? Bin ich auf mich allein gestellt? Diesen Sorgen kann eine **Patientenbroschüre**, die speziell auf die Fragen der Patienten zugeschnitten ist, entgegentreten. Eine Patientenbroschüre ist mittlerweile zwingend erforderlich für die Presse- und Öffentlichkeitsarbeit eines Krankenhauses und die Kundengewinnung und -bindung.

Einige Krankenhäuser, aber auch medizinische Versorgungszentren, Rehabilitationskliniken, Pflegeeinrichtungen etc. nutzen auch das Medium einer regelmäßig, z. B. jedes halbe Jahr, erscheinenden **Patientenzeitung**. Leser finden darin Artikel über Behandlungsschwerpunkte der Einrichtungen, Hintergrundinformationen zu bestimmten Erkrankungen, Vorbeugungsmöglichkeiten etc. Ebenso ist es möglich, in Artikeln der Patientenzeitung Mitarbeiter der Einrichtung persönlich vorzustellen und auf diese Weise Barrieren zwischen Patienten/Bewohnern und Mitarbeitern der Einrichtung abzubauen.

3.2.3 Niedergelassene Ärzte

Niedergelassene Ärzte behandeln ihre Patienten nicht nur selbst, vielmehr fungieren sie als Schnittstelle zwischen den verschiedenen Versorgungsformen und Leistungsangeboten des Gesundheitswesens. Sie können ihren Patienten gegenüber Empfehlungen aussprechen, z. B. für einen ambulanten Pflegedienst, eine Rehabilitationsklinik, eine Beratungsstelle etc. Unverzichtbare

Partner sind sie für Krankenhäuser. Von Notfällen und Verlegungen abgesehen, führt der Weg ins Krankenhaus über die Einweisung eines niedergelassenen Arztes. Zwar haben Patienten die freie Wahl des Krankenhauses, jedoch vertrauen 75 % und mehr der direkten Empfehlung des niedergelassenen Arztes.

Für Krankenhäuser umfasst die Kommunikation mit den Vertragsärzten drei zeitliche Stufen: **vor, während und nach der stationären Behandlung.** Die Informationswünsche der niedergelassenen Ärzte auf den einzelnen Stufen sind natürlich verschieden.

Bereits vor der stationären Aufnahme beginnt die Kommunikation. Der Vertragsarzt benötigt Informationen zur allgemeinen Struktur, den medizinischen Schwerpunkten, den verschiedenen Ambulanzen (z. B. eine Schmerzambulanz) und den besonderen Leistungen des Krankenhauses. Die Informationen helfen ihm, bei einer notwendigen Einweisung eines Patienten das Krankenhaus auszuwählen.

Auch während der Behandlung im Krankenhaus erkundigen sich Ärzte über den Krankheitsverlauf und die Genesung ihrer Patienten. Durch gemeinsame Besprechungen oder gemeinsame Visiten können sie direkt den Genesungsprozess verfolgen. Auch eine kurze Telefonkonferenz erfüllt den Zweck. Nach der Entlassung betreut der niedergelassene Arzt den Patienten weiter. Für wichtige Fragen und zur Abstimmung der weiteren Therapie sollte ein fester Ansprechpartner seitens der Klinik benannt sein. Er kann weitere Informationen zu ergänzenden Therapien geben. Auch der Kontakt zu weiterführenden Spezialkliniken oder zu einer Selbsthilfegruppe kann über den Krankenhausarzt hergestellt werden.

Im Alltag ist das Thema „unbürokratische Aufnahme" und **Terminvergabe** für Patienten immer wieder ein Ärgernis für einweisende Vertragsärzte. Ein Krankenhaus, das hier den Nöten der Niedergelassenen entgegen kommt, sammelt bei ihnen Pluspunkte. Es sollte den Vertragsärzten ermöglicht werden, direkt mit den behandelnden Ärzten bzw. der Station eine Terminvereinbarung für Patienten zu treffen. Das Angebot erleichtert beiden Seiten die Arbeit und bindet den Arzt an das Haus.

Krankenhäuser haben vielfältige Möglichkeiten, Vertragsärzte über ihr Leistungsspektrum zu informieren. Die Informationen sollen die Ärzte an das Krankenhaus binden und die Kommunikation zwischen stationärer Institution und niedergelassenem Arzt vertiefen. Das Krankenhaus kann dazu verschiedene PR-Instrumente nutzen. Ein speziell entwickelter **Newsletter,** der alle drei Monate an die Ärzte geschickt und auf wenigen Seiten alles Aktuelle vorstellt, hält sie auf dem neuesten Stand und das Krankenhaus bleibt im Gedächtnis der Ärzte. Falls das Krankenhaus eine Hauszeitschrift hat, so sollte sie auch den niedergelassenen Ärzten zugeschickt werden. Die

Hauszeitschrift wird nicht nur vom Arzt gelesen, sondern wird meist auch im Wartezimmer ausgelegt, sodass sie auch Patienten zugänglich ist.

Vertragsärzte haben ein starkes Interesse daran, regelmäßig über neue Behandlungsmöglichkeiten, neue Service- und Dienstleistungen des Hauses informiert zu werden. Regelmäßige **Informationsveranstaltungen** über neue Therapien, neue Techniken und Trends helfen auch dem niedergelassenen Arzt, sich über die Fortschritte der Medizin auf dem Laufenden zu halten. Bei diesen Veranstaltungen können das Krankenhaus und seine Mediziner ihre fachliche Kompetenz ausspielen. Auch ambulant tätige Ärzte unterliegen der Fortbildungspflicht. Sie können durch das Angebot von anerkannten und zertifizierten Fortbildungsveranstaltungen an ein Krankenhaus gebunden werden.

3.3   PR in Krisenfällen

Gesundheitseinrichtungen sind anfällig für potentielle Krisen; dies gilt vor allem für Krankenhäuser. Fehlerhafte oder unnötige Operationen, falsche Medikamentengabe, verseuchte Blutpräparate, Hygieneskandale, die Streichung von medizinischen Leistungen gegenüber den Patienten sind nur einige Beispiele möglicher Krisenfälle. Der Mensch stellt eine potentielle Gefahr dar, die nicht hundertprozentig zu kontrollieren ist. Aber auch die moderne Technik birgt Risiken: Falsch programmierte Perfusoren oder Infusomaten, zu hohe Strahlungsdosen beim Röntgen etc. können die Auslöser einer Krise sein. Diese unvollständige Liste verdeutlicht bereits, dass Krankenhäuser organisatorisch jederzeit auf solche Szenarien vorbereitet sein sollten. Sind sie es nicht, werden sie schnell von den Folgen überrollt und können sich in der Öffentlichkeit kein oder kaum Gehör verschaffen.

Für die behandelnden Ärzte, das Pflegepersonal und das ganze Krankenhaus besteht das Risiko, durch Fehler von der Öffentlichkeit (zu Recht) kritisiert zu werden. Erfahren die Medien von Fehlern und berichten sie darüber, so werden Fragen nach der Sicherheit der Patienten laut und auch nach dem Qualitätsstandard des Krankenhauses. Das Krankenhaus verliert durch solche Berichterstattung natürlich das Vertrauen der Patienten.

In einer Krise ist die Führung des Krankenhauses gefordert, sich der Kritik zu stellen. Sie muss reagieren, damit sie später agieren und die öffentliche Diskussion mitbestimmen kann. Krankenhäuser tun deswegen gut daran, frühzeitig über mögliche Krisen zu diskutieren und mögliche Strategien im Falle des Falles zu beraten.

3.3.1 Klare Kompetenzen als Grundregel

Bereits im Vorfeld von möglichen Krisen müssen sich die Krankenhäuser organisatorisch auf sie vorbereiten. Hierzu gehört neben der Analyse der potentiellen Gefahren auch die Frage, wer welche Aufgaben im Krisenfall übernimmt. Wer ist der **Ansprechpartner der Medien**, die Informationen haben wollen? Übernimmt eine einzelne Person diese Aufgabe, oder wird sie von der Direktion gemeinsam getragen? Sinnvoll ist es, dass hierarchisch hochgestellte Mitarbeiter den Mittler zwischen Krankenhaus und Öffentlichkeit spielen. Sie müssen nicht jede einzelne Aussage vorher abstimmen und haben den Überblick. Die Mitglieder des Vorstandes sind prädestiniert für die Aufgabe. Auch ein Pressesprecher kann der Ansprechpartner für die Medien sein, wenn er in enger Abstimmung mit dem Vorstand arbeitet.

Gegenüber den Medien dürfen nur die vorher bestimmten Mitarbeiter (Vorstand, Pressesprecher) sprechen. Alle anderen Mitarbeiter sollten nicht in der Öffentlichkeit Stellung beziehen und Interviews geben. Damit verhindert das Krankenhaus, dass verschiedene interne Beurteilungen der Krise an die Öffentlichkeit kommen und den Nährboden für weitere Spekulationen bilden. Parallel muss die **interne Kommunikation** vorbereitet werden. Gerade in einer Krise ist es erforderlich, die Mitarbeiter über die tatsächlichen oder angeblichen Vorwürfe gegen das Haus zu unterrichten. Andernfalls würde das Vertrauensverhältnis zwischen Betriebsleitung und Mitarbeitern Schaden nehmen und das Betriebsklima sich verschlechtern.

3.3.2 Interne Sprachregelung

Spricht man mit zwei Verantwortlichen über die Bewertungen einer Krise und deren mögliche Auswirkungen, erhält man in den meisten Fällen unterschiedliche Aussagen. Ein Mitarbeiter betont, dass die momentane Krise nur eine kurze Bestandsaufnahme ist, die bald keine Nachricht mehr wert ist. Im Gegensatz dazu erläutert ein anderer Mitarbeiter, dass die mittel- und langfristigen Auswirkungen noch nicht abzuschätzen sind und das Ansehen des Hauses durch die Krise natürlich gelitten hat – zwei Aussagen, die sich offensichtlich widersprechen. Geschieht dies in einem Gespräch mit einem Journalisten während der Krise, können weitere Nachteile für das Krankenhaus resultieren. Die Öffentlichkeit glaubt zu Recht, dass das Haus in der Beurteilung uneins ist. Um zu verhindern, dass durch solche Missverständnisse und unterschiedliche Formulierungen das Interesse der Medien nicht zusätzlich am Leben gehalten wird, ist eine **klare Sprachregelung** innerhalb des Hauses nötig. Sie sollte auf der Ebene des Vorstands festgelegt werden.

3.3.3   Schnelle Reaktionszeit

Eine gut organisierte Krisen-PR erkennt man auch an der Schnelligkeit der Reaktion. Die Öffentlichkeit und insbesondere die Medien erwarten rasch eine Stellungnahme zu den Vorwürfen. Je rascher ein Haus in der Lage ist, sich gegenüber der Presse mitzuteilen, desto höher sind die Chancen, auch tatsächlich Gehör zu finden. Kurze Reaktionszeit bedeutet, dass man **innerhalb von wenigen Stunden**, falls möglich noch schneller, auf die Anfragen der Medien reagiert. Wartet das Krankenhaus mit der Herausgabe von eigenen Informationen, so suchen sich die Journalisten andere Informationsquellen. Das Krankenhaus sollte daher den Medien die vorhandenen, erwünschten und notwendigen Informationen anbieten. Konkret sollte es eine Presseerklärung an alle Medien schicken, die sich bereits gemeldet haben, aber auch an diejenigen, für die das Thema interessant sein könnte. Wichtig ist, Informationen nicht nur mündlich, sondern auch schriftlich weiterzugeben. Ein Telefonat zwischen einem Journalisten und dem Ansprechpartner kann durch Zufälle missverständlich wirken und die Krise noch verschärfen.

3.3.4   PR-Instrumente während der Krise

Gerade in einer Krise sollte das Krankenhaus auf alle PR-Instrumente zurückgreifen, die zur Verfügung stehen. Sehr wichtig ist der direkte Kontakt zu den Journalisten. Eine einberufene Pressekonferenz ermöglicht es dem Krankenhaus, den Journalisten die eigene Position und Argumente vorzustellen. Mit regelmäßigen und raschen Pressemitteilungen kann auf neue Aspekte eingegangen werden. Per Fax und E-Mail erreicht man die Redaktionen.

Die Pressestelle des Krankenhauses sollte gerade in einer Krise permanent erreichbar sein. Die Journalisten und die Öffentlichkeit möchten zu jeder Zeit Informationen bekommen. Eine unbesetzte Pressestelle kann dazu führen, dass die Informationen bei anderen Quellen eingeholt werden und die Argumentation des Krankenhauses nicht beachtet wird.

3.3.5   Ehrlichkeit zahlt sich aus

Die Grundregeln der Presse- und Öffentlichkeitsarbeit gelten auch im Falle einer Krise: seriös, gesprächsbereit und vor allem ehrlich. Das Krankenhaus sollte es vermeiden, die eigenen Fehler oder Versäumnisse in der Hoffnung zu leugnen, dass die Öffentlichkeit sie nicht findet oder sie nicht beweisen kann. Ein solcher Trugschluss begründet ein tiefes **Misstrauen der Öffentlichkeit**, und zwar nicht nur während der eigentlichen Krise, sondern auch lange danach. Alle notwendigen Informationen und Details müssen veröffentlicht werden. Ein Krankenhaus beweist dadurch sein eigenes Interesse, die Krise aufzuarbeiten und die möglichen Fehler zu beheben. Die PR-Aktivitäten zeigen aber auch, dass es nichts zu verbergen hat. Werden Informationen jedoch verheimlicht oder zurückgehalten, wird dies als Versuch angesehen, die Öffentlichkeit zu täuschen.

Ebenso falsch wäre es, die Informationen immer nur häppchenweise an die Öffentlichkeit zu geben. Dadurch wird der Eindruck erweckt, dass das Krankenhaus nur das bestätigt, was bereits bewiesen ist. Die Vermutung liegt nahe, nicht alle wichtigen Informationen seien bekannt und das Krankenhaus habe etwas zu verbergen. Das Krankenhaus selbst ist bei dieser Taktik stets in der passiven Rolle und kann nur reagieren. Akzente kann das Krankenhaus so nicht setzen, sondern es überlässt dies den Medien.

3.4 Rechtliche Vorschriften

Für jedes Unternehmen in Deutschland gilt das **Gesetz gegen den unlauteren Wettbewerb** (UWG). Dessen Ziel ist es, für fairen Wettbewerb zu sorgen. Verboten ist es dem Gesetz gemäß, im Wettbewerb gegen die guten Sitten zu verstoßen. Vergleichende Werbung ist nicht grundsätzlich untersagt, verstößt aber gegen die guten Sitten, wenn sie Mitbewerber verunglimpft oder wenn sich der Vergleich auf unterschiedliche Sachverhalte bezieht. Irreführende Werbung ist grundsätzlich nicht erlaubt.

Da Verbraucherschutz im Gesundheitswesen einen besonderen Stellenwert besitzt, unterliegt die Werbung weiteren Beschränkungen, die im **Heilmittelwerbegesetz** (HWG) festgelegt sind. Werbebeschränkungen sind ebenfalls in der **ärztlichen Berufsordnung** niedergelegt. Als mit dem Arztberuf unvereinbar gilt Werbung dann, wenn sie anpreisend, irreführend oder vergleichend ist. Andernfalls führte sie zu *„einer dem Selbstverständnis des Arztes zuwiderlaufenden Kommerzialisierung des Arztberufs"* (§ 27 Abs. 1 BO). Das HWG erweitert den Kreis der Adressaten. Es gilt für Anbieter von Arzneimitteln, Medizinprodukten und Behandlungen, die sich auf Erkennung, Beseitigung und Linderung von Krankheiten oder Beschwerden beziehen. Damit richten sich die Vorschriften des HWG, neben den Anbietern von Industrieprodukten (Arzneimittel, Geräte), an alle Gesundheitsbetriebe, die diagnostische, therapeutische oder pflegerische Leistungen erbringen, also an Arztpraxen, Krankenhäuser, Rehabilitationskliniken, nicht-ärztliche Therapeuten, Pflegeeinrichtungen. Welches Medium die Anbieter für Werbung oder Öffentlichkeitsarbeit auch immer einsetzen, z. B. Presse, TV, Internet, Radio, Broschüren etc., spielt keine Rolle. Das HWG ist unabhängig vom Medium zu beachten.

Das Gesetz trifft eine Unterscheidung zwischen Fachkreisen und Allgemeinheit. Fachkreise sind Angehörige von Gesundheitsberufen. Werbung, die sich
nicht nur an Fachkreise, sondern **an die Allgemeinheit wendet, ist untersagt**
für verschreibungspflichtige Arzneimittel: *„Für verschreibungspflichtige Arzneimittel darf nur bei Ärzten, Zahnärzten, Tierärzten, Apothekern und Personen, die mit diesen Arzneimitteln erlaubterweise Handel treiben, geworben
werden"* (§ 10 Abs. 1 HWG). Werbung außerhalb der Fachkreise ist ferner
verboten für Arzneimittel, die auf die Psyche wirken und Abhängigkeit verursachen können, sowie generell für Behandlungen von gravierenden Erkrankungen, wie z. B. Krebs, meldepflichtigen Infektionen.

Generell verboten ist Werbung dann, wenn sie **irreführend** ist. Dabei konkretisiert das HWG den Begriff der Irreführung. Demnach ist es nicht erlaubt,
Produkten (z. B. Arzneimitteln) oder Verfahren (z. B. Behandlungsmethoden)
therapeutische Wirksamkeit zuzuschreiben, die sie nicht haben. Verboten ist
es, sicheren Erfolg zu versprechen oder Nebenwirkungen auszuschließen.

Das HWG wurde im Jahr 2012 gelockert, einige Verbote, insbesondere. das
Verbot der Abbildung von Ärzten/Pflegepersonal in weißer Berufskleidung,
wurden gestrichen. Erlaubt ist es mittlerweile außerhalb der Fachkreise, also
für das breite Publikum, mit wissenschaftlichen Veröffentlichungen oder Gutachten zu werben, allerdings müssen diese von wissenschaftlich oder fachlich
berufenen Personen verfasst sein. Bildliche Darstellungen von Veränderungen
des menschlichen Körpers, z. B. durch zahnärztliche Behandlung, waren vor
der Gesetzesnovelle untersagt und sind nun erlaubt, sofern sie nicht in *„miss-
bräuchlicher, abstoßender oder irreführender Weise"* (§ 11 Abs. 1 HWG)
erfolgen. Mit derselben Einschränkung sind nun auch die Wiedergabe von
Krankengeschichten und die Veröffentlichung von Dank- oder Empfehlungs-
schreiben zu Werbezwecken gestattet. Verboten bleibt Werbung, die sich an
Kinder wendet, oder Werbeaussagen, die nahelegen, dass die Nichtverwen-
dung eines Arzneimittels die Gesundheit schädigt.

Im Interesse des Verbraucherschutzes von Patienten verpflichten die Werbebeschränkungen des HWG Anbieter von Gesundheitsleistungen auch nach
den Lockerungen zu Sachlichkeit und untersagen Angst erweckende, allzu
stark emotionalisierende Werbung. Grundlage der Werbung ist letztlich ein
seriöses Auftreten des Anbieters.

Übungsaufgaben zu Teil IX

Aufgabe 1

Nehmen Sie an, Sie müssten in einem Krankenhaus einen Tag der Offenen Tür organisieren. Wie gehen Sie vor?

Aufgabe 2

Nennen Sie einige PR-Maßnahmen, mit denen ein Krankenhaus niedergelassene Ärzte in ihrer Funktion als Zuweiser an das Haus binden kann.

Aufgabe 3

Suchen Sie im Internet Informationen zu folgenden Stichworten:

- Krankenhausportal, Pflegeportal
- Patientenzeitschrift
- Gesundheitsmesse, Pflegemesse

Aufgabe 4

Im Krankenhaus Neustadt wurden im Kreißsaal Babys vertauscht. Der Irrtum wurde zwei Tage später aufgeklärt. Dennoch wird der Vorfall breit in den Medien diskutiert. Nennen Sie einige Fehler, die das Krankenhaus vermeiden sollte.

Teil X
Materialwirtschaft

Gesundheitsbetriebe arbeiten als Dienstleistungsunternehmen arbeitsintensiv, d. h., die größte Rolle bei der Leistungserbringung spielt die menschliche Arbeit. Dies zeigt sich auch an den Kostenstrukturen. Dennoch hat jeder Betrieb den Bezug, die Lagerung und die Entsorgung von **Sachgütern** zu planen und zu organisieren und dabei spezifische Anforderungen zu beachten. Beschaffung, Lagerung und Entsorgung werden in der Betriebswirtschaftslehre meist mit dem Begriff „**Logistik**" umschrieben. Logistik bezeichnet die Steuerung des Güterflusses im Unternehmen vom Einkauf bis zur Abfallentsorgung.

1   Beschaffung

Aufgabe der Beschaffungslogistik ist es, die für die Fertigung notwendigen Güter und Dienstleistungen bereitzustellen. Aufbauorganisatorisch ist dafür die **Einkaufsabteilung** verantwortlich. Je nach Unternehmen gibt es einen eigenen Einkauf oder Kooperationen mit dem Ziel des gemeinsamen Einkaufs. Der Einkauf ist oft nach Artikelgruppen gegliedert z. B. in Einkauf Laborartikel, Einkauf medizinisch/pflegerischer Verbrauch, Einkauf Verwaltungsverbrauch, Einkauf Technik und Einkauf Investitionsgüter.

Die Beschaffungslogistik hat zuerst das Sortiment an Artikeln zu definieren (Standardbildung), die im Unternehmen Verwendung finden. Ein Werkzeug hierzu ist die ABC-Analyse (vgl. Kap. VI 2). Damit werden die regelmäßig benötigten Sachgüter in Kategorien nach ihrem Wertanteil (Preis × Menge) an allen Sachgütern eingeteilt. Ergebnis kann z. B. folgende Einteilung sein: Etwa 15 % der Artikel bilden 80 % des Gesamtwertes aller Güter und sind somit A-Güter, weitere 30 % stellen 15 % des Gesamtwertes und werden als B-Güter eingestuft, der Rest mit 5 % Anteil am Gesamtwert sind C-Güter. Bei der Standardbildung gilt es, sich zuerst um A-Artikel zu kümmern, da hier die Kapitalbindung am größten ist. Gerade hier lohnt es sich, günstige Preise, hohe Rabatte etc. zu erhalten, um die Beschaffungskosten zu minimieren.

Sollen neue Güter beschafft werden, sind Angebotsvergleiche durchzuführen. Die Fachabteilung nennt ihre Wünsche unter Berücksichtigung ihrer Erfahrungen. Nach der Artikelfestlegung werden die potentiellen Bezugsquellen ermittelt. Dies erfolgt heute durch Datenbanken, Fachliteratur, Unterlagen der Fachfirmen und das Internet. Wenn mögliche Lieferanten gefunden sind und der entsprechende Bedarf für das Unternehmen festgestellt wurde (z. B. Jahresmenge laut Datenverarbeitung), werden in der Regel mindestens drei Angebote eingeholt.

Soweit keine hausinternen Datenquellen für die Bedarfsplanung zur Verfügung stehen, ist eine Hochrechnung anzustellen, wie viele Artikel benötigt werden. Eine solche Hochrechnung wäre z. B. anhand der mit der Krankenkasse vereinbarten Leistung möglich. Angenommen ein Krankenhaus hat sich auf 1 000 Herzkatheter-Untersuchungen festgelegt, sind 1 000 Herzkatheter-Sets zuzüglich eines gewissen Prozentsatzes als Mindestmenge anzusetzen.

Die Angebote werden dann miteinander verglichen und geprüft. Dabei spielen folgende Eigenschaften je nach Artikel eine größere oder kleinere Rolle:

- Preise der infrage kommenden Anbieter sind inklusive Zuschlägen (Transportkosten) und Abschlägen (Rabatte, Boni, Skonti) zu vergleichen.
- Qualitätsvergleiche beziehen sich sowohl auf das Gut selbst als auch z. B. auf zusätzlich angebotene Serviceleistungen oder die Flexibilität des Anbieters bei Sonderwünschen etc.
- Werden die Güter zu einem bestimmten Zeitpunkt benötigt, kann der Vergleich der Liefertermine das ausschlaggebende Kriterium für die Entscheidung zugunsten eines Anbieters sein.

Werden Artikel in einer gewissen Regelmäßigkeit verbraucht, kann überlegt werden, den Beschaffungsprozess zu automatisieren. Beispiele für ein solches Verfahren wären die Bestellung von Infusionslösungen für ein Krankenhaus oder von Einlagen für ein Pflegeheim. Für solche kontinuierlich benötigten Verbrauchsgüter kann mit dem Lieferanten eine Lieferung pro Woche in einer Menge von 1/52 des Jahresbedarfs vereinbart werden. Wird monatlich oder quartalsmäßig abgerechnet, können Prozesskosten, Bankkosten usw. eingespart werden. Automatisierte Bestellvorgänge erfolgen heute mithilfe der Informationstechnologie. Werden alle Produkte beim Wareneingang und -ausgang erfasst, z. B. durch einen mit Scanner zu entschlüsselndem Barkode, können bei Unterschreitung festgelegter Mindestmengen automatisch Bestellprozesse ausgelöst werden.

Für Betriebe des öffentlichen Dienstes sind die Bestimmungen der Verordnung über die Vergabe öffentlicher Aufträge (VgV) einzuhalten. Danach müssen Liefer- und Dienstleistungsaufträge ab einem Auftragswert von 200 000 € ausgeschrieben werden. Das genaue Prozedere der Ausschreibung, den Ablauf der Angebotsabgabe, die Angebotssichtung und die Vergabe der Leistungen regeln die Verdingungsordnungen für Bauleistungen (VOB), für Leistungen (VOL) und für freiberufliche Leistungen (VOF). Das Verfahren soll sicherstellen, dass jeder Anbieter eine Chance hat, zum Zug zu kommen. Es dient der Einhaltung eines fairen Wettbewerbs.

Beispiel:

Das Kreiskrankenhaus Neustadt, ein Eigenbetrieb des Landkreises, möchte Reinigungsarbeiten für die Klinik beschaffen. Es schreibt den Auftrag gemäß VOL öffentlich aus. Dazu muss das Krankenhaus eine genaue Beschreibung der gewünschten Leistungen erstellen. Die Reinigungsarbeiten sind nach Art und Frequenz detailliert anzugeben. Die Bieter müssen nach der Leistungsbeschreibung in der Lage sein, ihren Angebotspreis zu kalkulieren. Das Krankenhaus setzt den Anbietern eine Frist zur Abgabe ihrer Gebote. Die öffentliche Ausschreibung wird EU-weit in Fachzeitschriften bekannt gemacht. Gehen Angebote vor Ablauf der Frist beim Krankenhaus ein, so werden sie mit einem Eingangsstempel versehen, dürfen aber nicht geöffnet werden. Mit Ablauf der Abgabefrist werden alle Angebote geöffnet und gesichtet. Enthält ein Angebot Formfehler, z. B. fehlende Unterschrift, fehlende Preisangaben, wird es nicht berücksichtigt. Unter den verbleibenden Bietern wählt das Kreiskrankenhaus das wirtschaftlichste Angebot aus und erteilt dem Reinigungsunternehmen den Zuschlag. Gemäß dem Auswahlprinzip nach Wirtschaftlichkeit erhält der preisgünstigste Anbieter den Auftrag. Allerdings heißt es in der Verdingungsordnung, dass der niedrigste Preis nicht zwingend das alleinige Kriterium sein muss. Befürchtet das Krankenhaus z. B. bei einem extrem niedrigen Angebotspreis eines Bieters, dass mit Preisnachforderungen zu rechnen ist, so kann es diesen Anbieter ausschließen.

2 Lager

Gesundheitsbetriebe müssen mit unvorhersehbarem Bedarf rechnen und jederzeit darauf eingestellt sein. Krankenhäuser etwa können ihrem Versorgungsauftrag, in Notfällen zu helfen, nur nachkommen, wenn sie die dazu benötigten Güter im Lager bereithalten.

Die Lagerhaltung unterliegt aber auch ökonomischem Kalkül. Die medizinisch notwendige Gütermenge, um für Bedarfsschwankungen gerüstet zu sein, stellt die Untergrenze der Vorratshaltung dar. Aufgrund wirtschaftlicher Überlegungen wird die Lagerhaltung weder zu groß noch zu klein sein. **Zu geringe Lagerbestände** können ein Krankenhaus zu Käufen nötigen, deren einziges Auswahlkriterium die Lieferzeit ist. Überhöhte Preise wären in solchen Fällen nicht zu vermeiden. **Zu große Lagerbestände** binden Kapital des Betriebes und entziehen ihm damit Mittel, die er anderweitig sinnvoller einsetzen könnte. Gerade im Krankenhaus werden Güter mit Verfallsdatum (z. B. Medikamente) eingesetzt. Eine zu große Bevorratung könnte zu Verlusten durch Verderb der Waren führen. Um dies zu verhindern, setzen die Betriebe das so genannte FiFo-Verfahren (first in – first out) ein: Der älteste Artikel verlässt das Lager zuerst; neue Waren werden so einsortiert, dass sie zuletzt entnommen werden.

Betriebe bedienen sich zur Steuerung der Vorratshaltung folgender Kennziffern: Mindest-, Höchst-, Meldebestand (Abbildung 37).

Ein Rechenbeispiel soll das Lagermodell erklären:

Rechenbeispiel:

Von einem Medikament werden pro Tag erfahrungsgemäß 50 Packungen verbraucht, die Lieferzeit des Herstellers beträgt 2 Tage. Das Krankenhaus möchte einen Mindestbedarf von 120 Packungen bevorraten. Der Lagerbestand soll 320 Packungen nicht überschreiten (Höchstbestand). Aus diesen Angaben lässt sich der Meldebestand errechnen:

(Tagesverbrauch × Lieferzeit) + Mindestbestand = Meldebestand
(50 × 2)   + 120   = 220 Packungen

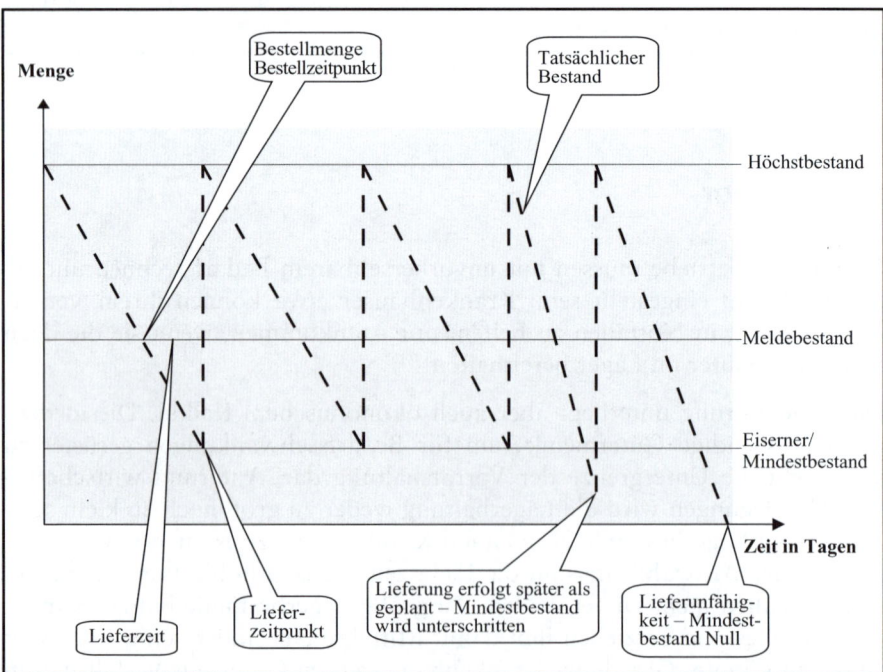

Abb. 37: Lagerbestände

Bei einer Vorratsmenge von 220 Packungen informiert das Lager die Einkaufsabteilung, das Medikament beim Hersteller zu ordern. Die Bestellmenge orientiert sich am Höchstbestand: Wird am Meldetag geordert, beträgt die Bestellmenge höchstens 200 Packungen. Voraussetzung für eine funktionierende Bestellfrequenz ist die ständige Überwachung der Lagerbestände. Inventuren – die mengenmäßige Erfassung der Güterbestände – erfolgen laufend und nicht nur einmal jährlich, wie es das Handelsgesetzbuch vorschreibt.

Zur Überprüfung der Lagervorgänge und der Wirtschaftlichkeit der Lagerhaltung arbeitet das Controlling mit weiteren Kennziffern:

$$\text{Jahresdurchschnittlicher Lagerbestand} = \frac{\text{Jahresanfangsbestand} + \text{Jahresendbestand}}{2}$$

$$\text{Monatsdurchschnittlicher Lagerbestand} = \frac{\text{Jahresanfangsbestand} + 12 \text{ Monatsbestände}}{13}$$

$$\text{Umschlagshäufigkeit (mengenmäßig)} = \frac{\text{Warenabsatz}}{\text{Durchschnittlicher Lagerbestand}}$$

$$\text{Durchschnittliche Lagerdauer} = \frac{360}{\text{Umschlagshäufigkeit}}$$

$$\text{Lagerzinssatz} = \frac{\text{Jahreszinssatz} \times \text{durchschnittliche Lagerdauer}}{360}$$

Rechenbeispiel:

In einer Krankenhausküche beträgt der Jahresanfangsbestand an Konserven 274 Dosen, der Jahresendbestand 240 Dosen. Pro Jahr werden insgesamt 2 000 Konservendosen verbraucht (Warenabsatz). Der Wert einer Konserve (Einkaufspreis) beträgt 1,73 €.

Der jahresdurchschnittliche Lagerbestand beträgt:
(274 + 240) : 2 = 257 Konserven

Mengenmäßige Umschlagshäufigkeit:
2 000 : 257 = 8

475

Auf acht verbrauchte Dosen kommt eine gelagerte.

Durchschnittliche Lagerdauer:
360 : 8 = 45 Tage.

Jede Konserve liegt im Durchschnitt 45 Tage auf Lager.

Um die Kosten der Kapitalbindung durch die Lagerhaltung zu ermitteln, errechnet der Controller den Lagerzinssatz. Als Jahreszinssatz werden 5 % angenommen.

Lagerzinssatz:
$(0,05 \times 45) : 360 = 0,00625$ bzw. $0,625$ %

Würde der Gesamtwert der im Durchschnitt gelagerten 257 Konserven je 1,73 € (Gesamtwert 444,61 €) für 45 Tage verzinslich angelegt, so entstünde ein Ertrag von 2,78 €. Umgekehrt verzichtet der Betrieb auf diesen Ertrag, wenn er Güter auf Lager hält. Eine Verringerung der Lagerdauer könnte die Lagerzinskosten senken.

Die Lagerzinskosten ergeben zusammen mit den Kosten des Lagerpersonals, der Lagereinrichtung und den durch so genannten Schwund (Diebstahl, Verderb etc.) verursachten Kosten die **Gesamtkosten der Lagerhaltung**.

3   Entsorgung

In Deutschland gilt seit 1996 das Gesetz zur Förderung der Kreislaufwirtschaft und Sicherung der umweltverträglichen Beseitigung von Abfällen (Kreislaufwirtschafts- und Abfallgesetz KrW-/AbfG). Anliegen des Gesetzes ist die **Schonung natürlicher Ressourcen**. Deshalb verpflichtet es dazu, in erster Linie die Entstehung von Abfällen zu vermeiden. Sofern dies nicht möglich ist, sind Abfälle stofflich zu verwerten oder zur Gewinnung von Energie zu nutzen (§ 4 KrW-/AbfG). Abfallbeseitigung steht an letzter Stelle; sie kommt dann infrage, wenn auch eine Nutzung nicht möglich ist. Aus dem Gesetz resultiert also eine Prioritätenliste für den Umgang mit Abfällen:

1. Vermeiden → sofern nicht möglich: 2. Nutzen (Wiederverwerten) → sofern nicht möglich: 3. Beseitigen.

Gesundheitsbetriebe können sich zur Umsetzung der gesetzlichen Vorschriften an den Vorgaben der „Bund/Länder-Arbeitsgemeinschaft Abfall" orientieren. Sie ist für alle Gesundheitsbetriebe – Krankenhäuser, Praxen, Pflegeheime etc. – anzuwenden und gibt ihnen die Umsetzung des KrW-/AbfG sowie der Verordnung über das Abfallverzeichnis (AVV) vor. Das KrW-/AbfG unterscheidet zwischen nicht überwachungsbedürftigem, überwachungsbedürftigem und besonders überwachungsbedürftigem Abfall. Zur letzten Gruppe gehört gefährlicher Abfall; für ihn gilt eine behördliche Überwachungspflicht. Der besonderen Überwachung unterliegende Abfälle sind gesondert gekennzeichnet. In der AVV, Kapitel 18, findet sich eine Auflistung solcher Abfälle von Gesundheitseinrichtungen. Es handelt sich dabei um Chemikalien, die aus gefährlichen Stoffen bestehen, z. B. explosive Stoffe, infektiöse Abfälle, bestimmte Arzneimittel und Amalgamabfall der Zahnmedizin. Fallen Abfälle in eine dieser Kategorien, so müssen sie vom Betrieb

- nach AVV gekennzeichnet
- speziell gelagert und
- entsorgt werden.

Die Lagerung infektiöser Abfälle hat in reißfesten Behältern bei bestimmten vorgeschriebenen Temperaturen zu erfolgen; der Schutz der Mitarbeiter steht dabei im Vordergrund. Zum Schutz von Umwelt und Allgemeinheit dürfen infektiöse Abfälle nicht auf Mülldeponien gelagert werden; sie müssen verbrannt werden. Zuständige Überwachungsbehörden sind Kommunen, Landkreise oder von ihnen getragene Zweckverbände.

In größeren Krankenhäusern ist es die Aufgabe von Hygiene- oder Abfallbeauftragten, Entsorgungsabläufe zu sichern und zu überwachen. Sie können dazu ein Abfallwirtschaftskonzept (§ 19 KrW-/AbfG) erstellen, in dem die innerbetriebliche Handhabung der Entsorgung festgelegt ist. Der Beauftragte erfasst zunächst alle Abfallarten, deren Mengen, Lagerung und Entsorgungswege im Betrieb. Aus der Bestandsaufnahme lassen sich möglicherweise Einsparpotentiale erkennen. Deren Umsetzung wird im Abfallkonzept vorgegeben. Gelingt es den Betrieben auf diese Weise im Sinne des Kreislaufgesetzes Abfall zu vermeiden oder wiederzuverwerten, schonen sie nicht nur die Umwelt, sie können auch innerbetrieblich Kosten einsparen.

Abschließend sei noch auf die **datenschutzrechtlichen Erfordernisse** bei der Entsorgung von Patientenunterlagen verwiesen. Diese hat so zu geschehen, dass eine **Rekonstruktion unmöglich** ist. Dazu gibt es eigene Vorschriften in Form von DIN-Normen. Sie definieren fünf Sicherheitsstufen bei der Entsorgung für Daten in Papierform, auf Festplatten, CDs, als Röntgenbilder etc. Für Daten von Gesundheitseinrichtungen wird die zweithöchste Sicherheitsstufe (Stufe 4: geheim) empfohlen. Eine Wiederherstellung der Daten ist damit weitgehend ausgeschlossen.

Übungsaufgaben zu Teil IX

Aufgabe 1

Als Mitarbeiter/in der Einkaufsabteilung eines Krankenhauses vergleichen Sie Angebote. Sie sollen 200 Packungen Einmal-Spritzen bestellen. Ermitteln Sie das günstigste Angebot als Preis pro Packung (Skonto wird genutzt):

Firma A: 100 Packungen kosten 371,20 €; Skonto 5 % bei Zahlung innerhalb von 8 Tagen

Firma B: 100 Packungen kosten 382,50 €; bei Abnahme von mehr als 100 Packungen 8 % Rabatt; Skonto 3 % bei Zahlung innerhalb von 10 Tagen

Firma C: 100 Packungen kosten 390,- €; bei Abnahme von mehr als 150 Packungen werden 8 Packungen gratis als Naturalrabatt geliefert; Skonto 4 % bei Zahlung innerhalb von 10 Tagen

Aufgabe 2

Die Krankenhausapotheke hat für die Abteilung II im vergangenen Jahr die in der Tabelle ausgewiesenen Arzneimittel beschafft.

Berechnen Sie den wertmäßigen Gesamteinsatz der Güter und erstellen Sie eine ABC-Analyse. Geben Sie je Güterkategorie (A, B und C) den jeweiligen Anteil am Gesamtwert an.

A-Güter   10 % und mehr vom Gesamtwert
B-Güter   5 % bis unter 10 %
C-Güter   unter 5 %

Waren	Stück pro Jahr	Durchschnittlicher Bezugs-preis pro Stück
Arzneimittel 1	42 000	0,08
Arzneimittel 2	15 000	0,75
Arzneimittel 3	500	3,27
Arzneimittel 4	850	1,04
Arzneimittel 5	26 000	0,97
Arzneimittel 6	9 800	3,78
Arzneimittel 7	11 000	2,65
Arzneimittel 8	8 600	3,39

Aufgabe 3

Der Tagesverbrauch von Einmalhandschuhen beträgt 70 Stück; die Lieferzeit liegt bei 3 Tagen. Das Krankenhaus möchte einen Mindestbestand von
250 Stück vorhalten. Bitte errechnen Sie den Meldebestand.

Aufgabe 4

Nennen Sie Gründe für eine sorgfältige Steuerung der Abfallwirtschaft.

Teil XI
Die Organisation des Gesundheitswesens in der Europäischen Union

Nicht nur Deutschland, sondern alle Staaten in der Europäischen Union (EU) verfolgen sozialstaatliche Ziele. Die Grundrechte-Charta der EU formuliert die Festlegung der Mitgliedsstaaten auf soziale Ziele wie folgt:

Artikel 34 Soziale Sicherheit und soziale Unterstützung

„(1) Die Union anerkennt und achtet das Recht auf Zugang zu den Leistungen der sozialen Sicherheit und zu den sozialen Diensten, die in Fällen wie Mutterschaft, Krankheit, Arbeitsunfall, Pflegebedürftigkeit oder im Alter sowie bei Verlust des Arbeitsplatzes Schutz gewährleisten, nach Maßgabe des Gemeinschaftsrechts und der einzelstaatlichen Rechtsvorschriften und Gepflogenheiten."

Die Integration der Mitgliedsstaaten erstreckt sich aber nicht auf die Sozialsysteme. Jeder Staat wählt im Rahmen der Sozialstaatlichkeit der gesamten EU die Ausgestaltung der sozialen Sicherung – damit auch des Gesundheitswesens – selbst aus.

In der EU existieren **zwei Grundtypen der Organisation des Gesundheitssystems:** Die Sozialversicherung und der staatliche Gesundheitsdienst. Übersicht 15 stellt für beide Organisationsformen die wesentlichen Unterschiede gegenüber.

Die Gegenüberstellung zeigt Merkmale der beiden Organisationsformen, wie sie typischerweise – jedoch nicht in jedem Einzelfall – gelten. Tatsächlich haben sich in Ländern der EU Gesundheitssysteme herausgebildet, die sich nicht ganz in das Schema einpassen lassen. So gibt es etwa in Österreich eine beitragsfinanzierte Soziale Krankenversicherung, die für die gesamte Bevölkerung obligatorisch ist. Damit geht ein für alle Staatsbürger gleicher Zugang zur medizinischen Versorgung einher, der in der Übersicht dem staatlichen Gesundheitsdienst zugeordnet wurde. In den Niederlanden werden die Beiträge zur sozialen Krankenversicherung nicht einkommensabhängig, sondern als Pauschale erhoben. Der Sozialausgleich zwischen reich und arm, zwischen kinderlos und kinderreich ist von der Sozialversicherung in das Steuersystem verlagert. Familien und Einkommensschwache erhalten zur Pauschalprämie Zuschüsse aus dem Steueraufkommen.

Übersicht 15:   Staatlicher Gesundheitsdienst und Sozialversicherung im Vergleich

Grundform	Finanzie-rung	Zugang zur medizinischen Versorgung	Leistungs-art	Träger/Orga-nisation/Rolle des Staates
Staatlicher Gesund-heitsdienst	Steuern	Für alle Staatsbürger gleich	Sach-leistung	Staat/staatli-che Planung
Sozialversi-cherung	Einkom-mensab-hängige Beiträge	Für alle Sozi-alversicherten gleich	Typischer-weise Sach-leistung, je-doch auch Kosten-erstattung möglich	Sozialversi-cherung mit Versicherungs-pflicht und Kontrahie-rungszwang; staatliche Rechtsaufsicht

In vielen Ländern der EU werden Geldleistungen (bei Einkommensausfall wegen Krankheit) durch eine gesonderte Sozialversicherung finanziert. Dies ist vor allem in Ländern mit staatlichem Gesundheitsdienst üblich. Hier beschränkt sich in der Regel die steuerfinanzierte Gesundheitsversorgung auf Dienst- und Sachleistungen zur Behandlung von Krankheiten. Das Risiko von Einkommensausfällen durch Krankheit wird durch eine obligatorische Sozialversicherung gedeckt.

Auf Einzelheiten der Ausgestaltung der Organisation des Gesundheitswesens kann im Folgenden nicht eingegangen werden. Die Ausführungen beschränken sich auf eine kurze Darstellung der Grundtypen.

1 Staatlicher Gesundheitsdienst

Staatliche Gesundheitssysteme sind durch folgende Merkmale gekennzeichnet:

- Die ganze Nation wird als Solidargemeinschaft definiert.
- Jeder Staatsbürger hat die gleichen Zugangsmöglichkeiten zur medizinischen Versorgung.
- Die Finanzierung erfolgt üblicherweise durch Steuern.

In der EU haben 10 Staaten diese Organisationsform der Gesundheitsversorgung gewählt: Dänemark, Finnland, Großbritannien, Irland, Italien, Malta, Portugal, Schweden, Spanien, Zypern.

Vorläufer und Prototyp der staatlichen Gesundheitsdienste ist der britische **National Health Service** (NHS), der im Jahr 1948 von der Labour Party eingeführt wurde. Anhand des NHS werden einige typische Merkmale eines staatlichen Gesundheitssystems erläutert. Der NHS wird zu ca. 80 % aus Steuern finanziert; die restliche Finanzierung bringen die Patienten durch Zuzahlung für Arzneimittel und Zahnbehandlung auf. Jeder Bürger in Großbritannien hat die Möglichkeit, die Dienste des NHS als Sachleistung in Anspruch zu nehmen. Die Mittel, die dem Gesundheitswesen, also dem NHS, insgesamt zu Verfügung stehen, werden vom Parlament als Gesamtbudget bestimmt. Das Gesamtbudget wird vom Gesundheitsministerium auf die Regionen nach deren jeweiligem Bedarf aufgeteilt. Die regional notwendigen Kapazitäten (Krankenhäuser, ambulante Versorgung) werden nach Planvorgaben ermittelt.

Typischerweise – so auch im Vereinigten Königreich – ist in Staaten mit einem staatlichen Gesundheitsdienst der Anteil des Gesundheitswesens am Bruttoinlandsprodukt niedriger als in Ländern mit Sozialversicherungssystem. In Großbritannien beträgt er 9,4 % (2011) im Vergleich zu 11,3 % in Deutschland (vgl. Kap. I 3.2).

Die Gründe für geringere Gesundheitsausgaben staatlicher Gesundheitsdienste sind sowohl eine in manchen Teilen der Versorgung höhere Effizienz als auch eine Unterfinanzierung vor allem des Krankenhaussektors. Das britische Gesundheitswesen ist durch die starke Stellung des Hausarztes (general practitioner) gekennzeichnet. Er ist die erste Anlaufstelle für die Patienten und er koordiniert die gesamte Behandlung. Die ambulante fachärztliche Behandlung erfolgt nach Überweisung durch den general practitioner in Krankenhäusern und nicht wie in Deutschland üblich, durch niedergelassene Fachärzte. Die medizinische Versorgung ist weit stärker als hierzulande auf Leitlinien gestützt, durch die zum einen Qualität gesichert und zum anderen auf Kosteneffizienz der Behandlung geachtet wird. Da die Mittel nach Planvorgaben zugewiesen werden, dienen Leitlinien auch dazu, den Bedarf an medizinischen Kapazitäten zu ermitteln.

Wird ein globales Budget für die Gesundheitsversorgung vorgegeben, so ist es auch notwendig, die Preisentwicklung von Gesundheitsgütern stärker zu steuern. Eine freie Preisgestaltung von Arzneimitteln durch die pharmazeutische Industrie gibt es in Großbritannien nicht. Vielmehr handelt das Gesundheitsministerium die Preise mit der Industrie aus und es wird zentral vorgeschrieben, welche Medikamente verordnet werden dürfen.

Das größte Problem staatlicher Gesundheitssysteme stellen in der Regel Wartelisten für Patienten, vor allem für Krankenhauspatienten, dar. Vor einigen Jahren noch mussten in Großbritannien Patienten, deren Behandlungsbedarf im Krankenhaus kein akuter Notfall war, durchschnittlich 18 Monate warten, bis sie ein freies Bett bekamen. Mittlerweile gelang es allerdings durch verstärkte Zuweisung von Steuermitteln für den NHS die Wartezeit auf ca. neun Monate zu verkürzen. Im Sozialversicherungssystem Deutschlands gibt es Wartelisten nur in Ausnahmefällen, z. B. bei Organtransplantationen; der Grund dafür ist aber der Mangel an Spenderorganen und nicht das Fehlen freier Krankenhausbetten. Während in Deutschland der Krankenhaussektor durch ein Überangebot gekennzeichnet ist, das allmählich abgebaut wird (Bettenabbau, Krankenhausschließungen), haben Länder mit staatlichen Gesundheitsdiensten eher das Problem fehlender Krankenhauskapazitäten. Der Krankenhaussektor ist der teuerste Versorgungszweig eines Gesundheitssystems und deshalb liegt es offenbar für die Planungsbehörden des staatlichen Gesundheitsdienstes nahe, gerade hier die Mittelzuweisung knapp zu halten.

Staatliche Gesundheitssysteme werden durch Steuern und damit von allen Steuerzahlern finanziert. Je stärker die Steuerprogression und je geringer der Anteil von indirekten Steuern (Verbrauchsteuern) ist, desto breiter ist die Umverteilung, d. h., desto mehr werden Wohlhabende an der Finanzierung der Gesundheitsversorgung beteiligt. Da die Finanzierung durch Steuern erfolgt und nicht wie in Deutschland an die Einkommen der abhängig Beschäftigten gekoppelt ist, sind staatliche Gesundheitssysteme durch Arbeitsmarktkrisen weniger gefährdet. In der beitragsfinanzierten Sozialversicherung sinken die Einnahmen, wenn die Arbeitslosigkeit steigt. Auch Länder mit einem staatlichen Gesundheitsdienst sehen sich mit dem demografischen Wandel einer immer älter werdenden Bevölkerung konfrontiert. Die gesamtwirtschaftlichen Ausgaben für Gesundheit werden folglich steigen. Eine breite steuerliche Einnahmebasis des Gesundheitswesens bewirkt jedoch eine geringere Umverteilung zwischen jung und alt als in den umlagefinanzierten Sozialversicherungssystemen. Zwar bezahlen auch die Rentner Beiträge zur GKV. Da diese jedoch nicht ausreichen, die Ausgaben der Krankenversicherung der Rentner zu decken, finanzieren die abhängig Beschäftigten mit ihren Beiträgen den Ausgleich zwischen den Generationen.

2 Sozialversicherung

In 18 der 28 Mitgliedsstaaten der EU wird das Risiko Krankheit durch eine Sozialversicherung abgedeckt: Belgien, Bulgarien, Deutschland, Estland, Frankreich, Griechenland, Kroatien, Lettland, Litauen, Luxemburg, Niederlande, Österreich, Polen, Rumänien, Slowakei, Slowenien, Tschechien, Ungarn.

Vorbild und Vorläufer der Sozialen Krankenversicherung war die deutsche GKV, die im Jahr 1883 ins Leben gerufen wurde. Da die GKV und ihre Merkmale im Kapitel II 2 ausführlich dargestellt wurden, kann an dieser Stelle auf eine Beschreibung von Sozialversicherungssystemen verzichtet werden.

Eine Soziale Krankenversicherung muss nicht notwendig mit dem Sachleistungsprinzip einhergehen. In Deutschland ist es jedem Versicherten möglich, statt der Sachleistung die Kostenerstattung zu wählen. In Belgien, Frankreich und Luxemburg etwa gilt für Arztleistungen die Kostenerstattung. Versicherte bekommen vom Arzt für ambulante Behandlung eine Rechnung, die sie bezahlen und an ihre Krankenkasse weiterleiten. Die Kasse erstattet dem Versicherten danach die Kosten für den Arztbesuch. Für Krankenhausleistungen tritt der Versicherte nicht in Vorleistung, hier zahlt die Krankenkasse direkt.

Übungsaufgaben zu Teil X

Aufgabe 1

In Großbritannien gibt es einen staatlichen Gesundheitsdienst, den National Health Service (NHS). Welche der folgenden Begriffe (2 Nennungen) ordnen Sie diesem Gesundheitssystem zu?

1. Einkommensproportionale Beitragsfinanzierung
2. Staatsbürgerversorgung
3. Subsidiaritätsprinzip
4. Steuerfinanzierung
5. Marktsteuerung
6. Kassen-Pflichtmitgliedschaft
7. Risikoabhängige Beitragsfinanzierung

Aufgabe 2

Wie beurteilen Sie die Umverteilungswirkung eines Staatlichen Gesundheitsdienstes, wenn die Finanzierung

a) vor allem aus Verbrauchssteuern
b) vor allem aus progressiver Einkommensteuer

erfolgt.

Aufgabe 3

Wie beurteilen Sie die beiden Systeme Sozialversicherung und staatlicher Gesundheitsdienst im Hinblick auf demografische Veränderungen (Überalterung der Bevölkerung)?

Literaturverzeichnis/Internetquellen

Beske, F., Hallauer, J.F. (2001): Das Gesundheitswesen in Deutschland. Struktur – Leistung – Weiterentwicklung. Köln, Deutscher Ärzte-Verlag

Birkner, B. (2008): Sozial- und Gesundheitswesen. Stuttgart, Verlag W. Kohlhammer

Bundesärztekammer, Internet: http://www.bundesaerztekammer.de/downloads /Stat11Abbildungsteil1.pdf (Zugriffsdatum 30.5.2013)

Bundesministerium für Gesundheit (2005): Statistisches Taschenbuch Gesundheit 2005, Berlin

Bundesministerium für Gesundheit, Daten des Gesundheitswesens 2012: http://www.bmg.bund.de/fileadmin/dateien/Publikationen/Gesundheit/ Broschueren/Daten_des_Gesundheitswesens_2012.pdf (Zugriffsdatum 13.5.2013)

Deutsche Krankenhausgesellschaft (1993): Zahlen, Daten, Fakten 1993. Düsseldorf

Deutsche Krankenhausgesellschaft, Internet: http://www.dkgev.de/media/ file/13648.RS137-13_KH-Statistik-2011_Korrektur_A.pdf (Zugriffsdatum 3.6.2013)

Deutscher Bundestag (2009): Gutachten 2009 des Sachverständigenrates zur Begutachtung der Entwicklung im Gesundheitswesen: Koordination und Integration – Gesundheitsversorgung in einer Gesellschaft des längeren Lebens. Berlin

Gemeinsamer Bundesausschuss, Internet: http://www.g-ba.de/downloads/62-492-532/HeilM-RL_2011-05-19_bf.pdf (Zugriffsdatum 1.7.2013)

Gesundheitsberichterstattung Bund, Internet: www.gbe-bund.de

Hajen, L., Paetow, H., Schumacher, H. (2009): Gesundheitsökonomie. Strukturen – Methoden – Praxisbeispiele. Stuttgart, Verlag W. Kohlhammer

Haubrock, M., Schär, W. (2007): Betriebswirtschaft und Management im Krankenhaus. Bern, Hans Huber

Henze, J., Kehres, E. (2007): Buchführung und Jahresabschluss in Krankenhäusern – Methodische Einführung. Stuttgart, Verlag W. Kohlhammer

Kaplan, R.S., Norton, D.P. (1997): Balanced Scorecard. Strategien erfolgreich umsetzen. Stuttgart, Schöffer-Poeschel Verlag

Kassenärztliche Vereinigung Berlin: http://www.kvberlin.de (Zugriffsdatum 14.6.2013)

Kreyher, V.J. (2001): Handbuch Gesundheits- und Medizinmarketing. Chancen, Strategien und Erfolgsfaktoren. Heidelberg, R. v. Decker

Kröger, J. (2008): Buchführung für Kaufleute im Gesundheitswesen. Norderstedt, Books on Demand

Lampert, H., Althammer, J. (2007): Lehrbuch der Sozialpolitik. Berlin, Springer

OECD Health Data 2010, Internet: http://www.oecd.org/health/healthsystems/oecdhealthdata2012-frequentlyrequesteddata.htm (Zugriffsdatum 3.6.2013)

Raack, W., Thar, J. (2009): Leitfaden Betreuungsrecht. Köln, Bundesanzeiger Verlag

Rehborn, M. (2011): Arzt, Patient, Krankenhaus – Rechte und Pflichten. München, dtv

Statistisches Bundesamt, Statistisches Jahrbuch 2012

Statistisches Bundesamt: https://www.destatis.de/DE/ZahlenFakten/GesellschaftStaat/Gesundheit/Todesursachen/Tabellen/GestorbeneAnzahl.html, Zugriffsdatum 13.5.2013

Statistisches Bundesamt, 2013: https://www.destatis.de/DE/ZahlenFakten/GesellschaftStaat/Soziales/Sozialbudget/Tabellen/SozialbudgetLeistung2009_2010.html Zugriffsdatum 13.5.2013

Statistisches Bundesamt: https://www.destatis.de/DE/ZahlenFakten/GesellschaftStaat/Gesundheit/Gesundheitspersonal/Gesundheitspersonal.html, Zugriffsdatum 13.5.2013

Statistisches Bundesamt: https://www.destatis.de/DE/ZahlenFakten/GesellschaftStaat/Gesundheit/Gesundheitsausgaben/Tabellen/Ausgabentraeger.html, Zugriffsdatum 13.5.2013

Statistisches Bundesamt: https://www.destatis.de/DE/ZahlenFakten/GesellschaftStaat/Bevoelkerung/Sterbefaelle/Tabellen/Sterbetafel Deutschland.html

Statistisches Bundesamt, https://www.destatis.de/DE/Publikationen/Thematisch/Gesundheit/Krankenhaeuser/GrunddatenKrankenhaeuser2120611117004.pdf?__blob=publicationFile (Zugriffsdatum 4.6.2013)

Statistisches Bundesamt, https://www.destatis.de/DE/Publikationen/ Thematisch/Gesundheit/Krankenhaeuser/KostennachweisKrankenhaeuser 2120630117004.pdf?__blob=publicationFile (Zugriffsdatum 5.6.2013)

Statistisches Bundesamt, Fachserie 2, Reihe 1.6.1, Kostenstruktur bei Arzt- und Zahnarztpraxen sowie Praxen von psychologischen Psychotherapeuten, 2011, Wiesbaden 2013

Statistisches Bundesamt (2009): Bevölkerung Deutschlands bis 2060 – 12. koordinierte Bevölkerungsvorausberechnung. Wiesbaden

Statistisches Bundesamt, https://www.destatis.de/DE/Publikationen/ Thematisch/Gesundheit/VorsorgeRehabilitation/GrunddatenVorsorgeReha 2120612117004.pdf?__blob=publicationFile, (Zugriffsdatum 17.5.2013)

Stauss, B., Seidel, W. (2007): Beschwerdemanagement – Unzufriedene Kunden als profitable Zielgruppe, 4. vollständig überarbeitete Auflage. München, Hanser-Verlag

Uthoff, R., Fischer, K. (2005): Verwaltungsrecht I – Kommentierte Schemata. Frankfurt a.M., Bund-Verlag

Verzeichnis der Abbildungen und Übersichten

Verzeichnis der Tabellen

Übersicht Gesetze und Verordnungen

Abfallverzeichnisverordnung (AVV)
Abgabenordnung (AO)
Abgrenzungsverordnung (AbgrV)
Allgemeines Gleichbehandlungsgesetz (AGG)
Altenpflege-Ausbildungs- und Prüfungsverordnung (AltPflG)
Arzneimittel-Preisverordnung (AMPreisVO)
Apothekenbetriebsordnung
Apothekengesetz
Arzneimittelgesetz (AMG)

Bayerisches Rettungsdienstgesetz (BayRDG)
Berufsordnung Ärzte (BO)
Betriebsverfassungsgesetz (BetrVerfG)
Bundespflegesatzverordnung (BPflV)
Bürgerliches Gesetzbuch (BGB)

Einkommensteuergesetz (EStG)
Entgeltfortzahlungsgesetz (EntgFG)

Fallpauschalenvereinbarng (FPV)
Familienpflegezeitgesetz (FPfZG)

Gebührenordnung für Ärzte (GOÄ)
Gesetz betreffend die Gesellschaften mit beschränkter Haftung (GmbHG)
Gesetz gegen den unlauteren Wettbewerb (UWG)
Gesetz über den öffentlichen Gesundheitsdienst (ÖGDG)
Gesetz über den Verkehr mit Arzneimitteln (AMG)
Gesetz über das Verfahren in Familiensachen und in den Angelegenheiten
der freiwilligen Gerichtsbarkeit, FamFG)
Gesetz zur Förderung der Kreislaufwirtschaft und Sicherung der umweltver-
träglichen Beseitigung von Abfällen (KrW-/ AbfG)
Gesetz zur Modernisierung der Gesetzlichen Krankenversicherung (GMG)
GKV-Wettbewerbsstärkungsgesetz (GKV-WSG)
GKV-Finanzierungsgesetz (GKVFinG)
Grundgesetz (GG)
Grundrechtecharta der EU

Heilmittelwerbegesetz (HWG)
Hochschulbauförderungsgesetz (HSchulBG)

Infektionsschutzgesetz (IfSG)

Katastrophenschutzgesetz (KatSG)
Krankenhausbuchführungsverordnung (KHBV)
Krankenhausentgelt-Gesetz (KHEntgG)
Krankenhausfinanzierungsgesetz (KHG)
Krankenpflegegesetz (KrpflG)

Medizin-Produkte-Gesetz (MPG)

Pflegebuchführungsverordnung (PBV)
Pflege-Neuausrichtungsgesetz (PNG)
Pflegezeit-Gesetz (PflegeZG)

Sozialgesetzbuch (SGB)
Strafgesetzbuch (StGB)

Umsatzsteuergesetz (UStG)

Verdingungsordnung für Bauleistungen (VOB)
Verdingungsordnung für freiberufliche Leistungen (VOF)
Verdingungsordnung für Leistungen (VOL)
Vergabeordnung (VgV)
Verordnung über das Errichten, Betreiben und Anwenden von Medizinpro-
dukten (MPBetreibV)
Verordnung über den Schutz vor Schäden durch Röntgenstrahlen (RöV)
Verordnung über die Erfassung, Bewertung und Abwehr von Risiken bei
Medizinprodukten (MPSV)

Lösungen der Übungsaufgaben

Teil I

Aufgabe 1

1. a)   2. a)   3. b)   4. a)   5. b)   6. a)

Aufgabe 2

1. a)   2. a)   3. b)   4. a)   5. b)   6. a)   7. b)   8. a)   9. b)
10. a)

Aufgabe 3

Anteil der Sozialausgaben am BIP, 2.: Anteil der Gesundheitsausgaben am BIP

Teil II – Kapitel 1

Aufgabe 1

Kontrahierungszwang ist die Verpflichtung zum Vertragsabschluss. Im Sozialrecht taucht der Begriff häufig auf; z. B. sind Kassen verpflichtet, versicherungsberechtigte Personen als Mitglied aufzunehmen. Kontrahierungszwang ist die logische Ergänzung zur Versicherungspflicht: Wer verpflichtet ist, eine Versicherung abzuschließen, den muss die Versicherung auch aufnehmen. Kontrahierungszwang besteht auch häufig mit Leistungsanbietern: Erfüllt z. B. ein ambulanter Pflegedienst alle rechtlichen Anforderungen, müssen Pflegekassen mit ihm einen Vertrag abschließen.

Aufgabe 2

Sachleistungen: z. B. Rehabilitationsbehandlung der Rentenversicherung, Hilfsmittel einer Krankenkasse, ambulante Pflegeleistungen der Pflegekasse. Geldleistungen: z. B. Krankengeld der Krankenkasse, Altersrente der Rentenversicherung, Verletztengeld der Unfallversicherung

Aufgabe 3

Einmal die niedrige Geburtenrate, zum anderen die steigende Lebenserwartung, vor allem auch die Erhöhung der so genannten ferneren Lebenserwartung bereits älterer Menschen.

Aufgabe 4

a) Renten-, Pflege,- Krankenversicherung
b) Sozialversicherungen werden nach dem Umlageverfahren finanziert. Was jetzt als Beiträge eingezahlt wird, wird jetzt für Leistungen verwendet. Sind die Leistungsempfänger überwiegend ältere Menschen, die Beitragszahler jüngere Erwerbstätige, spricht man auch vom Generationenvertrag. In der Rentenversicherung werden die Renten aus Beiträgen der Erwerbstätigen finanziert. In der Pflege- und Krankenversicherung zahlen zwar auch Rentner Beiträge, jedoch reichen diese nicht aus, um die Leistungsausgaben der Versicherungen für Rentner zu finanzieren. Damit müssen auch in diesen Versicherungszweigen junge für alte Menschen aufkommen. Sind nun aber die Jahrgänge Älterer immer stärker und gleichzeitig jene jüngerer erwerbstätiger Menschen schwächer besetzt, müssen die Beiträge steigen oder die Leistungen sinken oder beides kombiniert werden.

Teil II – Kapitel 2

Aufgabe 1

Nein

Aufgabe 2

Nein

Aufgabe 3

1. a)   2. b)   3. a)   4. c)   5. b)   6. c)

Aufgabe 4

37,95 € × 25 = 948,75 €

Aufgabe 5

Arbeitgeberanteil Frau A.:   376,84 €
Arbeitgeberanteil Herr B.:   962,90 €

Aufgabe 6

Arbeitnehmeranteil Frau A.:   394,43 €
Arbeitnehmeranteil Herr B.:   864,35 €

Aufgabe 7

3545,17 €

Aufgabe 8

211,33 €

Aufgabe 9

Nur die Bewilligung der Mutter-Kind-Kur ist ein (hier: begünstigender) Verwaltungsakt. Grund: Es ergibt sich eine unmittelbare Rechtswirkung nach außen. Dies gilt nicht für die Antwort auf die Anfrage des Herrn T.

Aufgabe 10

a) 5 €   b) 10 €
a) 5,47 € b) 6,30 €
a) und b) 0 €

Aufgabe 11

Ja, um 247,19 €

Aufgabe 12

1.: § 25 Abs. 3
2.: § 207 Abs. 1 (Landesverbände), 217a Abs. 2 (Spitzenverband)
3.: § 13 Abs. 2

Teil II – Kapitel 3

Aufgabe 1

Je älter ein Versicherter beim Eintritt in die PKV ist, desto weniger Zeit bleibt, um Altersrückstellungen zu bilden; deshalb muss die Prämie mit dem Eintrittsalter steigen.
Die Altersrückstellungen werden von den PKV-Unternehmen am Kapitalmarkt verzinslich angelegt. Die Höhe der Rendite hängt also vom Zinsniveau am Kapitalmarkt ab.

Aufgabe 2

Die PKV ist tatsächlich in demografischer Hinsicht (bei alternder Bevölkerung) der GKV überlegen; das Umlageverfahren der GKV sieht keine Altersrückstellungen vor, durch die eine Subventionierung der älteren Versicherten durch die jüngeren abgeschwächt werden könnte.

Aufgabe 3

Beiträge sind nicht abhängig vom Einkommen sondern davon, wie viele Leistungen ein Versicherter voraussichtlich in Anspruch nimmt. Beitragszahlungen und Leistungsausgaben sollen sich in etwa entsprechen.

Aufgabe 4

Ja

Teil II – Kapitel 4

Aufgabe 1

Krankenversicherung: 83,64 €
Pflegeversicherung: 10,46 €

Aufgabe 2

Krankenversicherung: 322,86 €
Pflegeversicherung: 50,20 €

Aufgabe 3

1.: § 46 Abs. 2   2.: § 55 Abs. 3   3.: § 25 Abs. 2   4.: § 29 Abs. 1
5.: § 23 Abs. 6

Teil II – Kapitel 5

1. GUV   2. GKV   3. GUV   4. GKV   5. GUV   6. GKV   7. GUV

Teil III

Aufgabe 1

1.   4.   6.

Aufgabe 2

1.   2.   4.

Aufgabe 3

6.

Aufgabe 4

Anästhesie- und Intensivpflege, Onkologische Pflege, Palliativ- und Hospizpflege, Endo-
skopie- und Operationsdienst, Psychiatrische Pflege

Aufgabe 5

Fachärzte z. B. Hals-Nasen-Ohrenheilkunde, Frauenheilkunde und Geburtshilfe, Innere
Medizin und Kardiologie, Kinder- und Jugendmedizin, Anästhesiologie etc.
Zusatzweiterbildung z. B. Allergologie, Palliativversorgung, Notfallmedizin etc.

Aufgabe 6

Ambulanter Pflegedienst: Altenpfleger, Altenpflegehelfer, Gesundheits- und Krankenpfleger, Gesundheits- und Krankenpflegehelfer, Hauswirtschafter, Reinigungskräfte usw.
Stationäre Pflegeeinrichtung: Altenpfleger, Altenpflegehelfer, Gesundheits- und Krankenpfleger, Gesundheits- und Krankenpflegehelfer, Hauswirtschafter, Reinigungskräfte, Kaufmann/frau im Gesundheitswesen, Koch, Diätassistent usw.
Arztpraxis: Arzt ggf. Fachweiterbildung, Medizinische Fachangestellte
MTA verschiedene Fachrichtungen, Gesundheits- und Krankenpfleger

Aufgabe 7

Der Notfallsanitäter assistiert dem Notarzt. Der Rettungsassistent/Rettungssanitäter arbeitet beiden zu.

Teil IV – Kapitel 1

Aufgabe 2

Lebensmittelaufwand an Verbindlichkeiten aus Lieferung und Leistungen   14 609,78 €

Forderungen aus Lieferungen und Leistungen   7 654,08 €
an Erträge aus Hilfsbetrieben   6 432,00 €
an Umsatzsteuer   1 222,08 €

Aufgabe 3

59 115,63 €

Teil IV – Kapitel 2

Aufgabe 1

Nach der GOÄ

Aufgabe 2

4.

Aufgabe 3

Arztfall: Behandlung eines Versicherten im Quartal durch einen Arzt
Behandlungsfall: Behandlung eines Versicherten im Quartal durch eine Arztpraxis

Aufgabe 4

2.   6.   7.

Aufgabe 5

1. c)   2. b)   3. b)   4. a)   5. b)   6. b)   7. c)   8. a)

Aufgabe 6

6.

Aufgabe 7

Die GOÄ-Leistungen unterliegen keinem Budget, d. h. sie sind nicht durch ein Regelleistungsvolumen in der Höhe begrenzt. Der Punktwert ist höher als bei EBM-Abrechnungen. Der größte Vorteil für die Ärzte ist die Steigerungsmöglichkeit, die es im EBM nicht gibt.

Aufgabe 8

a)

GOÄ-Ziffer	Beschreibung	Punkte	Steigerungsfaktor	Betrag
1	Beratung	80	2,3	10,72 €
7	Untersuchung eines Organsystems	160	2,3	21,45 €
252	Injektion, subkutan	40	2,3	5,36 €
200	Verband	50	2,3	6,70 €
5120	Röntgen	260	1,8	27,28 €
2010	Fremdkörperentfernung	379	2,3	50,81 €
2004	Wundversorgung	240	2,3	32,17 €
	Verbandmaterial/Salben			2,80 €
	Summe:			157,29 €

b)

GOÄ-Ziffer	Beschreibung	Punkte	Steigerungsfaktor	Betrag
1	Beratung	80	2,3	10,72 €
7	Untersuchung eines Organsystems	160	3,5	32,64 €
252	Injektion, subkutan	40	2,3	5,36 €
200	Verband	50	2,3	6,70 €
5120	Röntgen	260	2,5	37,89 €
2010	Fremdkörperentfernung	379	3,5	77,32 €
2004	Wundversorgung	240	3,5	48,96 €
	Verbandmaterial/Salben			2,80 €
	Summe:			222,39 €

c)

GOÄ-Ziffer	Beschreibung	Punkte	Steige-rungsfaktor	Betrag
1	Beratung	80	1,8	8,39 €
7	Untersuchung eines Organsystems	160	1,8	16,79 €
252	Injektion, subkutan	40	1,8	4,20 €
200	Verband	50	1,8	5,25 €
5120	Röntgen	260	1,38	20,91 €
2010	Fremdkörperentfernung	379	1,8	39,76 €
2004	Wundversorgung	240	1,8	25,18 €
	Verbandmaterial/Salben			2,80 €
	Summe:			123,28 €

Aufgabe 9

2. und 5.

Aufgabe 10

Gesamtvergütung: Ausgabenvolumen je Kasse für vertragsärztliche Leistungen; mit befreiender Wirkung: Kassen sind mit der Zahlung der Gesamtvergütung ihrer Verpflichtung nachgekommen; das weitere Verfahren obliegt der KV.

Aufgabe 11

Körperschaften des öffentlichen Rechts

Aufgabe 12

a) Sie teilen der AOK mit, dass Zweifel an deren Leistungspflicht besteht.
b) Die AOK wird die Behandlung dem Verursacher der Stichverletzung in Rechnung stellen.

Aufgabe 13

Abrechnung direkt mit der Krankenkasse; abgerechnet wird anhand des EBM, dieser enthält den Katalog der ambulanten Operationen und Anästhesien.

Aufgabe 14

a) Herr M. wird Schadensersatz und Schmerzensgeld fordern.
b) Dr. L. muss mit arbeitsrechtlichen Konsequenzen rechnen (Abmahnung, Kündigung); möglicherweise wird er von der Ärztekammer gerügt.

Aufgabe 15

Wenn ein Arzt einen Arbeitnehmer ungerechtfertigt krankschreibt, kann der Arbeitgeber von ihm Schadensersatz fordern; überschreitet ein Arzt das Richtgrößenvolumen um mehr als 25 % und kann er dies nicht mit Praxisbesonderheiten begründen, muss er den Kassen den entstandenen Mehraufwand zurück erstatten.

Aufgabe 16

Hinweis: Die Regelungen finden sich im § 8 GOÄ; bei Besuchen über eine Entfernung von 25 und mehr km erhält der Arzt eine Reiseentschädigung nach § 9 GOÄ

Teil IV – Kapitel 3

Aufgabe 1

1. Der Anteil von Krankenhäusern bzw. Krankenhausbetten von privaten Trägern steigt an
2. Die Verweildauer sinkt.
3. Es gibt einen Bettenabbau, die Kapazitäten sinken.

Aufgabe 2

2.   4.   6.

Aufgabe 3

1. c)   2. b)   3. b)   4. a)   5. c)   6. a)

Aufgabe 4

1.   2.   5.   6.

Aufgabe 5

Case-mix: $1\,207 \times 2,3 + 5\,714 \times 1,8 + 6\,728 \times 1,4 + 8\,927 \times 0,7 = 28\,729,40$
Case-mix-Index: $28\,729,4 : 22\,576 = 1,27$

Aufgabe 6

Die beiden Fälle werden nicht zusammengeführt, weil die Patientin außerhalb der oberen Grenzverweildauer der ersten DRG wieder aufgenommen wurde. Es kann also ein neuer Fall abgerechnet werden.

Aufgabe 7

Plankrankenhäuser, Hochschulkliniken, Versorgungskrankenhäuser, vgl. § 108 SGB V

Aufgabe 8

Innere Abteilung Verweildauer 9,2 Tage, Auslastungsgrad 85,3 %;
chirurgische Abteilung Verweildauer 6,5 Tage, Auslastungsgrad 91,3 %

Aufgabe 9

Verweildauer 9,6 Tage
Auslastungsgrad 71,5 %
Wenn 23 Betten abgebaut werden, steigt die Bettennutzung auf aufgerundet 80 %

Aufgabe 10

1. c)   2. c)   3. d)   4. a)   5. f)   6. e)   7. b)   8. c)   9. d)

Aufgabe 11

Krankenhaus A: 3050 € × 1,4 – 2 × 0,096 × 3050 € = 3684,40 €;
Krankenhaus B: 3050 € × 1,4 = 4270 €
Krankenhaus A: Zuzahlung 110 €; Rechnung an die Kasse: 3684,40 € – 110 € = 3574,40 €
Krankenhaus B: Zuzahlung 110 €; Rechnung an die Kasse: 4270 € – 110 € = 4160 €

Die Krankenhäuser verrechnen die Zuzahlung mit dem Entgelt, d. h., sie behalten die Eigenbeteiligung ein und kürzen die Rechnung um diesen Betrag.

Aufgabe 12

Kreiskrankenhaus: 3050 × 0,685 – 6 × 0,086 × 3050 = 515,45 €
Hochschulklinik: 3050 × 0,685 = 2089,25 €
Frau Ö zahlt nichts zu, da sie privat versichert ist.

Aufgabe 13

(90,14 € + 119,28 €) × 18 = 3769,56 €;
Zuzahlung durch den Patienten 190 €. Die Klinik stellt der Kasse 3579,56 € in Rechnung.

Aufgabe 14

2.   4.   5.

Aufgabe 15

2.   5.

Aufgabe 16

a) 13369,14 €   b) 13877,82 €

Aufgabe 17

1. d)   2. c)   3. b)   4. e)   5. a)   6. a)   7. b)   8. d)

Aufgabe 18

Bundesland	€ je Einwohner	€ pro Bett	Fördermittel nach KHG in Mio €	KHG-geförderte Betten	Bevölkerung in Mio.
Hamburg	*57,31*	8958	100,29	11195	1,75
Sachsen-Anhalt	48,2	7598	*117,61*	15491	2,44
Meck.-Vorp.	44,62	8652	75,58	8736	1,69
Bayern	36,22	6679	452,55	67762	*12,49*
Baden-Wü.	28,4	5684	305	*53659*	10,74

Aufgabe 19

3.

Aufgabe 20

1. Mindererlösausgleich: 80 % des Mindererlöses gehen an die Kassen, 20 % bleiben beim Krankenhaus
2. Mehrerlösausgleich: Kassen erhalten 65 %, 35 % behält das Krankenhaus

Aufgabe 21

a) 2,53 €
b) 1.: 2,41 €
   2.: 2,38 €

Das Krankenhaus sollte die Variante b) 2. wählen, also die Mahlzeitenversorgung des Altenheimes mit übernehmen.

Aufgabe 22

Hinweis: In den Zuordnungsvorschriften der Kontengruppe 60 finden Sie die komplette Auflistung der Berufe im Krankenhaus.

Aufgabe 23

Herr N.: Zimmer 83,10 €;   Zuzahlung keine
Herr O.: Zimmer 657,20 €;   Zuzahlung 90 €
Frau T.: Zimmer 251,30 €;   Zuzahlung 80 €
Frau L.: Zimmer 612,00 €;   Zuzahlung keine

Aufgabe 24

4. und 5.

Aufgabe 25

2.

Teil IV – Kapitel 4

Aufgabe 1

1.: GUV   2.: GKV   3. GKV   4. Rentenversicherung   5. GUV   6. GKV

Aufgabe 2

5.

Aufgabe 3

a) z. B. AHB, ambulante Rehabilitationsbehandlung
b) z. B. Berufsfortbildungslehrgang, Umschulung;
c) z. B. Übergangsgeld, Reisekosten für die Fahrt zur Rehabilitationsklinik;
d) z. B. heilpädagogischer Kindergarten für behinderte Kinder, behindertengerechter Umbau eines Kfz

Aufgabe 4

1. a)   2. b)   3. c)   4. c)   5. b)   6. a)   7. b)

Aufgabe 5

Duale Finanzierung bedeutet, die Investitionskosten werden aus Steuermitteln (vom Bundesland) finanziert, die laufenden Kosten aus den Erträgen aus Fallpauschalen, Zusatzentgelten, Pflegesätzen. Bei monistischer Finanzierung werden Investitionskosten in den Pflegesatz mit einkalkuliert und vom dem Kostenträger finanziert, der auch die laufenden Kosten übernimmt.

Aufgabe 6

a) 81,3 %
b) 2011 Fälle

Aufgabe 7

140,00 €

Aufgabe 8

a) Rentenversicherung
b) 43,68 €

Teil IV – Kapitel 5.1, 5.2, 5.3, 5.4

Aufgabe 1

2.   3.   6.

Aufgabe 2

Nachahmerpräparat: Ist für ein Arzneimittel der Patentschutz abgelaufen, kann es von jedem Hersteller produziert werden.

Aufgabe 3

Der Festbetrag ist die Erstattungsobergrenze, bis zu der die Kasse das Medikament finanziert; möchte ein Patient ein Arzneimittel mit einem höheren Preis, so muss er die Differenz zwischen diesem Preis und dem Festbetrag selbst bezahlen.

Aufgabe 4

1.   3.   4.   6.

Aufgabe 5

Die Regelungen sollen die Sicherheit der Medizinprodukte gewährleisten; Patienten und Anwender sollen geschützt werden.

Aufgabe 6

1. a)   2. b)   3. a)   4. b)   5. b)   6. a)

Aufgabe 7

Frau M. bezahlt 10 € für die Verschreibung und 10 % der Kosten der podologischen Behandlung.
Herr F. zahlt nichts dazu, weil er Privatpatient ist.

Teil IV – Kapitel 6

Aufgabe 1

Möglich ist Verhinderungspflege zuhause nach § 39 SGB XI oder eine stationäre Kurzzeitpflege nach § 42. In beiden Fällen werden die Leistungen für höchstens vier Wochen gewährt, die Kosten werden bis maximal 1 550 € unabhängig von der Pflegestufe von der Pflegekasse übernommen. Voraussetzung für die Verhinderungspflege nach § 39 ist, dass die Pflegeperson mindestens 6 Monate lang gepflegt hat. Übernimmt ein Angehöriger die Verhinderungspflege, wird lediglich das Pflegegeld ausgezahlt, es sei denn, der Angehörige betreibt die Ersatzpflege erwerbsmäßig.

Aufgabe 2

Die Alltagskompetenz ist erheblich eingeschränkt, wenn der Gutachter in wenigstens zwei (von insgesamt 13) Bereichen, davon mindestens einmal aus den Bereichen 1 bis 9, dauerhafte und regelmäßige Schädigungen oder Fähigkeitsstörungen feststellt.

Aufgabe 3

4.

Aufgabe 4

a) 170,00 €   b) 165,90 €

Aufgabe 5

a) 235 € (da die teilstationäre Leistung zu weniger als 50 % in Anspruch genommen wurde, erhält Frau L. das Pflegegeld in voller Höhe).
b) Die Pflegekasse übernimmt für den ambulanten Pflegedienst 365 € (310 € überschreiten 50 % des Anspruchs auf teilstationäre Pflege um 18,89 %. Um diesen Prozentsatz ist der Betrag von 450 € für ambulante Pflege zu kürzen).

Aufgabe 7

2., 3., 5.

Aufgabe 8

2., 4., 5.

Aufgabe 9

71,33 € × 31 = 2 211,23 €, davon übernimmt die Pflegekasse 1 279 €;
Frau F zahlt 932,23 €
18,25 € × 31 = 565,75 €

Frau F. zahlt insgesamt: 932,23 € + 565,75 € = 1 497,98 €
Es bleiben ihr als Barbetrag: 1 598,36 € - 1 497,98 € = 100,38 €

Aufgabe 10

4.

Aufgabe 11

Stufe 0:   2 Pflegekräfte
Stufe I: 5 Pflegekräfte
Stufe II: 10 Pflegekräfte
Stufe III: 16 Pflegekräfte

Aufgabe 12

3.   5.   7.

Aufgabe 13

1. 111 an 396;
2. 121 an 111;
3. 396 an 37

Aufgabe 15

Sie lassen die MDK-Mitarbeiter in die Gemeinschaftsräume und ermöglichen es ihnen, mit Pflegebedürftigen und Angehörigen zu sprechen. Die von Frau I. gemieteten Räume dürfen die MDK-Mitarbeiter jedoch nur betreten, wenn Frau I. ihr Einverständnis erteilt.

Aufgabe 16

1. § 72 Abs. 3
2. § 112 Abs. 1
3. § 88 Abs. 2
4. § 7a Abs. 1

Aufgabe 17

1. c)   2. b)   3. c)   4. d)   5. b)   6. b)   7. a)   8. c)

Aufgabe 18

a) Es wird nur das Entgelt für Unterkunft und Verpflegung um $2 \times 5,45$ € = 10,90 € gekürzt.

$73,56$ € $\times 31 = 2\,280,36$ €; davon übernimmt die Pflegekasse 1 023 €, es bleiben also 1 257,36 €. Frau N. zahlt davon 724 € (ihre Rente). Die restlichen 533,36 € werden dem Sozialamt in Rechnung gestellt. Ebenso übernimmt das Sozialamt die Kosten für Unterkunft und Verpflegung $18,05$ € $\times 31 - 10,90$ € = 548,65 € und die Kosten aus dem Investitionssatz $13,26$ € $\times 31 = 411,06$ €.

Das Pflegeheim stellt darüber hinaus dem Sozialamt den Barbetrag für Frau N. in Höhe von 104 € in Rechnung.

b) Im November berechnet das Pflegeheim für Herrn M. 9 Freihaltetage

$105,75 \times 21 = 2\,220,75$; 75 % von 105,75 €: 79,31 €

$79,31$ € $\times 9 = 713,79$; $2\,220,75$ € $+ 713,79 = 2\,934,54$ €. Davon übernimmt die Pflegekasse 1 550 €; Herr M. zahlt den Rest in Höhe von 1 384,54 €.

Für Unterkunft und Verpflegung stellt das Heim Herrn M. $18,05$ € $\times 21 + 12,60$ € $\times 9$ = 492,45 € in Rechnung sowie für Investitionen $13,26$ € $\times 30 = 397,80$ €.

Aufgabe 19

Pflegeleistungen und hauswirtschaftliche Versorgung:
$$(2 \times 31 \times 50 + 31 \times 90 + 4 \times 200) \times 0,05044 \text{ €} = 337,44 \text{ €};$$
Hausbesuchspauschale: $31 \times 3,90$ € $+ 31 \times 1,95$ € = 181,35 €.

Von der Gesamtsumme von 518,79 werden der Pflegekasse 450 € und Frau K. die restlichen 68,79 € in Rechnung gestellt.

Der Krankenkasse wird in Rechnung gestellt:
Medizinische Behandlungspflege $1,76$ € $\times 31 = 54,56$ € und
Hausbesuchspauschale $31 \times 1,95$ € = 60,45 €,
also insgesamt   115,01 €.

Teil IV – Kapitel 7

Aufgabe 1

Disease Management setzt an der Erkrankung an; Ziel ist es, die Versorgung von Patienten mit schweren chronischen Erkrankungen nach wissenschaftlichen Erkenntnissen zu standardisieren; Beispiel: strukturierte Behandlungsprogramme für Diabetes etc. Ansatz des case management ist der komplexe einzelne Fall eines Patienten; zu koordinieren ist der individuelle Bedarf; Beispiel: Entlassungsmanagement.

Aufgabe 2

Ihre Nachbarin muss ein Jahr lang auf die freie Wahl ihres Hausarztes verzichten, wenn sie sich bei ihm für die hausarztzentrierte Versorgung einschreibt.

Aufgabe 3

1.   2.   5.   7.

Aufgabe 4

Kassen wählen im Ausschreibungsverfahren Anbieter selbst aus und schließen Einzelverträge (bzw. Selektivverträge) mit ihnen; damit sind die Kassen nicht mehr an Kollektivverträge gebunden.

Aufgabe 5

Integrierte Versorgung, Belegarzt, ambulante Behandlung im Krankenhaus

Teil IV – Kapitel 8

Aufgabe 1

Jeder profitiert vom Vorhandensein eines Rettungsdienstes, auch wenn er gegenwärtig dessen Leistungen nicht benötigt; niemand kann von diesem Nutzen ausgeschlossen werden; es ist nicht möglich, dem einzelnen diesen Nutzen zuzuordnen.

Aufgabe 2

§§ 60 und 61 SGB V. Die Zuzahlung beträgt 10 % der Kosten, mindestens 5 €, höchstens 10 €. Eine Zuzahlungsbefreiung für Kinder und Jugendliche gibt es bei Fahrtkosten nicht. Fahrten zu einer ambulanten Behandlung müssen von der Krankenkasse genehmigt werden.

Aufgabe 3

1. a)   2. b)   3. a)   4. b)   5. a)   6. c)   7. c)   8. b)   9. a)
10. a)

Teil IV – Kapitel 9

Aufgabe 1

1.   4.   6.   7.

Aufgabe 2

Gesundheitsämter nehmen die Heilpraktikerprüfung ab. Geprüft wird, ob Heilpraktiker diejenigen Krankheiten erkennen, die sie nicht behandeln dürfen.

Aufgabe 3

Gesundheitsamt → Landesbehörde → Robert-Koch-Institut → EU → WHO

Teil V

Aufgabe 1

1.   3.   4.   5.

Aufgabe 2

2.   5.   6.

Aufgabe 3

a) Pflegeleistungen sind von der Umsatzsteuer befreit
b) Gemeinnützige Körperschaften sind von der Körperschaft-, Gewerbe-, Erbschaft- und Schenkungssteuer befreit.

Aufgabe 4

4.

Aufgabe 5

Es müssen mindestens 40 % der Pflegetage pro Jahr auf Patienten entfallen, die nur allgemeine Krankenhausleistungen (also keine Wahlleistungen) erhalten.

Teil VI

Aufgabe 1

Institut für das Entgeltsystem im Krankenhaus
International Classification of Diseases
Deutsche Kodierrichtlinien
Pflegekomplexmaßnahmen-Score
Operationen- und Prozedurenschlüssel
Deutsches Institut für Medizinische Dokumentation und Information

Aufgabe 2

2.

Aufgabe 3

Der Arzt benötigt die Klassifikationen ICD-10 GM und OPS in der aktuellen Version und die Deutschen Kodierrichtlinien in der aktuellen Version

Aufgabe 4

Januar   75,5 %
Februar   76,2 %
März   70,9 %
April   72,5 %
Mai   64,7 %
Juni   67,0 %

Aufgabe 5

a) 2 125,00 €
b) 147 480 €
c) Deckungsbeitrag: 3 474,50 €; Gewinnschwelle bei 42,4 DRG pro Monat

Aufgabe 6

Abt. 1:   Verlust in Höhe von 25 100 €
Abt. 2:   Gewinn in Höhe von 31 515 €

Aufgabe 7

Ausbalanciertes Kennzahlensystem
Finanzperspektive, z. B. Rentabilität
Innovationsperspektive, z. B. neu entwickelte Verfahren
Perspektive der internen Prozesse, z. B. Wartezeiten
Kundenperspektive, z. B. Patientenzufriedenheit

Teil VII

Aufgabe 1

1. c)   2. a)   3. b)   4. a)   5. c)   6. b)

Aufgabe 2

3.   5.   6.

Aufgabe 3

Internes Qualitätsmanagement: Maßnahmen zum Qualitätsmanagement in der Einrichtung selbst

Externe Qualitätssicherung: Überprüfungen der Einrichtungen durch Dritte (z. B. MDK)

Aufgabe 4

Z. B.: Der Plan (plan), die Zuwendung durch das Personal zu verbessern (auf das Niveau anderer Abteilungen heben), sieht zunächst eine Mitarbeiterversammlung vor, danach sollen Einzelgespräche der Krankenhausleitung mit den Mitarbeitern der Inneren Abteilung geführt werden (do). Nach vier Wochen wird eine erneute Patientenbefragung in der Inneren durchgeführt (check). Sollte die Zufriedenheit der Patienten noch immer unter jener in anderen Abteilungen liegen, soll überlegt werden, ob Mitarbeiter der Inneren versetzt werden (act).

Teil VIII – Kapitel 1

Aufgabe 1

Fehlender Blickkontakt, verschränkte Arme vermitteln Desinteresse, Langeweile oder fehlende Aufmerksamkeit

Aufgabe 2

Die formelle, d. h. die geplante und geregelte Kommunikation im Unternehmen findet auf horizontal, vertikal und diagonal verlaufenden Wegen statt; sie nimmt den geringeren Anteil der Kommunikation ein. Die informelle Kommunikation, d. h. die nicht geplante, ergibt sich aus sozialen Beziehungen zwischen den Mitarbeitern. Sie bilden sich aufgrund von Sympathie und Antipathie und führen häufig dazu, dass einzelne Mitarbeiter zu viele Informationen erhalten, andere zu wenig. Dennoch ist sie für jede Einrichtung von Bedeutung, da nicht alle Kommunikationsvorgänge geplant werden können. Der Umfang der informellen Kommunikation ist abhängig von der Betriebsgröße.

Aufgabe 3

Patientenorientierung bedeutet, dass sich das Gesundheitssystem und die darin handelnden Professionellen an den Wünschen, Erwartungen und der Zufriedenheit der Patienten und Patientinnen orientieren. Der Patient steht im Mittelpunkt.

Aufgabe 4

1. Ärzte, Pflegekräfte, Verwaltungspersonal
2. Zuweiser und Patienten
3. Entsorgungsunternehmen, Cafeteria-Besitzer, Reinigungsfirma

Aufgabe 5

5.

Teil VIII – Kapitel 2

Aufgabe 1

2.

Aufgabe 2

Negative Mundkommunikation, Abwanderung, Inaktivität, Beschwerde

Aufgabe 3

Ziele, die die Kundenbeziehung betreffen:
- Stabilisierung gefährdeter Kundenbeziehungen bzw. Vermeidung von Kundenverlusten durch Herstellung von Zufriedenheit
- Schaffung zusätzlicher werblicher Effekte mittels Beeinflussung der Mundkommunikation

Ziele, die die Qualität betreffen:
- Verbesserung der Qualität von Produkten und Dienstleistungen durch Nutzung der in Beschwerden enthaltenen Informationen
- Vermeidung von Fehlerkosten und Auseinandersetzungskosten durch Erkennen von Mängeln und Verbesserung der Qualität und der Prozesse

Aufgabe 4

4. und 7.

Aufgabe 5

1.　　4.　　5.　　6.

Teil IX

Aufgabe 1

Planungsbeginn ca. 8 Monate vor dem Tag der Offenen Tür; bei der Terminfestlegung evtl. Ferienzeiten, Konkurrenzveranstaltungen etc. berücksichtigen; ca. einen Monat vor dem Tag der Offenen Tür die Presse und verschiedene Multiplikatoren unterrichten; Angebote für die Besucher organisieren, z. B. Führungen, Spielmöglichkeiten für Kinder etc.; innerbetriebliche Organisation, wer macht was am Tag der Offenen Tür, dabei möglichst alle Berufsgruppen einbinden.

Aufgabe 2

Einbindung des niedergelassenen Arztes vor, während und nach der Behandlung seines Patienten; Entgegenkommen bei der Terminvergabe des Krankenhausaufenthaltes; Angebot von Fortbildungsveranstaltungen

Aufgabe 4

Zu langsame Reaktion seitens des Krankenhauses; keine einheitliche Sprachregelung; kein schneller und direkter Kontakt mit den Medien, Tatsachen verheimlichen, Leugnen

Teil X

Aufgabe 1

Firma B ist mit 3,41 € am günstigsten (Firma A: 3,53 €; Firma C: 3,75 €)

Aufgabe 2

Zu Kategorie A gehören die Arzneimittel 5, 6, 7 und 8; ihr Anteil am Gesamtwert beträgt 87,6 %.
Zu Kategorie B gehört Arzneimittel 2 mit einem Anteil am Gesamtwert von 8,2 %.
Zu Kategorie C gehören die Arzneimittel 1, 3 und 4 mit einem Anteil am Gesamtwert von 4,3 %.

Aufgabe 3

460 Stück

Aufgabe 4

Arbeitnehmerschutz, Umweltschutz, Kostensenkung; bei der Entsorgung von medizinischen Dokumenten ist der Datenschutz zu beachten.

Teil XI

Aufgabe 1

2.   4.

Aufgabe 2

a) Geringere Umverteilungswirkung von reich zu arm, da auch einkommensschwache Haushalte Verbrauchssteuern zahlen müssen und von diesen überdurchschnittlich belastet werden
b) Stärkere Umverteilungswirkung

Aufgabe 3

In dieser Hinsicht ist der Staatliche Gesundheitsdienst überlegen, da die Finanzierungs-basis breiter ist und die Umverteilung von jung zu alt geringer ausfällt als in der umlage-finanzierten Sozialversicherung.

Sachregister

A

ABC-Analyse 388, 471

Abfall, infektiöser 477

Abgabenordnung (AO) 369, 370, 371

Ablauforganisation 423

Abrechnung mit Pflegesätzen im Krankenhaus 203

Abrechnungsprüfung, MDK 384

Abschlagstage
- untere Grenzverweildauer 214
- Verlegung 221

Abschlagszahlung für Vertragsärzte 157, 160

Abteilungsbroschüre 462

Abteilungspflegesatz 203

Abwesenheitsregelung im Heimvertrag 320

Allgemeine Ortskrankenkasse 65

Allgemeines Gleichbehandlungsgesetz 374

Alten- oder Pflegewohngemeinschaften. *Siehe* ambulant betreute Wohngruppen

Altenpflegehelfer 114

Altenpfleger 114

Altersaufbau der Bevölkerung 49

Altersrückstellungen 90
- der PKV 90

ambulant betreute Wohngruppen 300, 301, 317, 319

ambulantes Operieren 137, 160, 175, 176, 202, 347, 365, 377

Ambulante spezialfachärztliche Versorgung 176

Anamnese 379

Anästhesie-Technischer-Assistent 116

Angebotsvergleich 471, 472

Anlagegüter 199

Anschlussheilbehandlung 106, 254, 259

Anstalt des öffentlichen Rechts 185

Apotheken
- Krankenhaus- 280
- öffentliche 278, 279
- Versand- 278

Apothekenpflicht 278

Apothekerkammer 280

Apparategemeinschaft 137

Approbation 111, 133, 141

AQUA-Institut 381, 399

Äquivalenzprinzip 89

Äquivalenzziffern 208

Arbeitgeberpflichten im Schwerbehindertenrecht 269

Arbeitsförderung 47

Arbeitslosengeld II 32, 77, 84

arbeitsmedizinische Untersuchungen 107

Arbeitsunfähigkeit 63, 64, 85, 104, 139, 151, 167, 170, 174

Arbeitsunfähigkeitsbescheinigung 139, 172, 174, 261

Arbeitsunfall 44, 46, 103, 104, 108, 167, 172, 254, 255

Arzneimittel 259
- nicht-verschreibungspflichtige 170, 278
- verschreibungspflichtige 278, 279, 281, 468